中华人民共和国地方志·福建省

永定年鉴

The Yearbook Of Yongding

(2017)

龙岩市永定区地方志编纂委员会　编

国家图书馆出版社

图书在版编目（CIP）数据

永定年鉴.2017/龙岩市永定区地方志编纂委员会编.--北京：国家图书馆出版社，2018.2
ISBN 978-7-5013-6335-3

Ⅰ.①永… Ⅱ.①龙… Ⅲ.①永定区-2017-年鉴
Ⅳ.①Z525.74

中国版本图书馆CIP数据核字（2017）第328545号

国家图书馆出版社官方微信

书　　名	永定年鉴（2017）	
著　　者	龙岩市永定区地方志编纂委员会　编	
责任编辑	于春媚	
特邀编审	夏红兵	
出　　版	国家图书馆出版社（100034　北京市西城区文津街7号）	
	（原书目文献出版社　北京图书馆出版社）	
发　　行	010-66114536　66126153　66151313　66175620	
	66121706（传真）　66126156（门市部）	
E-mail	nlcpress@nlc.cn（邮购）	
Website	www.nlcpress.com →投稿中心	
经　　销	新华书店	
印　　装	龙岩中艺彩印有限公司	
版　　次	2018年2月第1版　2018年2月第1次印刷	
开　　本	889×1194（毫米）　1/16	
印　　张	29.5	
字　　数	650千字	
书　　号	ISBN 978-7-5013-6335-3	
定　　价	320.00元	

《永定年鉴(2017)》总编室编纂人员

名誉总编：陈荣水
总　　编：詹萃芳
执行总编：刘增晶
编　　辑：游剑才
　　　　　赖仿群
　　　　　陈志霞
　　　　　张　璐
　　　　　林添茂
　　　　　江梦兰
　　　　　郑慕岳
　　　　　熊秋华

编 辑 说 明

一、《永定年鉴》是中共福建省龙岩市永定区委、区人民政府主持，区地方志编纂委员会组织编辑的一部综合性年度资料工具书。《永定年鉴（2017）》是继1988—1992年、1993—1997年、1998—1999年、2000年、2001—2005年、2006—2010年、2011—2014年、2016年年鉴出版发行后的第9部永定综合年鉴。

二、本年鉴编纂工作以邓小平理论、"三个代表"重要思想、科学发展观和习近平总书记系列重要讲话精神为指导，力求全面、系统、翔实地记载2016年永定区自然、政治、经济、文化、社会等各方面情况，为领导决策提供依据，为中外人士了解和研究永定提供信息，录史存真，宣传永定，服务社会。

三、《永定年鉴（2017）》记述信息的时限范围为2016年。依据"小条目、多资料、深层次"的编辑方针，为保持连续性，便于检索，在栏目设置上，大致保持前鉴格局，仅在个别地方作了调整充实；卷首设特载、大事记，卷末设附录，正文共设18个类目、1162个条目。

四、文中省委、省政府通指中共福建省委、福建省人民政府，市委、市政府通指中共龙岩市委、龙岩市人民政府，区委、区政府通指中共龙岩市永定区委、永定区人民政府。其它行政区划一律冠以行政区划专名。

五、2016年1月9日，龙岩经济技术开发区（简称"经开区"）与龙岩高新技术产业开发区（简称"高新区"）整合，正式挂牌，区内虎岗、高陂、坎市、培丰等4个镇的党建工作和经济社会发展管理职能由经开区（高新区）承接。因此，本部年鉴除统计局、党史研究室、老促会、老龄委、红十字会、慈善总会、人社局、民政局、公安局、森林公安分局、消防大队、检察院、法院、司法局、武装部、国税局、地税局、林业局、烟草局、农机站、老区办、库区移民局、供销社、粮食局、物资公司、旅游局、住建局、公积金管理中心、房改办、交通局、公路分局、移动公司、电信公司、联通公司、国家统计调查队、文体广电新闻出版局、档案局、方志委及金融部门含上述4个镇的内容外，其余单位如无括注，均不含上述4个镇。

六、为更生动形象地反映永定区经济社会发展的成就，本年鉴刊载领导关怀、经济建设、文旅活动等彩页，并刊登正文黑白插图15幅；所选用图片资料一般截至2017年10月，上部年鉴已登载的，本鉴则不再重复。

七、本年鉴所刊载的文字内容和数据，均由区直各部门（机构）、各乡镇（街道）人民政府（办事处）和部分省属企业、重点企业提供，并经各供稿单位领导审核。国民经济和社会发展主要数据以区统计局公布的为准。计量单位除耕地面积仍照顾传统习惯用"亩"（1公顷=15亩）作单位外，其余均按有关规定执行。

领导关怀

2016年11月16日，中共中央办公厅机要交通局局长郭旭明(前中)参观中央红色交通线纪念馆

2016年12月10日，国家体育总局原局长袁伟民(右三)在土楼参观

领导关怀

2017年6月19日,全国妇联党组书记、副主席、书记处第一书记宋秀岩(右二)到永定考察

2017年8月17日,文化部党组成员、国家文物局局长刘玉珠(前左三)在永定调研

领导关怀

2017年9月12日,中央国家机关工委副书记、纪工委书记陈超英(右二)在永定调研全面加强机关党建工作

2017年9月21日,中共中央候补委员、中国社会科学院副院长、中国地方志指导小组常务副组长李培林(前左二)到永定调研

2017年3月13日,福建省副省长黄琪玉(前中)调研永定脱贫攻坚工作

2017年7月12日,福建省人大常委会副主任刘群英(前中)到永定调研

领导关怀

2017年7月25日,福建省委常委、组织部部长胡昌升(前中)参观永定客家家训馆

2016年12月1日,龙岩市委书记李德金(前左二)在永定调研农村建设发展情况

领导关怀

2017年2月6日,龙岩市委书记林国耀(前左二)深入永定区调研美丽乡村建设和发展乡村旅游等工作

2017年2月9日,龙岩市政府市长林兴禄(右三)在永定区调研

城区建设

凤城银河路栈道建设和道路改造

建设中的凤城寨下小区

正在建设中的南部工业园区一角

经济建设

天子温泉全景

文旅活动

2016年10月29日，龙湖信美湾观光垂钓采摘文化节举行

2016年11月20日，以"追梦土楼，醉美永定"为主题的中国永定环土楼首届国际山地马拉松赛举行

文旅活动

2016年12月5日,龙岩市永定区红土地公益协会成立

2016年12月10日,2016全国城市俱乐部筏钓巡回赛"永定土楼"杯福建龙湖分站赛在永定区圆满收竿

文旅活动

2016年12月11日,以纪念红军长征胜利80周年为主题的"瑶池集庆杯"福建省第五届汽车场地越野锦标赛暨第一届海峡两岸四地汽车场地越野邀请赛在永定区成功举办

2016年12月28日,永定至龙岩的城际公交开通

文旅活动

2017年1月6日,永定客家家训馆完成提升改造后重新开放

2017年2月6日,龙岩市永定区大溪乡首届"李花节"在坑头村举行

文旅活动

2017年2月9日,2017"厚德永定"新春文艺汇演在永定下坑举行

2017年3月10日,"牛肉兜汤""酒酿鸡"等美食分别被永定区认定为首批"十大名小吃""十大名菜"

文旅活动

← 2017年5月14日，永定土楼"旅游+体育"的一个新景点——"冠军长廊"正式向游客开放

↓ 区长陈荣水会见11名优秀运动健儿

2017年8月28日，马来西亚华裔青少年在永定开展"寻根之旅"

2016年11月,区档案局、党史研究室和方志委联合举办纪念红军长征胜利80周年专题图片展

2017年3月28日,闽西职业技术学院永定分校成立

目 录

特 载

全国人大常委会副委员长张宝文考察土楼 …… (1)
全国政协副主席马飚在永定调研考察 ……… (1)
永定芋子包上榜2016年"福建十大名小吃" …… (2)
张胜友被聘为"中央文史研究馆馆员" ……… (2)
微电影《血脉》举行首映式 ………………… (3)
取景永定土楼的国产动画电影《大鱼海棠》
　上映 ………………………………………… (3)
仙师镇务田村入选"全国一村一品示范村" …… (4)
金丰酿酒举行建厂60周年庆典 ……………… (4)
第一届海峡两岸汽车场地越野赛在永定开赛 …… (5)
永定区淑雅溪水库工程下闸蓄水 …………… (5)
湖坑镇、下洋镇初溪村入选全国第四批美丽
　宜居小镇、美丽宜居村庄示范名单 ……… (6)
在区委十三届二次全会上的讲话 …………… (7)

大事记

2016年

1月 …………………………………………… (13)
2月 …………………………………………… (14)
3月 …………………………………………… (14)
4月 …………………………………………… (15)
5月 …………………………………………… (15)
6月 …………………………………………… (16)
7月 …………………………………………… (17)
8月 …………………………………………… (18)
9月 …………………………………………… (18)
10月 ………………………………………… (19)
11月 ………………………………………… (19)
12月 ………………………………………… (20)

概 貌

·建置与自然地理·
　历史沿革 …………………………………… (22)
　位置境域 …………………………………… (22)
　地形地貌 …………………………………… (23)
·资源·
　矿产资源 …………………………………… (23)
　水力、地热资源 …………………………… (23)
　旅游资源 …………………………………… (24)
·行政区划·
　概况 ………………………………………… (25)
·环境状况·
　概况 ………………………………………… (27)
·人口与人民生活·
　概况 ………………………………………… (27)
　人口变动特点 ……………………………… (27)
　人口、育龄妇女生育情况及孩次结构 …… (27)
　城镇居民生活水平 ………………………… (28)
　农村居民生活水平 ………………………… (28)
　居民消费价格 ……………………………… (28)
·水文·

降水量 …………………………（28）
　　水位、流量 ……………………（29）
　　输沙量 …………………………（29）
·气象·
　　气候变化情况 …………………（30）
　　主要气象灾害 …………………（30）
　　气象事业发展 …………………（31）
·国民经济和社会发展综述·
　　经济社会概况 …………………（31）
　　工业经济 ………………………（32）
　　现代农业 ………………………（32）
　　第三产业 ………………………（32）
　　项目建设 ………………………（32）
　　城乡建设 ………………………（32）
　　社会事业 ………………………（33）
　　脱贫攻坚 ………………………（33）
　　生态环保 ………………………（33）

区　委

·综述·
　　提升党建工作水平 ……………（34）
　　加强党对经济工作的领导 ……（35）
　　推进社会事业协调发展 ………（36）
　　重要会议 ………………………（38）
·区委办工作·
　　人秘与综合 ……………………（44）
　　调研与信息 ……………………（44）
　　督查与党建 ……………………（44）
　　机要与保密 ……………………（45）
　　值班与后勤 ……………………（45）
·纪检监察·
　　落实党风廉政建设责任制 ……（45）
　　作风建设 ………………………（45）
　　落实信访举报"零暂存" ………（46）
　　查处违纪案件 …………………（46）
　　巡视巡察问题整改 ……………（46）
　　践行"四种形态" ………………（46）
　　强化自身建设 …………………（47）
·组织工作·
　　领导班子和干部队伍建设 ……（47）
　　基层组织建设 …………………（48）
　　"两学一做"学习教育 …………（50）
　　强化干部档案管理 ……………（50）
　　"土楼e支部"品牌 ……………（50）
　　发展党员 ………………………（51）
　　人才队伍建设 …………………（52）
　　干部驻村蹲点 …………………（52）
　　提高村（社区）主干待遇 ……（52）
·宣传工作·
　　理论宣传教育 …………………（53）
　　土楼大讲堂 ……………………（53）
　　新闻舆论宣传 …………………（54）
　　社会宣传 ………………………（54）
　　对外宣传 ………………………（54）
　　网宣网管工作 …………………（55）
　　突发新闻舆论事件应对 ………（55）
　　文化发展 ………………………（55）
　　意识形态工作 …………………（55）
　　干部队伍建设 …………………（56）
·统战工作·
　　体制机制建设 …………………（56）
　　服务中心工作 …………………（56）
　　民主政治建设 …………………（57）
　　港澳台侨工作 …………………（57）
　　非公经济工作 …………………（58）
　　引导非公经济助力精准扶贫 …（58）
　　民族宗教工作 …………………（59）
　　干部队伍建设 …………………（59）
·精神文明建设·
　　培育和践行社会主义核心价值观 ……（59）
　　"诚信永定"建设 ………………（59）
　　群众性精神文明创建活动 ……（60）
　　未成年人思想道德建设 ………（60）

"学雷锋"志愿服务活动 …………… (61)
- 机关党建 -
　理论学习 ………………………… (61)
　区直机关党组织设置 …………… (61)
　基层工作 ………………………… (62)
- 党校工作 -
　机构人员 ………………………… (63)
　搬迁新校区 ……………………… (63)
　办班培训 ………………………… (63)
　科研咨询 ………………………… (64)
　特色品牌教学点 ………………… (64)
- 信访工作 -
　概况 ……………………………… (64)
　信访接待下基层 ………………… (64)
　成功调处一起工伤信访事项 …… (64)
　落实"六定五包"责任制 ………… (65)
　实行网上受理信访制度 ………… (65)
　社会矛盾防控 …………………… (65)
　信访积案和疑难事项化解 ……… (65)
　进京非正常上访现象整治 ……… (66)
　信访设施建设 …………………… (66)
　信访队伍建设 …………………… (66)
　信访宣传 ………………………… (66)
- 老干部工作 -
　概况 ……………………………… (66)
　落实老干部政治待遇 …………… (66)
　提高离休干部遗属慰问费用 …… (67)
　活动中心建设 …………………… (67)
- 党史 -
　党史宣传教育 …………………… (67)
　党史资源保护 …………………… (68)
　闽西第一个农村党支部
　　——中共永定支部成立90周年座谈会
　　召开 …………………………… (68)
　《2015年永定党史》出版 ……… (68)
　"永定英烈纪念设施保护中心"项目建设
　　………………………………… (68)

　区革命历史纪念馆管理中心成立 …… (68)
　举办"剪不断的滚滚'血脉'
　　——中央红色交通线史迹展" ……… (69)
- 机构编制 -
　事业单位改革 …………………… (69)
　政府机构改革 …………………… (69)
　行政审批制度改革 ……………… (69)
　机关事业单位控编减编 ………… (70)
　事业单位管理 …………………… (71)
　专项督查 ………………………… (71)

人大　政府　政协

- 人民代表大会 -
　第十七届人民代表大会 ………… (72)
人大常委会
　组织机构 ………………………… (72)
　监督工作 ………………………… (73)
　执法检查 ………………………… (73)
　视察、调研 ……………………… (73)
　人事任免 ………………………… (74)
　代表议案、建议、批评和意见督办 …… (74)
　联系代表 ………………………… (74)
　拓展代表履职平台 ……………… (75)
　换届选举 ………………………… (75)
　信访工作 ………………………… (75)
　法制宣传 ………………………… (75)
　自身建设 ………………………… (75)
- 人民政府 -
　为民办实事 ……………………… (76)
　会议纪要 ………………………… (78)
- 区政府办工作 -
　政府法制工作 …………………… (81)
　调研与信息工作 ………………… (81)
　政务督查 ………………………… (82)
　数字信息化建设 ………………… (82)
- 行政服务 -

审批制度改革 …………………… (82)
优化项目审批流程 ……………… (82)
网上办事大厅建设 ……………… (82)
公共资源交易中心 ……………… (83)
提高服务质量和水平 …………… (83)

·政协·
政协会议 ………………………… (83)
服务发展 ………………………… (84)
政治协商 ………………………… (85)
民主监督 ………………………… (85)
自身建设 ………………………… (86)
换届工作 ………………………… (86)
提案工作 ………………………… (86)
文史资料征集与出版 …………… (86)

群众团体　社会团体

·总工会·
组织建设 ………………………… (87)
经济技术创新 …………………… (87)
劳动保护 ………………………… (87)
维护职工合法权益 ……………… (88)
帮扶困难职工 …………………… (88)
工会宣传教育 …………………… (88)
职工医疗互助 …………………… (88)
"三比一看"劳动竞赛 …………… (88)

·共青团·
基层团组织工作 ………………… (89)
树立先进典型 …………………… (89)
青少年专项行动 ………………… (89)
少先队工作 ……………………… (90)
团属新阵地 ……………………… (90)

·妇联·
服务妇女创业创新 ……………… (90)
精准扶贫 ………………………… (91)
关爱困境儿童 …………………… (91)
关爱帮扶弱势妇女 ……………… (91)

家庭建设 ………………………… (91)
宣传服务 ………………………… (92)
维护妇女儿童合法权益 ………… (92)
妇联组织建设 …………………… (92)

·文联·
概况 ……………………………… (93)
客家家训馆改造提升 …………… (93)
文艺创作 ………………………… (93)
文艺活动 ………………………… (94)
《土楼》创刊号出版 …………… (94)
民间文艺传习 …………………… (94)
文联活动 ………………………… (94)

·科协·
省级科普示范区命名 …………… (95)
科普惠农工作获奖 ……………… (95)
科普宣传阵地建设 ……………… (95)
科技创新大赛优秀作品巡展 …… (95)
举办青少年科技辅导员培训班 … (96)
举办区青少年科技创新大赛 …… (96)
组织参加省、市青少年科技创新大赛 … (96)
农函大招生、培训 ……………… (96)
科技周系列活动 ………………… (96)
"全国科普日"活动 ……………… (96)
学术交流 ………………………… (97)
科普设施建设 …………………… (97)
参与"三下乡"活动 ……………… (97)
基层科普工作调研 ……………… (97)
邀请专家、学者到永定考察、指导 … (97)
科普宣传 ………………………… (98)

·侨联·
概况 ……………………………… (98)
联络联谊 ………………………… (98)
中国华侨文化交流基地挂牌 …… (98)
维护侨益 ………………………… (98)

·工商联·
参政议政 ………………………… (99)
异地商会联席会第一次会议召开 … (99)

发动企业家参与精准扶贫 …………… (99)
光彩事业 ………………………… (99)
招商引资 ………………………… (100)

·个私协会·
概况 ……………………………… (100)

·消费者权益保护委员会·
纪念"3·15"国际消费者权益日 ……… (100)
受理消费者投诉 ………………… (100)
参与流通领域商品质量监督 ………… (100)
加强旅游景区消费维权工作 ………… (100)

·残联·
残疾人小康进程助残政策制定 ……… (101)
残疾人基本服务状况和需求信息数据
　动态更新 ……………………… (101)
全国助残日活动 ………………… (101)
省、市、区为民办实事项目 ………… (101)
省级公办"福乐家园"项目建设 …… (101)
残疾人康复 ……………………… (102)
残疾人教育与培训 ……………… (102)
残疾人就业保障金征收 …………… (102)
残疾人扶贫与社会保障 …………… (102)
残疾人信访维权 ………………… (102)

·计划生育协会·
队伍建设 ………………………… (103)
计生协会"四联创"活动 …………… (103)
企业计生协会建设 ……………… (103)
计生宣传教育 …………………… (103)
生育关怀行动 …………………… (104)
计生基层群众自治 ……………… (104)

·老科技工作者协会·
义诊活动 ………………………… (105)
"全国科普日"活动 ……………… (105)
课题调研 ………………………… (105)
党史、国史教育 ………………… (105)
科普宣传 ………………………… (106)
组织撰写年会论文 ……………… (106)
组织会员及其配偶健康体检 ……… (106)

开展慰问活动 …………………… (106)

·老促会·
宣传老区精神 …………………… (106)
美丽革命基点村建设 …………… (106)
关爱老区学子 …………………… (107)
为基点村办实事 ………………… (107)
保护红色资源 …………………… (107)

·老龄委·
老年人口逐年增加 ……………… (107)
老龄工作宣传 …………………… (107)
调研活动 ………………………… (110)
扶持基层老龄工作 ……………… (110)
发放高龄津（补）贴 …………… (110)
健全居家养老服务站建设 ……… (110)
开展"敬老月"活动 ……………… (110)

·关工委·
机构和队伍建设 ………………… (110)
开展"党史、国史"主题教育实践活动 …… (111)
关爱青少年弱势群体和特殊群体 …… (111)
帮教安置 ………………………… (111)
助推青年创业创新 ……………… (112)

·老体协·
区老体协第七次代表大会 ……… (112)
区直、乡镇两级老体协班子建设 …… (112)
全面启动"老年人健身康乐家园"
　创建活动 ……………………… (113)
开展老年人体育健身项目大联动 …… (113)
对外交流联谊活动 ……………… (113)
健身拳剑气功专项小组成立 …… (113)

·红十字会·
宣传活动 ………………………… (114)
应急救护培训 …………………… (114)
人道救助 ………………………… (114)
无偿献血 ………………………… (114)
红十字志愿服务活动 …………… (114)

·慈善总会·
慈善资金募集 …………………… (115)

争取慈善项目资金 …………………… (115)
慈善资金使用 ………………………… (115)
传播慈善文化 ………………………… (115)
·客家联谊会·
"客家基本知识宣传年"活动 ………… (117)
联谊接待 ……………………………… (117)
参加祭祀大典 ………………………… (117)

人力资源 社会保障 民政

·人力资源和社会保障·
基层平台建设 ………………………… (118)
行政审批制度改革 …………………… (118)
就业和再就业 ………………………… (118)
干部人事制度改革 …………………… (119)
企业职工基本养老保险 ……………… (119)
机关事业单位工作人员养老保险 …… (119)
城乡居民基本养老保险 ……………… (119)
城镇职工基本医疗保险 ……………… (119)
城镇居民基本医疗保险 ……………… (120)
公务员医疗补助 ……………………… (120)
工伤保险 ……………………………… (120)
生育保险 ……………………………… (120)
失业保险 ……………………………… (120)
被征地农民社会保障 ………………… (120)
全民参保登记 ………………………… (120)
落实老年生活保障金 ………………… (121)
发放老年高龄津贴 …………………… (121)
社保基金监管 ………………………… (121)
收入分配改革 ………………………… (121)
和谐劳动关系 ………………………… (121)
劳动争议调解仲裁 …………………… (121)
·民政·
救灾救济 ……………………………… (121)
"五保"供养 …………………………… (122)
养老院建设 …………………………… (122)
居民最低生活保障 …………………… (122)

优抚安置 ……………………………… (122)
双拥工作 ……………………………… (123)
城乡医疗救助 ………………………… (123)
流浪乞讨人员救助 …………………… (123)
基层民主政治建设 …………………… (123)
社会行政事务 ………………………… (124)
社会福利事业 ………………………… (126)
地名、边界管理 ……………………… (126)

外事 侨务 中国港澳台事务

·外事工作·
外事接待 ……………………………… (127)
·侨务·
落实国内侨政,维护侨益 …………… (127)
·中国港澳事务·
组织港澳青少年夏令营活动 ………… (127)
因公出境管理 ………………………… (128)
·涉台事务·
概况 …………………………………… (128)
两岸三地"草根"乒乓球赛在永定举行 … (128)
台湾"农村美"国际观光发展协会理事长
　黄翠文一行到永定考察 …………… (128)
"两岸客家文化交流团"到永定参访 … (129)
两岸青年携手走进永定土楼 ………… (129)
处置台湾旅游大巴在境内突遇山体滑坡
　灾害事故 …………………………… (129)
"顶新明日朝阳奖学金"发放 ………… (130)
台湾休闲农业与古村落活化专家团到
　古竹乡参访 ………………………… (130)
义门陈氏台湾宗亲到永定参访交流 … (130)
台湾省南投县草屯镇交流参访团到湖山乡
　参访 ………………………………… (130)
台湾顶新国际集团捐建古竹中学教师公寓
　……………………………………… (131)
永定召开海峡两岸交流基地建设工作
　研讨会 ……………………………… (131)

政法　人民武装

·社会综治·

概况 …………………………………（132）
落实综治领导责任制 ………………（132）
维护社会稳定 ………………………（133）
构建社会治安防控体系 ……………（133）
平安永定建设 ………………………（134）
推进重点整治攻坚 …………………（135）
加强社会治理创新 …………………（136）

·公安·

严厉打击刑事犯罪 …………………（137）
社会治安管理 ………………………（139）
公共信息网络安全 …………………（140）
出入境管理 …………………………（140）
户口登记管理专项清理整顿 ………（140）
看守所管理 …………………………（141）
反恐维稳 ……………………………（141）
反邪教斗争 …………………………（141）
安全保卫 ……………………………（141）
警务装备建设 ………………………（141）
矛盾纠纷排查化解 …………………（142）
森林公安概况 ………………………（142）
林区铲除毒品原植物专项行动 ……（142）
林区整治专项行动 …………………（142）
交通安全源头管理 …………………（143）
交通事故处理 ………………………（143）
交通违法行为整治 …………………（143）
"黄标车"淘汰治理 …………………（144）
城区道路交通管理 …………………（144）
大型活动保卫和道路交通警卫 ……（144）
提升窗口服务质量 …………………（144）
道路交通安全综合整治 ……………（144）
交通安全宣传 ………………………（145）
消防大队概况 ………………………（145）
落实消防安全责任 …………………（145）

综合应急能力提升 …………………（146）
综合保障能力建设 …………………（146）
火灾隐患整治 ………………………（146）
执勤岗位练兵 ………………………（146）
消防执法服务 ………………………（147）
消防宣传教育 ………………………（147）
建立区域联防试点 …………………（147）
武警中队概况 ………………………（147）
铁路派出所概况 ……………………（147）
铁路安全宣传 ………………………（148）

·检察·

审查逮捕和侦查监督 ………………（148）
公诉和刑事审判监督 ………………（148）
反贪污贿赂和反渎职侵权 …………（148）
职务犯罪预防 ………………………（148）
控告申诉检察 ………………………（148）
刑事执行检察 ………………………（148）
民事行政检察 ………………………（149）
生态资源检察 ………………………（149）
法律政策学习研究 …………………（149）
查办扶贫开发领域职务犯罪 ………（149）
未成年人保护 ………………………（149）
司法警察服务和保障检察办案 ……（149）
推行机制创新 ………………………（150）
司法体制改革 ………………………（150）

·审判·

概况 …………………………………（150）
刑事审判 ……………………………（150）
民商事审判 …………………………（150）
行政审判 ……………………………（151）
执行工作 ……………………………（151）
司法改革 ……………………………（151）
典型案例 ……………………………（151）

·司法行政·

机构编制 ……………………………（152）
司法所规范化建设 …………………（152）
人民调解 ……………………………（153）

社区矫正和安置帮教 …………… (153)
"七五"普法工作启动 …………… (153)
法治宣传教育 …………………… (154)
依法治区 ………………………… (154)
法律援助 ………………………… (154)
法律服务 ………………………… (154)

·人民武装·

思想政治建设 …………………… (155)
党委班子建设 …………………… (155)
党管武装 ………………………… (155)
军事工作 ………………………… (156)
管理工作 ………………………… (156)
夏秋季征兵工作 ………………… (156)
拥军优属、拥政爱民活动 ……… (156)

财政 税务

·财政·

区级预算执行情况 ……………… (158)
财源建设 ………………………… (158)
保障民生支出 …………………… (158)
优化项目投入 …………………… (159)
强化财政管理 …………………… (159)
维护金融安全 …………………… (159)

·国有资产管理·

机构 ……………………………… (160)
区属国有企业改革 ……………… (160)
行政事业单位资产管理 ………… (160)
海发集团概况 …………………… (160)
文旅集团概况 …………………… (161)
建发集团概况 …………………… (161)

·国家税务·

机构 ……………………………… (161)
国税收入 ………………………… (161)
全面推行"营改增" ……………… (162)
落实国税优惠政策 ……………… (163)
国税征收管理 …………………… (163)

推进网上办税、实名办税 ……… (163)
国地税深度融合 ………………… (163)
推进商事制度改革 ……………… (163)
拓展第三方信息平台 …………… (164)

·地方税务·

机构 ……………………………… (164)
地方税费收入 …………………… (164)
国地税合作 ……………………… (164)
"营改增"平稳过渡 ……………… (164)
资源税改革 ……………………… (165)
纳税服务 ………………………… (165)
税收征管 ………………………… (165)
依法治税 ………………………… (165)

农业与农村 水利

·农业与农村经济·

概况 ……………………………… (166)
机构人员 ………………………… (166)
举办蜜柚节 ……………………… (167)
"五新"技术推广 ………………… (167)
耕地质量保护与提升 …………… (168)
新型经营主体培育 ……………… (168)
新型职业农民培训 ……………… (169)
农产品加工企业 ………………… (169)
脱贫攻坚 ………………………… (169)
农业安全生产 …………………… (171)
永定成为富硒农业产业开发重点县（区）
　………………………………… (172)
土地确权 ………………………… (172)
农业项目实施 …………………… (172)
食用菌生产 ……………………… (173)
农业服务 ………………………… (173)
农业综合执法 …………………… (173)
"两法"衔接工作 ………………… (174)
落实强农惠农富农政策 ………… (175)
设施农业 ………………………… (175)

休闲农业 …………………………… (175)
永台农业交流 ……………………… (175)
福建省永定农民创业园 …………… (176)
山垄田复垦与改造项目 …………… (176)
家庭农场 …………………………… (176)
继续实施全国基层农技推广体系
　　改革与建设 …………………… (177)
畜牧业生产 ………………………… (177)
渔业生产 …………………………… (178)
举办龙湖信美湾观光垂钓采摘文化节 … (178)
渔业行政执法 ……………………… (179)
动物疫病防控 ……………………… (179)
农业人才协会 ……………………… (179)
干部驻村挂钩 ……………………… (179)
农业灾情 …………………………… (180)

·烟草·

烟叶生产与收购 …………………… (180)
抗击寒流霜冻 ……………………… (180)
淑雅溪水库竣工蓄水 ……………… (180)
烟草专卖打假打私 ………………… (181)
卷烟销售 …………………………… (181)

·林业·

概况 ………………………………… (183)
森林资源培育 ……………………… (183)
生态产业发展 ……………………… (183)
深化林业改革 ……………………… (183)
森林资源保护 ……………………… (184)
实施"三大战役" …………………… (185)

·水利·

基层水利服务体系建设 …………… (186)
山洪灾害防治项目 ………………… (186)
防汛减灾 …………………………… (186)
水土保持 …………………………… (186)
烟草水源工程建设 ………………… (187)
农村饮水安全工程 ………………… (187)
堤防工程 …………………………… (187)
农田水利工程 ……………………… (187)

中小型病险水库除险加固 ………… (187)
水政水资源管理 …………………… (187)
河道采砂管理 ……………………… (188)
安全生态水系建设 ………………… (188)
农村水电站建设 …………………… (188)
水电站安全管理 …………………… (189)

·农机·

概况 ………………………………… (189)
农机社会化服务 …………………… (189)
农机购置补贴 ……………………… (189)
发展农机专业合作社 ……………… (189)
农机具示范推广 …………………… (189)
农机化技术培训 …………………… (189)
农机安全生产 ……………………… (189)

·老区建设·

老区调研活动 ……………………… (190)
美丽革命基点村建设 ……………… (190)
老区"五通"工程 …………………… (190)
提高"五老"人员保障待遇 ………… (190)
关爱老区服务活动 ………………… (191)
科技示范与培训 …………………… (191)
革命传统宣传教育 ………………… (191)

·移民开发·

大中型水库移民后期扶持 ………… (191)
小型水库移民后期扶持 …………… (192)
"平安库区"创建 …………………… (192)

工　业

·综述·

工业发展概况 ……………………… (193)
产业发展特点 ……………………… (193)
民企产业项目对接 ………………… (193)
工业科技领域项目会战 …………… (194)
"两化"融合项目推进工作 ………… (194)
数字家庭示范村建设 ……………… (194)
节能减排 …………………………… (195)

企业减负 …………………………… （195）
融资担保 …………………………… （195）
工业安全生产监管 ………………… （196）
经济技术协作 ……………………… （196）
驻外支乡协会 ……………………… （196）
矿产品管理 ………………………… （198）
矿产品规费征管和服务 …………… （198）
永定工业园区 ……………………… （198）

·煤炭业·

概况 ………………………………… （199）
安全监管 …………………………… （199）
矿井安全质量标准化 ……………… （200）
重点风险管控 ……………………… （200）
四级监控联网 ……………………… （200）
扶优做强煤矿企业 ………………… （200）
矿井整合技改 ……………………… （201）
安全培训教育 ……………………… （201）
生态矿区 …………………………… （201）
福建煤电股份有限公司永定矿区 …… （201）
煤炭工业公司 ……………………… （201）

·建材·

概况 ………………………………… （202）
创建市"两化"融合示范企业 ……… （203）

·电力业·

概况 ………………………………… （203）
农村小水电 ………………………… （203）
光伏电站建设 ……………………… （203）
主要企业 …………………………… （203）

·农林产品加工业·

概况 ………………………………… （206）
酿酒工业 …………………………… （206）
森林工业 …………………………… （206）
主要企业 …………………………… （206）

·医药 化工 服装·

概况 ………………………………… （207）
永定万应茶产业发展专项规划通过
　市级评审 ………………………… （207）

商贸业　旅游业

·商贸业·

国内贸易 …………………………… （208）
对外贸易 …………………………… （208）
招商引资 …………………………… （208）
组团参加第十九届"9·8"投洽会 …… （209）
举办永定中华美食节 ……………… （209）
参加福建"十大名菜""十大名小吃"
　系列评选活动 …………………… （209）
举办食品安全知识培训 …………… （209）
淘汰黄标车 ………………………… （209）
出台外贸出口扶持政策 …………… （210）
电子商务 …………………………… （210）

·国有商业·

处理改制企业遗留问题 …………… （210）
牲畜定点屠宰 ……………………… （210）

·供销合作·

概况 ………………………………… （210）
综合改革启动 ……………………… （211）
农资供应服务 ……………………… （211）
农民专业合作社发展 ……………… （211）
基层供销组织改造提升 …………… （211）
电子商务整合 ……………………… （211）
招商项目引进 ……………………… （211）
农业服务有限公司成立 …………… （211）

·粮食贸易·

订单粮食收购和储备粮轮换销售 …… （212）
粮食安全保障体系建设 …………… （212）
粮食流通监督检查 ………………… （212）
区中心储备粮库项目 ……………… （213）

·专用物资流通·

概况 ………………………………… （213）
安全管理 …………………………… （213）

·旅游业·

概况 ………………………………… （213）

文旅兴区 …………………………… (214)
组建文旅集团 ……………………… (214)
重点旅游项目 ……………………… (214)
旅游专项资金 ……………………… (215)
土楼景区整改提升 ………………… (215)
全域旅游 …………………………… (215)
乡村旅游 …………………………… (215)
红色旅游 …………………………… (215)
智慧旅游 …………………………… (216)
旅游行业管理 ……………………… (216)
土楼AAAAA级景区整治 ………… (216)
实施保护工程和申报项目 ………… (217)
制定景区管理长效机制 …………… (217)
福建省客家土楼旅游发展有限公司 …… (217)

城乡规划建设
交通运输业　通信业

·住房和城乡规划建设·
　　城市建设概述 …………………… (219)
　　规划与管理 ……………………… (219)
　　城市建设 ………………………… (219)
　　村镇建设 ………………………… (220)
　　城市管理 ………………………… (221)
　　建筑行业 ………………………… (221)
　　工程质量安全生产 ……………… (222)
　　房地产投资与销售 ……………… (222)
　　安居工程 ………………………… (222)
　　人民防空 ………………………… (222)
　　永定"一河两岸"美丽滨河景观栈道
　　　项目建设 ……………………… (222)
·城市管理行政执法·
　　市容市貌整治 …………………… (223)
　　城区"两违"治理 ……………… (223)
　　配合各单位执法 ………………… (223)
　　队伍建设 ………………………… (223)
　　信访案件办理 …………………… (224)
·住房公积金管理·

　　概况 ……………………………… (224)
　　住房公积金归集 ………………… (224)
　　住房公积金贷款 ………………… (224)
·住房制度改革·
　　保障房建设和分配 ……………… (224)
　　退休干部住房工龄补偿 ………… (224)
·交通运输·
　　概况 ……………………………… (224)
　　漳（州）武（平）高速永定至上杭段
　　　开工建设 ……………………… (225)
　　仙师至峰市公路改建工程建成通车 …… (225)
　　双永高速公路岐岭互通连接线二期工程
　　　竣工通车 ……………………… (225)
　　国道357线、省道318线灾毁修复工程 …… (225)
　　道路运输 ………………………… (225)
　　水路运输 ………………………… (225)
　　永定往返龙岩城际定制公交投入运营 …… (226)
　　龙湖库区恢复通航 ……………… (226)
　　交通综合执法 …………………… (226)
　　永定公路分局概况 ……………… (226)
　　公路养护 ………………………… (226)
　　路政许可管理 …………………… (227)
　　安全生产标准化建设 …………… (227)
　　信息宣传 ………………………… (227)
　　永定火车站 ……………………… (228)
　　厦长渝高铁龙厦四线项目前期工作 …… (228)
·邮政·
　　概况 ……………………………… (228)
　　业务发展 ………………………… (228)
　　普遍服务保障 …………………… (229)
·电信·
　　通信网络建设 …………………… (229)
　　业务及品牌建设 ………………… (229)
　　信息化服务地方建设 …………… (229)
·移动·
　　通信网络建设 …………………… (230)
　　宽带发展 ………………………… (230)

客户服务 …………………………… (230)
热心公益活动 ……………………… (230)

·联通·

概况 ………………………………… (230)
通信网络建设 ……………………… (231)

金融业

·银行业综述·

概况 ………………………………… (232)
存款增速加快 ……………………… (232)
贷款继续减少 ……………………… (232)
不良贷款继续增加 ………………… (233)
外币存款继续回升 ………………… (233)

·人民银行·

概况 ………………………………… (233)
实行稳健的货币政策 ……………… (233)
落实改革措施 ……………………… (234)
维护金融稳定 ……………………… (234)
提升金融服务和管理水平 ………… (234)

·银行业监管·

落实国家货币信贷政策 …………… (235)
银行业不良贷款监管 ……………… (236)
银行业普惠金融工作 ……………… (236)
银行业精准扶贫 …………………… (237)
现场检查和非现场监管 …………… (237)
农村信用联社监管 ………………… (237)
金融知识宣传和消费者权益保护 …… (237)

·农业银行·

概况 ………………………………… (238)
网点转型 …………………………… (238)
电子化建设 ………………………… (238)

·工商银行·

概况 ………………………………… (238)
完善营销管理机制 ………………… (239)
融入当地经济建设 ………………… (239)

压降不良贷款 ……………………… (239)
内控外防 …………………………… (239)

·建设银行·

概况 ………………………………… (239)
信贷业务 …………………………… (240)
业务拓展 …………………………… (240)
个人金融业务 ……………………… (240)
企业文化建设 ……………………… (240)

·中国银行·

概况 ………………………………… (240)
优化网点布局 ……………………… (241)
强化内部管理 ……………………… (241)
业务拓展 …………………………… (241)

·兴业银行·

机构人员 …………………………… (241)
支持地方经济建设 ………………… (241)

·邮储银行·

概况 ………………………………… (241)

·瑞狮村镇银行·

概况 ………………………………… (242)
精准扶贫 …………………………… (242)
便捷普惠服务 ……………………… (242)
深耕农村,开展流动服务 ………… (242)

·农村信用联社·

概况 ………………………………… (242)
支农支小 …………………………… (243)
风险防控 …………………………… (243)
业务创新 …………………………… (243)
企业文化 …………………………… (243)

·人保财险·

概况 ………………………………… (244)

·人保寿险·

概况 ………………………………… (244)

·中国人寿保险·

概况 ………………………………… (244)

·中国人寿财险·

机构 ………………………………… (245)

业务发展 …………………………… (245)	价格监督检查 ……………………… (260)

· 其他保险 ·

　　天安财产保险股份有限公司龙岩中心
　　　支公司永定营业服务部 ………… (246)
　　新华人寿保险股份有限公司龙岩中心
　　　支公司永定支公司 ……………… (246)
　　中国平安财产保险股份有限公司龙岩中心
　　　支公司永定营销服务部 ………… (246)

· 华福证券 ·

　　概况 …………………………………… (246)
　　业务拓展 ……………………………… (246)

经济监督与管理

· 发展和改革 ·

　　经济社会发展成就 …………………… (248)
　　年度计划安排 ………………………… (249)
　　年度计划执行 ………………………… (249)
　　扩大有效投资 ………………………… (249)
　　争取补助资金 ………………………… (250)
　　项目策划 ……………………………… (250)
　　项目技术对接 ………………………… (250)
　　重点领域改革 ………………………… (250)
　　抓实项目攻坚战 ……………………… (250)

· 物价管理 ·

　　概况 …………………………………… (251)
　　调整居民用水阶梯价格 ……………… (251)
　　调整污水处理收费标准 ……………… (251)
　　调整区体育中心游泳项目收费标准 …… (251)
　　核定城区停车场收费标准 …………… (251)
　　调整农村客运票价 …………………… (252)
　　供电价格与供用电服务收费 ………… (255)
　　成品油价格 …………………………… (256)
　　液化气价格 …………………………… (257)
　　推进简政放权 ………………………… (258)
　　收费管理 ……………………………… (258)
　　教育收费 ……………………………… (259)

　　价格认证 ……………………………… (260)
　　农产品成本调查 ……………………… (261)
　　价格成本监审 ………………………… (261)
　　价格监测 ……………………………… (261)
　　取消征收价格调节基金 ……………… (264)
　　平价商店建设 ………………………… (264)

· 统计 ·

　　统计服务 ……………………………… (264)
　　统计宣传 ……………………………… (265)
　　统计执法 ……………………………… (265)
　　2016年全国第三次农业普查 ………… (265)

· 国家统计调查 ·

　　调查网点维护 ………………………… (265)
　　队伍建设 ……………………………… (265)
　　专项调查 ……………………………… (266)
　　统计宣传 ……………………………… (266)
　　统计服务 ……………………………… (266)

· 市场监督管理 ·

　　机构改革 ……………………………… (266)
　　申诉举报热线"三线合一" …………… (267)
　　市场主体发展 ………………………… (267)
　　实施"质量强区"、品牌、标准化三大
　　　战略 ………………………………… (267)
　　市场执法 ……………………………… (267)
　　综合监管 ……………………………… (268)
　　食品安全监管 ………………………… (268)
　　药械安全监管 ………………………… (268)
　　特种设备安全监管 …………………… (268)
　　消费维权 ……………………………… (268)
　　餐桌污染治理 ………………………… (268)
　　计量器具检定 ………………………… (268)
　　土楼景区安全整治 …………………… (269)
　　两大示范区创建 ……………………… (269)
　　社会共治 ……………………………… (269)

· 安全生产监督管理 ·

　　概况 …………………………………… (269)

落实"党政同责、一岗双责" ………… (269)
合约监管 ………………………… (270)
基层安监站标准化建设 ………… (270)
企业标准化建设 ………………… (270)
设立安全生产专项资金和考评奖金 …… (270)
深化宣教增强全民安全意识 …… (270)
开展安全生产大检查 …………… (270)
"打非治违"和专项整治行动 ………… (271)

·审计监督·

概况 ……………………………… (271)
财政预算执行审计 ……………… (272)
专项资金审计和专项审计调查 ……… (272)
行政企事业审计 ………………… (272)
政府性投资项目审计 …………… (273)
经济责任审计 …………………… (273)

·环境保护·

概述 ……………………………… (273)
大气污染治理 …………………… (273)
水污染治理 ……………………… (273)
噪声污染防治 …………………… (274)
土壤污染防治 …………………… (274)
落实环保目标责任书 …………… (274)
危险废物规范化管理"达标升级" …… (274)
环境信用评价 …………………… (274)
农村环境综合整治 ……………… (274)
环保行政审批 …………………… (275)
生态区、乡镇、村创建 ………… (275)
环境监测 ………………………… (275)
环境执法监察 …………………… (275)
环境信访 ………………………… (275)
排污费征收 ……………………… (276)
环境突发事件应急处置 ………… (276)
环保宣传教育 …………………… (276)

·国土资源管理·

概况 ……………………………… (276)
耕地保护 ………………………… (276)
地籍管理 ………………………… (277)

土地报批 ………………………… (277)
土地征收 ………………………… (277)
土地收储出让 …………………… (277)
矿产资源管理 …………………… (277)
地质勘查和地质灾害治理 ……… (277)
非煤矿产品资源税费征收 ……… (277)
参与洪山石材循环经济产业园建设 …… (278)
国土执法监察 …………………… (278)
"数字永定"投入使用 …………… (278)

教科文体

·教育·

概况 ……………………………… (279)
学前教育 ………………………… (279)
小学教育 ………………………… (280)
初中教育 ………………………… (281)
高中教育 ………………………… (281)
职业教育 ………………………… (282)
成人高等教育和社区教育 ……… (282)
特殊教育 ………………………… (282)
招生考试 ………………………… (283)
教师管理 ………………………… (283)
教师职称管理 …………………… (284)
德育工作 ………………………… (284)
平安校园建设 …………………… (285)
体卫艺工作 ……………………… (286)
青少年活动基地 ………………… (287)
教育督导 ………………………… (287)
设施建设 ………………………… (288)
信息技术教育课题研究 ………… (289)
教育技术装备 …………………… (289)
教师信息素养培训 ……………… (289)
政策助学 ………………………… (289)
奖教奖学基金 …………………… (290)
实验幼儿园分园(大洲园区)建成开园 …… (290)
城关中学初高中分离 …………… (290)

年度"金凤凰"奖颁奖 …………………(290)
师资培训 ……………………………(290)
教学研究 ……………………………(291)
课题研究 ……………………………(292)

·科技·
构筑科技创新公共服务平台 …………(292)
支持企业开展科技创新创业活动 ………(293)
培育科技创新成果 ……………………(293)
科技小巨人领军企业遴选 ……………(293)
科技宣传普及 …………………………(293)
科技扶贫 ……………………………(293)
知识产权强区建设 ……………………(293)

·防震减灾·
完善监测预报和群防群测网络 ………(294)
地震灾害预防 …………………………(294)
提升防震减灾综合保障能力 …………(295)

·文体广新·
文艺创作与展演 ………………………(295)
对外文化交流 …………………………(295)
群众性文化体育活动 …………………(295)
非物质文化遗产保护 …………………(296)
文物保护 ……………………………(296)
文化市场管理 …………………………(296)
文化惠民工程 …………………………(296)
竞技体育 ……………………………(297)
文体产业 ……………………………(297)
广播电视 ……………………………(297)
图书馆工作 ……………………………(297)
博物馆工作 ……………………………(297)
海峡两岸暨香港地区群众乒乓球赛 …(298)
首届环土楼马拉松赛 …………………(298)
全国城市俱乐部筏钓巡回赛永定分站赛 …(298)
文化永定"十大"群文活动 …………(298)

·新闻宣传与网络管理·
概况 …………………………………(299)

·档案·
概况 …………………………………(299)

爱国主义教育基地落成 …………………(299)
档案基础业务 …………………………(300)
档案知识和法律法规宣传教育 ………(300)
档案执法检查 …………………………(300)
档案便民服务 …………………………(300)

·方志·
落实省、市地方志工作 ………………(300)
《永定区姓氏文化志》编纂 ……………(300)
《永定年鉴（2016）》出版 ……………(301)
方志书库建设 …………………………(301)
地情网站维护 …………………………(301)
方志资源挖掘利用 ……………………(301)
配合做好党政部门业务 ………………(301)

卫生与计生

·医疗卫生·
概况 …………………………………(302)
医药卫生体制改革 ……………………(302)
基本公共卫生服务 ……………………(303)
新型农村合作医疗 ……………………(303)
医疗卫生基础设施建设 ………………(304)
疾病预防与控制 ………………………(304)
妇幼保健 ……………………………(305)
卫生监督执法 …………………………(305)
行政审批 ……………………………(306)
卫生应急 ……………………………(306)
卫生人才队伍建设 ……………………(306)
医政管理 ……………………………(306)

·人口和计划生育·
概况 …………………………………(307)
实施全面两孩政策 ……………………(307)
出生人口预警监测 ……………………(307)
计生集中服务活动 ……………………(307)
落实计生"一票否决" …………………(307)
孕前优生健康检查 ……………………(307)
计生宣传教育 …………………………(307)

计生家庭发展 …………………………（308）

综合治理出生性别比 …………………（308）

社会抚养费征收 ………………………（308）

流动人口计生服务管理 ………………（308）

·爱国卫生·

概况 ……………………………………（309）

巩固国家卫生县城成果 ………………（309）

城乡环境整治 …………………………（309）

常态化开展除"四害"工作 …………（309）

乡镇概况

·凤城街道·

概况 ……………………………………（311）

产业转型升级 …………………………（311）

服务能力 ………………………………（311）

社会保障 ………………………………（312）

脱贫攻坚 ………………………………（312）

社会事业 ………………………………（312）

生态环保 ………………………………（312）

平安综治 ………………………………（312）

获区委、区政府通报表彰奖励 ………（313）

获2016年永定区"万星杯"社区广场舞

比赛二等奖 ………………………（313）

获第五届"龙湖杯"男子篮球赛冠军 ……（313）

·虎岗镇·

概况 ……………………………………（313）

农业生产 ………………………………（313）

项目落地建设 …………………………（313）

养殖业污染治理 ………………………（314）

农村生活垃圾治理 ……………………（314）

生态环保建设 …………………………（314）

社会保障 ………………………………（314）

社会事业 ………………………………（314）

脱贫攻坚 ………………………………（315）

红色文化建设 …………………………（315）

社会治安综合治理 ……………………（315）

·高陂镇·

概况 ……………………………………（315）

城市规模日益显现 ……………………（315）

城镇建设 ………………………………（315）

农业农村 ………………………………（316）

产业升级转型 …………………………（316）

社会事业 ………………………………（316）

社会综治 ………………………………（317）

工业产业 ………………………………（317）

脱贫攻坚 ………………………………（317）

生态环保 ………………………………（318）

成立北山书院（张胜友文学馆） ……（318）

举办第31届"金龙杯"男子篮球赛 ……（318）

西陂村入选第四批中国传统村落、第六批

省级水利风景区 …………………（318）

富岭、睦邻两村入选省级"千村整治、百

村示范"美丽乡村点 ……………（319）

镇第一届"十佳优秀教师"表彰大会召开

………………………………………（319）

福汽新龙马启腾V60车型正式上市 ……（319）

·坎市镇·

概况 ……………………………………（319）

"三农"工作 …………………………（319）

工业强镇 ………………………………（320）

商贸经济 ………………………………（320）

城乡建设 ………………………………（320）

脱贫攻坚 ………………………………（321）

社会保障 ………………………………（321）

社会事业 ………………………………（321）

社会综治 ………………………………（321）

龙灯赛喜闹元宵 ………………………（322）

坎市镇彩金实验小学建成 ……………（322）

坎市镇美食协会成立 …………………（322）

首届美食文化节暨第十二届

"社区·商会杯"男子篮球赛 ………（323）

镇养老院升级改造 ……………………（323）

·培丰镇·

概况 …………………………………… (323)
现代农业 ……………………………… (323)
工业转型 ……………………………… (324)
第三产业 ……………………………… (324)
基础设施 ……………………………… (324)
人居环境 ……………………………… (324)
社会事业 ……………………………… (324)
社会保障 ……………………………… (324)
社会综治 ……………………………… (325)
生态环保建设 ………………………… (325)
扶贫开发 ……………………………… (325)

·抚市镇·
概况 …………………………………… (325)
项目建设 ……………………………… (325)
脱贫攻坚 ……………………………… (326)
基础设施 ……………………………… (326)
社会事业 ……………………………… (326)
宜居环境建设 ………………………… (326)
安全生产 ……………………………… (327)
社会治安 ……………………………… (327)
打造"一山一俗两大楼"旅游格局 ……… (327)
美丽乡村建设 ………………………… (328)

·龙潭镇·
概况 …………………………………… (328)
农业生产 ……………………………… (329)
项目建设 ……………………………… (329)
产业升级 ……………………………… (329)
脱贫攻坚 ……………………………… (329)
生态环保建设 ………………………… (329)
社会事业 ……………………………… (329)
社会保障 ……………………………… (329)
社会综治 ……………………………… (329)
新型城镇化建设 ……………………… (330)
龙潭智慧生态农业产业园 …………… (330)

·湖雷镇·
概况 …………………………………… (330)
产业经济 ……………………………… (330)

特色农业 ……………………………… (330)
招商引资 ……………………………… (331)
基础设施建设 ………………………… (331)
脱贫攻坚 ……………………………… (331)
社会综治 ……………………………… (331)
生态环保 ……………………………… (331)
社会保障 ……………………………… (331)
社会事业 ……………………………… (331)

·湖坑镇·
概况 …………………………………… (332)
旅游产业 ……………………………… (332)
基础设施 ……………………………… (332)
现代农业 ……………………………… (332)
招商引资 ……………………………… (333)
社会保障 ……………………………… (333)
脱贫攻坚 ……………………………… (333)
社会事业 ……………………………… (333)
平安建设 ……………………………… (333)
实佳村列入第四批"中国传统村落"
  名录 ………………………………… (334)
客家家训馆完成改造提升 …………… (334)

·下洋镇·
概况 …………………………………… (334)
休闲农业 ……………………………… (334)
脱贫攻坚 ……………………………… (334)
社会事业 ……………………………… (334)
社会保障 ……………………………… (335)
平安创建 ……………………………… (335)
新型城镇化建设 ……………………… (335)
土楼和古村落维护 …………………… (336)
旅游产业 ……………………………… (336)
生态环保 ……………………………… (336)

·城郊镇·
概况 …………………………………… (336)
农业生产 ……………………………… (336)
项目建设 ……………………………… (337)
旅游产业发展 ………………………… (337)

宜居环境优化 …………………… (337)
社会保障 ………………………… (338)
社会事业 ………………………… (338)
脱贫攻坚 ………………………… (338)

·仙师镇·
概况 ……………………………… (338)
农业产业 ………………………… (338)
项目建设 ………………………… (338)
社会事业 ………………………… (338)
社会综治 ………………………… (339)
社会保障 ………………………… (339)
脱贫攻坚 ………………………… (339)
生态环保 ………………………… (339)
务田村获第六批"全国一村一品示范村"
　称号 ………………………… (339)

·峰市镇·
概况 ……………………………… (340)
项目建设 ………………………… (340)
生态环保建设 …………………… (340)
脱贫攻坚 ………………………… (340)
产业调整 ………………………… (340)
基础设施建设 …………………… (341)
社会治安 ………………………… (341)
社会事业 ………………………… (341)
依法行政 ………………………… (341)
社会保障 ………………………… (341)

·堂堡乡·
概况 ……………………………… (342)
农业生产 ………………………… (342)
项目建设 ………………………… (342)
工业产业 ………………………… (342)
基础设施 ………………………… (342)
社会事业 ………………………… (342)
社会保障 ………………………… (342)
社会治安 ………………………… (343)
生态环保 ………………………… (343)
脱贫攻坚 ………………………… (343)

·合溪乡·
概况 ……………………………… (343)
农业结构调整 …………………… (343)
基础设施 ………………………… (344)
脱贫攻坚 ………………………… (344)
项目建设 ………………………… (344)
社会事业 ………………………… (344)
社会综治 ………………………… (344)
社会保障 ………………………… (344)
采地村湖洋里造福工程项目 ………… (345)
汤湖村国家级乡村旅游扶贫开发
　试点村建设 ………………… (345)

·高头乡·
概况 ……………………………… (345)
"三农"工作 …………………… (345)
项目建设 ………………………… (345)
旅游产业 ………………………… (346)
生态乡村建设 …………………… (346)
基础设施 ………………………… (346)
脱贫攻坚 ………………………… (347)
社会事业 ………………………… (347)
平安建设 ………………………… (347)

·古竹乡·
概况 ……………………………… (347)
农业生产 ………………………… (347)
基础设施建设 …………………… (347)
社会事业 ………………………… (348)
新农村建设 ……………………… (348)
安全维稳 ………………………… (348)
项目建设 ………………………… (348)
生态环保建设 …………………… (348)
精准扶贫攻坚 …………………… (348)
南华山旅游景区建设 …………… (348)
社会保障 ………………………… (349)

·大溪乡·
概况 ……………………………… (349)
农业产业 ………………………… (349)

项目建设 …………………………… (349)
脱贫攻坚 …………………………… (350)
生态环保 …………………………… (350)
产业调整 …………………………… (350)
基础设施建设 ……………………… (350)
宜居环境建设 ……………………… (350)
社会保障 …………………………… (350)
社会事业 …………………………… (351)
与侨胞台胞联谊 …………………… (351)
社会治安 …………………………… (351)

·陈东乡·
概况 ………………………………… (351)
农业产业化 ………………………… (351)
项目建设 …………………………… (351)
基础设施建设 ……………………… (351)
社会保障 …………………………… (352)
精准脱贫 …………………………… (352)
生态环境 …………………………… (352)
"平安陈东"建设 …………………… (352)

·岐岭乡·
概况 ………………………………… (352)
农业生产 …………………………… (352)
工业基础 …………………………… (353)
第三产业 …………………………… (353)
美丽乡村建设 ……………………… (353)
基础设施建设 ……………………… (353)
社会事业 …………………………… (353)
生态环保 …………………………… (353)
脱贫攻坚 …………………………… (353)
社会保障 …………………………… (354)

·湖山乡·
概况 ………………………………… (354)
农业生产 …………………………… (354)
项目建设 …………………………… (354)
新农村建设 ………………………… (354)
教育卫生事业 ……………………… (354)
社会保障 …………………………… (354)

脱贫攻坚 …………………………… (355)
生态环保 …………………………… (355)
"美丽乡村"建设 …………………… (355)
"党员邻里守望互助"活动 ………… (355)
举办第三届"梨花节" ……………… (355)

·西溪乡·
概况 ………………………………… (355)
农业生产 …………………………… (355)
项目会战 …………………………… (356)
生态治理 …………………………… (356)
社会保障 …………………………… (356)
社会事业 …………………………… (356)
社会综治 …………………………… (356)
脱贫攻坚 …………………………… (357)

·金砂乡·
概况 ………………………………… (357)
农业经济 …………………………… (357)
项目建设 …………………………… (357)
基础设施 …………………………… (358)
社会事业 …………………………… (358)
新农村建设 ………………………… (358)
社会保障 …………………………… (358)
脱贫攻坚 …………………………… (358)
社会综治 …………………………… (358)
生态环保建设 ……………………… (359)
红色旅游 …………………………… (359)

·洪山乡·
概况 ………………………………… (359)
农业经济 …………………………… (359)
石材产业 …………………………… (359)
项目建设 …………………………… (359)
生态建设 …………………………… (360)
社会事业 …………………………… (360)

人物 先进集体

·各组织机构领导干部名单·

  区委及其工作部门 …………………… (361)

  区人大常委会及其专门委员会 ……… (363)

  区政府及其工作部门 ………………… (363)

  区政协及其工作部门 ………………… (371)

  区纪委及各室 ………………………… (372)

  公检法机关 …………………………… (372)

  金融系统 ……………………………… (373)

  群团组织 ……………………………… (374)

  各乡镇(街道)党(工)委　人大　政府 … (375)

·先进个人·

  先进个人名表 ………………………… (385)

·科技人才·

  高级专业技术职称人员名表 ………… (389)

  中级专业技术职称人员名单 ………… (390)

·人物传略·

  逝世人物 ……………………………… (391)

·先进集体·

  先进集体名表 ………………………… (391)

附　录

主要统计资料

  2016年永定区国民经济主要统计资料 … (394)

  2016年永定区国民经济和社会发展统计

   公报 ………………………………… (396)

龙岩经开区（高新区）

  概况 …………………………………… (401)

  项目落地 ……………………………… (402)

  脱贫攻坚 ……………………………… (402)

  生态环保 ……………………………… (402)

  "333"产业 …………………………… (402)

  创新驱动 ……………………………… (403)

  服务企业 ……………………………… (403)

  基础设施建设 ………………………… (403)

  宜居环境建设 ………………………… (403)

  城乡综合治理 ………………………… (404)

  社会保障体系 ………………………… (404)

  教育卫生事业 ………………………… (404)

  文化旅游发展 ………………………… (404)

文选

  故乡的土楼 …………………………… (404)

  家乡的龙灯 …………………………… (406)

  经德堂里屏风美 ……………………… (406)

  西华山，岁月深处歌未央 …………… (407)

  秀美高源山 …………………………… (408)

后记

主笔名单

全国人大常委会副委员长张宝文考察土楼

2016年3月29日,十二届全国人大常委会副委员长、民盟中央主席、中国和平统一促进会副会长张宝文考察海峡两岸交流基地永定客家土楼。省人大常委会副主任彭锦清,市人大常委会主任饶作勋、副主任谢细忠,市政协副主席张琼珊,区委书记刘先裘,区人大常委会主任苏贤添,区政府副区长阙洲荣等陪同考察。

当天下午,张宝文来到海峡两岸交流基地永定客家土楼。"'振纲立纪,成德达材'这副对联,反映我们客家人忠孝仁义礼智信、修身齐家治国平天下的家国情怀,是客家家训里边的精华和经典。"在楼主林日耕的引导下,张宝文参观了举世闻名的世界文化遗产振成楼,品味客家土楼文化,对种类繁多、规模宏大、结构奇巧、功能齐全、内涵丰富的永定客家土楼赞叹不已。同时,对永定区把文化旅游产业作为精准扶贫、促进农民增收的做法表示肯定。张宝文还参观了客家家训馆,解读客家人的家训家规,感受客家人的家国情怀,领悟客家人对传承中华优秀传统文化的重视。这些客家家训内容包含立业、报国、修身、处世、气节等方面,从传统家族文化中发掘了丰富的修身内容,为家族和子孙后代的为人处世提供了参照。

据《福建日报》报道,张宝文这次到福建参加第五届海峡金融论坛,为民盟"一带一路"(福建)研究院揭牌,开展生态文明建设和精准扶贫调研。3月25日,福建省委书记尤权、省长于伟国在福州会见张宝文时,张宝文表示,福建发展态势良好、前景广阔,闽台交流合作空间潜力巨大。民盟组织将充分发挥独特优势,积极建言献策,更好地为福建经济社会发展贡献力量。

全国政协副主席马飚在永定调研考察

2016年5月6日下午至7日,以全国政协副主席马飚为组长,全国政协委员、中国美术家协会主席刘大为,全国政协常委、中国文联副主席覃志刚为副组长的全国政协"繁荣社会主义书画艺术"调研组到永定调研考察。省政协副主席陈向先,市领导池秋娜、温锡浩、王金福、赖招源和区领导陈荣水、廖方顺、简连章、郑新彩等陪同调研考察。

其间,调研组先后考察世界文化遗产振成楼、福裕楼、衍香楼,参观全国首家"客家家训馆",细细品味客家土楼文化、品读客家人的家训家规、追寻耕读传家的文化脉络。马飚一行对土楼奇特的建筑结构与造型赞叹不已,并不时朗声诵读墙上的家训，与大家一同品鉴土楼这个"大家庭、小社会"和谐相处的典范。马飚希望永定继续发挥特色优势，把客家文化传承好、发扬好、运用好，为推动社会主义文化大发展大繁荣作出新贡献。来到"全国生态文化村"湖坑镇南江村，马飚一行与村干部亲切交流，详细听取南江村美丽乡村建设情况汇报，并对南江村积极践行社会主义核心价值观，传承客家文化、发展乡村文化旅游，带领村民致富奔小康的做法给予充分肯定，向南江村荣获各级荣誉表示祝贺，同时希望南江村继续发挥特色优势，做强做优文化旅游业，实现更大发展。

每一座土楼都是文化的传承，每一座土楼都是创作的源泉。在振成楼、福裕楼、衍香楼等众多土楼建筑前，调研组的书画家们现场挥毫泼墨，描绘魅力土楼、传统客家、美丽乡村、淳朴民风。他们以饱满的热情走进乡村，以深厚的艺术造诣妙笔绘就最美永定，让当地干部群众饱享一场视觉盛宴。

全国政协书画室副主任、中国美术家协会主席刘大为说："土楼记载着我们中华文化的优秀传统和中华民族的美德。在当今比较浮躁、急功近利心理严重的现代社会中，我们来看土楼不仅是看建筑，更应该看传统文化精神。我来这里画风景、画土楼，表达的就是对土楼的一种尊重，更是敬仰。这次来真的是不虚此行，收获很大。"全国政协书画室副主任、国家主题性美术学院雕塑系主任唐勇力认为："土楼里面蕴含着传统的民族文化，这种文化在土楼里面表现出非常和谐。一座楼里面住着几家、十几家人家，像个大家庭，大家非常和谐地相处。"

永定芋子包上榜2016年"福建十大名小吃"

2016年5月，2016年"福建十大名菜"系列评选活动结果出炉，永定芋子包上榜"福建十大名小吃"。

永定芋子包是客家经典美味小吃之一，早在明末清初就已名扬闽西。在客家永定，家家户户都会做这种美味佳肴。其主要原料是芋子、木薯粉和馅，柔软可口，男女老少皆喜爱。

永定芋子包是用芋子加适量木薯粉做包子皮包成的一种包子，制作方法简单，一般将个大、易烂的芋子洗净、煮熟，然后剥去芋皮，置簸箕内捣（烂）成芋泥后，加入适量木薯粉或番薯粉和精盐，用力揉搓至不粘手后，分成一个个大小相近的芋泥球，按捏成芋泥皮，再将肉馅包入，猛火蒸约15分钟，出锅后，淋上香油，撒上丰鱼末、胡椒粉等即可食用。肉馅一般用瘦猪肉或牛肉、香菇、笋丝、葱等原料炒制而成。其他如香油、丰鱼末、胡椒粉等因各人喜好可加可不加，或换作其他蘸料亦未尝不可。芋子包除蒸着吃，也可用水煮、油炸、油煎等各种烹调方法，其味各具特色，令人百吃不厌。

此次评选活动于4月12日正式启动，由省餐饮烹饪行业协会主办，省商务厅、省旅游局、省新闻办、省食药监局等4部门作为指导单位。经资格初审、地市推荐、专家评审（名小吃增加网络投票环节），评选出"福建十大名菜""福建十大名小吃""福建十大餐饮名店""福建十大名厨"四大项目。该活动旨在进一步弘扬闽菜饮食文化，培育"闽式特色"餐饮品牌，是促进餐饮消费升级，拉动内需，服务民生，助力闽菜走出福建、走向全国的一项重要举措。

张胜友被聘为"中央文史研究馆馆员"

2016年5月19日，永定籍著名作家张胜友被国务院聘为"中央文史研究馆馆员"。8月17日，中南海紫光阁，张胜友从中共中央政治局常委、国务院总理李克强手中接过聘书，成为闽西历史上首位获此殊荣者。

张胜友，1948年生，永定高陂人，系龙岩市作家协会名誉主席。曾任中国作家协会党组成员、书记处书记，现为中国作协主席团委员，国际笔会中国中心副会长，中国报告文学学会副会长，享受国务院特殊津贴。出版散文、报告文学集20部，撰写电影、电视政论片40多部，荣膺国家级大奖20多项。1992年他创作了党的十四大献礼片《历史的抉择——小平南巡》，2008年创作了中国改革开放30周年献礼片《风帆起珠江》，2014年他又创作了阐述新一届中央领导集体治国理念的政论片《百年潮·中国梦》。改革开放几个重要历史关头，张胜友都通过重大题材电视政论作品予以精彩展现，与改革同行。

中央文史研究馆是1951年7月由毛泽东同志亲自倡议设立的，具有统战性、咨询性和荣誉性的机构，其宗旨是敬老尊贤、崇文尚德，主要职责是咨询国是、民主监督、文化建设。中央文史研究馆馆员由国务院总理聘任，遴选"资格颇严"，受聘者都是耆年硕学之士、社会名流和专家学者。据统计，中央文史研究馆建馆60多年来，先后受聘的馆员共计300余人。现任的50多位中央文史研究馆馆员中，作家仅少数几位。张胜友是此次新聘4位馆员中唯一的作家。

微电影《血脉》举行首映式

2016年7月1日，首部以中央红色交通线为题材的微电影《血脉》在区青年影剧院举行首映式。

微电影《血脉》由区委、区政府主导，区委宣传部、组织部联合摄制，时长约60分钟。2016年3月18日，在当年"永定交通大站"所在地金砂乡开机拍摄。经过半年多的筹备、拍摄，完成制作并进行首映。据史料记载，中央红色交通线是土地革命战争时期上海党中央通往中央苏区首府瑞金的一条秘密交通线，毛泽东赞誉称："交通线就像我们身上的血脉"。它由上海出发，经香港、汕头、大埔进入闽西永定、长汀，最后到达苏维埃临时中央所在地瑞金，长达数千公里，安全畅通达5年之久，在中央苏区多次残酷的反"围剿"战争中，始终不受破坏。其中，"永定交通大站"，即"闽西工农通讯社"，是中央红色交通线上设在内地的唯一大站，管辖着周边沿线众多的中站、小站，为中国革命战争的胜利发挥了重大而独特的作用。

微电影《血脉》向人们展现了"永定交通大站"当年那段珍贵历史画卷，充分展示永定革命儿女在广袤的红土地上留下的永不磨灭的革命精神和丰富的红色文化，对于弘扬和传承苏区精神，进一步发展永定红色旅游产业，都具有重要的历史意义和现实意义。

取景永定土楼的国产动画电影《大鱼海棠》上映

2016年7月8日，让观众等待12年的国产动画电影巨作《大鱼海棠》正式上映。

该影片的创意源自《庄子·逍遥游》——北冥有鱼，其名为鲲。鲲之大，不知其几千里也。背景源自家喻户晓的上古神话《女娲补天》，结合史书文献《山海经》与《搜神记》等众多中国古代神话传说，讲述了一个小女孩帮助一条拇指大的小鱼成长为巨大的鲲，让一个小男孩死而复生的故事。

该影片发生的场景源自福建永定客家土楼，其中承启楼、世泽楼、如升楼、永定廊桥济行桥等作为重要故事场景首次以动画形式呈现在荧屏中。影片背后体现的正是家和温暖，而这与客家人修建土楼的目的和意义正好吻合。这奇迹般的建筑群以及客家深厚的文化底蕴将赋予影片《大

仙师镇务田村入选"全国一村一品示范村"

2016年7月22日,仙师镇务田村入选农业部公布的第六批全国一村一品示范村镇,成为继金砂乡上金村后永定区第二个获得"全国一村一品示范村"称号的建制村。

务田村入选"全国一村一品示范村",得益于"六月红"早熟芋。该品种经龙岩、三明等市多年多点试种,大田平均亩产为2000公斤左右。其中,务田村种植面积最大,并且成立龙岩市永定区"六月红"早熟芋专业合作社。合作社种植的"六月红"早熟芋是全国上市最早的芋子,每年5月中旬上市,产品具有早熟、个大、粒圆、质地松软等特点。鲜芋中含抗衰老功能因子aVitE含量高出国内其他芋品种。"六月红"早熟芋注册"六月红"商标,取得"绿标"和无公害产品认证,并于2013年获得国家农产品地理标志和福建名牌农产品称号。

金丰酿酒举行建厂60周年庆典

2016年11月20日,永定区白酒产业的龙头企业——福建金丰酿酒有限公司举行建厂60周年暨福建金丰投资股份有限公司成立庆典大会。市相关部门和区政府领导陈荣水、廖方顺、王小庆、江峻伟、林寿杨、刘元刚、阙启旺,中国酒业协会常务副理事长王琦,福建酒业协会秘书长朱榕光,天津科技大学生物工程学院院长肖冬光,天津科技大学生物工程学院书记杜岩刚,龙岩学院经管院书记戴腾荣、院长蔡立雄,酿酒专家李明球,金丰酿酒历任厂长、干部以及众多行业媒体、商会及经销商代表等参加相关活动。

区人民政府代区长陈荣水向一路风雨兼程走来的金丰酿酒人表示问候。陈荣水说,金丰酿酒已经发展成为全省规模最大的米香型白酒企业,这不仅是量的扩张,更是质的提升。陈荣水希望金丰酿酒能够站在新的起点上,登高放眼新视野,厚植发展新优势,以建设"福建金丰酒文化创意产业园"为契机,推动企业从二产向三产跨界融合发展。陈荣水表示,永定区委、区政府已经将白酒酿造列入"125"产业格局之中,作为新兴产业全力扶持培育,正着手编制白酒产业发展规划,制订相关扶持政策和配套激励措施,永定区白酒产业正迎来一轮新的发展机遇,永定将打造成为"中国米香型白酒之乡"。

中国酒业协会常务副理事长王琦表示,白酒产业在当前的实体经济中表现良好。米香型白酒尽管主要覆盖福建、广东、广西等省区,但原料大米产地却遍及全国,这使之成为同第一、二、三产业最为密切的香型白酒。他同时表示,金丰酿酒将生态酿酒同生态旅游相结合,打造客家酒文化产业的长远规划,将在本轮行业深度调整中对米香型白酒的发展产生更大的贡献。

金丰酿酒有限公司董事长李荣柱表示,实现规模化生产,建章立制完善管理体系以及实现自身国际化和"走出去"的目标,是酒类企业成长发展的必经之路。金丰酿酒致力于打造集生态酿酒、旅游体验、酒道传播及休闲养生于一体的发展路径,推动客家酒文化的进一步传播,并力争实现上市目标。

金丰酿酒公司前身为1956年创建的国营永定县酒厂,距今已有60年的历史。2001年5月,改制为"永定县金丰酿酒有限公司"。2013年,通过引入战略投资机构对企业股权进行重组后,公司于2014年3月正式更名为"福建金丰酿酒有限公司"。

目前,金丰酿酒公司生产中心占地面积300余亩,固定资产近2亿元,年产白酒近2万吨。2016

年9月30日，金丰酿酒投资6亿元兴建金丰客家酒文化创意产业园。该项目用地面积18公顷，包括进行技术改造、厂容厂貌整治、增加生产线投入等环节，并将建造4万平方米储酒酒窖，生产能力将得到进一步扩大。

此次活动中，金丰酿酒同天津科技大学生物工程学院举行签约仪式，双方将就酿造技术、发酵工程、产品研发创新领域，推进产学研互动等方面进行深度合作，并共同成立产学研基地。

第一届海峡两岸汽车场地越野赛在永定开赛

2016年12月10日至11日，以纪念红军长征胜利80周年为主题的"瑶池集庆杯"福建省第五届汽车场地越野锦标赛暨第一届海峡两岸汽车场地越野赛在永定成功举办。来自海峡两岸的150多辆顶级赛车、300余名越野车高手展开激烈争夺。惊险刺激的比赛，让广大车友和上万名市民群众一起见证了激荡人心的速度与激情。

12月11日，国家体育总局原局长袁伟民、酒泉卫星基地原副政委于本城、中国汽车运动联合会主席詹郭军、省体育局副局长陈忠和等参加了开幕式。

此次汽车场地越野赛历时2天，分专业组、量产组、巾帼组三组进行。10日，举行预赛；11日，进入决赛。最终，专业组第一名被安徽亿海赛车队的赵向前夺得，量产组第一名是广西绿色风暴赛车队的董超海，巾帼组第一名来自福建长泰漂流赛车队的荣盼盼。

赛道设在凤城街道永岐路王屋路段。主办方结合当地的地理环境规划车道，根据国际越野赛场地标准，设置飞车台、蛇形阵、炮弹坑、深水坑等多种障碍，为赛车手发挥技术展示高超车技创造良好条件，突出赛事的竞技性、观赏性、趣味性，让现场观众大饱眼福。

"汽车越野赛具有比赛精彩度高、社会影响力大、参与人群消费能力强等特点，是体育赛事中的精品赛事。"福建省汽车运动联合会会长倪志钦表示。据介绍，汽车运动准入门槛较高，车手除了普通驾照外，还需拥有汽车比赛驾驶执照，参赛车辆一律配置专门的安全装置，车手都具备娴熟的驾驶技术、良好的体能素质和心理素质，才能在赛场上通过各种高难度的障碍，制造许多看上去特别紧张的"危险瞬间"，使汽车运动极具刺激火爆。

永定区是著名的侨台之乡、土楼之乡，是海峡两岸交流基地。永定还是客家故里，传承着敢于拼搏、勇于挑战的基因。正如永定区政府代区长陈荣水所说："今天，来自海峡两岸的越野车高手齐聚永定，就是客家精神的弘扬，也是土楼文化的传承，更是永定区继环土楼国际山地马拉松赛等赛事之后，又一场'土楼+体育运动'的盛宴。"

随着经济社会的全面发展，参与体育运动、强身健体已经成为人们生活的新时尚，越来越多的人崇尚户外体育运动。为顺应这一社会需要和发展潮流，永定区以实施"文旅兴区"战略为契机，不断组织开展各类体育赛事，推动体育与旅游深度融合，加快旅游新业态形成。

这次比赛由福建省社会体育指导中心、福建省客家企业商会、龙岩市体育总会、龙岩市永定区体育总会、福建瑶池集庆信息科技有限公司、福州客属文化传播有限公司主办，福建省汽车运动联合会、龙岩市永定区客家土楼越野俱乐部承办。

永定区淑雅溪水库工程下闸蓄水

2016年12月24日，永定区淑雅溪水库工程下闸蓄水。该水库是烟草部门援建龙岩市的第一座水源性工程项目，也是一座集灌溉、供水、防洪及改善生态环境于一体，具有综合效益的水利枢纽工程。

水库坝址位于永定区东北部城郊镇龙门村瑶前自然村下游200米处，距离下游的永定城区5公里。项目总投资2.4亿元，其中烟草行业投资8882.08万元。主要有大坝主体、施工导流、溢洪道、闸门、进水口、输水建筑物、大坝岸坡防护、坝顶装修、管理房等工程项目。拦河坝按50年一遇洪水设计，500年一遇洪水校核。

水库大坝主体工程自2013年5月2日动工以来，历时32个月，全面完成坝高52米，坝长200米，总库容为739万立方米、水利库容708万立方米的建设任务，属Ⅳ等工程；通过优化建设方案，用12个月的时间完成4.6公里的输水管道工程，并提前20个月向城区累计供水近900万立方米；期间，还兴建防汛通道公路、环库公路、灌区灌溉配套设施以及移民安置房等。

淑雅溪水库下闸蓄水投运后，可以承担5350亩农田灌溉及2.5万吨/天生活用水任务，保障和改善库区周边乡镇农田灌溉，提升抗灾减灾能力和生态建设水平，为促进地方经济持续快速发展提供根本保障。

湖坑镇、下洋镇初溪村入选全国第四批美丽宜居小镇、美丽宜居村庄示范名单

2016年12月28日，湖坑镇、下洋镇初溪村分别入选住房和城乡建设部公布的全国第四批美丽宜居小镇、美丽宜居村庄示范名单。

湖坑镇位于永定区东南部山区，距城区35公里，西与岐岭乡相接，北与古竹乡相靠，东与南靖县书洋镇相连，东南靠平和县芦溪乡，西南与下洋镇毗邻，是世界文化遗产——福建（永定）土楼所在重点乡镇、中国历史文化名镇、省级历史文化镇、全国首批特色景观旅游名镇、国家AAAAA级旅游景区——福建（永定）土楼所在核心区域，也是永定土楼旅游重要枢纽和旅游集散中心。总面积为36.5平方公里，其中山林面积13万亩，耕地面积23248亩，境内多山，东南高，西北低，低山丘陵和山间盆地相间；主要有五条溪流，汇入金丰溪，湖坑镇辖16个行政村，166个村民小组，2.4万人。出于聚族而居和安全防卫的需要，1949年以前，湖坑人居住的全部是以生土夯筑而成的土楼，至今不论大小村庄，土楼仍占绝大多数。据统计，该镇现有土楼1556座，其中圆楼83座（居全区各乡镇之首）。在湖坑镇众多的客家土楼中，以洪坑土楼群、衍香楼、振福楼、环极楼最具代表性。这些土楼大多建于明清时期，依山就势，布局合理，错落有致，体现了人与大自然融为一体，具有浓郁的山区民居建筑特色，构成神奇、古朴、壮观的画卷。

初溪村地处初溪上游，东临漳州平和县，南接湖山乡，距离下洋镇区15公里，是世界文化遗产——初溪土楼群所在地，是省级历史文化名村、省级生态文明村。初溪村下辖5个自然村，21个村民小组，现有常住人口2825人，全村面积16平方公里，其中耕地面积1962亩，山林面积13110亩，毛竹林面积6363亩。初溪村是旅游名村，有初溪土楼群、仙紫山、锅子紫等相应的景点。初溪村重视民生，全村医疗保险覆盖率达100%，养老保险覆盖率达98%。自然资源丰富，环境优美，是休闲旅游的好去处。距离世界文化遗产初溪土楼群3公里处有池牛岗观光山寨，途经姜文导演的电影《一步之遥》主人公结束生命的大风车景点。山寨地处海拔700多米的大山深处，周围有8000余亩的森林，是绝佳的天然氧吧。山寨集观光、娱乐、采摘、体验、饮食、住宿于一体，是理想的休闲、度假、旅游的山野避暑胜地；还是野外宿营、拓展运动的最佳场所。

在区委十三届二次全会上的讲话

市委常委 区委书记 王金福

（2016年9月20日）

根据区委常委会研究的意见，我先讲四个方面的问题：

一、把准形势，切实增强推进创新驱动和供给侧结构性改革的责任感紧迫感

为加快适应、把握和引领新常态，中央和省、市适时作出了实施创新驱动、推进供给侧结构性改革的重大战略决策。去年以来，习近平总书记反复强调，要坚定不移推进创新驱动，更加注重供给侧结构性改革，从顶层设计、政策措施直至重点任务，进行了部署。省委尤权书记在省委九届十六次全会、市委李德金书记在市委四届十一次全会上分别就推进创新驱动与供给侧结构性改革提出了明确具体的要求。全区各级各部门要切实把思想和行动统一到中央和省委、市委的部署要求上来，准确把握创新和供给结构现状，切实增强责任感和紧迫感，充分调动一切可以调动的因素，广泛凝聚方方面面的智慧和力量，同心协力营造推进创新驱动和供给侧结构性改革的良好氛围。

第一，创新驱动和供给侧结构性改革是引领经济发展新常态的必然要求。当前，经济发展进入新常态以来，宏观经济下行压力加大，经济增长换档减速，但部分地区由于在产业转型升级和创新驱动上快人一步，GDP仍然保持了两位数的增长。反观山西、东北三省等过度依赖资源的地区，创新和产业升级相对滞后，迟迟走不出发展困境。就永定而言，资源型产业一支独大。因传统煤炭、水泥持续下行，拖累GDP和财政增长。上半年，GDP仅增长6.5%，低于全市平均水平1.3个百分点；1—8月份，财政总收入虽然降幅收窄，但不容乐观。对这些问题，我们要精准把握、科学研判，不能把问题简单地归因于传统产业下行，把什么问题都往新常态的篮子里装、往体制调整的惯性思维上推，而要更多地从经济发展的内生增长机制上去找原因。从高新技术企业数量看，我区高新技术企业没有。从创新资源来看，创新平台和创新人才少之又少，全区仅3家市级企业技术中心，没有一家工程技术研究中心。在以科技创新为主的新一轮产业变革中，创新能力不足，只能做"跟随者"，被别人牵着鼻子走，永远被锁定在产业价值链的低端。因此，我们必须变中求新、新中求进，把创新驱动、人才强区作为优先战略，以供给侧结构性改革为突破口，加快走出一条人才强、科技强、产业强、经济强的发展路子。

第二，创新驱动和供给侧结构性改革是推动永定新旧动能转换的关键所在。当前，永定经济总量小、产业层次低、龙头项目少，特别是工业基础薄弱，资源型工业仍占据主导地位。在传统行业持续下行的大背景下，如果继续走依靠资源的老路，不在创新中有所作为，不把改善供给结构作为主攻方向，我们只会"坐吃山空"。我们决不能依赖现有产业的自然演变，不能固守体制转轨、经济转型的"过冬"思维，必须切实把创新驱动和供给侧结构性改革作为转型发展的关键，把创新驱动和供给侧结构性改革落实到建设创业创新秀美厚德的新永定的具体实践中去，研究出台有针对性的措施，逐个指标逐个节点抓好落实。

第三，创新驱动和供给侧结构性改革是全面深化改革的重要着力点。实施创新驱动、推进供给侧结构性改革的本质是全面深化改革，核心是体制机制创新，最终目的是推动经济发展步入快速健康轨道。当前，改革已经步入深水区、攻坚期，一些重点领域、关键环节仍未取得实质性突破，影响我区创新驱动、推进供给侧结构性改革的制度性和政策性障碍仍然不少。部门间互相推诿扯皮现象仍然存在，职能交叉部位存在改革

"盲区"；一些部门不作为、乱作为还个别存在。在比速度、比效率的今天，如果我们仍在按惯性、常规思路"出牌"，老是比别人慢半拍，永定"二次创业"将无从谈起。我们必须下定决心、下大力气加快破除体制机制障碍，优化发展环境，让创新驱动和供给侧结构性改革红利，加快转化为推动我区转型发展跨越发展的强劲动力。

二、明确目标，牢牢把握推进创新驱动和供给侧结构性改革的前进方向

创新驱动和供给侧结构性改革是我区当前和今后一个时期经济工作的主线。我们要进一步明确创新驱动和供给侧结构性改革的目标和主攻方向。总体要求是，牢固树立和贯彻落实五大发展理念，把握"转型发展、跨越发展"主基调，大力实施"工业强区、文旅兴区、生态立区、农业稳区"战略，把创新驱动作为第一发展动力，强化企业创新主体地位，着力以科技创新为核心，以产业转型升级为主线，以人才队伍建设为保障，紧紧围绕"三去一降一补"五大任务，优化存量、引导增量、主动减量，在变中求新、变中突破，全面激发经济发展活力，促进增长方式由资源依赖型向创新驱动型转变，加快建设创业创新秀美厚德的新永定。主要目标是，到2020年，创新型经济格局初步形成，创新能力显著增强，区域创新体系进一步完善，创新创业环境更加优化，科技促进内生增长和引领可持续发展的能力大幅度提高；供给侧结构性改革取得重要进展，供给能力和水平显著提升，新的产品供给体系和服务供给体系基本形成。主要指标是，到2018年，全区地方煤炭产能控制在190万吨/年左右；水泥总产能控制在800万吨/年左右；商品房去库存化周期控制在18个月内；全区金融机构杠杆率更趋合理，企业直接融资占全部融资比例的25%左右。到2020年，科技进步对经济发展的贡献率明显提高，高新技术产业增加值和战略性新兴产业增加值占地区生产总值的比重分别达到16%和15%；全社会研发经费投入占GDP的比重达1.9%以上。

推进创新驱动和供给侧结构性改革是一项系统工程，我们一定要用辩证的思维、系统的方法来推进，妥善处理好五大关系：一是有效供给与有效需求的关系。我们既要立足"二次创业"实际，进一步增加有效需求，继续发挥投资的第一拉动作用，保持投资增幅高于全省、全市平均水平；又要从品牌化、个性化、智能化等方面入手，多中选好、好中选优，增加中高端产品供给和优质服务供给，切实提升经济增长的质量。二是"加法"与"减法"的关系。供给侧结构性改革重在调整供给结构，增加合理、高效的部分，去除冗余、低效的部分。"加法"要扬长补短，在做优做强优势产业、扩大有效和中高端供给的同时，抓住经济社会发展的薄弱环节，通过补强基础设施、公共服务的短板，提升宜居水平，促进人流、物流、资金流、信息流在永定汇聚叠加，增强发展动能。"减法"要以退为进，一方面立足转型升级，通过延伸链条、兼并重组的方式，减少无效和低端供给，把过剩产能转化为有效产能；另一方面致力"腾笼换鸟"，通过关闭淘汰、破产清算的方式，实现市场出清，为新产能腾出生态环境容量，为创新要素腾出作为空间。三是立足当前与着眼长远的关系。实施创新驱动和推进供给侧结构性改革既要解决当前突出矛盾和问题，又要着眼长远搞好谋划。当前，永定基础薄弱，经济下行压力大，稳增长任务繁重，亟须引进实施一批"短、平、快"项目，填补煤炭产业"缺口"，为"二次创业"奠定坚实基础。同时，又要发挥后发优势，以功成不必在我任期的境界，科学谋划、准确定位、久久为功，着力引进一批有创新、"高、精、尖"项目，带动产业发展向中高端水平迈进。四是政府与市场的关系。一方面，凡属市场能解决的，政府要简政放权，应放尽放，应清尽清；凡属政府职责范围的，政府该管就管、管出水平。另一方面，对市场管不了、管不好或不能有效解决的事情，政府要及时介入，加强行政干预。只有实现市场和政府优势互补、协同发力，才能更好地推动转型发展跨越发展。五是主要矛盾与次要矛盾的关系。当前，永定经济总量小、综合实力弱、发展不充分，是我区面临的主要矛盾；产业内部结构不合理、产业关联度弱则是次要矛盾。今后一段时期，全区上下最紧要、最迫切的任务还是加快发展，努力在加快发展中做大总量、优化存量、提升质量、增创优势。

三、突出重点，抓实抓好推进创新驱动和供给侧结构性改革的各项工作

创新驱动和供给侧结构性改革密不可分，相辅相成、相互促进，我们必须在实践中统筹把握、重点突破，注重从五个方面下功夫：

1.要在创新发展上下功夫。创新是供给侧结构性改革最核心的环节。一方面，要牢牢把握创新发展方向。紧紧围绕做大做强做优现有产业部署创新链、配套资金链、完善政策链，重点在光电信息、新型建材、文化旅游、白酒酿造、水泥石材等有基础、有条件的领域，组织实施强基固本工程，重点支持、优先突破，攻克一批关键技术、核心技术，赢得发展先机。同时，要紧跟科技发展潮流，在珠宝加工、生物医药、健康养生等领域发展一批新产业，在农产品加工等领域开发转化一批新技术，在互联网产业等领域构筑提升一批新平台，在文化旅游、休闲农业等领域融合催生一批新业态，实现产业发展的高位嫁接。另一方面，要整合资源强化协同创新。面对创新基础薄弱、创新人才紧缺的现状，我们要用创新的思维、创新的办法来抓创新，着力构建政府主导、企业主体、部门协同的创新体系。重点要综合运用财政奖补、税收激励、成果收益、产权运用等措施，鼓励企业建设工程技术研究中心、企业技术中心、重点实验室，大力发展科技中介服务，积极探索产学研融合创新的模式。

2.要在集聚人才上下功夫。我们要把人才资源开发放在科技创新最优先的位置，重点抓好三个方面：一是育人才。要培育本土人才，继续推进教师、医生、农技员等发展急需人才的本土化培养，培育一批"土专家""田秀才"，努力造就一支留得住、用得上、带不走的人才队伍。要优化育才模式，在把侨荣职校、永定卫校打造成人才培养基地的同时，加强与龙岩学院、龙岩技师学院等大中专院校开展产教融合、校企合作、联合办学，加快培养一批重点产业、重点学科、重要领域方面的本土领军人才。二是聚人才。要聚焦发展引人才，围绕"工业强区、文旅兴区、生态立区、农业稳区"战略，有针对性地在文化旅游和现代农业发展、城市规划、国有企业管理、资本运作等领域引进一批优秀人才，重点深入实施领军型创业人才引进、高端创新人才引进、永定籍人才回乡创业引进等"七大人才培养引进计划"，力争到2019年，我区人才工作走在全省前列，成为区域性人才高地。同时，要注重柔性引才，树立"不求所有、但求所用，不求常在、但求常来"的理念，通过"假日专家""星期天工程师"等模式，吸引一批流动性较强"海鸥"族人才在永创新创业。三是留人才。要主动对接中央、省、市系列人才政策，不折不扣地落实这次全会印发的《关于实施"人才强区"战略的意见》，鼓励各类人才领办项目、创办企业，促进各类人才发展实业、成就事业。要关心爱护人才，开辟人才服务绿色通道，特别是在住房保障、配偶安置、子女就学、医疗保障、社会福利等方面要给予倾斜，营造拴心留人的良好环境。

3.要在做强产业上下功夫。创新驱动和供给侧结构性改革，从根本上说就是要推动产业结构从低端向中高端迈进，形成以创新为支撑的经济发展模式和现代产业体系。我们要围绕党代会提出的发展战略，推动"125"产业向效益型、集约型、生态型发展，加快"二次创业"步伐。一是改造提升传统产业。传统产业是永定发展的"基本盘"。在主动化解煤炭落后产能的同时，一方面要抓技改提升，实施新一轮企业技术改造工程，提升传统产业发展水平，特别是石材产业，要加快永定红石材循环经济产业园建设，推进石材产业规模规范开发。另一方面要抓链条延伸，围绕产业链缺失环节,加快引进落地一批关联性强、能填平补齐产业链的配套项目,重点要发挥建材产业消纳废弃物的特性,积极拓展煤矸石、建筑废弃物、石材开采废弃物向优质建筑材料转变的产业链,促进建材产业生态化发展;在水泥方面,要发展预拌混凝土等水泥深加工产品,推动传统水泥向特种水泥、专用水泥迈进。二是扶持培育新兴产业。新兴产业是永定发展的"新动能"。要紧盯光电信息、生物医药等新兴产业,延链、强链、补链,促进产业由小到大、由弱到强,着力打造在全市有影响力的产业集群。光电信息产业要依托光电信息产业园,发挥鑫华通项目的龙头引领作用,培育建设海西百亿级光电产业集群;生物医药产业要加快采善堂制药技改升级步伐,发展壮大巴戟天、铁皮石斛、金线莲等中药材种植基地,开发中药材养生保健产品,提高附加值、延伸产业链;白酒酿造产业重点扶持金丰酿酒、三堡高粱、土楼酿酒等企业做大做强,加快打造"清香型"白酒产业集群;清洁能源产业要加快华润湖坑风电项目建设,推进岐岭、湖山、堂堡等风力发电项目落地,积极对接龙湖核电项目,推动能源产业集群发展。三是加快发展现代服务业。要以提升生产便利化、生活优质化为目标,突出抓好现代物流、现代商贸、金融服务、健康养生、互联网、文化创意等现代服务业发展。尤其要以文化旅游为龙头引领,在做好世遗土楼保护、扎实推进景区整改的同时,加快发展休闲体验、购物体验、文化娱乐等"文化+"业态,力争到2020年,文化旅游产业收入突破100亿元。

4.要在优化环境上下功夫。良好的发展环境,是推进科技创新的土壤。要构筑创新平台。引导优质科技资源向企业集聚,优先在行业骨干企业、高新技术企业和战略性新兴产业领域布局建设一批市级以上研发平台,加快光电信息产业园、省级互联网产业孵化园、军民融合创新示范园建设,发展低成本、便利化、全要素、开放式众创空间,形成"创新苗圃+孵化器+加速器"梯级孵化体系,促进大众创业、万众创新。要完善创新机制。要发挥好考核"指挥棒"的作用,建立健全科技创新考核评价体系,强化落实创新驱动发展的责任机制。要进一步完善财政投入、政策配套、产权保护、收益分配等机制,为创新提供全方位、多层次的支持服务,切实减轻企业创新负担,提高创新收益。三是优化创新环境。要转变政府职能,厘清政府与市场、企业间的关系,深化简政放权、放管结合、优化服务改革,充分调动市场主体积极性。要积极构建"亲""清"新型政商关系,落实好各项惠企安商政策措施,让创业者充分体会到权利平等、机会平等、规则平等。同时,要培育创新文化,加强科普工作,营造热爱科学、敢闯敢试、宽容失败的创新氛围。

5.要在补齐短板上下功夫。基础设施、公共服务和民生保障是我区供给体系中的短板。要加快策划、储备、实施一批工程包,把补短板落实到具体项目、具体工程和具体资金上。要提升基础设施供给。重点推进城区公交体系及停车设施建设,完善综合交通运输体系,加快构建"一港两站三横四纵十联十通"交通路网格局,提高城乡污水垃圾处理率,完善农村电网、安全生态水系等基础设施,切实解决我区基础设施建设不足和实际需求不断增长之间的矛盾。要优化公共服务供给。加快发展学前教育,推进义务教育薄弱学校改造,促进义务教育均衡发展,提升教育供给质量和水平。稳步推进深化医药卫生体制改革综合试点,加大医疗卫生人才队伍建设力度,推进区、乡、村三级医疗机构达标建设,完善医疗卫生体系。三是完善民生保障供给。全面打好脱贫攻坚战役,重点推进易地扶贫搬迁,实现精准脱贫。积极扶持各类养老机构发展,引导民营资本投资健康养生项目。加大环境治理力度,持续改善重点流域和龙湖生态环境。加快推进下洋、龙潭特色小镇和19个美丽乡村建设,打造一批宜居宜业的新型城镇。

四、冲刺攻坚,全面完成"十三五"开局之

年目标任务

加快永定发展，必须立足当前、精准发力、狠抓落实，确保全面完成今年目标任务。

1.紧盯目标，倒排时序任务。今年来，全区11项主要经济指标总体保持了前低后高、企稳回升、稳中向好的运行态势，其中规模工业总产值、固定资产投资、社会消费品零售总额等3项指标保持了两位数增长。同时，也要看到，一些经济指标与年初既定目标相比还存在一定的差距，特别是反映经济运行"晴雨表"的工业用电量和体现经济运行"质量"的财政总收入等2项指标，要完成年初既定的增长目标，任务艰巨。现在距离年底只剩下100天时间，各级各部门特别是经济指标的牵头主管部门要切实增强责任感和紧迫感，把稳增长当作首要任务，对每一项经济指标进行细化研究，采取综合措施，倒排时序进度，奋力冲刺100天，力争全面完成年度目标任务。特别是财政收入这项指标，要组织财政、国地税等部门进行专题研究，拿出切实可行的增收措施，想方设法、补齐缺口，尽全力缩小与年初目标的距离。

2.突出重点，打赢"三大战役"。"三大战役"是实现全年发展目标的关键抓手，要分战役抓落实、抓推进。项目落地攻坚战役方面，1—8月份，我区"五个一批"项目中新签约、新开工和增资项目较少，完成率分别排在全市第9位（末位）、第6位和第7位。从1—8月份全区招商引资工作情况看，累计签约合同、协议项目59个，占年度计划的61.4%；新开工项目11个，占年度计划的18.9%；标准厂房完成2115平方米，仅占年度计划的1.3%；特别是34个区直部门中，还有将近一半的部门没有突破招商项目。全区上下要进一步传导压力，落实项目推进责任，确保项目落地攻坚战役取得实效。我这里再次强调，招商引资工作年底如果完不成，区委区政府将坚决启动问责追责程序。脱贫攻坚战役方面，易地搬迁及小额信贷发放均取得一定进展，已落实异地搬迁贫困户1168户3861人、发放扶贫小额贷款1265万元，分别占全年计划的94%和84.3%，但落实异地搬迁选址差距仍然较大，仅完成市下达任务的53%。全区上下一定要增强紧迫感，保障经费力量、加快工作进度，坚决完成全年1604户5591人的脱贫攻坚政治任务。生态环境保护战役方面，要紧抓省委省政府大力实施生态省建设战略的机遇，认真对照《国家生态文明实验区（福建）实施方案》提出的6个方面26项重点任务和38项改革成果，着力策划实施一批生态建设领域的项目，积极向上对接争取支持。同时，永定工业园要用好市级扶持资金，完善园区基础设施建设，加快已开工项目进度，推动签约项目尽快启动建设；永定红石材循环经济产业园要加快采矿权整合及园区规划建设，培育传统矿业新增长点；新上报的第三批国家专项建设基金和第二批省级投资工程包，发改部门要及时跟踪、主动沟通对接，争取更多的项目列入国家和省级盘子。

3.主动作为，持续转变作风。要持续深入开展"两学一做"学习教育，下大力气抓好市委2号意见的贯彻落实，加强正风肃纪，持之以恒纠正"四风"，坚决杜绝"慵懒散拖""为官不为"现象。要进一步弘扬敢为天下先的客家精神，促进各级领导干部敢担当、重实干，特别是面对项目落地、招商引资、脱贫攻坚等当前重点工作的困难和问题时，做到不回避、不逃避，系统研究，采取措施逐一解决，保证各项工作有进展、有成效。要进一步抓好区第十三次党代会的贯彻落实，对"工业强区、文旅兴区、生态立区、农业稳区"等重点工作要逐项制定工作方案，做到有目标、有抓手、有进度、有考核，确保区党代会作出的各项决策部署落到实处。

同志们，推进创新驱动和供给侧结构性改革是加快永定转型发展、跨越发展的关键，必须抢抓机遇、全民动手、真抓实干。让我们紧密团结在以习近平同志为总书记的党中央周围，在省委、市委的坚强领导下，齐心协力、真抓实干、敢于担当，加快创业创新秀美厚德的新永定建设，以优异成绩迎接省、市党代会的胜利召开!

附:有关名词解释

1.供给侧结构性改革:从提高供给质量出发,用改革的办法推进结构调整,矫正要素配置扭曲,扩大有效供给,提高供给结构对需求变化的适应性和灵活性,提高全要素生产率,更好满足广大人民群众的需要,促进经济社会持续健康发展。

2.商品房库存去化周期:即商品房的销售周期,一般是用当年待售面积/年均销售面积计算得出。

3."海鸥"族人才:指人才在两个甚至多个国家(地区)间循环流动。

4.一港两站三横四纵十联十通:"一港"指龙湖旅游客运港,"两站"指永定汽车站、高铁永定站,"三横"指东西贯穿全境的永定至上杭和南靖高速、国道G357线、G319经龙潭、抚市、湖雷、永定城关接永梅出省通道,"四纵"指龙梅铁路扩能改造、双永高速、国道G235线、龙岩中心城市至土楼快速通道,"十联"指建成10条与高速公路、国省干线相联结且标准为二级公路的县道,"十通"指境内设立10个高速公路互通。

5.五个一批:谋划一批、签约一批、开工一批、建成一批、增资一批。

大事记

2016年

1月

4日 永定城区礼田景观大道竣工通车。该大道位于永定城区北环路南侧礼田片区、客家古镇项目的东侧。项目总投资2600万元，道路全长940米，宽度24米，桥梁长约27米，道路等级为城市次干道，是永定城区连接永定北高速出入口和客家古镇对外疏散交通的主要道路。

6日 在政协龙岩市永定区第九届委员会第五次会议上，廖方顺当选为永定区政协主席。

9日 龙岩经济技术开发区（龙岩高新区）正式挂牌，全面承接新罗区东肖、红坊和永定区高陂、坎市、培丰、虎岗等6个镇党的建设和经济社会发展管理职能，标志着两区整合一体化实质性运行。

9—10日 2016年海峡两岸暨香港地区群众乒乓球赛在永定开赛。来自香港、台湾地区以及福建、广东、江西等内地省市共14支代表队200多名乒乓球爱好者参赛。乒乓球奥运冠军陈龙灿、乔红出席闭幕式，并向永定区土楼队（第一名）等获奖球队颁奖。

9—13日 "中国带路·土楼写生——国家画院黄格胜工作室画家作品展暨抚市永隆昌土楼写生"活动在抚市镇举办。

15日 仙师至峰市公路改建工程建成通车。该公路是永（定）梅（州）出省通道的重要路段，被列入省交通运输厅"镇镇有干线"的重要项目。该项目于2015年7月底开工，全长3.65公里，按二级公路标准改建，工程投资1683万元。

16日 永定首次举办场地汽车越野赛，来自华东六省的近百名车手参赛。来自福州极速越野俱乐部的姚祖焰和蔡斌分别获得本次比赛的男子组和巾帼组冠军。

25日 省政府检查组到永定检查指导防寒防冻工作。检查组由省林业厅副厅长王宜美，省农业厅、海洋渔业厅、水利厅等单位的专家组成。

27日 万达集团旗下的北京万达旅业投资有限公司（简称万达旅业）与福建永定土楼签约仪式在永定区宾馆举行。双方约定在土楼旅游营销、旅游管理、资本注入等方面进行深度合作。

28日 民政部督查组到永定专项督查冬春救助工作。督查组由民政部救灾司副司长胡晓春、救灾司减灾处处长胡俊锋、国家减灾中心评估与应急部副主任赵飞组成，省民政厅副厅长罗万荷等陪同督查。督查组详细了解2015年全区发放救助款、救济物、群众过冬生活安置、重建政策落实等情况。

2月

1—3日 CCTV-13（中央电视台新闻频道）《瞰年》栏目组以航拍的形式到永定土楼录制春节特别节目。

5日 深圳市爱迪尔珠宝股份有限公司董事长苏日明、深圳市嘉华婚爱珠宝有限公司董事长苏建明等一行12人到家乡永定，考察珠宝文化创意产业园项目。

7日（除夕）至9日（正月初二） 中央电视台春节特别节目《瞰春》栏目推出《走进土楼，品味客家年味》，并先后4次在央视新闻联播、朝闻天下和新闻30分轮番播出，央视新闻客户端和网站及时推出。节目展示永定客家人开门敬神、舞龙舞狮、赛大鼓、天后宫祈福、手打牛肉丸、土楼年夜饭等独具客家特色的春节民俗。

10—11日 国家创新与发展战略研究会会长、中央党校学术委员会主任、中宣部原常务副部长、中央党校原常务副校长郑必坚，国家创新与发展战略研究会副秘书长牟卫民等等一行到永定海峡两岸交流基地、洪坑民俗文化村、客家家训馆、客家博览园，对永定的旅游发展、文化产业、客家民情进行调研。

14日 市委书记李德金到永定调研，并向永定区干部群众致以新春的问候和祝福。

3月

8日晚 永定举行大美客家暨"写好中国字，说好客家话"倡导仪式文艺晚会。

14日 永定珠宝文化创意产业园区、福建省日月尊珠宝文化有限公司在区互联网孵化园分别揭幕和开业。

16日 来自台湾、广东、广西、湖南、贵州、江西等10个省（自治区）的22名全国掌心众扶公益社区爱心人士到西溪乡礼田村、湖雷镇上湖村，为20户特困残疾人、重度残疾人共发放慰问金2万元。

18日 以中央红色交通线为题材的微电影《血脉》，在当年"永定交通大站"所在地金砂乡开机拍摄。7月1日，完成制作并举行首映式。

25日 文化部部长雒树刚到永定考察客家文化，了解基层文化阵地和队伍建设。文化部部长助理于群，国家文物局党组成员、副局长宋新潮，文化部人事司司长汪志刚，文化部财务司司长赵雯，福建省文化厅厅长陈秋平，省文物局副局长舒琳等参加考察活动。雒树刚一行先后考察振成楼和"客家家训馆"，连连称赞客家家训实在好；还观看客家民间艺人和十番乐队的表演，对永定民间传统音乐的艺术价值给予积极的评价，对重视保护传承工作和基层文化建设给予充分的赞许。

是日 省委、省政府召开第四届杰出人民教师座谈会。永定一中高级教师、特级教师李秀菊被授予"福建省第四届杰出人民教师"称号。

27日 万达集团旗下北京万达旅业投资有限公司（简称"万达旅业"）与永定客家土楼合作签约仪式暨"永定土楼十万达人游"及研学游产品推介会在厦门万达广场举行。双方共同签署《福建土楼永定景区营销托管合作协议》《龙岩市永定区旅游合作意向协议》。

29日 十二届全国人大常委会副委员长、民盟中央主席、中国和平统一促进会副会长张宝文考察海峡两岸交流基地永定客家土楼。省人大常委会副主任彭锦清，市人大常委会主任饶作勋等陪同考察。张宝文参观振成楼和"客家家训馆"，对永定区把文化旅游产业作为精准扶贫、促进农民增收的做法表示肯定。

是日 文化部司局级领导干部培训班学员到永定现场教学，先后走访参观海峡两岸交流基地天子温泉度假村、客家博览园和永定土楼等文化建设项目。

30日　台湾"农村美"国际观光发展协会理事长黄翠文一行到永定考察交流，为受资助的贫困学生发放助学金并参加客家土楼文创座谈会。在资助仪式上，黄翠文向受资助的10名中小学生送上每人1000元的助学金。

31日　全区领导干部大会召开。市委常委王金福兼任永定区委委员、常委、书记，刘先裘不再担任永定区委书记、常委、委员，另有任用；陈荣水任永定区委委员、常委、副书记（正处级），提名为永定区人民政府副区长人选。

4月

11日　中共中央统战部副部长、国家民委党组书记巴特尔考察永定客家土楼。国家民委办公厅主任张京泽、研究室副主任马国华，副省长洪捷序，省政府副秘书长陈照瑜，省民宗厅厅长黄进发，省委统战部副部长李家荣，市政协主席温锡浩等陪同考察。巴特尔一行先后考察振成楼和庆成楼内的"客家家训馆"，并参观了洪坑村的美丽乡村景观。

19—21日　由台北市永定县同乡会暨中华福建闽西客家文化交流协会理事长黄建兴与台北市苗栗县同乡会理事长苏文龙共同组织的"两岸客家文化交流团"一行80人到永定参访交流、寻根探亲。

20日　国家淘汰落后和过剩产能考核组到永定，检查全区已关闭煤矿工作。考核组由国家能源局煤炭司副巡视员李豪峰，工信部电子司副调研员金磊，人社部、人民银行等部门工作人员组成。

23日　永定区首届"土楼清风·客家家训"中小学书法大赛在永定三中体育馆举行。该次大赛书法作品紧紧围绕报国兴家、清正廉洁、崇文重教、孝亲敬老、勤俭持家等主题，精选湖坑振成楼、奎聚楼、抚市永隆昌楼、古竹书田楼等大门上的对联作为书写内容。87名学生进入决赛，按高职组、初中组、小学高年级组、小学低年级组4个组决出一等奖至三等奖若干名。

24日　参加全国新闻单位夜班编辑"重温长征史，重走长征路"主题走基层活动人员50余人走进永定，参观永定土楼、张鼎丞纪念馆和永定暴动陈列馆。

25—26日　市人大常委会主任饶作勋率领调研组到永定，调研旅游、文化、民生、农业等项目建设工作。调研组一行先后察看湖雷镇现代设施农业、淑雅溪水库建设现场、客家古镇建设现场、下洋镇初溪古村落古民居保护情况，并召开座谈会。

27日　来自中东欧16个国家和地区的作曲家们到永定客家土楼开展采风创作活动。该次采风活动由文化部主办，为中东欧国际艺术论坛的子项目，旨在进一步加强中国与中东欧国家文化合作交流。在土楼采风期间，作曲家们参观振成楼和"客家家训馆"，观看客家山歌、十番音乐和其他民间艺人的绝艺表演，并与永定民间艺术家们开展深度交流。匈牙利作曲家托马斯（音译）表示，土楼乡间与他匈牙利的家乡一样美丽，神奇的土楼建筑和优美的客家山歌给他带来强烈的震撼和创作灵感。

28日　省人大常委会副主任、省委副秘书长、省委办公厅主任潘征，省委副秘书长赵彬，省委办公厅办公室主任严诚等一行到永定调研党委办公室工作。

是月　永定一中生活区南舍公寓正式投入使用。该公寓以"简约中式"作为设计主旨，采用环形连廊的布局形式，总面积近5000平方米，总长36米，共7层，可住960人。

5月

4日　由团区委和区民政局共同发起的永定区社会工作者协会正式成立，全区80名会员参加成立大会。

6—7日 以全国政协副主席马飚为组长，全国政协委员、中国美术家协会主席刘大为，全国政协常委、中国文联副主席覃志刚为副组长的全国政协"繁荣社会主义书画艺术"调研组到永定调研考察。省政协副主席陈向先、市长池秋娜、市政协主席温锡浩等陪同调研考察。调研组先后考察世界文化遗产振成楼、福裕楼、衍香楼和"全国生态文化村"湖坑镇南江村，参观全国首家"客家家训馆"。

10日 山东省委常委、青岛市委书记李群，青岛市委副书记、市长张新起带领青岛市党政考察团到永定考察"客家家训馆"。省委常委、统战部部长雷春美，市委书记李德金等陪同考察。

16日 由中央电视台、中国电视剧制作公司、福建省委宣传部联合摄制的32集电视连续剧《绝命后卫师》摄制组，到下洋镇初溪土楼群取景拍摄。

是日 市长池秋娜到永定，深入龙湖库区和福建棉花滩水电开发有限公司开展调研。市委常委、永定区委书记王金福，市直有关部门负责人等参加调研。

17日 新加坡驻厦门领事馆总领事池兆森，总领事助理方琦等一行考察永定土楼振成楼和客家家训馆。

19日 中国著名作家，中国作协原党组成员、书记处书记，高陂镇人张胜友被国务院聘为"中央文史研究馆馆员"，是闽西历史上首位获此殊荣者。8月17日，中共中央政治局常委、国务院总理李克强在中南海紫光阁向其颁发聘书。

19—22日 来自美国德克萨斯州休斯敦郊区七湖高中、祖籍永定的17岁选手廖星宁（中文又名廖路安，英文名Aaron Liao），获得在威斯康星州的美诺盟尼举行的美国全国科学奥林匹克比赛模型飞机项目全国第一名。

24日 中央电视台《中国民歌大会》栏目组到永定，对客家山歌进行采风拍摄。栏目组一行采访山歌大王李天生；来到洪坑土楼景区，拍摄客家山歌对唱、联唱，树叶吹奏等表演。

是月 福建土楼梦幻剧场建设项目入选国家旅游局发布的《2016年全国优选旅游项目名录》。该项目计划投资3.8亿元，建设占地1.5万平方米、可容纳1500人的大型实景演出剧场。

是月 永定芋子包入选由省餐饮烹饪行业协会主办，省旅游局、省商务厅等单位指导开展的2016年"福建十大名菜"系列评选活动的"福建十大名小吃"项目。

是月 永定首次引入农用智能无人植保机，在湖雷镇上北村一处水稻高产示范片区上空喷射农药。

6月

3日 永定区古竹乡外出乡贤、深圳市"爱迪尔"珠宝股份有限公司董事长苏日明向古竹中小学捐赠64台电脑，总价值20多万元。

7日 永定区不动产登记局举行揭牌成立仪式，标志着永定不动产统一登记工作全面启动。

8日上午 永定区"十佳慈母""十佳贤妻"表彰仪式在区妇女儿童活动中心举行。

12日 下洋镇和抚市镇社前村、金砂乡西田村分别入选省政府公布的第五批省级历史文化名镇和省级历史文化名村。

15日 中组部"两学一做"学习教育协调小组督导一组副组长、中央党校组织部副部长王军敏，带领中组部"两学一做"学习教育督导组到永定区调研督导，了解永定基层党组织开展"两学一做"学习教育情况、特色做法，查找存在的问题，听取下一步工作部署。省委"两学一做"学习教育协调小组成员、省委巡视七组副组长、副厅级巡视专员周茂燕等参加调研。

18日 高速公路漳（州）武（平）线永定至上杭段工程开工建设。该段高速公路起于西溪乡礼田村，止于上杭县湖洋镇观音井，全长56.157公里（其中永定境内7.665公里），设计速度80公里/小时，主线采用双向四车道高速公路标准，路基宽度24.5米，概算总投资56.128亿元，建设期3年。

是日 杭州福建商会组织的"重走古田路，爱心献家乡"捐赠仪式在金丰中学举行。杭州福建商会向金丰中学捐赠总价值10万元的笔记本电脑20台。

22日 龙岩市首个学校分布式光伏发电项目——永定三中屋顶光伏电站一期工程成功并网发电，拉开龙岩市学校应用太阳能发电技术、普及低碳环保理念的序幕。永定三中分布式光伏发电项目总投资500多万元，该项目利用该校教学楼、实验楼、综合楼、体育馆的屋顶上方建设标准化太阳能电站，安装面积4000平方米，总装机容量500千瓦，采用380V电压等级并网，一期项目每年发电量超过26万千瓦时，系统寿命25年。

26日 受水葫芦灾害影响自2015年4月停航的龙湖峰市镇客运码头永定段洪山专线客运航道恢复通航。

是日 永定区庆祝建党95周年大会在区政府二楼会议室召开。

26—30日 市委常委、区委书记王金福，区政府党组书记、副区长陈荣水带队赴北京参加"走进闽西·携手发展"项目对接活动。先后前往北京、天津，拜访国家林业局、中国交通建设股份有限公司等单位，参观走访天津北斗乾星信息科技有限公司、北京宝莲纳新材料技术有限公司、北京市字节跳动科技有限公司、中国网库集团公司、北京农信互联科技有限公司等企业。

30日 永定区召开全区领导干部大会，宣布永定区人民政府主要领导的任职文件。根据省委、市委决定：陈荣水为龙岩市永定区人民政府区长候选人，区长的任职按法律程序办理。

7月

4日 市委书记李德金到永定区调研红色旧址。

8日 场景源自永定客家土楼的国产动画电影巨片《大鱼海棠》正式上映。承启楼、世泽楼、如升楼、新南村廊桥——济行桥等作为重要故事场景首次以动画形式呈现在荧屏中。

11日 永定区不动产登记中心挂牌成立。实行不动产统一登记后，土地、房产、林地等，将统一登记颁发"不动产产权证书"。此举标志着全区结束土地、房产、林地等不动产分散登记的历史。

13日 "2016年香港青少年学生'寻根之旅'夏令营永定客家文化营"（闽港学生夏令营友好结对交流仪式）在永定三中开营。活动由国务院侨办、省侨办、市外侨办和区外侨办联合主办，香港上水乡公所乡长、总领队廖润昌以及30多名香港廖氏宗亲参加开营活动。

13—15日 中共龙岩市永定区第十三次代表大会在海峡两岸交流基地（天子温泉）会议中心召开。会议确立"坚持转型发展跨越发展"的主题主线，提出大力实施"工业强区、文旅兴区、生态立区、农业稳区"战略，全面融入龙岩中心城市发展，建设创业创新秀美厚德的新永定。

15日 中共龙岩市永定区十三届一次会议召开。会议选举王金福为新一届区委书记，选举陈荣水、姜林芬为副书记，选举王金福、陈荣水、姜林芬、曾佑繁、陈文操、章溧斌、曹伯田、黄华凤、王小庆、蓝富雁、江峻伟为区委常务委员会委员。

是日 由中共龙岩市永定区第十三次党代会选举产生的区纪律检查委员会召开第一次全体会议，会议选举陈文操为新一届区纪委书记，选举李新钦、吴南祥为区纪委副书记，选举陈文操、李新钦、吴南祥、陈荣权、何文生、赖友滨、江浩洪为区纪律检查委员会常务委员会委员。

16—20日 2016年福建省"土楼酿酒杯"青少年跆拳道锦标赛在区体育中心举行。来自全省10支代表队546人参加比赛。

22日 仙师镇务田村入选农业部公布的第六批全国一村一品示范村镇，成为继金砂乡上金村后永定区第2个获得"全国一村一品示范村"称号的建制村。

26日　澳门"青年红色寻根之旅"参访团到永定,参观湖坑镇洪坑和下洋镇初溪土楼群。参访团由省政协常委、澳门福建同乡会会长张明星,澳门中联办协调部部长级助理高其兴等组成。

31日　由国务院侨办、省侨办、区外侨办联合主办的"2016年澳门青少年学生'祖国寻根之旅'夏令营永定客家文化营"在永定区举行。夏令营由澳门中联办协调部副处长黄勇文、澳门中华学生联合总会赵敏玲、澳门科技大学蔡珊珊共同担任领队,来自澳门科技大学、新华学校、教业中学等多所学校的53名师生参观活动。

是月　福建土楼永定旅游景区和永定下洋中川景区入选福建省100家智慧景区示范项目建设试点。

8月

3日　AAAAA级景区福建土楼永定—南靖旅游景区被国家旅游局给予严重警告通报。通报中称,该旅游区存在"野导游"扎堆现象,游步道安全隐患突出,厕所革命滞后,环境卫生差,车辆管理混乱,占道摆摊现象严重等突出问题。

5日、7日　为纪念红军长征胜利80周年,中国东方歌舞团大型环球经典音乐会《东方之声》分别在永定土楼和客家博览园广场(东溪)演出。该次到永定慰问巡演以"重走长征路,唱响东方情"为主题,分幸福的微笑、难忘的岁月、红色记忆、民族的脊梁等四个乐章。

9日　省政府副省长梁建勇到永定洪坑土楼景区调研环境整改工作。省政府副秘书长詹志洁、省商务厅厅长黄新銮、省旅游局局长吴贤德等陪同调研。

11日　峰市镇信美村、抚市镇里兴村、岐岭乡湖河村、合溪乡汤湖村、下洋镇富川村、高头乡高东村、大溪乡莒溪村、湖雷镇增瑞村等8个村被列为"十三五"期间全国乡村旅游扶贫重点村。

13日　10:30左右一辆载着台湾高雄福客旅游团队的大巴,在国道357线(原省道309线)湖坑镇新南村路段突遇山体滑坡,导致被推下路面引发翻车事故,造成1人死亡、2人重伤和20人轻伤。

15日　市委书记李德金,市委副书记、代市长林国耀到永定区调研指导工作。实地察看金丰酿酒技改项目和永定光电信息产业园孵化园建设项目,并召开座谈会,听取永定区工作汇报,与区领导班子进行座谈交流。

16日　北京市永定商会会长、北京宝莲纳新材料技术有限公司董事长李天伶一行到永定考察天子温泉、金丰酿酒厂、祥亿电子厂等多家企业和永定工业园区,详细考察永定区企业投资生产环境及工业园区建设情况。

17—18日　省文物局副局长舒琳率福建省世遗地巡视工作组到永定土楼巡视土楼保护管理工作。

20日　北京农信互联闽西运营中心在永定区互联网产业孵化园揭牌成立,标志着永定区"互联网+"农业现代项目的正式成立。

22日　中国民主同盟龙岩市永定支部委员会在永定区正式成立,有盟员11人。这是民盟龙岩市委的第15个支部,也是永定区成立的第一个民主党派组织。

24日　"中国华侨国际文化交流基地"在永定区的福建土楼博物馆揭牌。

28日　龙岩龙湖水上体育运动休闲基地开园仪式在永定区举行。该基地位于水域面积达65平方公里的龙湖湖畔,是龙湖综合开发的先行工程,也是永定区打造"东楼西湖"旅游格局的重要项目之一。项目建设分两期实施,占地面积1137亩(不含水域面积),总投资2亿元。

28—29日　台湾休闲农业与古村落活化专家团到古竹乡,开展为期2天的考察交流。

9月

2日　永定区在永定一中举行"勿忘国耻·圆

梦中华"纪念抗日战争胜利71周年百米书法长卷展。活动由永定区文联、区书法家协会、区老艺会、区老协会共同主办,永定一中承办。

4日 国家旅游局副局长魏洪涛到福建土楼永定景区考察AAAAA级景区整改提升工作。全国红色旅游工作协调小组办公室常务副主任罗迪辉,省旅游局副局长吴立官等陪同考察。

12日 华润永定湖坑风电场项目举行开工仪式。该项目计划总投资3.6亿元,建设规模48兆瓦,包括24台2兆瓦级风力发电机组、1座110千伏升压变电站,项目建设工期1年,是龙岩市第一个开工建设的风电项目。

19日 义门陈氏台湾宗亲一行16人,到岐岭乡海峡两岸义门客家文博馆寻根问祖、参访交流。

21日 代区长陈荣水专程赴武平县会见胡文虎基金会主席胡仙博士。2016年龙岩市省级扶贫开发重点县内外架桥暨精准扶贫对接会在武平县召开,有来自16个国家和地区的54位侨商参会,祖籍永定的胡仙博士出席并代表侨商讲话。

是月底 "海峡两岸交流基地"永定客家文化园的核心项目"客家博览园"基本建成开园。博览园由福建土楼博物馆、中原汉人南迁纪念坛、客家民俗演艺中心、客家文化广场、客家姓氏碑廊、观音寺、梦幻土楼剧场、商业购物街等16个子项目组成,总投资10.5亿元。

10月

8日 "张胜友文学馆(北山书院)"揭牌仪式在高陂镇北山村西门排举行。中宣部原副部长、中国作协原党组书记、中国作协名誉副主席翟泰丰,中国作协原党组成员、书记处原书记、现中央文史研究馆馆员张胜友,首都师范大学教授、博士生导师王光明,省文联副主席、省作家协会主席杨少衡,省委巡视办主任何英,共80余人出席活动。

11—12日 国家旅游局和省旅游局联合组织新华社、光明日报、中国网、新华网、福建日报、东南网等中央和省级以上主流媒到永定,实地采访永定土楼景区在环境整治、旅游秩序整治、交通整治、规范经营、保护建设等方面的具体做法,以及景区下一步工作计划和永定区全域旅游、厕所革命等方面的一些做法。

18日 省人大常委会党组副书记、副主任苏增添,省人大常委会委员、人事代表工作室主任翁卡等一行到永定调研区乡人大换届选举工作。市委书记李德金、市人大常委会主任饶作勋等参加调研。

是日 永定区被省科学技术协会命名为首批2016—2020年度福建省科普示范区。

是日 台湾南投县草屯镇交流参访团一行15人到湖山乡开展参访交流活动。草屯镇2015年与湖山乡签订为交流合作对接镇,该次参访意为加强两地沟通协作。

19日 永定区鼍(tuó)龙鳄鱼及生物科技开发项目签约仪式在区宾馆六楼会议室举行。该开发项目总投资6亿元,位于合溪乡汤湖村,由祖籍永定的泰国华人熊佑熊投资兴建,占地3587亩,年养殖鳄鱼2万尾,分五期建设。

20日 由河北省安监局副巡视员王新国一行6人组成的国家安监总局工贸行业安全生产重点工作省际交叉检查组到永定,开展工贸行业有限空间作业条件确认和粉尘防爆专项整治检查工作。

22日 市委书记李德金率领检查组到永定开展工作检查。

23日 市政府代市长林国耀到永定调研客家博览园项目工作。

29日 永定区举办龙湖信美湾观光垂钓采摘文化节。

11月

3日 永定光电信息产业园孵化器建设项目(一期)竣工,G357线永定城区至岐岭乡公路沥青路面改造工程、永定鑫华通智能终端产品产业园项目开工。

4日　纪念中共永定支部成立90周年座谈会在湖雷镇上南村召开。

5日　堂堡至虎岗公路在堂堡乡朱罗村开工。公路起于堂堡乡朱罗村，止于虎岗镇坑源村，路面宽6米，全长9公里。

是日　永定昌盛汽车检测线项目在永定工业园区"永定汽车物流园"开工建设。

是日　龙岩经开区（高新区）举行欣隆环保除尘设备扩建等11个项目的集中开竣工仪式，总投资28.71亿元，项目内容涉及环保装备、新材料、生态治理、基础设施、新农村建设等行业和领域。

9日　永定客家风情生态农业观光园正式开工建设。该园位于大溪乡大溪村，由福建诺誉现代农业科技有限公司投资兴建。项目占地2000亩，主要建筑面积1.5万平方米，总投资5.98亿元，主要从事种植和改良名贵树木花卉育苗、特色水果。

19日　"第二届中国最美乡村马拉松论坛"在永定举行。论坛以"建设健康中国、传播多元文化、推动体旅融合"为主题，围绕乡村马拉松"赛事研讨、融资合作、增强交流、市场展望"这一主旨进行讨论。

20日　以"追梦土楼·醉美永定"为主题的中国永定环土楼首届国际山地马拉松赛在永定举行。奥运冠军石智勇、张湘祥、何雯娜等出席开幕式。赛事由省体育局指导，区人民政府、市体育局、市旅游局主办。赛事共设全马、半马和土楼风情跑三个项目，来自中国、加拿大、韩国、日本等国家以及中国港澳台地区的4000多名选手参赛。最终肯尼亚选手获得全程马拉松男子组、半程马拉松男子组和半程马拉松女子组三项冠军，山东选手高萌获得全程马拉松女子组冠军。

是日　福建金丰酿酒有限公司建厂60周年暨福建金丰投资股份有限公司成立庆典大会在永定举行。该公司生产中心占地面积300余亩，固定资产近2亿元，年产白酒近2万吨。9月30日，投资6亿元兴建金丰客家酒文化创意产业园，建造4万平方米储酒酒窖。

是日　总投资1.1亿元的福建蓝屋畲族生态养生园项目在合溪乡下调吴村举行开工仪式。该项目占地100公顷，其中特色种养基地33.33公顷、优质果木场20公顷、特种鱼养殖场6公顷、生态林场40公顷，计划4年内全部建成。

22日　洪山乡上山村、陈东乡岩太村入选住房和城乡建设部公示的第四批中国传统村落名录。

26日　第十一届"苏步青数学教育奖"颁奖活动在浙江省平阳县举行。永定区城关中学特级教师童其林获得"苏步青数学教育奖"二等奖。

26—28日　马来西亚霹雳胡氏宗亲会会长、霹雳永定会馆副会长、拿督胡万乾博士率子女、孙子女一行12人回到祖籍地——下洋镇中川村开展寻根访亲活动。

29日　永定区淑雅溪水库工程下闸蓄水验收委员会专家同意水库蓄水。12月24日，淑雅溪水库工程下闸蓄水。水库坝址位于永定区东北部城郊镇龙门村瑶前自然村下游200米处，距离下游的永定城区5公里。项目总投资2.4亿元，其中烟草行业投资8882.08万元。2013年5月2日动工，历时32个月，全面完成坝高52米，坝长200米，总库容为739万立方米、水利库容708万立方米的建设任务，属Ⅳ等工程。拦河坝按50年一遇洪水设计，500年一遇洪水校核。

是月　龙岩市永定区被省农业厅列入第一批10个省级富硒农业产业开发重点县（区）之一。

12月

1日　市委书记李德金到陈东、岐岭、湖山和下洋等乡镇，调研农村建设发展情况。

2日　"不忘初心，情系家乡，艺术扶贫"著名画家沈钊昌慈善教育基金捐赠仪式在堂堡乡永定沈钊昌艺术中心举行。在该次活动中沈钊昌慈善捐款21万元，用于捐助学校爱心图书室、贫困学生"爱心书包"和慰问堂堡乡河坑村30户贫困户。

3—4日 稻草人魔幻艺术节在天子温泉国际旅游度假区举办。其中,"手工稻草艺术造型展"活动通过各种手工技艺和手法,主要用稻草秆,编织出一幅幅漂亮壮观的场景,造型各异,栩栩如生,观众无不称奇。

5日 区红土地公益协会成立暨第一届会员代表大会在永定宾馆举行。该协会组建于2014年3月,前身是"正能量公益平台永定站",登记在册的志愿者有100多人。

6—10日 由中国著名指挥家郑小瑛率领的福建交响乐团,在澳大利亚的墨尔本、霍巴特、悉尼三大城市举办大型交响音乐会《土楼回响》。此次巡演,是继"土楼西行""土楼东行""土楼北行""土楼南洋行"之后的"土楼环球行"最后一站"土楼南行"。

8—12日 "2016全国城市俱乐部筏钓巡回赛'永定土楼杯'福建龙湖分站赛"在龙湖信美湾举行。聚集了全国41家垂钓俱乐部、164名垂钓选手参赛。浙江温州渔人码头俱乐部、福建龙岩海斯特俱乐部和江西瑞昌俱乐部分别获得冠、亚、季军。

10—11日 以纪念红军长征胜利80周年为主题的"瑶池集庆杯"福建省第五届汽车场地越野锦标赛暨第一届海峡两岸汽车场地越野赛在永定举办。来自海峡两岸的150多辆顶级赛车、300余名越野车高手展开激烈争夺。最终,专业组第一名被安徽亿海赛车队的赵向前夺得,量产组第一名是广西绿色风暴赛车队的董超海,巾帼组第一名是来自福建长泰漂流赛车队的荣盼盼。

19—20日 水利部调研组到永定调研。调研组由水利部总规划师张志彤、水利部珠江委员会主任束庆鹏、国家防办督查专员王磊、水利部规计司处长石海峰等人组成。调研组对永定的水利建设、防汛抗旱等工作给予充分肯定,认为永定的相关工作措施有力,设施完善,成效显著。

21日 "顶新教师公寓"竣工剪彩仪式在古竹中学举行。"顶新教师公寓"总投资350万元,其中台湾顶新国际集团捐助200万元,深圳爱迪尔珠宝有限公司董事长苏日明捐赠100万元,剩余50万元通过区政府拨付和各界热心人士捐助解决。工程于2016年3月开工,建筑面积1675平方米,共24套住宅。

27—31日 区政协第十届委员会第一次会议在永定城区海峡两岸交流基地(天子温泉)会议中心召开。

28日 永定城区到龙岩中心城区的城际定制公交正式开通,实现龙岩中心城区到永定城区公交快速互通,进一步加快永定、新罗两区对接发展。永定至龙岩城际定制公交共投入16辆车,有19座和35座中型中级客车各8辆,线路分为K1线和K2线两条专线。其中,K1线在永定汽车站首班出发时间为6:00,龙岩动车站末班出发时间为19:15;K2线在永定汽车站首班出发时间为6:20,龙岩动车站末班出发时间为19:45。实行全程一票制10元/人次。

是日 湖坑镇、下洋镇初溪村分别入选住房和城乡建设部公布的全国第四批美丽宜居小镇、美丽宜居村庄示范名单。

28日 区第十七届人民代表大会第一次会议在永定城区海峡两岸交流基地(天子温泉)会议中心开幕。会议至2017年1月1日结束。

概 貌

·建置与自然地理·

【历史沿革】

永定古为闽越地,周时属七闽地,秦时属闽中郡,汉初属闽越国,三国时属吴国的建安郡,晋时属晋安郡新罗县,南北朝时先属晋平郡后属南安郡,隋时先属泉州后隶闽州;唐初属新罗县,唐大历四年(769),在湖雷下堡置上杭场,永定为上杭场属地,直隶汀州。宋淳化五年(994),上杭场升县,县治设于秋梓堡(今高陂北山),永定为上杭县属地。

明成化十四年(1478),析上杭县溪南、金丰、太平、丰田、胜运等五里十九图设置永定县,隶属汀州管辖,直至清代未改变。取名永定,"冀自今以往永远平定"(明嘉靖《汀州府志》)。县治设于溪南里田心(今凤城)。

民国初期,先后属西路道、汀漳道管辖。民国14年(1925)废道,直隶福建省。民国22年(1933)"福建事变"时,属龙汀省。次年,"福建事变"失败,属第七行政督察区。之后,先后属第六、第七行政督察区。

1949年8月23日,永定县全境解放。同年9月1日,永定县人民民主政府在湖雷宣告成立。中华人民共和国成立后,先后属第八专区、龙岩地区、龙岩市管辖。2014年12月13日,经国务院批准,撤县设区。2015年2月9日,龙岩市永定区举行成立授牌仪式。

永定是全国著名的革命老区,是中央苏区重要组成县份,被誉为"红旗不倒之乡"。1926年初夏,成立福建省第一个中共农村支部——永定支部(后称上湖支部)。1928年6月底至7月初,举行震撼八闽的"永定暴动"。红军北上长征后,永定地方革命武装坚持长期的地下斗争,直到中华人民共和国成立。

【位置境域】

永定区位于福建省西南部,介于北纬24°23′—25°05′、东经116°25′—117°05′之间。东连南靖县,东南与平和县交界,西南与广东省大埔县、梅县接壤,西北与上杭县相连,东北与新罗区毗邻。全境东西最宽距离68公里,南北最长距离80公里,总面积2226.5平方公里。

区人民政府驻地在区境西南的凤城街道。北距龙岩市驻地新罗区公路里程67.4公里,铁路里程

65公里;东北距省会福州市公路里程375公里,铁路里程456公里;永定城区经龙岩至厦门市高速公路里程222公里,铁路里程227公里;西南距深圳市公路里程600公里,铁路里程650公里。

【地形地貌】

永定地处博平岭山脉和玳瑁山山脉地带。地势东北高、西南低。境内群山起伏,有千米以上的山峰25座。大致以永定河为界,分东、西两大部分:东部是博平岭山脉向西南延伸的中低山,西部属玳瑁山山脉的中低山。此两条山脉分别从新罗区的小池及适中进入虎岗与培丰、龙潭后,向南、东南和西南方向延伸,沿着永定河、金丰溪、黄潭河及汀江下游两岸倾斜,分别形成3种地貌类型:中山区和低中山区,约占40%;丘陵,约占15%;河谷盆地和山间盆地,约占45%。最高点为虎岗镇汉洋村赤岩头,海拔1547米;最低处为仙师镇芦下坝永定河末端,海拔69米。主要河流有永定河、金丰溪、黄潭河、汀江干流。

表1　　　　　　　　　　　永定区部分乡(镇)驻地海拔表　　　　　　　　　　　单位:米

乡(镇)	仙师	洪山	凤城	下洋	坎市	抚市	堂堡
海拔	154	166	184	198	260	263	267
乡(镇)	高陂	岐岭	湖坑	合溪	古竹	湖山	湖雷
海拔	310	330	360	400	426	550	209

·资　源·

【矿产资源】

永定已探明矿物有44种,其中能源矿产2种、金属矿产24种、非金属矿产17种、水气矿产1种。已探明资源储量的矿产地85处,其中大型矿床1处、中型矿床2处、小型矿床20处、零星矿床62处。对煤、地热、水泥灰岩、饰面石材、铁、锰、铅、锌、钼、耐火黏土等10种矿产进行程度较高的地质勘探工作,已探明可观的资源储量。2016年,全区设置采矿权112个,其中煤炭矿山45个、水泥灰岩矿山24个、饰面石材22个、有色金属(铁、锰、铅、锌、钼)6个、地热和稀土各1个、建筑石料13个。

【水力、地热资源】

永定境内溪流众多,分属汀江、九龙江、梅江三大水系,水力资源丰富。水力资源理论蕴藏量121.7万千瓦,可开发73.1万千瓦,已开发70.5万千瓦,占可开发量96.5%。流域面积100平方千米以上的河流有汀江、永定河、金丰溪、黄潭河、抚溪、岐岭溪。国家重点工程——装机容量60万千瓦的棉花滩水电厂于1998年1月30日动工兴建,2001年12月4台机组全部建成并投入发电,为福建省第二大水电厂。

永定地热资源丰富,居龙岩市前茅,已开发利用的温泉有9处,其中凤城1处(稻耙街)、合溪1处(汤湖)、城郊2处(箭滩、龙安寨)、下洋5处(下墟、新墟、太平寨、中川汤子阁、东坑)。年产热水量计255万立方米以上(按360天)。涌水量大多为0.3—0.5升/秒,其中合溪汤湖的流量最大,每秒达17.8升。水温以合溪汤湖、下洋下墟的为最高,在60℃—80℃之间。矿化度0.2—0.5克/升。水质类型为碳酸氢钠型水。

表2　　　　　　　　　　　　　　　　永定区主要矿藏分布表

类别	名称	单位	储量	分布乡(镇)、村
金属矿	金(沙金)	公斤	157.00	高头及已淹没的峰市河头城
	多金属(铜、铅、锌、锡、钼、铌、钽、钛、钴)	万吨	1.70	城郊上下湖、湖山、湖雷
	稀土	万吨	2.00	湖山、湖雷、仙师、合溪、古竹、城郊、西溪
	铁、锰矿	万吨	500.00	城郊樟坑、虎岗灌洋、合溪汤湖、三里、龙潭双溪、金砂上金、抚市龙川、培丰寨背炉
	铅锌矿			培丰、合溪、湖雷
	钨矿			湖雷藩坑
非金属矿	煤	亿吨	3.60	虎岗、高陂、坎市、培丰、抚市、龙潭
	石灰岩	亿吨	7.34	虎岗、高陂、坎市、培丰、抚市、龙潭、湖坑
	高岭土	万吨	124.00	湖雷、合溪、仙师
	铝土矿			培丰大排、抚市、高陂
	石英砂	万吨	5000.00	高陂、湖坑
	钾长石、水晶	万吨	100.00	湖山
	石墨			岐岭、湖坑洋多
	红色花岗岩	亿立方米	22.80	洪山、峰市、仙师、城郊、大溪
	片麻岩	万立方米	1000.00	西溪、合溪
	闪长岩	亿立方米	1.00	陈东、古竹
	辉绿岩	万立方米	30.00	合溪、城郊
	辉石闪长玢岩	万立方米	17.00	湖雷
	黑云母花岗岩	亿立方米	0.50	峰市、洪山、仙师、岐岭
水气矿	矿泉水	立方米/日	5600.00	堂堡、大溪、抚市
	温泉	立方米/日	7090.00	合溪汤湖、下洋、凤城、城郊

【旅游资源】

永定山川秀美，人文特征显著，有着丰富的自然景观和人文景观。境内生态优美，自然风光旖旎，拥有龙湖、王寿山、东华山、茫荡洋等一大批自然旅游景观，天然温泉储量大、水质好。永定客家土楼作为世界文化遗产，不仅分布广泛、组合完好，而且品位高、可欣赏性极强，其品牌效应日益凸显，旅游开发潜力巨大。2010年2月13日（大年三十），国家主席胡锦涛亲临永定考察客家土楼，称赞"客家土楼是中华文化瑰宝，是大家庭、小社会和谐相处的典范"。2011年8月，福建土楼永定景区荣膺国家AAAAA级旅游景区。2013年11月和2014年6月，永定下洋中川景区、金砂红色旧址群相继被评定为国家3A级旅游景区。2015年9月25日，中共中央政治局常委、中央纪委书记王岐山考察永定土楼"客家家训馆"，称赞"客家家训体现真善美，没有一点假大空。"城区西部龙湖风景区为国家水利风景区、省级旅游经济开发区，是福建省最大的人工湖，湖域面积65平方公里，中心最大湖区水面10余平方公里，被称为"北回归线上沙漠绿洲中的一块翡翠"。国家森林公园王寿山矗立于湖畔，构成一幅美丽的山水画卷。龙湖与土楼交相辉映，构成永定"东楼西湖"大旅游格局。全区文物古迹甚多，2016年年末,有文物保护单位72处97个点,其中全国重点文物保护单位福建土楼(振成楼、福裕楼、奎聚楼、集庆楼、高北土楼群〔承启楼、五云楼、世泽楼、侨福楼〕、衍香楼、振福楼)和西陂天后宫2处11个点,省级文物保护单位15处31个点,区级文物保护单位55处,文物保护点902处。永定客家人在历史长河中形成的高陂"迎春牛"、坎市"打新婚"、抚市"走古事"、陈东"四月八"、湖坑"作大福"等民俗文化活动异彩纷呈。民间工艺各具特色,风味小吃闻名遐迩,乡村旅游资源十分丰富。此外,现代工业、城市旅游、红色文化、客家文化、侨乡文化和宗教信仰等旅游资源一应俱全。永定旅游资源品种多样,分布的区域性特色明显,旅游开发的前景十分广阔,正在着力构建"一核两翼三廊"全域旅游发展新格局,使旅游业成为富民强区的新的支柱产业。

表3 永定区旅游资源一览表

景点名称	内容与特色
龙湖	棉花滩库区形成的湖泊、岛屿
王寿山	棋盘石、斗笠崇、馒头崇、蜡烛石、天炉峰、螳螂爬壁、仙人桥、金龟窥洞、岗甲湖、祥光寺
世界文化遗产——福建土楼	湖坑洪坑土楼群、高头高北土楼群、下洋初溪土楼群、湖坑振福楼、湖坑衍香楼
其他土楼(群)	湖坑南溪土楼群、陈东岩太土楼群、高陂遗经楼、高陂裕隆楼、抚市永隆昌楼、下洋中川景区
名人故居	下洋虎豹别墅、高头春晖楼
温泉	下洋温泉,城郊箭滩温泉,龙安寨温泉,合溪汤湖温泉
红色胜迹	凤城毛泽东革命活动旧址与旧居、红四军旧址、金砂红色旧址群、抚市五湖泽东楼
人文景观	凤城孔子庙、师太公墓,下洋胡氏家庙,高陂西陂天后宫
东华山	棋盘石、交椅石、鲤鱼石、石鼓、一线天、鹧鸪石、仙人凿字、燕子岩等"东华八景"
紫云山	燕子岩、燕子洞、灵岩洞庵
茫荡洋	山顶有"三洋"(竹子洋、草洋、湖洋),洋中水泽的倒生竹,为罕见的竹类珍品
客家民俗风情	湖坑作大福、坎市打新婚、陈东四月八、下洋中川迎花灯、抚市走古事、高陂西陂迎春牛

·行政区划·

【概况】

2016年,全区辖1个街道、12个镇、11个乡,即凤城街道、虎岗镇、高陂镇、坎市镇、培丰镇、抚市镇、龙潭镇、湖雷镇、湖坑镇、下洋镇、城郊镇、仙师镇、峰市镇、堂堡乡、合溪乡、古竹乡、高头乡、大溪乡、陈东乡、岐岭乡、湖山乡、西溪乡、金砂乡、洪山乡。各乡镇(街道)共辖18个社区居民委员会、261个村民委员会,下设236个居民小组、3200个村民小组。

表4　　　　　　　　　　　2016年12月永定区村（居）民委员会一览表

乡镇(街道)名称(驻地)	村(居)民委员会数	村(居)民委员会名称
凤城街道(南郊)	13	东坊、南郊、西北、大洲、书院、下坑、长化、大园、东兴、金凤、龙角、仙峰、龙凤居委会
虎岗镇(虎北)	6	虎东、虎北、虎西、龙溪、汉洋、城下
高陂镇(睦邻)	2	先富街居委会、富园居委会
高陂镇(睦邻)	11	富岭、平在、增坑、睦邻、上洋、西陂、北山、和兴、黄田、许佳、曲峰
坎市镇(坎市街)	1	坎市街居委会
坎市镇(坎市街)	6	秀山、文馆、清溪、新罗、浮山、洽溪
培丰镇(大排)	11	大排、孔夫、长流、文东、振东、文溪、上和、丰田、岭东、洪源、东中
抚市镇(社前)	17	社前、里兴、抚溪、桥河、五联、鹊坪、华丰、龙川、五湖、东安、中湖、基安、溪联、贝溪、协兴、中在、新民
龙潭镇(龙潭)	7	龙潭、铜联、联中、枫林、上西、上寨、虞溪
湖雷镇(下湖)	27	下湖、下寨、湖瑶、桐田、白叶、前坊、罗潭、石坑、淑雅、道仁、竹兰、高石、深度、罗陂、上湖、上北、上南、增瑞、尺度、荷花、莲塘、溪口、锦溪、象基、藩坑、弼鄱、玉文
湖坑镇(湖坑)	16	湖坑、西片、五黄、新街、六联、洪坑、奥杳、山下、吴屋、楼下、洋多、新南、南中、南江、实佳、吴银
下洋镇(下洋)	20	陈正、东山、西山、北斗、下洋、中川、富川、觉川、思贤、东联、沿江、下坪、大瑞、丹竹、上川、初溪、月流、三联、廖陂、霞村
城郊镇(南郊)	14	中坑、龙门、东溪、樟尧、上下斜、古一、兰地、双溪、三峰、古二、桃坑、彩霞、万美、书岭
仙师镇(仙师)	16	仙师、务田、兰岗、九坑、西洋、书华、秀富、大阜、金寨、三坝、石鼓、恩全、锦丰、大岭、华坊、新侨
峰市镇(锦西)	2	峰市街居委会、锦西居委会
峰市镇(锦西)	9	新坑、高山、桃泉、河头、俄生、信美、忠信、黄石示、石示头
堂堡乡(村中)	10	河坑、村中、宝溪、蛟塘里、三堡、赛智、朱罗、石示下、香溪、下村
合溪乡(溪南)	13	王社、采地、天丰、武北、溪南、洪教、袍山、汤湖、马子凹、上调吴、合调、藕丝、下调吴
高头乡(高北)	5	高东、高南、高北、梅花石、大岭下
古竹乡(古竹)	9	黄竹烟、坪洋、大德、陂子角、古竹、瑶下、溪口吕、蛟塘、田洋
大溪乡(太联)	8	大溪、太联、坑头、黄龙、联和、莒溪、湖背、三堂
陈东乡(陈东)	10	岩太、石岭、古龙、园东、蕉坑、榕蛟、陈东、高丰、城东、共星
岐岭乡(龙湖)	14	湖河、下山、井下、蒲山、龙湖、丰村、八联、石培、中社、培上、外坑、新村、内坑、竹联
湖山乡(三来)	9	三来、赛华、里佳、桂坪、漳溪、象湖、杨山、黄坑、桂象
西溪乡(富家)	7	礼田、罗坑、富家、四联、肖地、硕杰、抚全
金砂乡(西田)	7	上金、赤竹、西田、卓坑、秀山、下金、五坑
洪山乡(田梓)	9	尚径、下径、上山、田梓、中村、西联、尚贤、樟罗、抚硕

·环境状况·

【概况】

2016年，全区各流域监测断面水质达标率100%，城乡饮用水源地水质达标率100%。城区环境空气质量优，二氧化硫、二氧化氮和可吸入颗粒物PM10、细颗粒物PM2.5、二氧化碳、臭氧均达到国家大气环境质量一级标准，大气环境质量优良率达到100%。城区环境噪声54.1分贝，交通噪声加权平均值68.2分贝，达到城市环境综合考评标准要求。

·人口与人民生活·

【概况】

据永定公安分局统计，2016年，全区24个乡镇（街道）户籍总户数153402户、总人口508246人，其中城镇人口158204人、乡村人口350042人。迁入人口5900人、迁出人口9986人。全区男性人口264977人、女性人口243269人，性别比（以女性为100，下同）为108.9。全年出生10174人，死亡2319人，人口出生率16.12‰，死亡率5.63‰，自然增长率10.49‰。全区常住总人口36.3万人，城镇化水平45.3%，常住人口密度163人/平方公里。

表5　　　　　　　　　　　　　　　2016年度永定区各乡镇(街道)人口分布表　　　　　　　　　　　　　单位:户、人

乡镇街道	凤城	虎岗	高陂	坎市	培丰	抚市	龙潭	湖雷	湖坑	下洋	城郊	仙师
户数	15365	5517	16753	7279	10570	9788	3900	12867	7270	11216	4053	6143
人口	48940	17707	48190	26413	39175	31212	13275	43140	24817	38844	13440	21047
乡镇街道	峰市	堂堡	合溪	高头	古竹	大溪	陈东	岐岭	湖山	西溪	金砂	洪山
户数	2625	4719	4856	3108	4621	4157	4163	4682	3599	1549	2120	2482
人口	8370	16180	17441	10134	15695	13562	13520	14702	12249	4725	7097	8367

【人口变动特点】

2016年，户籍总人口平稳增长。户籍总人口比2015年增加3726人。人口自然增长率比上年提高6个千分点。户均户籍人口趋于稳定。家庭规模继续呈小型化趋势，按户籍人口计算，2016年户均人口3.31人。人口迁移呈净流出趋势。迁入人口持续下降，比上年减少996人；迁出人口持续增加，比上年增加1033人。常住总人口比2015年略有增加。城镇化水平45.3%，比上年提高1个百分点。

【人口、育龄妇女生育情况及孩次结构】

自全面二孩政策放开以来，全区出生人口较快增长，人口自然增长率较快提高，出生人口性别比与正常值差距进一步扩大。据区卫计局提供的2016年计生统计年度报表数据，全区总人口530133人，出生9450人（其中男性5176人，女性4274人），人口出生率16.12‰；死亡2984人（其中男性1682人、女性1302人），人口死亡率5.63‰，人口自然增长率10.49‰，出生性别比121.10。

【城镇居民生活水平】

城镇居民收入 2016年下半年,国家出台增资政策,机关事业单位基本工资普遍提高;同时,离退休人员待遇从年初开始提高,促进城镇居民收入增加。2016年,永定区城镇居民人均可支配收入32138元,比上年增长(简称"比增")7.3%。其中,人均工薪收入20383元,比增6%;人均经营净收入5643元,比增9.7%;人均财产净收入5102元,比增10.8%;人均转移净收入1010元,比降3.9%。

城镇居民消费支出 2016年,永定区城镇居民人均消费支出21037元,比增5.1%;恩格尔系数34.6%,比2015年下降0.8个百分点。八大类消费支出增多降少。其中,人均食品支出7280元,比增2.7%;人均居住支出5547元,比增7.1%;人均娱乐教育文化服务支出2632元,比增6.8%;人均交通与通信支出1962元,比增7.3%;人均衣着支出1291元,比降1.2%;人均家庭设备及服务支出1146元,比增5.6%;人均医疗保健支出820元,比降11.5%;人均杂项商品及服务支出358元,比降0.5%。

城镇居民生活条件 2016年,永定区每百户城镇居民拥有摩托车118部,比增2.6%;彩电193台,比增2.7%;洗衣机108台,比增1.9%;电冰箱114台,比增3.6%;空调116台,比增8.4%;微波炉60台,比增3.4%;消毒碗柜72台,比增5.9%;淋浴热水器119台,比增1.7%;家用电脑108台,比增3.8%;移动电话268部,比增3.1%。人均居住面积61平方米,比2015年增加2平方米。

【农村居民生活水平】

农村居民收入 2016年,农民增收支撑点多,生猪销售均价每公斤18.57元,比上年提高25.1%;下半年,农民基本养老金由每月110元提高至125元;脱贫攻坚深入推进,挂钩贫困户每户享受1000元生产生活扶持资金。由于增收有亮点,2016年,永定区农村居民人均可支配收入15352元,比增8.6%。其中,人均工资性收入5866元、比增9.3%;人均经营净收入7768元,比增7.5%;人均财产净收入75元,比增15.6%;人均转移净收入1640元,比增10.9%。

农村居民消费支出 2016年,永定区农村居民人均消费支出10864元,比增7.7%;恩格尔系数40.1%,比降2个百分点。八大类消费支出全面增长。其中,人均食品支出4356元,比增2.7%;人均居住支出2707元,比增12.6%;人均医疗保健支出1198元,比增11.3%;人均生活用品及服务支出675元,比增9.8%;人均衣着支出597元,比增5%;人均教育文化娱乐支出576元,比增17.5%;人均交通通信消费支出543元,比增9.8%;人均其他用品及服务支出211元,比增8.2%。

农村居民生活条件 2016年,每百户农村居民拥有摩托车132部,比增3.1%;彩电190台,比增0.5%;洗衣机76台,比增1.3%;电冰箱93台,比增2.2%;空调机74台,比增5.7%;微波炉60台,比增3.4%;热水器96台,比增4.3%;抽油烟机40台,比增5.3%;家用电脑45台,比增4.7;移动电话289部,比增1.4%。人均居住面积61.8平方米,比上年增加0.5平方米。

【居民消费价格】

2016年,全区居民消费价格上涨1.4%。其中,服务项目价格上涨0.6%,消费品价格上涨1.8%。八大类居民消费价格呈"六升二降"趋势,食品烟酒价格上涨3.3%,衣着价格上涨1.9%,教育文化及娱乐价格上涨1.3%,生活用品及服务价格上涨1.5%,其他用品和服务价格上涨1.2%,居住价格上涨0.3%;交通和通信价格下跌0.8%,医疗保健价格下跌0.1%,流通与消费价格持续稳定。

·水 文·

【降水量】

2016年,区内设永定(凤城)、抚市、坎市、朱罗坑、仙师、下洋6个雨量站点。降水量主要集中在3—10月,各雨量站点全年总降水量均比上年多20%—48%,属丰水年,全年径流量随即增大。

表6　　　　　　　　　　2015年、2016年永定区各雨量站降水情况表　　　　　　　　　单位:mm

站点	年总降雨量		降水日数(日)		最大月降水量		发生月份		最小月降水量		发生月份	
	2015年	2016年	2015年	2016年	2015年	2016年	2015年	2016年	2015年	2016年	2015年	2016年
凤城	1800.5	2677.0	133	168	544.0	438.5	5月	4月	7.5	18.0	11月	12月
抚市	1770.5	2456.0	132	165	493.5	393.0	5月	3月	11.0	27.0	11月	12月
坎市	2008.5	2424.0	139	175	574.0	428.5	5月	3月	8.5	21.0	11月	12月
朱罗坑	2094.5	2862.5	150	189	597.0	401.5	5月	3月	19.5	28.0	11月	12月
仙师	2005.5	2600.0	135	163	615.5	403.5	5月	4月	3.0	19.5	11月	12月
下洋	2059.0	3047.5	134	170	605.0	539.5	5月	4月	4.0	19.5	11月	12月

注:观测时间点为当日8时至次日8时

【水位、流量】

2016年3月,受强降雨影响,区内陆续发生超警戒洪水,3月23日永定站出现年最高水位6.46米,距警戒水位0.04米,实测年最大流量423立方米/秒(相应水位6.43米)。12月28日,永定河出现年最低水位3.58米,实测最小流量1.68立方米/秒(相应水位3.61米)。

2016年,永定年平均水位4.38米,年平均流量49.6立方米/秒,年总径流量15.68亿立方米,年径流深1875.6毫米。

表7　　　　　　　　　　2015年、2016年永定河水位、流量特征指标表

年份	年平均水位(m)	年最高水位(m)	年最低水位(m)	年平均流量(m³/s)	实测最大流量(m³/s)	实测最小流量(m³/s)	总径流量(亿m³)
2015	4.10	6.51	3.43	26.2	359	0.698	8.262
2016	4.38	6.46	3.58	49.6	423	1.68	15.68

【输沙量】

永定河上游主要有高陂溪、抚市溪、堂堡溪、增瑞溪4条支流汇入,矿山开采、房地产开发、水库建设等人类活动,均对河流输沙量有直接影响。

2016年,年平均输沙率13.1公斤/秒,输沙模数496吨/平方公里;年最大日平均输沙率346公斤/秒,出现在8月14日。除最大日平均输沙率外,输沙量、年平均输沙率、输沙模数等多项指标均大于2015年,主要原因为高强度的集中降雨量对流域表层强烈冲刷,导致河水含沙量较大;同时永定河上游受人类活动对水土流失造成一定影响。

表8　　　　　　　　　　　　2014—2016年永定河输沙量情况表

年份	输沙量 (10^4t)	平均输沙率 (kg/s)	平均含沙量 (kg/m^3)	输沙模数 (t/km^2)	最大日平均输沙率 (kg/s)
2014	27.90	8.84	0.358	324	688
2015	21.00	6.67	0.255	251	416
2016	41.50	13.10	0.264	496	346

气　象

【气候变化情况】

气温　2016年，年度平均气温20.7℃，比历年平均偏高0.5℃，属正常。年极端最高气温36.7℃，出现在7月24日、7月29日、7月30日，本站年极端最低气温-4.1℃，出现在1月25日，均在历史极值范围内。大于等于35.0℃的高温天气有25天。

降水　年降水量2767.2毫米，比历年平均偏多70%，属异常偏多，突破有记录以来的历史极值（原值为1983年的2479.8毫米）。

日照　年日照时数1585.5小时，比历年平均偏少176.0小时，属偏少。

蒸发　年蒸发量795.5毫米。

湿度　年平均相对湿度83%。

风　永定受季风影响显著，风向呈季节性变化。2016年最多风向为西南风，频率18%。

雾　年雾日（能见度小于1000米）31天。从月份看，3月、11月和12月雾日较多，均为5日；5月和9月未出现雾。

霜　年霜日5天，其中1月份2天、2月份3天，无霜期326天。

雪　年雪日1天（1月24日）。

冰　年结冰日2天（1月25日、1月26日）。

【主要气象灾害】

2016年出现的灾害性天气主要有寒潮（低温霜冻）、局部的强对流、暴雨、台风。年内气候异常、气象灾害造成的损失重，气候年景偏差。

寒潮（低温霜冻）　受强冷空气南下影响，2016年1月22日—26日永定出现雨雪冰冻寒潮过程，过程降温幅度12—15℃；25日早晨气温达到过程极端最低，据全区自动站统计，最低气温-6.3℃—-2℃，以湖山的-6.3℃为最低，永定本站最低气温-4.1℃，为近十年最低；24日夜间部分乡镇出现小雪；25—26日出现霜和结冰。受强冷空气影响，12月23日，永定开始出现明显降温过程，过程降温幅度达11.5℃，25日早晨最低气温4.3℃，48小时降温幅度达到寒潮标准。

局部的强对流（冰雹）　受低层切变东移南压影响，2016年4月8日—10日永定普降暴雨，并出现局地冰雹、短时强降水、雷雨大风等强对流天气，其中8日湖坑、大溪出现冰雹。8日15时—10日15时，全区雨量在33.4—87.3毫米，有23个站点超过50毫米，以湖坑87.3毫米为最大。

暴雨　受南支槽、低层切变和西南急流共同影响，2016年1月27日起永定出现罕见的冬季暴雨，其中本站28日日雨量（27日8时至28日8时）达到94.6毫米。27日8时至29日8时，全区雨量84.4—119.4毫米，有20个站点超过100毫米，以下洋镇思贤村119.4毫米为最大。受低层切变、西南急流共同影响，3月20日起，永定出现强降水过程；19日20时至23日20时，全区雨量179.6—290.0毫米，有37个站点超过200毫米，以永定金砂290.0毫米为最大；永定本站236.7毫米，其中20日日降水量97.8毫米，破历史同期记录。4月30日，受低层西南急流影响,永定区境内出现一次暴雨过程,全区普降大到暴雨。29日20时至30日20时:28个站点雨量大于等于25毫米,其中13个站点大于等于50毫米,以初溪的91.6毫米为最大。受低涡切变和西南急流影响,5月19日—27日全区44个站点过程雨量均超过100毫米,10个站点达到200毫米,以桃泉村260.9毫米为最大。6月12日—16日,受高空槽东移、低层切变、低层西南急流维持影响,永定区出现一次明显降水过程,统计11日20时至16日20时累计雨量:47个站点大于等于50毫米,35个站点大于等于100毫米,6个站点大于等于200毫米,以岐岭乡大石凹248.7毫米为最大。

台风 2016年,永定共受7个台风影响,分别是"尼伯特""妮妲""莫兰蒂""鲇鱼""艾利""莎莉嘉""海马",其中"尼伯特"台风影响范围最大。受1号台风"尼伯特"影响,7月8日20时至11日20时,永定出现暴雨过程。据全区46个自动雨量站点显示:雨量50—99.9毫米的站点有38个,雨量100—199.9毫米的有1个,以湖雷玉文村112.7毫米为最大。受14号台风"莫兰蒂"影响,9月14日20时至15日20时,永定出现大雨,局部暴雨过程。据全区46个自动雨量站点显示:雨量25—49.9毫米的有26个,雨量50—99.9毫米的有6个,以古竹寨下水库83.2毫米为最大。全区阵风4—6级,最大6—7级,以虎岗镇15日5—6时的阵风15.8米/秒(7级)为最大。受17号台风"鲇鱼"影响,9月27日20时至29日20时,永定出现暴雨,部分大暴雨过程。据全区47个自动雨量站点资料统计:雨量100毫米以上的站点有20个,雨量50—99.9毫米的有27个,以虎岗镇汉洋小学171.9毫米为最大。全区阵风5—6级,最大7—8级,以虎岗镇28日3时—4时的阵风19米/秒(8级)为最大。

【气象事业发展】

机构 下设综合管理科、应急减灾科、气象台等。2016年,有正式干部职工12人,其中工程师4人。

气象现代化业务用房投入使用 2016年5月18日,气象现代化业务用房通过竣工验收,并投入使用。该项目始建于2014年,建成后,全面提升永定的综合气象业务水平,满足永定的气象现代化发展需求。同时,在气象现代化业务用房内建设新的视频会商系统,除满足气象部门内部会商之外,还可接入防汛会商系统,加强气象与防汛部门间的沟通,使得实时气象数据能及时传递给防汛部门,提升永定气象灾害监测预警及防范能力、气象信息综合服务能力,为领导决策提供依据。

完成"云平台"建设 2016年,区气象局对单位内部软件进行改造升级,完成办公"云平台"建设及机房改造。其中,"云平台"建设为全市气象部门首例,该系统具备投入资金少,维护、升级简便等优点,同时数据能够云端存储,通过账号进入系统随时调用的特点,方便工作人员办公,进一步提升永定气象现代化的硬件水平。

气象社会管理和气象执法监督 2016年,区气象局按时完成各项行政许可审批,参与社会管理和气象执法监督检查。全年办理行政许可和防雷设计审核38件,防雷装置竣工验收13件,升放无人驾驶自由气球或者系留气球活动审批7件,行政处罚0件。

·国民经济和社会发展综述·

【经济社会概况】

2016年,全区(不含虎岗、高陂、坎市、培丰4镇)实现地区生产总值136.4亿元,比上年增长(简称"比增")7.3%。其中,第一产业增加值24.5亿元,比增3.3%;第二产业增加值65.4亿元,比增7.3%;第三产业增加值46.4亿元,比增9.2%;三次产业结构比为18.0:48.0:34.0;一般公共预算收入12.42亿元,其中地方一般公共预算收入8.17亿元;500万元以上社会固定资产投资171.5亿元,比增15.5%;社会消费品零售总额55.8亿元,比增13.1%;

城镇居民人均可支配收入32138元，比增7.3%；农村居民人均可支配收入15352元，比增8.6%。

【工业经济】

2016年，煤矿扩建技改获批7家，年产9万吨以上煤矿15家，关闭淘汰煤矿8家，全区产能压缩至195万吨/年。新能源产业实现突破，华润湖坑风电开工建设，岐岭风电签约落地，农村光伏发电装机容量4865千瓦。新型建材发展壮大，乾元建材建成投产，闽盛建材、恒龙建材等企业加快成长。光电信息产业项目开始集聚，鑫华通智能终端项目入园装修，易信科技等一批项目深入对接，互联网产业孵化园被评为省级"众创空间"。白酒酿造产业升级发展，土楼酿酒项目竣工投产，金丰客家酒文化创意产业园开工建设。全年工业项目新签约50个、新开工5个、新竣工6个。

【现代农业】

2016年，发展休闲农业、设施农业，新增设施农业1600亩、增长3.8%。永定红柿种植面积8万亩，六月红芋种植面积约3万亩，蜜柚种植面积约3万亩。引进推广优质水稻、"太秋"甜柿、红肉柚、莲雾、百香果、火龙果等农作物新品种8个，推广红柿高接换种、生猪生态养殖、水稻免耕栽培等农业新技术22项，研制和推广水稻配方肥2个，推广新农药8个、新机具31台（套）。实施科技兴农工程，推进农业科技创新，获省（部）、市、区科技进步奖3项。推动农产品上网营销，引进农信互联生猪网上交易平台，网上蜜柚销售走势强劲，推出永定蜜柚品牌。成功列入第一批省级富硒农业产业开发重点县。

【第三产业】

2016年，抓好国家全域旅游示范区建设，土楼景区整改工作成效明显，客家民俗演艺中心投入使用，客家博览园开园，初溪游客服务中心开工建设。天子温泉生态旅游区成功创建国家AAAA级旅游景区。文化永定推陈出新，反映永定红色文化、客家文化的《血脉》《大鱼海棠》等影视作品反响良好。全区旅游人数596万人次，比增13.4%；实现旅游总收入47亿元，比增15.7%。

【项目建设】

2016年，广泛开展招商活动，新签约项目117个，总投资219.6亿元，其中亿元以上项目41个。"市属国有企业走进永定"有序开展。全年征地1634亩，拆迁6.42万平方米，114个重点项目完成投资121亿元，39个项目列入省、市重点项目。36个项目实现开工，31个项目竣工。获批国家专项建设基金项目10个，争取补助资金4.52亿元；策划市级投资工程包项目两批39个，总投资111.8亿元。永定工业园区水电路等基础设施基本完善，光电信息产业园16栋标准厂房全面建成。新签约9个入园项目，金叶纸品等4个项目实现开工。"永定红"石材循环经济产业园启动建设，矿山延扩证办理工作有序推进。

【城乡建设】

2016年，坚持把完善城市功能、提升城乡面貌摆在更加突出的位置，投入18.79亿元，实施175个宜居环境建设项目，宜居永定行动有效落实。城区建设更富品位。城建惠民"十个一"项目基本完成，沿河北路"白改黑"项目、春霭园改造提升工程投入使用，"一河两岸"生态休闲绿廊一期工程等项目顺利推进。体育中心民生板块正式开工建设。城区新建、改建7个停车场，新增555个停车位，九一街、南门街全面禁停机动车辆。顺利通过"国家卫生县城"复核验收，新一届"省级文明县城"通过年度测评。镇村建设更具特色。下洋、龙潭列入市级新型城镇化建设重点镇，下洋镇列为市级土楼美食特色小镇建设。20个省级"千村整治、百村示范"美丽乡村建设完成投资1.02亿元，20个市级美丽乡村规划编制全面完成。下洋镇中川村等6个村列入第四批中国传统村落名录。基础设施更加完善。完成交通基础设施投资9.15亿元。龙岩中心城区至高陂快速通道、岐岭互通连接线二期等工程建成通车,漳武高速永定至上杭段、永梅出省公路、湖雷经溪口至坎市公路、高陂至虎岗公路二期等项目顺利推进。修建乡村公路63公里,城乡交通"脉络"更加通畅。完成电网投资1.22亿元,湖坑、坎市、古竹等乡镇输变电工程竣工投入运行。完成培丰至龙潭西气东输天然气管道建设。安全生态水系、汀江防洪工程、小流域水土流失治理等水利水保项目有序推进,淑雅溪水库、抚市水源工程竣工并投入使用。

【社会事业】

2016年,持续推进以改善民生为重点的社会事业建设,投入民生事业14.46亿元,增长8.06%,38项为民办实事项目基本完成。教育事业扩容提质。完成"十三五"城区学校布局规划调整,建成坎市彩金实验小学、实验幼儿园大洲园区、大溪中心幼儿园,完成25所学校新改扩建工程,新增学位2250个。投入1741万元配备832套"班班通"设备,投入8864万元实施"全面改薄"工程,投入6000万元实施22所学校运动场塑化改造工程,教育教学条件不断完善。高考本科以上院校录取率44.17%,同比提高2.03个百分点。卫生事业加快发展。湖雷、高头、洪山等3个乡镇卫生院改扩建工程全面竣工,32个村(居)卫生所标准化建设全面完成,全年新增卫技人员248名、床位321张,医疗卫生服务业务用房及人才紧缺问题得到缓解。基本公共卫生服务经费人均标准由25元提高到45元。社会保障不断健全。继续提高社会养老保障水平,城乡居民基础养老金提高到每人每月125元,机关事业单位和企业退休人员人均月增资273元、148元。失业、工伤、生育保险参保人数基本实现应保尽保。给予守法家庭大病医保报销比例增加10%的奖励。体育赛事精彩纷呈。成功举办首届环土楼国际山地马拉松赛、海峡两岸汽车场地越野赛、全国城市俱乐部筏钓巡回赛等大型体育赛事,"土楼+体育运动"不断升华。社会治安和谐稳定。信访维稳、禁麻禁毒、安全生产等工作成效明显,未发生较大及以上安全生产事故,社会治安防控体系更趋完善,刑事发案率下降8%,群众安全感、社会治安满意率不断提升。国防动员、民兵预备役、消防、方志、档案、气象、科技、地震、老龄、残联、民族宗教、移民、侨务等工作均取得新进展。

【脱贫攻坚】

2016年,完成贫困户建档立卡3477户11673人,安排3392名干部结对帮扶,探索实施光伏、文化、旅游等产业扶贫的新路径,区财政投入脱贫资金2300余万元,发放扶贫小额信贷资金3453万元,基本完成4122名贫困人口易地扶贫搬迁任务。年度脱贫1694户5906人,脱贫率49.14%。

【生态环保】

2016年,实施14个生态环保基础设施项目,年度完成投资5.1亿元。淘汰"黄标车"993辆、燃煤锅炉2个,完成造林绿化9389亩,空气质量优良。全面改善提升流域生态环境,争取汀江(韩江)流域上下游横向生态补偿资金4960万元,完成龙湖3万多亩水葫芦灾害治理,湖面全面恢复通航;标准化改造养猪场126家,关闭拆除养猪场1546户,27.8万平方米;开工建设10个乡镇污水处理设施。国省控断面水质均符合Ⅲ类水标准,水质优良率100%。

区委

·综述·

【提升党建工作水平】

2016年，区委始终抓住领导班子建设和党员干部作风建设不放松，推进全面从严治党，把党的政治优势和组织优势转化为推动永定转型发展跨越发展的有力保障。

开展"两学一做"学习教育 抓住被确定为省"两学一做"学习教育联系点的契机，以"三会一课"（支部党员大会、支部委员会、党小组会、党课）制度为抓手，以"土楼e支部""土楼大讲堂"等为平台，严格落实领导干部带头讲党课制度，通过领导示范带动、创新学习形式、加强督促指导等方式，常态化开展理想信念和党性教育，进一步传承"听党的话，跟党走"的红色基因，提高各级领导班子和干部队伍思想政治素质和履职能力水平。

完成换届选举工作 坚持超前谋划、精心组织、周密安排，抓好换届年各项工作。按照"九个严禁、九个一律"的换届纪律要求，严把资格关、人选关和程序关，确保组织领导、干部考核、工作落实"三个到位"，完成区、乡两级党委、人大、政府及区政协换届工作。整个换届过程没有发生跑风漏气、拉票贿选、请托说情等现象，换届收到的信访件与上届相比显著下降。

抓好党建各项工作 组织开展中共十八大、十八届历次全会以及中共中央总书记习近平系列重要讲话精神等理论知识的学习，进一步强化党的意识形态工作，构建大宣传格局，牢牢把握正确舆论导向。抓好基层党建工作，提高村（社区）干部工资待遇，开展党费专项检查，推进非公企业和社会组织"两个覆盖"。继续实施"土楼党旗红"党建品牌和基层党建示范点创建活动，总结提升"土楼e支部"品牌，创新"一建二联三行动"（支部建在产业链上，景区党建联席会议、村企党组织结对共建，明岗践诺行动、结对帮带行动、三培两推行动）景区党建工作法。深入贯彻《中国共产党统一战线工作条例（试行）》，推进政治协商、参政议政、民主监督，加强与民主党派成员、无党派人士联谊交友，推进异地商会组建，构建"大统战"工作格局。

推进党风廉政建设 以领导干部为重点，强化权力运行的制约和监督，推进全面从严治党。落实党风廉政建设责任制，先后出台《贯彻落实

《关于深化落实党风廉政建设党委主体责任暂行规定〉的实施办法》《区落实党风廉政建设"两个责任"清单》，进一步明确党委主体责任范围，基本完成省委巡视组反馈意见整改工作。全面推进监督执纪"四种形态"（党内关系要正常化，批评和自我批评要经常开展，让咬耳扯袖、红脸出汗成为常态；党纪轻处分和组织处理要成为大多数；对严重违纪的重处分、作出重大职务调整应当是少数；而严重违纪涉嫌违法立案审查的只能是极少数），出台《永定区探索推进监督执纪第一种形态综合运用的暂行办法》。坚持纪严于法、纪在法前，强化监督执纪问责，查处一批侵害群众利益的违纪违法案件，不断释放越往后执纪越严的强烈信号。2016年，全区纪检监察机关新立案件140件，结案140件，党政纪处分129人，移送司法机关8人。

推动干部作风转变 建立健全领导干部责任制，强化抓落实的工作氛围，从严从实推动干部作风转变。制定《关于加强干部职工日常监督管理的暂行规定》《关于充分发挥科级非领导职务干部作用的通知》，定期分析研判领导班子和干部队伍情况，不定期开展抽查，严肃干部工作纪律。坚决落实中央八项规定精神，集中开展工作松弛、谋私逐利等问题专项整治，营造担当、务实的工作新风。整合成立区督查办，加大工作督查力度，推动各项重点工作落实。2016年，查处违反中央八项规定精神问题51起，处理71人，点名通报85个存在工作松弛问题的部门（单位），问责92名干部。社会群众普遍反映干部作风得到较大转变，一批困扰区域发展的难题得到突破，领导干部跑资金、争项目，沉一线、抓落实的氛围愈加浓厚。

【加强党对经济工作的领导】

2016年，区委正视"三区两园"调整后永定整体实力减弱的事实，不争论、不气馁，立足实际抓产业、久久为功促发展，"二次创业"成效初显。

农业方面 发展休闲农业、设施农业、生态农业，推进农业产业化、规模化、品牌化经营，提高农业综合生产能力和市场竞争力。全区新增设施农业面积1600亩，天湖山等重点农业示范项目进一步完善，永定被列入第一批省级富硒农业产业开发重点县（区）。同时，推动农业与互联网融合发展，引进农信互联生猪网上交易平台，对接中国网库建设永定红柿产业电子商务基地，农村淘宝快速发展。

工业方面 按照"抓龙头、铸链条、建集群"的思路，推进工业经济发展，补齐短板，"工业再造"步伐加快。传统工业优化升级。稳步实施煤矿企业兼并重组和技改提升，煤企数量整合至25家；华润、国产、闽福三大水泥企业稳步升级；酿酒产业规模不断扩大，土楼酿酒异地搬迁实现投产，金丰酿酒技改项目开工建设。新型工业趋势向好。新能源产业加速发展，华润湖坑风电开工建设，岐岭风电签约落地，分布式光伏发电装机容量4865千瓦；新型建材产业蓬勃发展，乾元、闽盛、恒龙等新型建材企业不断发展壮大。工业平台逐步完善。做好永定工业园区提升工作，争取市政府一定三年、每年3000万元基础设施贴息补助，光电信息产业园16栋7.2万平方米标准厂房全面建成，永定工业园区累计实现16个项目签约入园；永定红石材循环经济产业园规划建设有序推进，确定矿山整合范围并开展评估工作，规划编制同步开展。

第三产业方面 以"提升文旅产业综合效益"为目标，以创建"国家全域旅游示范区"为抓手，加快实施土楼AAAAA级景区改造提升和"文化进土楼"工程，客家家训馆提升后重新开馆，土楼景区整改基本完成；天子温泉二期、梦幻土楼剧场、客家古镇等城区文化旅游重点项目加快建设，客家博览园正式开园，客家民俗演艺中心、福建土楼博物馆正式运营。成立旅游发展委员会，组建文旅集团，集中整合优势资源，推进文化旅游创新融合发展。2016年，接待游客597.9万人次、比增13.8%，实现旅游总收入46.7亿元、比增16.1%。同时，以文旅为龙头，促进商贸物流、健康养生等服务业加速发展。

【推进社会事业协调发展】

三大战役 2016年，紧盯经济社会发展的薄弱环节、制约瓶颈，精准发力，攻坚突破，打好项目落地、脱贫攻坚、生态环保"三大战役"。项目落地方面。"五个一批"项目、省及市重点项目和"七大领域"项目攻坚会战均超额完成全年目标，其中开工项目36个、竣工项目31个；策划实施投资工程包39个、总投资111.8亿元，完成投资21.1亿元；对接国家专项建设基金项目10个，争取专项基金4.5亿元；申报中央及省级预算内补助资金19.2亿元，到位资金13.1亿元。同时，重抓招商引资工作，深入开展全民招商、全员招商，全年新签约项目117个，总投资219.6亿元。脱贫攻坚方面。围绕"扶持谁、扶什么、谁来扶、怎么扶"等工作重点，充实扶贫力量，压实干部责任，建立信息平台，强化动态管理，全面落实精准扶贫"九到户"政策。创新金融扶贫体制机制，培育示范引领项目，突出抓好易地搬迁和小额信贷两大重点，构建"生产自助、社会参与、政府兜底"的脱贫攻坚格局。全面完成贫困人口建档立卡、干部挂钩帮扶结对、挂钩帮扶干部培训，探索出"光伏发电+竹节酒+高粱种植""公司+基地+贫困户"参股建设太阳能光伏发电站等扶贫特色。全年发放扶贫小额贷款3453万元，易地搬迁1244户4122人，实现脱贫1694户5906人。生态环保方面。坚持"生态立区"不动摇，深入推进国家生态文明示范区建设，全面推进"五大重点攻坚领域"和"七大重中之重整治任务"攻坚，保护好永定的绿水青山。投入5054万元，全面实施永定河、金丰溪、龙湖库区等流域水环境综合整治，治理水葫芦3.3万亩。按照"统一指挥、分块负责、集中整治、长效管理"的原则，集中力量开展石材行业污染专项整治。加快推进畜禽养殖业污染综合整治，关闭拆除养猪场1546户、27.8万平方米，标准化改造养猪场123家，建成病死猪无害化集中处理厂3家。全面淘汰燃煤锅炉，强化工业企业和机动车尾气污染防治，关停大气污染企业6家，淘汰黄标车993辆。做好土壤环境质量加密调查和农用地土壤治理评估工作，关闭和转产11家土壤污染企业，完成79个项目的耕地质量等别评定。加快生态红线划定，林业生态红线完成划定并上报；实施抚市等3个乡镇小流域水土流失综合治理和废弃矿山"青山挂白"治理项目；加快推进乡镇垃圾污水处理设施建设，5个乡镇垃圾中转站投入运营，10个乡镇污水处理设施开工建设。

城乡建设 以交通、城建环保、社会事业领域项目建设为抓手，组织实施市政提升、道路畅通、环保水利等工程，加快城乡统筹发展，推进秀美永定建设。做精做优做美城区。按照"做精做优做美城区"的思路，推进城区精品化建设、精细化管理。推进总投资1.02亿元的城建惠民"十个一"项目建设，"一河两岸"生态休闲绿廊示范段等一批城建项目实现竣工，投资近亿元的体育中心民生板块项目征迁全面突破并动工兴建。同时，注重建管并重，整治城区交通秩序，打击占道经营、乱摆摊设点等行为，城市管理水平进一步提升。抓好特色乡镇乡村建设。按照项目带动、产城融合的发展思路，推进下洋、龙潭两个市级新型城镇化重点镇建设；推进特色小镇建设，下洋土楼美食特色小镇列入省项目库，策划申报湖坑镇洪坑客家民俗文化小镇等特色小镇7个。40个省、市级美丽乡村建设取得实效，新增下洋中川等6个中国传统古村落。补齐基础设施短板。围绕构建"一港两站三横四纵十联十通"立体化交通网络目标，投资9.2亿元完善交通基础设施，双永高速岐岭互通连接线项目建成通车，永梅出省公路、溪口至坎市公路改造等项目建设顺利推进，漳武高速永定至上杭段、岐岭至城区道路"白改黑"等项目开工建设，永定至龙岩中心城区开通城际定制公交。改造提升配电网，实施配电网项目165个，完成1.3万户居民配电网改造。推进"数字永定"建设，广播电视、光纤宽带基本实现"村村通"。推进一批重点水利项目，淑雅溪水库、抚市水源工程等饮用水源地保护项目建成投入使用，湖坑下黄水库开工建设，抚市堵树坪水库、龙潭西寨水库项目前期工作基本完成。

改革创新 把握和适应经济新常态，坚持通过全面深化改革、实施创新驱动战略、推进供给侧结构性改革，释放发展活力，增添发展动力，对冲下行压力。推进重点领域和关键环节改革。推进审批制度改革，建设"一站式"网上办事平台，推行"互联网+政务服务"模式，探索完善网上中介服务超市建设，机关效能建设取得实效。推进国有企业改革，整合组建海发集团、文旅集团、建发集团三大国企集团。农村土地承包经营权确权登记颁证工作全面铺开，集体林权制度改革扎实推进，农村集体"三资"管理机制更加健全。医药卫生体制综合改革步伐加快，"三医联动"工作稳步开展。实施创新驱动发展战略。按照《关于实施创新驱动发展战略推进创新型永定建设的决定》的总体要求，突出抓好平台建设、科技创新体系构建，强化企业创新主体地位，做好省级"科技小巨人"领军企业遴选工作，其中采善堂制药有限公司进入省级"科技小巨人领军企业培育发展库"。支持企业建立技术研发机构或与高等学校、科研机构联合建设研发机构，乾元新型建材有限公司与龙岩紫荆创新研究院联合组建"乾元紫荆新型建材技术研发中心"。开展科技创新活动和知识产权试点工作，1项成果获评省科学技术奖三等奖，2项成果获评市科学技术奖。抓好"三去一降一补"五大任务。围绕去产能、去库存、去杠杆、降成本、补短板五大重点任务，推动供给侧结构性改革，提升供给质量和效率。在去产能方面，2016年关闭淘汰8家煤矿，化解产能48万吨。在去库存方面，加快推进房地产去库存，在执行好上级支持政策的同时，出台优惠政策，鼓励引导群众进城购房，全区商品房待售面积比2015年年底减少48%。在去杠杆方面，采取"借新还旧、借低还高、借长还短"的方法，进一步优化政府债务结构，节省财政支出近亿元。同时，加大逃废金融债务的曝光打击力度和金融案件的依法执行力度，进一步落实"老赖"限制性措施，降低区域性金融风险。在降成本方面，加大降税清费力度，全面推进"营改增"，全年减税超过5000万元；对符合条件的企业实施稳岗补贴，惠及6家企业，发放补贴资金119.2万元。在补短板方面，抓好补短板投资工程包项目，通过"一包一策""规划代立项""工程包代立项"等办法，建立差异化实施推进机制，2016年完成两批工程包投资21.1亿元，占年度计划的126.3%。

社会保障 全面落实"大众创业、万众创新"政策措施，创新创业就业培训服务机制，全年新增城镇就业1650人，转移农村富余劳动力9980人。加强城乡基本社会保障工作，居民养老保险续保率和新农合参合率进一步提高。继续实施最低社会保障提标工程，城乡低保、农村五保集中供养和城乡医疗救助基金政府筹集标准进一步提高。"五位一体"爱心助孤机制和社会救助体系进一步完善。制定出台民办养老机构优惠政策，推进敬老院公建民营改革和农村幸福院项目建设，完成10个农村幸福院建设，区福利中心老年公寓加快建设。

教育事业 围绕"教育强区"建设目标，以"项目带动"为抓手，全面实施"四大工程"（城镇学校班额均衡化、农村学校标准化、城乡教育信息化和教师队伍素质提升），编制完成"十三五"城区学校布局规划。推进薄弱学校改造提升、城区中小学扩容、教师周转房、校舍安全等项目，完成投资9600万元，中小学、幼儿园新增学位2250个。重抓校园文化建设，推进客家文化、红色文化进校园、进课堂，6所学校被评为市级特色学校示范校。

卫生事业 按照"规划总量、调整存量、优化增量"的思路，调整医疗卫生机构设置和布局，促进医疗资源合理配置，实现城乡医疗服务体系协调发展。推进"三保合一"（整合城镇职工基本医疗保险、城镇居民基本医疗保险、新型农村合作医疗），公立医院全面实行药品、耗材零差率销售。加强医疗卫生基础设施建设，总投资6400万元的区医院病房综合大楼投入使用，完成一批乡镇卫生院改（扩）建和村（居）卫生所标准化建设。公开竞聘区医院院长，新增近百名医技人员，医疗卫生场所及人才紧缺问题得到缓解。巩固卫生城区工作成效显著。

文化体育　围绕"厚德永定"建设目标，传承和弘扬客家文化、红色文化，推进土楼和非物质文化遗产保护，创作红色文化精品，开展群众性文化体育活动，构建公共文化服务体系，推动公共文化服务标准化、均衡化发展。推进"三馆"（文化馆、图书馆、博物馆）改造提升工程，搭建数字化文化服务平台。申报客家土楼营造技艺、永定万应茶制作工艺2个国家级非物质文化遗产项目，深入对接"天下大同、内圆外方"土楼实景演出项目，启动实施振福楼、五云楼等维修工程。创作《畎春》《孝道》等文化精品，拍摄《血脉》等影视作品。举办"三大杯"（金龙杯、土楼杯、龙湖杯）篮球赛、环土楼国际山地马拉松赛、海峡两岸四地汽车场地越野邀请赛等群众性文体活动和体育赛事。

社会治理　以落实综治领导责任制为龙头，围绕守住"五个不发生"（不发生重大政治性事件、非法聚集事件、大规模群体性事件、暴力恐怖事件、个人极端事件）底线，开展"平安永定""法治永定"和"过硬、双满意队伍"建设。深入推进社区网格化、社会治安防控立体化、矛盾纠纷化解多元化建设，突出抓好区、乡、村三级群众诉求服务中心建设和平安区、乡、村三级联创。搭建平安微信服务平台，打造客家平安和谐文化宣传阵地。组织开展"涉麻涉毒整治、涉爆涉矿整治"等9个专项行动，深入推进"红土安民"和"红土飓风"3+N会战专项行动。全区刑事案发率比上年下降8%，涉麻涉毒整治实现"三升三降"，未发生重大群体性事件。人民群众安全感不断增强，全区群众安全感满意率居全省第三、全市第一。全面落实安全生产"一岗双责"，深入开展"本质安全年"活动，全年未发生较大及以上安全生产事故。

【重要会议】

中共龙岩市永定区第十三次代表大会　2016年7月13日—15日在海峡两岸交流基地（天子温泉）召开。

大会经过认真审议，批准王金福代表中共龙岩市永定区第十二届委员会所作的报告。

大会认为，报告回顾总结工作实事求是，经验提炼深刻精辟，问题分析客观全面，发展目标催人奋进，工作措施切实可行。"坚持转型发展跨越发展，为建设创业创新秀美厚德的新永定而努力奋斗"的主题，充分体现党中央和省委、市委的要求，切合永定实际，符合全区广大党员和人民群众的共同愿望，是指导今后五年全区工作的纲领性文件。

大会充分肯定十二届区委的工作。大会认为，区第十二次党代会以来，在党中央、省委、市委的坚强领导下，区委认真贯彻落实党的十八大和十八届三中、四中、五中全会，以及中共中央总书记习近平系列重要讲话及到闽到龙岩考察重要讲话精神，紧紧抓住撤县设区的历史机遇，团结带领全区各级党组织和广大党员干部群众，真抓实干、攻坚克难，经济发展稳中有进，综合实力稳步提升；项目建设取得实效，发展后劲持续增强；城乡统筹加快推进，宜居水平不断提升；社会事业加快发展，民生福祉有效改善；交流合作不断拓展，发展活力显著增强；党的建设不断加强，执政能力稳步提高，顺利完成区第十二次党代会提出的各项目标任务。大会指出，过去五年的发展实践启示我们，要把永定建设得更加美好，必须坚定永定自信，加快发展；必须坚持敢于担当，崇尚实干；必须坚持解放思想，与时俱进；必须坚持以人为本，民生优先；必须坚持党要管党，从严治党。报告总结的主要经验，是全区广大共产党员和干部群众积极探索、勇于实践的智慧结晶，对于今后工作具有重要的指导意义。对发展中存在的问题和挑战，必须敢于面对，切实增强忧患意识，坚持问题导向，采取有效措施加以解决，不辜负全区人民的重托和期待。

大会提出，今后五年，全区最重要最迫切的任务，就是加快转型发展，实现跨越发展。这是贯彻省委、市委对永定工作新要求、顺应人民新期待的必然选择，也是把握机遇、加快发展的现实需要。一定要坚决贯彻落实党中央和省委、市委的各项决策部署，强化机遇意识、责任意识和大局意识，坚定科学发展的前进方向，不动摇、不懈怠、不折腾，以责无旁贷的历史责任感、时不我待的发展紧迫感，解放思想、敢于担当，牢牢把握发展定位、咬定发展目标，以更加坚定的信心、更加有力的举措推动改革发展，努力开创永定转型发展、跨越发展新局面。

大会同意报告提出的今后五年全区工作的指导思想和奋斗目标。要高举中国特色社会主义伟大旗帜，全面贯彻落实中共十八大以来中央各项决策部署，深入贯彻中共中央总书记习近平系列重要讲话及到闽到龙岩考察重要讲话精神，以"四个全面"战略布局和"五大发展理念"为统领，坚定永定自信，牢牢把握"转型发展、跨越发展"主基调，大力实施"工业强区、文旅兴区、生态立区、农业稳区"战略，加快体制转轨、经济转型、作风转变，全面融入龙岩中心城市发展，为全面建成小康社会、建设创业创新秀美厚德的新永定而努力奋斗。大会提出到2020年，要全面完成"两高于、两翻番、两突破"的目标，即地区生产总值和全社会固定资产投资增速高于全市平均水平，财政总收入、地方级收入分别比2015年实现翻番，工业总产值突破250亿元，文化旅游产业收入突破100亿元，努力实现综合实力进一步增强、宜居水平进一步提升、人民生活进一步改善、文明新风进一步弘扬、党的建设进一步加强，把全面建成小康社会的宏伟蓝图变为美好现实。

大会指出，上述目标和任务，具体明确，振奋人心，经过全区上下的共同努力是完全可以实现的。大会要求，全区上下要抓二次创业，坚定实施"工业强区"战略，着力推进"文旅兴区"战略，大力实施"农业稳区"战略，大力发展现代服务业，突出抓好项目建设，推动全区经济社会加快转型发展。要抓创新开放，扎实推进深化改革，大力实施创新驱动战略，不断优化投资发展环境，加快发展乡镇特色经济，深化对外交流合作，切实增强经济发展活力。要抓城乡统筹，加快融入中心城市发展，推进城乡统筹发展，抓好基础设施建设，加大生态文明建设力度，加快建设秀美永定。要抓文化传承，激发党员干部干事创业激情，提升全社会道德水平，加强文化保护传承，努力培育厚德新风。要抓民生改善，全面完成脱贫攻坚任务，促进教育均衡发展，优化医疗卫生服务，提升社会保障水平，加强社会治理，促进社会和谐稳定。

大会强调，履行新使命，实现新跨越，关键在党，关键在人。要以中共中央总书记习近平在庆祝中国共产党成立95周年大会上的重要讲话精神为指导，坚持不忘初心、继续前进，全面推进党的思想、组织、作风、制度和反腐倡廉建设，不断提高党的建设科学化水平。要加强思想政治建设，坚定理想信念；加强党员干部队伍建设，提升党的执政能力；加强基层组织建设，夯实党的执政根基；加强反腐倡廉建设，营造风清气正的政治生态；加强区委班子建设，发挥领导核心作用，为推进转型发展跨越发展、建设创业创新秀美厚德的新永定提供坚强的政治保证。

大会号召，全区各级党组织和广大党员要紧密团结在以习近平为总书记的中共中央周围，在省委、市委的坚强领导下，与全区人民一道，进一步坚定永定自信，不忘初心、继续前进，勇于担当、务实苦干,为全面建成小康社会、建设创业创新秀美厚德的新永定而努力奋斗!

出席大会的代表301名,大会选举产生马越、王小庆、王金福等35名新一届区委委员,王福文、朱彩宏等23名区纪委委员,张雄峰等7名区委候补委员及出席龙岩市第五次党代会代表。

中共龙岩市永定区第十三届委员会第一次全体会议 2016年7月15日在永定召开。

会议选举王金福为新一届中共龙岩市永定区委员会书记,陈荣水、姜林芬为副书记,王金福、陈荣水、姜林芬、曾佑繁、陈文操、章溧斌、曹伯田、黄华凤、王小庆、蓝富雁、江峻伟等11人为常务委员会委员。

会议由王金福代表龙岩市委、永定区委领导班子作了讲话。王金福首先代表新当选的区委常委,感谢各位区委委员的信任和支持,向十二届区委的老委员、老常委们表达由衷的敬意。

全会指出,在刚结束的区第十三次党代会闭幕式上,新一届区委已向全区2万多名党员和50万永定人民群众作出庄严承诺,未来五年新一届班子将不遗余力地推动转型发展、跨越发展,加快建设创业创新秀美厚德的新永定。

全会强调,新一届区委班子要争做建设创业永定的"舵手"。坚定不移地实施"工业强区、文旅兴区、生态立区、农业稳区"发展战略,切实把全区人民的思想和行动统一到区委的战略部署上来,牢牢盯住"二次创业"目标,抓项目、抓发展,推动永定"工业再造"取得新突破,现代产业体系重构取得实效,经济实力实现进一步提升。要争做建设创新永定的"先锋"。坚持实事求是、大胆创新,始终保持敢闯、敢试、不服输的胆识和气魄,始终保持一种勇往直前、迎难而上的干劲和斗志,坚决破除一切束缚转型发展跨越发展的思想观念;要牢固树立指标意识、位次意识、争先意识,顺应深化改革新进程,围绕打好"三大战役",创造性地开展工作,不断创新思维,不断改进工作方式,不断突破难点重点,主动出击、破难前行,努力走出一条符合永定实际、具有永定特色的发展路子。要争做建设秀美永定的"标兵"。要紧紧抓住政策机遇期,主动融入龙岩中心城市同城一体化发展,推动更多优质资源落户永定,着力提高公共服务、社会保障、基础设施、城市建设水平,做优做美城区;要坚持"绿水青山就是金山银山"的发展理念,建设天蓝、地绿、水清的秀美永定,让生态"福利"普惠于民;要着力解决好群众最关心、最直接、最现实的切身利益问题,把教育、就业、就医、交通、食品安全、生态环境等群众关注的工作做实、做细。要争做建设厚德永定的"典范"。要自觉传承弘扬苏区精神和客家精神,始终保持昂扬向上、奋发有为的精气神;要自觉加强学习,培养现代思维,不断提升自身能力素质;要以"自重"铸品德,以"自省"管小节,以"自警"慎言行,以"自励"持操守,坦坦荡荡做人,清清白白从政,实实在在干事,始终保持为民、务实、清廉的公仆本色;要切实做到少说多做、定了就干、干就干成,始终保持务实干事、一抓到底的工作作风;要自觉增进团结,努力打造目标上同向、行动上同步、事业上同心的领导集体。

全会还通过中共龙岩市永定区纪律检查委员会第一次全体会议选举结果的报告。

附:

中国共产党龙岩市永定区第十三届委员会委员名单

(按姓氏笔画为序)

(共35名)

马 越	王小庆	王金福	卢文阶	卢连芳 (女)
卢海强	江峻伟	苏贤添	苏斌耀	吴衍强
张汉锋	张学滨	陈 昌	陈文操	陈荣水
陈炳旺	林寿杨	郑鼎文	胡佐仁	姜林芬
郭 鸿 (女)	郭盛元	黄华凤 (女)		
曹伯田	章溧斌	曾佑繁	温福英 (女)	
蓝富雁	赖大彬	赖天鸿	赖文君	
赖明智	阙启旺	阙洲荣	廖方顺	

中国共产党龙岩市永定区第十三届委员会候补委员名单

（按得票多少为序）

（共7名）

张雄峰　张宝华　范琳云　林如居　卢基莹
吴云汉　黄焕彩

中国共产党龙岩市永定区第十三届委员会常务委员会委员名单

（共11名）

王金福　陈荣水　姜林芬　曾佑繁　陈文操
章溧斌　曹伯田　黄华凤（女）　王小庆
蓝富雁　江峻伟

中国共产党龙岩市永定区第十三届委员会书记、副书记名单

书　记：王金福

副书记：陈荣水　姜林芬

中国共产党龙岩市永定区第十三届纪律检查委员会委员名单

（按姓氏笔画为序）

（共23名）

王福文　朱彩宏　江金峰　江浩洪　苏玉辉
李新钦　吴南祥　何文生　张志芳　张洪隆
陈文操　陈华祥　陈荣权　范德文　林华珍
罗汉平　傅兴华　游飞标　赖义煌　赖友滨
赖朝江　阙海荣　熊育良

中国共产党龙岩市永定区第十三届纪律检查委员会常务委员会委员名单

（共7名）

陈文操　李新钦　吴南祥　陈荣权　何文生
赖友滨　江浩洪

中国共产党龙岩市永定区第十三届纪律检查委员会书记、副书记名单

书　记：陈文操

副书记：李新钦　吴南祥

中共龙岩市永定区第十三届委员会第二次全体会议　2016年9月20日在永定召开。

全会由区委常委会主持。会议深入学习贯彻中共中央总书记习近平系列重要讲话精神和到闽到龙岩重要讲话精神，全面落实全国科技创新大会精神、中央关于推进供给侧结构性改革要求和省委九届十六次全会、市委四届十一次全会精神，听取和讨论市委常委、区委书记王金福所作的报告，听取区委副书记、代区长陈荣水就提交会议讨论文件所作的说明，审议通过《关于实施创新驱动发展战略推进创新型永定建设的决定》和《关于实施"产业兴区"战略的决定》，讨论《关于实施"人才强区"战略的意见》《龙岩市永定区推进供给侧结构性改革的实施方案（2016—2018)》及其相关配套文件。

全会强调，实施创新驱动、推进供给侧结构性改革是适应经济发展新常态的必然要求，是推动永定新旧动能转换的关键所在，是全面深化改革的重要着力点。全区各级各部门要把思想和行动统一到中共中央和省委、市委的部署要求上来，准确把握创新和供给结构现状，增强责任感和紧迫感，调动一切可以调动的积极因素，凝聚方方面面的智慧和力量，同心协力营造推进创新驱动和供给侧结构性改革的良好氛围。

全会明确，推进创新驱动和供给侧结构性改革的总体要求是，牢固树立和贯彻落实五大发展理念，把握"转型发展、跨越发展"主基调，大力实施"工业强区、文旅兴区、生态立区、农业稳区"战略，把创新驱动作为第一发展动力，强化企业创新主体地位，以科技创新为核心，以产业转型升级为主线，以人才队伍建设为保障，围

绕"三去一降一补"五大任务,优化存量、引导增量、主动减量,在变中求新、变中突破,全面激发经济发展活力,促进增长方式由资源依赖型向创新驱动型转变,加快建设创业创新秀美厚德的新永定。主要目标是,到2020年,创新型经济格局初步形成,创新能力显著增强,区域创新体系进一步完善,创新创业环境更加优化,科技促进内生增长和引领可持续发展的能力大幅度提高;供给侧结构性改革取得重要进展,供给能力和水平显著提升,新的产品供给体系和服务供给体系基本形成。

全会指出,推进创新驱动和供给侧结构性改革是一项系统工程,要用辩证的思维、系统的方法来推进,妥善处理好有效供给与有效需求、"加法"与"减法"、立足当前与着眼长远、政府与市场、主要矛盾与次要矛盾等五大关系,进一步加快永定发展步伐。

全会要求,各级各部门要在实践中统筹把握、重点突破,注重在五个方面下功夫。要在创新发展上下功夫,牢牢把握创新发展方向,整合资源强化协同创新,进一步提升创新能力和创新发展水平。要在集聚人才上下功夫,把人才资源开发放在科技创新最优先的位置,着力育人才、聚人才、留人才,推进"人才强区"战略实施。要在做强产业上下功夫,围绕"工业强区、文旅兴区、生态立区、农业稳区"发展战略,改造提升传统产业,扶持培育新兴产业,加快发展现代服务业,推动"125"产业(做大做强文旅这一优势产业,提升改造能源、建材两大传统产业,培育发展光电信息、白酒酿造、生物制药、现代农业、健康养生五大新兴产业)向效益型、集约型、生态型发展。要在优化环境上下功夫,构筑创新平台、完善创新机制,优化创新环境,为创新驱动和供给侧结构性改革营造良好的社会环境。要在补齐短板上下功夫,加快策划、储备、实施一批工程包,提升基础设施供给,优化公共服务供给,完善民生保障供给,全力增创发展新优势。

全会强调,加快永定"二次创业"步伐,必须立足当前、合力奋进,精准发力、狠抓落实,确保全面完成2016年目标任务,实现"十三五"开好局、起好步。要紧盯目标,倒排时序任务,奋力冲刺一百天,力争全面完成年度目标任务。要突出重点,强化压力传导,落实工作责任,加快工作进度,全力打赢项目落地、脱贫攻坚、生态环保"三大战役"。要持续深入开展"两学一做"学习教育,下大力气抓好市委2号文件的贯彻落实,加强正风肃纪,持之以恒纠正"四风"。要进一步弘扬敢为天下先的客家精神,促进各级领导干部敢担当、重实干。要进一步抓好区第十三次党代会精神的贯彻落实,逐项制定重点工作推进方案,确保党代会作出的各项决策部署落到实处。

全会号召,全区广大党员干部要更加紧密团结在以习近平为总书记的党中央周围,在省委、市委的坚强领导下,齐心协力、真抓实干、敢于担当,加快创业创新秀美厚德的新永定建设,以优异成绩迎接省、市党代会的胜利召开!

中共龙岩市永定区第十三届委员会第三次全体会议 于2016年12月20日在永定城区召开。

全会由区委常委会主持。会议深入学习贯彻中共十八届六中全会和省委十届一次全会、市委五届二次全会精神,听取和讨论市委常委、区委书记王金福代表区委常委会所作的工作报告和在第一次全体会议上的讲话。

全会充分肯定区委一年来的工作。一致认为,区委常委会深入贯彻落实中共十八大和十八届三中、四中、五中、六中全会精神,认真贯彻落实中共中央总书记习近平系列重要讲话和到闽到龙岩重要讲话精神,以实现"十三五"各项工作开好局、起好步为总目标,以推动永定加快体制转轨、经济转型、作风转变为主抓手,团结和带领全区干部群众主动作为,克难攻坚,突出打好"三大战役",着力加快"二次创业",全区经济社会实现平稳健康发展。

全会指出，中共十八届六中全会，是在中国共产党成立95周年、红军长征胜利80周年的历史节点，在全面深化改革、决胜全面小康的关键时刻，召开的一次重要会议。全会以制定修订《关于新形势下党内政治生活的若干准则》和《中国共产党党内监督条例》为重点，专题研究全面从严治党重大问题，正式确立中共中央总书记习近平在党中央和全党的核心地位，取得极为重要的政治成果、思想成果和制度成果。中共中央总书记习近平成为党中央和全党的核心，是在伟大斗争中形成的，是众望所归、名副其实、当之无愧的。

全会强调，全区各级党组织和广大党员干部要切实增强"四个意识"，特别是核心意识、看齐意识，坚决维护以习近平为核心的中共中央权威，把服从大局、维护大局作为服从核心、维护核心的具体实践，努力办好永定的事、做好永定工作。要围绕"创业创新秀美厚德的新永定"建设目标，实施"工业强区、文旅兴区、生态立区、农业稳区"发展战略，深入打好项目落地、脱贫攻坚、生态环保"三大战役"，加快体制转轨、经济转型、作风转变步伐。

全会要求，要加强和规范党内政治生活，始终保持党的纯洁性、先进性、战斗性。要抓好思想教育，高度重视党内政治文化建设，教育引导广大党员干部在建设创业创新秀美厚德的新永定中走前头、争上游、作表率，不断开创永定加快发展新局面。要严明纪律规矩，坚决落实正面规范，自觉遵守党的政治纪律和政治规矩，在大是大非面前与党中央保持高度一致，做到绝对忠诚、绝对纯洁、绝对可靠。要践行为民宗旨，进一步弘扬老一辈革命家的好传统、好作风，坚持群众路线、站稳群众立场，坚持"四下基层"，深入纠治不良习气，让全区广大群众感受到清风正气就在身边。要规范干部选任，坚持党管干部原则和好干部20字标准，强化党的领导和把关作用，树立"看平时、看实绩"的选人用人导向，规范干部选任程序，推进领导干部能上能下，探索建立鼓励创新、宽容失败、允许试错、责任豁免相关机制，进一步提振干部干事创业精气神。要严肃组织生活，切实强化党员观念，按照《准则》的要求，自觉落实"三会一课"、民主生活会、领导干部双重组织生活、党性定期分析和民主评议党员、谈心谈话等制度，用好批评与自我批评这个利器，开展积极健康的思想斗争，发现和解决信仰信念方面存在的突出问题。

全会强调，要从严从实抓好党内监督，不断增强自我净化、自我完善、自我革新、自我提高能力。要全面提升监督意识，统一思想认识，敢于开展监督，主动接受监督，做到闻过则喜、见贤思齐，把党组织的严管当成厚爱，不断完善自己、改进自己，防止小毛病发展成大错误。要全面落实监督责任，构建党委（党组）全面监督、纪律检查机关专责监督、党的工作部门职能监督、党员民主监督的党内监督体系。要全面增强监督实效，强化日常监督，突出监督重点，严格执纪问责，形成监督合力，确保监督全覆盖、无盲区。

全会要求，要坚持领导带头、强化压力传导，推动全面从严治党各项工作落到实处，进一步营造永定政治上的绿水青山。要构建严密的责任体系，知责明责，履责尽责，严责问责，建立一整套的制度体系，确保各项责任落到实处。要坚持领导干部带头，各级领导干部特别是"关键少数"要在带头学习《关于新形势下党内政治生活的若干准则》和《中国共产党党内监督条例》的基础上，做自觉践行的模范，切实增强自律意识、标杆意识、表率意识，模范遵守党章党规，严格按《准则》《条例》规定办事。要营造敢抓落实的氛围，解决当前干部作风中存在的突出问题，建立完善"五个一"（一名挂钩区领导总牵头、一个责任单位负主责、一个工作目标节点、一笔专项工作经费、一套督查考评办法）重点工作推进机制，坚持正向激励和反向问责相结合，进一步提振永定党员干部干事创业的精气神。

全会号召，全区各级党组织和广大党员干部

要更加紧密地团结在以习近平为核心的中共中央周围、不忘初心、继续前进、对标看齐、合力奋进、勇于担当、真抓实干，着力加快永定转型发展跨越发展步伐，建设创业创新秀美厚德的新永定，以优异成绩迎接中共十九大胜利召开！

·区委办工作·

【人秘与综合】

人秘工作　2016年，区委办完成中央、省、市领导到永调研、全市项目点评会、区第十三次党代会等重大会议、重大活动的组织协调工作。严把公文起草、校核、签发关，规范核发、登记、印制、分发程序，以科学、严谨的工作态度制定发放每一份区委及区委办文件。严格按照中央八项规定的要求，控制开会数量，压缩发文总量。全年印制261份区委、区委办相关文件，收阅546份上级文件；完成区委各类会议230余场次（含中央、省、市电视电话会议）。

综合文稿　2016年，始终把握"追求质量、追求精准、追求务实"的原则，注重在谋篇布局、改进文风上下足功夫，起草完成区第十三次党代会和区委十三届二次、三次全会以及文件、汇报材料等各类文稿近500余篇，并在中国旅游报、海峡通讯、闽西通讯、闽西日报等各级主流刊物上发表区委主要领导署名文章。

【调研与信息】

调查研究　坚持立足永定实际，深入研究分析全区经济社会发展面临的新情况、新问题，探寻破解发展难题的措施办法，推进一批调研课题。全年确定56个重点调研课题，编发《永定调研》11期，其中《构建产业新支撑，加快推进经济转型升级》《永定区脱贫攻坚工作调查与分析》等4篇调研文章获区委主要领导批示。同时，《龙岩市永定区美丽乡村建设的实践探索》《永定区打造产业转型升级新引擎的思考》等文章在《调研内参》《龙岩发展与研究》等省、市刊物上发表；为上级政研部门提供10余篇调研基本素材。

信息工作　2016年，围绕区委中心工作和发展战略，围绕经济社会发展的重点难点，从加强信息工作规范化建设入手，抓住重点、捕捉亮点，信息工作质量和水平不断提升。向省委办公厅、市委办报送各类信息1202条，被《八闽快讯》《闽西快讯》采用126条（《八闽快讯》44条），其中区委办结合供给侧结构性改革采编撰写的《永定区推进供给侧改革打造国家全域旅游示范区》的信息，被《八闽快讯》专报件采用。同时，从发展工业经济、对外招商引资、社会主义新农村建设等方面破题立意，撰写《永定区培育"三大新经济"助力产业转型升级》《永定区多举措强化"精准监督"护航"精准扶贫"》等多篇信息，刊登在《八闽快讯》正刊。信息工作连续17年获省委办公厅通报表扬。

【督查与党建】

督促检查　2016年，整合区委、区政府督查力量成立区督查办，围绕区委、区政府重大决策部署、领导批示及交办事项，开展督促检查工作，推动区委、区政府各项决策部署贯彻落实。组织开展或参与40余次督查活动，开展永定土楼AAAAA级景区问题整改、"三大战役"、招商引资、值班情况、安全生产、重点信访事项等专项督查；分解会议纪要19期132项，办结区委主要领导批示件174件、办结率100%；编发《落实与反馈》18期、《督查通报》14期，区委主要领导在《落实与反馈》上批示2次；接待人民群众来访40多批175人次。

党建工作　履行区委党建工作职责，创建培育"土楼党旗红"党建总品牌和首批26个党建子品牌，开展"土楼党旗红"党建品牌拓展提升活动，确定六大类16个基层党建综合示范点。在全市党建考评中，由区委办承担的党建工作机制建设部分获全市二等奖。

【机要与保密】

机要工作 2016年,始终严格执行24小时值班制度,人不离机、密不离人,确保中央、省、市重大决策和重要工作部署迅速落实到位。未出现压误、失泄密等责任事故。

保密工作 2016年,对18个乡镇64个区直单位进行保密专项督查,发出整改通知书12份,整改突出问题35个,全区未发生敌对势力渗透和破坏活动造成后果案件,未发生窃密和泄密事件。区国家保密局连续11年获"国家保密通联工作先进单位"和"省保密宣传教育工作先进单位"称号,保密信息工作受到省国家保密局通报表扬。

【值班与后勤】

值班应急 2016年,推进值班与应急工作制度化、规范化、科学化建设,办理《值班接转件》24期、《永定值班要情》43期、《永委值批》3期,发送上级领导批示、信访快报、公安快报、特殊天气预报等各类值班与应急信息900余件(次),其中《值班接转件》获得领导批示16件次。

后勤保障 加强制度建设,优化管理方式,提高服务质量和服务水平,保障区委机关的高效运作和后勤服务。规范区委大院车辆和公务用车管理,完善环境卫生、值班值守、财务管理、安全防火等制度,加强对驾驶员和保安人员的培训,杜绝各类安全事故的发生。

·纪检监察·

【落实党风廉政建设责任制】

强化制度建设 2016年,建立区委常委会定期研究党风廉政建设工作制度,先后出台《龙岩市永定区落实党风廉政建设"两个责任"清单》《贯彻落实〈关于深化落实党风廉政建设党委主体责任暂行规定〉的实施办法》,厘清区委领导班子21项责任清单、区委主要负责人"第一责任人"10项责任清单、区委领导班子其他成员8项责任清单、纪委14项监督责任清单。

强化压力传导 督促各党委(党组)班子成员落实"一岗双责",区直各部门、各乡镇(街道)结合各自实际,研究制定本部门(单位)的党风廉政建设"两个责任"清单,并上墙公开,对照履职,接受监督。协调组织区财政、审计等部门,对乡镇(街道)及区直单位落实党风廉政建设责任制工作、执行中央八项规定精神等情况进行检查,下发问题清单,督促整改落实,并开展问题整改"回头看"。

强化责任追究 落实纪检监察干部履行监督责任有信必核、有违必纠、有失必追、有案必查、有情必报的"五有五必"工作要求,加大责任追究力度,以问责倒逼责任落实。全面推进乡镇(街道)及区直部门党风廉政建设责任追究工作,加大对检查考核结果的运用,将考核情况纳入年度绩效管理,对考核排名靠后的乡镇(街道)及区直部门约谈问责。2016年,全区党风廉政建设责任追究22人,其中给予党政纪处分7人。

【作风建设】

落实中央八项规定精神 2016年,坚持把纪律和规矩挺在前面,开展落实中央八项规定精神"1+X"专项督查,注重抓早抓小,发现一起,查处一起,通报一起。全年查处违反中央八项规定精神问题51起70人,查处人数同比上升180%。其中,给予党纪政纪处分23人,并指名道姓通报曝光,不断释放越往后执纪越严、处分越重的信号。

贯彻市委2号文件精神 2016年,坚决纠正不良习气、树立清风正气。集中整治工作纪律松弛问题,集中整治组织人事和人员管理工作松弛问题,集中整治党员干部法律服务中违规取酬、违规经商办企业、投资入股、公款存储谋私逐利问题,集中整治党员干部规避执行或消极执行法院判决当"老赖"行为,公开通报曝光当"老赖"的191名国家工作人员,提醒谈话55人,诫勉谈话

136人。全区纠治各类不良习气336起、处理358人,其中给予党政纪处分37人,查处不良习气数位居全市第一。

查处侵害群众利益的不正之风和腐败问题 2016年,全面从严治党向乡镇(街道)、村(居)延伸,按照联组联片原则,由5个派驻纪检监察组及挂钩乡镇纪检监察片组负责,启动开展第一轮村(居)党风廉政专项监督检查,并下发对5个建制村检查情况通报,促进问题整改。开展涉农资金"最后一公里"、扶贫领域等专项督查。全年查处侵害群众利益的不正之风和腐败问题36起,处理55人,给予党纪政纪处分19人,组织处理36人,移送司法机关处理8人;查处扶贫领域违规违纪问题17起29人,给予党政纪处分5人,移送司法机关处理3人。

【落实信访举报"零暂存"】

2016年,建立集中办信长效工作机制,促进问题线索及时处置到位。受理信访件319件次,同比下降58.1%,其中检控类216件次、占信访举报总量的67.7%、同比下降66.6%;受理检控类初信初访117件,同比下降63.3%,其中初步核实111件、谈话函询6件;筛选问题线索28件,同比下降39%,其中转立案7件、实行信访谈话提醒32人、移送司法机关2件4人。

【查处违纪案件】

2016年,全区纪检监察机关立案140件,同比上升38.61%。其中,经济大案38件,同比上升58.33%;贪污贿赂案件40件,同比上升60%;乡科级案件50件,同比上升138.1%;移送司法机关8人。结案140件,结案率100%,同比上升35.92%。严肃查处永定自新中国成立以来案值最大的贪污案件——区卫计局原党组成员、副局长、爱卫办主任卢某某案件,贪污金额395万余元,取得较好的政治、社会和党纪效果,让群众感受到反腐倡廉的实际成效。

【巡视巡察问题整改】

2016年,抓好省委巡视整改意见落实,对涉及区纪委党风廉政建设责任制、落实中央八项规定精神和作风建设等2个方面5个问题全部整改完成,对移交至区纪委的96件信访件全部办结。落实上级纪委内部巡察移交问题整改,对涉及永定的2个方面4个问题全部整改到位。全面加强巡察工作,11月,成立区委巡察工作领导小组,明确机构编制,组建区委巡察工作人才库,配齐配强人员。

【践行"四种形态"】

强化建章立制 出台《永定区探索推进监督执纪第一种形态综合运用的暂行办法》,分7个层面明确谈话实施的主体,探索党员区领导以上率下落实监督执纪"四种形态"的新途径和新方式,做到抓早抓小,防微杜渐。出台《龙岩市永定区受组织处理和党政纪处分领导干部管理规定(试行)》,明确规定受组织处理和党政纪处分领导干部影响期满后,经考察优秀的,可以提拔任职,引导领导干部树立正确从政理念。

换届风气监督 2016年7月,专门下发《关于严明区第十三次党代会期间纪律的通知》,增强区、乡两级换届选举有关人员的政治意识和纪律意识。成立9个纪律督查指导组,深入全区开展巡回督查和全程监督,保障换届纪律。严把关口,对代表初步人选的廉政情况进行严格审核把关,梳理审核907人,因涉案被党政纪处分不再继续提名8人,否决7名党代表、4名人大代表、1名市政协委员人选资格。换届期间收到反映换届问题信访件18件,与2011年同期相比显著下降,换届工作在风清气正中圆满完成。

反腐倡廉宣传教育 2016年,进一步提升"土楼清风"微信平台影响力,创建"每周一案""每周一曝""每周一晒"等影响力大的品牌栏目,引起强烈反响,单篇最高点击率(含转载)1.5万余人次,新媒体指数在全国政务(纪检)类微信中排名全国前茅。继续提升客家家训文化宣传效果,整合打包中央纪委播出的三集客家家训专题片并制作成光盘,扩大宣传效果。提升反腐倡廉宣传教育实效,区纪委在省纪委监察厅网站新闻宣传稿件得分位列全省第7、全市第一,纪检监察信息位列全市第二。

干部培训,举办4期"土楼清风·学习讲坛"活动,培训430余人次,提高干部业务水平和履职能力。严格干部管理,出台《关于加强全区纪检监察队伍建设的若干规定(试行)》,对纪检监察干部提出"8个禁止""30条不准"要求。

图1:区纪委组织干部旁听庭审,接受警示教育

图2:10月9日,区纪委举办学习讲坛

【强化自身建设】

机制体制改革　2016年,调整机关内设机构,整合力量、突出主业,增强执纪监督力量。加强派驻机构管理,7月,出台《关于加强派驻区直纪检监察机构管理,充分发挥派驻机构作用的实施意见》,将派驻区直单位纪检组整合为5个派驻纪检监察组,监督指导全区83个部门(单位)和20个乡镇(街道),每一个组挂钩4个乡镇,实现派驻机构职能全覆盖、监督巡察全覆盖。推行派驻机构联组以来,5个派驻纪检监察组参加监督指导部门"三重一大"(重大问题决策、重要干部任免、重大项目安排,大额资金使用)等事项会议140余次,开展谈话函询137人次。

干部队伍建设　2016年,以换届为契机,选拔一批优秀纪检干部,换届后乡镇(街道)纪(工)委书记呈现年轻化、学历高、性别和专业结构优等特点,并全部实现专职化。加强基层纪委工作力量,每个乡镇(街道)设3名专职纪检监察干部行政编制,专职人员都不包村(居),不分管其他业务工作,一心一意抓监督执纪问责。加强

·组织工作·

【领导班子和干部队伍建设】

2016年,深化干部人事制度改革,坚持党管干部原则,坚持任人唯贤,坚持德才兼备、以德为先,构建科学的选人用人机制,培养好、选拔好干部,建设坚强有力的领导班子和高素质的干部队伍。加强对干部了解,区委领导深入分管部门和挂钩乡镇(街道)与有关干部进行谈心谈话,区委组织部的干部分赴各乡镇(街道)与副科以上干部和基层站所负责人进行谈心谈话,为区委使用干部提供合理化建议。改进干部考察工作,将严守政治纪律和政治规矩的情况、落实全面深化改革的举措、落实中央八项规定精神情况等作为重要考核内容。探索单位党委(党组)向区委推荐优秀干部的做法,实行干部选拔任用全程纪实制度,完善干部任前公示制度,将拟任(推荐)职务一并公示,进一步规范干部选任工作。

做好区、乡人大代表和区政协委员推荐选举。

根据省、市、区人大换届的工作安排，区委组织部坚决贯彻区委的换届工作精神，会同区委统战部、区人大党组和区政协党组，开展调查摸底，分别提出推荐人选建议名单。与各有关单位进行沟通、酝酿、协商，各有关单位党组织向区委组织部、区委统战部上报区、乡人大代表和区政协委员推荐人选报告，将各单位推荐的区、乡人大代表和区政协委员人选，送区纪委、检察院、法院、公安等23个区直单位进行征求意见，对照不得推荐提名或继续提名的"九种情形"和省委组织部印发的《关于市县乡人大代表、政协委员人选资格审查把关的几个具体问题》，严格把关。组织对人选进行考察，召开部务会，根据考察、征求意见、非公经济人士综合评价等情况，研究区、乡人大代表和区政协委员建议人选名单，报区委常委会批准，同意283名区第十七届人大正式代表候选人人选。

坚持推动从严管理监督干部常态化。制定印发《关于加强干部职工日常监督管理的暂行规定》《关于充分发挥科级非领导职务干部作用的通知》，定期分析研判领导班子和干部队伍情况，定期或不定期到各乡镇（街道）和区直机关单位就贯彻落实情况进行抽查、指导，严肃干部工作纪律，推进干部队伍作风建设。继续探索建立区领导干部个人有关事项报告制度及抽查核实联系工作机制，按照《领导干部个人有关事项报告抽查核实办法》要求，组织开展抽查核实工作，加强对配偶已移居国（境）外的国家工作人员任职岗位的管理，要求在职国家工作人员如实填报配偶或子女移居国（境）外情况。完善干部谈话提醒制度，从思想交流谈话、鼓励谈话、提醒谈话、警示谈话、任前谈话等五个层面加大干部谈话力度，促进干部作风的改进。

多形式多渠道提升干部队伍素质，选派干部参加培训。把工作表现突出、有培养前途和发展潜力的干部，推荐参加上级部门举办的各种培训学习。全区派处级领导干部41人次参加中直机关党校、省委党校、省行政学院春季班和市委党校的各类培训；选派55名科级干部参加省行政学院和市委党校、行政学院的各类培训。凸显党校主阵地优势。乡镇党委换届结束后，举办一期新任科级干部培训班，68名科级干部和6名业务骨干参加培训。科学利用干部在线学习平台。继续用好"土楼e支部"网站开设的干部在线学习平台，组织全区科级干部通过平台自主选学，2016年累计点击学习1.5万多人次。

【基层组织建设】

在职党员进社区　2016年，全区抓好社区党组织自身建设和党员队伍建设，强化在职党员进社区为群众服务的学习宣传、示范带动和常态服务等方面工作，为社区党组织在社区各项事业发展中发挥好核心作用提供组织保障，夯实社区党建工作基础，取得明显的成效。2月29日，召开永定区在职党员进社区报到为群众服务工作推进会，以强化在职党员进社区工作的主人翁意识、强化社区共建单位的共建意识和强化社区的主动对接意识作为推进服务社区群众工作的主要方法措施，提升服务工作实效。至6月份，全区全面完成网格划分，并在60个网格上进一步细分，划分201个党小组。4月25日，区委组织部提炼在职党员进社区工作的好经验、好做法，撰写《永定构建在职党员进社区服务群众常态化机制——实行"三个亮出"开展"三种服务"》一文，在《闽西日报》要闻版头条刊发，宣传永定的在职党员工作。5月份，区委组织部发出《关于上报"在职党员进社区服务"工作典型案例的通知》，要求各单位及时发现党员进社区典型案例，并上报推荐到媒体进行宣传报道。6月30日，组建社区教育党员志愿者服务队，进社区开展讲座、沙龙、论坛、竞赛等多类学习活动，设八项工作岗位，深受社区群众欢迎。为进一步深入推动社区服务工作，10月14日，区委组织部印发《关于进一步推进在职党员进社区服务工作的通知》（永委组综〔2016〕214

号），就如何规范报到、更新维护在职党员信息库、完善社区服务岗位、加强宣传引导等方面作出较为详细的规定，掀起在职党员进社区服务工作的新一轮热潮。

乡镇（街道）党（工）委建设 2016年年初，区委组织部与各乡镇（街道）党（工）委签订党建工作责任状，实行"乡镇（街道）党（工）委书记亲自抓、党委组织委员具体抓、乡村干部直接抓、区直部门对口抓"上下联动、齐抓共建的领导机制，对基层党建工作实行项目化管理，推进乡镇（街道）、村居各项工作任务落到实处。深化"土楼党旗红"党建品牌。按照区委的统一部署，围绕打好"土楼党旗红"党建总品牌，会同有关党建职能部门，打造"土楼清风""土楼e支部""土楼大讲堂""平安永定""土楼同心""土楼先锋"等党建子品牌，进一步丰富"土楼党旗红"党建总品牌，形成"一区一品牌、一党委一特色、一单位一亮点"的党建工作格局，提升全区基层党建工作科学化水平。

区、乡党委换届选举 2016年5月，圆满完成区、乡党委换届选举工作。区委贯彻《干部选拔任用工作条例》，坚持好干部标准，为加强永定转型发展建班子、配干部。注重从乡镇基层、艰苦岗位、项目一线选拔干部，加大年轻干部、女干部、党外干部的选拔力度，优化班子结构。全区除经开区4个镇和凤城街道外的19个乡镇共选举产生乡镇新一届党委领导班子成员142名、纪委班子成员95名，出席区第十三次党代会代表189名；选举产生新一届区委委员35名、纪委委员23名，出席市第五次党代会代表42名；提拔35岁以下年轻干部35人，女干部16人，党外干部2人，从"六类人员"中选拔乡镇党政领导班子成员19人，平均年龄比上届小2.8岁。换届后，区、乡两级党委领导班子的年龄、知识、专业和工作经验结构明显改善，班子整体功能得到显著增强，一批优秀党员干部进入党委班子。

非公有制经济和社会组织党组织建设 2016年，永定贯彻落实省、市委组织部部署要求，特别是省委组织部"7·13"会议和《市委组织部〈关于在"两学一做"学习教育中开展集中推进非公有制企业和社会组织党的组织和工作覆盖实施方案〉的通知》（岩委组通〔2016〕81号）精神，高度重视，精心组织，抓好非公企业和社会组织党建，不断提升"两新"组织党建工作水平。成立由区委组织部牵头，区总工会、市场监督管理局、民政局等相关部门为成员单位的"两个覆盖"工作领导小组，及时召开会议安排部署相关工作，并将"两个覆盖"工作列入各党（工）委党建目标管理考评的重要内容，要求各党（工）委指派专人负责，在规定的时间内完成，形成组织部门牵头抓总，各成员单位各司其职、齐抓共管的工作格局。制定下发《在"两学一做"学习教育中集中推进非公有制企业和社会组织党的组织和工作覆盖实施方案》，建立详细的工作台账。坚持从实际出发，因地制宜、因企制宜，本着"有利于党组织的管理，有利于党员开展活动，有利于企业发展"的原则，根据企业发展状况和党员人数，积极稳妥地组建党组织，做到"成熟一个，组建一个；组建一个，巩固一个"。对已经建立党组织的企业，引导企业建立健全工会、共青团、妇联等群团组织。凡有3名以上正式党员的非公企业和社会组织，都单独成立党组织，党员不足3人的，按照"行业相近、地域相邻、产业相通、工作方便"的原则，建立联合党组织，由行业主管党委或隶属地党委直接领导和管理。对暂不具备建立联合党支部的，将党员纳入"兼合式"党组织管理。挑选64名政治素质高、熟悉党务工作、工作能力强的党员，派驻到所有两新组织担任党建工作指导员，指导开展党的工作，帮助建立工会、共青团、妇联等群团组织，为建立党组织创造条件。对新组建的非公企业和社会组织党组织，突出抓好"三会一课"、规范制度、党员发展、党费收缴等工作。建立健全保障机制，对新组建的非公企业和社会组织党组织，平均每个下拨3000元作为党建启动资金。

2016年，全区（不含虎岗、高陂、坎市、培丰4个镇，下同）有非公企业305家，党员458人。单独组建党组织37个，联合组建党组织22个。党组织覆盖非公企业248家，覆盖率81.3%；向所有非公企业下派党建工作指导员，党建工作覆盖率100%。全区有社会组织105家、党员189人。单独组建党组织9个；联合组建党组织4个，覆盖55家社会组织；兼合式党组织覆盖13家社会组织。党组织覆盖社会组织77家，覆盖率73.3%；向所有社会组织下派党建指导员，党建工作覆盖率100%。

【"两学一做"学习教育】

2016年，永定区在全体党员中开展"学党章党规、学系列讲话，做合格党员"学习教育，是继党的群众路线教育实践活动、"三严三实"专题教育之后，深化党内教育的又一次重要实践，是推动学习教育从"关键少数"向全体党员拓展、从集中性教育活动向经常性教育延伸的重要举措。永定区委抓住被确定为省"两学一做"学习教育联系点的契机，把开展"两学一做"学习教育作为党建工作的龙头任务，强化领导"推"、夯实基础"学"、抓住关键"做"、紧扣重点"改"，明确目标"干"，以党章党规、中共中央总书记习近平系列重要讲话精神作为学习重点，引导党员尊崇党章、遵守党章、维护党章，坚定理想信念，增强党员干部政治意识、大局意识、核心意识、看齐意识，做"四讲四有"（讲政治、有信念、讲规矩、有纪律、讲道德、有品行、讲奉献、有作为）的合格党员。区各级党（工）委（党组）以"三会一课"制度为抓手，以党支部或党小组为单位，每月至少开展1—2次集中学习，将全面从严治党延伸到每一个支部、拓展到每一名党员，运用好"党员e家""土楼e支部"网络管理平台，创新学习形式，深刻领会中央和省、市、区委决策部署，用科学的理论武装头脑、指导实践、推动工作，为打好项目落地、脱贫攻坚、生态环保"三大战役"，建设机制活、产业优、百姓富、生态美的新永定提供坚强组织保证。区"两学一做"学习教育协调小组办公室建立区联系点15个、各党（工）委联系点37个，召开动员大会754场，培训业务骨干817名，857名党组织书记、专家、先进模范人物深入支部上党课。

【强化干部档案管理】

2016年，区干部档案室接收干部档案143卷，转出50卷。干部档案室规范档案管理，实行审批制度，主管领导签字后方可查阅相关档案、复印有关材料。做好干部档案材料的收集、归档，对于人事变动、公务员考评、工资调整等档案材料，及时督促、收集归档，按时完成年度文件材料的归档。做好干部信息数据库的及时更新，为干部选人用人提供准确、快捷的信息。贯彻中央规范档案管理的精神，按照省委组织部的统一部署，上半年开始在全区集中开展干部人事档案专项审核，成立审核工作领导小组，制定专项审核实施方案，建立严密的审核责任制，采取初审和复审交叉进行、审核人员签名、分管领导抽查的方式，形成层层负责的监督机制。至年底，完成全区科级干部（1000人左右）档案的初审、复审，对没有疑问的科级干部信息由其本人签字确认。

【"土楼e支部"品牌】

2016年，拓展提升"土楼e支部"党建品牌。依托"党员e家"网站、手机APP和"土楼e支部"网站、微信公众号，建立相关链接，搭建永定区党建工作对内交流、对外宣传的网络平台。通过成立乡镇（街道）流动党员服务站，及时在农村外出流动党员中建立党组织等措施，将管理对象从大学毕业生流动党员拓展到农村外出流动党员在内的所有流动党员；通过成立异地永定商会党组织，完善异地永定商会党组织阵地建设，实现线上线下活动的有机结合，促进"土楼e支部"和商会企业的交流服务等形式，将活动方式从线上教育拓展到线上线下同步进行；开展"在外当先锋，回乡比奉献"活动等形式，将管理方式从重管理轻服务拓展到管理服务并重，提升对流动党员的教育管理和服务水平，促进流动党员作用发挥，为当地和家乡的经济社会发展提供坚强的组织保证。

【发展党员】

2016年，区委组织部坚持以中共十八大和十八届三中、四中、五中、六中全会精神为指导，贯彻落实《中国共产党发展党员工作细则》和省委、市委组织部的部署要求，围绕区委工作大局，做好发展党员工作。年初，根据市委组织部下发的指导性计划，结合实际，制定下发《永定区2016年发展党员工作指导性计划的通知》，把"控制总量、优化结构、提高质量、发挥作用"的总要求传达至各党（工）委，并按照年净增长1.5%的比例，及时调整发展党员数，从宏观上把握发展的数量、结构，克服盲目性、随意性，保证发展党员工作有领导、有计划地进行。制定下发《关于进一步加强发展党员工作的通知》，实行"两推三定四公示"（两推，即采取党员推荐、群团组织推优等方式产生入党积极分子人选；三定，即党支部召开支委会或党员大会确定入党积极分子和近期发展对象，召开党员大会确定预备党员；四公示，即确定入党积极分子、近期发展对象、预备党员和预备党员转正前，对申请人、积极分子、发展对象和预备党员基本情况、培养考察、支部意见等情况进行公示，广泛接受党内外群众的监督）工作法，规范各项流程，把好发展党员培养教育、确定考察、转正等各项具体程序和步骤。为破解农村党员队伍年龄偏大、文化程度不高、致富带富能力不强、女性偏少等问题，注重从"源头"入手，优化队伍结构，在青年农民、企业工人、大学生村官中发展党员，实行"四个倾斜"（向农村致富带头人倾斜，向回乡的大中专毕业生倾斜，向35岁以下、高中文化程度的农村青年倾斜，向一线妇女倾斜）。区委组织部除执行入党推优制、公示制、联审联鉴制、初审预审制、责任追究制和票决制等制度外，还建立"列席会议"制度（规定农村党组织在接收预备党员、预备党员转正时，包村包片党员领导干部和党委组织委员必须到会，对会议进行工作指导和全程监督）和"亲属回避"制度（明确村主干在发展党员过程中实行亲属回避制度，回避对象主要是村干部的配偶、直系血亲、三代以内旁系血亲以及近姻亲，如有亲属要求入党，村主干必须主动向组织说明并进行回避，不得做入党介绍人，不得利用职权和工作关系影响发展党员过程）。

2016年，全区举办3期入党前培训班，有500余人参加入党前培训。培训采取集中辅导、自学、观看电教片等相结合的方式，系统地学习中共十八大精神、入党需履行的手续和程序、党员的权利和义务等党的基本理论知识。在严格培训的同时，严肃考试纪律，培训结束后，参训对象凭身份证原件参加闭卷考试。针对乡镇党委换届新任组织委员较多的实际，在5月底完成乡镇党委换届选举后，6月26日，举办全区发展党员工作业务专题培训班，进一步提升新任党委组织委员和党务干部发展党员业务水平。为提高入党积极分子素质，实施"学历提升计划"，推荐没有高中（中专）以上学历的入党积极分子或发展对象参加永定侨荣职校农村经济管理专业函授班学习，学员完成规定课程学习任务成绩合格，由侨荣职校颁发国家承认、电子注册的中专学历毕业证书，进一步提高入党积极分子的思想政治素质和农村工作水平，全年报名参加中专函授学习共有121人。

2016年，全区计划发展党员285名，实际发展285名，占指导性计划的100%。其中，发展女党员70名，占新党员总数的24.6%；35岁以下青年党员190名，占66.7%；高中以上文化程度党员234名，占82.1%。至2016年12月，全区有党员19942名，其中男党员16136名、女党员3806名。

【人才队伍建设】

2016年，全区人才工作以深入学习贯彻中共十八届三中、四中、五中、六中全会和中共中央总书记习近平系列讲话精神为指引，按照中央、省、市人才工作会议部署，实施人才强区战略，加强人才合作，把各类优秀人才集聚到永定经济社会各项事业中来，为建设创业创新秀美厚德的新永定提供坚强的人才保证和智力支持。继续探索"一小时人才圈"人才合作，继续加强与周边县市区联系沟通，学习先进的人才工作经验做法，多次深入6家联系点和10个示范基地调研和指导工作开展与基地建设，促进人才合作新局面，并先后开展支持引进中小学教师政策调研和区电子商务人才队伍建设课题调研，形成《关于支持引进中小学教师十一条措施》《永定区电子商务人才队伍建设的实施意见》的文稿。同时，结合全区人才特点，逐步推进各具特色的人才引进合作模式，搭建"一小时人才圈"人才合作的新桥梁，推进人才合作聚才创业，搭建服务经济转型绿色发展的新平台。在探索成立农业人才协会乡镇分会的新做法的同时，继续推动区农业人才协会创新，鼓励开展好师徒评选、外聘专家顾问等新做法。探索区农业人才协会服务示范基地机制的建立，制定《关于开展永定区农业人才协会挂钩指导服务基地的工作方案》，新增13个协会挂钩服务基地，将协会服务延伸到农村，更加贴近群众、组织群众、方便群众，同时，聘请市专家顾问6名，开展"好师徒"评选、产业人才微信群、休闲生态农庄创建等工作取得成效，为农业人才协会发展吸纳农村实用人才，扩大影响，带动辐射探索新途径。为进一步贯彻落实市委四届十一次全会精神，按照区委指示精神，着手起草《关于实施"人才强区"战略的意见（讨论稿）》，经广泛征求意见，召开区委人才工作领导小组会议，再次修改完善后形成《关于实施"人才强区"战略的意见（审议稿）》，提交区委常委会审定通过。同时，及时跟进，拟定《实施人才强区战略重点工作任务分工落实方案（征求意见稿）》，推进相关工作任务的落实。继续深入全区各乡镇实地考查调研新农村优秀人才超市，了解农村基层群众技术需求、人才对接等实情，重点打造好大溪、湖坑等6家新农村优秀人才超市乡镇工作站，各工作站建设得到进一步加强，推动一方农业产业发展，拓展新农村优秀人才超市服务空间。依托裕农协会开展新型农民培训、各类小型实训等方式，先后与漳州平和、广东梅州合作，组织蜜柚、烤烟、渔业等业务知识培训，培训1500多人次。

【干部驻村蹲点】

2016年，做好第一批驻村蹲点干部期满考核工作。对全区105名省、市、区派驻村蹲点干部进行期满考核，采取听取汇报、实地走访、了解谈话、民主测评等方式进行考核，并由各村级党组织、乡镇党委和区委组织部共同对驻村蹲点干部工作情况作出鉴定。选派第二批干部驻村蹲点，全区选派42名干部驻村蹲点，其中省派12名、市派14名、区派16名。根据驻点村情况，坚持按需选派、供需对接原则。严格按照《驻村蹲点干部管理办法（试行）》的要求，加强驻村蹲点干部管理，抓好各项管理制度落实，特别是《出勤情况登记表》《请销假审批表》。同时，印制《驻村蹲点干部记录本》，要求干部驻村蹲点期间要记好日记本，开展工作有工作日记，为民办实事好事有记录；召开全区驻村蹲点干部座谈会，交流工作情况，提出工作要求；采取随机督查、走访农户、查阅台账等形式，避免驻村蹲点干部"蜻蜓点水"。加大资金保障力度，对区派16个驻点村给予每村2万元的帮扶基本资金，区派驻村蹲点干部待遇也参照市派干部执行。做好贫困村党组书记异地挂职，选派2批共52名贫困村党组织书记分别到漳州市、连城县和区内进行挂职锻炼，助推派出村找准问题、谋划思路、推动发展、精准脱贫。

【提高村（社区）主干待遇】

进一步妥善解决农村基层干部和离任村（社

区）主干待遇问题，调动广大村（社区）干部的工作积极性。经征求区民政局、区财政局、区农业局等部门意见后，制定下发《关于提高在职村（社区）干部基本报酬和离任村（社区）主干生活补助标准的通知》，明确从2016年1月起，全区村书记、主任的补贴标准为每人每月1000元，其他村干部的补贴标准为每人每月600元；全区社区书记、主任的补贴标准为每人每月1845元，其他社区干部的补贴标准为每人每月1599元。对于男满60周岁以上、女满55周岁以上的离任村主干生活补助标准，由每任职满1年每月给予补助5元提高到每任职满1年每月给予补助10元。

·宣传工作·

【理论宣传教育】
2016年，永定区宣传思想文化工作以学习宣传贯彻中共十八大和十八届三中、四中、五中、六中全会，以及中共中央总书记习近平系列重要讲话精神为指导，紧紧围绕"两个巩固"根本任务，不断提升理论武装工作水平。围绕永定经济转型发展、党的建设、"三大战役"等工作部署抓学习。围绕中共十八届六中全会、中共中央总书记习近平"七一"讲话以及纪念长征胜利80周年重要讲话精神，开展宣讲活动。组建一支由各级领导和基层理论骨干组成的巡回宣讲团，开展"客家家训""美丽乡村建设""社会主义核心价值观""区第十三次党代会精神""文明礼仪"等主题宣讲活动和"百场社会科学报告会"等活动。以人文社科展馆建设为抓手，推进"金砂张鼎丞纪念馆""客家家训馆""下洋虎豹别墅"等"社科普及基地"人文社科展馆建设，其中"客家家训馆"被评为"龙岩市社科普及基地"，与区纪委、区委文明办、住建局等部门联动，打造南江村、上南村、高东村、西田村等理论宣传综合性示范点。完成全市县级社科联唯一被选定的课题"关于新型城镇化与闽西传统村落保护和发展研究"的调研，参与全市社科界开展"下基层、解疑惑、树信心"的征文活动。为进一步提升"土楼学风"品牌影响力，发挥"互联网+理论学习宣传"作用，5月正式开通"土楼学习"微信公众号和"永定土楼学习"微信订阅号，打造集党的最新理论成果宣传、时事政策解读、文化科技知识传递和区委、区政府决策部署研读等为一体的创新学习平台，推出"22问帮你读懂'两学一做'""在四次意识形态领域座谈会上习总书记重要讲话要点""我区召开区委党委（党组）意识形态工作责任制座谈会和全区宣传思想文化工作会议""不忘初心、继续前进——习总书记'七一'讲话要点""永定区第十三次党代会精神解读""十八届六中全会精神要点摘要"等学习内容。

【土楼大讲堂】
2016年，永定区委理论学习中心组以"土楼大讲堂"为抓手，将学习型党组织建设与当前开展的"两学一做"学习教育有机结合，围绕经济转型发展、党的建设、"三大战役"等中心工作，强化党委中心组理论学习。制定党委中心组学习制度和学习计划，2016年举办党委中心组学习14场。1月26日上午，在区政府2楼会议室学习《人心、智慧、力量——学习贯彻中央和省委统战工作会议精神》，主讲人省社会主义学院党组书记、常务副院长李韧作；3月18日上午，在区政府2楼会议室学习《全域旅游的理论与实践》，主讲人北京交通大学教授、博士生导师张辉；4月12日上午，在区委7楼会议室，学习《中共中央纪委机关中共中央组织部关于加强换届风气监督的通知》《中共福建省委关于认真做好全省市县领导班子换届工作的通知》《中共福建省纪律检查委员会、中共福建省委组织部关于加强换届风气监督的通知》，主讲人市委常委、区委书记王金福；6月8日上午，在区委7楼会议室学习《落实五大发展理念，推动永定转型发展》，主讲人省政府发展研究中心副主任黄端；6月15日上午，在区委6楼会议室举办"两学一做"学习教育第一专题学习会，王金福、曾佑繁、王小庆作重点发言，其他区委常委作交流发言；6月29日下午，在区政府2楼会议室学习《如何推动专项建设基金与重大投资工程包项目工作》《争取社会事业专项资金，加快社会事业发展》《"两学一做"与项目服务》，主讲人先模人物胡联岳、罗化林、廖志添；7月22日下午和23日上午，在区委6楼会议室举办"两学一做"学习教育第二专题学习研讨，学习《守纪律、讲规矩，做合格共产党员》，主讲人市委党校教授林炳玉；7月29日上午，在区委7楼会议室学习中共中央总书记习近平"七一"重要讲话精神，主讲人市委讲师团副团长、副教授李健聪；9月23日上午，在区委7楼会议室学习《汲取国学精华，助力厚德永定》，主讲人龙岩学院教授于年河；10月20日上午，在区委7楼会议室学习《龙岩市第五次党代会精神》，主讲人龙岩学院教授杨玉凤；11月9日下午，在区委6楼会议室举行以"坚持根本宗旨，发挥党员作用"为主题开展"两学一做"第三专题学习研讨，姜林芬、黄华凤、江峻伟作重点发言，其他区委常委作交流发言；11月10日下午，在区委7楼会议室学习《中国共产党问责条例》和省委《实施办法》，主讲人市纪委副书记、监察局局长沈觉新；12月2日上午，在区委7楼会议室学习中共十八届六中全会精神，主讲人龙岩学院思政部副主任、副教授赖蔚英；12月23日上午，在区政府2楼会议室，学习《县域旅游电商发展战略与顶层设计》，主讲人商务部电子商务专家、大型电商平台商家培训体系项目组长徐大地。

【新闻舆论宣传】

2016年，新闻宣传按照"内聚人心、外树形象"的要求，准确把握时、度、效，突出重点，围绕经济转型、"两学一做"学习教育、建党95周年、区第十三次党代会、"三大战役"、全民禁毒等重点工作的宣传，策划生成"书记区长在忙啥""看看他们怎样攻打三大战役""大美永定""一周科普"等一批接地气、有特色、叫得响的栏目，提供正能量，赢得社会各界的好评。区委报道组连续24年被福建日报社评为"十佳报道组"和优秀报道组；电视新闻《福建土楼永定景区新年开门红》《永定：高雅艺术走进土楼》《福建永定：红白"鼓子灯"百年喜气传》《福建永定：强降雨致滑坡 公路部门及时清理》等在央视荧屏播出，实现永定新闻月月上央视。永定电视台被评为全省电视新闻协作先进县级台；广播新闻上稿数在全市县级台中排名第二，在全省排名第十二。永定新闻网及其微信平台第一时间推出永定原创新闻，点击率大幅提升。

【社会宣传】

2016年，开展红色经典影片巡回展映活动和"忆长征"践行"两学一做"暨建党95周年重走红色旧址群、"大美客家"暨"写好中国字，说好客家话"倡导仪式活动等专题宣传，举办永定区首届"土楼清风·客家家训"书法大赛、"传承中华文化·共筑精神家园"青少年爱国主义读书教育系列活动。湖坑"作大福"、陈东"四月八"被评为"闽西十大经典民俗活动"。改造提升客家家训馆，再现客家厅堂、土楼私塾场景，营造出浓厚的客家家训文化教育氛围。做好龙岩市基层"最美人物""龙岩新八景"及第八届百花文艺奖评奖。

【对外宣传】

2016年，加强与中央媒体密切联系，"借梯登高，借船出海"取得丰硕成果，《瞰春》《记住乡愁：洪坑村——重教明礼》《传承》等土楼题材节目在央视推出，反响巨大。协助拍摄《绝命后卫师》《客家风云》《乡关何处》等电视剧，集中展示新永定。利用全国新闻单位夜班编辑"重温长征史·重走长征路"以及"青年新闻人·重走长征路"永定行、主流媒体"走进客家土楼""媒体采访永定土楼景区"和中新社"建设新福建，走进新永定"契机，借笔生花，100多篇反映永定经济转型、文旅融合等方面的原创网络新闻在新华网、人民网、中新网、东南网等省级以上主流媒体发表并被多家网站转载，原创网络新闻刊播数量多、层级高、质量好，在闽西各县（市、区）名列前茅，进一步提升永定的知名度和影响力。

【网宣网管工作】

2016年，永定区网络宣传与管理工作紧紧围绕区委、区政府工作大局，加强网络宣传管理，及时掌握和处置网上舆情。

网管培训　采用"走出去、请进来"方式加强网管培训，选派重点乡镇网评员或宣传委员参加全市网络舆论引导暨网评员培训班，请相关专家为全区宣传系统新（转）任副科级以上干部作网络舆情处置专题讲座等，提高网宣网管水平。

网络平台建设　创新网络宣传平台，开通永定新闻网微博、永定发布新闻头条号、永定电视台微信公众号和今日头条新闻头条号等网络宣传平台，取得良好的宣传效果。

净化网络环境　在永定新闻网首页设立"互联网违法和不良信息举报电话"，在区内属地网站开展网上易制爆危化品专项整治行动和打击网站虚假招聘信息发布行为专项整治行动以及"清源""净网""护苗""扫黄打非"等专项行动，传播正能量。

【突发新闻舆论事件应对】

2016年，完善突发网络舆情区、乡两级应急处置预案，成功应对台湾旅游大巴突遇山体滑坡灾害、土楼景区被国家旅游局严重警告等重大网络舆情，维护社会稳定和永定形象。特别是台湾旅游大巴遭遇山体滑坡的新闻处置，得到省委常委、宣传部部长高翔的肯定。完善突发网络舆情区、乡两级应急处置预案，是全市第一个建立区、乡两级网络舆情应急处置预案的县（市、区），得到市委宣传部领导的肯定。

【文化发展】

2016年，以深化文化体制改革为动力，文化建设求真务实，在加快文化大发展大繁荣上求突破。

创作精品文化　客家山歌《八月十五看月光》获第四届中国非物质文化遗产博览会民歌大赛"民歌改编"组"优秀演唱奖"。拍摄红色交通线微电影《血脉》等。开展"十大群文活动"和健身气功、太极、书法、美术、舞蹈、魔术、成人舞健身操等文体培训活动，提高群众文体活动的整体水平。

建设文化阵地　创建龙潭镇农村宣传思想文化工作示范乡镇，完成22家农家书屋巩固提升点的图书配送工作，区博物馆按照三级博物馆要求改造提升，完成新华书店升级改造。创办纯文学季刊《土楼》，出版第一期，永定客家土楼被中国美术家协会列入"写生基地"。

发展文化产业　推进福建土楼永定客家文化旅游创意产业园和重点文化产业项目建设，加强招商引资和项目对接。全区文化旅游产业项目共40个，总投资371亿元。客家博览园项目被评为2016年度省文化产业十大重点项目。

推进文旅融合　实施文化进土楼工程，按照"一楼一景致、一楼一特色、一楼一主题"的理念，重点打造土楼读客书屋、"非遗"馆、AR土楼秀、婚庆绝艺馆等16个主题特色土楼。实施"文化旅游+"，改造提升演艺娱乐、文化旅游等文化产业，培育发展新兴文化产业。推动客家文化、土楼文化、廉政文化、红色文化、侨台文化、体育文化、乡村文化、温泉养生文化与旅游业的深度融合。通过差异化开发旅游产品，推动旅游产业转型升级。

【意识形态工作】

2016年5月17日，区委召开常委会，市委常委、区委书记王金福传达省委、市委党委（党组）意识形态工作责任制座谈会上的会议精神，并在6月16日召开的永定区党委（党组）意识形态工作责任制暨宣传思想工作会议上作重要讲话。12月6

日，市委常委、区委书记王金福主持召开区委常委会，研究讨论并原则通过《龙岩市永定区意识形态工作责任制细则》，明确各级党委（党组）领导班子对本单位本部门意识形态工作负主体责任，规定各级党委（党组）以及20多个部门职责。

【干部队伍建设】

2016年，按照"政治强、业务精、纪律严、作风正"的要求，抓好宣传思想文化干部队伍建设，不断提高干部素质。

完善管理制度 深化"基层工作加强年"活动，加强学习教育培训，提升宣传思想文化干部队伍的政治素养和理论水平；完善《区委宣传部管理制度汇编》，加强干部目标管理、绩效考核。

落实"两个责任" 印发《龙岩市永定区委宣传部落实党风廉政建设"两个责任"清单》，落实好"两个责任"（党委负主体责任，纪委负监督责任），强化担当意识，推动党风廉政建设责任的落实，进一步增强基层党组织和党员干部的创造力、凝聚力和战斗力。

·统战工作·

【体制机制建设】

2016年，永定区统战系统深入贯彻落实中共中央、省委、市委、区委统战工作会议精神和《中央统一战线工作条例》、省委《实施细则》，抢抓机遇、主动作为，各领域工作取得新的突破和成效，呈现出大团结大联合大统战大发展大稳定的局面。

区委成立由"一把手"任组长的统一战线工作领导小组，做到统战工作"五个纳入"，即纳入党委重要议事日程、纳入党建目标考评内容、纳入党委宣传工作计划及中心组学习内容、纳入各级党校教学内容、纳入督查落实。建立健全区领导联系商会工作制度，党员区领导联系挂钩民主党派、无党派代表人士制度，新的社会阶层人士统战工作联席会议制度，组织部与统战部党外干部工作联席会议制度，非公有制经济工作联席会议制度等5个制度，完善区、乡、村三级宗教工作网络和乡、村两级责任制。

【服务中心工作】

"一乡镇（街道）一品牌"创建活动 为深入贯彻落实《中国共产党统一战线工作条例（试行）》精神及省、市实施意见，进一步激发基层统战活力，丰富工作载体，鼓励工作创新，推进统战工作不断迈上新台阶，在全区开展统战工作"一乡镇（街道）一品牌"创建活动，确定"发挥商会作用助力旅游产业""实施外出创业人才'回归工程'""发挥江氏宗亲会作用，促进永台民间交流"等17个创建品牌，覆盖非公经济、港澳台侨、新阶层人士、宗教工作、基层工作等各个统战工作领域。其中，古竹乡发挥外出乡贤人才众多优势，积极实施"回归"工程，近年来，顶新集团（康师傅）回归捐资教育社会公益事业资金800多万元，苏日明、苏晓河、魏荣亮等一大批乡贤积极捐资助教、支持家乡建设；湖坑镇紧扣旅游产业发展中心任务，发挥商会行业优势，在推进土楼景区环境整治中作出贡献；龙潭镇开展"规范化基层商会组织建设"，开展"五有五好"基层商会建设活动，发挥党委、政府联系非公有制经济人士的桥梁纽带作用，为龙潭加快建设生态型工贸新镇作出贡献；合溪乡利用"打工经济"活跃、经营管理型人才较多的优势，推动土地流转，发展农业种植养殖，实现"人才回归、资金回流、企业回迁"的局面。

招商引资 2016年，引进中磊永宏工艺石材加工、杭州德泓医药并购采善堂制药等投资项目，初步达成投资协议，其中中磊永宏工艺石材加工项目已经开工建设。

"红土同心"品牌建设 结合"土楼同心"党建品牌创建，发挥统一战线成员优势，引导统一战线成员在"三大战役"等重大工作中凝心聚力、回馈社会,营造共同关心支持永定发展的氛围,拓展统一战线服务科学发展的新途径。

【民主政治建设】

2016年,引导全区统一战线广大成员围绕中心,服务大局,主动作为,立足岗位,建功立业。以人大建议案、政协提案的形式和走访交流、召开征求意见会等渠道,组织、引导统战系统和各民主党派成员、工商联和无党派人士,聚焦"四区战略"(工业强区、文旅兴区、生态立区、农业稳区)、"三大战役"(项目落地、脱贫攻坚、生态环保)等事关全区发展大局和民生的重大问题,参政议政、建言献策,形成党外智库效应。

区委出台《关于加强政党协商的实施意见》《2016年政党协商计划》,政党协商工作步入制度化建设轨道。引导民主党派和无党派人士参政议政,多次就涉及永定发展的"十三五"规划等重大事项专题召开征求意见会,向党外代表人士征集意见,供区委、区政府决策参考。同时,按照政策要求,做好民主党派在永定发展成员工作。8月22日,中国民主同盟龙岩市永定支部委员会在永定区正式成立,是永定首个民主党派组织。至年底,永定的民主党派成员共21人,其中民革2人、民盟11人、致公党1人、九三学社3人、民进4人。

进一步开展区直单位和各乡镇(街道)党外股级干部摸底工作,全面更新党外干部数据库。在此基础上,由区委组织部、统战部联席会议确定占后备干部总数15%以上的党外干部名单。至年底,全区有党外科级以上干部30名,其中副处级5名、正科级4名、副科级21名;党外股级干部乡镇(街道)109名、区直120名;党外后备干部61名,占后备干部总数的15.3%。在区直和乡镇(街道)党外干部安排上,24个区政府组成部门配备党外领导干部的有6个,占25%;20个乡镇(街道)配备5名党外副职。

做好人大、政协换届有关工作,实现在风清气正中完成党外代表人士推荐的工作目标。2016年,区委统战部将人大、政协换届有关工作作为全区民主政治生活的重中之重,精心组织、周密部署、广泛沟通协调,确保各项目标任务逐一落实到位。年初,在全区统战工作会议上作出具体安排。5月,区委统战部组织专门力量,对全区党外人士工作现状进行专题调研,向区委提出"关于做好人大、政协换届党外人士工作的建议"。为进一步加强党外人士的培养、选拔、安排和使用工作,区委统战部提前介入,加强与区人大、区政协和组织部门的工作协调,对区、乡人大换届和政协换届党外人士安排的名额比例进行详细界定。6月,区委统战部组织统战系统单位和各乡镇(街道)统战委员,对全区党外代表人士资源情况再次进行全面调查摸底,完善党外代表人士档案材料,详细了解党外代表人士工作情况、思想动态,为做好区、乡两级换届党外人士安排做好准备。9月,区委统战部起草《龙岩市永定区第十届政协委员人事安排工作方案(送审稿)》和《关于推荐区第十届政协委员初步人选的通知(送审稿)》。同时,根据中央统战部通知精神,按照非公有制经济代表人士逢进必评的要求,在相关部门、异地商会提供或推荐的基础上,拟出"非公有制经济代表人士拟参加综合评价名单",召开永定区非公有制经济代表人士综合评价工作会议,开展非公有制经济代表人士综合评价工作。

【港澳台侨工作】

注重发挥永定涉台涉侨项目作用,进一步打造祖地感召品牌,为港澳侨台深度合作交流提供更加广阔的平台,同时加强人员往来沟通交流,教育、文化、经贸等方面的合作交流持续拓展提升。

持续完善体制机制。2月,永定区海峡两岸交流基地办公室正式成立运作,为区政府直属事业单位,机构规格为相当正科级,事业编制3名,实有人员2名,与区委统战部合署办公。4月,召开区侨联八届三次常委(扩大)会议,增补常委1

名，委员3名。8月，在福建土楼博物馆举行"中国华侨文化交流基地"授牌仪式。9月，永定区海峡两岸交流基地核心项目——客家博览园正式开园。11月，"福建土楼博物馆·海峡两岸交流基地"正式揭牌，并在福建土楼博物馆召开海峡两岸交流基地建设研讨会，胡大新、赖永生等多名专家参加研讨会。

不断推进交流合作。接待包括邱荣举、林富男等台湾政商界知名人士在内的台湾方面重要团体、重要台胞到访，文化、旅游、经贸等方面的交流合作得到加强。1月上旬，2016年海峡两岸三地群众乒乓球赛在永定揭幕，来自香港、台湾地区以及福建、广东、江西等省14支代表队200多名乒乓球爱好者参加比赛。12月，以纪念红军长征胜利80周年为主题的"瑶池集庆杯"福建省第五届汽车场地越野锦标赛暨第一届海峡两岸汽车场地越野赛在永定举办，来自海峡两岸的150多辆顶级赛车、300余名越野车高手参加赛事。引进多批次台湾农业科技人员到永定考察，引进帝王柑、芭乐等10多个台湾优质果蔬品种。此外，还加强与香港永定会馆、印尼雅加达永定会馆等港澳同胞和海外华人华侨社团的往来沟通交流，协调解决国产实业等台资企业和台商投资项目存在的困难和问题，认真答复香港同胞的信访事项，妥善处置"8·13"台胞旅游大巴遭遇山体滑坡事件。

【非公经济工作】

注重思想引导　2016年，围绕中共中央总书记习近平3月4日下午在全国政协十二届四次会议民建、工商联界委员联组讨论上的重要讲话精神，组织相关部门通过微信分享、走访调研、研讨交流等多种方式，帮助非公有制经济人士准确把握中央和省委有关重大决策部署，引导广大非公有制经济人士认清形势，提振信心。为进一步贯彻落实中共中央总书记习近平重要讲话精神，7月27日，与区纪委联合召开区"亲""清"新型政商关系专题座谈会，区检察院、经信科技局和区税务部门及10多位非公经济企业家参加座谈会。此外，以"提升青年企业家素质，积聚党建新生力量"为主题，深入开展理想信念教育实践活动，加强对年轻一代非公有制经济人士的教育培养，为工商事业发展储备新生代企业家人才。

畅通政务渠道　发挥区领导联系商会工作、统战部领导联系非公有制经济代表人士等制度作用，常态化推进政企沟通联络工作。深入开展"进企业、摸实情、解难题、促发展"走访企业活动，完善民营企业诉求沟通机制。3月9日，邀请专家为三堡高粱酒厂、鼎福来等多家企业讲解、分析资本市场运作、新三板及上市方面的经验和心得，取得良好效果。

加强商会建设　在深圳、广州、厦门、福州等地全面开展异地永定商会与"土楼e支部"结对共建活动，动员商会企业家与公司所在城市的土楼e支部大学毕业生流动党员挂钩联系、结对。为进一步加强永定异地商会间的沟通、联谊和交流，正式实施异地永定商会联席会议制度，11月中旬在福州召开异地永定商会首次联席会议。2016年，先后走访深圳、杭州、泉州等异地商会及10多家会员企业，参加商会的年会活动，让乡贤企业家们感受家乡的关怀和温暖。

【引导非公经济助力精准扶贫】

2016年，通过广泛动员、前期调查、牵线搭桥、优化帮扶模式等多种举措，引导非公经济助力精准扶贫，取得明显成效。截至年底，有4个异地商会分别挂钩岐岭、金砂、合溪、堂堡4个省定贫困乡开展挂钩扶贫工作；有25名企业家为建档立卡贫困户子女提供就学资助，50余名贫困大中小学生受到企业家帮助，得以继续学习；有33家企业为农户提供种植、养殖、销售等方面培训，帮助560户贫困户发展养殖业；有76家企业给贫困户资助现金、物资、药品等，价值465万元；有46家企业帮助贫困村改善基础设施建设，其中安装太阳能路灯300多盏。此外，非公企业还吸纳贫困村劳动力980多人。

【民族宗教工作】

开展创建活动 深入开展和谐寺观创建、民族团结进步宣传月、2016年宗教公益慈善活动。各宗教活动场所各项管理制度、硬件设施得到完善,信教群众的公民意识、民主意识、安全意识、团结合作意识明显加强。民族政策宣传力度加大,为少数民族困难群众和宗教人士发放慰问金1.7万元,争取省高山族专项扶贫资金3万元,有3名考生享受少数民族群众考生加分政策。宗教参与公益活动更加频繁,3月,泉州基督教义诊队到永定开展义诊赠药活动,为就医者节省医药费用约6.7万元。同时,基督教凤城堂还为贫困中小学生捐款3万元,基督教(真耶稣教)信众为贫困孤寡老人献爱心钱物1.5万元。

指导宗教团体建设 指导支持三大宗教(佛教、基督教、天主教)团体加强自身建设,努力为宗教界办好事实事。把主要教职人员备案工作作为日常监督检查的重要内容,建立健全监督机制。完成永定寺庙历史文化书籍《永定寺院》的编撰工作。

夯实宗教工作基础 健全完善区民宗局牵头、乡镇(街道)统战委员负责、村支部具体落实的三级宗教工作网络和乡镇(街道)、村(社区)两级责任制。

【干部队伍建设】

培训和学习教育 6月21日,永定举办统战业务培训班,乡镇(街道)统战委员、统战干事和区直统战系统全体干部参加培训,培训班由市委统战部副部长曾光书作专题讲座。6月27日,区委常委、统战部部长王小庆为区直统战系统干部上《做"四讲四有"的统战干部》"两学一做"专题党课。永定还选派7名乡镇统战委员参加市举办的乡镇统战委员培训班。完善统战部机关内部管理制度,在部机关开展"两学一做"专题学习教育,及时传达贯彻中共十八届六中全会精神,并前往古田重温入党誓词,在才溪乡、金砂乡等地参观革命传统教育基地,干部职工的思想政治素质进一步提升,工作作风得到进一步转变。

信息调研工作 邀请专家到永定就信息工作举办专题讲座,乡镇(街道)统战委员和区直统战系统干部参加培训。信息报送工作进一步提升,其中,区委统战部于10月报送的《凝聚侨心、汇聚侨力、涵养侨源——永定区努力开创侨务工作新局面》被省委办公厅《八闽快讯》增刊采用。2016年6月被市委统战部表彰为信息工作先进单位。

·精神文明建设·

【培育和践行社会主义核心价值观】

2016年,以"我推荐、我评议身边好人"活动为载体,发动全区干部群众参与、推荐"道德模范""身边好人"感人事迹,倡导向真、向善、向美、向上的社会风尚。6月,通过网络投票,评选个体私企"康明眼镜店"经理林长宣、交通运输局干部卢琴英、堂堡乡村民沈笑珍等为"福建好人"。首届龙岩市"道德模范"评选表彰活动中,林长宣获得龙岩市"道德模范"称号,陈永辉获得"道德模范提名奖"。

传承客家传统美德,深入挖掘客家优秀家风家训文化,联合区妇联授予邓兆鉴等12户家庭为永定区"最美家庭"称号,并召开"最美家庭"故事分享会。组织评选"十佳慈母""十佳贤妻"活动,加大正面弘扬宣传和反面典型曝光力度,通过电视台、网站、微信公众号等平台,传颂十佳"慈母""贤妻"先进事迹,曝光10个"不赡养""不抚养"案例节选,引导全区党员干部自觉带头树立良好家风,坚决抵制"持家不严"不良习气,以好家风支撑起好的社会风气。

【"诚信永定"建设】

2016年,加快社会诚信体系建设,推进诚信建设制度化,会同发改局、法院等8部门共同制定

《龙岩市永定区贯彻落实"构建诚信惩戒失信合作备忘录"的实施意见》，加强失信被执行人名单曝光力度。牵头组织实施2016年度"城建惠民十个一"（提升一处"三边三节点"，整治一条城区内河，维修提升一批市政设施，铺设一批排污管网，贯通一条以上断头路，新建一座以上停车场，新建一座人行天桥，新建一个公交首末站，新建、改造提升一座以上公园，创建一条文明诚信街）子项目"文明诚信一条街"创建活动，围绕基础设施完好、交通秩序井然、经营规范有序、环境整洁卫生等方面，将城区东大道打造成为"文明诚信一条街"。

【群众性精神文明创建活动】

创建新一轮省级文明城区　2016年1月，以创建新一轮省级文明城区工作为龙头，提升社会文明风尚和城市文明程度，打造城市"精气神"，持之有恒地抓实抓好。区委、区政府分别召开创建第五届省级文明县城2015年度、2016年度初评迎检工作动员会，并对文明城区、未成年人思想道德建设工作测评两方面内容进行责任分解，明确责任单位、完成时限。市委常委、区委书记王金福等区委、区政府领导多次带队，实地调研文明城区创建工作，破解创建难题，形成"上下联动、部门联动、城乡联动"大创建格局，把问题短板解决在平时，化解在基层，使突击创建逐渐转变为常态创建。圆满完成创建第五届（2015—2017年度）省级文明城区2015年度、2016年度初评迎检的各项工作任务，为2017年总评工作打下基础。

巩固提高"全国卫生县城"　2016年，根据省委文明办《2015年度省级文明城市（城区、县城）测评情况通报》，对照体系要求，结合巩固提高"全国卫生县城"活动，组织实施专项整治，提升文明城区创建水平。环境卫生管理专项整治：严格落实区直单位挂钩街道路段卫生责任区及河道卫生管理区制度，对死角盲区脏乱现象进行治理。交通秩序管理专项整治：严查车辆闯红灯、逆向行驶、不规范使用远近光灯、乱鸣喇叭、不按位停车、骑摩托车不戴头盔等交通违法违规行为；新建城区5个停车场共260个停车位，九一路、南门街等城区主干道禁停机动车，缓解城区交通停车难问题。农贸市场管理专项整治：加强对城区中心市场、东市场、南市场环境卫生秩序整治，对商铺店招悬挂、证照资质、商品归位、明码标价、质量保证、环境卫生等实行规范管理，提升城市集贸市场规范化水平。城市"牛皮癣"专项整治：加大打击相关违法行为力度，结合在职党员进社区活动，组织动员党员群众自行清除住房、商铺周边"牛皮癣"。占道经营专项整治：对城区主次干道开展集中整治，坚决取缔各类违规占道经营行为。

"文明单位"创建　加强对第十二届各级文明单位动态管理，加大监督力度，狠抓创建质量，不断增强创建水平。发挥文明单位示范引领作用，推动文明单位履行社会职责。组织省、市级文明单位与辖区15个社区结对共建，通过"五共建"活动（共建社区宣传教育、共建社区文化活动场所、共建社区生活环境、共建社区治安安全环境、共建社区在职党员进社区）落实"文明单位"的创建。

【未成年人思想道德建设】

2016年，围绕"立德树人"目标，深入开展"我的中国梦"主题教育实践活动。利用清明、"六一""七一"等节日，继续组织开展网上祭英烈活动。5月，开展"家风家训进校园"为主题的教育实践活动与中华经典诵读活动。6月，在全区中小学校组织开展学习和争做美德少年活动。9月，组织开展"学长征精神、做红色传人"等活动；录制"童心向党"歌咏节目，报送市委文明办，参加全省"童心向党"歌咏活动网络展播，成功在永定举办龙岩市"童心向党"歌咏展演活动。开展文化市场、网络、网吧、校园周边环境等专项整治行动，推进整治校园周边环境常态化实效化。先后开展"净化校园周边文化市场环境"

和"扫黄打非"专项行动，严查校园周边销售危害未成年人身心健康的各类非法盗版图书、音像制品、卡通漫画和教辅教材的行为，营造"健康文明"社会文化环境。

【"学雷锋"志愿服务活动】

志愿服务组织建设　2016年，继续抓好"志愿云"信息平台注册工作。从省、市级文明单位中招募志愿者，成立文明交通劝导志愿服务队，配合、协助交警部门开展文明交通劝导志愿活动。挖掘志愿服务先进典型，区"爱心妈妈"志愿服务项目被省委宣传部、文明办等9部门联合授予"最佳志愿服务项目"。

"三关爱"志愿服务活动　全区各级文明单位（学校）率先参与"三关爱"（关爱他人、关爱社会、关爱自然）志愿服务活动。春节期间，以"邻里守望、情暖永定"为主题，以空巢老人、留守儿童、农民工、残疾人为服务对象，开展"献亲情、助春运、美环境、送文体"等志愿服务活动。3月"学雷锋月"，举办"学习雷锋精神，建设美丽永定"志愿服务一条街活动，提供义诊、义务理发、家电维修、法律宣传、消防知识讲解、信息咨询等服务。结合巩固提高"全国卫生县城"、创建新一轮省级文明城区工作，5月，在全区文明单位中开展"文明我先行"巩固提高"国家卫生县城"和创建"省级文明城区"志愿服务活动，组织志愿者深入城区开展文明劝导、环境卫生整治等志愿服务活动。"6·26"国际禁毒日，举办以"珍惜美好青春，远离合成毒品"为主题的大型禁毒知识宣传志愿服务活动。"12·5"国际志愿者日，以"文明创城·青春同行"为主题，开展志愿服务一条街活动。

·机关党建·

【理论学习】

2016年，深入组织学习贯彻中共中央总书记习近平系列重要讲话，学习中共十八届三中、四中、五中、六中全会和省委、市委、区委全会精神，将市委书记李德金"体制转轨、经济转型、作风转变"的"三转"要求，融入"两学一做"学习教育、中心组学习、"三会一课"、党员教育培训等活动。探索理论学习教育的好方式、好载体，不断提高学习效果，灵活运用专题辅导、事迹报告会、现场观摩等形式，采取"普通党员讲党课""微党课"等方式，创新党课方式，拓展党课内容，强化互动交流、答疑释惑，增强党课的吸引力和感染力。引导机关党员通过共产党员网、"党员e家"网站、"土楼e支部"网站等平台开展学习教育，打造"空中书库"，将党章党规、中共中央总书记习近平系列重要讲话精神、上级有关精神等内容上传至QQ群和"土楼党旗红"微信公众平台，及时推送学习内容，方便党员随时随地开展学习。区直机关各基层党组织也结合各自实际，创新学习形式，丰富学习内容，激发广大党员的理论学习热情和积极性。

【区直机关党组织设置】

至2016年年底，区直机关党工委辖宣传系统、政法系统、财贸系统、经贸系统、农业系统、教育局、公安局、国土资源局、工商局机关、烟草局、供电公司、旅游产业等12个党委，党群口、政府办口、住建、交通、老干部局、法院、煤行办、烟厂、能延公司、林业、农业局、天丰公司、财政局、商业公司、供销社、国税局、地税局、矿管总站、一中、土楼公司等20个党总支，232个党支部。

【基层工作】

区党代会代表选举 2016年，按照区委的统一部署，做好出席区第十三次党代会代表的选举筹备工作，采取自下而上，上下结合的方式产生代表候选人33名，并于7月20日召开党工委直属党总支党代表会议，选举产生出席区第十三次党代会代表28名，完成区委布置的选举任务。

发展党员 2016年，严格按照发展党员"十六字"方针，坚持实行发展党员公示制、预审制、全程记实制、发展（转正）对象票决制、责任追究制等制度，严把发展对象确定关、新党员接收关和预备党员转正关，注重在机关一线的青年和妇女中发展党员，新发展青年党员5名（其中女党员2名），均为大专以上学历，党员队伍结构进一步优化。党工委配合区委组织部，于3月8日—9日在区委党校举办一期区直机关入党积极分子培训班，84人参训并通过理论考试。

理顺党组织设置 2016年，本着有利于开展工作、发挥作用的原则，成立区林业行政执法大队支部、不动产登记中心支部等10个党支部，对金丰采育场等3个党支部进行更名，撤销长期无法正常开展组织生活的驻榕办、驻厦办党支部，进一步理顺机关党建工作的管理体制，促进机关党建工作的科学化、规范化水平。

党费收缴 2016年，督促各级党组织按时组织所属党员交纳党费，规范党员组织关系接转程序，及时更新完善党员信息库。做好工资标准调整后的党费核定。3月23日，印发《关于进一步做好党费收缴、使用和管理工作的通知》，重点整治区直单位事业编制党员党费缴交比例不规范问题。9月1日，开展党费收缴工作专项检查，对部分区直单位2008年度以来党费收缴和管理情况进行专项检查，并责令缴交比例不规范的单位进行补缴。全年区直单位收缴党费217.03万元，其中党员补缴党费104.36万元。

党员组织关系排查 2016年3月，党工委按照区委组织部的要求，组织落实党员组织关系排查摸底，通过对交纳党费、参加组织生活、接转组织关系等情况的核实，全面排查清理"失联"党员。对区宾馆支部因改制下岗外出务工的5名"失联"党员进行摸排并多方联系，最终使5名党员重新"归队"。

建党95周年纪念活动 2016年6月28日，党工委联合区委组织部、区文体广电新闻出版局在金砂乡举办"举党旗、戴党徽、温誓词、忆长征"践行"两学一做"暨建党95周年重走红色旧址群活动，区直各党委、直属党总支约600名党员参加活动。党员们在党旗下戴党徽，唱国歌，重温入党誓词，并徒步3公里到达福建省第一支红军部队成立及溪南区苏维埃政府成立旧址——金谷寺，缅怀革命先烈，重温革命精神。

参加微电影《血脉》首映式 2016年7月1日，以中央红色交通线为题材的微电影《血脉》在永定区青年影剧院举行首映式。党工委组织856名区直机关党员参加并观看影片。《血脉》充分展示永定革命儿女在广袤的红土地上留下的永不磨灭的革命精神和丰富的红色文化，对于弘扬和传承苏区精神，进一步发展永定红色旅游产业，都具有重要的历史意义和现实意义。影片给党员们上了一堂生动的党史课。

"一先两优"表彰 2016年7月1日，党工委对区直机关在党的群众路线教育实践活动和"三严三实"专题教育中涌现出的先进基层党组织、优秀共产党员和优秀党务工作者进行表彰，有27个基层党组织、52名共产党员、24名党务工作者受到表彰。此外，党工委还向上推荐先进典型，卢连芳等34人分别被省委、市委和区委表彰为"优秀共产党员"和"优秀党务工作者"；区委办支部等3个区直党组织被市委表彰为"先进基层党组织"。

·党校工作·

【机构人员】

2016年，区委党校实行校委会领导下的常务副校长负责制。编制17名，其中行政管理（参公）人员4名，专业技术人员11名，工勤人员2名；内设办公室、教务室、电教室。有校级领导2人，教职工13人，其中参公3人（在职研究生2人，本科1人）、专业教师8人（高级讲师3人，中级职称5人；在职研究生3人）。

【搬迁新校区】

2016年12月26日，区委党校正式搬迁至金砂新校区办公。新校区规划用地317亩，建筑占地6328平方米，总建筑面积17848平方米，总概算投资4260万元。新校区突出科学布局、生态和谐的特点，分为教学区、会议区、生活区、运动休闲区等，集办公、教学、住宿、餐饮、健身于一体。

图3：党校新址

【办班培训】

2016年，举办46期培训班，培训党员干部3860人次。其中，主体班和专题班6期，培训党员干部260人次；村党支部书记、村主任培训班、建党积极分子培训班、区第十三次党代会、省第十次党代会精神宣讲，学习中共十八届六中全会精神及"两学一做"学习活动等专题短期班40期，培训党员干部3600人次。在实践中摸索总结适合区委党校"围绕区委中心工作选定科研项目和办班主题，以办班促科研项目推进，以科研促教师素质提升"的"一选二促"（围绕区委中心工作选定科研项目和办班主题，以办班促科研项目推进，以科研促教师素质提升）教学科研新思路，探索"专家授课—现场体验—互动交流—每人献一策—结构化研讨—金点子评选"六措并举办班新模式,实现"四个相结合":党性教育与实用课程培训相结合,领导授课与专家授课相结合,大班与小班相结合,结构化研讨与现场教学相结合,提高办班的针对性与实效性。

【科研咨询】

2016年,深化"一选二促"办学理念取得明显成效。教师江宇贤执教的《传承客家祖训家规,培育厚德良好家风——永定客家家训馆干部党性教育现场教学专题》讲题入选全省党校、行政学院系统优秀师资共享平台优秀讲题,常务副校长陈万松申报的省课题"县级党校信息化建设与基层干部常态化培训新模式"成果结项,教师江宇贤的课题"基于客家祖训家规视域下的干部党性教育研究"和教师温丰元的课题"试论全面从严治党的若干基本特征"均获2015年省党校系统课题基地立项。教师江宇贤的专题"客家祖训与新时期领导干部的家风建设"获2016年龙岩市党校系统精品课评选一等奖。

【特色品牌教学点】

2016年,为打造全省乃至全国各级党校行政院校共同交流学习的理想平台,深入发掘富有永定特色的客家家训文化、红色文化、绿色生态文化等资源优势,区委党校以建设厚德永定为目标导向,展示永定风采和形象,重点打造客家家训家风、中央红色秘密交通线、溪南土地革命等品牌教学基地和异地培训名片,重点开设以土楼旅游、美丽乡村建设、自然生态绿色文化元素为主题的特色精品课程。

·信访工作·

【概况】

2016年,全区信访态势总体平稳可控,信访秩序持续好转。全区信访总量、到市赴省上访比2015年明显下降。全区信访信息系统受理群众来信、来邮、来访738件(批)次,比2015年下降17.63%。其中,来信446件,来邮26件,来访266件。进京正常上访11批11人次,进京非正常上访3人12次;没有到省上访;到市上访29批258人次。与2015年相比,进京上访有所增加,到市上访的有所减少。

【信访接待下基层】

2016年信访接待下基层活动中,区领导阅批群众来信38件,接待来访82批789人次;走访挂钩村(居)、带案下访到信访问题较为突出的地方140余人次。其中,区委、区政府主要领导先后26次对重要信访问题的处理作出批示。区委、区政府其他领导按照工作分工,阅批群众来信,接待群众来访,主动参与重要信访问题的处理。针对全区可能进京非正常上访人员和重大群体性信访事项,区主要领导、分管领导多次召集相关部门专门约访、下访信访人及其家属,零距离沟通,深入了解情况,从情理入手,用法律的思维为其开导释怀,最终缓和情绪,防止事态的扩大。对市、区领导批示件——西溪乡四联村赤寨凹下村民反映十多年来没有照明供电等诉求反复上访事项,在市、区信访局和供电公司等部门的合力协调下,于5月份成功解决。

【成功调处一起工伤信访事项】

2016年6月10日,宁德籍外来务工人员陈某来访反映其在洪山某矿业有限公司上班,下班时走楼梯受伤，该矿业有限公司拒不支付医疗费及后续赔偿金。信访局当即召集该矿业有限公司负责人、律师，召开协调会。经过多次协商，该矿业有限公司同意一次性补偿给信访人8万元，双方于6月14日签订调解协议书。

【落实"六定五包"责任制】

2016年，各乡镇（街道）实行一周一排查制度，区实行一月一分析一研判制度，对排查情况进行汇总甄别，分析研判，明确管辖，落实化解稳控责任单位、责任领导、责任人员和化解时限，做到心中有数，应对有方，确保合理合法诉求得到依法及时解决。结合全国"两会"召开、各级党代会召开以及重大活动陆续举行，区信访部门做好敏感时期的信访维稳，在省、市、区全面排查的基础上，要求各乡镇（街道）和区直有关部门全面开展重大群体性事件暨非正常上访攻坚活动，采取调查摸底、预防稳控、源头化解、依法处置等方式，对全区矛盾纠纷和不稳定因素进行全面调查摸底。根据排查出的重点信访事项、信访人，逐件明确按"六定五包"（六定，即定责任单位、定责任领导、定责任人、定督办单位、定办理要求、定办结时限，落实责任领导、责任人；五包，即包掌握动态、包解决问题、包教育转化、包稳控管理、包依法处理）落实化解和稳控责任，做好政策解释和思想疏导工作，将排查出的信访人员吸附在当地，确保不发生进京上访现象。在攻坚行动中，排查矛盾纠纷和不稳定因素416起，化解396起，排查可能非正常上访重点人员14人。

【实行网上受理信访制度】

2016年，持续开展信访信息录入活动，推进网上信访信息系统的接入和应用。参照龙岩市直单位接入情况，全区47个单位接入信访信息系统，系统登入使用率100%，基本实现信访事项可查询、可跟踪、可督办、可评价。同时，做好"12345"政务服务热线、人民网、省长信箱的转办、交办和党政领导干部网络视频接访等工作，不断利用现代信息技术服务群众，降低群众信访成本，拓宽和畅通信访渠道。全年办理"12345"政务服务热线信访件755件、人民网信访件40件，及时答复率100%；信访信息系统平台纳入评价的交办件2件，满意率100%。

【社会矛盾防控】

2016年，区信访部门针对信访面临的新形势，出现的新情况、新特点，不断完善和运用好《永定区综治维稳"一评估四联动"机制工作方案》《中共永定县委办公室、永定县人民政府办公室关于印发〈赴北京、福州、龙岩及县委县政府大院异常上访处置预案〉的通知》（永委办发〔2013〕53号）、《进一步加强信访工作预警机制》（永信联办〔2013〕22号）等制度和规定，加强社会稳定风险评估工作，做到评估在先，预案在前，从根本上预防和减少信访突出问题的产生，控制和处置好各类异常访、越级访、集体访，确保全区信访可防可控状态，进一步推动信访工作的开展。全年全区各部门按照《信访条例》等法律法规和区两办出台的工作预案、工作流程，联合施策，及时妥善协调处理市委、市政府门口的群体性上访23批375人次，区委、区政府门口较典型群体性异常上访5起事件，上访事由主要有市民在城区非法摆地摊被政府依法取缔不服、客家古镇拖欠农民工工资、民办代课教师维权、凤城下坑锦绣华庭业主要求归还出入通道、下洋镇陈正村村民反映电价收费标准过高。

【信访积案和疑难事项化解】

2016年，落实中央联席办化解积案"五个一"措施（一名包案领导、一套化解方案、一份会议纪要、一个工作班子、一套稳控措施），逐项交办，科学有效化解省、市积案。市交办8件积案全部签订息诉息访协议。召开2场信访事项公开听证会，完成6件专案评审。同时，申报中央、省疑难信访专项配套资金127.2万元，利用信访专项资金解决特殊疑难信访问题，促进息诉息访，化解信访疑难事项8件。

【进京非正常上访现象整治】

2016年，落实国家、省、市重大活动期间的信访维稳责任制，保障重大活动期间的社会稳定工作。针对全区进京非正常上访多发高发，重复非正常上访现象突出，进京非正常上访上升幅度较大的问题，区委、区政府连续多次召开全区重点信访事项稳控化解工作交办会、推进会、包案工作专班会，特别是对省、市交办的重点信访件中共中央总书记习近平工作，要求相关包案区领导、牵头化解单位、责任单位按照中共中央总书记习近平"三到位一处理"（诉求合理的解决到位，诉求无理的思想教育到位，生活困难的帮扶救助到位；行为违法的依法处理）工作要求，发挥工作专班作用，每半月定期会商，加强沟通协作，层层抓落实、抓进度、讲方法、出成效，不折不扣完成目标任务。至年底，该项工作正有序推进之中。其中，区公安机关依法依规依程序，对3起到京非正常上访的行为给予治安拘留处罚；对在城区非法摆地摊被政府依法取缔且不听劝说、多次现场组织上访人员围堵区政府大门，产生恶性影响事件的2人采取强制带离，并处以行政拘留。

【信访设施建设】

2016年，为保护干部、信访人，打造安全信访，在信访局配备金属探测仪，安装安检门，严禁上访人携带危险物品进入接访厅，防止发生自伤、自残、自杀或伤害他人等行为。同时，为全局干部每人配备1部执法仪，对接访过程进行全程监控并记录在案，用执法仪来"说话"，还原事实真相，分清责任主体，实现安全信访。

【信访队伍建设】

2016年，针对各乡镇（街道）、各单位普遍存在的无信访专职人员，人员常变动，业务衔接不上，造成信访件录入不规范、受理告知不规范、答复意见不规范等问题，不定期分组分片分部门进行督查，面对面、手把手进行培训，全年培训60余人次。组织全区各乡镇（街道）、区直各职能部门分管信访工作的领导及业务人员学习培训4次，深入系统学习《信访条例》《国家信访局关于进一步规范信访事项受理办理程序引导来访人依法逐级走访的办法》《福建省信访信息操作流程》及国家信访局《依法分类处理信访诉求清单汇编》，推动全区各单位、部门和广大干部不断提高依法处理信访诉求的能力和水平，进一步提升信访事项办理的法治化和规范化水平。

【信访宣传】

2016年，印发信访流程图、依法逐级走访办法、六类不予受理情况等信访宣传资料，放置在接访窗口，供来访群众阅读。并在区诉求服务中心公开栏张贴宣传，提高群众知晓率。设立访前法律咨询室，面对面为来访群众提供政策、法律等方面咨询服务，转变一些群众"信访不信法"的观念，引导来访群众依照法定途径和程序，理性反映诉求，维护自身合法权益。

·老干部工作·

【概况】

至2016年年底，全区（不含经开区）有离休干部93人，"5·12"退休干部4人，垂直管理离休干部6人，外区在永定安置离休干部2人，区处级退休干部23人，共128人。

【落实老干部政治待遇】

老干部思想政治工作　2016年，集中为每位离退休老干部和乡镇（街道）老干站征订《福建老年报》和《福建支部生活》，向各老干部党支部赠送《福建党的生活》《党支部工作指导》等刊物；组织老干部开展"两学一做"学习教育，学习中共中央十八届六中全会精神，请区委党校讲师或专家学者为老干部上党课，解读党的方针政策；向老干部通报区委、区政府对重大事项的决定及重要会议精神。

坚持情况通报会制度 坚持区党政领导定期向老干部通报工作情况、重要会议和重大活动邀请老干部代表参加的制度；利用老年大学（学校）的平台，通报国内外政治、经济和安全形势；利用微信平台，传达中央、省、市、区相关文件及会议精神。

组织老干部就地就近或外出参观 2016年，落实好中办发〔2016〕3号文件精神，开展"展示阳光心态，体验美好生活，畅谈发展变化"主题实践学习活动。组织老干部前往江西兴国、吉安等地学习考察，参观革命圣地，让老干部不忘初心，继续为党和人民事业增添正能量；组织部分老干部前往参观考察永定天子温泉二期、嘉华现代农业观光园、泓闽生态观光果园、三草堂观光园（台资企业）、坤雅现代农业观光园等现代、旅游、休闲、观光农业，让老干部了解全区经济社会建设所取得的成绩，为建设创业创新秀美厚德新永定多建言献策，发挥余热。

走访慰问易地安置老干部 落实居住在上海、山东离休干部的取暖费，发放每人每年取暖费1700元。组织工作人员前往上海、山东、广东、福州、厦门、莆田等地慰问易地居住的离休干部，送去党和政府对老干部的关心和问候。

日常管理服务 坚持每周一前往区医院和中医院看望慰问住院老干部，不定期到龙岩和乡镇看望住院老干部，帮助协调住院过程中遇到的问题，对特困离休干部进行重点帮扶。

宣传、评选"最美老干部" 2016年，组织开展以"弘扬客家文化、建设秀美厚德新永定"为主题的"最美老干部"评选活动，深入学习弘扬离退休干部的先进事迹，激励更多离退休干部为党和人民事业增添正能量。经评审，授予丁奕楼、卢振文、江源生、苏纪和、邱银钦、张林山、陈小菁、赖庚昌、简秉良、熊贤春等10位离退休老干部永定区"最美老干部"称号。

【提高离休干部遗属慰问费用】

离休干部遗属慰问费列入财政预算，全区有离休干部遗属159人。2016年开始，离休干部遗属慰问费从每人每年200元提至300元。

【活动中心建设】

老年活动中心是永定广大离退休干部和城区老年人学习、活动、娱乐的重要场所。近年来，经区老干局多方争取100多万元，对老年活动中心进行全面改造，2016年新建一部观光电梯，解决老年人上下楼梯的困难。

·党 史·

【党史宣传教育】

2016年，永定区委党史研究室利用永定的红色资源开展党史资源保护和宣传教育，全年接待省内外和区内党员干部、青少年学生参观福建省第一个农村党支部——中共永定支部成立旧址"万源楼"、中央红色交通线纪念馆等共4000多人次。特别是6—7月庆祝中国共产党建党95周年之际，前往参观学习的党员干部、大学师生络绎不绝。

区委党史研究室参加区委主办的"两学一做"征文和竞赛活动，组织宣讲团开展《传承红色基因，争做合格党员》专题党课、党史书籍进社区等活动，取得良好的教育效果；自始至终配合中央和省、市新闻媒体，拍摄微电影《血脉》党史专题片。《血脉》在永定电视台转播后，使观众普遍受到一次革命传统教育。

【党史资源保护】

2016年，对全区133处革命遗址遗迹中的83处遗址进行挂牌立碑保护，并维修中共闽西特委成立旧址——崇德楼和中共闽粤赣边特区委员会成立旧址；完成"阮山纪念馆"的布展；在对湖山革命历史纪念馆进行摸底调查的基础上形成初步指导意见，对抚市泽东楼等一批党史教育基地举行挂牌仪式。

【福建省第一个农村党支部——中共永定支部成立90周年座谈会召开】

2016年是福建省第一个农村党支部——中共永定支部成立90周年。11月4日上午，中共永定支部成立90周年座谈会在上湖雷万源楼召开。参加座谈会的有省委党史研究室副主任王盛泽，省革命历史纪念馆、龙岩市委宣传部、市委党史研究室、龙岩学院、古田会议纪念馆、漳州市委党史研究室等单位相关领导，永定区委领导苏贤添、姜林芬、章溧斌、黄华凤、江峻伟和部分区直单位负责人及论文作者、当地群众共80多人，座谈会由区委副书记姜林芬主持。

受市委常委、区委书记王金福委托，区人大常委会主任苏贤添作了讲话，指出："不忘历史，才能开辟未来！"省委党史研究室副主任王盛泽说："永定具有丰富的红色文化资源，当前要大力弘扬红色文化，要更加重视对红色文化的保护和利用，继续加强对红色旧址的保护和利用，打响红色品牌。"区委副书记姜林芬向与会人员介绍中共永定支部的成立情况。部分嘉宾和论文作者代表就中共永定支部的光辉历史作了交流发言，同时也对永定在中国革命史上的重要地位、中共永定支部成立的重要意义、永定对红色文化资源的重视和保护等方面予以充分肯定。会后，由讲解员陪同与会人员一同参观中共永定支部成立旧址——万源楼。

【《2015年永定党史》出版】

《2015年永定党史》全书约19万字，分纪念中国人民抗日战争暨世界反法西斯战争胜利70周年、历史回眸、红色记忆、研究与探讨、党史人物、党史工作、红色文化等7个栏目，从不同的角度反映永定不同时期政治、经济、文化建设和党史遗址遗迹保护利用开发等情况。书中还收录一批珍贵史料、图片及近期的党史研究成果，图文并茂，地方色彩鲜明。区委党史研究室向区直单位、乡镇（街道）、村（居）、社区、学校及各方面人士寄发《2015年永定党史》约1000份，宣传永定红色文化。

【"永定英烈纪念设施保护中心"项目建设】

永定现有的各类纪念馆和纪念设施及革命遗址，数量众多，但位置分散，资源整合不易，管理不便。为了改变这种状况，更好地保护、利用珍贵的历史遗存，2015年12月，经区委、区政府研究同意，决定拆除"永定暴动陈列馆"和"张鼎丞纪念馆"旧馆（旧馆因老化、失修，成为危房），在原址兴建"永定英烈纪念设施保护中心"。至2016年年底，完成项目前期工作——可行性研究报告、环评、地勘、地灾、立项报批、不动产产权登记、图审等。

【区革命历史纪念馆管理中心成立】

2016年10月31日，龙岩市永定区革命历史纪念馆管理中心正式成立（龙永编委〔2016〕9号）。该

图4：11月4日，与会人员参观中共永定支部成立旧址

管理中心为正股级单位，由区委党史研究室具体管理，核定股级职数1名，核拨事业编制4名。

主要职责为负责管理好全区革命历史纪念馆、纪念设施；征集保管革命历史文物、收集整理革命历史资料；协助区委党史研究室挖掘、研究全区革命历史；宣传全区革命历史，对公众进行革命传统和爱国主义教育；做好前往参观纪念馆人员的接待工作；完成上级部门交办的其他工作。

【举办"剪不断的滚滚'血脉'——中央红色交通线史迹展"】

为更好地发挥应有的宣传教育效果，增加受教育人数，提高革命文物的利用率和资政育人的的教育功能。2016年1月11日，区委党史研究室借中央苏区闽西历史博物馆的场地，和馆方共同举办"剪不断的滚滚'血脉'——中央红色交通线史迹展"。该次展览展出200多张珍贵的历史图片（含文物资料），重点介绍建立中央苏区红色交通线的历史背景、形成发展、特殊贡献等内容。共4000余人参观该次展览，省、市电视台进行现场录像报道。

·机构编制·

【事业单位改革】

根据省委编办和市委编办《关于永定区事业单位分类沟通平衡意见的函》，县委、县政府下发《关于永定县分类推进事业单位改革的实施意见》（永委发〔2014〕18号），2015年7月编委下发《关于确定永定区事业单位分类意见的通知》，明确承担行政职能的事业单位6个，公益性事业单位690个（公益一类事业单位631个、公益二类事业单位59个），生产经营类事业单位4个，暂缓分类事业单位8个。2016年，永定区冻结行政类、生产经营类事业单位的事业编制，并逐步消化超2012年编制基数，收回生产经营类事业单位的事业编制。具体实施方案待市里出台相关事业单位改革配套文件后再具体开展工作。

【政府机构改革】

2016年，根据区政府常务会议关于对政府机构改革后的机构整合到位问题进行跟踪调查的要求，区委编办会同区财政局、人社局组成调查组，前往各涉改单位调研，重点对人员和财务整合情况进行调查，并提出整改意见：同意区物价局、区粮食局、区民宗局财政单独列入预算，财务和人员相对独立；民政局负责老龄办和老区办整合，老龄办和老区办不再单独财政预算，具体工作由副局长分管，老龄办并至民政局办公；人社局负责公务员局整合，公务员局不再单独财政预算；农业局负责农办整合，农办不再单独财政预算。对于要求整合的单位，区事业单位登记管理局对被整合的单位不予办理统一社会信用代码证书（除有配套项目资金下拨的单位），已发放的收回。区财政局负责对未整合到位单位的账户和资金进行清理。各整改单位要严格按"三定"方案抓好落实，未按要求完成的将进行问责。

【行政审批制度改革】

根据2016年5月9日全国、全省简政放权放管结合优化服务改革工作电视电话会议及11月10日全省"双随机一公开"（随机抽取检查对象，随机选派执法人员，及时公布查处结果）监管工作电视电话会议精神，区政府4次召开工作会议，研究部署相关工作，并制定印发《永定区推进简政放权放管结合职能转变工作实施方案》《2016年永定区推进简政放权放管结合优化服务工作要点》《永定区推广随机抽查规范事中事后监管实施方案》等文件，明确重点任务和落实措施，确保工作顺利完成。

简政放权　2016年，立足放权放活，坚持问题导向，抓好清权放权精简事项工作，达到减少审批的目标。行政许可从2014年的377项精减至87

项，方便群众。加强对权力运行的制约和监督，落实"三张清单"（权力清单、责任清单和公共服务事项清单）、"两个清理"（清理前置审批和中介服务事项）、"乡镇权责清单"等工作，规范区直部门行政权力清单3552大项，5092个子项；规范区直部门责任清单4692项，多部门监管事项92项；规范区直部门公共服务事项149个大项，202个子项；规范前置审批事项166项、行政审批中介服务事项92项；明确各权力部门的权力边界，确保政府"法无授权不可为"。承接上级下放事项，确保无缝对接，全年承接上级下放、委托行政权力事项18项，对应上级取消51项行政审批事项。对2013—2015年承接国务院、省取消和下放事项的落实情况进行"回头看"，确保"放得下、接得住、服务好"。经自查，全区除个别事项因特殊原因无法承接外，其余均承接到位。

优化服务 2016年，简化服务流程，为基层群众办事提供优质、便捷的服务，重抓乡镇（街道）权责清单的编制工作。按照省、市开展乡镇政府权责清单编制工作的要求，下发《龙岩市永定区人民政府办公室关于开展全区乡镇政府（街道办事处）权责清单编制工作的通知》（永政办〔2016〕169号），对全区乡镇政府（街道办事处）权责清单编制工作进行部署。8月26日，召开全区乡镇政府（街道办事处）权责清单编制工作布置会，并对相关人员进行业务培训。经梳理报送、审核汇总、征求意见、统一平衡程序后，确认全区乡镇权责事项249项、街道权责清单事项210项，10月底在政府网站公布。

事中事后监管 2016年，将简政放权工作纳入区对乡镇（街道）、区直部门绩效考评内容，建立考评监管机制，下发《关于印发<2016年度乡镇（街道）人民政府（办事处）及区直部门"简政放权完成情况"绩效考评指标细则>的通知》（龙永编办〔2016〕62号），对简政放权工作完成情况进行细化分解，明确目标任务和评分标准。建立健全"双随机"抽查机制、事中事后监管制度，规范市场执法行为，提高监管效能，激发市场活力。至年底，全区有25个单位制定"双随机一公开"抽查机制的方案，7个单位对暂不建立"双随机"抽查机制的原因作出说明。建立简政放权、深化行政审批制度改革工作的督查通报、回访评估制度。由审改办、效能办、行政服务中心管委会等单位组成督查组，对乡镇（街道）、区直部门的简政放权工作开展5轮督查。

【机关事业单位控编减编】

2016年，贯彻执行中央、省、市关于机构编制管理相关规定，强调要控制总量，优化结构，严格执行机构编制"三个一"（编委领导一支笔审批，编制部门一家承办，编委一家行文）和"五不准"（不准超编进人，不准擅自设立内设机构和提高内设机构的级别，不准违反领导职数配备的有关规定，不准越权审批机构编制，不准上级业务部门干预下级的机构编制）原则，落实"本届政府任期内行政编制不突破中央核定的总额，事业编制不突破2012年总量，机关工勤人员编制只减不增"的要求，确定目标，严格控制机构编制总量，坚决守住"只减不增"这条底线。

建章立制 2016年，根据省、市有关做好控编减编的工作要求，制定并下发《中共龙岩市永定区委办公室、龙岩市永定区人民政府办公室印发〈关于做好全区控编减编工作的意见〉的通知》。并制定出台《区委编委会议事规则》，建立以区委编委会议为议事主体的机构编制议事决策制度，确保机构编制规范运行。

遵守机构编制管理制度 坚持控制总量、盘活存量、优化结构、动态调整的原则，严控机构编制增长，加大控编减编力度，所增加的编制要在已核定的机构编制总额内调剂解决。对各单位人员招聘和调动按退休及调出人数做到只减不增、"量出而入"，机关工勤人员退一减一；结合事业单位分类改革，严格控制机构编制，对职能相近、萎缩、退化或划分为从事生产经营活动的事业单位，彻底予以整合撤并或逐步转企转制，整合编制资源，统一收回空编两年以上机关、事业单位部分编制及从事生产经营活动事业单位编制；撤销11所没有学生就读的初小学校和24所乡镇（街道）水利工作站，把水利工作站归并到乡镇（街道）农业服务中心，在乡镇农业服务中心加挂牌子，增设水利岗位，消化99个事业编制；对设立下属事业单位的，要求申报单位按"建一撤一"原则设立，把控机构编制；编委下发《关于调整全区机构编制数的通知》，进行控编减编，全年收回行政编制49名、事业编制207名，将控编减编收回编制统筹用于社会事业发展亟须增编的单位或职责增加较多、任务重的部门，使机构编制管理工作进一步走上制度化和规范化轨道。

严格机关事业单位用编管理 做到先核编后增加人员的管理制度，在编制限额和增人计划指标内选拔人才。提出机关事业单位所需招聘的人员除专业技术较强的岗位外，从全区富余学科教师队伍中或其他在编在职的事业单位人员中选调；并严把人员借用关，规范审批制度，由组织、编制、人社部门不定期进行检查，对没有审批手续的借用人员作出相应处理。并明确当前及今后一段时期单位用编和干部流动的三条原则：区直机关事业编制要从严掌控，用编要往乡镇基层一线倾斜；对专业技术人才要优待，特别是对特殊专业技术人才流动要有特殊政策，可以采用考试考核相结合的办法，于事简便办理；对在基层工作10年以上的原则上鼓励轮岗交流；基层工作5年以下的原则上不流动，在基层工作5—10年的人员，在近3年年度考核中优秀的，支持流动。明确从严控制政府购买服务，进一步明确政府购买服务审批流程，政府购买服务人员须报编委会研究，原则上签订一年，一年后重新审批。遵守"进一减一"的原则，即单位招入1名正式干部，相应核减1名政府购买服务人员。严格机构编制实名制管理，做好福建省机构编制管理信息系统数据的有关工作，明确专人负责机构编制管理信息系统，及时更新人员变动数据；做好机构数增减、人员增减及领导职数变动台账，形成机构编制台账、机构编制信息系统数据库同步的管理模式，实现机构编制底数、人员编制性质、财政供养人数"三清"的目标；做好机构编制实名制数据按月在线报送工作。创新中小学、幼儿园机构编制管理，针对永定中小学校教职工总体超编、人员老龄化严重、专科教师缺乏的现象，对新招聘的教师采用先上班、后入编，退休一批、入编一批的分批入编的形式，尽可能合理调配，化解"结构性缺编"现象。

【事业单位管理】

事业单位年检和变更登记 2016年，完成2015年度的年检工作，在6月底前分批分类在"永定政府网"公示年检合格单位286家，并对有登记事项变更的单位进行变更登记，变更登记179家法人事业单位。

统一社会信用代码发证 2016年5月，区委编办接管统一社会信用代码发证工作，全区有党政群机关（含乡镇机关）80家，全部发证，完成统一社会信用代码证书的发放，为各部门各单位正常开展业务提供保障。

事业单位法人"双随机"执法 2016年，根据"双随机"工作的要求，从事业单位法人名录库286家事业单位中，按5%的比例随机抽取教育系统5家、卫生系统4家、区直事业单位5家等14家事业单位法人作为督查对象，进行实地抽查。

【专项督查】

2016年，对卫生系统的编制进行专项督查。4月、5月、9月，分别对全区各单位（除学校外）在编人员进行在编在岗督查，并形成督查通报。对存在人员混岗、随意借用、人员变动后不及时到编办办理手续的现象给予通报并限期整改，进一步规范机构编制管理。

人大 政府 政协

·人民代表大会·

【第十七届人民代表大会】

第十七届人民代表大会第一次会议 2016年12月28日至2017年1月1日在海峡两岸交流基地会议中心召开。该届代表222名，到会代表221人。列席432人。

会议审议通过区政府工作报告、国民经济和社会发展计划报告、财政预算结算报告、人大常委会工作报告、人民法院工作报告和人民检察院工作报告。

会议认为，2016年，区人大常委会在中共永定区委的正确领导下，以邓小平理论、"三个代表"重要思想、科学发展观为指导，深入学习和全面贯彻落实中共十八大和十八届三中、四中、五中、六中全会，以及中共中央总书记习近平系列重要讲话精神，围绕中心，依法履职，积极作为，较好地完成年度各项工作任务，为建设创业创新秀美厚德的新永定发挥了地方国家权力机关应有的作用。

区第十七届人民代表大会第一次会议选出龙岩市永定区第十七届人民代表大会常务委员会主任苏贤添，副主任赖秀金（女）、熊明、吕国文、孔晓荣，区人民政府区长陈荣水，副区长蓝富雁、阙洲荣、詹萃芳（女）、陈昌、卢文阶、马越、张学滨、林寿杨、刘元刚，区人民法院院长郭盛元，区人民检察院检察长陈炳旺，区人民代表大会常务委员会委员马林华、孔招娘（女）、卢庆垣、卢建琴（女）、卢银玉（女）、卢游斌、刘炘芳、严梅姑（女）、苏红卫、李新招（女）、吴南祥、沈群贤、张跃光、林启明、唐信章、黄永焕、黄炼英（女）、赖友滨、赖奕华、阙少华（女）、阙海荣。

人大常委会

【组织机构】

区人民代表大会常务委员会（简称"区人大常委会"）负责处理人民代表大会闭会期间的日常工作。2016年，设办公室、内务司法委员会、财政经济委员会、教科文卫委员会、侨台委员会、农村经济工作委员会、人事代表联络委员会、城市建设环境保护委员会、信访室；有编制31名，其中行政编制22名，事业编制6名，工勤编制3名。实有38人。

【监督工作】

2016年，区第十六届人大常委会召开三十八至四十七次会议，常委会听取和审议"一府两院"六个专项工作报告。为提高常委会会议审议"一府两院"专项工作报告的质量，在听取和审议之前，常委会成立由分管领导为组长，委室负责人、常委会组成人员、部分区人大代表为成员的调研组，深入乡镇（街道）和区直有关部门，通过听取汇报、实地察看和召开座谈会等形式，开展各项工作的专题调研。同时，召开常委会主任会议，听取调研情况汇报，讨论研究对策建议，形成调研报告供常委会会议审议参考。听取和审议2015年政府性债务管理情况的报告，提出要强化风险意识、增强举借政府性债务责任感、夯实壮大财力、化解政府债务风险、坚持多措并举、拓宽偿债渠道等审议意见，交由区政府研究处理。听取和审议2015年财政决算、2015年预算执行和其他财政收支审计工作等报告，听取和审议2016年上半年计划、预算执行情况的报告，以及关于提请审议批准2015年、2016年区级地方政府债务限额的议案，加大对主要经济指标、重点建设项目、财政收支安排、资金使用绩效、政府性债务管理等情况的监督，针对存在的问题，提出要抓好重点项目建设、全面推进预算绩效管理、加强政府债务管理、注重发挥审计监督作用等审议意见，区政府按照深化财税体制改革、建立现代财政制度的要求，推进预算管理制度改革，加快建立全面规范、公开透明的现代预算制度，预决算和"三公"经费信息公开工作不断深化，预算管理逐步走上规范化。同时，加强和改进对预算执行的监督，建立预算在线监督平台，实施预算实时在线监督，提高监督实效。听取和审议农田水利设施建设情况的报告，针对当前农田水利设施建设中存在的困难和问题，提出要履行好水库管理责任主体的职责、积极探索水利设施的管护模式和机制、建立部门相互配合协调机制等审议意见，交由区政府研究处理。听取和审议学前教育工作情况的报告，就如何进一步做好学前教育工作，提出要发挥政府主导作用、提高重视程度、加大科学管理力度、规范办园行为、积极争取相关政策、稳定幼师队伍、创新幼教工作思路、提升保教质量等审议意见，交由区政府研究处理。听取和审议贯彻实施《中华人民共和国固体废物污染环境防治法》工作情况的报告，针对"固废法"贯彻实施过程中存在的问题，提出要加大对畜禽养殖业污染、随意倾倒建筑垃圾、农村生活垃圾的整治力度和加大对"固废法"的宣传教育力度等审议意见，交由区政府研究处理。听取和审议区人民检察院侦查监督工作情况的报告，提出要进一步加大监督力度、进一步提升案件质量、进一步完善监督机制、进一步加强队伍建设等审议意见，交由区人民检察院研究处理。

【执法检查】

2016年，区人大常委会组织开展对《中华人民共和国归侨侨眷权益保护法》在永定的贯彻执行情况的执法检查，针对检查中发现的对该法宣传面不够广泛、形式不够丰富、效果不够理想和侨捐监管有时缺失、少数散居归侨侨眷生产生活困难没有得到根本解决等问题，提出要进一步加大宣传力度、加大对贫困归侨的扶贫救助力度、强化侨捐监管等审议意见，交由区政府研究处理。此外，配合市人大常委会执法检查组永定开展"食品安全法"执法检查。

【视察、调研】

精准扶贫工作调研 2016年为贯彻落实区委关于推进精准扶贫打赢脱贫攻坚战的实施意见，常委会成立以主要领导为组长、4位副主任为副组长、委室主任和常委会组成人员为成员的4个调研小组，带领农业、财政等相关区直部门负责人，深入20个乡镇（街道），采取实地察看和召开座谈会等形式，听取区农业局、乡镇（街道）关于精准扶贫工作情况汇报，全面了解全区精准扶贫工作情况；同时，召开常委会主任会议，专题听取4个调研小组的情况汇报，讨论、研究实施精准扶贫的对策建议，形成调研报告，供常委会会议审议和区委决策参考。

农田水利设施建设情况调研　常委会成立专题调研组，分别由常委会副主任带队深入20个乡镇（街道）实地察看水库、山塘、灌溉渠系等农田水利灌溉点，召开由乡镇长、区人大代表、乡镇相关站所负责人、村主干等人员参加的座谈会，详细了解全区农田水利灌溉设施建设情况，针对存在的困难和问题，听取各方意见建议，形成调研报告，供常委会会议审议和区委决策参考。

学前教育工作情况调研　随着"二孩"计生政策的实施，今后几年学前儿童人数将逐年增长，给永定学前教育工作带来新的压力。区人大常委会成立专题调研组，主要领导带队深入城乡实地察看10多所公办、民办幼儿园，召开由部分区人大代表、区教育局、教师进修学校、部分乡镇人大主席团、部分中心小学、幼儿园等单位负责人参加的座谈会，了解学前教育工作开展情况，了解城乡幼儿园在基础设施、师资力量、办学质量、校园安全等方面存在的困难和问题，听取各方意见建议，形成调研报告，供常委会会议审议和区委决策参考。同时，开展全区中小学教育教学设备配备情况调研。

【人事任免】

区第十六届人大常委会坚持党管干部原则和人大依法任免相统一，严格依照程序，实行任职人员任职资格考试、表态发言、颁发任命书、向宪法宣誓等制度。2016年，依法任免区人大常委会机关工作人员4人次，任免区政府组成人员26人次，任免审判人员、检察人员10人次，保证党委人事安排的贯彻落实。

【代表议案、建议、批评和意见督办】

区十六届人大五次会议期间，区人大代表提出建议136件。常委会高度重视代表建议的督办，充分发挥代表主体作用，重抓代表建议督办，及时召开交办会，对136件代表建议分门别类交由区政府和经开区管委会，并要求责任单位按照《永定区人民代表大会代表建议、批评和意见办理工作规定》负责办理和答复代表。召开主任会议确定《关于建设永定城区公共停车场的建议》和《关于实施永定区中小学教育信息化"班班通"项目的建议》等2件代表建议为2016年度重点督办件，确定2015年《关于鼓励兴建民办居家养老服务站试点的建议》等4件重点督办件继续列为2016年度跟踪重点督办件，由常委会分管领导挂钩负责，相关委室具体督办。同时，注重对重点督办件办理情况的督查，针对存在的困难和问题，提出意见和建议。区政府和经开区管委会把代表建议办理当作一项重要工作来抓，多次召开专题会议研究，明确领导责任，落实承办协办单位，制定整改措施，强化检查督促，136件代表建议都在法定时间内答复代表。其中，解决或基本解决的有42件，正在解决的有83件，两件重点督办件取得较好的成效。

【联系代表】

坚持区人大常委会组成人员分工联系代表制度，常委会主要领导带领委室负责人分5个小组走访24个乡镇（街道）的市区两级人大代表，详细了解代表的生产生活情况、指导代表依法履职和摸清新一届市、区人大代表候选人资源，为选好新一届市、区两级人大代表奠定基础。同时，通过个别走访、实地看点和召开座谈会等形式，听取代表对全区经济社会发展和常委会工作的意见建议，代表们就项目、农业、水利、医疗、教育、卫生、环境、交通等方面工作建言献策，提出42条意见建议，分别交由"一府两院"研究处理；就代表们对常委会提出的意见建议能整改的及时整改，不能一时整改的落实到分管领导和具体委室办理。坚持向代表寄送《永定人大信息》《人民政坛》和常委会会议纪要等资料，让代表了解常委会工作动态和自学有关业务知识，进一步提高代表的履职水平。

【拓展代表履职平台】

2016年，邀请区人大代表18人次列席常委会会议，280多人次参加"一府两院"相关会议、调研视察、执法检查、代表小组活动、各种座谈会等，不断丰富代表履职活动的形式和内容，进一步发挥代表的作用。

【换届选举】

2016年，区、乡两级人大换届选举工作，面临着组织法、选举法、代表法修订后的新要求、新规定和新特点，以及乡镇人大主席调整面较大、人员较多的新情况。为此，区人大常委会提前谋划，做好各项前期准备工作：深入开展调研。组织以常委会主要领导为组长、副主任为副组长的4个调研组深入24个乡镇（街道）开展区、乡人大换届选举工作调研，详细了解代表履职情况，摸清新形势下区、乡人大换届选举工作的新情况、新问题，掌握第一手资料，并要求代表继续主动履行职责，积极协助做好群众思想工作，共同推进区、乡两级人大换届选举工作圆满完成。提前谋划安排，召开第十三次乡镇（街道）人大主席联席会议，邀请省人大人事代表工作室副巡视员解读新修订的组织法、选举法、代表法和作区、乡人大换届选举有关工作业务辅导培训，组织全体乡镇（街道）人大主席和机关全体干部，认真学习领会新修订的三部法律法规精神实质和接受换届选举工作业务培训，同时就如何做好区、乡人大换届选举工作进行交流和探讨，进一步提高做好区、乡人大换届选举工作的能力和水平，并部署前期准备工作。全面动员部署，组织召开由换届选举工作领导小组成员单位和选举委员会成员单位负责人、24个乡镇（街道）党政领导、区直有关单位主要负责人、换届选举工作联络员参加的全区区乡两级人大换届选举工作会议，区委、区人大常委会、区委组织部、宣传部主要领导就换届选举的时间安排、工作步骤、具体要求、目标任务、纪律保障等方面工作进行动员部署。组织业务培训。组织召开区乡人大换届选举工作培训会，对全区人大系统工作人员、乡镇组织委员和相关工作联络员进行业务培训，使大家熟悉掌握换届选举相关工作程序和法律法规要求，确保换届选举工作顺利开展。

【信访工作】

2016年，区人大常委会高度重视信访工作，坚持做好信访接待、登记和受理，加强与有关单位的沟通配合，认真抓好督办落实。受理来信来访119件，其中办理来信84件，接待来访35批68人次。

【法制宣传】

2016年，区人大常委会注重宣传工作。严格执行《永定区人大常委会宣传信息研究工作管理暂行办法》，调动常委会各委室以及乡镇（街道）人大主席团的宣传积极性，利用电视台、人大网站、公告栏等，宣传报道人民代表大会和常委会作出的决议决定、人事任免、审议意见以及调研视察、执法检查、代表先进事迹等情况；召开全区人大系统宣传信息研究工作会议，安排2016年度人大宣传信息研究工作任务。向上级人大网站和党报党刊报送宣传稿件350多篇，其中《巧解千钧债务》《看紧政府的"钱袋子"》等文章在省、市级人大刊物和《福建通讯》上发表；出版《永定人大信息》6期。

【自身建设】

2016年，区人大常委会严格执行机关学习制度，坚持每周二集中学习和自学相结合，组织引导干部职工学习中共十八大和十八届三中、四中、五中全会，以及中共中央总书记习近平系列重要讲话精神、党章、《中国共产党纪律处分条例》

《中国共产党廉洁自律准则》《中国共产党问责条例》等；创新学习方式，组织委室负责人根据新时期人大工作的要求自选主题开展业务辅导，认真学习法律法规和人大业务知识。注重作风建设。围绕区委工作部署，及时制订实施方案，开展"两学一做"学习教育活动，通过常委会领导上党课，参加区委专题学习研讨，党组开展学习研讨，参观福建省第一个农村党支部诞生地湖雷上南村等形式，坚定理想信念，加强作风建设，力求做到把"两学一做"学习教育与人大工作实际紧密结合起来，提升依法监督的水平和能力。认真开展"四下基层"和"联挂帮"等活动，深入挂钩乡镇、村，深入基层，密切党群干群关系。切实加强机关效能建设，进一步完善并严格执行干部职工休假、请假制度，机关工作运转更为顺畅，工作效率进一步提高。坚决贯彻执行中央八项规定和《福建省党政机关国内公务接待管理办法》，规范办公、用车、接待等制度，厉行勤俭节约。

·人民政府·

【为民办实事】
2016年，区政府为民办实事38项。

1.实施贫困人口临时救助制度：按照每人每年7元的标准，为469人实施临时性救助，发放救助金131.2万元；下拨至乡镇（街道）临时救助金58.5万元。

2.提高城乡医疗救助基金政府筹集标准：城乡医疗救助基金政府筹集标准从医疗救助对象每人每年200元提高到400元。

3.提高农村居民最低生活保障标准：农村低保标准由家庭年人均收入2300元提至2650元。发放低保金931.81万元（含2016年高龄补贴33.07万元）。

4.提高城乡居民基本医疗保险政府补助标准：新型农村合作医疗和城镇居民基本医疗保险政府补助标准从每人每年380元提至410元。

5.提升基本公共卫生服务能力：基本卫生服务项目补助标准按全区常住人口，从每人每年40元提至45元。

6.继续实施新型职业农民培育工程：举办6期新型职业农民培训班，培训353人，其中4期生产经营型培训班235人、1期专业技能型水稻全程机械化培训班80人、1期现代青年农场主培训班38人，认定新型职业农民183名；确定15名大中专毕业生回乡从事农业创业和30名新型职业农民培育示范户；分别在金砂、仙师、抚市、下洋、陈东等5个乡镇进行"雨露计划"农村贫困劳动力实用技术培训，培训445人。

7.完善扶贫小额贷款政策：明确扶贫小额信贷贴息资金和小额信贷风险担保金的使用范围及运作方式，筹集扶贫小额信贷风险担保金1200万元，扶贫小额信贷担保正式运作。有776户办理小额信贷风险担保金业务共3452.8万元，超额完成年度任务。

8.全面改善义务教育薄弱学校基本办学条件：中小学"全面改薄"29个项目全面竣工，新建教学用房和生活用房12250平方米，采购发放13600件（套）中学音乐、美术器材及小学体育器材，累计完成投资2600万元。

9.继续实施公办幼儿园建设工程：新建龙凤幼儿园，完成基础工程建设，累计完成投资600万元。

10.实施全民健身场地设施建设项目：湖山、下洋、堂堡等3个多功能运动场完成场地建设和设备安装，下坑社区室内健身房完成室内建设，金砂社区（党校）足球场项目完成基础工程及设备安装。

11.实施"红土助残"系列工程：发放20个乡镇困难残疾人生活补贴6384人次、519.56万元和重度残疾人护理补贴7540人次、380.41万元；扶持全区92名农村贫困残疾人开展就业、创业、生产经营等，每人补助5000元；确定永定区微时代综合商城为残疾人电商创业就业示范基地，安置5名、带动23名残疾人就业，投入15万元购置办公设备及场所改造；全面完成全区（含经开区）320名残疾人"居家托养"和5名重度残疾人"机构托养"；为残疾人发放轮椅53辆、拐杖135支、坐便椅35张、助行器15个、护理床3张、助视器38套、助听器40台。

12.实施造福工程搬迁安置项目：落实国定易地扶贫搬迁数1244户4122人；全区6个易地扶贫搬迁省级安置区，4个完成一层以上主体建设、2个完成基础建设，正加快主体工程建设。成立永定区扶贫开发投资有限公司，统筹对接扶贫措施的投融资工作，区财政投入扶贫开发专项资金2455万元。

13.实施道路安全隐患整治工程：完成146处农村公路道路交叉路口安全隐患整治。

14.加强汽油助力车管理：开展汽油助力车整治活动，办理汽油助力车和超标电动车造册登记，造册登记1000余辆。

15.实施清洁家园等农村环境整治工程：实施20个"千村整治、百村示范"工程，累计完成投资约14986万元；续建10个乡镇污水处理设施，完成投资2790万元；17个乡镇列入全省乡镇垃圾转运系统项目建设；建立完善农村环卫保洁长效机制，配有农村建制村专职保洁员553名。

16.继续推进宜居环境建设：全区实施宜居环境建设项目175个，总投资21.7亿元，竣工项目143个、在建项目27个、前期项目5个，累计完成投资24.05亿元。

17.实施城区供水管网改造工程：开工建设书院社区农村饮水工程、客家博览园至箭滩书岭供水管网工程、进厂区（泵站）道路建设工程、永定工业园区至金砂党校管网工程、永定工业园区至古镇保障性住房给水管网工程。

18.实施道路畅通和公共停车场建设工程：实施礼田新区快速通道支线道路畅通工程，全长960米、宽18米；新建改建7个停车场、新增555个停车位，九一街、南门街全面禁停机动车辆。

19.继续实施保障性安居工程：开工建设永定工业园区光电信息产业园公共租赁房72套，年度计划完成投资1080万元。

20.实施生物防火林带建设项目：全区完成生物防火林带建设3778亩，完成防火林带抚育3778亩。

21.实施水土流失治理工程：国家水土保持重点建设工程（抚市溪联小流域水土流失治理项目，面积12650亩）、省级重点乡镇（高头、龙潭）水土流失综合治理项目（面积7542亩）均全面完成工程措施和林草措施，分别完成投资714万元、376万元。

22.实施城乡集贸市场建设改造工程：完成市场亮化、公厕、排水排污系统、活禽交易和宰杀场所等改造，投入157万元。

23.继续治理"餐桌污染"，建设"食品放心工程"：开展保民生百日执法专项行动，立案查处违法案件61起，罚没入库67万元，向公安机关移送涉嫌食品药品安全犯罪案件5起。开展城区餐饮场所污染整治行动，出动执法人员213人次，检查餐饮服务经营场所327户，发出责令整改通知书153份，清理有照无证户119户、无证无照户20户。开展土楼景区及学校周边食品安全整治，检查景区各类经营单位671户次，责令现场整改违规行为38处；检查学校食堂及周边食品经营单位57个，下发责令整改通知书15份。推进食品检测设备及抽检项目工作，开展160批次（不含经开区4个镇）食用农产品的监督抽检，8个派出监管所（含坎市、高陂所）食品检测设备均配备到位。强化重大活动餐饮食品安全保障，全年做好12场次重大活动餐饮安全保障工作。

24.实施智慧城市社区网格化服务管理信息基础工程：投资59万元开通凤城街道网格服务平台，连接凤城街道13个社区的网格化服务管理数据云，各社区利用信息平台共向居民发送治安、医保、消防、计生政策、平安建设等宣传信息2162条，并提供各类网格化便民服务157次，调解各类纠纷753件。

25.继续实施农村公路改造提升及"村村通客车"工程：5000人以上建制村公路拓宽改造工程

和200人以上自然村公路硬化工程，完成63公里路基工程、46公里路面，完成投资5130万元。完成全部8个新式候车亭建设任务，累计完成投资32万元。更新购买10辆新能源公交车，完成3路公交线路的站点选址规划及3路公交车运行成本测算。

26.提高被征地农民养老保障金标准：被征地农民养老保障金标准从每人每月110元提至128元，完成投资506.14万元，全部由区财政专项基金承担（含经开区4个镇）。

27.实施湖雷溪口至坎市公路改造工程：湖雷溪口至坎市公路改造工程全长22公里，总投资3.53亿元，按二级公路标准设计建设，路基路面宽12米，完成投资1.11亿元。

28.实施永梅出省公路建设工程：永梅出省公路建设工程全长35.06公里，总投资11.13亿元，按二级公路标准设计建设，路基路面宽22米和12米，建一座454米龙湖大桥，完成投资36960万元。

29.继续实施高清视频监控系统建设工程：完成200路高清监控后台平台搭建和联网上线工作，并完成调试、投入使用。

30.实施城区交通指挥系统完善提升工程：完成沿河路东门桥至南门桥路段"白改黑"工程；东门桥农行路口道路交通改造工程完成路面改造和红绿灯智能设备安装运行；交通指挥中心项目设计通过专家评审。

31.实施"一河两岸"滨河休闲绿廊示范段（一期）工程：建设完成龙凤社区风景桥至东门桥段820米栈桥。开工建设书岭景观吊索桥工程、书岭村至客家博览园沿河走廊段。

32.继续实施中小学运动场塑化工程：改造塑化城关中学、湖山中学、侨光中学、永定二中、特殊教育学校、区中小学校外实践基地、湖坑中心小学、仙师中心小学、实验小学龙凤校区、胡文虎小学等10所中小学环形跑道运动场，累计完成投资2000万元。

33.继续实施农村电网安全工程：配电网改造工程一级项目96个（含二级项目307个）全部竣工，完成投资11862万元；110千伏湖坑输变电工程总投资5389万元，竣工投入运行；开工建设220千伏双溪输变电工程。

34.继续实施农村有线电视入户工程：全区新增农村有线电视用户8145户。

35.继续实施"希望工程2016"系列助学公益活动：实施"希望工程2016"系列助学公益活动，筹集资金47.6万元，资助100名贫困大学生。

36.继续实施计划生育特殊家庭帮扶救助工程：兑现帮扶对象40户计6.48万元，兑现当年失独家庭慰问金7户计1.4万元，兑现助学对象9人计2.7万元。

37.实施教育信息化提升工程：配备"班班通"设备832套、录播教室1间，累计完成投资2180万元；完成中小学专任教师办公电脑配备2248台。

38.实施国道357线岐岭至城关段"白改黑"工程：工程全长23.87公里，总计286380平方米，于11月3日开工建设，完成投资380万元。

【会议纪要】

第一次常务会议　2016年1月21日下午召开，审议《中共龙岩市永定区委、龙岩市永定区人民政府关于推进精准扶贫打赢脱贫攻坚战的实施意见》（送审稿）、《龙岩市永定区2016年宜居环境建设行动计划实施方案》（送审稿）暨"千村整治、百村示范"美丽乡村推荐名单事宜，《龙岩市永定区下洋镇新型城镇化"小城市"培育试点工作方案》（送审稿），淑雅溪水库灌区配套灌溉工程建设事宜等。

第二次常务会议　4月14日上午召开，传达全国安全生产电视电话会议精神，审议2015年全区安全生产工作概况、2016年工作思路和2015年度安全生产目标责任考评结果及奖惩方案事宜，审议《关于进一步加强环境保护工作的实施意见》(送审稿)、《永定区生态环保攻坚战役实施方案》（送审稿）、《永定区2016年度乡（镇、街道）党政领导生态环境保护目标责任书》（送审稿）和《永定区2016年度区直部门、工业园区生态环境保护目标责任书》（送审稿），审议《龙岩市永定区乡镇污水处理厂网一体化PPP项目合同》（送审稿），"国家卫生县城"复核验收事宜，下黄水库烟草水源工程建设事宜，国省干线纵五线永定坎市新罗经抚市华丰至杏坑公路工程事宜，审议《2016年龙岩市永定区促进外贸出口扶持办法》（送审稿）等。

第三次常务会议　5月5日上午召开，审议《龙岩市永定区扶贫小额信贷资金管理办法》（送审稿），审议《区政府领导成员工作分工调整方案》（送审稿），审议《进一步扶持建筑业发展壮大的实施意见》（送审稿），审议《关于化解房地产库存促进房地产市场稳定健康发展的若干意见》（送审稿），审议《龙岩市永定区政府性债务管理暂行办法》（送审稿），审议《永定城区自来水调价及实行居民生活用水阶梯价格的实施意见》（送审稿）等。

第四次常务会议　5月20日下午召开，审议《关于进一步加强招商引资工作的若干意见》（送审稿）、《龙岩市永定区2016年项目落地攻坚战役招商引资领域会战方案》（送审稿）、《龙岩市永定区2016年招商引资项目考评细则》（送审稿）和《龙岩市永定区招商引资新十三条优惠政策》（送审稿），审议《龙岩市永定区深化国有企业改革总体方案》（送审稿）、《龙岩市永定区国有企业领导班子成员选聘方案》（送审稿）、《龙岩市永定区三大集团组建方案》（送审稿）、《福建海峡客家投资发展集团有限公司重组方案》（送审稿）、《福建土楼客家文化旅游集团有限公司组建方案》（送审稿）及《福建省永定城市建设与发展集团有限公司组建方案》（送审稿），审议《永定洪山—峰市饰面花岗岩矿区开发利用整合实施方案》（修编稿）及《与福能集团合作开发建设"永定红"石材循环经济产业园项目建设工作方案》（送审稿），审议《龙岩市永定区新型城镇化和美丽乡村建设三年行动计划》（送审稿），永定初溪游客服务中心项目建设事宜，调整永定工业园区光电信息产业园标准厂房及配套项目总投资概算事宜，审议《关于解决金丰东山工业园历史遗留问题的建议方案》（送审稿），加快推进华润水泥永定二期项目开工建设事宜，粮食系统危仓老库维修改造工程相关事宜，审议《龙湖库区水葫芦灾害综合治理项目补充合同》（送审稿）等。

第五次常务会议　6月21日上午召开，审议《龙岩市永定区2016年养殖业污染综合整治工作意见》（送审稿），生态文明建设示范区规划编制事宜，审议《龙岩市永定区驻外招商组工作方案》（送审稿），与深圳创新投资集团公司战略合作事宜，实施永定区城区供水管网工程项目事宜，调整城区供水管网项目客家文化城至箭滩、书岭给水管网子项目工程预算事宜，研究能延公司借欠款债务抵偿事宜，消防工作，审议《关于龙岩市经济技术开发区（龙岩高新区）财政管理体制方案修改建议的函》（送审稿），研究审定部分政府性投资项目等。

第六次常务会议　7月8日上午召开，审议《鑫华通智能终端产业项目投资合同书》（送审稿）和《投资项目补充协议书》（送审稿），审议《龙岩市永定区2016年项目策划工作考评实施方案》（送审稿），审议《龙岩市永定区争取上级项目资金和吸引区外税源的考核奖惩暂行办法》（送审稿），审议《龙岩市永定区征收机关组织财政收入绩效奖励暂行办法》（送审稿），审议《龙岩市永定区创建国家全域旅游示范区实施方案》（送审稿）和《龙岩市永定区"十三五"旅游产业发展专项规划》（送审稿），永定工业园区规划提升事宜，永定区体育中心田径运动场扩建项目立项调整、春霭园景观改造提升、凤山公园望月楼景观改造提升、西环路铁路下穿至X606道路工程建设事宜，审议《龙岩市永定区县级公立医院管理委员会工作规程》（送审稿），审议《龙岩市永定区关于加快推进社会办医的实施方案》（送审稿）等。

第七次常务会议　8月24日下午召开，审议

《龙岩市永定区关于"飞地工业"税收分成管理办法》（送审稿）、《龙岩市永定区驻外招商组工作方案》（送审稿）、《招商引资项目联审工作机制》（送审稿）和《投资合同范本》（送审稿），审议《鑫华通投资项目补充协议（2）》（送审稿）、《鼍龙鳄鱼养殖及生物科技开发项目合同书》（送审稿）、《永定工业园区标准厂房管理办法（试行）》（送审稿），审议《龙岩市永定区涉麻制毒重点整治工作责任追究暂行办法》（送审稿），审议《龙岩市永定区居民在古镇幸福园小区购房优惠办法（试行）》（送审稿），审议《龙岩市永定区关于深化供销合作社综合改革的实施意见》（送审稿），审议《龙岩市永定区农村家园清洁三年行动实施方案》（送审稿），研究确定永定区防空警报试鸣日等七项事宜。

第八次常务会议 9月5日下午召开，审议《龙岩市永定区关于推进供给侧结构性改革的实施方案（2016—2018）》（送审稿），审议《龙岩市永定区关于实施"产业兴区"战略的决定》（送审稿），审议《龙岩市永定区关于补齐发展短板扩大有效供给的实施方案》（送审稿），审议《龙岩市永定区关于实施创新驱动发展战略推进创新型永定建设的决定》（送审稿），审议《龙岩市永定区化解部分行业过剩产能的实施意见》（送审稿），审议《龙岩市永定区有序降低杠杆率水平防范化解金融风险的实施意见》（送审稿）等。

第九次常务会议 9月23日下午召开，听取2015年度绩效管理考评结果，审议《龙岩市永定区2016年度市对区绩效管理工作奖惩方案》（送审稿）、《龙岩市永定区2016年度区直部门绩效管理工作方案》（送审稿）、《龙岩市永定区2016年度乡镇（街道）绩效管理工作方案》（送审稿），审议《永定区"十三五"城区学校布局调整及建设规划》（送审稿），审议《龙岩市永定区关于妥善解决辞退代课教师遗留问题工作方案》（送审稿），"永定红"石材循环经济产业园项目建设事宜，客家古镇项目建设事宜，举办马拉松赛事宜，审议龙潭镇枫林溪小流域水土流失综合治理、金丰溪南溪支流安全生态水系建设、龙潭中学教学楼、北环路A段破损路面修复、国道357线及湖高线灾毁修复工程、区委党校学员宿舍楼及食堂消防安装工程、永定英烈纪念设施保护中心和古镇铁路桥下至城郊镇政府大楼沿河路段等项目建设事宜等。

第十次常务会议 10月17日下午召开，审议《龙岩市永定区关于规范石材产业发展的意见》（送审稿），审议《龙岩市永定区汀江流域生态环境保护与治理实施方案》（送审稿），审议《龙岩市永定区乡镇交接断面水质考核管理办法》（送审稿），审议《龙岩市永定区旅游发展委员会主要职责、内设机构和人员编制的规定》（送审稿），审议《龙岩市永定区区直机关差旅费管理办法》（送审稿）等。

第十一次常务会议 10月27日下午召开，永定区2015年度项目工作考评事宜，政府性贷款融资事宜，审议《龙岩市永定区守法家庭大病医保报销奖励办法》（送审稿），审议《龙岩市永定区以奖代补落实严重精神障碍患者监护责任的实施办法》（送审稿），审议《龙岩市永定区人民政府关于完善教育系统职称激励办法的通知》（送审稿），审议永定城区环城东路（A段）东侧排水排污管道工程、永定区2016年农业综合开发小流域治理（湖雷、堂堡片）、永定区城南农副产品批发市场（城南综合市场）和城郊镇政府大楼至西环路口段道路等项目建设事宜等。

第十二次常务会议 11月18日上午召开，关于2016年国民经济和社会发展计划指标调整的事宜，审议《龙岩市永定区扶贫开发"十三五"规划》（送审稿），审议《龙岩市永定区人民政府办公室关于实施2016年第二批投资工程包的意见》（送审稿），审议《龙岩市永定区全面推进公务用车制度改革实施方案》（送审稿）、《龙岩市永定区人民政府办公室关于调整龙岩市永定区公务用车制度改革领导小组成员的通知》（送审稿）和

《龙岩市永定区区直机关公务用车制度改革实施方案》（送审稿），研究海发集团发行公司债、企业债相关事宜，调整永定城区污水处理收费标准事宜，审议《城区学校扩容PPP项目招标代理委托合同》（送审稿）、《城区学校扩容工程PPP项目顾问咨询服务委托合同》（送审稿）、《城区学校扩容工程PPP项目物有所值评价、财政承受能力论证分析委托合同》（送审稿），审议《永定与东旭集团战略合作框架协议》（送审稿）、《神华（福建）能源有限责任公司直供电框架协议书》（送审稿），审议《铭鑫钢防护材料项目合同及补充合同》（送审稿）、《灿丰玻璃项目合同及补充合同》（送审稿），审议《竹缠绕管道项目合同》（送审稿），审议《矿山资产评估业务约定书》（送审稿）等。

第十三次常务会议　12月16日下午召开，审议《政府工作报告》（送审稿）、《2016年国民经济和社会发展计划执行情况及2017年国民经济和社会发展计划安排草案的报告》（送审稿）、《2016年预算执行情况及2017年预算草案的报告》（送审稿），审议《关于在全区公民中开展法治宣传教育的第七个五年规划》（送审稿）、《关于表彰2011—2015年全区法治宣传教育先进集体、先进个人的决定》（送审稿），审议《永定区2017年宜居环境建设行动计划实施方案》（送审稿），审议福建（永定）土楼中华民俗传习基地项目解除合同事宜，审议寨下水电站增效扩容改造、下洋镇镇区沿河景观栈道工程建设、人社局基层就业和社会保障服务设施改造、城关中学广场建设和湖雷中心小学教学楼建设等项目建设事宜，审议永定工业园新型材料生产基地项目建设事宜等。

第十四次常务会议　12月19日上午召开，部署班子成员近期主要工作，审议《龙岩市永定区关于省委省政府环境保护督察组督察反馈意见涉及永定区问题的整改方案》（送审稿）、《永定石板材行业污染整治专项行动方案》（送审稿），审议《2016年预算执行情况及2017年预算草案的报告》（送审稿）等。

第十五次常务会议　12月26日上午召开，审议《龙岩市永定区城区学校扩容PPP项目实施方案》（送审稿）等。

·区政府办工作·

【政府法制工作】

规范性文件管理　2016年，开展规范性文件报备工作，修改、审核各类规范性文件34件，均按规定向市政府和区人大常委会报备，并在政府门户网站上公开。办理法律、法规、规章征求意见6次，审核修改合同类文件30余次，出具法律意见建议书4次。

复议应诉　全年受理行政复议案件7件，办理各级法院审理的诉讼案件12件。协调行政首长出庭参加应诉，推动纠纷化解。

行政执法规范化建设　为强化执法活动监督管理，加强执法规范化建设，组织百余人参加市场监管行政执法资格专业知识考试。

信访接待处理　开展信访纠纷化解工作，办理信访复查24件信访案件。为机关干部、群众提供各类法律咨询百余人次。

【调研与信息工作】

调研　政府领导班子每位成员挂钩联系1个乡镇（街道）、1个村（居）、1个企业（项目），要求全年累计下基层调研时间不少于2个月，每月到挂钩联系点调研1次以上，帮助基层解决困难和问题。做好文稿撰写工作，高质量撰写《政府工作报告》、经济工作报告、专项工作情况汇报等综合性文字材料351篇，会议纪要272期，把关新闻稿件119篇。围绕全区中心工作和领导重点关注的热点、难点问题，先后组织开展环保、新农村建设、园区建设、民生工程实施等专题调研，召开专题会议204次，并提出合理建议为领导科学决策提供依据。

信息工作　围绕区委、区政府中心工作，不断加强信息报送，信息数量和质量不断提升，全年向省、市分别报送政务信息322篇、377篇，信息工作走在省、市前列。

【政务督查】

2016年，开展专项工作督查68次，督办省、市、区领导批示和指示761件，区长信箱及"12345"政务服务平台来件29件，群众来信92件，受理信访复查24件，督促办理区人大代表建议121件、政协委员提案100件，下发督办通知（永政督文件）34件，编印《政务督查》32期，撰写督查通报、调研报告19篇。

【数字信息化建设】

政府信息公开　2016年，主动公开政府信息645篇，收到依申请公开文件8件，意见箱文件2件，回复率100%，没有发生行政复议案件。

政府门户网站建设　坚持打造"一站式服务"政府网站群，将"福建永定"政府门户网作为展示永定形象的窗口和联系群众、服务群众的桥梁。截至2016年12月31日，网站访问量70万余次，月均访问量近6万余次。

网上办事大厅建设　全面推进各乡镇（街道）网上办事大厅建设，构建全市行政审批和公共服务事项全流程、"一站式"网上办事平台，推行"无纸化"审批，组织各乡镇（街道）制订详细的实施方案，明确工作领导小组和责任分工，拟订具体措施，把每项工作落到实处，区级和试点乡镇网上办事大厅于2016年建设完成并上线运行。

·行政服务·

【审批制度改革】

部门入驻　2016年，经过对职能单位的梳理、推进，外事侨务办、库区移民开发局入驻行政服务中心。至年底，有34个单位入驻中心，设置9个分中心，除档案局、房改办、地震办、统计局、事业单位登记局5个部门经区政府同意不入驻行政服务中心外，其余各区直单位职能部门全部入驻行政服务中心办事大厅。

事项入驻　按照"应进则进"的原则，中心根据各单位公布的权责清单中应进事项和市对县一级"五规范"（规范审批事项名称、申请材料、审批流程、办理时限、收费项目）后的事项进行梳理，同时将应进事项与实际入驻事项进行对比，梳理出应进未进事项，与区直各单位沟通协调，使事项入驻率不断提高。至年底，入驻中心和分中心事项971项，入驻率99%。

审批授权　各入驻单位按照入驻事项对授权书进行重新调整和补充授权，并要求严格按照授权书进行审查、审批，所有入驻事项的授权率达到94.3%以上。

【优化项目审批流程】

2016年，中心设立"项目审批服务窗口"（简称"服务窗口"），实行项目登记、统一编码、权利告知、办理反馈的"一窗式"服务，实现审批服务事项的受理、承办、批准、办结、告知和送达等环节全过程实时监督。"服务窗口"负责对项目审批服务办理情况跟踪督办，及时发现项目审批过程中出现的问题，并加以协调解决。推行项目审批服务"一号通行"。即对本级权限内审批的投资项目，采取信息化方式，从项目立项到工程竣工验收，均使用同一个编码办理，推行并联审批制度，制定实施细则，实现项目审批服务"一号通行"、联审联勘、动态跟踪、全程监督，促进项目审批服务程序化、规范化、高效化。

【网上办事大厅建设】

2016年1月1日起，正式运行网上审批系统，中心将入驻事项全部纳入网上审批系统办理，实现省、市、县（区）审批系统的联网，并在政府网上开通网上申请功能，实现网上办事大厅与实体办事大厅的互联互通，以及网上办理事项信息、办件信息、公众业务申请信息、业务办理过程信息、业务协同信息的交换和共享。至年底，五星级服务事项达70%多。同时，为推进网上受理和网上审批、配合推进"互联网+行政审批"以及无纸化办公。全年在网上审批系统中办理15943件，其中服务对象在网上申请504件。

7月，城郊镇便民服务中心网上办事大厅示范点建设在全市率先完成，并投入运行。其余19个乡镇（街道）的网上办事大厅建设于年底全部完成，并投入运行。

【公共资源交易中心】

2016年7月28日，开始运行电子全流程招投标，实现招标公告网上审核、标书网上售卖、投标文件网上制作、网上投标、网上开标、电子评标等。使公共资源交易中心的运行便捷化、网络化。截至12月31日，有近1000家企业进入中心交易平台进行投标。进场交易367个项目，交易总额98112.1769万元。其中，建设工程项目310个，交易额65096.9711万元，节约额6362.6138万元，节约率8.90%；政府采购项目28个，交易额3100.1569万元，节约额394.0624万元，节约率11.28%；其他项目29个，交易额29915.0489万元。

【提高服务质量和水平】

2016年，规范事项服务指南。重新印制服务指南，以达到准确一次性告知的效果。所有事项的承诺时限全部压缩至法定时限的50%以内，材料精简方面，按照能简则减的原则，中心各窗口单位精简材料100多个，压缩环节100多个，压缩时限500多个工作日。加强窗口工作人员培训。为更好地服务企业和群众，多次组织窗口工作人员进行系统操作培训，针对个别问题进行现场指导，并通过监察系统发现办件过程中的问题，处理错办件、过期件30多件，对问题办件在"红旗窗口"评比中给予扣分，从而进一步提高窗口工作人员操作水平。通过活动促服务提升。与区总工会联合开展"比服务"活动，下发《关于开展"三比一看"（比服务）劳动竞赛活动实施方案的通知》（永工〔2016〕24号），通过比事项入驻、比授权情况、比服务态度、比规范标准、比制度执行、比服务创新。使审批更加简便，管理更加规范，服务更加主动，政务更加公开，改革更加彻底。通过评比，评选出先进窗口和先进个人各10个。加强监督检查。建立日巡查机制，坚持日常巡查不松懈，每天对窗口进行不少于4次的定时或不定时巡查及中心主任的不定时巡查。

·政 协·

【政协会议】

区政协九届五次会议 2016年1月4日—7日在城区召开。会议审议并通过政协主席阙焕林所作的工作报告和副主席简连章所作的提案工作报告；全体委员列席区十六届人大五次会议，听取政府工作报告及其他报告。会议期间，委员们围绕推进永定"十三五"发展开好局起好步、全面深化改革、全面依法治区和加快转型绿色发展等全局性、综合性、前瞻性问题，提出许多建设性的意见和建议。会议指出，2016年是"十三五"开局之年，是全面建成小康社会决战决胜的关键之年。面对新形势新任务，必须全面贯彻落实中共十八大和十八届三中、四中、五中全会精神，深入贯彻中共中央总书记习近平系列重要讲话和到闽到龙岩考察重要讲话精神，按照中央"五位一体"总体布局和"四个全面"战略布局，树立"创新、协调、绿色、开放、共享"发展理念，落实中央经济工作会议安排部署，适应经济发展新常态，立足撤县设区新起点，以保持经济稳定较快增长为目标，以转型升级为主线，以提高经济发展质量和效益为中心，全面推进经济建设、政治建设、文化建设、社会建设、生态文明建设。

会议要求，区政协要高举中国特色社会主义伟大旗帜，坚定正确的政治方向，牢牢把握团结民主两大主题，顺应新常态，融入新常态，展现新作为。要紧扣中心，提高议政履职水平。充分发挥政协人才荟萃、智力密集的优势，围绕打造全国经济转型绿色发展示范区目标，积极建言献策，努力在服务发展上有新作为，在民主监督上有新突破，在民生改善上有新推动。要创新机制，增强协商民主实效。认真学习贯彻《中共中央关于加强社会主义协商民主建设的意见》和《关于加强政党协商的实施意见》，进一步完善协商民主机制，不断推进协商民主广泛多层制度化发展。要拓展平台，发挥委员主体作用。加强服务管理，拓展知情明政平台、成果转化平台、参政议政平台，拓宽委员履职渠道，提升委员履职积极性和主动性。要凝心聚力，营造良好履职环境。按照作风建设永远在路上的要求，进一步加强政协机关思想、组织和作风建设，以过硬作风凝聚人心；不断加强团结联谊工作，汇聚共创事业的强大合力；健全各项规章制度，推进政协工作制度化、规范化、科学化。

会议通过阙焕林因到龄退休，不再担任区政协第九届委员会主席的决定；选举廖方顺为区政协第九届委员会主席。

区政协十届一次会议 2016年12月27日—31日在永定城区举行。会议审议并通过主席廖方顺代表九届区政协常务委员会所作的工作报告和副主席简连章代表九届区政协常务委员会所作的提案工作报告；选举廖方顺为区政协第十届委员会主席，简连章、黄秀文、阙启旺、翁海东为区政协第十届委员会副主席，熊兆辉为区政协第十届委员会秘书长，王秀兰等37人为区政协第十届委员会常务委员。委员们列席区十七届人大一次会议，听取政府工作报告及其他报告。会议认为，过去的五年，九届区政协在永定区委的领导下，把握团结民主两大主题，履行政治协商、民主监督、参政议政职能，充分发挥协调关系、汇聚力量、建言献策、服务大局作用，为推进永定转型发展跨越发展作出积极贡献。会议强调，人民政协要继续肩负起时代赋予的使命，必须坚持中国共产党的领导，必须围绕中心、服务大局，必须发扬民主、增进团结，必须与时俱进、开拓创新。广大政协委员要珍惜荣誉，常怀爱民之心，常谋富民之策，常为利民之举，在人民政协这个大舞台上创造出无愧于时代、无愧于永定老区人民的新业绩。会议号召，政协各参加单位和广大政协委员要紧密团结在以中共中央总书记习近平为核心的中共中央周围，在区委的坚强领导下，解放思想、锐意进取，坚定信心、扎实工作，努力为建设创业创新秀美厚德的新永定作出新的更大贡献，以优异成绩迎接中共十九大胜利召开。

附：**政协常务委员名单**

龙岩市永定区政协十届委员会常务委员名单：

（按姓氏笔画顺序排列）

王秀兰(女)	王芳萍(女)	王培建	卢芬菲(女)
卢裕兴	卢锦荣	刘永良	刘福华
江培太	江强华	吴艳(女)	吴潮林
张中良	张日斌	张兴萍	张红兵(女)
张玲燕(女)	张菊兰(女)	李笑娟(女)	李新钦
苏凯(女)	苏美城	陈森耀	陈增书
林日耕	林长宣	林薏婷	郑桂珍(女)
郭寿荣	黄灿荣	曾秀华(女)	曾星盛
谢汉钟	释普华(女)	赖朝江	阙绍华
魏荣亮			

【服务发展】

组织调研视察。2016年，先后组织开展提升水利工程建设质量、撤县设区后永定经济结构变化、文物保护现状、宗教活动场所保护管理、中小学校法制教育、煤炭产业发展等6个课题调研；针对永定工业园区基础设施建设、水生态文明建设、妇幼保健、农村拆旧建新、人民陪审员改革、贫困户建档立卡等6项工作，组织委员开展集中视察。有关建议意见被相关部门采纳落实，推动相关工作的深入开展。积极参与招商引资。区政协多次召开主席会议，专门研究招商引资工作，机关成立招商引资工作领导小组，先后前往深圳、东莞、广州、漳州、厦门、泉州等地开展"访委员、促回归"活动，通过看望走访区政协委员和优秀乡贤，加强与永定籍在外成功人士的沟通联系、增进感情，引导广大政协委员积极投身招商引资的主战场，千方百计找门路、寻信息、想办法，广泛宣传推介永定，促成委员和乡贤回乡投资兴业。做好脱贫攻坚。区政协积极投身脱贫攻坚战役，及时开展贫困户建档立卡工作视察，区政协领导分别带队深入全区20个乡镇（街道），采取"一看二询三评估"的方式，对随机抽取的100户贫困户的建档立卡项目进行实地核对，并对村居"两公示一公开"开展情况进行核实，为精准脱贫提供参考与借鉴。在精准扶贫工作中，主席、副主席和机关干部积极帮扶联系挂钩的乡镇、村培育重点产业、筹措项目资金，有力促进村级产业发展和公共服务设施条件改善。向全体区政协委员发出《关于开展"政协委员助力脱贫攻坚"活动的倡议书》，倡议全体区政协委员增强大局意识和责任意识，以积极参与脱贫攻坚的实际行动凸显政协的社会责任，以扶贫济困的真诚奉献凸显委员的慈善情怀，积极投身脱贫攻坚工作。

【政治协商】

2016年，区政协九届五次全会闭幕后，区政府和区政协共同研究协商计划、提案交办督办和协商办理等事宜，增强民主协商的计划性。区委、区政府经常就事关全区发展大局的重点、难点问题，给政协出题目，拓宽民主协商的思路和渠道。同时，区政协坚持把人民群众关注的教育、文化、医疗、就业、住房和社会保障体系建设等热点难点问题作为协商议政的重要内容，先后召开常委会议4次、主席会议13次。为推进民主协商广泛多层制度化发展，常委会在完善全委会广泛协商、常委会重点协商、主席会议专题协商、专委会对口协商工作格局的同时，不断探索丰富新的形式和方法，使民主协商的视野更加宽阔、活动更加经常、方式更加灵活。同时，区政协常委会议就永定区教育、上半年经济社会发展运行、项目落地、脱贫攻坚等重点情况听取政情通报，区政协九届第26次常委会议围绕"加快永定工业园区基础设施建设"议题开展专题协商，就加快工业园区基础设施建设提出五点建议。

【民主监督】

反映社情民意 区政协坚持把反映社情民意作为密切联系群众、发挥桥梁纽带作用的重要举措，不断创新社情民意反映工作方式方法，修订完善《关于进一步做好社情民意信息工作的意见》，建立健全社情民意工作制度，并在城区设立社情民意信箱5个，公布联系电话，畅通社情民意征集渠道，围绕人民群众关心和关注的重点、难点、热点问题，及时反映民意。通过委员走访、召开座谈会、调研视察和开展"委员进社区、进企业"活动等形式，多渠道收集整理社情民意信息，并在城区人口集中地方设立社情民意信箱，在沿河路设立政协信息专题宣传栏。编辑《社情民意》信息16期，一些信息得到市委常委、区委书记王金福和区长陈荣水的批示，并由相关部门采纳落实。

委员视察 为发挥政协委员民主监督职能，先后组织委员对永定河"一河两岸"生态休闲绿廊工程、城关中心小学迁建、饮用水源地保护和农村饮水安全、居家养老服务等民生工程进行集中视察，形成视察报告27篇，提出许多有针对性的建议。针对垃圾中转站建设和运行情况，区住建部门采纳政协建议，及时调整部分乡镇垃圾中转站的建设规划，对部分已建中转站进行改造。针对饮用水源地保护工作，区政协提出将淑雅水库、灌洋水库、下黄水库、抚市水厂水源地、培丰长圳水库等划定为饮用水源保护区，建立属地管理，完善饮用水源应急预案等意见建议，为区政府和区直有关部门的决策提供参考。

【自身建设】

2016年，抓好常委会议专题学习、机关学习日学习，提高学习实效。组织城区的区政协委员和市政协委员学习全国、省、市政协全会精神和《中共龙岩市委关于在全市党员干部中纠正不良习气树立清风正气的意见》精神，邀请龙岩市委党校副教授温大安作学习中共中央总书记习近平系列重要讲话讲座，统一思想认识和拓宽知识面，提升委员的素质。深化专题教育。区政协精心部署安排，采取集体学习与个人自学相结合，通过座谈交流、讲好专题党课、开展专题研讨等形式，深化专题教育学习成果，着力解决突出问题，扎实推进"两学一做"专题教育。服务水平不断提升。坚持以提高服务质量为核心，以作风建设为重点，以提高素质为根本，努力建设区政协"五型"（学习型、创新型、服务型、效能型、廉洁型）机关，加强机关干部队伍建设，进一步调动和激发区政协机关干部队伍活力，为履行职能提供保障。建立健全机关各项规章制度，规范各项活动程序，进一步增强区政协机关的凝聚力、战斗力。落实党风廉政建设主体责任。按照区委党风廉政建设主体责任体系的部署要求，研究制定区政协党组《关于落实党风廉政建设主体责任的责任清单》，层层传导压力，实现党风廉政建设主体责任全覆盖。

【换届工作】

2016年，坚持在区委的领导下开展换届筹备工作，区委成立以区委书记为组长的政协换届工作领导小组，及时研究和解决筹备工作中的问题，为换届工作顺利进行提供坚强的政治保证、思想保证和组织保证。区政协也成立政协换届工作筹备小组，对十届一次全会筹备工作进行全面分工。对九届政协委员参加政协活动和履职的有关情况进行全面考核，在政协委员和机关干部中加强区委、区纪委提出的切实预防换届中的不正之风和腐败问题纪律要求的宣传学习，营造风清气正的换届环境。至年底，218名第十届区政协委员全部选出。

【提案工作】

2016年，加强对提案工作的领导，把提案工作作为履行职能的重要工作来部署，引导委员提好提案。重视提案的办理落实，由区政协领导带队，对规范广场舞活动健康发展、鼓励农村拆旧建新、加强精准扶贫工作、开展水生态文明建设专项活动、加快永定工业园区基础设施建设等5个重点提案进行督办。建立政协提案委与政府督查室联合督查机制，落实承办单位"一把手"负责制，强化承办单位和提案人双向沟通。

区政协九届五次全会收到提案103件，经审查立案100件。其中，经济建设方面19件，政治建设方面9件，文化建设方面22件，社会建设方面31件，生态文明建设方面19件。交办提案全部办复，委员满意和基本满意率98%。

区政协十届一次全会收到提案116件；经审查立案114件其中，工贸、旅游、农林水方面27件，科教文卫体方面32件，环境保护、道路交通和城镇建设管理方面32件，组织、人事、政法、财政、社会劳动保障等方面23件。

【文史资料征集与出版】

第35辑《永定文史资料》于2016年12月出版。该辑刊登各种文史资料69篇27.5万余字，内分土楼探胜、客家文化、民俗风情、人物春秋、史海钩沉、往事回眸、名胜古迹、文物天地、侨台资讯、名优特产等10个栏目，发挥"存史、资政、团结、育人"的作用。

群众团体 社会团体

·总工会·

【组织建设】

2016年,按照"广普查、深组建、全覆盖"的工作要求,始终把"党建带工建、工建促党建"作为加强工会组织建设的长效机制。对当年新增的444家企业按区域分解,落实组建责任,入户核实。新建基层工会6个,涵盖单位237个,新发展会员792人。根据《关于进一步规范完善镇街工会和服务窗口建设的通知》(岩工办〔2016〕14号)文件精神,同时落实"六好"(党委政府支持好、组成网络健全好、履行基本职责好、指导帮助基层好、服务职工群众好、围绕中心开展工作好)要求,在区总工会召开的专题工作会议上,按照标准细则,对各基层工会逐项逐条进行解析指导。年底,全区所有乡镇工会组织均通过市总工会验收,达标率100%。推选表彰省五一劳动奖状单位1个、省五一劳动奖章获得者1名、省级工人先锋号2家,推选表彰10名龙岩市劳动模范(含高新区)。至年底,全区有基层工会779个,涵盖单位1667个,会员28123人。

【经济技术创新】

2016年,为进一步推进职工素质工程,制定下发全区职工开展岗位练兵、合理化建议活动的实施意见。开展合理化建议、技术革新、技术协作、技术攻关、发明创造、节能降耗、安全生产等各种形式的劳动竞赛,为职工施展才华、贡献力量搭建平台。活动期间,全区职工提出合理化建议4685条,采纳3920条,实施3078条,创经济价值8360万元。深入开展职工自主创新活动。组织职工参加2016年福建省百万职工"五小"(小发明、小创造、小革新、小设计、小建议)创新大赛,征集项目8项。同时,做好职工科技成果和自主创新项目的征集,征集优秀项目4项。

【劳动保护】

2016年,发挥基层工会劳动保护监督组织的优势,在各生产单位内部开展群众性劳动保护监督检查活动,把责任层层分解落实到每个岗位、每个职工、每个细节。要求基层工会组织加强职工安全生产知识教育,提高职工自我保护意识;加强事故隐患排查,提高安全生产技能水平,加强安全生产制度的落实,杜绝"三违"(违章指挥、违章操作、违反劳动纪律)现象发生。开展以"安康杯"竞赛为载体,"安全责任重在落实"为主题的安全生产月活动。重点抓好矿山、建筑、化工、电力等高危行业的竞赛活动,全面促进企业建立和完善安全生产长效机制。全区214家企业1.62万人参赛,有5家单位、2个班组被评为福建省"安康杯"先进单位和先进班组。

【维护职工合法权益】

2016年,为达到困难职工(农民工)法律援助应援尽援的目的,设立劳动调解室和法律援助站。权益受到侵害的职工(农民工)到区总工会法律援助站提出申请,经登记初审后,简化法律援助受理审查程序,为受援人提供方便、快捷的法律服务。全年接待职工来信、来访87人(件),来电147人次,参与劳动仲裁4件。配合政府相关职能部门做好工伤赔偿、欠薪调解和追讨。全年受理工资拖欠信访、举报、投诉案件6件;涉及企业6家,其中2家建筑施工企业;涉及金额198.44万元,其中建筑业141.46万元。通过多方共同努力,工资全部追讨。申请办结"中彩金"法律援助案件4件。同时,把职工服务中心打造成职工维权中心,进一步做实"职工110"综合维权机制,热线电话5826110,24小时开通,全天候受理职工来信、来电、来访,畅通职工诉求渠道。

【帮扶困难职工】

2016年"两节"期间,慰问在档困难职工310人,发放慰问金31.25万元。把所有大专以上在读的困难职工子女都纳入资助范围,"金秋助学"活动中,资助在档困难职工(农民工)大学生子女45名,资助金额6.8万元。同时做好常态化、长效化帮扶工作,临时救助帮扶41人,发放慰问金3.24万元。

主动与人社部门、企业对接,及时发布企业用工信息,助推农民工(困难职工)就业创业。春节后,联合区人社局共同举办"春风行动"系列招聘会,70多家企业提供2000多个岗位,2550多名农民工(困难职工)与用人单位达成用工意向。

健全劳模档案,对全区劳模生活状况进行全面摸底调查,并录入工会综合信息平台,做好关爱劳模工作。全年走访慰问27名劳模,发放慰问金、困难补助金11万元。

【工会宣传教育】

活跃职工文化 2016年,利用重大节日,联合相关部门开展"迎新春"气排球赛、"大美客家"文艺晚会、"中国梦·劳动美"文艺晚会、"两学一做"硬笔书法作品展、迎国庆"和谐杯"乒乓球比赛、"我爱永定土楼,我讲土楼故事"讲故事比赛等文体活动,满足广大职工群众的精神文化需求。

信息宣传 2016年,区工会信息和宣传报道173条(篇),其中被省级工会报刊网站采用23条(篇);市级报刊网站采用35条(篇),其中《闽西日报》5篇。此外,还被区级媒体采用20条(篇)。

【职工医疗互助】

2016年,组织19874人参加第九期职工医疗互助活动,筹措基金185.8442万元。严格审查每一张报销单据,严格办理每一笔报销费用。全年发生报销费用1479人次;报销金额105.0629万元,占总额的56.53%。做好大病补助资金的审核和发放,为重病职工送上工会组织救助"及时雨"。截至2016年11月30日,第八期、第九期职工医疗互助活动中,有97人次获得大病补助资金98532元(含高新区)。

【"三比一看"劳动竞赛】

2016年,围绕区委、区政府"扶贫攻坚、项目落地、生态环保"决策部署,在重点企业和行业开展比落地、比促销、比服务,看实效(简称"三比一看")活动。在区行政服务中心窗口行业率先开展"三比一看"活动,针对项目、企业反映的困难和问题,通过及时响应、提前介入、容缺预审、集中审批、主动通报、依规办结的工作机制，做到"不拖、不等、不靠"的主动服务，热情为项目、企业排忧解难，保障项目、企业的投资建设。活动期间，全区有33个服务窗口参加"三比一看"竞赛活动，进一步提升窗口行业服务质量和办事效率。

·共青团·

【基层团组织工作】

2016年，新成立宏辉城市建设发展有限公司和市场监督管理局2个团支部。至年底，全区有基层团委47个，基层团工委2个，团总支7个，团支部692个，专职团干部24人，兼职团干部952人，团员12918人。以团的队伍建设为重点，加大团干部的培训力度，举办团干部、团建业务、品牌工作等各项培训5场，组织乡镇（街道）团（工）委书记、少先队辅导员参加省、市培训班，提高团干部业务水平；深入基层指导各级团组织做好"星级团支部"创建工作，加快创建过程；"青年之声"平台推广工作有序开展，年底，"青年之声"周访问量8.3万人次；做好初、高中毕业生回乡团员和复员军人团员的组织关系接转。

【树立先进典型】

2016年，引领全区团员青年投身到经济社会发展中，各条战线涌现出一批先进典型。福建龙洲运输股份有限公司永定分公司站务员卢雪英获得福建省青年五四奖章，4人获得省级表彰；有19个集体和37人获得市级表彰。

【青少年专项行动】

青少年思想教育主题活动 以清明节、五四青年节，建团、建党、少先队建队日等为契机，开展各项主题教育活动，进一步加强和改进青少年思想道德工作。用"实践"助力"创城"。6月，联合关工委开展"五老牵手红领巾——传承客家祖训·弘扬客家精神"宣讲活动，引导全区广大青少年听党的话、跟党走，从小学习做人、立志、创造。9月，联合科协在实验小学龙凤校区开展红领巾大讲堂"大手拉小手，共筑科技梦，我为创城作贡献"实践活动，学生们的创新意识得到进一步提高。10月，联合区教育局举办"红色基因，我们传承"主题演讲比赛，激发广大少年儿童的历史责任感。

青年就业创业行动 进一步营造想创业、敢创业的社会环境，点燃青年创业梦想。2016年，稳步发展电子商务，开展巡诊活动，精准服务青年就业创业。3月，组织青年参加新春促进就业创业专场招聘会，引导青年前往咨询就业创业信息。8月，邀请区青年创业导师前往湖雷镇，对金线莲专业合作社项目创业青年进行实地走访指导，进一步提升青年创业的积极性。

青年志愿者行动 采取集中与分散相结合的方式，组织青年志愿者参与公益劳动、社区服务、大型活动等方面的志愿服务。3月，弘扬雷锋精神，联合各单位开展"弘扬雷锋精神·建设美丽永定"主题志愿服务活动，用实际行动倡导"奉献、友爱、互助、进步"的志愿服务精神。8月，组织全区志愿者为"台湾大巴滑坡事件"服务，得到区委、区政府的肯定和社会的赞誉。11月，组织210名青年志愿者服务2016中国·永定环土楼首届国际山地马拉松赛，青年志愿者的真情服务展现永定青年良好的精神风貌。12月，抓住志愿者服务日契机，开展"文明创城·青春同行""12·5"百名青年志愿服务活动，组织百名青年进行宣誓，号召全区青年参与文明城市创建，为创建全国文明城市增光添彩。

"青年文明号"创建活动 实施青年文明号品牌提升行动，发挥在文明行业、文明单位创建中的"风向标"作用，组织青年文明号集体争创先行示范，结合行业建设重点、群众关注热点、青年职工特点，持续开展以思想教育、技能提升、服务示范、文化建设等为主要内容的岗位创建活动。2016年，创建市级"青年文明号"2家、区级"青年文明号"5家。

保护母亲河行动 动员团员青年参与以"植树造林、家园清洁"为主要内容的保护母亲河行动。组织青年志愿者前往岐岭乡当风凹开展"青春家园·美丽永定"为主题的植树活动，建设"永定青年林"，以实际行动推进全民参与植树造林，构建绿色发展。

希望工程 2016年，组织开展"希望工程"公益活动，争取省、市扶贫基金会、龙岩烟草部门及爱心人士的支持，资助95名贫困大学新生、5名高中生，资助金额41.45万元。7月，团区委"希望办"开展"希望工程2016·圆梦行动"走访，对学生家庭情况进行核实。8月，与区电视台走进贫困学子家庭进行交流，拍摄"希望工程2016·圆梦行动"专题宣传片，做到精准帮扶每一位困难学子。

"爱心助孤"行动 用"众筹"打造"爱心助孤"新模式。2016年，对全区孤儿档案进行梳理整合，全面了解孤儿的学习、生活、居住环境，并发挥共青团职能优势，用"众筹"理念，聚合社会资源，全方位对孤儿进行帮扶。4月，联合泉州永定商会、区民政局、区工商联开展"青春同行·爱心助孤"慰问活动，深入11个乡镇走访40名孤儿，向每名孤儿发放1000元慰问金和书包、图书等慰问品。8月，落实团省委"发放快乐体育包，关爱孤儿快乐成长"帮扶活动，让孤儿不再孤单。

【少先队工作】

按照"全团带队"工作要求，加强少先队辅导员和小干部队伍建设，聘任全区各中小学少先队大队辅导员。组织全区大队、中队辅导员参加各类培训，提高辅导员业务水平与整体素质。召开全区少先队大队辅导员培训会议，为打造全区优质辅导员队伍创造条件。10月，以中国少年先锋队建队67周年为契机，开展以"红色基因·我们传承"为主题的少先队建队日庆祝活动，进一步坚定少年的理想信念，增强他们争做共产主义事业接班人的决心。2016年，1个少先队微队课获得省级表彰，8个少先队获得市少先队先进集体称号，11名少先队员获得市少先队先进个人称号。

【团属新阵地】

推进团属阵地建设，不断完善永定共青团服务青年各项职能。2016年，相继成立龙岩市永定区青少年社会工作者协会、龙岩市永定区红土地公益协会（青少年综合服务平台）。12月，中义联福建永定公益平台首届理事会第一次代表大会召开，团属阵地得到进一步的巩固和提升，在台湾大巴滑坡事件、"11·8"机械博览会、环土楼首届国际山地马拉松赛等过程中，展现出永定青年志愿者积极奉献的形象，得到社会的广泛赞誉。

·妇　联·

【服务妇女创业创新】

项目扶持 2016年，争取20万元"母亲创业循环金"项目专项经费，扶助万家兔业专业合作社、金汝山生态虫子鸡种养殖农民专业合作社、臻仙草农业有限公司等3个女性"互联网+"创业项目。

技术培训 2016年9月—10月，联合区总工会，在侨荣职校举办2期家政服务（月嫂）职业技能培训班，280名妇女参加培训。推荐金砂乡金汝山生态虫子鸡种养殖农民专业合作社张金汝参加省妇联在浙江大学举办的省巾帼致富种子工程培训班，推荐张曲萍等4名妇女创业先进典型参加省妇联在漳浦"全国妇女创业就业示范基地"举办的新型职业女农民培训班。

基地培育 2016年，推荐湖雷镇上南村的永定南湖山金线莲种植专业合作社为"福建省巾帼创业示范基地"。通过"基地+合作社+妇女"的模式，带动当地妇女解决就业问题。

【精准扶贫】

贫困妇女摸底　摸清贫困妇女儿童分布情况、致贫原因。至年底，全区建档立卡贫困妇女4301人、贫困儿童110人。

走访慰问挂钩帮扶户　区妇联全体干部深入帮扶村抚市镇贝溪村，走访慰问贫困群众，了解其生产生活现状及致贫原因，宣传扶贫政策，制定全年扶贫计划。

制定培训计划　运用"村妇代主任+贫困妇女"的模式，带动贫困妇女脱贫致富。6月20日—7月1日，联合区农业局举办商标注册、农产品电子商务、现代农业生产经营、农业种植养殖技术等农村妇女实用技术培训班，60名农村贫困妇女参加培训。

"巾帼扶贫"小额信贷贴息　2016年，争取区农办、区信用联社的支持，确定下洋镇北斗村为扶贫项目村，重点扶持有创业热情、有信誉的贫困低收入农户20户，共100万元。并做好贷前宣传培训、调查摸底、选人选项、贷中技术服务、跟踪管理等工作。

【关爱困境儿童】

创建"互联网+"留守儿童爱心家园　2016年，将互联网的优势纳入对留守儿童的关爱行动中，通过"儿童e家"网站，线上收集留守儿童的困难，线下按"志愿者+义工+社工"模式，集中开展关爱活动，线上线下整合资源，从心理、身体、学业上关爱留守儿童的成长。

部门联动　2016年，联合团区委，开展"凝聚微力量、实现微心愿"留守儿童活动，帮扶42名留守儿童实现小小心愿。联合区科协、土楼自然博物馆，开展"关爱留守儿童、创新放飞梦想"活动，胡文虎小学的40名留守儿童免费享受科普讲座与参观学习。联合龙岩义工协会、永定义工协会，开展"关注留守儿童、大手牵小手"活动，关爱帮扶150名留守儿童。

整合社会资源　发挥"联"的优势，整合多方资源，争取社会各界爱心团体和爱心人士的支持，将"春蕾计划"打造成个人和团体奉献爱心的平台。全年筹集资助金15.27万元，资助贫困中小学生68人。组织社会爱心人士参与"恒爱行动——百万家庭亲情一线牵"公益活动，23户爱心家庭为对口援助的新疆民族家庭编织23件爱心毛衣毛裤。

【关爱帮扶弱势妇女】

义卖和募捐帮扶　2016年，联合区慈善总会、义工协会，举办"情暖五月、感恩母亲"爱心义卖康乃馨活动。售出800余枝康乃馨，筹得善款3798.8元。开展以"愿天下的母亲都健康快乐"为主题的"母亲健康1+1"公益募捐活动。社会各界爱心人士踊跃捐款，募集善款52031元。

救助"两癌"妇女和贫困母亲　2016年，做好"两癌"重症妇女和贫困母亲的摸底、登记、建档，通过举办女性健康知识讲座、救助帮扶，多方位关爱帮扶弱势妇女。通过入户慰问、集中受助等形式共资助贫困母亲119人，资助金额12.5万元。其中，救助"两癌妇女"30人，救助金额6.6万元。

关爱女性健康　2016年，与中国人寿永定区支公司联合开展"关爱女性健康"活动，在全区推广面向女性的"女性安康保险""意外伤害保险"等专属保障保险，增强广大妇女特别是贫困地区妇女健康保险意识，减轻因病带来的家庭经济负担。

【家庭建设】

改造提升家庭美德馆　发挥"家庭美德馆"——省十大家庭建设示范基地的阵地作用，结合近年来"寻找最美家庭"活动，6月，在原有家庭美德馆基础上增设一个"最美家庭"展室，创办家庭美德当代馆，展出从2014年开展寻找"最美

"家庭"活动以来全市获得全国、省、市、区各类"最美家庭"39户。8月，启动家庭美德馆改造提升项目，提升后的家庭美德馆打包融入客家家训馆并将作为第八部分展出。

开展家庭建设活动　开展寻找"最美家庭"活动，多渠道线上线下加强宣传，通过印制专门海报、开会宣传发动，保证全区全覆盖宣传发动。强化"最美家庭"的后续宣传工作，联系区电视台对其中3户"最美家庭"进行拍摄录制，于永定新闻栏目频道中分期播出。举办"最美家庭"故事分享会，与干部群众分享感人的家庭故事，传递家庭正能量。携手区信用联社在全区开展"十佳慈母""十佳贤妻"评选活动。活动中增设网络微信投票环节，得到广大群众的热烈响应，投票页面访问量约200万次，候选人最高获得14228票，近20万人次参与微信投票。

【宣传服务】

开展主题志愿活动　联合区总工会、文明办、团委等单位，在南门商贸广场志愿活动一条街开展"弘扬雷锋精神，建设美丽永定"主题志愿服务活动，提供产前咨询、义诊、理发、维修家电等志愿服务，发放法律宣传资料300余份，解答群众各类咨询15件。常态化组织妇联维权干部进村入户，宣传有关法律法规，为妇女群众提供相关法律咨询、解疑释惑等志愿服务，确保志愿服务进社区、进农村、进家庭、到身边。

举办各类文体活动　2016年，常态化举办"我运动，我健康"木栈道健身活动、广场舞健身活动；联合区委宣传部，牵头举办大美客家暨"写好中国字，说好客家话"倡导仪式大型文艺晚会；联合区城关中心小学，举办"弘扬土楼文化，践行中国梦"六一文艺汇演。

【维护妇女儿童合法权益】

宣传《中华人民共和国反家庭暴力法》　创新宣传载体，在汽车站设立宣传栏，在南门商贸广场大电视、公交车LED显示屏上滚动播放"男女平等""反家暴"等主题的动漫宣传片，营造全社会关爱、尊重妇女的氛围。举办《中华人民共和国反家庭暴力法》专题讲座，邀请龙岩天岩律师事务所律师王玉为到永定为全区各乡镇（街道）的妇代主任和妇女代表60人宣讲。

参与综治宣传教育活动　配合区委防范办，到拘留所开展邪教人员教育转化工作，通过座谈交流，纠正错误观点，引导树立正确思想认识。开展"珍惜美好青春、远离合成毒品、拒绝毒品、健康人生"为主题的禁毒宣传活动。通过到中学开展禁毒宣传、圩天在乡镇（街道）分发宣传材料、到村里开展"禁毒之声"广播活动等形式，宣传禁毒知识。号召各乡镇妇联成立巾帼禁毒协会，至年底，全区成立16个巾帼禁毒志愿者协会。每月定期前往禁毒工作联系点古竹乡检查督导禁毒工作，并及时向区禁毒办反馈督导结果。配合公安局对吸食毒品的上杭籍未成年少女做好教育转化工作，根据其意愿帮助其争取回到户籍地继续求学。

妇女维权　在村（居）社区"妇女之家"开展妇女维权"三制"（实施妇女议事制、妇女信访代理/协理制、妇女帮扶互助制），推动妇女维权工作嵌入社区网格化服务管理体系，建立妇女儿童合法权益合议庭、家庭暴力投诉站、婚姻家庭纠纷人民调解委员会等服务站点，实现维权在源头、在基层、在妇女身边。根据永定农村婚姻家庭纠纷多、复杂等情况，依托"妇女之家"等维权阵地建立婚姻家庭纠纷调解室。至年底，全区建立婚姻家庭纠纷调解室243个。区妇联积极为来访妇女提供法律咨询和法律援助服务，开通法律咨询12338热线电话。全年区妇联接来电16次，收到来信3件，接待来访56人次，调处率100%。

【妇联组织建设】

乡镇妇联换届选举　2016年，与区委组织部制定下发《关于做好2016年乡镇妇联换届工作的意见》，在湖坑镇召开永定区乡镇妇联换届试点工作会，推进乡镇妇联换届工作。至11月11日，全面完成19个乡镇妇联换届选举工作。该次换届，严格按照《中华全国妇女联合会章程》的有关要求和规定，召开妇女代表大会，选举产生乡镇妇联主席19名，兼职副主席19名，执委127名。新一届乡镇妇联主席中，大学本科学历13名，占65%；40岁以下13人，占65%。妇女干部队伍基本实现年轻化和知识化的目标。

妇联干部培训 2016年11月，举办乡镇妇联主席业务培训会，新当选的乡镇妇联主席、兼职副主席40余人参加该次培训。选派区妇联干部参加省妇儿工委办、省妇联、市委党校、市委统战部组织的各级各类培训班。

"百村妇代会争先创优" 根据龙岩市先进农村妇代会考核标准，结合永定实际，将"六个好"考核标准细化评分细则，年初对争创活动进行全面部署，年终对乡镇上报的先进村妇代会采取听汇报、查资料、走访、实地查看等形式进行全面考核，根据综合得分情况，再按照先进村35%的要求，对符合条件的1个村上报市妇联表彰。

·文 联·

【概况】

2016年，永定区文联以服务区委、区政府中心工作及经济建设为主，挖掘客家文化，搜集文艺素材，开展对台文化交流，繁荣文艺创作，配合省、市、区各级开展文艺采风活动。配合"客家家训馆"开展提升工作，配合开展文化永定"十大活动"，配合开展"月月有晚会，周周有演出"和"百场文艺进乡村"活动。组织客家土楼艺术团、"夕阳红"等文艺团体深入乡村演出，把文艺送到千家万户、送到田间地头。

【客家家训馆改造提升】

为做强做大客家家训文化品牌，区委、区政府决定对"客家家训馆"进行改造提升，改进展陈形式，丰富展陈内容。此项工作由区委宣传部牵头，区文联具体实施，从2016年4月启动，2017年1月6日全面完成并重新向游客开放。改造提升后的客家家训馆分为室外氛围和室内展陈两个部分，室外氛围部分包括景观石、雕塑、景观墙、门楼、墙壁挂件等，室内陈展部分由客家源流、家训家规、客家厅堂、楹联匾额、家训故事、客家私塾、客家俗语、家庭美德等内容组成。

【文艺创作】

文学 2016年，廖文茂创作的电影剧本《少年英雄》入选"2016年福建省重大文艺创作项目库影视剧本入库作品"。林忠成诗歌《野蜂》发表于《解放军文艺》第6期，《月光与镜子》发表于《红豆》第5期，《花轿匆匆》发表于《诗林》第1期，《少女投过的井》发表于《西部》第11期，《露天电影》《美丽》入选于《厦门文学60年作品选》，《积雪之下》发表于《红岩》第6期，《一滴水的痛苦》发表于《作品》第3期，《埋掉的回忆》发表于《中国诗歌》第6期，《骗子在枝头成熟了》发表于《中国诗歌》第12期，《夜里开窗》入选《2016年中国诗歌精选》，《人世的一滴血》入选《2016年中国诗歌排行榜》，《红尘桃花》入选中国作协选编《2017年天天诗历》，《井底》发表于《厦门文学》第7期。肖中良的诗歌《母亲病了》、余亿明的诗歌《过客》、江浩的诗歌《阿石哥》、王小河的诗歌《六棵三叶草》发表于《西部》第11期。胡赛标创作的传记《世界万金油大王胡文虎》3月21日开始在《梅州日报》开辟专栏连载，共分8期，每期1500字左右。

书法 2016年6月上旬，范泰和、吴振开书法作品入展"聚君堂杯"全国书画精品展。6月中旬，范泰和书法作品在文化中国"森茂杯"2016全国优秀书法作品展评选活动中获优秀奖。12月，范泰和书法作品入选"魅力宜昌"全国书法美术家作品展。

美术　廖汝城美术作品《秋荷》入选第二届福建省当代花鸟画大展，《荷塘秋色》入选福建纪念工农红军长征胜利80周年书画作品展，《家园》入选福建省第七届工笔画大赛，《暮秋晚归》入选意之大者——第三届福建省写意画大展（举办单位：福建省美协）。林增坤美术作品《山涧绿林》获全国"颜真卿杯"书画大赛优秀奖（三等奖），《红色——故居》入选福建纪念工农红军长征胜利80周年美术展，《古牌坊》入选福建省第七届工笔画大赛，《故居》入选意之大者——第三届福建省写意画大展（举办单位：福建省美协）。

摄影　在第25届福建省摄影展中，江庆端的《家有喜事》获艺术创意类入选奖，张炜的《草纸制作人》获新闻纪实类入选奖。

【文艺活动】

作家协会　2016年1月，联合市作家协会举办"人文名镇·多彩抚市"闽西作家走进抚市笔会。5月上旬，组织作家协会开展"文化永定2016群文十大活动"之"美丽乡村"深入湖山、大溪、岐岭等乡村开展采风创作活动。12月中旬，邀请中国作协会员、龙岩市作协副主席、闽西散文协会主席黄征辉到永定开设"散文的平民化写作"文学讲座，有100多名文学爱好者参加。

书法协会　2016年1月，组织书法家深入抚市、金砂、堂堡及凤城街道各社区义务写春联；与区文化馆联合举办"迎新春金叶书香五人书画联展"，展出范泰和、崔龙华、张初烟、郭捷、黄斌洪等人作品63幅。4月下旬，书法家协会在永定三中体育馆举办永定区首届中小学生"土楼清风·客家家训"书法大赛。7月，客家书画院、方圆书画院举办中小学生暑期书法讲座及培训班；区文联与区文化馆联合举办永定区"两学一做"职工硬笔书法作品展。9月，区文联与区书法协会联合在永定一中举行"勿忘国耻·圆梦中华"纪念抗日战争胜利71周年百米书法长卷展。12月，区文联与区委政法委、区委宣传部、区文体广新局联合举办"平安是福"四县（永定、长汀、南靖、平和）书法精品联展。

美术协会　2016年2月上旬，区文化馆举办永定"迎新春"美术作品展。同月，与中国书画家协会副主席、南京著名书画家葛玉芳在区文化馆进行艺术交流。9月，与区文化馆、小白杨艺术学校联合举办"手提城市"巡回展，展出80幅书法作品。

舞蹈协会　2016年7月，舞蹈家协会在区文化馆举办两期少儿舞蹈培训班。

摄影协会　2016年10月，与区文化馆联合举办"国庆·土楼清风"廉政书画摄影作品展。

【《土楼》创刊号出版】

2016年12月，经过半年多的筹办，由区委宣传部主管、区文联主办、区作协承办的区级纯文学杂志《土楼》创刊号出版。该刊物由散文天地（大美土楼、客味原乡、峥嵘岁月、荟萃人文、山水永定）、小说世界（短篇小说、小小说）、诗歌快递、文学视角、土楼风采、小荷初露等栏目组成。

【民间文艺传习】

进一步开展"永定客家山歌传习基地"建设。客家山歌传习中心及永定二中、永定三中、侨育中学、城关中心小学等一批山歌传习点初具规模，有专门的传习场地以及相应的教材、音响教学设备、多媒体教学设备等。进一步推进"永定区十番音乐传习中心"建设，抚市镇成立"十番音乐传习中心"，凤城、湖坑等"十番音乐队"初具规模。

【文联活动】

2016年2月中旬，做好央视《记住乡愁》摄制组走进永定土楼采风的接待工作；下旬，组织乡镇、相关部门做好"龙岩新八景"推荐工作。3月上旬，在青年影剧院举办"大美客家暨写好中国字，说好客家话倡导仪式"文艺晚会；中旬，指导永定二中举办"秉承祖训，启迪人生"主题文艺晚会；下旬，组织"客家土楼文化丛书"编著出版工作座谈会；月底，与区文化馆联合举办"绿水春风——永定区水利建设成果"书法摄影展览，展出摄影书法作品100幅。4月上旬开始，配合区委宣传部拍摄以红色交通线为题材的微电影《血脉》。5月中旬，全国政协副主席马飚率领全国政协"繁荣社会主义书画艺术"调研组到永定土楼调研考察，中国美术家协会主席刘大为等一批著名画家在永定土楼开展写生创作活动。6月上旬，由河南、福建两省著名书画家组成的"艺术扶贫，爱心同行"采风团一行，走进永定土楼和乡村开展文化艺术扶贫活动，区文联参与接待工作；中旬，与区文化馆联合举办"永定首届3D魔幻艺术展"；下旬，接待著名词曲作家、歌手、《红旗飘飘》曲作者李杰到永定采集客家山歌题材。7月，在区文化馆举办"艺术扶贫·爱心同行"义卖书画作品展，展出作品49幅。11月中旬，组织区文联职工到高头乡、古竹乡看望慰问省文联下派挂职干部杨庆荣、马洪滔。12月，接待省文联下派挂职干部杨庆荣、马洪滔，就文联工作进行交谈。

·科 协·

【省级科普示范区命名】

2016年1月27日，以福州市科协党组成员、福州市业余科技大学副校长黄兆津为组长，福建省科协计财部副部长严建和，莆田市科协党组成员、副主席曾兵为副组长，莆田市科协科普部部长谢宗辉，福州市科协科普部部长翁金榜为成员的省科普示范县（市、区）创建检查验收组在龙岩市科协副主席陈家国和永定区副区长饶祥林的陪同下，对永定区创建省级科普示范区进行检查验收。检查验收组通过实地查看、听取汇报、查阅档案资料，在点评中肯定永定区创建省级科普示范区所取得的成效，认为永定区在创建中领导重视，机制健全；投入加大，保障到位；主题鲜明，特色突出。并希望永定区在第十三个五年计划中列入第二批全国示范区，在全省93个县（市、区）中进入前10名。

10月18日，福建省科学技术协会《关于命名首批2016—2020年度福建省科普示范县（市、区）的决定》（闽科协发〔2016〕139号），永定区被命名为首批2016—2020年度福建省科普示范区。

【科普惠农工作获奖】

2016年，全区3个单位获国家级和省级表彰。其中，虎岗镇灌洋芙蓉李专业技术协会被评为国家级先进"农技协"，龙岩市万家兔业发展有限公司黄坑养兔基地被评为国家级科普示范基地，龙潭镇双龙养殖专业技术协会被评为省级先进"农技协"。3个单位和1名个人获市级表彰。其中，湖坑镇南江村竹山管理发展协会被评为市级先进"农技协"，福建龙湖生态渔业发展有限公司被评为市级科普示范基地，凤城街道大园社区被评为市级社区益民计划，龙潭镇双龙养殖专业技术协会陈寿权被评为市级农村科普带头人。

【科普宣传阵地建设】

2016年，区科协对全区178个村级宣传栏的更新维护进行补助，全年合计补助3万元，要求每期科普挂图按时更新后，拍照上传至区科协验收核定，保障农村科普阵地的宣传效果。发挥城区科普画廊的宣传作用，及时更新科普画廊，并穿插使用地震局、气象局、林业局等单位的宣传资料，丰富科普宣传的内容。

【科技创新大赛优秀作品巡展】

2016年，区科协组织2015年福建省青少年科技创新大赛优秀作品在实验小学龙凤校区、永定三中等学校巡展。从5月份开始，区科技馆实行免费对社会开放。巡展和科技馆开放吸引近8000名师生参观学习。

【举办青少年科技辅导员培训班】

2016年5月18日，区科协在永定二中举办全区中小学校科技辅导员培训班。全区56名中小学科技辅导员参加培训。同时，在永定二中电教室举办3D打印技术培训班和机器人培训班。3D打印技术培训班邀请省机器人科教协会副秘书长到场授课。机器人培训班邀请省机器人科教协会会长廖福林、秘书长周嵬、设备维护技术员陈祥岗到场指导，38名中小学科技辅导员参加培训。

【举办区青少年科技创新大赛】

2016年9月25日，在永定三中举办区第六届青少年科技创新大赛，全区100多名师生带着45项作品参加比赛和作品展示。经专家组评选，有29个项目和作品在比赛中获奖。其中，一等奖项目和作品11项，二等奖项目和作品7项，三等奖项目和作品11项。并推荐获一、二等奖的项目和作品参加龙岩市第九届青少年科技创新大赛。

【组织参加省、市青少年科技创新大赛】

2016年11月19日—20日，龙岩市第九届青少年科技创新大赛在新罗区莲东中学举行。永定区报送参赛项目40个，青少年科技创新项目21个，青少年科技创意项目3个，少儿科幻画作品16幅。其中，获一等奖5项，二等奖10项，三等奖11项。送省参加第32届科技创新大赛项目7项：仙师中学学生陈钟的《一种基于APP技术的门控器》，指导教师陈丽明等；胡文虎小学学生郑怡的《一种宰禽装置》，指导教师温金园；城关中心小学学生曾晖的《听觉演示器》，指导教师熊秀梅等；胡文虎小学学生许玉轩的《高速公路汽车充电专用道》，指导教师温金园；胡文虎小学学生巫咏琪的《高空作业机器人》，指导教师刘荣连；胡文虎小学学生许姝彬的《无线电力输送系统》，指导教师巫志丰；城关中心小学学生曾梓航的《交警机器人》，指导教师林小梅。

【农函大招生、培训】

2016年，根据省、市农函大的要求，下发文件到各乡镇（街道）农函大辅导站，督促按时完成招生任务，至8月底全面完成招生任务。区农函大分校与省农函大联合举办实用技术培训班2期，培训学员125人；与市科协联合举办灵芝栽培技术、"五新"（新品种、新技术、新农药、新肥料、新机具）技术等培训班4期，培训学员268人。如期完成省、市农函大下达的培训任务。同时，落实中职招生工作，配合福建科技职业技术学校开展招生宣传。

【科技周系列活动】

2016年，区科协围绕科技周活动主题开展系列活动。5月18日，在天子温泉举办养猪技术高峰论坛，邀请大北农（福建）集团区域经理邱云生、养猪博士潘海城、大北农生物科技集团饲用微生物工程国家重点实验室负责人郭致君等多名专家到会指导。在永定二中举办全区中小学校科技辅导员、3D打印、机器人培训班。

【"全国科普日"活动】

2016年9月18日，区科协主办的"全国科普日"主场活动在城区南门街商贸广场举行，区委组织部等23个区全民科学素质领导小组成员单位、58名科普志愿者参加各类科普活动，发放科普资料50多种8000多份，义诊654人，参与群众6000多人次。免费对公众开放永定区科技馆。开放期间，区科协安排2名工作人员，在现场为参观体验的市民、学生讲解和示范操作。举行校园科普联合行动。由区科协主办，区实验小学龙凤校区承办的首届校园科技节启动仪式在实验小学龙凤校区举行。在启动仪式上，表彰159名小发明、小制作、小论文、手抄报、科幻画等作品获奖者。组织留守儿童参加科普日活动。区科协与区妇联在科普教育基地——土楼自然博物馆联合举办关爱留守儿童的活动，胡文虎小学40多名留守儿童参加活动。

【学术交流】

2016年,区科协根据龙岩市科协《关于征集福建省科协第十六届学术年会卫星会议暨龙岩市科协第十四届学术年会论文的通知》精神,动员全区广大科技工作者按照年会"围绕创新驱动,助力打好项目落地、脱贫攻坚、生态环保三大战役"主题撰写论文。通过组织专家初评,全区推荐到市级参评论文57篇,经市科协第十四届学术年会学术委员会评审,获市一等奖1篇、二等奖9篇、三等奖12篇。

【科普设施建设】

2016年,区科协筹措50多万元对科普馆进行升级改造。其中,添置科普馆专用设备近50万元,包括蓝牙机器人、专业3D打印机、飞机模拟器、运动健身互动设备、人体体能综合测试、移动式天文望远镜、虚拟翻书等常设展品75件套;装修装饰6万元。年底全面完成设备采购和布展。区科协争取区政府支持,采取政府购买形式安排专职人员对科普馆进行管理。聘请讲解员2名,为参观人员进行讲解。从5月份开始,实现免费开馆常态化。

【参与"三下乡"活动】

2016年1月22日上午,由区委宣传部等13家单位联合主办的永定区2016年文化、科技、卫生"三下乡"活动在下洋镇文化活动中心举行启动仪式。区科协组织人员到现场摆摊设点,宣传推广科学技术、科普知识,开展农民实用技术咨询服务,无偿分发《水利水情科普知识》、《保健知识》(春、夏、秋、冬季)、《水土保持知识》《食品安全与公众健康》《常见慢性病防治》《居家手册》等科普知识手册10多种2000余册。

【基层科普工作调研】

中小学校调研 2016年,区科协先后深入侨育中学、侨钦中学、下洋中心小学,了解"三小"(小制作、小发明、小论文)活动、机器人比赛开展情况。深入湖雷中学,了解学校科技创新工作情况。深入永定二中、永定三中、仙师中学、实验小学龙凤校区了解科普进校园情况。

科普示范基地调研 2016年,区科协先后深入坤雅农业观光有限公司、土楼景区、岐岭新村竹业产业协会、龙岩市万家兔业发展有限公司、龙岩市乌鸡养殖专业技术协会、兴华花木发展有限公司、嘉华农业发展有限公司、福建招宝生态农庄、龙湖信美湾休闲渔业基地、峰市果树新品种引进实验基地、湖山乡桂坪村天湖山农民创业示范基地、龙岩市三草堂农业发展有限公司、湖山天高崒生态农业发展有限公司、龙潭双龙养殖专业协会、合溪袍山村竹业管理协会等20多个科普基地,开展调研活动。全面了解永定生猪、鸡、兔、野鸡等动物养殖,金线莲、巴戟天、台湾水果、草珊瑚、铁皮石斛等林下经济发展情况。

乡镇科协调研 2016年,区科协先后深入湖雷镇、金砂乡,开展基层科普工作调研活动。了解科普宣传栏设施情况和所发挥的作用,深入湖坑、下洋、仙师等乡镇,了解科协组织建设、科普宣传、农函大培训、科普信息化建设等情况。

企业科协调研 2016年,区科协深入永定区金丰水轮机械厂、金丰酿酒有限公司、三堡酿酒有限公司、龙岩市乾元新型建材有限公司、为民环保设备厂等企业,开展调研活动。

【邀请专家、学者到永定考察、指导】

2016年,区科协先后邀请中国植物营养与肥料学会理事长、中国农科院博士生导师白由路,中国作物学会副秘书长、高级农艺师杜娟,中国中医科学院针灸医院副院长、主任医师赵宏,台湾天空3D公司总经理李奇伟、副总经理孙朝祥,北京赞微水利水电工程技术有限责任公司总工程师刘尚智,中国科学院院士、解放军总医院教授顾瑛,光学专家李焱,福建省著名生物专家、2项国际发明专利、4项国家发明专利得主范子南,福建省机器人科教协会会长廖福林、秘书长周鬼、副秘书长林勇英、设备维护技术员陈祥岗,福建农林大学植保专家吴梅香，农业部中国茶网编辑、厚劲品牌策划有限公司负责人、福建省永定商会副秘书长胡夏平，闽江学院化工系书记任涛、组织部部长郑宽衡、办公室主任陈忠群、办公室副主任兼规划办主任陈旭英，厦门市瑞来春药店有限公司主任、中药师刘清凯，福州市蝶韵文化创意有限公司技术员梁小妹，生命科学学院食品科学与工程系教授、有机化学硕士生导师、营养与食品卫生学博硕士生导师、深圳今点投资控股有限公司总经理曹树稳，河北悦诺生物科技有限公司总经理刘石庆等专家、学者，到永定科普示范基地考察指导，举办科技培训班。

【科普宣传】

编印《科普之窗》季刊　为普及科普知识，区科协发挥老科协的人才优势，与区老科协联合编发《科普之窗》期刊，每季度1期。2016年编发《科普之窗》4期，刊登文章60多篇，每期打印400份，分别赠送相关领导、区直有关部门、乡镇（街道）、学（协）会会员等。

开辟科普专栏　2016年，区科协与区新闻宣传与网络管理中心签订"科普信息化建设合作协议"，在区委主办的《今日永定》杂志内页设置"科普纵横"专栏，用以发布科普知识、科协信息。全年刊登文章110多篇。2016年1月，区科协与永定新闻网签订协议，在永定新闻网及其微信公众号设置"一周科普"专栏，每周固定在永定新闻网发布一期"一周科普"，全年发布科普文章47期、260多篇。此外，区科协还建立微信群，要求科协系统干部、农技协、科普基地负责人都加入微信群，并在微信群里交流信息。

·侨　联·

【概况】

2016年，永定区有海外侨胞30多万人、境外社团23个，主要分布在新加坡、马来西亚、缅甸、印尼、泰国、澳大利亚、新西兰、加拿大、美国、巴西等国家。华侨、华人的祖籍地以下洋、大溪、湖坑、高头、古竹、岐岭、陈东7个乡镇居多，上述7个乡镇均设立村级侨联组织。根据《中华人民共和国归国华侨联合会联章程》的规定，12月16日，永定区侨联召开第八届委员会第四次全委会议，经会议选举，张明耀当选为新一任区侨联主席。是年，区侨联在职员工5人。出版《永定乡讯》6期（总第175期—总第180期），每期印刷2000份，其中1200份寄往境外涉侨社团及较具声望的侨胞。

【联络联谊】

加强联络联谊。把履行侨联职能与服务发展结合起来，发挥侨的优势，为经济建设服务。经常与区内重点归侨侨眷保持联系，通过他们向海外侨胞宣传永定的发展变化、投资环境等。加强与市涉侨部门及涉台单位的联系，争取他们的支持。协助有关部门做好对外宣传。密切与海外华侨和华裔的联系。先后接待香港永定会馆理事林彩玲一行、印尼雅加达永定会馆理事卢泰福等。12月8日，出席区政协第十届委员会的港澳委员莅临区侨联交流、沟通情谊。

【中国华侨文化交流基地挂牌】

2016年8月24日，在客家博览园举行"中国华侨文化交流基地"挂牌仪式，省侨联副主席谢小建、市侨联主席魏冬梅为交流基地授牌。

【维护侨益】

坚持为侨服务的宗旨，进一步拓宽为侨服务领域，创新为侨服务手段，营造依法护侨的社会环境，不断提高为侨服务水平。开展走访慰问活动，慰问侨界代表人士和困难归侨侨眷30多人，了解他们的生产、生活情况，听取他们的意见和建议。协调有关方面，妥善解决新加坡华侨胡氏兄弟祖坟被扰事件和马来西亚华侨胡氏的祖父坟墓被侵事件。落实省侨联布置的精准扶贫"2016年全省贫困侨救助"资金的发放，向区内31户贫困侨眷每户发放1200元，共发放37200元。

·工商联·

【参政议政】

2016年，区人大、政协换届，工商界有14人当选人大代表，54人当选政协委员。区"两会"召开之际，区工商联引导民营经济代表人士参与人大、政协提案和建议讨论，为城市建设、新农村建设等建言献策。会前，工商界的人大代表、政协委员深入调查研究，针对当前民营经济发展的现状和问题、品牌建设、市场开拓、行业协会作用、融资服务、加强环保等方面提出各种提案和建议。7月，工商联配合区政协开展"访委员、促回归"专题调研活动，促成委员回乡投资兴业。

【异地商会联席会第一次会议召开】

截至2016年，北京、上海、广州、深圳、杭州和福州、厦门、漳州、泉州等9市成立永定商会。为进一步加强异地商会之间的沟通、联谊，发挥异地商会的优势，利用商会平台，整合资源，实现项目、资金、人才、技术、管理等方面的合作与交流，在广泛征求异地商会会长、秘书长等相关人员意见的基础上，制订《龙岩市永定区异地商会联席会制度》，对合作交流会议成员单位的基本职责、会议制度、信息交流制度、专家咨询制度和议事规则及会议经费等都作出具体规定并付诸实施。11月13日，永定区异地商会联席会第一次会议在福州召开，永定区委常委、统战部部长王小庆及9个异地商会的代表共18人参加会议。

会议议定：异地商会联席会议每年召开1—2次，由轮值商会主办并主持召开；各商会要积极围绕区委、区政府的中心工作，参与光彩事业，做好项目回归工程和精准扶贫工作，2017年2月底前要组织会员填写好《异地商会会员参与精准扶贫意向表》，报送区工商联（总商会）秘书处；支持发展总部经济，推进永定异地商会大厦建设。由区工商联（总商会）及时向区委、区政府汇报，协同各异地商会，形成合力，推动该项工作；进一步完善沟通联络渠道，在完善异地商会联席会制度的同时，建立微信公众号，打造各地商会会员联系交流平台；加强异地商会党建工作，有条件的异地商会要尽快组建基层党组织。

【发动企业家参与精准扶贫】

2016年9月，区工商联向永定广大民营企业家、非公有制经济人士、异地商会会员发出《关于开展"永定区企业家参与精准扶贫"活动的倡议书》。动员、引导、鼓励和支持永定广大民营企业家、非公有制经济人士、异地商会会员投身精准扶贫工作。倡议发出后，杭州、泉州、深圳、北京等4市的永定商会分别与高头、金砂、合溪、堂堡等4个乡的贫困村签订《精准扶贫协议书》，开展结对帮扶活动。在区工商联动员引导下，永定三堡酿酒有限公司因地制宜，发动群众通过种植高粱，帮扶贫困户脱贫致富。

【光彩事业】

2016年4月24日，泉州永定商会、永定团区委、区民政局和区工商联联合发起爱心助孤公益活动，古竹、陈东、仙师等11个乡镇（街道）的40名孤儿接受爱心企业家的帮扶。这些企业家将密切关注孤儿们的学习和生活，并适时给予帮助。6月3日，深圳永定商会会长苏日明向古竹中学捐助64台电脑，总价值20多万元。7月23日—24日，福州永定支乡联谊会医药卫生分会组织福建医科大学附属协和医院、福建省肿瘤医院、福建省人民医院等医院的16位永定籍医学专家到永定义诊，吸引近千名患者前往就诊。11月30日，福州永定商会林宇飞代表商会到龙岩市第二医院探望住院的永定籍病人李彩云，并为她送去商会爱心人士14438元的捐款和真挚慰问；北京商会与堂堡乡2名贫困大学生结对帮扶，2016年资助每人2000元。杭州福建商会向金丰中学捐赠20台电脑价值10万元，6月18日在金丰中学举行捐赠仪式。

【招商引资】 2016年7月23日—26日，接待福州永定商会回乡投资考察暨联合永定支乡会医药卫生分会回乡义诊考察团。8月15日—19日，接待北京永定商会回乡商务考察团考察天子温泉（海峡两岸交流基地）、金丰酿酒厂、祥亿电子厂、永定工业园区项目。8月20日，参与龙岩市永定区招商引资活动。9月9日—11日，接待杭州永定商会回乡投资考察团。10月26日—27日，接待仙游县商务考察团到永定参观客家古镇、土楼博物馆、天子温泉项目；10月26日—28日，接待北京永定商会会长李天定工业园区调研。

·个私协会·

【概况】 2016年，全区有个体工商户会员21086户，从业人员43837人，注册资本295365万元；有私营企业会员3572户，雇工42522人，注册资本2142016万元。

协会的经费主要来源是会员会费收入。2014年9月，因体制改革，会员会费收取被暂停，32人的工资无法支付，工作人员缩减至1名，大部分工作处于瘫痪状态。

·消费者权益保护委员会·

【纪念"3·15"国际消费者权益日】 2016年3月，区消委会、工商局围绕"新消费我做主"年主题，组织开展纪念"3·15"国际消费者权益日系列宣传活动。在凤城南门商贸广场设立12块食品知识展示板，向群众讲授辨别假冒伪劣食品方法，发放消费维权知识宣传材料2000余份，现场受理投诉2起。区电视台对活动进行现场跟踪报道，并在节目中用字幕滚动宣传。移动、电信公司分别向手机用户群发消费知识宣传短信，受众客户73000人。各乡镇大型超市利用LED字幕开展宣传，制作LED字幕36处。各乡镇主要街道悬挂区消委会统一制作的跨街宣传横幅。通过区邮政局夹报邮寄送《消费者权益保护法》和相关的消费知识宣传材料4000份。各分会在辖区开展维权进乡村、进学校、进社区、进景区等活动。

【受理消费者投诉】 区消委会及各分会主动承接区市场监督管理局"12315"投诉（举报）中心分流的消费投诉和消费举报。全年受理消费者投诉112件，解决106件，为消费者挽回损失44200元。

【参与流通领域商品质量监督】 各分会参与省、市、区市场监督管理部门组织开展的消防产品质量整治和流通领域商品质量抽查检验。全年抽取3个类别30组商品，其中合格的20组，不合格的10组。对商品检验不合格的经营户，由市场监督管理部门立案查处。

【加强旅游景区消费维权工作】 为进一步提升永定土楼旅游形象，维护广大游客的合法权益，针对近年来土楼景区无照流动商贩违法行为增多，强制交易时有发生，景区各消委会配合区政府对景区秩序进行整治，加大《中华人民共和国消费者权益保护法》宣传力度，推行"互联网+维权"模式，及时受理旅游消费投诉。全年发放消费维权知识宣传材料3000余份，受理游客投诉17起，结案17起，强制交易行为得到遏止。

·残联·

【残疾人小康进程助残政策制定】

2016年,国务院、省政府《关于加快推进残疾人小康进程的意见》以及市政府《关于加快推进残疾人小康进程的实施方案》相继出台后,区残联结合永定实际,研究制定《龙岩市永定区加快推进残疾人小康进程的实施方案》。实施方案分"总体目标""主要任务""保障措施"3个部分,包括"扎实保障残疾人基本民生""进一步促进残疾人就业""着力提升残疾人基本公共服务水平""充分发挥社会力量和市场机制作用"4个方面的17条具体政策,涉及残疾人的康复、就业、教育、扶贫、社会保障、无障碍环境、服务设施建设、助残队伍组织等各方面,对实现永定"到2020年残疾人保障制度基本健全,基本公共服务体系更加完善、残疾人事业与经济社会协调发展"的目标提供制度性保障。

【残疾人基本服务状况和需求信息数据动态更新】

2016年,根据中国残联、国家统计局等12部门《关于做好全国残疾人基本服务状况和需求信息数据动态更新工作的意见》,6—8月,成立龙岩市永定区残疾人基本服务状况和需求信息数据动态更新工作办公室,制定《龙岩市永定区残疾人基本服务状况和需求信息数据动态更新工作实施方案》,先后举办3期全区残疾人基本服务状况和需求信息数据动态更新工作培训班和1期相应的网上录入工作业务培训班,用3个月的时间,完成全区16691名持二代证残疾人基本信息数据的动态更新。

【全国助残日活动】

2016年5月15日第二十六次"全国助残日"期间,区残联围绕"关注孤残儿童,让爱洒满人间"的主题,组织开展系列助残活动:区残联理事长许志明带领工作人员前往区中医院残疾人康复治疗中心和区福利院,看望慰问正在接受康复训练的24名残疾儿童和在福利院生活的7名孤残儿童,为他们送上慰问品和慰问金;举行中国残疾人福利基金会"集善华爱助我行"轮椅发放仪式,现场为30名来自各乡镇(街道)的贫困残疾人发放轮椅;省残疾人艺术团和中华海峡两岸身障文创艺术协会的70多名残疾人到永定开展文化交流活动,先后参访永定土楼、客家家训馆;选送残疾人曾纪东书法作品《醉翁亭记》参加福建省第六届闽台残障人士书画作品展,并获得书法类一等奖,这是全省仅两名、全市唯一一名获此荣誉者,在全社会进一步营造扶残助残的社会风尚。

【省、市、区为民办实事项目】

2016年,推进"残疾人托养服务"项目,完成320名16—59周岁符合托养条件的一、二级肢体、智力、精神等重度残疾人居家托养工作,发放补助款64万元;完成5名重度残疾人机构托养工作,发放补助款2.5万元。推进"扶助贫困残疾人创业就业"项目,完成92名从事种植、养殖和生产经营等残疾人扶持任务,发放补助资金46万元。推进"扶持建设农村残疾人电商就业示范基地"项目,投入15万元,完成农村残疾人电商就业示范基地——永定区微时代综合商城建设,基地安置5名残疾人集中就业,带动辐射23名残疾人就业。推进"残疾人辅具适配"项目,完成湖雷镇、湖坑镇、堂堡乡、西溪乡等4个乡镇的10个边远建制村残疾人辅具适配整村推进工作,为残疾人发放辅助器具321件,其中轮椅53辆、拐杖140支、座便椅35张、助行器15台、护理床3张、助视器34套、助听器40台、站立架1辆。

【省级公办"福乐家园"项目建设】

在2015年"福乐家园"建设项目主体工程封顶的基础上,2016年,区残联继续推进项目建设,克服施工期间雨水偏多、附近居民上访等困难,多次召开业主单位、施工单位、监理单位三方协调会议，研究解决施工中存在的问题和加快推进工程进度的办法，先后投入400多万元，全面完成主体工程装修，并着手实施道路、围墙、护坡等附属工程建设，完成绿化工程的招投标。

【残疾人康复】

2016年，结合"百万贫困白内障复明工程"，组织实施"光明行动"项目，为223名贫困白内障患者免费实施复明手术，占任务数的100%；开展"残疾儿童抢救性康复"救助，有84名0—6周岁残疾儿童在龙岩市慈爱康复中心、永定区残疾人康复治疗中心等定点康复机构接受康复治疗和训练，发放康复补助款72.8万元。

【残疾人教育与培训】

2016年，实施"扶残助学"工程，有1名残疾学生享受"通向明天——交通银行残疾青少年助学项目"，补助2000元；3名学前贫困残疾儿童享受2016年度"残疾人事业专项彩票公益金助学项目"补助，人均3000元；对考入大专以上院校的6名残疾学生和25名贫困残疾人子女考生分别给予1000—4000元不等的入学补助，发放助学金6.15万元；对在校就读的14名残疾大学生给予1500—2000元的学费补助，发放补助金2.7万元；向区特教学校、残疾人康复治疗中心等单位的残疾儿童发放六一爱心礼包145份，价值7.5万元；5月中下旬，先后联合残疾人电商示范基地——永定区微时代综合商城和残疾人就业示范基地——永定区万家兔业专业合作社，举办1期电商知识培训班和1期农村残疾人实用技术（养兔）培训班，免费培训残疾人76名；组织选送4名残疾人参加全市残疾人工艺美术培训班。

【残疾人就业保障金征收】

2016年，配合地税部门做好残疾人就业保障金征缴的宣传和审核，依法向全区未达到安置残疾人就业比例的机关、团体、企事业单位征收残疾人就业保障金253万元。

【残疾人扶贫与社会保障】

2016年，推进贫困残疾人精准扶贫工作，将符合条件的455户1085名贫困残疾人全部纳入建档立卡扶贫对象，区残联在残疾人康复、就业创业、居家托养等项目和资金方面均给予重点倾斜和帮扶。同时，区残联10名干部职工与西溪乡礼田村、罗坑村的10户建档立卡贫困户进行结对帮扶，按每户3000元的标准给予资金扶持，帮助发展生产；做好残疾人小额信贷扶贫，为11名从事种养殖业、个体从业的残疾人发放扶贫贷款33万元；加强农村残疾人种养殖基地建设，引导3家具有造血功能的区级"福乐种养基地"按照市级示范基地标准进行规范化建设。11月，由区残联重点扶持的区福乐养蜂合作社通过市残联验收，被确定为市级农村残疾人种养殖基地，带动80多户残疾人家庭创业就业；做好残疾人参加城乡居民社会养老保险、医疗保险优惠政策落实，有11058名农村重度残疾人免费参加新型农村合作医疗保险，3616名农村重度残疾人免费参加新型农村社会养老保险，3565名非重度残疾人按基本保费减半优惠的待遇参加新农保，同时对已缴纳2015年度社会养老保险、医疗保险的自主创业或个体从业的228名残疾人给予50%的经费补助，发放补助资金48.45万元；继续实施残疾人"爱心保障工程"，为全区16652名已办理第二代《残疾人证》的残疾人集体向区财产保险公司投保意外伤害保险，增强残疾人抵御意外风险的能力；实施残疾人"安居工程"，对30户贫困残疾人无房户和危房户给予5000—10000元不等的建房补助，发放补助资金25.8万元。

【残疾人信访维权】

坚持"理事长接待日"信访工作制度，及时处理残疾人信访问题。全年受理残疾人来信15件，接待残疾人来访86人次，为残疾人解决就学、就医、就业和社会保障等方面的实际困难和问题。加强与区法律援助中心等司法机构的协作,向残疾人提供法律服务46人次、法律援助8人。做好残疾人机动轮椅车燃油补贴发放,为全区209名残疾人发放燃油补贴5.434万元。

·计划生育协会·

【队伍建设】

2016年6月,从乡镇选调一名副科级领导任区计生协会专职副会长;11月,调整充实区计生协会领导班子,区计生协会5个编制全部配齐,在编人员6人,有常务副会长1名(正科级)、专职副会长1名(副科级)、副主任科员1名、工作人员3名,其中常务副会长兼任区卫计局党组成员,专职副会长入选区第十届政协委员。乡镇(街道)计生协会有专人负责。5月,区委编办专门下发通知,同意在乡镇(街道)计生服务中心加挂计生协会牌子。年底,全区有20个乡级计生协会,242个村级计生协会,5个企业计生协会,2158个计生协会小组,计生协会理事2379名(其中女理事940名,占39.51%),协会会员31585名(其中女会员17381名,占55.03%),占全区总人口8.09%。

【计生协会"四联创"活动】

2016年,继续深入开展计生协会"四联创"活动(创先进县级计生协会、创先进乡镇〔街道〕计生协会、创合格和一流村〔居〕计生协会、创"五好"计生协会小组)。5月,龙潭镇上西村获"全国计划生育协会村级先进单位"称号。年底,实现先进乡镇(街道)计生协会10个,占乡级计生协会数的50%。双创村(居)211个,占村级计生协会数的87.19%。其中,一流村(居)117个、占48.35%;合格村(居)94个、占38.84%。"五好"(带头作用好、宣传服务好、信息掌握好、国策落实好、活动开展好)协会小组1530个、占协会小组数的70.89%。

【企业计生协会建设】

2016年,在龙潭、凤城等流动人口聚集地区建立5个企业计生协会,实现协会组织网络全覆盖,建会率100%。区确定福建煤电股份有限公司龙潭煤矿为区级流动人口计生协会示范项目点,通过示范建设推动其他企业计生协会建设上一个新台阶。

【计生宣传教育】

2016年5月28日,区计生协会联合区佰乐单车俱乐部,开展"庆祝第18个'5·29'会员活动日绿色骑行宣传慰问"活动。活动当天,发放宣传资料500余份,接待咨询120余人次。6月1日,区计生协会与进步幼儿园、喜羊羊幼儿园、家家幼儿园和金贝贝早教中心等区级早教示范点联合举办文艺汇演、亲子活动等系列庆祝活动,现场发放300多份早教手册。6月,区、乡镇计生协会分别组建区级和乡镇级协会微信群,通过微信群学习有关政策文件,宣传计生协会工作,交流工作心得,促进计生协会工作提高。7月中旬,组织工作人员深入乡、村、组,对近年来计生协会的工作成果进行采写,制作《服务群众工作纪实》专题片的宣传光盘和宣传微信,进一步加大计生协会的宣传力度,提高社会影响力。10月14日,在城区南门商贸广场举行"永定区社会科学普及宣传周"启动仪式,区委宣传部、社科联、司法局、新华书店、永定侨荣职校师生等300多人参加。区计生协会在启动仪式上开展青春健康政策知识宣传和咨询活动,现场发放《青春健康家长培训指南——沟通之道》等宣传手册200多份。加大信息工作力度,区计生协会宣传队伍由区计生协会工作人员、区卫计局宣教工作人员和乡镇(街道)计生协会宣传员组成。全年,在各种报刊、网站发表稿件100余篇,其中林彩云、赖德华撰写的《永定成立"互联网+留守儿童"爱心家园》,被

《省计生协会小组》内刊评为2016年第5期好作品。

【生育关怀行动】

紧急救助 2016年，开展紧急救助活动。其中，市协会救助计生困难户6人，发放救助金1.8万元；区协会慰问救助21人，发放救助金1.95万元。

关爱失独家庭 2016年，为全区39户失独家庭建立档案，由慈善总会出资5.06万元，为当年新增的7户失独家庭送上每户5000元的一次性扶助金，为10户13人享受特别扶助的失独父母送上每人每年1200元的长期扶助金。

不育症对象治疗补助 2016年，开展不育症对象调查建档，对3名不育症治疗补助对象由市计生协会每人补助2000元，区计生协会每人补助1000元。

安居工程 2016年，开展安居工程补助对象统计和跟踪服务，省、市、区安居工程补助对象1名，省、市、区各补助2万元。

金秋助学 2016年，上报省计生协会金秋助学对象1名，助学金每年5000元；市计生协会金秋助学对象3名，每人3000元助学金；区计生协会开展"生育关怀——关爱女孩成长行动"，为当年考上本二以上且家庭经济困难的18名二女户女孩提供每人1000元助学金。

计生意外伤害保险 2016年，全区有10900户计生户参加计划生育意外伤害保险，由政府支付保费68.32万元。

法律援助 区计生协会法律援助工作站全年为计生家庭提供法律援助58件，调处矛盾纠纷58件。

青春健康教育 2016年，确立湖山中学为第一批青春健康教育基地，并于4月19日挂牌成立。6月，区计生协会统一印制青春健康用书《青春健康家长培训指南——沟通之道》，发至湖山中学和各乡镇（街道），供学习宣传。湖山中学开设"青春健康教育"课堂，对学生进行青春期性健康与生殖健康宣传教育。

市级生育关怀示范基地建设 2016年，永定嘉华农业发展有限公司、永定县大塘尾种养家庭农场、大溪乡北山洞生态农庄、圆罗坑家庭农场、永定区牧辉家庭农场等5个公司（农场）被确定为市级生育关怀示范基地。区计生协会为5个市级生育关怀示范基地统一设计、制作、安装生育关怀示范基地标志牌；为每个基地提供2500元的小额贷款贴息资金，共发放贴息资金1.25万元；为5个市级生育关怀示范基地提供29万元幸福工程救助资金，并给予技术指导、营销服务等方面的帮扶，推进示范基地向专业化规模化生产发展，带动更多计生困难户脱贫致富。

人口早期教育 2016年，加强对区、乡两级儿童早期发展教育示范点的监督指导，组织示范点教师参加育婴师培训和早教讲座。六一节，与区早教示范点联合举办丰富多彩的活动。全年举办3期15场早教公益讲座，其中早教示范点举办11场，邀请国家育婴师培训师、中华家庭教育高级讲师、福建省育婴师考评员钟雪珍到场授课，有1500多名幼儿园教师和婴幼儿家长参加。向基层发放《0—3岁早教家庭手册》和早教系列读本2000多册。确定抚市镇抚溪村、湖山乡象湖村、下洋镇陈正村、城郊镇三峰村、陈东乡城东村等5个村作为市"以奖代补"早教创建示范点，及时下拨补助资金，规范0—3岁儿童早教项目运作，做到"五有"（有早教室或亲子活动角、有益智早教包、有早教手册、有早教服务、建有台账资料）。

幸福工程、小额贷款贴息 2016年，全区发放幸福工程资金75万元，帮扶计生贫困母亲27户；发放小额贴息54万元，帮扶353户计生贫困母亲发展生产，其中区财政配套27万元贴息资金。

【计生基层群众自治】

2016年8月，下发《关于开展2016年计划生育基层群众自治示范村（居）创建活动的通知》（永计生领发〔2016〕5号），组织计生协会会员依法参与修订《计划生育村规民约》；开展民主评议，通过参加村民代表会、计划生育议事会等，对村里的计划生育工作和各项事务进行评议和管理；参与落实计划生育合同管理；畅通群众诉求渠道，及时收集民意，维护育龄群众的合法权益，实现群众对计生工作的民主决策、民主管理和民主监督，形成自我教育、自我管理、自我服务、自我监督的计划生育群众自治机制。洪山乡尚贤村、陈东乡共星村、湖山乡桂象村、湖山乡漳溪村、岐岭乡竹联村等5个村被市计生委和计生协会评为"2013—2015年度计生群众自治示范、合格村（居）"，抚市镇抚溪村、湖山乡象湖村、下洋镇陈正村、城郊镇三峰村、陈东乡城东村等5个村被确定为市以奖代补资金补助村。年底，全区64个村（居）达到计生基层群众自治"六好"（组织保障好、政策倡导好、民情联络好、家庭关怀好、文明诚信好、群众参与好）示范村（居）标准，占总村（居）数的26.45%。

·老科技工作者协会·

【义诊活动】

2016年6月2日—12日，区老科协组织内科、外科、儿科、妇产科、耳鼻喉科、中医科、中西药科等专家会员10人，组成义诊巡回医疗服务队，先后深入仙师镇西洋革命基点村、湖山乡里佳革命基点村、城郊乡桃坑革命基点村、区特殊教育学校、区光荣院、区孤儿福利院等，开展社区医疗卫生健康咨询、健康体检、免费送药等义诊活动，为854名群众免费看病、测血压，送药价值8000多元。

【"全国科普日"活动】

2016年9月18日，永定区"全国科普日"主场活动在城区商贸广场举行，区老科协组织内科、外科、五官科、皮肤科、妇产科、骨伤科、中医科、药科等10名医疗专家在活动现场为群众开展健康咨询、健康宣传、健康养生、义诊等服务，医疗专家为群众义诊800多人次，分发宣传资料2000多份。

【课题调研】

2016年4月起，卫生组组织老科协会员、医疗专家10人，深入全区各级医院开展结核病流行病学调研活动。调研小组通过到区结核病防治所查阅结核病人的病历、咨询防痨专家、抽样深入到乡镇卫生院和病人家中核实病情等方法，全面了解了永定区结核病人的性别、年龄、职业、地区分布状况，分析致病原因，并提出防治的对策措施，最后形成《永定区1955—2015年结核病流行病学调研报告》。

9月25日—30日，区老科协组建2个课题调研小组，由秘书长王雄钧和教育组组长陈国城为组长，分别深入侨育中学、古竹中学、陈东学校、城关中学、湖雷中心小学、仙师中心小学等学校调研。形成《采取精准措施，提高教学质量——关于提高永定区中小学教育教学质量的调研报告》，并以呈阅件的形式送区委、区政府领导和相关部门决策参考。

11月份，农业专业组组织会员深入乡镇开展"农田水利设施现状"调研活动，并形成《龙岩市永定区水利基础设施现状调研报告》。

工业组组织会员参与区政协的"永定工业园区基础设施重点调研"课题的调研活动，并形成《加快基础设施建设，努力打造百亿工业园区》调研报告。

2016年5月16日和6月21日，先后配合市老科协到永定进行"新时期老科协现状"和"留守儿童"专题调研。

【党史、国史教育】

2016年7月22日，组织理事和部分会员参观中共永定县支部，也是中共福建省农村的第一个党支部诞生地——湖雷镇上南村万源楼和抚市镇五湖村上寨何凹头的泽东楼。通过缅怀革命先烈，重温革命精神，引导老科技工作者以阳光的心态、历史的眼光、辩证的思维，正确看待中国的发展变化和社会风气，正确理解周围的人和事，以积极的心态适应社会发展，正确看待个人的得失，要纵比知足，横比知福。

【科普宣传】

2016年，编发4期《科普之窗》内部刊物，共刊载文章56篇，44600多字，每期打印400份，分别寄送区四套班子领导，各乡镇（街道），省、市、县（市、区）老科协以及该会会员。在省科协、省老科协、市科协、市老科协网、永定新闻网及《福建老科协通讯》《金秋信息》《今日永定》发表老科协动态、科普知识稿件62篇。

【组织撰写年会论文】

2016年，结合区委、区政府工作任务与奋斗目标，围绕"建设创业创新秀美厚德新永定"主题，组织撰写论文35篇，其中有9篇被评为市、区科协年会优秀论文。经评审、推荐和筛选，从中选出18篇汇集成年会论文集。协会聘请专家对年会论文进行评选，评出一等奖2篇，二等奖3篇，三等奖5篇。

【组织会员及其配偶健康体检】

2016年5月—6月，组织会员及其配偶进行健康体检。区老科协给参与体检的会员及其配偶每人补助50元，与区医院协商体检费优惠30%。通过城郊社区卫生院为老科协参加体检人员建立健康档案，并再补助参检人员每人20元。共有62人（含配偶）参加健康体检。

【开展慰问活动】

为贯彻中共十八大会议精神和省、市老科协会议精神，发挥老科技工作者的作用和老科协组织为老科技工作者服务的职能，老科协在春节前开展全方位慰问活动。利用年会分别慰问老科协顾问、名誉会长、理事、会员。2月3日，区老科协会长马建林一行走访欧阳星、范德华等荣誉会员和工作出色的老科技工作者。重阳节期间，慰问病重住院的会员。

·老促会·

【宣传老区精神】

2016年，组织通讯员向国家和省、市报刊投稿，讲好永定老区故事，提高永定老区知名度。全年向各级报刊投稿50余篇，被采用20多篇。其中，抚市镇五湖村"泽东楼"美丽革命基点村的建设成果在省、市报刊和广东省老促会主办的《源流》杂志上刊登后，引起很大反响，促进"泽东楼"AAA级旅游景点的申报、审批，到"泽东楼"红色旅游景区参观旅游的人也不断增加。全年出版简报9期，宣传介绍老促会工作动态和革命基点村建设，特别是脱贫攻坚的经验做法。配合省电视台《金秋》栏目组到抚市镇五湖村"泽东楼"、湖雷镇上湖村"万源楼"和西溪乡赤寨村进行采访，制作的专题片在福建电视台播出，起到很好的宣传效果。先后接待广东省老促会工作考察团、四川省青神县老促会学习考察团，通过召开座谈会、参观考察等，互相介绍工作情况和经验，并相互赠送有关资料，宣传永定老区、苏区的革命斗争历史，推荐"土楼之旅"和"红色之旅"。7月1日，区老促会、老区办和抚市镇在五湖"泽东楼"景区联合举办庆祝中国共产党成立95周年文艺晚会，市、区、镇有关领导和附近乡村群众近500人前往观看。

【美丽革命基点村建设】

2016年，区老促会贯彻落实中共中央办公厅、国务院办《关于加大脱贫攻坚力度，支持革命老区开发建设的指导意见》。在总结前三年美丽革命基点村建设经验的基础上，与老区办研究，并报区领导同意，确定下洋镇山仔下，湖雷镇石城坑、鸭妈坑、塘下、修竹岐，抚市镇"泽东楼"，仙师镇西洋坪，金砂乡秀山村，陈东乡油草坑、草子湖，大溪乡黄仕坑、湖背村，合溪乡湖洋里，湖坑镇黄腊坑、岐岭乡牛牯扑、蒲山村，湖山乡桂竹洋等17个革命基点村为美丽革命基点村建设示范村，安排老区转移支付资金500万元作为补助资金。至年底，上述革命基点村发生很大的变化，交通、通讯、住房、饮水、卫生等生产、生活条件有很大改善，村民的生活水平也明显提高。其中，仙师镇西洋坪革命基点村种植油茶、脐橙、蜜柚等4200亩，蜜柚产量150多万公斤，实现产值500多万元，户均增收1万余元。

【关爱老区学子】

由省老促会牵线主办的福建省黄仲咸（印尼归侨）奖学金从2002年开始奖励福建省山区老区就读的高中阶段贫困生，此项工作已连续开展14年，助学成效显著。2016年，分配永定127个名额，每人奖励1000元。名额分配到各中学后，各校按省、市、区老促会文件要求，做好调查摸底，评议审查，做到公开、公平、公正，按时足额发放到享受对象手中。区老促会会长马建林参加永定一中的发放仪式，在讲话中向学生提出要求，给予鼓励，号召受奖助学生好好学习，回报社会，传递爱心。

旨在奖助永定革命基点村、"五老"和革命烈士后代考上大学本一的学生，由区老促会、老区办、民政局联合发起设立的"永定区老区金凤凰奖助学金"，已坚持20年，受奖助的优秀老区学子700多人，发放奖助学金90多万元。2016年奖助58人，每人2000元，计11.6万元。奖励对象由学生及其家属按条件申请，报村委及乡镇（街道）民政办审查后报区老促会、老区办审定。

【为基点村办实事】

2016年，区老促会联合区老区办、老科协，组织医疗小分队，分别到仙师镇西洋村、湖山乡里佳村、城郊镇桃坑村以及区特教学校、光荣院、福利院，为854名老区群众看病送药，共支付药费8000多元。

区老促会继续挂钩湖坑镇吴银村养牛场、金砂乡上金村美蕉合作社、仙师镇西洋村油茶和红心柚基地，及时了解他们的产业发展情况，帮助推销产品，并给予一定的资金扶持。

【保护红色资源】

2016年，区老促会和老区办高度重视永定革命遗址的修复、保护和申报工作。多次深入革命遗址考察调研。抚市镇五湖村"泽东楼"被批准为AAA级红色乡村旅游景区后，争取列为省级文物保护单位。对金砂乡邹公庙、岐岭乡牛牯扑、西溪乡西华山、仙师镇石子崠等4处革命遗址进行修复或准备修复。

·老龄委·

【老年人口逐年增加】

2016年，全区有60周岁以上老人75054人，占全区总人口的14.82%。年初有百岁老人55人，占全区总人口的十万分之十点八六。

【老龄工作宣传】

2016年，宣传中共中央总书记习近平关于加强老龄工作的重要指示。印发习总书记2月23日在中央政治局第三十二次集体学习时关于老龄工作论述和5月27日在中央政治局主持学习时的重要讲话精神。将两次重要讲话精神印发给区四套班子办公室和区委、区政府有关领导及各乡镇（街道）老龄委。同时，印发《中华人民共和国老年人权益保障法》、尊老敬老好人好事等宣传材料2000多份，老年节短信宣传6万人次，出版宣传栏、黑板报15处，提高全社会的法律意识，扩大敬老爱老助老的社会影响。

表9　　　　　　　　　　　　　2016年永定区百岁老人名单

序号	姓名	性别	出生年月	居住地（通讯地址）	备注
1	张玉英	女	1907年5月	凤城街道书院社区	
2	陈灿英	女	1908年8月	湖雷镇上南村	
3	陈三妹	女	1911年7月	陈东乡城下村	
4	曾桂兰	女	1911年9月	湖雷镇象基村	
5	赖贞林	女	1912年3月	湖雷镇上湖村	
6	陈细妹	女	1912年6月	陈东乡陈东村	5月去世
7	廖七姑	女	1912年9月	凤城街道环城东路	
8	赖仁姑	女	1912年10月	抚市镇华丰村	
9	吴调华	女	1912年12月	湖雷镇前坊村	
10	赖桂先	男	1913年2月	虎岗镇城下村	7月去世
11	沈月娥	女	1913年3月	凤城街道龙凤花园	12月去世
12	阮星英	女	1913年4月	湖雷镇湖瑶村	8月去世
13	胡亚兰	女	1913年8月	下洋镇东山村	
14	郑清汝	女	1914年1月	凤城街道环城东路	
15	江亚兰	女	1914年1月	大溪乡大溪村	
16	李宏隘	男	1914年4月	湖山乡三来村	2月去世
17	赖祥兰	女	1914年1月	坎市镇公共户云川街	2月去世
18	卢福兰	女	1914年11月	古竹乡古竹村	
19	陈春兰	女	1914年11月	虎岗镇龙溪村	
20	赖玉珍	女	1915年1月	高陂镇西陂村	3月去世
21	陈三妹	女	1915年2月	湖雷镇湖瑶村	
22	黄福秀	女	1915年2月	合溪乡袍山村	12月去世
23	江初敏	男	1915年2月	高头乡高东村	9月去世
24	黄恒英	女	1915年3月	虎岗镇龙溪村	7月去世
25	王国英	女	1915年4月	合溪乡武北村	
26	钟亚顺	女	1915年6月	下洋镇三联村	3月去世
27	赖亚翠	女	1915年7月	下洋镇霞村	

续表

序号	姓名	性别	出生年月	居住地（通讯地址）	备注
28	胡瑞殷	男	1915年7月	下洋镇下坪村	
29	沈桂兰	女	1915年8月	湖雷镇锦溪村	
30	刘阿芬	女	1915年11月	湖坑镇洪坑村	
31	杨亚云	女	1915年12月	下洋镇月流村	
32	张周妹	女	1915年12月	湖山乡三来村	
33	陈添胜	男	1916年1月	下洋镇陈正村	
34	陈志英	女	1916年1月	坎市镇福三北路	6月去世
35	吴阿加	女	1916年1月	龙潭镇联中村	
36	曾万英	女	1916年5月	下洋镇井字街文化巷路	
37	陈亚徇	女	1916年8月	下洋镇月流村	
38	李亚英	女	1916年3月	古竹乡古竹村	1月去世
39	黄来妹	女	1916年4月	湖山乡杨山村	
40	葛良英	女	1916年5月	城郊镇古一村	
41	李钳谋	女	1916年6月	湖山乡三来村	11月去世
42	陈光菇	女	1916年7月	岐岭乡外坑村	11月去世
43	黄畅娣	女	1916年7月	峰市镇峰市大道	
44	郑炳娘	女	1916年8月	凤城街道东门温泉路	
45	苏亚日	女	1916年8月	湖坑镇新南村	5月去世
46	张五姑	女	1916年8月	岐岭乡竹联村	
47	王阿富	女	1916年9月	凤城街道环城西路	
48	叶秋兰	女	1916年9月	古竹乡大德村	1月去世
49	李银英	女	1916年9月	古竹乡古竹村	1月去世
50	吴金娘	女	1916年9月	抚市镇桥河村	
51	江国汉	男	1916年9月	高头乡高东村	
52	李尚英	女	1916年9月	仙师镇殿前	
53	程瑞英	女	1916年10月	高陂镇富岭村	
54	游瑞英	女	1916年10月	培丰镇大排村	
55	邓志英	女	1916年12月	合溪乡合溪街	

【调研活动】

2016年，区老龄委与老年学学会围绕老龄工作的重点、难点和永定社会所关心的人和事开展调研，上送国家老年学会论文9篇，其中获优秀论文奖5篇；上送省老年学会论文11篇，其中获优秀论文奖2篇；上送全国老龄委调研文章1篇。

【扶持基层老龄工作】

2016年年初，下发《加强规范基层老年协会、老年学校、老年活动室建设、加大资金扶持力度的通知》，采取"以奖代补"的方式，对经考评达标的古竹乡蛟塘村老年协会等10个单位，分别给予补助5000元。全年支持老年协会、老年学校、老年活动室建设和"以奖代补"等经费共16.6万元。

【发放高龄津（补）贴】

2016年，为55名百岁老人发放高龄长寿补贴19万余元，为7854名80—90周岁老年人发放高龄津贴477万余元，为1112名90—99周岁老年人发放高龄津贴133万余元，合计发放629万余元。免费发放《福建省老年人优待证》2055人次。

【健全居家养老服务站建设】

为确保全区37个社区（村）居家养老服务站持续健康发展，不断提高居家养老服务工作水平。2016年先后印发《关于建立社区（村）居家养老服务中心（站）提升工作的管理办法》《关于开展社区（村）居家养老服务中心站年度绩效考评工作的通知》《关于在全区社区（村级）居家养老服务站开展"空巢老人"活动的通知》等文件。组织工作人员深入社区督促。在年终对15个社区进行绩效考评。各社区居家养老服务站的生活照料、心理抚慰、健康保健、应急救助、法律援助、文体健身等各项工作正常运作、活动有序。全区15个社区成立志愿者服务队伍54支；志愿者603人，参加结对帮扶志愿者290人；开展关爱空巢老人志愿者服务活动452人次，发放运行经费7.5万元。

【开展"敬老月"活动】

2016年老年节期间，区政府办下发文件，要求各单位、各乡镇（街道）开展"敬老月"活动。区领导带领老龄工作部门人员，慰问百岁老人、老红军和特困老人。活动期间，城区和各乡镇（街道）除召开座谈会外，还组织开展文艺、法律法规咨询、书法、象棋、台球等活动。

·关工委·

【机构和队伍建设】

2016年4月7日—8日，市两办督查组到永定开展关心下一代工作督查，深入金砂乡、金砂乡西田村和创业青年张金汝兴办的养鸡场察看，肯定永定关心下一代工作成效，同时指出工作中的不足和差距。5月份以后，区关工委将党群口总支、政府口总支、老干总支和新成立的供电公司党委、旅游产业党委的关心下一代工作整合归区直机关关工委管辖，并指导区直机关关工委和交通系统党工委对组成人员进行调整。对村级关工委工作开展专项督查。使乡镇（街道）党政加强对村级关工委的重视程度和经费投入，提升村级关工委的工作能力，促进"五好"基层关工委的再创和建设。推动基层成立教育基金或关心下一代基金。要求大的乡镇基金不少于300万元，小的乡镇不少于200万元。同时要求乡镇要发挥"五老"人员的优势，聘请老干部参加基金的筹备和后期管理，考虑将基金与学校和关工委资源整合，补充教育和关心下一代工作投入不足的问题。尝试以党建带关工委建设向民营企业延伸的工作，争取民营企业支持，利用民营企业中建立的党组织、工会、团组织、妇联等各种资源，先考虑多块牌子一套人马，工作开展成熟稳定后再考虑分工分类和进一步拓展延伸。

【开展"党史、国史"主题教育实践活动】

2016年,依托区社会实践基地学校,开展"两史"教育。编印党史国史教育宣传材料1万多份,发给中小学社会实践基地学校的学生阅读,做到人手一份。组织报告团,深入社会实践基地学校开展党史国史宣讲活动,报告团深入挖掘"永定暴动""万源楼""金谷寺"等红色教育资源,将国史党史教育与地方革命史教育紧密结合在一起,编写报告材料,到学校讲课。每周在中小学生社会实践基地安排一场国史党史教育讲座。全年共安排48场次的讲座,受教育学生8800多人。报告团还深入仙师中学、仙师中心小学、胡文虎小学等学校,开展以《传承客家祖训,弘扬客家精神》《走红色之路,做红色传人》《红色小歌仙—张锦辉的故事》等为主题的宣讲活动。通过讲革命故事、讲家规祖训,培养青少年学生爱党、爱国、爱家的情怀。指导中小学开展以"传承中华文化,共筑精神家园"为主题的征文、演讲、讲革命故事及客家楹联家训书法比赛。收到征文628篇,讲革命故事光盘53个,客家楹联家训书法100多幅。协助区委宣传部在湖雷中学设立新的爱国主义教育基地,基地占地1000平方米,有红色文化长廊和将军园2个部分,9月12日举行落成仪式。组织城区6所中小学校开展"童心向党"歌咏展演活动,有12个节目参加展演。开展"三爱"(爱学习、爱劳动、爱祖国)教育活动、把"三爱"教育主题内容穿插进轮训教学内容中。报告团定点到学校作报告,区关爱工作团成员单位在实践基地学校设立展室,搭建政策法律宣传教育的平台。为提升"三爱"主题教育实践活动的效果,协同实践基地学校开展读书征文、劳动竞赛和演讲比赛等活动,每周评比一批普法与"三爱"教育"优秀学员",在学期末对开展活动的学校和优秀学员中的典型代表进行表彰奖励,激励学生的学习热忱。2016年,该校接待40多批次8000余名学生。联系实际指导学校开展"队旗飘飘、红星闪耀"主题活动,以长征为主题的诵读活动、长征颂诗歌朗诵比赛,"铁血长征——福建儿女长征史迹展","传承中华文化,共筑精神家园"演讲比赛,"红色基因,我们传承"演讲比赛,"纪念长征,立志成才,爱党爱国"演讲比赛。组织学生参加清明扫墓、瞻仰革命先烈,参观万源楼、泽东楼、永定暴动遗址、张鼎丞纪念馆以及"重走红军路,寻找先人的足迹"等教育活动。组织城关中学、胡文虎小学,社会实践基地等学校开展国史党史知识竞赛活动。

【关爱青少年弱势群体和特殊群体】

挂钩帮扶和结对帮扶 2016年,对金砂乡西田村的家庭经济较困难的10名青少年开展重点帮扶,开学后送上300—500元的助学金。前往凤城街道龙凤社区开展党员进社区结对挂钩活动。到胡文虎小学与20名家庭贫困的留守儿童开展结对帮扶活动,为每名留守儿童送上200元慰问金。做到每年至少"打一次关爱电话、赠送一本书(或一份礼物)、组织一次家访(谈一次心)、开展一次教育引导(法制、自护、学业、心理教育等)、组织一次慰问活动、帮助实现一个小梦想"等"六个一"行动。同时,组织100名关工委干部与全区100名困难青少年结对子,做到思想上多沟通,学习上多关怀,经济上适当帮助,达到实现帮困、帮智的目的。带动基层党政部门和关工委成员也踊跃开展结对帮扶活动。据不完全统计,全年与青少年结对的帮扶对子超过500对(次)。

筹资助学助困 2016年,资助困难学生246人,发放助学金16.63万元。其中,区关工委牵线的"红军传人助学金"(原名"开国将军后代助学金")资助9人,发放助学金1.6万元。区关爱工作团成员单位也积极开展助学工作,全区助学金额和名额逐年递增。

【帮教安置】

2016年,连续21年前往龙岩监狱、闽西监狱、永定看守所、拘留所进行探监帮教。区政法系统关工委和关爱工作团连续20年坚持下乡开展督查基层普法教育和帮教安置工作。基层关工委人员积极参与人民调解、社区矫正和刑释解教人员帮教安置工作。至2016年年底，全区有28个行业性、专业性人民调解委员会，实现"一条龙"受理、"一站式"服务、"一揽子"解决矛盾纠纷，打造永定红土地大调解服务品牌。社区矫正工作，截至2016年年底，累计接收社区服刑人员1962人，累计解除矫正1564人，在册社区服刑人员398人，重新犯罪7人。其中，2016年新增刑释人员365人，已衔接365人，衔接率100%，安置率100%；列入帮教365人，帮教率100%，无重新犯罪。促进犯罪人员的自我改造和刑释解教人员的就业和重生，促进社会的和谐。

图5：区政法系统关工委和关爱工作团举办帮教报告会

【助推青年创业创新】

2016年，继续开展"讲政治、学科技、育新人、奔小康"活动，进一步深化农村工作示范点创建。对树立的示范点进行跟踪指导，加大扶持力度。对尚未树立示范点的乡镇，由区关工委班子成员采取重点挂钩联系制度，对每个示范点补助5000元工作经费，上半年20个示范点补助经费全部发放到位。同时，继续扩大示范点建设。鼓励有志青年争当创业创新标兵，营造全民创业、万众创新的社会氛围，把农村老干部、老教师、老乡医、老模范、老军人、老致富能手组织发动起来，做好青少年"扶志"与"扶智"工作，提高农村青少年思想道德和科技文化教育素质，为创业青年提供精准服务、特色服务、专业服务，助推青年创业创新。

图6：青年创业者张曲平

·老体协·

【区老体协第七次代表大会】

2016年3月11日，召开区老体协第七次代表大会，主席李伟春作工作报告，区委常委、组织部长王小庆作重要讲话，副区长赖秀金出席会议。会议表彰教育系统、经贸系统等13个2011—2015年老年体育工作先进单位，坎市街社区等18个省、市、区老年人健身康乐家园授牌单位，吴宏谋等44位先进工作者；审议、修改《区老体协章程》，选举以李伟春为主席，钟壮材、范荣仁为常务副主席，江培太、廖建房、邱香才、赖朝江、赖林源、郭鸿、饶耀途为副主席，张琼梅为秘书长、江新良为副秘书长，丁奕楼等72人为委员的新一届老体协班子。

【区直、乡镇两级老体协班子建设】

2016年，与组织、老干等部门的沟通，通过换届、选补等形式，推荐和动员一批年富力强、热心公益事业的退休人员充实各级老体协领导班子,同时开展基层老体协主席、常务副主席的培训,提高其履职能力和服务水平。

【全面启动"老年人健身康乐家园"创建活动】

2016年,根据省、市老体协的部署,联合区文体广新局、文明办、老龄办下发《关于开展创建"老年人健身康乐家园"活动意见》,从2015年开始到2020年,在全区乡镇(街道)、村(居)和行业系统老体协基层组织中开展创建"老年人健身康乐家园"活动,要求到2020年年底创建率达80%,示范点达40%以上,老年人体育健身人口达65%以上。区老体协在抓好2015年第一批试点(24个村居)的基础上,进一步带动周边村(居)开展创建活动。

7月14日,区文体广新局、老龄办、老干部局、老体协联合开展乡镇(街道)村(居)创建"老年人健身康乐家园"活动检查工作。分4个检查组分赴20个乡镇(街道)49个村(居)进行检查,对首批被授牌的18个村(居)进行"回头看",对2016年29个拟达标村(居)进行调研,指导开展创建工作。

7月26日,市老体协主席黄伍金一行到永定调研农村老年体育工作和"老年人健身康乐家园"创建工作。8月30日,省老体协主席王美香、副主席马义英、秘书长兰福生、副秘书长林章骏一行到永定,就乡镇(街道)村居老体工作及"老年人健身康乐家园"创建工作进行调研。对永定老年体育工作的开展表示满意,特别是部分乡镇、村(居)文艺队、腰鼓队、广场舞开展得比较活跃,老年人的精神面貌良好,总体工作开展不错,但也存在普遍性的活动项目老、旧、传统,新项目推广力度不够,老年人精神文化生活还不够丰富等问题,"老年人健身康乐家园"创建工作虽已在全区24个乡镇(街道)启动,首批还支持每个村(居)1000元的启动资金,但验收力度还不够。

2016年,有29个村(居)申报创建"老年人健身康乐家园"。区老体协坚持"六有标准"(有一个好的班子,有一支好的队伍,有一个好的经费保障,有形式多样的载体和丰富多彩的健身活动,有功能适用的健身场所,有完善的管理),并细化成29项指标,开展年终"老年人健身康乐家园"检查验收。由区文体广新局、文明办、老龄办、老体协联合下文,召开协调会,组成联合检查验收组,开展2016年度创建活动的检查验收。

【开展老年人体育健身项目大联动】

2016年,开展老年人体育健身项目大联动,举办节庆日广场文体健身系列展演;在城区春霭园开展"月月有演出"活动;组队和发动区直、乡镇(街道)老体协参加全民健身运动会社区广场舞比赛;区老年活动中心坚持"天天有活动,月月有交流";开展区乡老体协挂钩联谊、交流、展示活动;区教育、林业系统老体协、拳剑气功专项小组下乡和抚市、仙师等挂钩乡镇开展联谊交流、展示活动;举行2016年区老年人门球比赛。

【对外交流联谊活动】

2016年5月17日,坎市镇老体协门球、气排球男女队到永定开展交流活动。6月3日,与市教育老体协气排球、门球队交流。教育系统门球队前往浙江省杭州参加第二届"澳创杯"门球争霸赛,龙潭镇老体协请专业人员开展健身腰鼓培训,并组织腰鼓队前往江西开展交流。

【健身拳剑气功专项小组成立】

2016年,成立区健身拳剑气功专项小组,派3名成员参加市老年人太极拳剑辅导员培训班,开展区级培训班,举行"兴业伴我行——健身拳剑气功展示"。

·红十字会·

【宣传活动】

2016年，区红十字会加大应急救护知识和技能的普及宣传工作力度，经常深入机关、企事业单位、社区、乡镇（村）卫生院（室）、学校和易发生意外伤害的行业，普及初级卫生救护知识，向广大民众传授意外伤害和自然灾害的现场救护知识，不断提高民众在应急条件下的应急救援能力和水平。在人口集中的沿河路春霭园设立户外灯光宣传栏，张贴大型公益性宣传材料12期，内容涵盖省政府办公厅《关于完善城乡居民医疗救助体系实施意见》、志愿者和红十字青少年爱心服务活动、红十字"急救"掌上学堂、红十字示范校体验式生命教育活动、纪念"5·8世界红十字日"踩街游行活动、永定"红土义警"文明交通志愿服务队启动仪式等9个专题。编印《永定红十字信息》12期，刊发信息43条，其中在《人民网》《光明网》《中评网》《中国文明网》《今日头条》《福建日报》《福建之窗》《海峡网》《闽西日报》《闽西新闻网》《永定新闻网》等报刊媒体刊发信息42条次，在省、市、区电视台播放信息20余条次。筹措经费2万余元，向红十字总会认购新版《救护员指南》培训教材500册，编印应急救护常识读本《急救手册》5000册，利用"5·8世界红十字纪念日""世界急救日""福建爱心公益日"等活动日，免费发放给公众阅读。

【应急救护培训】

2016年，先后在区供电公司、永定卫校等单位开展应急救护知识培训活动9期，参训476人次，考核合格440人。同时，分别在侨钦中学、永定二中、永定三中、区中小学生社会实践学校等学校开展体验式生命教育活动56场次，参与体验2640人。8月，举办武警官兵和执法人员急救培训班，参训38人。9月，举办纪念第17个"世界急救日"和幼儿教师急救培训班，参训220人。通过应急救护知识培训与应急救护演练，进一步提高公众面对自然灾害的应急处置能力。

【人道救助】

2016年，区红十字会持续开展救灾、帮困、助学活动，发挥红十字会在政府人道主义救助方面的助手作用，完成报批省红十字大病救助124人、市红十字大病救助23人，分别获得省、市大病救助金160万元和3.4万元。开展"走基层、送温暖、献爱心"活动，利用龙岩市委组织部"党员e家"平台，融入"党员进社区为群众服务"活动。1月26日，组织13名志愿者前往武平麻风村、市皮防院慰问麻风病患者24人，送上1000元慰问金和大米、食用油、棉被、年货等价值5000余元的慰问品。对全区患大病的困难家庭实施救助，共发放大病救助款101.5万元。开展"天使阳光基金"和"小天使基金"救助申报，全年申报救助对象5例，获得救助金17万元。开展社会倡议募捐救助活动，向社会发放倡议书1200余份，先后为6名白血病、尿毒症患者募集善款60余万元。与此同时，开展"红十字博爱送百家"活动，春节前夕自筹2万余元，为60余户困难家庭、造血干细胞捐献、遗体（器官）捐献志愿者及家属送上慰问物资。

【无偿献血】

2016年，区红十字会协助市、区卫计部门推动无偿献血、干细胞捐献、遗体（器官）捐献宣传工作，先后协助市、区血站在永定开展义务献血活动6次，献血总量3万余毫升。

【红十字志愿服务活动】

2016年春节前夕，联合4家爱心单位，先后前往岐岭乡敬老院、湖雷镇敬老院、永定特校开展献爱心活动，内容包括送图书、送牛奶、送热水袋、搞卫生、义诊等；同时，组织人员慰问遗体

（器官）捐献、造血干细胞捐献志愿者和家属。3月，组织13名红十字志愿者参加义务植树活动。7月，组织红十字志愿者开展"两学一做"教育实践活动和"血液连接你我"无偿献血活动。11月，组织红十字志愿者开展国际马拉松赛急救服务活动。12月，组织红十字志愿者开展第十个"福建爱心公益日"活动。全年先后组织红十字志愿者开展公益活动19场次。

·慈善总会·

【慈善资金募集】

2016年，区慈善总会从实际出发，不断创新筹募形式，拓宽筹募渠道，发挥政策优势，通过加大宣传力度、加强跟踪服务等措施，募集善款（含虎岗、高陂、坎市、培丰4镇）975.83万元。其中，捐资50万元以上的有福建烟草工业慈善基金会400万元、胡文虎基金会（福建）200万元、深圳爱迪尔珠宝股份有限公司董事长苏日明130万元、厦门金腾装饰有限公司董事长卢彩金95万元。

【争取慈善项目资金】

2016年，做好重点项目的跟踪落实。区慈善总会加强与港澳台同胞、海外侨胞的沟通联系，多方筹集善款，兴办医疗卫生事业，兴建下洋医院综合诊疗大楼，年底，大楼主体工程完工。坎市彩金实验小学建设项目，由北京龙岩商会会长、厦门金腾装饰有限公司董事长卢彩金捐资1200万元（其中2016年95万元），2016年7月29日落成剪彩，9月正式投入使用，计划招收36个教学班，可同时容纳1500余名小学生就近就学，缓解该镇小学就学压力，改善办学条件。

【慈善资金使用】

2016年，区慈善总会策划生成一批更贴近民生、解决困难群众实际问题的项目，组织实施各类救助项目30个，支出善款1573.4975万元，受惠3.85万人（次），救助范围和受助人数进一步扩大。

慈善助医 区慈善总会设立"重特大病造成生活困难救助金"，制定出台《龙岩市永定区慈善总会关于重特大病救助的实施意见（试行）》，明确规定救助范围、标准和程序，对患有恶性肿瘤、尿毒症、白血病等12种重特大疾病的对象给予救助。2016年，经审核，对符合救助条件的199名申请对象进行救助，累计发放救助款72.2万元。

慈善助学 区慈善总会制定出台《关于资助特困大学本科新生的试行办法》，设立慈善助学专项资金，每年资助一批品学兼优的贫困大学本科新生入学。2016年筹措助学金32万元，资助80名特困本科大学新生；金叶慈善基金捐资助学贫困学生5.3万元；采善堂慈善基金资助贫困学生10万元，黄銮彩捐资资助抚市中学贫困学生2万元。救助高中在校孤儿32人，每人1200元，共发放慈善助学金3.84万元。

慈善抚慰 2016年元旦、春节期间和《中华人民共和国慈善法》颁布后第一个"中华慈善日"期间，市慈善总会、区政府领导同区慈善总会工作人员一起，走访慰问百岁老人、抚慰救助分散居住的80岁以上鳏寡老人、特困重大疾病患者、当年遭受天灾人祸的特困户、贫困母亲，共计抚慰救助284人（户），发放救助款37.1万元；对失独家庭慰问支出5.06万元。

【传播慈善文化】

2016年，学习、贯彻、宣传《中华人民共和国慈善法》，弘扬中华民族传统美德，激发全社会关心慈善、参与慈善的热情，在9月5日首个"中华慈善日"前后，区慈善总会在永定电视台《永定新闻》栏目和城区政务宣传栏宣传《中华人民共和国慈善法》的施行；准备130本《中华人民共和国慈善法》单行本，分发至区直各部门和全区乡镇（街道）工作人员学习；将该法列入2016年度永定区公职人员学法考试内容，编入学法教材。

附：接受捐款账户

账户名称：龙岩市永定区慈善总会

1.账号：9090 4100 1001 0000 0727 65

　开户行：永定区农村信用合作联社营业部

2.账号：3500 1697 2070 5250 3754

　开户行：建行福建省永定区支行

3.账号：1373 0101 0400 1063 2

　开户行：福建省龙岩市永定区农业银行

图7：2016年1月，副区长阙洲荣和会长吴宏谋在陈东慰问百岁老人

图8：2016年1月，市慈善总会秘书长林国灯（右一）在合溪慰问患重特大疾病家庭

·客家联谊会·

【"客家基本知识宣传年"活动】

2016年年初,省客联召开全体理事工作会议,把2016年定为"客家基本知识宣传年"。永定客联对客家基本知识进行宣传,组织有关人士参观土楼博物馆,使他们更加了解客家文化;并将《客家简明读本》一书送至全区各中小学,让永定年轻一代从小就对客家的基本知识有所了解。出席省客联和闽西客联有关会议,接受省、市客联的工作指导。闽西客联出版《守望·探索》一书,永定客联积极参与支持,理事胡大新选送论文6篇,理事苏志强选送论文、文史资料10余篇,理事王贵垣选送论文、文史资料、文学作品10余篇。

【联谊接待】

2016年,永定客联接待5批外地客联会人员参观永定客家博物馆。4月24日,接待三明市将乐县客联副会长兼秘书长一行46人。11月1日,接待河南省信阳市福建商会会长、客联执行会长陈承海一行3人。11月15日,接待广东省河源市客联会会长刘学良一行10人。11月21日,接待三明市宁化县客联副会长张万福一行6人。12月17日,接待三明市梅列区客联会会长林敬德一行10人。

【参加祭祀大典】

2016年10月15日—17日,永定客联以会长郑新彩为团长一行5人,先后参加在宁化县石壁举行的第22届世界客家石壁祖地祭祖大典和在长汀县城举行的公祭汀江客家母亲河大典。15日上午,石壁祭祖大典在石壁客家公祠举行,海内外60多个客属社团及各界人士3000余人参加。郑新彩作为嘉宾代表为祭坛上香敬酒。16日上午,公祭汀江母亲河大典在长汀县城举行,海内外41个客家社团800余人和长汀县33个姓氏祭祖团共计2000多人参加,郑新彩代表永定代表团向客家母亲塑像敬献花篮。活动期间,永定代表团还参加《孙中山台湾足迹》一书首发式。

人力资源 社会保障 民政

·人力资源和社会保障·

【基层平台建设】 2016年,开展基层劳动保障平台标准化建设,年底前,按国家标准完成抚市、古竹、西溪等乡镇劳保所办公场所的装修,总投资17万元。

【行政审批制度改革】 2016年,开展行政权力、公共服务事项清理,完成行政权力清单、公共服务事项清单、责任清单三张清单梳理,绘制行政权力运行流程图,制定审查工作细则。承接落实上级取消、下放事项,公布前置审批和中介服务事项清单,实行前置审批和中介服务事项清单管理。制定推广随机抽查机制规范事中事后监管实施方案,加强事中事后监管,建立"双随机"(随机抽取检查对象、随机抽取执法检查人员)抽查制度,开展双随机抽查,防止管理"真空"和监管"缺位"。

【就业和再就业】 落实就业目标责任 2016年年末,城镇登记失业率2.55%,控制在市定目标4.3%以内。城镇新增就业1650人,完成任务的110%。城镇失业人员实现再就业1063人,完成任务的106.3%。其中,城镇就业困难人员351人,完成任务的109.69%。新增农村劳动力转移就业9580人。

落实就业创业工作措施 运用电视、微信、宣传手册等各类传媒平台以及基层劳动保障服务机构,开展就业创业政策宣传。开展"新春劳务供需见面会""春风行动""校企对接专场招聘会"等多场就业服务活动,免费开展职业指导、职业介绍服务。落实企业稳定岗位补贴,发放稳岗补贴119.19万元。落实社会保险补贴,向3418名就业困难人员发放社会保险补贴714万元。助力精准扶贫,制定精准就业扶贫工作实施方案,对登记建档的贫困户进行普查,为建档立卡贫困户提供免费的职业技能培训,445名建档立卡贫困户参加肉鸡养殖、养蜂技术、蜜柚种植等农村实用技术培训。落实"三支一扶"(支农、支教、支医,扶贫)计划,做好人员招募和管理,有49名在岗"三支一扶"生,其中,2016年新招募24名。加强流动人员人事档案管理服务,接收毕业生档案1494份。

提高劳动力职业技能素质 2016年,组织农村劳动力职业技能培训3016人次,组织开展职业技能鉴定675人。

【干部人事制度改革】

2016年，落实公务员录用、登记、培训、考核、任免、奖惩等政策。全区（不含经开区4个镇）7446名（其中，教育系统3759名）机关事业单位工作人员参加年度考核，其中，1222人取得优秀等级，受党纪政纪处分办理工资变动7人、开除公职4人，机关事业单位工作人员请病假52人。规范事业单位公开招聘及人事调配管理，招聘中小学、职业学校、特殊教育学校教师114人；组织卫生技术人员招聘考试，招聘84人；招聘其他区、乡事业单位工作人员36人。加强事业单位职称管理，完成事业单位第三轮岗位聘用工作。做好专业技术职务资格预审和推荐，推荐高级职称资格33人、中级112人、初级151人参加评审。进一步深化教育系统职称改革，完善教育系统职称激励办法。加强退休干部管理，全年退休175人。落实退休干部高龄补贴、高龄住院护理费、死亡抚恤金、遗属补助等生活待遇。

【企业职工基本养老保险】

2016年，继续提高企业离退休人员待遇，1月1日起，养老金月人均增加148.29元，调增后月人均养老金2168.07元。

实现养老保险待遇的网银化直发，退休人员可以享受境内ATM跨行（带银联标识）取款免手续费、免收个人账户管理费等多项减免费用优惠。区网银直发人数1011人。

2016年，全区企业职工养老保险参保单位2124户，参保37814人。征收基金15448万元，比上年增收1625万元。支付养老金6676人17198万元，比上年增支959万元；支付金额占征收金额的111%。

【机关事业单位工作人员养老保险】

2016年，推进机关事业单位养老保险制度改革。全区机关事业单位养老保险参保单位288户，参保11146人；征收基金22781.97万元，比上年增收312.97万元。12月，设立职业年金财政专户，征收4640.25万元。离退休人员5161人，支付养老金23581.11万元，比上年增支1764.15万元；支付金额占征收金额的103.23%。

建立机关事业单位离退休人员基本养老金正常调整机制，1月1日起，养老金月人均增加273元，调增后月人均养老金3800.13元。

【城乡居民基本养老保险】

提高城乡居民基础养老金标准，2016年7月起，从每人每月110元提至125元。推进新老农保制度衔接过渡，老农保参保人员15220人；2016年衔接过渡9951人，完成率65.38%。

2016年，全区城乡居民基本养老保险参保232949人，基金收入13258.65万元，66217人领取养老金、丧葬补助金等待遇10252万元，支付金额占征收金额的77.33%。

【城镇职工基本医疗保险】

2016年，按市级部署，调整城镇职工医保待遇支付政策，拉开不同级别定点医疗机构报销比例，推进付费方式改革，单病种付费试点病种数102个。城镇职工基本医疗保险统筹基金最高支付限额由上年的8万元调整到9万元，超过统筹基金最高支付限额以上部分，由商业保险公司赔付90%，最高补充赔付20万元。

7月起，全区在岗职工医疗保险缴费基数月最低缴费工资由2477元调整为2772元，月最高缴费工资由12385元调整为13860元。下岗及灵活就业人员月缴费工资由2058元调整为2239元；达到法定退休年龄的参保人员缴费年限不足25年的，补缴金额由2080.68元/年提高至2328.48元/年。

2016年，全区城镇职工基本医疗保险参保单位594户，参保39765人。征收基金16362万元，比上年增收2149万元。支付医疗待遇12571万元，比上年增收2596万元；支付金额占征收金额的77%。

扩大社会保障卡使用范围，实施城镇职工医疗保险个人账户资金用于购买健身服务、购买与基本医疗保险相衔接的商业补充保险、为直系亲属及精准扶贫对象缴纳基本医疗保险费。

【城镇居民基本医疗保险】

2016年，全区城镇居民基本医疗保险参保119819人，缴费标准为个人缴费120元、政府补助从380元提至420元。全年基金征收5821万元，支付待遇3984万元。根据《龙岩市永定区人民政府办公室转发龙岩市人民政府关于城乡居民基本医疗保险政策一体化实施意见的通知》（永政办〔2015〕185号），2016年实施城乡居民基本医疗保险市级统筹，城乡居民基本医疗保险费按不同级别医疗机构和不同报销比例进行补偿。具体住院报销比例为：一级医院起付线100元，报销比例90%；二级医院起付线500元，报销比例75%；三级医院起付线800元，报销比例45%；转统筹区外医院起付线1000元，报销比例35%。住院年度最高支付10万元。

【公务员医疗补助】

2016年，根据永定区公务员医疗补助征收和基金结余情况，调整公务员医疗补助待遇。对区内享受公务员医疗补助对象实施三次补偿。全年征收公务员医疗补助金3744万元，同比增加504万元，比增16%；支出3564万元，同比增加648万元，比增22%。

【工伤保险】

2016年，推进工伤保险扩面征缴，深入推进"同舟计划"的实施，力争建筑业新开工项目从业人员实现全员参保。不断扩大各种职业人群工伤保险覆盖面。7月1日起，永定区工伤保险参保职工月缴费基数调整，不得低于龙岩市2015年职工月平均工资4620元的60%，即2772元；不得高于龙岩市2015年职工月平均工资4620元的300%，即13860元。全区工伤保险参保单位726户，参保35647人；2016，作出工伤认定391人（其中，工亡14人），同比增加115人，不予认定工伤1人。征收基金1346万元，比上年减少262万元；支付待遇1582人2806万元，比增396万元，支付金额占征收金额的208%。

【生育保险】

2016年，全区参加生育保险36735人；征收基金482万元，比上年减收37万元；支付待遇710人509万元。受计生"二孩"政策等影响，生育保险基金支出金额明显上升，比2015年增加264万元；支付金额占征收金额的106%，首次出现当年收不抵支现象。

【失业保险】

2016年，全区参加失业保险单位608户，参保34886人。征收基金701.25万元，比上年减收218.55万元。支付失业保险金（含缴纳医保费）4602人次499.11万元，同比增支60.34万元；支付金额占征收金额的71.07%。

【被征地农民社会保障】

2016年，审查土地报批项目9个批次，涉及养老保障2099人，预留保障资金1610万元。为10351人发放被征地农民养老补助金1546.28万元。

【全民参保登记】

2016年，根据《龙岩市永定区人民政府办公室关于开展"全民参保登记计划"的通知》（永政办〔2016〕168号）要求，开展全民参保登记工作，总体目标是基本养老保险覆盖全体职工和适龄城乡居民，基本医疗保险覆盖全民，失业保险、工伤保险、生育保险基本覆盖所有法定群体，实现各类人员参加社会保险制度的权利公平、机会公平、规则公平。全民参保登记计划应入户调查134957人，已入户调查90596人，入户调查完成率67.13%。

【落实老年生活保障金】

2016年，发放无力参保的县及以上集体企业职工老年生活保障金88人，发放金额55.39万元。根据闽人社文〔2013〕139号文件，做好未参保高龄职工老年生活保障金发放工作，至12月底发放12人，发放金额7.08万元。

【发放老年高龄津贴】

2016年，全区8238名80至89周岁老年人（离退休干部职工除外）领取高龄津贴每人每月50元，共计476.66万元；1131名90至99周岁老年人（离退休干部职工除外）领取高龄津贴每人每月100元，共计133.85万元。合计发放高龄津贴610.51万元。

【社保基金监管】

2016年，配合市人社局对社保经办机构内部控制制度进行检查，健全完善内控制度。按社保基金监督要求，对工伤、生育保险业务开展现场监督。与公安部门联动，建立社会保险欺诈案件查处和移送制度，移送1起案件到公安部门立案调查，涉及人数1人，涉案金额11.6万元。

【收入分配改革】

2016年，落实机关事业单位工资正常调整机制，调整全区8562名机关事业单位在职人员和75名离休人员（含"5·12"干部）基本工资标准，在职人员月人均增资356元，其中机关（含参公事业单位）月人均增资303元，教育事业月人均增资423元，其他事业单位月人均增资301元，离休人员月人均增资450元。县以下机关公务员职务与职级并行工作有序进行，审批964人，其中，副处升正处2人、正科升副处139人、副科升正科227人、科员升副科596人。全区379名人民警察提高衔称津贴标准，月人均增758元。根据省人社厅《关于机关事业单位从非公有制单位和临时工中招（聘）用的工作人员工龄计算等有关问题的通知》（闽人社文〔2016〕133号）精神，做好从非公有制单位和临时工中招录人员的工龄认定工作，对工资相应要做调整的，给予及时调整。

严格执行工作人员病事假工作标准，全年执行病事假工资45人。开展规范公务员津补贴和事业单位绩效工资督查工作，2016年对22个区直单位开展督查。

加强企业工资宏观调控。组织开展企业薪酬调查工作，调查样本企业41户。推进国有企业负责人薪酬制度改革，规范国有企业负责人薪酬。加强最低工资标准的调查研究，组织全区20家具有代表性的企业问卷调查，为下一步最低工资调整做好准备。

【和谐劳动关系】

2016年，开展和谐劳动关系企业创建，全区百人以上非公企业和谐劳动关系创建率86%，推荐龙岩卷烟厂永定分厂申报省级和谐劳动关系企业。贯彻落实劳动合同制度，劳动合同签订率96.8%。

加强劳动保障监察执法，以开展"无欠薪项目部"解决企业工资拖欠问题创建活动为抓手，通过开展日常巡查和专项检查，预防和纠正用人单位克扣、拖欠劳动者工资的行为，维护劳动者的劳动报酬权益。据统计，全年巡查企业280家，涉及职工11295人；查处群众投诉、举报案件32件，涉及职工560人，为劳动者追回被拖欠工资1860.85万元，案件查处结案率达100%。

【劳动争议调解仲裁】

2016年，加强仲裁员队伍建设，专职仲裁员由2名增至4名。办理劳动争议案件167件，其中，调解111件，调解率66.47%，时限内结案率100%。

·民 政·

【救灾救济】

2016年，永定先后遭受3月21日—24日、6月14日—16日的洪涝，4月10日的冰雹，台风"尼伯特""莫兰蒂""鲇鱼"等灾害。24个乡镇（街道）19714人受灾，农房倒塌15户26间，损坏193户589间，农作物受灾1858.7公顷，绝收602公顷，直接经济损失3859万元。灾情发生后，永定做好救灾工作：在启动救灾应急预案期间，电话保持通畅，做到工作人员随叫随到；民政办人员深入受灾一线查核灾情，及时汇总，实行24小时零报告制度。执行"双值班"制度，局机关和救灾救济股（区救灾仓库）均24小时安排人员值班，领导带班；与商家预定各类救灾应急物资。同时派出工作组到受灾较严重的乡镇核实灾情，指导抗灾救灾，妥善安置受灾群众。及时核实并在国家自然灾害灾情管理系统上报灾情。元旦、春节期间共发放五保户、孤儿救助物资衣服2335套，棉内衣2335套，布鞋2335双，棉袜4670双。为应对1月下旬的突发寒潮天气，给五保户等困难群众发放棉被2030床，棉大衣255件。全年对355户因病、因灾等导致家庭基本生活难以维持的困难家庭给予救助，发放救助金132.1万元。与区财保公司签订2016年农房统保协议，会同区财保公司查勘受灾农房359户，核定理赔额126.11万元。

【"五保"供养】

2016年，出台《龙岩市永定区人民政府关于提高城乡低保标准和特困人员供养标准的通知》（永政综〔2016〕44号），从1月1日起，全区农村五保供养标准调整为：分散供养每人每月588元，集中供养每人每月706元，分别比上年提高52元、63元。至年底有五保对象1950人，其中，集中供养248人、分散供养1702人；全年发放五保资金1448.13万元。

【养老院建设】

2016年，推进农村幸福院项目建设，探索农村互助养老新模式和长效机制，解决可持续运行发展问题。全年上级下达6个建设任务，建成并验收的5个：城郊镇古一村幸福院、湖雷镇增瑞村幸福院、岐岭乡蒲山村幸福院、抚市镇五湖村幸福院、抚市镇溪联村幸福院，古竹乡古竹村幸福院正在建设。完成坎市敬老院、下洋敬老院公建民营改革。福利中心二期工程6月底封顶，年底尚在内部装修阶段。该工程建成后，可提供300个床位。

【居民最低生活保障】

2016年1月1日起，农村低保标准由家庭年人均收入2300元提至2650元，城市低保标准由家庭月人均收入420元提至492元。7月份起，城市低保提至517元，农村低保标准提到家庭年人均收入3026元；城市"三无"人员（城市居民中无劳动能力、无收入来源、无法定赡养或抚养人的人员）分散供养标准由每人每月546元提到640元，集中供养标准由每人每月655元提至768元。全区城市低保对象147户203人，年发放低保金128.4429万元；农村低保对象2730户6163人，年发放低保金1047.6739万元。

【优抚安置】

2016年，探索建立有利于落实优抚安置对象的保障机制、服务机制和激励机制，不断提高优抚安置工作水平。执行省民政厅、财政厅《关于提高部分优抚对象抚恤补助标准的通知》。永定优待抚恤补助标准均高于部、省颁发标准，全年发放优抚对象各类优待抚恤补助1932.0397万元，发放各类优抚对象优待金630.83万元。八一、春节期间，统筹安排做好慰问工作，按每人200元标准将重点优抚对象慰问金下拨到个人账户，合计发放慰问金39.56万元。全年发放2015年夏秋季入伍高校生一次性奖励金共52人12.1万元。帮助重点优抚对象解决生活、住房、就医难问题。采取每年免费缴交新农合、安排一次免费健康体检、实行大病医疗补助、到山区免费送医送药等措施，提高优抚对象医疗保障。全年全区优抚对象享受新农合参合费14.64万元；门诊补助21.96万元；免费体检共拨付19.3万元；享受医疗救助、补助1072人次，补助金额105.8万元；免费送医送药1.7万元。继续实施重点优抚对象住房困难补助政策，全年解决32户重点优抚对象住房困难问题，发放补助资金46万元。

2015年秋、冬季，全区共接收退役义务兵134人，复员士官48人（一期士官29人、二期士官15人、三期士官4人），转业士官6人，共计188人。其中，6名转业士官由政府安置工作并发放待安置期间生活费共计1.7712万元；其余182名退役士兵、复员士官实行自主就业，给予一次性经济补助，发放一次性自主就业经济补助金515.2345万元，完成全年退伍安置任务。

【双拥工作】

2016年，加大双拥工作宣传力度，利用永定新闻网、《今日永定》杂志、永定电视台、永定生活和永定教育微信公众号等媒体进行宣传，狠抓国防教育关键领域和依托重要节日，开展宣传活动，营造双拥氛围。重视军民融合发展。将驻军基础设施建设纳入全区整体规划，统筹安排，在征地拆迁、建设审批、供电供水等方面给予重点倾斜。区财政拨出专款用于部队配置基础设施、文化设施、训练设施及补贴驻永部队"菜篮子工程"，支持部队建设，并将消防大队营区规划纳入改造建设工程。

驻永定部队在八一、春节期间，邀请区直单位驻地的乡、村干部和群众到部队联欢。组织"雷锋兵""义务劳动志愿兵"等，深入到重点优抚对象、五保户、区光荣院、福利院做好事，办实事。据统计，年内部队出动人员和车辆，并投入6.3万元经费支持区内精神文明建设，参加公益事业建设5项。

八一、春节期间，统筹安排做好慰问工作，春节期间走访慰问光荣院院民和部分困难优抚对象53户，发放慰问金4.24万元，为全区优抚对象送去年画、对联22815份，省及市制作年画10012份，新春慰问信15318份，为1—4级残疾军人、烈属、新中国成立前老复员军人发放春节慰问品161份。全年为龙岩市军分区、人武部、消防大队、武警中队送去慰问品、慰问金总计金额24.5万元。

【城乡医疗救助】

2016年，出台《永定区城乡医疗救助规定》，将建档立卡贫困户、计划生育特殊家庭等对象列入医疗救助范围。全额资助全区农村最低生活保障对象参加新型农村合作医疗16365人、共196.38万元，重点优抚对象1220人、共14.64万元；协助城市最低生活保障对象参加城市居民基本医疗保险912人、共10.9万元。同时，对救助对象享受的医疗救助金实行社会化发放，提高医疗救助时效性。全年医疗救助10004人次，发放救助资金848.28万元；发放重点优抚对象医疗补助金118.87万元。

【流浪乞讨人员救助】

2016年，救助管理工作坚持24小时值班，全天候开展救助服务，全年救助流浪乞讨人员789人次，其中，主动进站求助761人次，经救助后均自主返乡；护送进站求助2人次，经寻亲后护送返乡1人次、亲属接领返乡1人次；接收永定籍外出流浪乞讨人员4人次，均护送返乡并妥善安置；开展街头、路面巡查19次，主动救助流浪乞讨人员22人次，其中，送医救治2人次。

【基层民主政治建设】

社区建设 2016年，开展和谐社区建设及党员干部进社区活动，发挥龙凤示范社区的引导、辐射和带动作用，提升和谐社区建设水平；进一步拓展社区综合服务，指导龙角社区综合服务站建设；加强以社区综合服务为主体、各类专项服务相配套的社区公共服务设施建设、重点发展非营利性的社区服务，倡导社区志愿服务，完善资源共享机制，引导社区内企业事业单位开放服务设施，提高服务资源的社会化程度。配合市民政局做好考试审核择优入选7名高校毕业生作为社区服务生，按要求分别安排到凤城街道各个社区居委会上岗。

提高村（居）主干经济待遇　2016年1月1日起，全区村书记、主任的补助从每人每月补助600元提至1000元；其他村干部的补贴标准从每人每月500元提至600元；社区书记、主任补贴提高到每人每月1845元，其他社区干部的补助标准提至每人每月1599元。为加强基层组织建设，提升社工服务能力，下拨2015年和2016年社区居委会运转补助经费146万元。全区离任村（居）主干养老补助875人，总计补助金额68.6万元，其中，市财政年补助资金26万元。同时，对男满60周岁以上、女满55周岁以上的离任村主干生活补助标准，由每任职满1年每月给予补助5元提至10元。

【社会行政事务】

婚姻登记　2016年，办理结婚登记3972对（其中涉外登记12对），离婚登记1126对，补发结婚证1082对（其中涉外1对），补发离婚证121人。

收养登记　严格依法登记、依法收养，做好收养登记档案整理、立卷，维护合法的收养关系，全年依法办理收养登记6件。

农村留守人员管理　2016年，为贯彻落实《国务院关于加强农村留守儿童关爱保护工作的意见》（国发〔2016〕13号）精神，加强农村留守儿童关爱保护工作，区政府统一安排部署，由民政局负责，教育部门、公安机关协助配合。民政局指导乡镇政府（街道办事处）全面开展摸底排查，督促乡镇政府（街道办事处）指导村（居）民委员会开展摸底排查并及时接收汇总摸底排查信息，建立翔实完备、动态更新的农村留守儿童信息库。至年底排查留守儿童4119人，留守妇女726人，留守老人7258人。

民间组织管理　2016年，有各类民间组织325个，其中，新成立民间组织33个（社会团体15个，民办非企业单位18个）；有237家社会组织应参加2015年度检查，其中，社会团体122家、民办非企业单位115家，全部通过年检。

表10　　　　　　　　　　2016年永定区新成立的社会团体一览表

社团名称	法定代表人	类别	登记日期
龙岩市永定区扶贫小额信贷促进会	江秀珍	联合性	2016年4月6日
龙岩市永定区城郊镇万美村助学奖学协会	童文捷	联合性	2016年6月6日
龙岩市永定区大溪乡农作物病虫统防统治专业技术协会	游振良	联合性	2016年6月6日
龙岩市永定区特色产品协会	林丰恒	学术性	2016年6月20日
龙岩市永定区二胡协会	吴晓雷	专业性	2016年6月20日
龙岩市永定区坎市镇美食协会	卢达洪	行业性	2016年6月28日
龙岩市永定区农业产业化发展交流协会	巫爱林	学术性	2016年7月18日
龙岩市永定区红土地公益协会	俞秀群	联合性	2016年7月26日
龙岩市永定区乌鸡养殖专业技术协会	赖炳利	专业性	2016年8月22日

人力资源 社会保障 民政

续表

社团名称	法定代表人	类别	登记日期
龙岩市永定区社会工作者协会	连萍华	联合性	2016年9月8日
龙岩市永定区湖坑镇土楼宣传员协会	林建宏	联合性	2016年10月17日
龙岩市永定区客家特色食品开发交流协会	张 聪	学术性	2016年10月17日
龙岩市永定区大溪乡奖教助学协会	游瑞枫	联合性	2016年10月24日
龙岩市永定区坎市镇书法协会	卢荣东	联合性	2016年10月27日
龙岩市永定区堂堡乡教育发展协会	阙石洪	联合性	2016年11月23日

表11　　2016年永定区新成立的民办非企业单位一览表

社团名称民办非企业单位名称	法定代表人	类别	登记日期
龙岩市永定腾飞(龙角)幼儿园	苏华娣	法人	2016年1月18日
龙岩市永定区高陂金色阳光幼儿园	张玉荣	法人	2016年1月27日
龙岩市永定区抚市未来星龙幼儿园	王 巧	法人	2016年2月1日
龙岩市永定区高陂育才幼儿园	王启花	法人	2016年2月24日
龙岩市永定区龙潭东方龙幼儿园	姜清书	法人	2016年3月15日
龙岩市永定区天天乐幼儿园	江灿光	法人	2016年4月21日
龙岩市永定区进步幼儿园	黄海娘	法人	2016年5月5日
龙岩市永定区新世纪幼儿园	姜秋华	法人	2016年5月13日
龙岩市永定区加加幼儿园	曾小飞	法人	2016年5月25日
龙岩市永定区侨荣基地幼儿园	李 军	法人	2016年7月28日
龙岩市永定区熊猫篮球俱乐部	张应荣	法人	2016年8月29日
龙岩市永定区培丰镇梦想幼儿园	吴晓燕	法人	2016年9月7日
龙岩市永定区洪山第二幼儿园	李 红	法人	2016年9月13日
龙岩市永定区培丰镇金叶幼儿园	苏华娣	法人	2016年9月13日
龙岩市永定区彩虹幼儿园	张艳萍	法人	2016年9月13日
龙岩市永定区湖坑土楼幼儿园	江永松	法人	2016年10月9日
龙岩市永定区土楼木偶文化传承中心	魏荣康	法人	2016年10月28日
龙岩市永定区金贝贝幼儿园	卢雪春	法人	2016年11月4日

【社会福利事业】

孤儿保障 2016年，进一步完善五位一体的"爱心助孤"帮扶工作机制，从孤儿的衣、食、住、行、教以及心理成长等方面全方位进行爱心帮扶。全年为203名符合条件的孤儿发放基本生活费159.48万元，按季足额直接发放到每个孤儿的个人账户上。新增孤儿能及时录入并当月发放基本生活费，因年满18周岁且不在校就读的也能及时取消其基本生活费。

助残工程 2016年，落实《福建省人民政府关于完善困难残疾人生活补贴和重度残疾人护理补贴制度的实施意见》（闽政〔2015〕64号），进一步规范残疾人两项补贴资金管理与发放，做好摸底排查，核实享受人数、发放金额。至年底，享受困难残疾人生活补贴8001人次，全年发放481.63万元；重度残疾人护理补贴9615人次，全年发放金额657.57万元。

福利彩票 2016年，全区布设34个电脑福利彩票站点，销售福利彩票914.57万元。

殡葬管理 2016年，根据国务院《殡葬管理条例》《福建省殡葬管理办法》，加强殡葬管理工作，加大殡改工作宣传力度，促进殡改工作的开展。根据《龙岩市永定区人民政府办公室关于印发永定区高速公路沿线墓地生态建设整治工作方案的通知》（永政办〔2016〕53号）和《龙岩市人民政府办公室关于印发龙岩市永定区龙湖沿线一重山范围墓地生态建设整治工作方案》（永政办〔2016〕121号）文件精神，开展高速公路沿线和龙湖沿线一重山墓地生态建设整治工作，采取植树、植被等生态整治方式，达到高速公路沿线和龙湖沿线一重山范围内不得现坟墓，不再添新坟的要求。

2016年，为全区未享有国家或单位丧葬费用补助的城乡低保对象、城乡"三无"人员、农村五保供养对象、重点优抚对象、革命"五老"人员，以及公安机关开具允许火化证明的无名遗体实行免费殡葬政策，所需资金列入财政预算。区殡仪馆火化遗体2799具，火化率98.21%。

【地名、边界管理】

2016年，区"二普办"利用广播、电视滚动宣传，群发短信，悬挂横幅、张贴宣传标语等形式积极宣传地名普查知识。与地名普查成员单位沟通联系，开展地名普查信息返回单位审核的实际工作，并及时组织开展乡（镇、街道）村（居）审核工作，使地名普查工作五级审核流程扎实推进。结合城区改扩建，对新开发的街路巷给予地名设标，做到命名一条，设标一条。并对已损坏的地名标志进行维修和重新安装。组织召开全区平安边界建设年度联席会议，完成年度市间界线永定—平和、永定—南靖平安边界共建协议签订工作和乡级平安边界共建协议签订工作，建立乡级界桩委托管理维护责任制。深入开展多种形式的基层平安边界创建活动，加强基层基础工作，组织毗邻乡镇（街道）、村开展基层平安边界创建活动，通过不断深化平安边界建设工作，从源头上预防、减少新的边界纠纷，实现界线附近地区和谐稳定。

外事 侨务 中国港澳台事务

·外事工作·

【外事接待】 2016年，区外侨办接待参观访问永定土楼的外宾、记者等4批16人，包括：新加坡驻厦门领事馆池兆森总领事一行，泰国前副总理披尼·扎碌颂巴一行，韩国KBS电视台金泰郁一行。在做好接待的同时，区外侨办还向外宾、记者推介永定经济社会发展情况以及土楼和客家文化，使他们进一步让世界了解土楼，了解永定。其中，韩国广播公司（KBS）是韩国最大的公营电视台，收视范围覆盖全韩国。他们拍摄了洪坑土楼群、初溪土楼群、高北土楼群、南溪土楼沟、客家家训馆、"土楼里的母亲"——江月娥故居陈列室、福建土楼博物馆等，记录客家人的日常生活场景。节目制作完成后于3月中旬在韩国播出。

·侨 务·

【落实国内侨政，维护侨益】 2016年，区侨务部门以侨为本，依法维护广大归侨侨眷的利益，注重对归侨侨眷的精准扶贫。全面落实全区191名散居社会贫困归侨每人每月100元生活困难补助，落实区改制破产企业45名归侨退休职工每人每月100元的生活补贴。开展为贫难侨"送温暖，办实事"活动，为70多名贫困归侨侨眷送上春节慰问金，为10名贫困归侨争取"李新炎慈善基金会"助侨助困。全年接待、协调处理侨务来信来访15件。

·中国港澳事务·

【组织港澳青少年夏令营活动】 7月，区外侨办组织香港上水乡公所、香港上水凤溪一中、凤溪廖万石堂中学的60名学生参加"中国寻根之旅"夏令营永定客家文化营活动，营员们和永定三中的学生同心携手种植"永港友谊树"。60名香港学生还入住永定学生家中，结对交流，共同学习、生活。营员们还参观世界文化遗产——永定土楼、土楼博物馆，以及泉州、厦门等地的历史文化古迹。7月底至8月初，区外侨办在澳门中华联谊会的配合下，组织澳门科技大学、新华学校、教业中学等20多所学校的53名师生，参加国务院侨办组织的"中国寻根之旅"夏令营武夷山集结营活动。营员们参加在武夷山举办的"海丝情·桑梓梦"福建集结营活动，参观福建土楼博物馆、胡文虎纪念馆，游览永定土楼，并瞻仰革命圣地上杭"古田会议"旧址，接受一次中华文化洗礼和爱国主义教育。

【因公出境管理】

2016年，区外侨办贯彻落实中央八项规定精神，严格控制因公出境团组的数量和规模，坚决制止无实质内容的出访活动，不安排没有必要的培训，做到严格审核、计划派遣。做好每个出访团组的信息公开工作，要求每个团组出访前后都要对出访任务、路线、出访成效、经费等进行公示。全年办理因公出境3批3人次，比2015年减少6批7人次。出访内容主要有赴香港开展专项工作及参加农产品质量安全监管研修等。

·涉台事务·

【概况】

2016年，永定区加强与吴伯雄等50多位永定籍台湾重要人士和永定台北同乡会等12个台湾社团的沟通联系，定期向在台永定同胞寄送《永定乡讯》《永定文史资料》等，增进在台永定同胞对家乡的了解。同时，组织魏氏、林氏、吴氏等4批96人次赴台开展民间交流、文化交流、旅游交流等活动；接待包括黄建兴等台湾知名人士在内的台湾方面重要团体、重要台胞来访21批、630余人次，接待台湾游客12万人次。

【两岸三地"草根"乒乓球赛在永定举行】

2016年1月9日，海峡两岸三地群众乒乓球赛在永定举行，香港、台湾地区以及福建、广东、江西等省共14支代表队200多名乒乓球爱好者参加，是一场两岸三地的"草根"球赛。

该次比赛赛程共两天，竞赛项目分男单、女单和混双，最终按各队成绩决出前8名。中华全国体育总会联络部副部长范江表示，比赛旨在促进两岸三地体育事业相互交流，共同发展，着重策划"走出去"，让内地体育团队到港台参赛交流越来越频繁。

台湾台中市联队领队卢思万称，前往大陆参加比赛能够促进台湾人民对祖国的了解。两岸你来我往的频繁互动更能增进大家的友情。代表香港乒乓总会出战的司徒敬伦则认为，通过此次比赛，不仅能够增强球技，强身健体，更能够到大陆走走、看看，了解祖国的风土人情。

【台湾"农村美"国际观光发展协会理事长黄翠文一行到永定考察】

2016年3月30日，台湾"农村美"国际观光发展协会理事长黄翠文一行到永定，为贫困学生发放助学金并参加客家土楼文创座谈会。市政协副主席、市妇联主席邱玉燕及区政府副区长赖秀金参加资助仪式和座谈会。

在资助仪式上，黄翠文向10名受捐的中小学生仔细了解学习、生活情况，勉励他们好好读书，将来做一个有用的人，回报社会，并为每名受捐对象送上1000元的助学金。

在随后召开的客家土楼文创座谈会上，黄翠文就2015年到永定观光考察的感想和客家土楼文创的准备工作作发言。她说，作为一个客家人，对客家文化感觉非常亲切，以客家土楼为代表的永定文化旅游业做得风生水起，各项旅游基础设施也在不断完善，土楼是固定的，搬不走的，可以通过文创的手段，根据土楼的建筑样式制作出一个个有创意的商品，如手工香皂、糕点茶饼、首饰挂件等，这样不仅可以营销土楼，还可以让当地资源创造出更高的附加值，要把土楼里甚至是永定客家的传统产品融入更多的时尚元素，创新出更多产品，吸引更多年轻游客。

黄翠文在台湾长期从事文化创意产业，是台湾环保文创事业的发起人，还兼任新竹环保文创园区、邓南光影像纪念馆等多家文创机构的负责人。2015年12月22日—25日，黄翠文和其他9名台湾女企业家到永定观光考察，与永定旅游界人士就土楼的国际营销和商品开发等问题进行深入探讨。她还表示，下一步将加强与永定的沟通联系，加快文创事业在永定落户的进程。

【"两岸客家文化交流团"到永定参访】

2016年4月19日—21日，由台北市永定县同乡会暨中华福建闽西客家文化交流协会理事长黄建兴与台北市苗栗县永定同乡会理事长苏文龙共同组织的"两岸客家文化交流团"一行80人到永定参访交流、寻根探亲。

19日，市委常委、区委书记王金福会见交流团。20日，交流团参观世界文化遗产永定土楼。21日，交流团到祖籍地古竹乡，和父老乡亲一起祭拜祖宗。台湾乡亲纷纷表示，会常回家看看。两岸本是同根同源，都是一家人，将来要勤沟通，促合作，共同发展家乡各项事业，让家乡越来越繁荣昌盛。

【两岸青年携手走进永定土楼】

2016年7月23日上午，来自台北市立大学和福建农林大学的近百名师生走进永定土楼，一起了解交流客家文化、土楼历史，增进两岸青年情谊。当天，两岸近百名大学生、学者，在世界遗产福建土楼——振成楼，共同感受土楼所承载的深厚的中华文明，共同交流两岸同宗同源的客家文化。

这次活动是由中华文化联谊会、福建省政府共同主办的"情系青春——两岸青年八闽行"系列行程之一。通过活动，进一步增强两岸青年对中华民族历史文化传统的感情，加深两岸青年的同胞情谊，使两岸青年的情感联系更加紧密。

【处置台湾旅游大巴在境内突遇山体滑坡灾害事故】

2016年8月13日上午10时30分，一辆载着台湾旅客的旅游大巴在湖坑镇境内，因突发山体滑坡发生灾害事故。事故造成1人死亡，2人重伤，其余20人为轻伤。

灾害事故发生后，国家和省、市、区高度重视，省政府副省长黄琪玉、梁建勇、周联清和龙岩市委书记李德金、市政府代市长林国耀分别作出批示，国台办、省台办和市台办以及国家旅游局、省旅游局和市旅游局派出领导专程前往探望慰问。永定区立即启动应急救援机制，第一时间组织交通、公安、消防、交警、医疗等部门赶赴事发现场，迅速开展紧急救援。同时，组织区委台办、团区委、民政等部门开展人员安抚、家属联络、善后处置等工作。经过紧张救援，当日上午11时10分左右，受困人员全部救出，就近送往湖坑镇卫生院作初步救治后，立即转至区医院、中医院救治，省、市4名专家抵达永定区参与伤员救治工作。根据省、市专家会诊及伤员亲属意见，5名伤员转移至市第一医院救治。

当地20余名群众在第一时间自发扛起锄头、拿起铁锹自发前往施救，并在驻湖坑的消防官兵赶到后，积极协助开展施救，在争分夺秒的半个小时里将22名受困游客全部从大巴内救出，将行动不便的游客背至转移车辆中，将轻伤的游客接至家中临时安顿，为伤者提供水和食物救助。受伤游客转移至区医院、中医院后，79名团区委青年志愿者、永定义工协会和永定红土地公益协会的义工赶往医院，采取24小时轮流值班的方式全程陪护，精心照顾受伤游客，进行心理安抚，用真情温暖台湾同胞的心。厦门台湾慈济志愿组织派出志愿者赶到永定参与陪护和慰问。社会各界积极参与，充分展示社会民众热心善举和"两岸一家人"的正能量。

事故发生后，区宣传部门及时组织新闻通稿，在永定新闻网刊载，实事求是向外传递事件信息。稿件发布后，闽西新闻网、东南网、中新社、新华社等多家媒体进行转载，达到传递真实信息、消除负面舆论的效果。此外，先后接待新华社、中新社、海峡都市报、海峡导报、台湾TVBS电视台、台湾东森电视台、台湾中天电视台、东南电视台、龙岩电视台等9家媒体，进行正面宣传。

9月初，台湾海峡两岸观光旅游协会致函永定区政府代区长陈荣水，感谢永定区各界全力救治"8·13"台湾旅游大巴突遇山体滑坡灾害事故的伤员。9月中旬，永定区红土地公益协会收到一封来自台湾高雄市的邮件，是事故中受伤经救治的台胞黎经雄、傅菊玲夫妇回到台湾后写的感谢信，同时寄来一块"挚情永忆"牌匾、12盒凤梨酥月饼、一本《山域救援训练教材》。信中提到："这次承蒙贵会的帮忙，我们夫妇感激在心，谨致贵会一面纪念牌永存。中秋节将至，附上台湾凤梨酥分享大家，提早祝福大家中秋佳节愉快。"字里行间，充分体现到两岸同胞深厚的亲情。

【"顶新明日朝阳奖学金"发放】

2016年8月21日，"顶新明日朝阳奖学金"在永定古竹乡发放，10名考取大学的古竹乡的学子在活动现场领取4000—6000元不等的奖学金。

"顶新明日朝阳奖学金"是由台资企业顶新国际集团旗下的顶新公益基金会设立，为成绩优异、家境清贫、品行端正的大学生提供的奖学金。多年来，顶新集团在古竹乡累计捐资公益事业720余万元，其中包括"古竹中学顶新教工楼""古竹中学顶新学生宿舍""古竹中学学生食堂""顶新运动场"，以及古竹中心小学的教工楼、宿舍楼等。此外，顶新集团从2008年开始，为考上本二以上的200多名古竹籍大学生发放"顶新明日朝阳奖学金"70余万元。

【台湾休闲农业与古村落活化专家团到古竹乡参访】

2016年8月28日—29日，台湾休闲农业与古村落活化专家团到古竹乡，开展为期2天的考察、交流。

专家团一行先后实地走访南华山、瑶下村、大德村、古竹连片梯田和油柿种植以及寨下水库等地，并就古竹乡农村社区总体营造规划评估、传统农业转型提升与休闲农业发展评估、非世遗土楼群古村落瑶下村活化评估等召开专题座谈会。

在座谈会上，台湾农业专家介绍台湾休闲农业与古村落活化的成功经验，对农村休闲农业中遇到的问题进行分析和讲解，并提出一系列宝贵的意见和建议。专家组建议，生态是古竹乡最大的优势，发展休闲农业与古村落活化要在保证生态环境不受破坏的前提下，确定一个符合古竹实际的可操作性规划。要抓好硬投入与软投入，要完善好基础硬件设施，合理利用时有资源，充分获取效益。他们还表示，将继续关注古竹休闲农业和古村落活化的发展，并给予更大的支持和指导，期待两地有更好的交流与合作。

【义门陈氏台湾宗亲到永定参访交流】

2016年9月19日，义门陈氏台湾宗亲一行16人，前往永定区岐岭乡的海峡两岸义门客家文博馆寻根问祖、参访交流。

义门陈氏作为一个独立的家族，在百家姓里独树一帜，曾经创造3900余人、15代人聚族而居、同炊共食、和谐共处不分家的世界家族史奇观。

"千年是亲戚，万年是宗亲。"台湾宗亲陈进祥说，海峡两岸义门客家文博馆是义门文化与客家文化和谐融合的典范，它既继承义门陈氏优秀的"敦亲睦邻、孝义传家"的传统文化，又开创客家人"族群和谐"与"榜样模范"家教新风尚，在文博馆开展寻根问祖、参访交流活动别具意义。

【台湾省南投县草屯镇交流参访团到湖山乡参访】

2016年10月18日，台湾省南投县草屯镇交流参访团一行15人到湖山乡开展参访交流活动。草屯镇2015年与湖山乡签订为交流合作对接镇，该次参访意为加强两地沟通协作。

"这里的空气特别好，民风也很淳朴；这边的气候和海拔高度比较适合种植番茄，草屯镇也是一个农业乡镇。回去以后，我要把这些优越的气候条件告诉我们当地的村民，建议他们过来发展种植。"草屯镇镇民代表会主席李明鸿说。在参访即将结束时,台湾同胞纷纷表示,会常过来看看,两岸本是同根同源,都是一家人,将来要勤沟通,促合作,实现共同发展。

【台湾顶新国际集团捐建古竹中学教师公寓】

2016年12月21日,古竹中学举行"顶新教师公寓"竣工剪彩仪式,顶新公益基金会理事长滕鸿年、特别助理王兴华,永定区副区长詹萃芳出席竣工剪彩仪式。

"顶新教师公寓"总投资350万元。其中,台湾顶新国际集团捐助200万元,深圳爱迪尔珠宝有限公司董事长苏日明捐赠100万元,其余50万元通过区政府拨付和各界热心人士捐助解决。工程于3月开工,建筑面积1675平方米,共24套住房。新教师宿舍楼的建成,改变该校过去教职工住房破旧、拥挤、设备落后的状况,为鼓励教师长期扎根边远乡村提供条件。

【永定召开海峡两岸交流基地建设工作研讨会】

2016年11月25日,永定海峡两岸交流基地建设研讨会在位于客家博览园的福建土楼博物馆召开。区委常委、统战部部长王小庆参加会议并讲话。区海峡两岸交流基地办公室主任林如建主持会议。

永定是台胞重要祖籍地、全国重点对台工作县(区)。2012年6月,包括永定客家博览园、福建土楼永定景区、中国国民党前主席吴伯雄祖籍地下洋镇思贤村等多个点组成的"永定客家文化园",被中共中央台办、国务院台办批准为海峡两岸交流基地,成为全国第17个、全省第5个、龙岩市唯一的海峡两岸交流基地。几年来,永定推进交流基地建设,开展多层次、多领域的两岸交流合作活动,为两岸民众搭建起感受和体验客家文化、畅叙亲情的崭新平台,使基地成为永定与台湾地区交流合作的窗口,合作之路越走越宽,交流活动越办越有声势,民众感情越来越深,对中华文化的认同感也越来越强。连战、吴伯雄等多位台湾知名人士先后到访,提升永定在台湾的知名度和美誉度。

当天,参加研讨的县博物馆原馆长胡大新、县文联原主席赖永生、区台办主任吕杨兴、区文物局局长赖晓东、下洋镇党委宣传委员孔凡荣、福建省客家土楼旅游发展有限公司副经理李文标、区文化馆馆长陈鸿宁、区委报道组副组长刘永良、区作家协会主席肖中良和副主席郑桂珍、福建土楼博物馆副馆长苏红艳等纷纷发言,就永定区海峡两岸交流工作,从客家文化、土楼保护以及两岸宗亲交流、媒体宣传合作等多方面、多层次进行交流。

政法 人民武装

·社会综治·

【概况】

2016年，全区社会大局安定稳定，社会治安持续好转，齐抓共管综治工作格局基本形成，实现"五个不发生"[即不发生危害国家安全和社会政治稳定的案（事）件、重大群体性事件、重大恶性刑事案件和个人极端暴力案（事）件、重大公共安全生产事故、重大不良影响的信息网络安全事件]目标，群众安全感进一步提升，12月，省对区平安建设"三率"（群众安全感满意率、群众知晓率、执法工作满意率）测评，永定区群众安全感满意率达96.26%，位居全省各县（市、区）第三位。

【落实综治领导责任制】

2016年，严格执行《龙岩市永定区社会治安综合治理一票否决权制实施细则（暂行）》。区委、区政府根据矿区、园区、旅游区等乡镇（街道）不同的维稳治安特点，分别向全区20个乡镇（街道）和94个区直单位签订和下达具有个性化的党政领导综治（平安建设）责任书；将市对区党政领导综治（平安建设）的主要工作任务及责任书中指出的重点整改问题进行分解，以区委名义下发，区委督查室、区委政法委、区效能办对相关工作开展情况进行不定期督查，并在全区进行通报，强化综治责任制和重点问题整改责任的分解落实。建立政法各部门主要领导分别挂钩凤城、抚市等市级捆绑乡镇（街道）工作制度，压实捆绑乡镇（街道）整治工作责任，推进"压发案"捆绑整治工作；健全综治工作督查制度，不定期开展涉麻涉毒、涉爆涉矿、易肇事肇祸精神病人管理等问题明察暗访；建立乡镇（街道）、部门定期向区委、区政府报告综治责任制落实情况制度，强化区直各单位、乡镇（街道）、村居干部的综治责任意识。2016年，分别对3个区直单位实施综治一票否决，对3个单位实施综治黄牌警告，综治预警2个单位（乡镇）。不断完善综治诚信信息负面清单系统，为精准实施综治问责提供保证。系统共归集309条法人、12410条自然人负面信息。为362个集体、4012名个人评先评优、晋升晋职进行信息查询，否决8个单位、29名个人的评先评优、晋升晋职资格。取消14个省、市、区三级党代表、人大代表和政协委员候选人资格。

【维护社会稳定】

涉稳隐患源头管理 2016年，坚持前端治理和末端处理相结合，坚持每月、每季召开一次维稳形势分析研判会，对涉及区内安定稳定的苗头事件进行分析研判，制定每季度维稳工作方案，明确工作目标，落实工作责任，研究部署化解措施，不断健全和完善重点涉稳隐患问题化解和滚动管理机制，推动维稳责任及措施的落实。同时，加大对重大事项的社会稳定风险评估，开展涉稳风险点调查、预测和分析，做到应评尽评。

涉稳隐患责任落实 区委、区政府先后制定下发《永定区2016年政法综治重点工作及任务分工》（永委办发〔2016〕36号）、《关于做好当前重点涉稳隐患问题滚动排查化解工作的通知》（永委办发〔2016〕38号），明确滚动管理涉稳隐患问题化解工作牵头单位及责任单位，要求常态化实施涉稳隐患滚动管理机制。同时，对排查出的严重精神障碍患者肇事肇祸、寄递物流安全管理、危险物品安全管理、涉麻涉毒整治、电信网络新型违法犯罪、金融风险、执行难、恶性群体性事件整治、涉矿整治、铁路安全管理、重点信访事项化解稳控等11项重点涉稳隐患问题，明确相应的责任区领导、牵头单位、责任单位、跟踪督办和具体联系人，强化跟踪督办。各相关单位根据责任分工安排，分别制定细化工作方案，确保维稳责任及措施落到实处。涉稳隐患排查化解工作列入各乡镇（街道）、区直各单位绩效管理，对涉稳隐患问题排查化解不力的，对其牵头单位、责任单位的年终绩效考评予以扣分。

矛盾纠纷排查化解 2016年，进一步加强村居（社区）、专业行业性调委会建设，全区有村级人民调委会263个，社区人民调委会16个，人民调解员1625人。至年底，成立医患、交通等29个行业性专业性人民调委会，有专职调解员8人，兼职调解员137人。医患纠纷调委会成立以来受理医患纠纷92起，调处成功89起，调解成功率96.7%。严格执行村级每日一次、乡镇每周一次、区级每月一次矛盾纠纷摸排及每半年分析研判制度，在全区集中开展为期三个月的矛盾纠纷大排查、大化解活动，及时发现不安定因素，做好矛盾化解、促稳控工作。全年全区排查各类矛盾纠纷1319件，调解成功1306件，调解成功率99.01%。区诉求中心受理群众来信、来访比例下降17.63%，无发生赴省上访事件，赴市上访批次和人次分别比降29.26%和34.18%。

解决涉稳隐患突出问题 区委、区政府主要领导、分管领导高度重视信访及矛盾纠纷的排查调处工作，经常到工业园区、项目建设地调查了解，对重点矛盾纠纷和突出信访问题进行接待、批示督办，做好化解工作。区信访联席办会同区维稳办，针对重点时期易发生进京访、非正常访、集体访等信访事宜，及时召开专题会议研究部署，专门交办督办，落实重点人群稳控措施，把工作落到实处。区委政法委牵头会同区银监办、人民银行等金融部门建立联席会议制度，定期研究、排查、化解全区金融借贷及民间借贷纠纷，防范金融风险。持续加大对抚市、凤城等2个市级捆绑乡镇的督导力度，推进市级捆绑乡镇"压发案"工作，确保整治工作取得实效。

【构建社会治安防控体系】

织密视频监控网 2016年，区委、区政府继续将治安防控体系建设列入为民办实事项目，投入100万元，新增高清视频监控96个；在全市率先完成公共安全视频监控联网应用任务，联网率102%；在移民库区村居，筹措390万元用于完善平安库区视频监控系统；区综治委成立永定区公共安全视频监控建设联网应用协调工作组及办公室，制定方案，全面推进公共安全视频监控建设联网应用工作。同时不断挖掘部门潜力，在重点区域、部位、场所推广智能高清摄像系统，大规模使用智能高清图像抓拍设备，大幅度提高图像清晰度，提升对车辆等移动物体的管控能力。

织密单位内部防控网 2016年，按照"预防为主、突出重点、单位负责、政府监管"的原则，进一步加强单位内部治安保卫工作。辖区单位、学校保卫人员配备率100%；加强旅店业管理，进一步完善旅店业治安管理信息系统建设，实现覆盖率100%。

加强群防群治力量建设　严格落实省、市关于加强综治基层组织建设的有关精神，结合镇村换届选举，对原各村居综治协管员进行重新考核，对工作不负责任的31名综治协管员给予解聘，配齐配强乡镇（街道）综治办主任、专职副主任和村（居）综治协管员、邻里互助守望员等。不断完善《永定区维稳信息员管理办法（试行）》和《永定区维稳群众工作队管理办法（试行）》，把维稳信息员和维稳群众工作队的工作职责任务逐项分解量化，每半年考评一次，由乡镇（街道）综治委负责组织实施。至年底，全区有维稳信息员490名，维稳群众工作队员1558人，网络舆情引导员187名。"三支队伍"运作良好，提升基层维稳预警防范稳控能力。

织密虚拟社会防控网　建立网上重点人员管控机制，狠抓对网上重点人员的动态管控，逐步实现网上重点人员的现实化管理。进一步强化网络舆情的日常监测制度、信息研判制度、处置机制、事后评估制度。舆情导控队伍通过信息采集、制定预警措施、发布舆情形势评估，分析其规律特点，并结合专业技术手段，实施删、堵、引、控等多种措施，突出网上正面声音，使舆情不失控、不漏报，创新和规范公安舆情导控工作新机制。旅馆及区级以上车站、上网场所完成监管系统安装，实现网络安全监管系统安全全覆盖；建立完善市、区两级网络舆情研判导控平台，网上舆情应对及时妥当。

【平安永定建设】

大镇大村平安创建　2016年，针对全区大村大镇创建难，大村大镇评上平安镇村少的实际，积极探索，采取各种措施加以推进。健全完善区政法委及政法各部门领导挂钩大镇大村联系制度，对全区大镇大村进行分组编排，确定由区政法委及政法各部门领导进行挂钩督导。各挂钩领导加大对挂钩大村大镇的督导调研，帮助分析研究创建难点，找准问题原因，有针对性地采取措施予以解决。印发《平安和谐村居标准》《平安和谐村居奖励政策》等宣传材料进村入户，录制"平安和谐村居倡议书"录音带，发放到各乡镇（街道）。各相关乡镇（街道）利用圩天，组织宣传车进村入厂矿巡回播放宣传；依托"平安永定"微信群，不定期发送关于平安和谐乡村创建方面的信息；同时，与区广播电台和电视台联合举办"平安和谐村居"实时播报栏目，每日定时播放平安和谐村居创建的有关知识和报道，营造平安和谐区、乡、村三级联创的氛围。在全区各村居开展"邻里守望互助，共创平安和谐村居"活动，组织村民开展邻里平安、生产、生活互助，通过村居成立邻里守望互助合作社，片、组成立邻里守望互助组，确立守望员，设立邻里讲法说理室等办法，组织广大村民互帮互助，参与平安创建，破解农村平安创建难、留守老人儿童多、生活难事不易解决及自身安全防范能力弱的状况，探索一条群众自主参与、自我服务、自我管理、互助互帮，共建平安和谐乡村的新路子。

推进社区网格化建设　2016年，区委、区政府继续将社区网格化建设列入为民办实事项目，投入专项资金56万元，按《龙岩市社区网格化服务管理工作要点》"三三"工作法（突出三项职能，建立三项机制，提供三项保障）要求，做好服务、管理和共建等工作，社区基础人口信息、流动人口信息、重点人口信息均100%录入，并及时更新。在凤城街道建立网格管理服务平台，将街道社区基本信息进行整合联结，初步建立社区综合信息系统、平安监控系统、网格地理信息系统和群众诉求受理系统，提升社区管理服务水平。至年底，全区14个社区建立网格化管理系统，配备18名网格管理员，106名网格信息员，开通社区便民服务热线及微信公众号，成立便民服务中心，安装视频监控摄像头46个，建立社区网格化服务管理机制78项，为居民提供服务项目55项。

【推进重点整治攻坚】

2016年，制定下发《关于开展龙岩市永定区社会治安重点难点问题专项攻坚行动的实施意见》，涉麻涉毒、涉爆涉矿等8个重点难点问题开展专项攻坚行动，成立各专项攻坚行动小组，明确牵头单位、主办领导、责任单位，确定一名政法委挂钩联系领导和联络员，确保工作得到有力推进，取得实效。

涉麻涉毒整治　制定《龙岩市永定区涉麻制毒重点整治工作责任追究暂行办法》《关于下达2016年区禁毒委成员单位禁毒工作目标责任的通知》等文件，建立区委、区政府领导挂钩，区委政法委领导跟踪推进的责任机制，将区直有关单位分别挂钩20个乡镇（街道）及重点乡镇（街道）的村居（社区），实行工作、责任、考核验收三捆绑，组建专项整治工作队，将涉麻涉毒问题较突出的凤城、湖雷、下洋、龙潭等乡镇（街道）挂牌为区级重点整治乡镇（街道），集中力量对涉麻涉毒问题进行重点整治。2016年，破获毒品案件51起，比2015年（简称"同比"）上升34.2%；抓获毒品犯罪嫌疑人83人，同比上升49%；抓获吸毒人员294人，同比上升359%；破获公安部目标案件3起，省目标案件4起，缴获毒品17.08公斤，制毒物品2387.67公斤。

涉爆涉矿整治　制定专项整治工作方案，持续加大涉爆涉矿的排查、管控、打击、整治等力度，2016年，联合相关部门集中开展执法行动7次，列管涉爆重点人员18人，检查涉爆从业单位44家，整改安全隐患71处，开展搜爆犬行动4次，清查部位500余处，查破民爆物品刑事案件12起，涉矿案件6起，抓获涉爆犯罪嫌疑人11人，收缴雷管12676发，炸药4392公斤。

重大群体性事件暨非正常上访处置　制定下发《龙岩市永定区重大群体性事件暨非正常上访攻坚行动实施方案》，成立以区公安分局为牵头单位，区法院、检察院等11个区直部门及各乡镇（街道）为责任单位的重大群体性事件攻坚行动联席会议制度，采取调查摸底、预防稳控、源头化解、依法处置等方式，对全区矛盾纠纷和不稳定因素进行全面调查摸底。2016年，全区排查矛盾纠纷和不稳定因素415起，化解408起，排查并稳控非正常上访重点人员11人，未发生重大群体性事件。

电信网络新型违法专项整治　区公安、金融、电信等部门建立打击治理电信网络新型违法犯罪联席会议制度，持续加大社会面防范宣传力度，提升反诈骗宣传的针对性和实效性；健全公安机关侦查工作机制，提升攻坚克难能力和破案打击水平及加强相关部门资源整合利用，形成职责清晰、协作顺畅的联合打击治理工作格局。2016年，破获刑事案件16起，同比上升60%；刑事拘留18人，同比上升500%；录入接警止付信息公安部审核通过48起，录入案件109起，涉案银行账户67个，涉案电话30个。

易肇事肇祸等严重精神障碍患者管控　区综治委向全区20个乡镇（街道）下达《永定区严重精神障碍患者救治管理责任书》，区综治办、卫计局、民政局、住建局等单位联合推动以收治重性精神病患者为主的民营医院——永定区民康医院的建设，成立全区第一家民办精神病防治医院，至年底收治精神障碍患者近百人。研究制定《重性精神病患者以奖代补监管实施办法》，区财政拨出40万元建立重性精神病人救治救助基金，区综治办先后3次组织召开专项治理联席会议，对专项治理各阶段进展中出现的重点、难点问题进行研究和问题通报；建立健全常态化区域排查机制，强化"拉网式"专项排查，全面排查掌握辖区内严重精神障碍患者的基本情况；邀请市第三医院对永定疑似3级以上和肇事肇祸行为患者进行排查鉴定，截至2016年12月，全区录入卫计、公安系统严重精神病患者163人，各乡镇（街道）政府与风险等级3级以上或有肇事肇祸行为的重性精神病患者监护人签订以奖代补协议书163份，落实一人一档工作制度，全区无发生肇事肇祸案件。

执行难重点整治 贯彻落实省高院关于开展"四行动"（服务发展行动、创新引领行动、典型领跑行动、公信提升行动）"两清积"（涉诉信访和执行案件清积活动）"一工程"（不敢腐、不能腐、不想腐的"三不腐"机制建设工程）活动的重要部署。区委召开执行难专项治理推进会，形成党委领导、人大监督、政府支持、多方配合、法院主办的合力执行工作格局；区政府出台《关于清收公职人员逾期贷款和担保形成不良贷款的工作意见》，对逾期不还款的公职人员在评先评优、干部提拔等方面进行限制；区纪委、政法委、组织部联合对恶意逃避执行的进行通报、诫勉谈话、提醒谈话并限期整改；区综治委将失信公职人员归口管理单位涉执情况纳入综治考评项目，作为评选"文明单位""先进单位"的条件。截至2016年12月，摸排六类重点案件246起，执行到位标的2498万元，执行结案率78.4%，居全市法院第一；对涉嫌拒执罪的被执行人移送公安机关侦查2人，刑拘2人，司法拘留36人，网络布控2人，将10230名被执行人列入失信人名单。区纪委、政法委、组织部联合对恶意逃避执行的进行通报、诫勉谈话、提醒谈话146人。

铁路护路安全管理 组织有关职能部门，集中时间、集中力量摸排铁路沿线存在的隐患，并对摸排出的重点区段隐患，设立护路防伤安全警示牌20余块。通过在永定电视台播放铁路安全宣传片、开展"小手拉大手，共建平安路"爱路护路宣传及到铁路沿线开展挂图安全宣传等形式，营造铁路护路人人参与的氛围。2016年，行人挡道事件持续下降，未发生石击列车事件。

寄递物流管理 制定《永定区物流安全管理专项治理行动方案》，建立联席会议制度，2016年，出动执法人员845人次，检查企业396家、危险货物企业15家，检查车辆3426辆次，发现存在安全隐患18处，当场整改8处，对存在隐患的快递公司发出整改通报10份。

【加强社会治理创新】

打造客家家训"平安和谐"文化宣传阵地 2016年，发挥"以和为贵、亲仁善邻"的客家精神在矛盾纠纷排查化解中的作用，将客家祖训家规中"和善友爱、宽容礼让、诚实守信"的格言、警句择选出来，开展客家祖训家规宣传"五个一"工程（一村一姓氏家规、一村一祖祠祖训、一村一楹联诗词、一村一历史典故、一村一俚语俗语）及祖训家规"八进"（进家庭、进社区、进庭审、进说理室、进警区、进学校、进乡村、进机关）等活动；通过村居文化广场、墙头墙尾及祖厅祖屋书写张贴祖训家规，编写客家祖训家规宣传书，建立客家祖训家规平安和谐文化宣传廊（室）、广场，让村民在休闲生活中受到启迪教育。进一步弘扬客家传统优秀"和"文化，打造客家传统"和"文化宣传阵地，支持检察院、法院在起诉书、判决书中适时植入客家传统祖训家规，在民事案件起诉、审判中运用祖训家规进行教育，以祖训家规推动公民法治意识的提升，将平安和谐意识和法治观念牢牢融入干部群众的心中，打造具有永定特色的法治"和"文化品牌，为平安永定、法治永定建设创造良好的社会基础。《福建法制报》12月15日头版头条刊登永定的创新做法。

完善"1235"人民陪审工作机制 永定区法院落实人民陪审员制度，经过多年探索实践，形成"1235"人民陪审工作机制，即"1个管理机构""2种陪审模式""3项监管机制""5个履职平台"，推动人民陪审工作走在全省基层法院前列。2016年6月17日，《福建日报》以《陪审员制度改革在永定实践》为题，用将近一整版的篇幅介绍区法院深入推进人民陪审员制度改革，深化司法民主，提升司法公信的做法和成效。

推进平安微信群网格服务平台建设 将平安

建设纳入"互联网+"平台。在城区,依托电信"智慧社区服务"平台,建立社区便民微信群,强化落实社区网格化"三三工作法"措施。在农村,搭建区、乡、村三级"平安永定"微信群网格服务互助平台。依托平安微信群,联结村级群众诉求服务工作点、邻里守望互助合作社、村民说事讲理室,通过"微网格、定责任""微管理、创平安""微服务、连民心""微宣传、共参与"等"四微"机制,建立起快速高效的治安信息传播收集通道,发动全体村民共同参与平安创建,实现平台上下无缝对接,不留工作死角,营造和谐氛围。

完善群众诉求体系建设　全面整合现有的政府信访、人民调解、行政调解、司法调解、仲裁、应急、维稳及救助援助等相关政务资源,突出"群众诉求联访、矛盾化解联调",建立集受理、分流、协调、处置、调解、救助援助、督查督办等功能为一体,乡镇(街道)和区直各部门协作参与,"一条龙"服务的区、乡、村三级联访联调群众诉求服务体系。群众诉求服务体系以"便捷、高效、为民"的服务宗旨,以"民情、民意、民愿件件落实,责任、作为、奉献事事体现"的服务理念,认真做好群众诉求接待、引导登记、纠纷调处、分流指派、转办督办、问责查究等工作。依托永定政务网开通群众诉求服务网,方便群众网上网下全方面多渠道表达诉求,受理解决群众合理合法诉求事项,在维护社会安定稳定中发挥"稳定器"和"解压器"的作用。

落实涉麻涉毒整治工作责任　区禁毒委联合区综治委、区文明委、区效能办先后制定下发《关于进一步推进区直单位落实禁毒工作职责的通知》(永禁毒委〔2016〕11号)、《关于进一步推进落实乡村基层组织禁毒工作职责的通知》(永禁毒委〔2016〕12号),将禁毒工作与绩效考核、文明单位创建、平安单位及平安和谐乡村创建相挂钩,实现禁毒工作与经济建设、文明建设、效能建设和平安建设同规划、同部署、同推进、同考核,推进区直部门及乡镇(街道)、村居两级禁毒工作责任的落实。

·公　安·

【严厉打击刑事犯罪】

2016年,全区发生刑事案件1560起,比上年1651起下降5.5%;破案631起,破案率40.45%。抓获各类犯罪嫌疑人553人,刑拘370人,逮捕204人,公诉553人,打击摧毁各类犯罪团伙25个99人,破获系列案件7串89起。

打击严重暴力犯罪　2016年,永定区发生的2起现行命案全部告破,发案率比降25.0%,破案率100%。快速侦破一批社会影响恶劣的大要案件,打击犯罪分子的嚣张气焰,维护全区的社会治安大局稳定。同时,把侦破命案工作责任制延伸应用到有广泛社会影响的严重暴力犯罪,综合运用各种侦查措施和手段,及时捕捉战机,合力攻坚,确保快侦快破。全区立八类严重暴力犯罪案件30起,破获30起,破案率100%。

打击侵财犯罪　始终坚持群众利益无小事,高度重视严重影响人民群众安全的多发性侵财案件的侦破工作,既抓大案也管小案。抽调精干力量成立打击工作专班,研究本地区系列性、多发性侵财案件的特点、规律,主动出击,强化打击效能,强化专案经营,强化合成作战,组织开展好打击"盗抢骗"犯罪专项行动。打击工作专班充分依托各地情报合成作战中心,立足打团伙、打系列、打流窜;以打击入室盗窃和盗窃机动车、助力车、电动车以及街面"两抢"、扒窃为重点,强化线索梳理、侦查经营、研判串并、审讯深挖,对"盗抢骗"犯罪实施精确规模打击。全区立各类侵财类犯罪案件898起,同比下降8.4%;破254起,破案率28.29%,与上年基本持平。抓获侵犯财产刑事作案成员209名,同比上升51.6%。全区立"两抢"犯罪案件4起,破案4起,破案率100%。

强化禁毒工作 2016年，区公安分局按照省公安厅部署和市公安局工作要求，强化组织领导，围绕禁毒"脱帽"目标，结合省公安厅开展的"飓风肃毒"及市公安局开展的"红土安民""红土肃毒""红土春雷""红土飓风"3+N等行动，采取"路上堵、网络净、寄递查、阵地控、窝点剿、村居治、面上打、源头挖"等工作措施，因情施策、扎实推进、全力整治，组建9支禁毒突击队伍，各突击队分工明确、步调协调，发挥合力攻坚的作用，禁毒打击整治工作取得明显成效。全年破获各类毒品案件51起（其中涉麻制毒10起），与上年同期48起对比上升6.25%；抓获毒品犯罪嫌疑人83人（其中永定籍40人），比上年56人上升48.21%；抓获吸毒人员294人（其中永定籍117人），比上年78人上升276.92%；强制隔离戒毒12人（其中永定籍6人）。抓获本地上网涉毒在逃人员5人。破获公安部目标案件4起，缴获冰毒17.08千克、麻黄碱2387.67千克及一批制毒原料和工具。9月19日，在市政府副市长、公安局局长张斌等领导的统一指挥下，分局局长张学滨坐镇现场指挥，在市公安局技侦支队的配合下，查获贩毒毒品的犯罪嫌疑人4名，缴获冰毒2633.8克、海洛因1.8克及一支自制手枪和11发子弹。永定公安分局充分发挥公安检查站堵截查控作用，组织警力在各治安检查站严阵以待，实行"逢疑必查"，"过滤式"挖掘隐藏在人流车流中的各类违法犯罪分子。10月23日，查获犯罪嫌疑人3名及冰毒2943.9克、自制手枪1支、子弹2发。11月6日，再次查获犯罪嫌疑人3名及冰毒3889.6克、麻古2.3克。

打击经济犯罪 2016年，受理各类经济犯罪案件81起，立案79起，破案71起，公诉30人，为国家、集体、个人挽回各种经济损失2000余万元。其中，打击信用卡犯罪案件受理30起，立案30起，破案34起（其中，破当年案件28起，破往年案件6起），抓获犯罪嫌疑人28人；打击非法集资犯罪专项行动中，立破1起非法集资案，抓获犯罪嫌疑人5人，移送起诉5名；打击传销犯罪专项行动中，立案1起，破2起（包括破1起上年非法传销案），抓获犯罪嫌疑人23人；立破1起因传销引起的非法拘禁案；打击假冒伪劣专项行动中，立案23起，破案8起，抓获9名犯罪嫌疑人，缴获假药128盒；在打击假币专项行动中，收缴假币面值4万元。

刑侦基础信息采集 以"现场必须勘查，质量必须保证，鉴定必须准确"为工作目标，不断提高现场勘查水平和综合检验能力，狠抓勘验质量，提高证据意识，全面提升刑事科学技术工作的实战运用水平，技术支撑破案能力进一步增强。以打击"盗抢骗"专项行动为契机，全面推动现场勘查"一长四必"（在现场勘察中，局长负总责，现场必勘〔勘察〕、必采〔采集〕、必录〔录入〕、必比〔比对〕）新机制的贯彻落实。提升刑事科学技术在侦查破案中的支撑作用。分局9类涉案人员信息采集率99.5%，DNA样本送检率100%，案件现场勘验率76.83%。盗窃、抢劫、抢夺、诈骗案件（不含虚假信息诈骗）现场勘验率99.71%，"十类案件"现场指纹提取率12.82%，有价值生物检材提取率23.81%，足迹提取率24.91%。以等级技术室建设为抓手，夯实技术基础工作。为提高现场生物检材的发现、提取，加强刑事技术现代化、规范化、专业化建设，全区刑事技术部门按照省厅要求做好全国第八次刑事技术室等级评定工作，将等级技术室建设列入分局"三红三最"（传承红色基因、构建红土警务、打造红心警队，把龙岩建设成为全国最稳定、群众最满意、警队最清廉的红色圣地之一）工程建设及"四基"（做强基层所队、做实基础业务、做全基准平台、做精基本能力）建设工作中。以人才培养为重点，强化刑事技术队伍能力提升。6月，参加全市Cafis6.1指掌纹系统培训班，通过强化刑事科学技术交流和培训，提升永定公安刑事科学技术人员作战能力。10月，参加恒锐足迹系统工程师对进行的足迹系统点对点培训。

【社会治安管理】

打击各类治安违法犯罪 先后开展"打击黄赌毒""缉枪治爆""打非治违""红土安民""红土飓风"等专项行动，始终保持对各类违法犯罪活动严打的高压态势。专项行动中，永定公安部门高度重视，强力推动落实，采取有效措施，严打各类违法犯罪活动，有效遏制各类违法犯罪的扩大蔓延，全面整治旅馆业等特种行业、歌舞洗浴等娱乐服务场所治安秩序，规范流动人口出租房屋管理。同时强化寄递业管控，进一步夯实基层基础工作。2016年，永定公安部门发现、受理治安案件2242起，查处1723起，其中，涉黄治安案件13起、涉赌治安案件350起、违反危险物质管理规定治安案件81起；处罚871人，其中，治安拘留439人；立、破治安类刑事案件135起，其中，涉赌刑案51起、涉黄刑案5起、"四黑四害"案件36起、涉爆刑案12起、涉枪刑案25起、非法采矿刑案6起。

危爆物品安全监管 2016年，根据上级公安机关统一部署，开展缉枪治爆、"红土安民""红土飓风"等专项行动。区公安分局以"不丢失、不打响、不炸响"为目标，牢固树立"危爆物品无小事"理念，全面加强对危爆物品的审批和监管工作。抓好民爆、枪支和剧毒、烟花爆竹信息管理，强化信息系统运行维护，提高动态监管水平，确保所有危爆物品管理实现信息化，时时处于公安机关的管控之下。有针对性的开展涉爆、涉危、涉枪单位排查整治。全年开展集中统一清查行动7场次，开展搜爆犬地毯式排查行动4场次，出动警犬16只次；张贴举报奖励公告200余份；清查重点场所、部位1200余处；整改安全隐患86处；核查群众举报线索2条，兑现奖励1万元。行动中，抓获涉爆犯罪嫌疑人11人（其中历年涉爆逃犯1人），刑事拘留11人，移送起诉9人；查处涉爆违法人员75人，行政拘留44人，罚款19万元；查破涉爆刑事案件12起（其中民爆物品刑事案件8起，烟花爆竹刑事件4起）、非法持有或制贩枪支弹药案件25起、非法采矿案件6起；查处涉爆行政案件18起、烟花爆竹行政案件89起；收缴枪支19把、雷管12676发、炸药4392公斤、烟花爆竹12310件。

公共复杂场所、特种行业管理 2016年，区公安分局在旅馆业管理方面，开展"旅馆未按规定如实登记"案件的查处工作，集中解决旅馆业二代证读卡故障导致使用率和检查率不高的问题，推进旅馆业"实名、实数、实情、实时"四实考评工作，二代证读卡器使用率99.43%，治安检查率100%；组织全区旅馆业、娱乐场所开展培训及问题整改落实会，会上，学习旅馆业、娱乐场所治安管理的有关规定，着重就管理中存在的问题进行剖析，提出了问题整改措施和具体管理要求。全年召开行业场所业主和从业人员集中培训会3场次，参训400余人；不定期组织开展集中整治，抽调相关警力对旅馆业、娱乐场所无证经营问题，不实名登记问题，涉嫌黄、赌、毒问题进行专项集中检查整治。通过清查清理，依法处罚64家不实名登记或信息录入不及时的旅馆，推动行业场所规范管理。

"护校安园"专项行动 2016年，区公安分局会同区综治办、区教育局联合印发《永定区2016年中小学幼儿园"护校安园"行动方案》，在全区开展校园周边治安秩序集中整治专项行动，维护全区校园周边治安秩序，为校园创造安全稳定的教书育人环境。为了有针对性地整治学校、幼儿园和周边治安秩序，采取定期检查和暗访排查等措施，高频率对校园周边治安隐患进行排查，多批次对校园周边流动人口和出租房、中小旅馆、网吧、娱乐服务场所等复杂部位的治安状况进行摸排调查，实时掌控各类不法活动动态。同时，每月会同教育、工商和城管等行政部门对校园内部安全隐患逐校进行一次拉网式排查，对发现的突出问题迅速落实整改措施，彻底消除隐患，增强全区师生安全感；各派出所和交管部门加大巡逻力度，最大限度地做到在上学放学时段校园门口"见警察",学生、儿童途经主要路段"见警车",校园周边地区"见警灯",维护校园周边地区的治安秩序,营造"学生安全、家长放心、政府满意"的治安环境。开展"护校安园"工作专项行动以来,出动警力500余人次,检查56所中学、60所小学及43所幼儿园,发现安全隐患109处,当场整改到位99处,限期整改10处,举办法制宣传22场次,发放宣传材料5000余份。

流动人口管理 2016年,区公安分局调动流动人口协管员的工作积极性和主动性,结合"流动人口和出租房屋清查整顿专项行动",围绕流动人口案前登记率,围绕流动人口和出租房屋信息采集"两个全覆盖"和"底数清、情况明、不漏管、不失控"的目标,全面开展出租房屋和流动人口的调查摸底、清理、登记、建档以及行业场所内的暂住人口的清理登记和办证工作,保证信息的准确、鲜活性。全区登记流动人口29882人,比上年度减少1587人;出租房屋登记量6978户,比上年度增加2576户;查处流动人口出租房屋案件125起。

【公共信息网络安全】

互联网舆情稳控 加大对网上煽动性、行动性维权等信息的监控力度,开展互联网有害信息专项清理整治,遏制网上有害信息的滋生蔓延,营造良好的网上舆论环境。全年上报网安支队涉警、涉稳信息61条,同比下降16%;查处谣言10条,同比下降23%;约谈教育10人,同比下降41%;分局网安大队开展各类舆情引导100多次,作出正面引导评论600余条。

网吧管理 2016年,分局网安大队对6家网吧的安全审核进行复核审查。全年出动警力410多人次、车辆55多台次,累计检查互联网上网服务营业场所213家次,行政处罚网吧1家。在全市网吧实名登记管理排名并列第一,同比名次上升1名。

打击网络违法犯罪活动 2016年,分局网安大队自侦网络刑事案件23起,同比增长360%;抓获犯罪嫌疑人26名,同比增长271%;协助破获涉网刑事案件43起,抓获犯罪嫌疑人76名;抓获CCIC网上在逃人员9人。

网站管理 2016年,利用等保工具箱等技术,对全区28家网站进行检查;同时通知网站负责人进入公安部备案网站备案。全年出动警力76人次。在公安部互联网安全服务平台备案网站有17家存量网站。

【出入境管理】

2016年,出入境管理大队以开展"三红三最"工程建设为主线,狠抓各项措施的落实,前台受理业务"零差错"、办理业务"零积压"、服务群众"零距离"、服务质量"零投诉",同时为符合急事急办条件的返乡人员开通"绿色通道",提供加急办证服务,全年受理各类业务12285件,圆满完成前台业务受理工作,被区总工会授予"龙岩市永定区女职工标兵岗"称号。进一步完善"两库"建设,加强数据库建设,新增法定不准出境65人次,联系国家工作人员报备点,及时更新增减,保证数据鲜活有效。强化对"三非"(非法入境、非法居留、非法就业)外国人的清查和管控。永定出入境管理大队深入实地摸排,通过基础排查,社区走访、多管齐下,拓展情报信息来源,发现并查处"三非"案(事)件,成效显著:登记录入常住外国人431人,外国人住宿登记及时率、合格率均达100%;查处"三非"案件10起,其中,8起非法居留,2起非法入境,4名遣送出境,遏制外国人"三非"违法活动,维护辖区良好的涉外治安秩序。

【户口登记管理专项清理整顿】

2016年度人口统计年报工作,在市公安局派出所业务指导大队的指导下,经过全体统计人员和户籍人员的共同努力,扎实工作,顺利完成了人口统计年报工作任务。全区总户数153402户,总人口508246人。其中,城镇人口158204人,乡村人口350042人;男264977人,女243269人;出生10174人，死亡2319人；迁入5900人，迁出10029人。总人口比上年增加3726人。

【看守所管理】

2016年，投入20万余元，将看守所全部监室、放风场、讯问室、会见室以及通道围墙的110个模拟信号摄像机全部进行高清数字化改造，增加三路解码器和30路信号上传通道，实现看守所监控图像全部上传和高清数字化。由于看守所周界电网使用年限较长，损毁严重，长期不能正常工作，投入6万元新建智能型周界高压电网。为规范看守所在押人员随身物品保管，投入5万元，新建配置条形码储物柜的在押人员随身物品保管室。为加强《提讯提解证》的管理，看守所投入1万余元安装提讯提解条形码管理系统，在《提讯提解证》左上角"编号"处粘贴由看守所管理信息系统自动生成的《提讯提解证》条形码。为杜绝留所服刑人员自由活动于犯罪嫌疑人、被告人监区，防止通风报信、传条送信等妨碍诉讼安全的事件发生，看守所投入3万元安装铁栅栏，把每个监区进行物理隔离，每个监区必须由民警打开门禁锁方能进入。

贯彻省厅"9·29"电视电话会议精神，并按照省厅和市局《关于公安监管场所医疗卫生社会化建设工作实施方案》的要求，不等不靠，推进看守所医疗卫生专业化建设。11月，区看守所和永定区医院签订购买医疗服务合同，区医院在看守所设立卫生所。

【反恐维稳】

2016年，巡特警反恐大队坚持屯警界面、巡逻防控、武装巡逻、处置突发事件的宗旨，每天保证一辆警车24小时巡逻。至年底，全队接警150余起，协助派出所及治安部门抓获参赌人员180余名，协助抓获吸毒人员260余名，派出1000余人次协助办案单位开展警务工作，紧急召警10余次，成功处置各类群体性事件10余起，派出500余人次参与各类安保工作。在设卡盘查过程中，抓获涉赌嫌疑人7名，缴获各类毒品8公斤、手枪1支，抓获在逃人员4名。

【反邪教斗争】

2016年，以情报信息为中心，围绕元旦、春节、"两会"等重要节日开展安全工作，加强情报信息搜集力度，及时掌握特殊群体的活动动态，为领导决策提供预警性情报。加强对邪教组织的打击力度，全面开展打击邪教组织的专项行动，抓获邪教人员11名，收缴反动宣传资料37份，反动宣传币26张，打击邪教组织的违法犯罪活动。

【安全保卫】

2016年，围绕重大节日、敏感节点、重要活动期间开展安保工作，及时制定安全保卫工作方案，明确工作要求，层层落实责任，强化每日不稳定因素摸排和情报信息上报工作，开展安全检查及排查隐患行动，对重点人员实行分级列管，确保全区社会治安总体平稳。圆满完成全国、省、市、区"两会"及G20杭州峰会、中共十八届六中全会等重要会议活动安保执勤任务26次。

【警务装备建设】

2016年，区公安分局投入装备购置经费438.2万元。其中，9.45万元购置10部警用巡逻摩托车，122万元购置1部移动联网侦控定位设备，21.6万元购置信息安全保护检查工具箱，33.35万元购置升级检查站视频会议系统，31.85万元购置公共服务平台设备，32.59万元购置刑侦技术设备，15.68万元购置公务用枪数字化改造及采集设备，37.38万元购置干警执法记录仪，45万元建设技侦工作站，60.66万元用于购置被装。投资769万元建设基层派出所，新建陈东、古竹业务技术用房综合楼各1幢2.5层，虎岗派出所业务用房3层，建筑面积均952平方米，占地面积1700平方米。年底，3个派出所业务用房通过竣工验收并交付使用。为进一步深化公安派出所正规化建设，持续推进公安派出所工作，根据公安部《公安派出所正规化建设规范》，2015—2016年，先后投入1020.54万元用于派出所暖警工程建设及分局警营文化建设。

【矛盾纠纷排查化解】

2016年，区公安分局结合"两学一做""红土八大警务"等活动，开展矛盾纠纷大排查、大调处工作，妥善解决各类矛盾纠纷，促进社会和谐稳定。按照"发现得早，控制得住、处置得好"的总体要求，收集分析研判可能对全区稳定产生重大影响的情况信息，准确把握维稳态势，科学预见发展趋势，及时开展稳控化解工作，每周对收集的治安涉稳信息进行汇总，并及时分析研判，为领导的科学决策当好参谋。全局召开座谈会12次，开展咨询活动34次，征求意见16条，发放宣传资料5000多份，组织开展进村入户集中排查721次，参与排查2160人次，走访群众2530人，排查出矛盾纠纷168起，调解165起，成功调解纠纷165起。其中，成功处置"10·8"永定区中医院群体性医闹事件，行政拘留2人，未造成人员伤害现象。

【森林公安概况】

2016年，永定森林公安分局履行森林公安职责，严厉打击破坏森林和野生动植物资源违法犯罪活动，维护林区治安稳定。全局受理三类案件120起，破119起。其中，立森林刑事案件33起，破32起（含破获往年积案5起以及移送公安局办理4起涉案人作伪证包庇案），采取强制措施47人，移送起诉28起31人；治安案件立案4起，查处4起，治安拘留2起2人，治安调解1起，罚款1起200元；林业行政案件立案83起，行政处罚83起83人，没收木材108.25立方米，为国家和集体挽回直接经济损失192.1万元。

【林区铲除毒品原植物专项行动】

2016年，贯彻落实全国禁种铲毒工作会议精神，做好林区禁种铲毒工作，从源头上遏制非法种植毒品原植物违法犯罪行为，结合永定林区辖区实际情况以及森林公安工作职责，制定开展"绿剑"禁毒专项行动，以造氛围、除隐患、防事故为重点，要求辖区办案民警在日常进山办案、巡逻中，加强对废弃的猪场、厂房、石场、矿点等重点场所的检查，加强与辖区当地政府、林业站、采育场等部门的联系，形成合力，加大林区管控力度，严密防范违法犯罪分子入山制毒，消除林区安全隐患。同时宣传和发动群众参与禁种铲毒行动，建立林区禁毒长效机制，形成打击合力，确保永定林区内罂粟"零种植"、毒品"零产量"。全年出动警力358人次，出动车辆125台次，巡查偏僻场所109处，张贴、发放禁毒宣传材料1043份。

【林区整治专项行动】

2016年，区森林公安机关根据省、市林业部门、森林公安局等相关单位工作部署，先后组织开展9次林区整治专项行动，在一定程度上遏制破坏森林和野生动物资源的违法犯罪活动，震慑犯罪，维护林区治安稳定。2月1日至4月底，集中开展严厉查处森林火灾案件活动。出动警力435人次，出动车辆171台次，查处森林火灾案件总数5起，立刑事案件4起，破案2起，抓获肇事者2人，2名犯罪嫌疑人被永定分局依法取保候审；办理治安案件3起，查处3人，拘留2人，罚款1人200元。3月11日至4月11日，开展打击破坏候鸟等野生动物资源专项行动。出动执法人员98人次，出动车辆36台次，发放宣传单300余份，提供法律咨询50余次，检查宾馆、饭店13家，没收销毁"捕鸟网"6张，破获1起非法狩猎刑事案件，抓获并采取取保候审1人。4月20日至6月20日，开展打击破坏森林和野生动植物资源违法犯罪专项行动。立刑事案件7起，破获3起（其中团伙案件1起），移送起诉2起2人；查处林政案件8起，行政处罚8人，林政罚款4.6万元。

【交通安全源头管理】

2016年，每月5日交警大队领导带队深入运输企业、有校车的幼儿园、学校，督促企业、幼儿园、学校，严格落实交通安全主体责任。与全区客、货（危货）运输企业及有校车的学校、幼儿园签订责任状；全面排查全区4家客运公司156台车辆、245名驾驶员和一家危货车队56部车辆、56名驾驶员的驾驶人从业资质、旅游客车安全状况以及GPS永定区监控系统安装使用情况、旅游客运企业与旅行社安全管理制度落实情况；对辖区18家租赁公司车辆安全隐患进行排查，并签订交通安全承诺书；实行民警每月挂钩联系客运、危货、校车制度，充分利用GPS卫星定位监控系统，加强对客车、危险化学品运输车、旅游车、渣土车的动态监管，每天抽查客运车20部、危货车5部。加强中小学校园周边交通秩序管理，会同教育部门对中小学、幼儿园校车及其驾驶人进行排查清理，建档立卡，并加强日常监管。对接送学生车辆实行"六定一签"工作制（定校车管理制度，定校方主管责任人，定驾驶人，定车型车辆，定载客人数，定交警责任人；交警大队要与校方责任人、责任民警、运营方责任人签订责任状）。继续深化"护卫天使行动"，完善和规范护学岗制度，确保学生交通安全。严把驾驶人考试、发证及车辆牌证发放和车辆检验关，定期、不定期深入驾培企业和机动车安检机构，适时对驾培企业、机动车安检机构进行督导、检查；进一步强化机动车驾驶人信息系统、道路交通事故处理信息系统的采集和录入工作，确保数据准确、鲜活、及时传递，狠抓交通管理基础信息录入的准确性。实现机动车驾驶人数据的录入准确率、及时上传率100%，交通违法信息入库率、数据上传率100%。

【交通事故处理】

2016年，全区发生统计上报道路交通事故92起（一般程序立案受理事故），死亡17人，受伤112人，直接经济损失12.11万元。与上年相比，事故起数上升1.10%、死亡人数上升6.25%、受伤人数上升6.67%、经济损失下降23.74%，未发生一次死亡3人及以上交通事故。交警大队发挥人民调解委员会的作用，全年调解交通事故406起，调解成功328起，成功率80.79%。交警处理交通事故的公信力大幅提升，因交通事故引发的信访大幅下降。同时，以"红土安民"2号追逃行动为契机，科学部署，精密谋划，并利用网络信息化技术，加大逃逸案件侦破力度和涉案人员的追责力度，追逃2人，完成率100%。全年发生交通肇事逃逸案18起，破获13起，抓获网上逃犯4名。其中，造成人员死亡和其他社会影响较大的肇事逃逸案件全部侦破，使肇事者得到应有的制裁，受害方得到应有的赔偿和抚慰。进一步完善交警中队长、法制员、分管领导三级审核制度，每月对个案进行集中评审。逐步推进交通事故案件审理的规范化，推行阳光作业机制，减少人为因素和暗箱操作，全年复核事故14起，其中，维持13起，发回重新调查1起。

【交通违法行为整治】

2016年，以路面行车秩序、客运安全秩序、机动车"三超"（超员、超载、超速）、摩托车交通违法、非客运车辆载客、非客运车辆非法接送学生、景区交通安全等为重点，开展"红土安民""红土春雷""红土飓风行动"和集中整治酒驾醉驾违法犯罪行为统一行动、租赁车辆整治、五小车辆、春运、电动自行车、严管"生命通道"、集中整治城市工程运输车及农村学生接送车辆交通违法统一行动、暑期交通安全隐患集中整治行动、摩托车专项整治、货车专项整治、专项整治"1+X"、反超载超限以及"逢六逢九"等交通秩序整治活动156次，保持对各类交通违法行为的高压严管态势，解决城乡道路交通的"热点""难点""堵点""乱点"，全区道路交通秩序明显好转。行动期间，出动警力6240余人次，警车2080余辆次，查处严重交通违法行为43845起。其中，酒后驾驶559起，醉酒驾驶107起，毒驾2起，客车超员

36起，摩托车和超标电动车超员1261起、其他车辆超员156起，货车超载77起，现场超速85起，涉牌1446起，涉证2542起，未系安全带25802起，未戴头盔11772起。现场查处17630起。

【"黄标车"淘汰治理】

2016年，联合环保、交通、财政、乡镇（街道）等部门，对全区的黄标车开展报废及注销工作。多次召开专题会议、专门制定淘汰方案并成立黄标车淘汰专班，开启"5+2"模式，民警顶高温、斗酷暑，多次深入辖区、车队走访、电话联系，宣传政策，动员并督促车主配合加快黄标车淘汰工作；加大黄标车路面查处以及限行力度，压缩其生存空间。全年黄标车淘汰任务967辆，至年底淘汰黄标车993辆，超额完成当年黄标车淘汰任务。

【城区道路交通管理】

2016年，以创建"省级文明城区"和"国家卫生县城"为载体，以"提升城区道路交通管理、提高路面通行效率"为主题，开展"深化城市交通管理行动计划"。通过多次现场调研，在东门桥农行路口建设红绿灯。增设交通标志、标牌，促成6个城区停车场的建设，缓解城区停车难问题。持续采取高峰站点，在城区实验小学、城关小学、永定三中等周边道路及在乡下主干道旁的中小学幼儿园附近道路进行高峰定点疏导，开展"护学行动"。与交通综合行政执法大队开展联动协作机制，在城区开展渣土车、黄标车和载客三轮车、汽油机助力车（超标电动车）等专项治理，全年共登记造册1450辆汽油机助力车。严格管理渣土车、载客三轮车牌无证、闯红灯、逆向行驶等严重违法行为，严管渣土车"滴、撒、漏、冒"现象，严抓黄标车违反禁令标志，严禁车辆乱停乱放等违法行为，整个城区交通严管的氛围初步形成，路面交通文明得到一定程度提升，城区整治取得阶段性成效。

【大型活动保卫和道路交通警卫】

2016年，完成春运、"9·8"厦门国际投资贸易洽谈会、G20杭州峰会、环土楼马拉松赛、东方歌舞团到永定慰问巡演、永定区项目现场会、区"两会"等重要活动的交通安全警卫任务。同时，做好元旦、春节、五一、清明、中秋、国庆等节假日安保工作，确保节日全区道路交通的安全畅通。全年未发生重大交通事故和无序堵塞现象。

【提升窗口服务质量】

2016年，车驾管理窗口按《2016年度简政放权转变职能优化服务工作实施意见》的通知要求，全面落实"一个窗口"受理，严格落实首问负责制，开展互联网自主预约小型汽车驾驶证科目一考试，对到期未办理注销、逾期未年检车辆进行催检催报废工作。严格按等级车管所的标准规范化办理各类业务，统一制定各窗口服务流程，落实二轮摩托车驾驶证下乡考试、摩托车带牌销售措施，全年开展8期摩托车下乡考试服务，为全区586人办理摩托车驾驶证，带牌销售摩托车1900辆，群众满意率100%。全年办理机动车注册登记4728辆，注销登记1422辆，核发检验合格标志13109辆，其他业务1314件；受理驾驶证业务9846件，其中，初次申领596人、增驾649人、满分学习854人。

全年执法窗口处理各类违法行为60134起，其中，处理各类现场违法行为17699起，处理各类非现场违法行为42435起。没有一起因处理解释不到位而引发争执。同时，对各派出所在开展各项交通管理工作中遇到的问题给予指导。

【道路交通安全综合整治】

2016年，交警大队以道安办、预防办为工作平台，持续强化"政府统一领导、部门协调联勤联动、社会各界共同参与"的工作机制，突出属地管理，明晰安全责任，加强监管力量，完善保障机制，强化监督检查，固化联合执法，推动道路交通安全综合整治工作常态化、社会化、法制化进程。完善公路客运车辆、危险品运输车辆、接送学生车辆和公路危险路段安全隐患排查机制，建立动态管理台账，落实排查责任，开展道路交通安全隐患排查整改。多次会同各乡镇（街道）及安监、公路、交通、住建、教育、农机等部门，对全区道路交通安全隐患进行排查，在原有的基础上，完成2016年省、市为民办实事隐患治理的2处事故多发隐患路段以及区为民办实事项目"农村叉路口增设减速坎"146处，整治率100%。城区6处红绿灯升级改造完成初步设计，规范设计建设城区范围内的交通标识、标牌、标线、标志，并推进城区小型汽车公共停车场建设，保证城区道路安全、有序通行。创新农村交通安全管理模式，打造省级交通文明示范村——抚市里兴村。在里兴村召开全市、全区现场会，并以此为契机将里兴村的成功经验向全区推广。加强农村道路交通安全监管，全面推动乡镇道安基层基础建设，维护农村的道路交通秩序。交警大队获道路交通安全综合整治"三年提升工程"工作2016年（首年）道安工作全区第二名。

【交通安全宣传】

2016年，结合"三红三最"（传承红色基因，构建红土警务，打造红心警队；把龙岩建设成为全国社会最稳定、群众最满意、警队最清廉的红色圣地之一）工作目标，创新宣教队伍，联合区红十字会、团区委、老干局，组建红土义警交通宣传志愿者队伍，推进交通安全宣传"五进"工作（进家庭、社区、学校、企业、农村），完成春运、红土安民等专项工作宣传。此先进做法被中央电视台朝闻天下、搜狐视频（社会新闻百态）、人民网（社会视频）、中国网传媒经济频道、今日头条、看看新闻、福建网络广播电视台、福建长安网、永定政府网、永定新闻网、永定家园网等多家媒体报道。以3月全国中小学生安全教育日、6月全国安全生产月、"122"交通宣传日等载体，开展交通安全主题宣传活动。通过小小交警员进交警，"小手拉大手"提高学生以及家长交通安全认识，参加华润水泥股份有限公司在永定厂区交通安全宣传周活动，深入永定特殊学校宣传交通安全知识。通过国庆土楼微直播展示交警良好形象。通过微创新、微改革方式加强农村道路交通安全宣传，提升群众交通安全知识水平。

2016年，出动宣传力量960人次，深入中小学幼儿园65所（次），社区12个（次），客、货及危化物品运输企业33个（次），厂矿企业20个（次），开展交通安全知识宣传10场，挂图巡展25场次，发放挂图108套，散发宣传资料8万余份，群发短信近5万条。

【消防大队概况】

中国人民武装警察部队龙岩市消防支队永定区大队又名龙岩市公安消防支队永定区大队，副团级建制。大队下辖2个正连级现役中队（凤城、高陂中队），1个政府专职中队（土楼中队），担负着永定区消防安全工作。

2016年，全区发生火灾73起，无人员伤亡，直接经济损失58.2万元。同比2015年，火灾起数下降8.17%，直接财产损失下降21.16%。

【落实消防安全责任】

落实政府领导责任　2016年，落实政府领导责任，区政府组织召开消防工作联席会议2次，专题研究部署消防工作。下发《2016年消防安全目标责任书》和《夏季消防检查工作方案》，对全年消防工作进行分解；调整全区消防工作联席会议成员，进一步明确成员单位职责，并在乡镇（街道）设立消防工作办公室，明确办公室及专职网格员职责。召开第61次常务会议，议定2016年度火灾隐患排查整治工作的重点和措施。年内，区委、区政府主要领导多次带队检查消防安全，研究消防工作事宜，推动全区消防工作的社会化进程。

落实部门监管责任　贯彻落实《福建省火灾隐患排查整治若干规定》（闽政办〔2014〕68号），明确部门消防安全职责，各行业部门落实部门监管责任，深入开展行业系统火灾隐患大排查，并将火灾隐患在区政府网公布。

落实社会单位主体责任　召开消防安全重点单位培训会2次，完善"户籍化"档案台账，全区61家重点单位基本实现规范化管理。固化湖坑镇洪坑村网格化工作经验，坚持示范引领，明确专人负责，落实经费保障。将全区划分大中小网格，推进"四抓三防两落实一到位"的工作机制，强化治安巡防消防一体化机制，并将消防安全网格化纳入区委政法委综治网格化管理平台。

【综合应急能力提升】

2016年，进一步整合社会专业应急救援力量，依托区公安消防大队，加强综合应急救援能力建设。组织开展应急救援演练3次，提高部门协作能力，增强应急救援处置水平。推进多种形式消防队伍建设，灭火救援力量体系进一步加强。全区消防部队接警出动164起，出动车辆261台次，警力1276人次，抢救被困人员51人，疏散被困人员725人，抢救财产价值466.1万元。

【综合保障能力建设】

2016年，大队安排器材购置经费20万元，着重加强救生、破拆、侦检、警戒、堵漏、照明等特种灭火救援器材建设，使官兵人身安全和灭火抢险救援能力得到进一步提升。同时，向区地震办争取13万元的器材装备，投入到基层中队执勤。先后投入40余万元加强基础设施建设，改善官兵生活、居住环境。改造视频会议学习室、网络室，新增电脑14台，选取400余张新旧照片，建成建队36周年文化长廊。

【火灾隐患整治】

火灾隐患排查整治　2016年，消防大队先后开展"夏季消防检查"、易燃易爆危险品场所消防安全专项整治、劳动密集型企业消防安全专项治理"回头看"以及冬春火灾防控等专项工作。截至12月22日，检查单位1345家，发现火灾隐患946处，督促整改火灾隐患995处，下发《责令改正通知书》491份，行政处罚36起，临时查封18家，责令"三停"（停产停业、停止施工、停止使用）9家，罚款17.929万元，行政拘留2人，挂牌重大火灾隐患单位1家，始终保持整治火灾隐患的高压态势，全区火灾形势持续稳定。

社会火灾多元防控　针对居民住宅楼配电设施火灾多发的态势，会同区供电公司联合开展居民住宅楼配电设施火灾隐患专项排查整治，全面梳理配电线路。同时，推动辖区消防安全重点单位、社区微型消防站建设和独立式感烟火灾探测报警器安装推广。组织重点单位开展微型消防站业务技能培训，鼓励引导全区"九小场所"（小餐馆、小旅店、小歌舞娱乐、小网吧、小美容美发、小洗浴、小维修、小集贸市场、小生产加工作坊）自主安装独立式感烟火灾探测报警器，预定任务260个全部安装到位。

【执勤岗位练兵】

2016年，消防大队落实党委议训制度，不断提升部队战斗力标准。开展辖区"六熟悉"（熟悉消防责任区的交通道路、水源情况，熟悉责任区内重点单位的分类、数量及分布情况，熟悉责任区内主要灾害事故处置的对策及基本程序，熟悉责任区内重点单位建筑物使用及重点部位情况，熟悉重点单位内部的消防设施情况，熟悉重点单位的消防组织及其灭火救援任务分工情况）和灭火实战演练工作，加大"六熟悉"和实战演练在日常训练中的比重，及时修订辖区六熟悉手册和灭火作战预案。大队官兵深入重点及非重点单位演练156次，修订数字化预案60份。同时，与区各联动部门开展应急救援联合演练2次，增强各部门间的协同作战能力，提升实战水平。严抓基础体能，创新训练方式，掀起练兵热潮，针对官兵个人身体素质拟定科学合理的训练安排，使官兵体能基础得到大幅度提高。在2016年支队组织的现役部队月比武竞赛活动中，大队官兵奋勇争先，凤城、高陂两个中队共取得1次团体第一、2次团体第二、3次团体第三的成绩。督促中队官兵做好车辆和器材装备的熟悉与维护保养工作，并坚持每战必评，总结经验，为"拉得出、打得赢"夯实基础。

【消防执法服务】

2016年，消防大队深化行政审批改革，提高行政审批服务效率，增强消防执法透明度和公信力。创新便民利民服务举措，深化公安消防部门改革服务经济社会发展八项措施，成立消防技术服务队，落实大队长接待日，采取主动对接、提前介入、上门服务、现场办公等方式，落实"马上就办，办就办好"。及时办结项目并公布办理结果，审批时间全部压缩至法定时间的50%内。全年受理建设工程行政许可项目18个，其中，消防设计审核12个、竣工消防验收5个、公众聚集场所开业前消防安全检查1个；办理备案抽查10个，其中，消防设计备案3个、竣工验收消防备案7个。

【消防宣传教育】

2016年，以消防宣传"七进"（进机关、进学校、进社区、进家庭、进企业、进农村、进网站）为主要内容，以"全国中小学生安全教育日"、全国"防灾减灾日"、全国安全生产月、"119消防安全宣传日"等重大节日、活动为契机，深入开展疏散逃生演练，举办消防讲座，组织社区群众参与灭火演示互动，邀请社区群众进队参观学习等形式多样的消防宣传活动。至年底，开放消防站62次，通过各类媒体向群众发布消防宣传提示及短信3.2万余条，发放消防宣传手册近15000册，组织开展疏散演练和知识培训52场，利用沿街LED显示屏滚动播放消防宣传标语100余次。同时，投入近20万元设置沿街便民垃圾桶的灯箱广告，11月消防安全宣传月开展"信封入单位""手册入景区"等宣传，在全区营造消防宣传氛围，取得较好的效果，群众消防安全意识明显提升。

【建立区域联防试点】

2016年，在洪坑土楼群景区建立区域联防工作试点，试点做法和经验推广全区。固化湖坑镇洪坑村消防安全网格化管理试点经验，建立消防值班巡查制度，确定村民组长为消防安全联络员，建立由楼院长、村民小组长牵头的群众性消防安全志愿组织，组织制定防火公约，实行"多户联防、区域联防"，开展消防安全自我检查、自我宣传、自我管理等群防群治工作，推进消防安全网格化管理。

【武警中队概况】

中国人民武装警察部队龙岩市支队永定区中队（简称"永定武警中队"）地处凤城东郊沈家坪，占地2公顷，三面环山，临接环城公路，交通便捷。中队下设3个战斗班和1个中队部，编制38人。主要任务是担负龙岩市第二看守所的外围武装警戒和维护永定区的社会稳定，协助地方政府和公安机关处置各类突发事件，同时全力支持永定的地方建设。2016年8月—10月，先后出动300余人次，参与莫兰蒂、鲇鱼等抗洪抢险工作。10月—12月，出动15人次，历时3个月，会同龙岩支队七中队前往莆永高速点执勤，圆满完成任务。

【铁路派出所概况】

2016年，永定铁路派出所开展创建线路治安绿色通道工作，加强沿线村庄和学校的"三保"（保人身、保牲畜、保行车）宣传，辖区漳龙线57.724公里线路杜绝"两类事故"（车辆肇事和路外伤亡事故）、"五类案件"（关闭折角塞门、提拉车钩、拆盗铁路器材、摆放障碍、击打列车）和耕牛挡道事故；连续实现2个"百日三无"（无路外伤亡、无车辆肇事、无耕牛挡道）安全天；

辖区职工未发生违法犯罪案件，辖区线路未发生破坏铁路刑事、治安案件。

【铁路安全宣传】

2016年，加强铁路安全宣传，会同区护路办及沿线乡镇综治部门开展12场次的"三保"宣传活动，深入沿线村庄、学校，宣传《中华人民共和国铁路法》《中华人民共和国铁路运输安全保护条例》。利用沿线学校新生入学时机，会同区护路办，邀请区电视台深入永定实验小学龙凤校区，开展"铁路安全进校园知识竞赛"宣传活动。运用电视报刊等新闻媒体的宣传效应，积极投稿，多篇铁路安全宣传稿件被《福建日报》《闽西日报》及永定电视台等新闻媒体刊载和报道。

·检 察·

【审查逮捕和侦查监督】

2016年，区检察院受理侦查机关提请逮捕犯罪嫌疑人228人，经审查依法决定批准逮捕198人；对不符合逮捕条件的，决定不批准逮捕30人；对应当逮捕而未提请逮捕的，决定追加逮捕10人；对应当立案侦查而不立案侦查的，监督侦查机关立案3人；对不应当立案而立案的，监督侦查机关撤案11人。

【公诉和刑事审判监督】

2016年，受理公安机关和检察院自侦部门移送起诉案件398件525人，经审查依法提起起诉422件577人；对不符合起诉条件的，依法决定不起诉37人；对应当起诉而未移送起诉的，追加起诉4人。对认为确有错误的刑事判决裁定，依法提出抗诉4件。开展"法律六进"7场、"以案释法"32次，运用"客家祖训"进行庭审教育412次，推行侦查人员、鉴定人员、证人、有专门知识的人等"四员"出庭4件5人。

【反贪污贿赂和反渎职侵权】

2016年，立案侦查职务犯罪14件15人，其中，贪污贿赂犯罪10件11人，渎职侵权犯罪4件4人；涉案金额655万余元，追回赃款98万余元。严查"为官不为"，在培丰镇无证煤硐造成9人死亡的2015年"6·27"特大中毒事件中，查办永定区国土资源监察大队原副大队长吴某某涉嫌玩忽职守犯罪案件；在危房改造补助资金被虚报冒领案件中，查处岐岭乡村管站郑某某玩忽职守犯罪案件；主动介入公安机关查办非法经营疫苗案件，从中立案查处2名防疫工作人员涉嫌滥用职权案件。

【职务犯罪预防】

2016年，区检察院职务犯罪预防部门加强与区发改、建设、交通、水利等部门联系，对照省级重点或重大工程项目，筛选出由政府投资的2016年省级重点项目"永定光电信息产业园孵化器建设项目"开展专项预防。结合办案开展犯罪分析8件，提出防控风险、堵塞漏洞的建议6份。与市检察院联合拍摄《方圆之间》微电影，被中央政法委评为首届平安中国微电影视频比赛二等奖，选送的《农村水利项目和资金管理预防调查》被评为全省检察机关优秀预防调查。

【控告申诉检察】

2016年，受理信访58件，其中，举报26件、控告16件、申诉8件、申请国家赔偿案件1件、其他信访7件。办理交办件2件，其中，区人大、区委政法委交办各1件。所办交办件在法定期限内完成办理，并答复交办单位和信访人。自行初核、配合自侦部门初查3件。奖励举报有功人员5人，发放奖金6000元；办理司法救助案件3件，发放救助金1万元。开展检察长接访34次，接待来访群众41人次，化解矛盾7人次。

【刑事执行检察】

2016年，开展审前未羁押判处实刑未交付执行专项清查活动，清理未交付执行6人，监督收监4人，法院裁定暂予监外执行2人。加强羁押必要性审查，办理羁押必要性审查案件16件16人。办理社区矫正人员再犯罪案件1件1人。

【民事行政检察】

2016年，办理民事、行政检察监督案件11件。其中，办理执行检察监督案件4件，发出执行监督检察建议2份，中止审查2件，回复5件（其中2015年发出3件2016年回复采纳），均已采纳；发出行政检察建议7份，回复7份，包括排查公益诉讼线索5件，分别向国土、住建、财政、农业机械管理站、人防办等部门发出诉前检察建议5份，回复5份。

【生态资源检察】

2016年，受理公安机关提请批准逮捕生态资源刑事案件4件6人，经审查依法批准逮捕3件5人，决定逮捕2人（审查起诉中直接决定逮捕），不捕1件1人。受理公安机关移送审查起诉生态资源刑事案件22件27人，经审查，依法提起公诉23件32人，不诉9件10人，公安机关主动撤案1件1人，决定终止审查1件1人。依法出庭支持公诉20件32人，法院作出有罪判决20件32人。贯彻执行与区法院、林业局、国土局联合制定的生态恢复补偿机制，深入开展补植复绿工作；同时依托在湖雷、培丰2个镇设立的"林业生态恢复补偿暨水土保持实践基地""矿山生态恢复补偿暨水土保持实践基地"，督促不能在原地补植复绿的犯罪嫌疑人、被告人在实践基地开展补植复绿。促使1名行为人开展补植复绿，缴纳造林保证金1万元，造林20余亩，并对其依法判决缓刑，实现被告人轻刑、林权所有人得到实际赔偿、生态环境恢复的"三赢"效果。

【法律政策学习研究】

2016年，建立案件督察与检委会秘书处审查相结合的工作机制，加强对重点案件督察，为检委会决策提供参考意见。审查不捕、不诉、抗诉等"八类案件"70件116人，形成审查意见，为检察长或检委会提供参考。召开检委会15次，审议案件41件、事项3项，组织学习5次。为更好地行使法律监督职能，推行检察长列席同级审判委员会制度，检察长、副检察长就3件案件列席审委会2次。

2016年，全院干警撰写调研文章17篇。其中，被国家级刊物《中国检察官》采用1篇，省级刊物采用4篇，市级刊物采用11篇。

【查办扶贫开发领域职务犯罪】

2016年，查办扶贫开发领域职务犯罪的8件9人，查办岐岭乡新村村党支部原书记廖某某贪污危房改造资金93万余元、区卫生与计划生育局原副局长卢某某贪污改厕资金395万余元等重大案件。通过区农办召开全区扶贫干部警示教育大会，敦促存在问题的人员主动退赃，说明问题。据统计，全区村级干部、人员向区农办退出赃款近300万元。

【未成年人保护】

2016年，探索"1+3"挽救未成年人模式（检察机关释法说理+心理引导+修复性救助+基地矫正），与永定区中小学社会实践基地联合设立观护帮教基地，帮教、帮扶涉罪未成年人4人，开展法制教育7场，开展涉罪未成年人心理咨询6人次，对4名未成年人犯罪记录予以封存。开展检察官"爱心妈妈"志愿服务，被省委宣传部、组织部、文明办等单位评为全省"最佳志愿服务项目"。

【司法警察服务和保障检察办案】

2016年，法警大队坚持以"服务检察办案，确保办案安全"为目标，全面开展各项警务工作，严格按照《人民检察院司法警察暂行条例》和《人民检察院司法警察执行职务规则》的规定要求，认真履行职责，出警44次92天，辅助侦查126

次106天，办案工作区使用57次60天。均未发生安全事故，确保办案安全，维护检察工作秩序。

【推行机制创新】

2016年，探索非羁押诉讼机制，建议侦查机关对2名犯罪嫌疑人采取取保候审等非羁押强制措施，实行"不捕直诉"。加强羁押必要性审查，对捕后不需要继续羁押的，建议变更强制措施16人，防止构罪即捕、一押到底。探索赔偿金提存公证机制，在全省率先将赔偿金提存公证引入交通肇事案件的审查逮捕阶段，对积极悔过、主动弥补损失的犯罪嫌疑人作出不批准逮捕决定，免除不必要羁押。在审查一起死者无近亲属交通肇事案件中，在犯罪嫌疑人卢某光将赔偿金经公证提存之后，对其作出无逮捕必要不批准逮捕决定。建立对公安派出所刑事侦查活动监督机制，和永定公安分局联合出台《关于对公安派出所刑事侦查活动开展监督工作的实施方案》《关于检察人员提前介入引导取证的规定》，介入刑事侦查并提出侦查意见5条，口头纠正违法15件次，发出书面纠正违法通知书6件次，监督立案（撤案）14件，提前介入重大案件3件18人。试行审查逮捕公开听证制度，对谢某故意伤害案试行公开听证，取得良好的社会效果和法律效果。创新行政执法与刑事司法联动机制，与区政府联合出台《"两法衔接"信息共享平台工作办法》，与区农业局、区市场监督管理局设立全省首家"两法衔接工作检察联络室"，在信息录入、案件调查、证据收集、法律适用等方面相互协调，监督执法案件2件2人。

【司法体制改革】

2016年，贯彻落实《福建省市、县两级检察院司法体制改革推进指导意见》的要求，按照干部管理权限，围绕政治素质、司法办案能力、工作实绩、领导干部履行主体责任和检察职业素养等重点内容，对51名检察员进行考核，研究确定首批入额检察员25名，并进行公示。12月2日，在区委常委、政法委书记章溧斌和区人大常委会副主任胡健监誓下，25名员额检察官面向国旗，举行宪法宣誓仪式。

·审 判·

【概况】

2016年，永定区人民法院围绕"让人民群众在每一个司法案件中感受到公平正义"的工作目标，把握司法工作目标主线，发挥国家审判职能作用，打击惩办犯罪，化解群众矛盾纠纷，促进"法治永定"建设，保障永定经济繁荣、社会安定。全年受理案件6916件，办结6228件，比增13.8%。

年底，全院有19个内设机构，在编干部职工96人，其中，法官60人、书记员17人、法警11人、工勤人员8人。

【刑事审判】

2016年，审结刑事案件466件，判处罪犯601人。严惩重大犯罪，从严从快判处杀人、抢劫、强奸等严重危害社会治安的犯罪57人。参与"涉麻涉毒""涉枪涉爆""电信诈骗"等重点整治，严惩涉毒犯罪45人、涉爆犯罪24人、电信诈骗犯罪8人。保障人民群众生命健康，严惩非法销售"超标牛肉丸"等危害食品、药品安全犯罪4人。依法惩处贪污贿赂等职务犯罪28人。落实宽严相济刑事政策，判处五年有期徒刑以上刑罚29人，判处拘役、缓刑等非监禁刑罚373人。

【民商事审判】

2016年，审结民商事案件2467件。维护金融安全，成立涉金融案件专项工作组，审结金融借款案件450件、标的1.31亿元。推进诚信建设，审结民间借贷、买卖纠纷等案件917件、标的总额2.05亿元。倡导和睦友善，化解婚姻、继承、邻里纠纷442件。坚持关注民生，审结涉消费者权益、劳动争议、人身损害、医疗纠纷等案件116件。

【行政审判】

2016年，审结行政诉讼案41件，审查非诉行政执行案件110件，行政机关负责人出庭应诉率连续五年100%。落实行政首长出庭应诉制度，行政机关负责人出庭应诉率连续五年100%，得到最高人民法院行政审判庭和福建省高级人民法院的肯定。最高人民法院行政审判庭党支部在区人民法院建立党组织基层联系点。

【执行工作】

2016年，执结案件3124件、到位标的7817.84万元；清理旧案6675件，清理率75.18%。开展公职"老赖"专项清理，与区纪委、区监察局联合下文敦促失信国家工作人员履行法律义务，通过区纪委书面通报、"土楼清风"微信公众号曝光以及与失信国家工作人员进行提醒谈话或诫勉谈话并限期整改等措施，执结涉公案件11件、标的90.4万元，该做法被《福建日报》《记者追踪》宣传报道。集中清理执行案款，发放执行案暂存款729万元，完成在执行案款管理系统逐笔逐案建立执行案款台账，得到省法院、省检察院检查组的肯定。

【司法改革】

2016年，精准对接省以下地方法院人财物实行统一统管工作，完成机构、编制、人员和资产等家底的摸底和测算，按要求遴选出首批员额制法官34名；落实人民法庭办案责任制改革，城郊、岐岭、坎市3个人民法庭办结案件1622件；持续推进作为全国试点的人民陪审员制度改革工作，持续落实人民陪审员选任、参审、保障等各项改革任务，创新建立事实审引导机制，编制履职系列手册，人民陪审员参审案件959件，陪审率97.36%，试点经验被《八闽快讯》《福建日报》

《福建新闻联播》宣传推广；创新法治宣传方式，执行干警挖掘因失信被惩戒的"老赖"素材，自编自演的双簧《赖不凡心里话》在2016年文化龙岩《喜笑"岩"开》活动中获二等奖，并被省总工会评为全省"十佳"职工网络节目。

【典型案例】

福建首例故意毁损文物案 2015年5月28日，林某在未办理任何审批手续情况下，雇请工人擅自在奎聚楼右后侧新建楼房，将墙体紧靠奎聚楼墙体，并让工人在奎聚楼墙体上开凿孔洞，造成奎聚楼墙体毁损。奎聚楼于2008年列入《世界遗产名录》，2001年公布为第五批全国重点文物保护单位，保护范围为围墙四周各向外延伸10米，保护范围内的所有建筑物、构筑物，均作为文物建筑列入严格保护的范畴。经福建省文物局组织专家认定，林某新建建筑与奎聚楼右后侧墙体相连，新建房前部于土楼右后侧位置新挖地基，后部直接压制于土楼挡土墙，且新建房左侧在土楼墙体上直接开凿孔洞，对土楼原有墙体造成直接损坏。另外，新建房对土楼核心保护范围内的排水沟、挡土墙造成直接破坏，人为改变土楼右后侧的地基受力情况，对土楼的安全性造成较大的破坏，也严重破坏土楼的环境风貌。2015年8月18日，林某被派出所民警传唤到案。案发后，林某自行拆除新建楼房。法院经审理认为，林某在被确定为全国重点文物保护单位的奎聚楼右后侧新建楼房，在建造过程中对奎聚楼造成损坏，其行为已经构成故意损毁文物罪。结合其认罪态度、悔罪表现，2016年12月16日，林某被区法院判处有期徒刑6个月，缓刑1年，并处罚金人民币3000元。这是福建宣判的首例故意毁损文物案件。

福建首例大型客车严重超载入刑案 2016年2月14日，陈某驾驶一辆由湖南郴州开往福州的大型卧铺客车，在接到另一大型客车电话，称因车故障无法行驶，要求陈某将故障客车上乘客接到其客车后，便在龙岩高速出口将另一故障客车上的38名乘客接到自己客车上，并继续驾车由龙岩上高速往福州方向行驶。同日凌晨1时45分，该车行经和平服务区时，被龙岩高速交警当场查获。经查，陈某驾驶大型客车核载44人，实际载乘63人，超过核定载乘19人。2015年11月1日起实施的《中华人民共和国刑法修正案（九）》增加以危险驾驶罪追究刑事责任的情形，明确规定从事校车业务或者旅客运输，严重超过额定乘员载客，或者严重超过规定时速行驶的，处拘役，并处罚金。这意味着对严重超载超速行为的处罚由《中华人民共和国道路交通安全法》规定的"最高2000元罚款，可以并处吊销机动车驾驶证"的行政处罚，上升为"处拘役，并处罚金"的刑事处罚。法院经审理认为，陈某违反交通运输管理法规，在道路上驾驶机动车从事旅客运输，严重超过额定乘员载客，其行为已构成危险驾驶罪。结合其认罪态度、悔罪表现，2016年11月15日，陈某因犯危险驾驶罪被区法院被判处拘役两个月，并处罚金7000元。这是《中华人民共和国刑法修正案（九）》实施后福建宣判的首例大型客车超载入刑案件。

  区内首例人身安全保护令 陈某（男）与张某（女）系夫妻，常因家庭矛盾发生争吵，陈某曾多次殴打妻子张某。2016年3月，两人因买房的事情产生不愉快，陈某再次对张某实施家暴，致张某脑震荡、耳膜穿孔等，经派出所调解无效后，张某遂向法院申请人身安全保护令。法院经审理认为，申请人张某的申请符合发出人身安全保护令的条件。2016年3月22日，区法院作出予以人身安全保护的裁定，并将裁定及时送达被申请人陈某所在村委会、派出所。这是自2016年3月1日《中华人民共和国反家庭暴力法》正式颁布实施以来，永定发出的首份人身安全保护令。

·司法行政·

【机构编制】

2016年，区司法局机关内设综合股、法制宣传股、法律服务管理股、基层工作股、政工股、社区矫正与安置帮教股、法律援助工作股等7个股，下辖24个基层司法所。此外，挂靠单位1个（区依法治区领导小组办公室），下属事业单位1个（福建省龙岩市永定公证处），监管单位3个（福建永宏律师事务所、永定区中心法律服务所和康桥法律服务所）。

年末，区司法行政系统行政编制66名（其中局机关行政编制16名，基层司法所政法专项编制50名），挂靠及下属事业单位事业编制6名（其中，区依法治区领导小组办公室财政核拨事业编制2名，永定公证处差额拨款事业编制4名），实有干部职工125人（含司法协理员36人，专职调解员21人，聘用人员6人），行政和事业编制共缺编10人。福建永宏律师事务所专职律师5人，另有公职律师5人。永定中心法律服务所和康桥法律服务所有注册执业基层法律服务工作者29人。

【司法所规范化建设】

2016年，继续深入推进司法所规范化建设。各基层司法所按照上级标准，不断提升规范化水平。与有关部门协调，落实人民调解、社区矫正与安置帮教、法律援助等工作经费的具体保障措施。3月份，区司法局与区财政局联合印发《关于贯彻落实〈福建省财政厅福建省司法厅关于进一步加强社区矫正和法律援助经费保障工作的通知〉的意见》，建立按照社区服刑人员数量核定社区矫正经费保障制度；提高法律援助办案补贴标准，将社区矫正和法律援助经费保障落到实处。8月份，为各基层司法所配备新电脑、打印机、传真机、执法记录仪等办公执法设备，进一步提升基层司法行政的硬件水平。持续推进信息化建设，配合上级做好人民调解、社区矫正、安置帮教等信息系统的升级改造工作，提升基层司法行政信息化水平。

【人民调解】

完善人民调解组织网络 2016年年末，全区各级人民调委会333个，含村居（社区）人民调委会279个、乡镇（街道）人民调委会24个、行业性专业性人民调委会29个、区人民调解中心1个；人民调解员1632人，含村居（社区）调解员1144人、乡镇（街道）调解员236人、行业性和专业性调解员247人、区人民调解中心调解员5人。不断完善区级人民调解中心建设，做好人员、硬件设施配备工作，提升中心的规范化运作水平。继续抓好重大矛盾纠纷片区联动联调工作机制建设，全年全区通过片区联动联调调处重大矛盾纠纷17件。进一步推进行业性、专业性人民调解委员会建设，全区有29个行业性专业性人民调解委员会。抓好个人命名调解工作室创建工作，全区设立抚市王海弘、下洋苏俊雄、仙师许端秀等3个以个人命名的调解工作室。

依法化解矛盾纠纷 在元旦、"两会"、春节、G20杭州峰会等重要敏感时段，开展矛盾纠纷集中排查调处活动；开展"服务大局解民忧，春风化雨促和谐"人民调解专项活动，对各类矛盾纠纷和苗头性隐患进行拉网式排查，并逐一登记建档、及时化解，切实保障社会和谐稳定。全年全区各人民调解组织排查调处各类矛盾纠纷1379件，调解成功1366件，成功率99%。

强化保障 加强人民调解保障机制建设，落实人民调解三项经费。加强调解员队伍建设，全区配备32名专职人民调解员。严格落实"以奖代补"政策，提高人民调解员开展工作的积极性。推进人民调解员持证上岗、等级评定工作，强化人员培训和业务指导，不断提升人民调解员的专业化水平。

【社区矫正和安置帮教】

2016年，贯彻上级社区矫正工作会议精神，进一步增强安全稳定首位意识，加强日常监管，创新教育矫正，落实帮扶措施。至年底，全区接收社区服刑人员329人，解除矫正356人，在册社区服刑人员397人。全年全区接收回归社会刑满释放人员418人，衔接率、安置率、帮教率均为100%，无重新犯罪。强化安全防控。各司法所组织开展安全稳定排查，走访社区服刑人员和刑满释放人员的家庭、工作单位及所在社区（村），掌握其思想行为动态。对排查出的重点人员，从严控制其外出。在春节和全国"两会"期间，要求按日报告社区矫正安全稳定情况。加强日常监督管理。落实"日定位、周听声、月见面、季评议、年考评"等措施，把社区服刑人员纳入全方位管控视线。强化刑罚执行信息和日常管理信息录入工作，确保全区录入率90%以上。严格履行审批职责，对社区服刑人员在报到登记、进入特定场所、外出请销假、居住地变更、免除社区服务等事项上，严格审批程序，认真进行审查，依法予以办理。全年全区审批外出请假389人次，其中，区局审批29人次；接受外区拟办理居住地变更材料审查5人，其中，同意迁入永定区有4人；向外区发函征求居住地变更意见13人次，其中，9人获迁外区；1人区内迁居；法定不批准出境人员报备234人。强化执法监督，配合区检察院对各乡镇（街道）在管社区服刑人员进行回访考察。严格规范执法活动。开展审前调查，全年出具审前社会调查意见书310件。对符合警告、治安管理处罚条件的社区服刑人员，及时查清事实，收集有效证据材料，提出惩处意见。全年对违规社区服刑人员发出书面警告70人次，提请治安管理处罚1人次，公安机关发出拘留证3份，行政处罚决定书5份。

【"七五"普法工作启动】

2016年是"七五"普法开局之年，区依法治区办结合普法新常态、新变化，对"六五"普法以来开展法治宣传工作进行一次认真的回顾，及时发现弥补薄弱环节，为"七五"普法启动工作做好准备。起草永定区"七五"普法规划征求意见稿，向各相关部门和乡镇、社区、村征求收集普法意见和建议，形成《"七五"规划》送审稿。11月28日，区人大常委会通过《关于开展第七个五年法治宣传教育的决议》。12月22日，区委、区政府召开法治永定建设暨"七五"普法动员部署会议，全区"七五"普法工作启动。

【法治宣传教育】

2016年，区司法局以法律进机关、进学校、进社区、进乡村、进企业、进单位为载体，深入开展法治宣传教育。年初，全区集中开展"三下乡—送法下乡"活动，发放法制宣传教育与依法治理工作应知应会知识点宣传册1000份，为农民提供法律援助和法律咨询。6月份，开展"安全生产月"知识宣传活动以及"全民禁毒宣传月"活动，组织普法讲师团成员到各中小学巡回演讲，邀请区禁毒大队干部到各中小学授课，以"上好开学第一堂禁毒主题课""小手拉大手，禁毒齐加油"宣誓签字仪式等方式开展毒品预防教育。12月份，开展"12·4"国家宪法日集中法治宣传活动，宣传国家根本政治制度、基本经济制度、公民基本权利义务和国家生活的基本原则等基本法律知识，在全民中牢固树立宪法意识，维护宪法权威。此外，还利用农村墟天、庙会等传统节日以及重大纪念日，深入乡村、社区，开展水土保持、涉麻涉毒、民间借贷法律知识等法制宣传教育活动，发放各类宣传材料5.2万余份，接受法律咨询2700余人次。

【依法治区】

2016年，贯彻落实《中共永定县委关于贯彻党的中共十八届四中全会精神全面推进依法治县的实施意见》精神，配合相关部门制定出台法治永定建设考核指标体系和标准，为推进各层面法治建设立好"风向标"。全区依法治区工作取得阶段性成效，基层民主法制建设不断健全，各级领导干部依法决策能力不断提升，依法行政工作不断推进，司法公正得到充分保证。同时，注重营造法治文化氛围，在城区火车站公园建设有特色的法治文化园，在湖坑镇南江村区中小学生社会实践基地校设立预防青少年违法犯罪教育展室。通过报刊、普法网、沿街宣传栏等媒介广泛宣传"法治永定"建设相关内容，引导全社会聚焦全区法治建设进程。

【法律援助】

2016年，全区受理法律援助案件506件。简化审批程序。承诺法律援助审批时间为2个工作日，法定的10天，对于简单明了的案件当场审批作出援助决定，对于需审查的案件在2个工作日内作出是否援助的决定。加大宣传力度。为确保困难群众及时得到法律援助，印制五种《法律援助指南》宣传手册，由各司法所人员到相关矿区、旅游区、开发区进行宣传，同时在窗口摆放交通事故赔偿、工伤事故赔偿等相关法律规定的赔偿标准，提高公民的法律意识，使纠纷矛盾及时得到化解。加强网络建设。4月份，区司法局与区人力资源和社会保障局联合下文成立永定区法律援助中心劳动人事争议仲裁委员会工作站。至年底，全区设立34个法律援助工作站，各村居（社区）均设立联络点，实现法律援助网络全覆盖。

【法律服务】

2016年，推进公共法律服务体系建设。加快乡镇（街道）、村居（社区）法律服务体系建设，制定《关于加快推进"一村一法律顾问、一居（社区）一法律诊所"建设的实施意见》，派驻律师、法律工作者和政法干警担任村居（社区）法律顾问。组织全系统干部认真学习贯彻全市公共法律服务体系建设暨村（社区）法律顾问工作现场会精神，借鉴其他县（市、区）的典型经验，因地制宜谋划全区公共法律服务体系建设工作。至年底，建成区级公共法律服务中心1个，全区各乡镇（街道）、村（社区）公共法律服务站、点全部建立，实现"一村一法律顾问、一居（社区）一法律诊所"全覆盖。为全区经济社会发展提供法律服务和保障。主动对接全区重点项目建设，各法律服务机构的法律服务人员参与全区2016年重点建设项目对接服务工作，挂钩省、市、区在建重点项目并开展各项法律服务活动，发挥法律服务行业的职能作用，保障全区重点项目建设顺利进行。全年为重点项目企业担任法律顾问11家，提供法律咨询31人次，开展法制宣传2场，参与调解重大矛盾纠纷6起。永宏律师事务所担任国家机关、企（事）业单位常年法律顾问26家，办理各类案件338件；永定公证处办理各类公证929件；基层法律服务所担任法律顾问29家，办理各类案件238件。实行法律服务执业人员参与信访工作制度，配合当地党委、政府妥善做好息访、劝返工作，维护当事人的合法权益。全区法律服务执业人员参与涉法信访接待24次，接待上访群众349人次，解答群众相关法律问题63个，出具法律意见书4件。行业监督不断强化。对公证处、律师事务所和基层法律服务所及法律服务人员定期开展执业评查活动，进一步解决行业内存在的违反职业道德、执业纪律行为和管理不规范问题，使法律服务牢固树立诚信服务理念和诚信为本、守法为重的观念。

·人民武装·

【思想政治建设】

2016年，永定区人武部坚持把经常性思想工作和中心组理论学习作为思想政治建设主要工作来抓，确保干部职工思想稳定、理论殷实、作风扎实。1月份，开展"坚决服从改革大局，忠实履行职能使命"专题教育，组织全体干部职工系统学习上级文件精神和各级领导的指示，认清改革的重大意义，以高昂的工作姿态、更高的工作标准迎接军队领导体制改革，做到"一颗红心、两手准备"，自觉接受组织的挑选。4月份，开展"两学一做"系列活动，在单位营造浓厚的学习氛围和自觉争当优秀党员的热潮。在龙岩军分区机关统一组织下，开展党委中心组理论学习，通过学习，干部职工的理论素养进一步提升，工作动力进一步强劲，工作作风更加扎实，促进年度各项工作扎实有序高效开展。

【党委班子建设】

2016年年初，政委何毓琦和参谋傅钉经组织安排转业，年内适逢军队领导体制改革，省军区系统干部人事冻结，人武部干部队伍力量明显薄弱。区人武部党委分析研判形势，进一步细化工作任务分工，更加严格落实党委组织生活制度，牢固树立靠制度管人管事、靠机制有序运行理念，党委的凝聚力不减、班子团结和谐、领导单位全面建设的战斗力坚强。严格按照党风廉政建设责任制要求和《中国共产党党员领导干部廉洁从政若干准则》，在重大事项、重要工作、敏感事务上坚持班子集体研究决定，始终做到科学决策、民主决策。

【党管武装】

2016年，严格落实党管武装各项制度，组织24个乡镇（街道）党工委书记述职，军地合力抓准备的氛围进一步浓厚。加强对专武干部队伍的选拔和配备，利用地方换届时机，补充配齐所属24个乡镇（街道）专武干部空缺，专武干部齐装满员，各项基层工作扎实有效开展。深入开展双拥共建活动，9月份防抗第14号和17号台风中，各动用民兵82人次、车辆3台次，第一时间做好集结准备，协调防汛部门做好抢险救灾物资准备，每隔1小时向永定区防汛指挥中心了解灾情，确保能及时听令行动。在防抗台风过程中，驻闽部队官兵进驻永定城区，和广大民兵一起参加抢险救灾，受到人民群众的赞誉。

【军事工作】

2016年，深入学习领会中共中央总书记、中央军委主席习近平关于按照打仗标准搞建设抓准备的重要论述，加速推进军事斗争准备向纵深进击。始终守住务军习武这一主业，使作战准备常态推进，稳步提升。坚持"编为用、建为战"原则，通过压减组织规模、调整建设分类、优化结构布局、改进编组方法等，深化调整改革，完善政策制度，提高建设质量。全区编有3类队伍84个分队，作用发挥明显。针对辖区特点和所担负任务，进一步修订完善各类应急预案和配套计划，加强通信设施维护管理，确保通信网络畅通，实现作战值班视频音频保障全年零误情；补充迷彩服、迷彩鞋、救生衣、冲锋舟、应急灯、帐篷等物资器材，落实潜力数据适时核对，大型特需装备预征预储；狠抓各类值班制度落实，进一步熟悉情况和处置方法程序，加强应急分队人员动态管理，提高遂行任务能力。抓实首长机关练将练官、专武干部、民兵干部、职工队伍和应急分队的管理和训练，先后组织4期380多人次的集训；利用整组、征兵和重大节日等时机，采取以会代训形式，搞好形势教育和职责制度学习，落实12课时民兵政治教育和全民国防教育活动，不断增强现役干部和民兵预备役人员的职能意识和遂行任务能力。

【管理工作】

2016年，利用条令学习月和条令学习周的契机，组织干部职工强化本级本职本岗应知应会条令法规知识学习，营造人人按职责办事、按程序办事、按制度办事的氛围。每季度利用办公会时机，组织3个科室开展"业务清点"，帮助理清工作思路，协调工作矛盾，分解细化各项工作，提高工作效率，干部能力素质明显进步。上半年，组织"十个专项整治"活动，对照十个方面查找梳理存在的问题，制定针对性改进措施；树立安全发展理念，强化人、车、枪、弹、密管控，按照"管、控、查、处"四位一体工作闭合回路，彻底消除安全隐患，实现单位全年零事故的管理目标。加大对营院人员出入管理，针对永定互联网产业孵化园及部分区引进投资单位入驻民兵训练营大楼，划分活动区域。

【夏秋季征兵工作】

2016年，扎实开展征兵工作，严格标准条件，加强廉洁监督，严格兵役登记、征兵宣传、体检政审和走访定兵等关键环节。2016年，全国征兵首次使用征兵信息化系统，为此，人武部投入30余万元采购相应设备建设征兵信息化系统，以减少人为干扰，提高工作质量。围绕"三保一降"（保质量、保数量、保廉洁，降低退兵率）的目标，按照征兵工作"十步法"（兵役登记、预征对象确定、体格初检、政治初审、体格检查、政治审查、走访调查、审批定兵、交接运输、跟踪走访），坚持"封闭式"体检、"开放式"政审、"阳光式"定兵，落实体检"三项措施"、政考"四个必查"（应征青年病史必查、入伍意愿必查、现实表现必查、个人经历必查）、走访"七个必到"（应征青年本人、家属或亲属、就读学校领导、班主任或学生、工作单位领导或同事、居住的村居委员会领导、邻居或村社区医生）和定兵"四个优先"（高学历青年、应届毕业生、有技术特长、党团员）的要求，严格落实"三公开"（数量指标、条件标准、工作程序）、"四公布"（上站体检人员、"双合格"人员、预定新兵、定兵人员名单）工作程序。圆满完成年度新兵征集任务，其中，入伍大学生占56%。

【拥军优属、拥政爱民活动】

2016年，永定区政府接收退役士兵安置188人，发放优抚金517万余元；落实国家相关政策，对符合条件的全部退役士官6人，安置到区交通局、水利局、林业局等单位工作。永定区人武部积极开展拥政爱民活动，支持地方经济建设，无偿提供民兵训练基地大楼6800余平方米，用于永定互联网产业孵化园及部分永定区引进投资单位办公使用。支持地方教育事业等经费6万余元，维护军属合法权益，协调处理3起军人家庭涉法问题。

财政 税务

·财 政·

【区级预算执行情况】

区级一般公共预算 2016年,永定区一般公共预算总收入12.42亿元,其中,地方一般公共预算收入8.17亿元,完成调整后预算的94.51%;一般公共预算支出25.15亿元。区级财力收入预算调整为149142万元,相应安排区级一般公共预算支出149142万元。

区级政府性基金预算 2016年,区级政府性基金收入34156万元,增长49.97%;区级政府性基金支出32056万元,比上年下降14.82%。

区级社会保险基金预算 2016年,区级社会保险基金收入59706万元;区级社会保险基金支出52557万元。

【财源建设】

2016年,因区内主体税源煤炭、水泥受经济大气候影响量价齐跌,财税部门强化征管措施,挖掘潜在税源,拓展新增税源,财政收入止跌趋稳。建立部门之间信息互通机制,加强对房地产业、建筑安装业、交通物流业及重点工程的税源监控;及时调整煤炭最低开票价和恢复开票奖励、营销大户奖励政策,煤炭生产趋稳向好,全年实现产量140万吨;落实房地产去库存供给侧结构性改革,兑付人才购房等奖励资金698万元,有序化解房地产库存。应对区内税源增长乏力的局面,及时转变思维,做大财政"蛋糕",出台争取区外税源扶持办法,吸引上市公司减持限售股在永定交易,全年引进区外税源1500万元。支持引进鑫华通智能终端、易信科技等企业进驻工业园区。通过促进财政增收、积极财源培育等一系列措施,财政增收基础得到夯实,财政收入保持平稳态势,收入结构趋良性发展态势。

【保障民生支出】

2016年,民生资金支出14.46亿元,同比增长8.06%。保障生态环境建设,投入1.28亿元支持棉花滩水葫芦灾害整治和拆除、关闭、改造1669家生猪养殖场;完善城区污水管网配套设施,实施湖雷、岐岭等乡镇垃圾转运站建设;开展"黄标车"淘汰专项治理,淘汰黄标车993辆,生态环境进一步改善。保障教育事业投入,统筹5.75亿元用于义务教育经费保障,完成实验幼儿园大洲园区建设,实施25所学校改扩建和"全面改薄"工程,配备完善"班班通"设备,保障全区教育均衡发展。保障人居环境改善,安排1.86亿元实施造福工程,异地搬迁1244户4122人;支持下洋、龙潭两个市级新型城镇化重点镇和省、市美丽乡村示范村建设;实施城建惠民"十个一"项目,改善人居环境。保障社会福利水平,其中,安排城乡居民养老保险基金补助支出9826万元,重点优抚对象补助支出1921万元,革命"五老"人员、农村低保和五保供养以及城镇居民低保支出3216万元,残疾人事业发展支出1920万元,社会福利水平进一步提高。

【优化项目投入】

创新融资方式,2016年,与国开行、农发行对接,采取政府购买服务方式,落实"一河两岸"、永梅出省公路等开工项目建设资金4亿元;通过PPP模式融资2.1亿元,实施乡镇污水处理厂网一体化项目;运用TOT融资方式,完成体育中心扩建项目等工程贷款授信手续。加强与省、市财政部门对接,争取到位新增债券资金1.84亿元,弥补交通、城建公共设施建设和扶贫攻坚、卫生医疗等民生社会事业发展资金不足。加大与基金公司、融资租赁公司的对接,设立产业引导基金、技改基金等,支持产业转型发展。引入福建省技改基金8000万元,实施福建金叶纸品技改项目;推进龙岩汇金集团与土楼公司、采善堂等企业合作,设立股权投资基金。

【强化财政管理】

优化债务结构 2016年,按照"借新还旧、借低还高、创新产品"的置换思路,对到期贷款进行逐笔比对,择优选贷,降低融资成本。优化存量债务结构,争取地方政府债券18.19亿元,用于置换高成本到期存量地方政府债务,全年减轻财政负担1.05亿元以上。

深化国库集中支付改革 全面完成所辖乡镇(街道)国库集中支付银行账户开设、办公设施配置和业务培训等工作,并开通授权支付业务。做好权责发生制政府综合财务报告试编,为深化预算管理制度改革奠定基础。修订完善《龙岩市永定区区直机关差旅费管理办法》,规范区直机关差旅费支出管理。

提升监管实效 加大财政出借资金的催收,依法依规,全额收回7400万元财政出借资金。落实中央八项规定精神,组织开展"1+X"工作,全面完成18个区直部门"三公"经费、会议费和培训费等方面开支情况监督检查。配合部门做好全区公款存储检查工作,防范公款存储领域利益输送。公务接待审核严格执行公函制,"三公"经费支出比上年减少852万元,下降16%。做好财政投资预算评审工作,评审项目118个,送审造价6.66亿元,审减6645万元,审减率9.9%。

清理盘活存量资金 建立存量资金定期清理使用长效机制,将连续两年未能执行的资金,全部收回财政预算统筹安排,累计盘活6845万元资金,重点用于改善民生、调资增资、支持产业转型升级和基础设施建设。

【维护金融安全】

化解信贷风险 2016年,累计为15家企业提供21笔、2.08亿元的还贷应急资金,保障区域企业正常生产经营和健康发展。政府主导的融资担保公司——永鑫担保有限公司为24家企业新增担保金额9408万元,缓解企业临时性资金困难;为682户贫困户提供小额扶贫贷款担保,担保金额2930万元。开展转贷,落实省政府"五不"(对有市场、能正常经营,但资金出现暂时困难的企业,各银行业金融机构应切实做到不减少信贷规模、不釜底抽薪、不提高续贷门槛、不随意抽贷、不随意压贷,支持企业渡过难关)规定,给予企业转贷或续贷138笔,合计16.64亿元,无提高续贷门槛、压贷、抽贷现象,加大金融对实体经济的支持。

整治信用环境　打击非法集资，打击恶意逃债行为。公安部门加大打击信用卡犯罪行为力度，全年共受理案件30起，立案30起，破案33起，无恶意逃避债务的企业。区法院通过微信形式，在"永定生活"栏及"土楼新风"网上公布9期共299名"老赖"名单，发挥媒体与社会监督作用，加快建立诚信体系。

拓宽融资渠道　推进林业总公司和土楼公司上市培育及海发集团企业发债。

·国有资产管理·

【机构】

2014年8月，县国资办与县国资中心整合，成立永定县国有资产管理中心，内设企业监管部和资产管理部，编制9名。至2016年年底，正式用编5人，由区财政局国资股股长兼任区国资中心主任。根据区财政局2015年"三定方案"，区国资局是区财政局的挂牌机构。2016年7月8日，永定区国有资产监督管理局正式挂牌，办公地点设在凤城街道南通路60号，由永定区国有资产管理中心承担其日常事务。

【区属国有企业改革】

2016年，永定根据中央和省、市关于深化国有企业改革的部署要求，按照资产功能、产业特征、经营管理业务等制定国有企业分类办法，将国有企业分为商业类和公益类，出台《龙岩市永定区深化国有企业改革实施意见》，将全区国有企业进行整合重组，组建文旅、建发两大集团，并对海发集团进行重组。同时为加快推进国有企业改革步伐，选齐配好国有企业经营管理人员，根据《龙岩市永定区国有企业领导班子成员选聘方案》的精神，成立永定区国有企业经营管理人员选聘工作领导小组，开展区属国有企业经营管理人员选聘工作，面向社会公开招聘三大集团高级管理人员14名。三大集团公司由区政府授权国资局履行出资人职责，由国资局对其进行日常管理。准确把握依法履行出资人职责的定位，实现以管企业、管资产为主向管资本为主的转变。推动区属国有企业完善现代企业制度，健全协调运转、有效制衡的国有企业法人治理结构，逐步形成一级对一级负责、层层传导责任的国资监管体制，建立起企业集团公司（一级企业）向国资局负责，各子公司（二级企业）向企业集团公司负责，三级企业又向二级企业负责的组织架构。

【行政事业单位资产管理】

2016年，坚持所有权和使用权相分离，资产管理与预算管理相结合，资产管理与财务管理、实物管理与价值管理相结合的总体要求，加强对行政事业单位经营性资产、非经营性资产转经营性资产和闲置资产的管理。依法依规开展国有资产处置工作。严格按照审批权限，完备手续，依法依规做好行政事业单位资产处置，报废、报损资产16批次，价值683.17万元；报废处置7部公务黄标车。为进一步规范资产出租出借行为，利用行政服务中心产权交易平台开展招租工作，严格按合同规定办事，维护出租人和承租人的合法权益。至年底，经区政府授权管理的纳入中心管理经营性资产5039.08平方米，年租金收入120万元。加强国有资产基础管理，做好资产清查。根据财政部《关于开展2016年全国行政事业单位国有资产清查工作的通知》精神，精心组织，周密部署，对全区273家行政事业单位开展资产清查，摸清全区273家行政事业单位资产家底。其中，清查资产总额312061.77万元，负债总额74920.19万元，净资产总额237141.58万元。配合车改办做好公车改革车辆处置的前期相关工作。

【海发集团概况】

福建海峡客家投资发展集团有限公司（简称"海发集团"）前身为永定县国有资产投资经营有

限公司。2013年1月，永定县国有资产投资经营有限公司更名组建为福建海峡客家投资发展集团有限公司。海发集团本部办公地点设在凤城街道河滨路1号地税大厦四楼。

海发集团的主要职能是对所属企业国有资产进行监督管理，确保资产保值增值；搞好资本运营，壮大资本实力，提升企业质量和效益；打造投融资平台，为经济建设和社会事业服务；妥善处理企业改制遗留问题，确保社会安定稳定。

集团主要任务是加强资本管理，抓好资本运营，争创海西一流国企集团；拓宽融资渠道，加大融资力度，为经济建设和社会事业发展服务。

截至2016年年底，海发集团公司本部注册资本为11.38328亿元，实收资本11.38328亿元。拥有全资子公司14家、参股公司10家。

海发集团本部设综合部、财务部、投资开发部（安全管理办）。拟增设审计监察部、人力资源部。有员工19人，其中，大专以上15人、中级职称以上8人。下属企业员工761人。

【文旅集团概况】

根据永委〔2016〕81号文件精神，2016年11月正式组建成立福建客家文化旅游集团有限公司（简称"文旅集团"），集团本部注册资本6000万元，办公地点设在湖坑镇鸭子地游客服务中心，在凤城街道永杭路81号设立办事处。文旅集团下辖5家二级权属企业：福建省客家土楼旅游发展有限公司、福建土楼龙湖旅游发展有限公司、永定宾馆、永定客家土楼艺术团、福建客家土楼文化传播有限公司。文旅集团作为永定文化旅游项目的投资主体，是集文化旅游产品、文化传播服务、旅游购物、休闲娱乐、餐饮住宿为一体的文化旅游企业。负责文化旅游项目的投资、建设和运营。成为具有持续经营能力和投融资功能的文化旅游产业发展平台。文旅集团本部及5家二级权属企业职工403人。

【建发集团概况】

根据永委〔2016〕81号文件精神，2016年11月正式组建成立福建客家建设发展集团有限公司（简称"建发集团"），建发集团本部注册资本1.73亿元，办公地点设在凤城街道春霭小区4-201。建发集团下辖5家二级权属企业：永定区宏辉城市建设发展有限公司、永定区客家水利投资发展有限公司、永定区交通投资发展有限公司、永定工业园南部园区建设发展有限公司（含福建永腾实业投资有限公司）、土楼古建筑保护工程有限公司。主要负责城市基础设施、房地产、市政工程、园区建设、扶贫开发、交通、水利项目建设，运营管理原驻外资产，对福建土楼等古建筑进行专业维护等，从事授权范围内资产经营和资本运作。建发集团本部及5家二级权属企业职工93人。

·国家税务·

【机构】

2016年，区国税局内设办公室、财务科、人事教育科、监察室、征管科技科（含税收风险分析监控中心）、税政科、政策法规科、收入核算科、纳税服务科（办税服务厅）等9个科室，下属单位有6个税源管理分局和1个直属机构稽查局（内设检查股、综合股）。2016年年底，有干部职工106人，其中副科级以上实职领导干部16人。按学历分，研究生2人、本科58人、大专43人、高中2人、初中1人。

【国税收入】

2016年，组织税收收入76225万元，同比增长18.41%，增收11849万元；完成年度计划69500万元的109.68%，超收6725万元。其中，区财政收入58340万元，同比减收4080万元，下降6.54%；区级收入24283万元，同比增收5934万元，增长32.34%。

表12　　2016年永定国税局主要税源完成情况表　　单位：万元

项目	年度计划	累计		
		入库税额	比上年同期增减	
			金额	%
合计	69500	76225	11849	18.41
一、增值税	47184	53210	1059	2.03
其中：烟叶复烤		1213	-1301	-51.75
酒		47	9	23.98
煤炭		12818	-9011	-41.28
电力		21267	9110	74.94
其中：棉花滩水电		16749	9264	123.04
水泥		3379	-1569	-31.72
商业			251	13.36
其中：煤炭发运		2129		
二、消费税	458	471	-354	-42.97
其中：酒类		110	11	11.25
三、车辆购置税	953	1136	66	6.14
四、个人所得税				
五、企业所得税	20905	21408	11079	107.26
其中：国有企业		15	2	17.46
集体企业				
股份制企业		13401	10263	327.05
私营企业		273	-300	-52.40

【全面推行"营改增"】

2016年，推进房地产业、建筑业、金融业、生活服务业"营业税改征增值税"（营改增）全面落地，举办7期培训班，培训900多人，接收"营改增"企业1584户、外来户1237户。5月1日，全面推行"营改增"首日，为四大行业纳税人龙岩市华能建设工程有限公司、福建创立建筑工程有限公司、龙岩市永定区农村信用合作联社、龙岩市永定区天子温泉开发有限公司和纳税人吕清清成功开具出首批增值税专用或普通发票，税制顺利转换。区地税局成功代开首张个人店面出租增值税专用发票、区行政服务中心地税窗口为纳税人代开首张二手房转让增值税普通发票（这是国税局营改增后委托地税局代征个人房地产出租和二手房转让，属国税局的业务）。7月8日，金税三期工程优化版顺利上线。做好坎市、高陂、虎岗、培丰4个镇征管户数迁移工作。推进"三证合一"登记制度改革，全年办理"三证合一"1351户、"两证合一"374户。

【落实国税优惠政策】

2016年，落实民政福利企业、资源综合利用企业、小微企业等相关税收优惠政策，全面落实《出口退（免）税分类管理办法》和《出口退（免）税规范1.0》，为企业减负。福利企业退税310.06万元、资源综合利用企业退税76.51万元、出口退税1006.53万元、加速折旧优惠金额37.82万元、高新技术企业优惠减免税额34万元、减征车购税236.53万元、减免小微企业增值税2435.81万元、企业所得税148.52万元。

【国税征收管理】

企业所得税管理　做好汇算清缴工作，应补所得税额4801万元。做好企业所得税征收方式鉴定，核定征收185户。执行预警值管理。开展企业所得税重点税源及高风险事项管理工作，调增所得额632.81万元，入库所得税51.26万元，补征增值税40.49万元、滞纳金17.66万元。

开展风险应对　加大培训和宣传力度，增强纳税人防范风险意识。2016年，挽回增值税税款损失1267.37万元、加收滞纳金13.23万元、罚款3.62万元。开展非居民企业税收风险管理及后续管理，入库税款105.45万元。在龙岩市国税系统率先建立优秀纳税评估案例评选制度，并获市局推广，进一步加强和规范建筑业税收征收管理。2016年，入库评估税款395.75万元，加收滞纳金35.92万元，移送稽查3户次。

强化稽查　加大案件查处力度，对重点行业开展专项整治，打击发票违法犯罪活动，做好协查。至年底，查补入库各类税款445.51万元。

【推进网上办税、实名办税】

推进网上办税。推行网上申领企业9户，网上代开增值税发票1621次，推行增值税电子普通发票2户。一般纳税人增值税网上申报率93%，小规模纳税人和企业所得税网上申报均80%以上。做好实名办税。联合地税开展专题宣传，并在区电视台定期公告。至年底，采集544户纳税人信息。取消增值税专用发票手工认证工作，每月减少手工认证专票2000余份。落实"二维码"一次性告知服务。梳理6大类110项涉税业务"二维码"。

【国地税深度融合】

2016年，与地税共建办税大厅，互设代征窗口、互派工作人员、互设自助办税终端，实现纳税人"进一家门办两家事"。建立国、地税联席会议制度，按季召开，互相通报、共享涉税信息，联合办理税务登记、纳税人业务培训、纳税信用等级评定、税务稽查、纳税评估等事项，共同实施风险应对，堵塞征管漏洞。全年联合办理税务登记4135户、采集报表125份、共同认定非正常户101户、税收宣传9次、纳税信用评定410户、税务稽查1户；培训9次802人。共享信息8193条、采集第三方涉税信息2897条，增加国税税款185.92万元、地税税款1103.33万元；协同实施风险应对增加税款57.37万元；国税局代征地方税费440.84万元；地税局代征增值税40.33万元。

【推进商事制度改革】

2016年，工商行政管理部门和税务部门建立信息共享机制，定期共享纳税人办理营业执照等信息，推进"三证合一""一照一码"，个体工商户"二证合一"等商事制度改革。工商行政管理部门在每月终了后15日内，将企业和个体工商户及分支机构开业、变更（含股权变更）、注销、吊销信息、年检信息、居民企业、非居民企业股权转让信息，当事人动产抵押登记信息等通过U盘等介质实现第三方信息共享。全年完成378户企业

"三证合一"，10月至年底，完成129户个体工商户"二证合一"。

【拓展第三方信息平台】

2016年，提请区委、区政府制订下发《加强和规范建筑业税收征收管理办法》，在《永定县税收保障办法》的基础上，健全完善区涉税信息交换平台，防止税款流失。全年从8个部门采集2897条第三方涉税信息，累计共享8193条涉税信息，协同管理建筑服务企业外出经营税收，增加税款6.8万元；增加国税税款179.12万元。

·地方税务·

【机构】

2016年，区地方税务局（简称"地税局"）内设办公室、征收管理和法规股、税政股、规费股、纳税服务股、计财股、人事教育股、机关党办、信息技术股、监察室等10个股室，下设1个稽查局及城区、峰市、坎市、高陂、培丰、抚市、龙潭、下洋等8个分局和湖坑、陈东、洪山、城郊、湖雷等5个所，共有员工114人，其中，正式干部职工94人，担负着永定区和龙岩经开区坎市、高陂、培丰、虎岗等4个镇2057户单位纳税人、2943户个体纳税人的地方税费征管工作。

【地方税费收入】

2016年，区地税局组织各项收入90201万元，比上年减收4213万元，下降4.5%。其中，税收51976万元，同比减收6607万元，下降11.3%；扣除营改增影响，同比增收4087万元，增长8.6%。非税收入38225万元，同比增收2394万元，增长6.7%。其中，基本养老保险收入15429万元，同比增收1606万元，增长11.6%。分行业看，主要税源分布在采矿、房地产、建筑安装、金融保险、电力等行业，以上五大行业税收占税收总收入的64.6%。其中，采矿行业7682万元、房地产行业7848万元、建筑安装行业6536万元、金融保险行业8688万元、电力行业2816万元，分别占税收总收入的14.8%、15.1%、12.6%、16.7%、5.4%。金融保险行业税收总量所占比重最大，居第一大税源位次。分税种看，营业税、企业所得税、个人所得税三大主体税种占税收总收入的55.3%，分别为13197万元、11235万元、4313万元。其他税种中，税收3000万元以上的有资源税3407万元、契税3618万元。

【国地税合作】

2016年，国税、地税部门在税收征管、纳税服务、信息共享、税源联控等34项基本目标和8项鼓励创新目标实现深度合作。采取相互委托代征的方式合作征收税款，全年国税局代地税局征收税费393.78万元，地税局代国税局征收税款292.08万元。整合稽查资源，按照各自优势分工协作，联合实施税务稽查3户，全年国、地税联合稽查分别查补33万元和3.8万元税款。通过联合调研，形成《加强我区建筑业税收征收管理》专报，呈报区政府，实现区域内多部门协同管理建筑服务企业外出经营，增加税款6.8万元。定期召开联席会议，细化合作事项，理顺工作程序，召开联席会议3次。

【"营改增"平稳过渡】

2016年3月，成立"营改增协调工作领导小组"，明确工作职责、细化分工，指导、协调、推动、督促"营改增"（营业税改征增值税）改革工作落实。将"营改增"工作细分为35项具体工作任务，明确责任部门、责任人员、工作要求、完成时限和考核办法。召开"营改增"专题会议，制定方案，做好征管业务衔接。做好"营改增"对象的数据校对，移交营业税纳税人2158户。5月1日，顺利开出委托代征增值税发票，标志着委托代征增值税业务在永定地税顺利落地，实现"营改增"工作平稳过渡。

【资源税改革】

2016年5月起，结合永定区矿产资源分布情况，对花岗石、石灰石等开展资源税税率、折算率、换算比测算，详细填写测算表，为上级局、区政府资源税改革领导小组决策提供依据。7月，成立以常务副区长为组长，财政、国土、煤管、矿管总站负责人为成员的资源税改革领导小组，组织、协调和处理资源税改革出现的问题。在办税厅设立资源税申报专门窗口，"一对一"专人辅导纳税人填报新资源税申报表，并告知申报表变化，确保纳税人准确申报。2016年8月资源税改革以来，税种税目应用准确，申报率100%。实地调查测算企业自用矿山开采成本和其他各类矿产品售价，拟定矿产品计税价，在全市率先以区政府的名义出台石灰石、花岗岩资源税最低计税价。对账证健全的3户水泥企业的自有矿山实行预警管理；对小型矿山企业采取核定征收、委托代征。全年入库资源税2083万元。

【纳税服务】

2016年，区地税部门完善提升"方圆同心、征纳同行"服务品牌，落实纳税服务规范，服务质效持续提升。推进"便民办税春风行动"，落实简政放权，履行"马上就办"。落实《纳税服务规范》，扩大"免填单"和"全市通办"覆盖面，完善便民服务机制，缩短办税时间。推动国税地税服务深度融合，5月开始，国税、地税局采取"共同进驻行政中心+互相派驻"方式，联合大厅办税服务，实现"进一家门办两家税"，避免纳税人"多头跑"。持续开展纳税人学堂教学活动，与国税部门联合组织新设立登记、"营改增"政策、金税三期网报系统等各项培训6次，培训1400余人。联合诚信激励，与建设银行永定支行联合签订相关的框架协议。"银税互动"惠及企业3户，授信放贷3400万元。开展"问需求、优服务、促改革"活动，与国税部门联合开展纳税满意度调查，走访46户次，21个问题。开展纳税人满意度及需求调查问卷，走访100户纳税人，收集服务需求13条，纳税人办税服务满意率100%。

【税收征管】

2016年，夯实征管基础，累计清理漏征漏管345户，清理入库税收5.9万元。推进"以地控税"，开展土地出让金涉税工作清理，补缴各项税款529.99万元。加强信息应用，突出第三方信息的分析运用，累计采集2217条涉税信息，开展信息比对增加税收1120.18万元。狠抓欠税清理，确保欠税及时入库，清缴欠税692.34万元。夯实"营改增"税基，清理入库建安及房地产企业地方税费3208.78万元。强化纳税评估，推行日常评估与专项评估相结合的评估机制，重点规范"营改增"行业、矿山企业、水泥企业、园区企业及政府性工程征管秩序，累计完成纳税评估326户，入库地方税费1424.97万元。

【依法治税】

2016年，强化税收政策落实，帮助企业用好用足优惠政策，发挥政策效应。为符合税收优惠条件的131户减免税款283.54万元。开展税收执法督察，规范税收执法行为。严格执法过错责任追究，对17人给予批评教育，对21名相关责任人员进行经济惩戒扣发绩效奖励金。打击税收违法行为，规范税收经济秩序。稽查收入1607.95万元，其中，组织企业自查补缴1205.65万元，稽查结案11户，查补入库收入402.30万元；查处发票违法案件2户，查处虚开发票37份，共计1.72万元；查获假发票2份，涉票金额60.55万元；查获假完税证2份，涉税金额0.93万元。

农业与农村　水利

·农业与农村经济·

【概况】 2016年，区农业部门按照中央、省、市各级农业农村工作会议精神和区委、区政府决策部署，围绕中央一号文件《关于落实发展新理念加快农业现代化实现全面小康目标的若干意见》，创新农业经营体制，落实强农惠农富农政策，抓好"三大战役"中的脱贫攻坚、重大农业项目落地、养殖业污染治理以及特色现代农业、农产品质量安全、为民办实事、农村深化改革、城乡统筹发展等工作，全区农业农村经济取得突破性进展，为"十三五"时期顺利开局、全面建成小康社会、建设创业创新秀美厚德的新永定奠定坚实基础。

2016年，全区（不含虎岗、高陂、坎市、培丰4个镇。下同）粮食播种面积28.15万亩，粮食总产量11.10万吨、单产394.5公斤，分别比上年增加2969亩、566吨，减少2.7公斤，面积、总产、单产分别比上年增长（简称"比增"）1.1%、0.5%、-0.5%，粮食总产持续增长。蔬菜、水果、茶叶、肉类、渔业、烟草产量均比上年有所增长。实现农林牧渔业总产值41.81亿元，比增3.5%；实现农村居民人均可支配收入15352元，比增8.6%。

表13　　　　　　　　　　2016年和2015年永定区主要农产品产量对比表　　　　　　　　单位：吨、%

年份	粮食	蔬菜	水果	茶叶	肉类	渔业	烟草
2016	111043	224519	131759	1335	55836	5615	3941
2015	110477	243631	114871	1248	54911	5237	4048
比增	0.5	-7.8	14.7	7.0	1.7	7.2	-2.6

注：该表为农业统计数据

【机构人员】 2016年，区农业局机关编制13名，实有19人。下属19个事业单位，编制98名，实有100人。其中，参照公务员管理的事业单位4个，编制24名，实有19人，分别为区农科教结合领导小组办公室、区农业行政执法大队、中国渔政龙岩市永定区大队、区动物卫生监督所；其余15个事业单位，编制74名，实有81人，分别为区农业区划委员会办公室、区农业技术推广站、区食用菌技术工作站、区农村合作经济经营管理站、区经济作物技术推广站、区农业利用外资办公室、区土壤肥料技术站、区植保植检站、区农村环保能源管理办公室、福建省农业广播电视学校龙岩市永定区分校、区种子管理站、区农业科学研究所、区动物疫病预防控制中心、区畜牧水产技术推广站、福建省永定动物防疫监督检查站。下辖良种场、果林场、西溪农场、先锋烟场。

【举办蜜柚节】

2016年9月30日，由区农业局、仙师镇党委政府及区互联网产业办共同主办的首届蜜柚节开幕式暨京东商城永定馆开馆仪式在永定工业园区举行。区领导江峻伟、陈昌、马越、简连章，以及区委办、区政府办、商务局、财政局等区直部门代表参加开幕式。

2016年，全区栽培蜜柚面积2.87万亩，产量1.68万吨。主产乡镇有仙师、洪山、峰市、合溪、堂堡、湖雷等。以往销售渠道都是靠漳州平和的蜜柚商收购，单价低，没有自己的品牌，导致整个产业附加值不高。举办蜜柚节，通过"互联网+农业"品牌，利用京东商城的平台，发挥网络力量，打开永定蜜柚的市场，提高柚农收入。首届柚果王获奖者为仙师镇西洋村的马先福。至年底，区内创立"土楼虹""永定红美人""务田"等蜜柚品牌。

【"五新"技术推广】

2016年，推广水稻工厂化育秧、测土配方施肥技术、病虫综合统防统治技术、红柿高接换种技术、红柿标准化栽培技术、"六月红"早熟芋标准化栽培技术、畜禽渔业良种推广等"五新"集成推广示范项目等30多项农业新技术，推广"太秋"甜柿等9个农作物新品种，引进发展台湾香水莲雾、柠檬、芭乐等名优特新果树优良品种；开展农作物病虫害统防统治3.5万亩次，实施测土配方施肥36.6万亩，腐杆灵有机质提升4万亩，推广商品有机肥12.8万吨，全区良种覆盖率、高优栽培技术入户率、病虫害统防统治示范面均达100%；农业机械化加快推进，主要农作物耕种收机械化综合水平达到55.0%。

粮食产能区建设 2016年，全区落实连片500亩以上的粮食产能区93个，分布在21个乡镇，总面积8.8万亩。产能区内建设17个水稻工厂化机插育秧示范点和2个水稻工厂化机插育供秧服务中心。产能区主要成效：良种覆盖率、高优栽培技术入户率、测土配方施肥覆盖率、病虫害统防统治示范面达到100%；落实防虫网和机插育秧，耕种收综合机械化水平不断提高，机耕覆盖率100%、机插秧覆盖率80%、机收覆盖率93%。产能区内水稻加权平均亩产527公斤，比全区中稻和一季晚稻（平均亩产431公斤）每亩增产96公斤，比增22.27%，高于全省平均水平50公斤以上，亩产值增加288元。

测土配方施肥 2016年，结合粮食产能区，实施水稻、烤烟、蔬菜、果树等测土配方施肥面积72.3万亩，使用省财政补助资金260万元，完成适宜永定土壤水稻生产的配方肥N_{14}、P_2O_54、K_2O_9（$N:P_2O_5:K_2O$配方比例为1:0.28:0.64），总量≥27%，和N_{13}、P_2O_54、K_2O_{10}（$N:P_2O_5:K_2O$配方比例为1:0.31:0.77），总量≥27%的两种专用肥，年施用量0.5万吨，面积16.3万亩。

研发和推广"六月红"芋专用肥 2016年11月1日，组织市农科所、市农业局等单位的有关专家7人，在"六月红"芋氮磷钾施肥效应和适宜用量研究的基础上，进一步结合地力变化开展"六月红"芋27个田间"3414"肥料效应试验研究，对区农业局提出的"六月红"芋配方肥氮磷钾配比进行论证，推荐"六月红"芋最佳施肥量为：氮

12、磷6、钾13（N:P$_2$O$_5$:K$_2$O配方比例为1:0.5:1.08），总量≥31%，研发"六月红"芋专用配方肥，推广400吨，建立示范推广面积0.6万亩。

农作物病虫害统防统治　2016年，在全区14个乡镇全面实施水稻病虫害统防统治，除了推广无人飞机病虫害防治作业外，在山区、半山区以机动性担架式喷雾防治作业为补充，通过全区12家农业专业合作社的共同努力，全年早晚季水稻病虫害专业化统防统治累计作业面积31273.8亩次，每亩提高效益在100元左右，取得节本增效的效益。

特色作物种植　永定特色果树在2015年的火龙果、莲雾、设施葡萄、柠檬、建阳橘柚基础上，新引进茂谷柑、贡柑、红心芭乐、巴西樱桃、芒果和美蕉。其中，火龙果面积稳定在200亩；莲雾面积稳定在100亩；设施葡萄面积有所扩大，约400亩；柠檬面积稳定在100亩；建阳橘柚种植规模比上年扩大，近400亩。茂谷柑分布在大溪乡三堂村和下洋镇上川村，面积较小，不足100亩。贡柑集中在仙师镇仙师村金牛坑兴达家庭农场，近200株，2016年投产。红心芭乐集中在湖雷镇白崇村，为设施果树，引种600株，约10亩，2014年种植，第二年投产。巴西樱桃集中在湖雷镇白崇村，设施果树，由嘉华农业发展有限公司引进种植400株，约5亩，2015年春定植。芒果引种品种有凯特、金煌、桂七等3个，4000多株计70亩左右，分布在峰市镇程均坑湖洋角，2015年冬至2016年春定植。美蕉品种为广粉一号，面积50亩，集中在峰市镇程均坑湖洋角。

仙师脐橙获优质果奖　2016年，仙师镇西洋村大石角果场选送的纽荷尔脐橙在全省优质果鉴评活动中，以其个大、汁多、甜度高而被评为脐橙类"优质果奖"。

【耕地质量保护与提升】

2016年，实施省农业厅1112工程，推广紫云英等绿肥种植2万亩，商品有机肥推广5万亩，补助农户资金96万元。

【新型经营主体培育】

农民专业合作社规范发展　2016年，永定积极发展农民专业合作社，发挥合作社在发展农业产业化、提升农产品品质、促进农民增收等方面的作用，在促进合作社数量发展同时，注重提升合作社发展质量，发展示范社，引导农民合作社规范发展，取得良好经济效益和社会效益。按照上级统一部署，开展"千人带千社（场）"活动，制定帮扶措施，选择10位经管、农技干部挂钩10家合作社，帮助解决合作社存在的实际困难和问题；申报全国、省、市、区级合作社示范社；做好全区农民专业合作社信息平台的数据采集。全区有合作社373个，其中，种植业255个、林业29个、畜牧业59个、渔业7个、服务业23个。当年新增国家级示范社1家，省级示范社4家，市级示范社8家，区级示范社16家。

实施"一村一品"富民工程　2016年，实施"一村一品"强村富民工程，打造区域特色品牌，把资源优势转化为资本优势，把产品优势转化为商品优势，以市场为导向，调整农业产业结构，培植乡村特色产业，初步形成种植业以水稻、烤烟、红柿、蜜柚、"六月红"早熟芋、巴戟、茶叶、芙蓉李、竹林等为主的区域特色产业带，养殖业以规模养猪、养鱼、养肉鸡、养兔、养乌鸡、养蜂等为主，食用菌以香菇为主，农产品加工以牛肉丸、柿饼等为主的一批花果飘香、农村美丽、农民富裕的专业乡村，促进农民就业增收、推动城乡融合发展。全区"一村一品"专业村67个，涉及"古木督"美蕉、"六月红"早熟芋、永定红柿、巴戟天、蜜柚、茶叶等16个品种；"一村一品"专业乡镇8个，涉及"古木督"美蕉、"六月红"早熟芋、茶叶、琯溪蜜柚等8个品种。金砂乡上金村（"古木督"美蕉）、仙师镇务田村（"六月红"早熟芋）分别被农业部评为全国"一村一品"示范村。

【新型职业农民培训】

2016年，培训633名新型职业农民（含新型农业经营主体）。其中，举办新型职业农民培训班4期，培训235人；省级生产经营型职业农民培训班3期，培训176人，国家级生产经营型职业农民1期，培训59人；专业技能型水稻机械化操作培训班1期，培训80人；举办现代青年农场主培训班1期，培训38人；举办15名大中专毕业生、30户新型职业农民回乡创业培训班。全面完成上级下达300人的培训任务。组织12期252场次8316人次参加全省农村实用技术远程培训。认定183名新型职业农民，3年累计认定865名。新型职业农民培育工作走在全省前列，5月在全省职业农民培育工作会议上永定区作典型发言，6月在全国职业农民培育工作会议上永定区代表全省作典型经验交流，8月在全省农广校工作研讨会上永定区作典型经验交流。

【农产品加工企业】

2016年，福建省永兴源生态农业有限公司落地湖雷镇，建设牛肉丸生产线，预计2017年投产。至此，永定有2家牛肉丸生产企业取得食品生产许可证。永定正发食品有限公司新厂房投入生产，改变小作坊生产模式。全区列入统计规模农产品加工企业12家，全年产值5.27亿元，比上年增加24.82%。

表14　　2016年永定区列入统计规模农产品加工企业名单

序号	名称	法人代表	所在地
1	永定田野农业发展有限公司	邱志文	西溪乡
2	福建省永兴源生态农业有限公司	张金兴	湖雷镇
3	龙岩市星湖食品有限公司	陈庆喜	湖雷镇
4	龙岩市裕龙饲料有限公司	吴书裕	凤城街道
5	龙岩市永定区联兴竹业制品有限公司	王汝辉	合溪乡
6	龙岩市永定区达勇食品有限公司	戴万成	城郊镇
7	永定县鼎福来食品有限公司	苏志强	凤城街道
8	永定县金丰春生态茶场	游志辉	高头乡
9	福建山晓竹木有限公司	范敦木	西溪乡
10	永定县华鑫竹木制品有限公司	王德华	西溪乡
11	福建金叶纸品有限公司	吴振开	凤城街道
12	永定海莲纸业有限公司	严洪域	城郊镇

【脱贫攻坚】

2016年，区委、区政府贯彻落实中央、省、市各级关于坚决打赢脱贫攻坚战的决策部署，围绕解决好"扶持谁""谁来扶""怎么扶""如何脱"问题，精准施策、精准发力，全区脱贫攻坚工作扎实有序推进。全区投入各项扶贫专项资金3632.05万元，其中，本级财政用于贫困村发展专项资金580万元。通过落实各项帮扶政策，突出生产发展等措施，标识脱贫人口6022人，净脱贫5700人，占年度脱贫任务5270人的108.1%。

强化组织领导　2016年3月，成立由区委、区政府主要领导任组长的永定区脱贫攻坚战役指挥部，从区直各相关单位抽调10名专业干部集中办公，实行兵团式作战、扁平化管理。同时，强化攻坚力量。全区4个脱贫攻坚任务重的贫困乡52个贫困村都有市领导或区处级领导联系挂钩帮扶，且每个贫困村都有一名省、市、区直机关或乡镇干部任第一书记。全区参与挂钩帮扶干部3392人（含市级99人），实现干部挂钩帮扶贫困户全覆盖。

精准识别扶贫对象 2016年，根据中央、省、市关于精准扶贫开发工作的统一部署，永定区把金砂乡、合溪乡、堂堡乡、岐岭乡等4个贫困乡、52个贫困村作为薄弱环节进行扶贫攻坚。采取进村入户、逐户摸底排查、精准识别，完成建档立卡"回头看"。全区建档立卡农村贫困户3477户11673人，全部录入国家、省信息网络，完成比例100%。通过分析致贫原因，找准"穷根"。致贫原因前三位是因病、缺资金、缺技术，分别占比36.5%、20.36%、13.78%。同时，全面完成建档立卡贫困户分类。其中，贫困计生户比例最大，占比30.9%；其次是低保救助户，占比15%。

出台配套政策 2016年，区委、区政府落实上级政策措施，结合实际下发《关于推进精准扶贫打赢攻坚战的实施意见》《关于印发脱贫攻坚挂钩帮扶工作方案的通知》等文件，形成全区实施精准扶贫开发的政策体系。其中，《关于推进精准扶贫打赢脱贫攻坚战的实施意见》提出分类施策，分别针对贫困户的低保救助到户、就业辅助到户、生产扶持到户、住房建助到户、医疗援助到户、就学资助到户、科技帮扶到户、社会捐助到户、结对扶助到户等"九到户"政策和针对贫困乡、贫困村的"整村（乡）推进"，确保精准帮扶到村的各项政策措施得到落实。

实施国定易地扶贫搬迁工程 2016年4月，永定区依托城发公司成立永定区扶贫开发投资有限公司，统筹对接造福工程易地搬迁等扶贫措施的投融资工作。根据市下达永定2016年国定易地扶贫搬迁4122人的任务，执行建房面积相关规定，守住国定建档立卡贫困户人均住房面积不超过25平方米红线，杜绝把安置房建成"小洋房""小别墅"，杜绝贫困户因建房举债。2016年，全区实施国定易地扶贫搬迁1244户4122人，集中安置198户629人、分散安置1046户3493人。易地扶贫搬迁省级安置区6个，分别是大溪乡太联村下科、仙师镇秀富村、抚市镇中湖村杏坑、合溪乡武北村、古竹乡蛟塘村、大溪乡湖背村等。此外，全区造福工程搬迁任务3500人，完成5834人，占任务166%。

实施光伏电站扶贫工程 引导贫困户将扶贫资金捆绑使用，集中投资，发挥资金使用效益，在《关于推进精准扶贫打赢攻坚战的实施意见》中明确：按"先建后补和以奖代补"的原则，对重点贫困乡建设装机容量不低于50千瓦的光伏发电项目，区财政一次性给予20万元补助；对重点贫困村建设装机容量不低于30千瓦的光伏发电项目，区财政一次性给予10万元补助。扶持贫困户发展生产，区政府对贫困户实施光伏扶贫每户补助5000元、发展生产以奖代补每户补助5000元、发展生产贷款（三年期5万元以内贷款）贴息补助等三种精准资金扶持模式，贫困户可根据自身实际，从中选择一种方式进行补助。2016年，全区建立光伏扶贫电站21座，有19个贫困村实施太阳能光伏发电扶贫项目，651户贫困户参股建设太阳能光伏扶贫发电站，装机总容量2450千瓦，均并网发电，并给651户贫困户带来68.5万元、给16个贫困村村财政带来33万元收益。其中，湖雷嘉华农业生态观光园吸收70户贫困户、每户5万元的扶贫小额信贷资金入股，建设光伏发电项目1000千瓦，每户贫困户每月固定收益500元，每年可增收6000元。

实施扶贫小额信贷 为了推进扶贫小额信贷工作，解决脱贫攻坚资金不足的问题，全区建立扶贫小额信贷风险担保金1200万元，创新风险共担机制和银担合作机制，确保扶贫小额信贷担保工作有序推进。其中，永定区在《龙岩市永定区扶贫小额信贷风险担保基金管理协议书》中，明确"对不良贷款，担保公司和银行按4:1承担扶贫信贷风险"的风险共担机制。2016年，全区扶贫小额信贷风险担保基金为730户贫困户小额信贷担保共计3198.1万元，占市下达任务数213.2%。其中，用于种植养殖加工贷款602户2679.5万元（其中为一家公司担保50万元），每户每年可望增收4000元；用于光伏扶贫项目102户388.6万元；其他（运输、商业）26户130万元。

开展"雨露计划"培训 全区开展农业实用技术和职业技能培训20期8162人，其中，农业实用技术远程培训12期7480人，新型职业农民培训4期235人，"雨露计划"市下达400人任务，培训5期（金砂、仙师、抚市、下洋、陈东）446个贫困人口，带动一批贫困户实现就业、创业。大溪乡莒溪村10户贫困户通过参加养殖专业技术培训，掌握水鸭养殖技术，发展附加值较高的连城白鹜鸭养殖200多只。

【农业安全生产】

农产品质量安全监管 2016年，开展农药及农药使用、兽用抗菌药经营使用、生猪屠宰、农资打假、蔬菜茶叶农药残留超标、水产品质量安全6个专项整治行动。建设48个农产品标准化示范点，有28家农民专业合作社、家庭农场纳入农产品质量安全追溯平台管理，完成农药残留定性检测7000份，合格率99%。在全市农产品质量安全工作绩效考评中并列第一，全年没有发生重大农产品质量安全事故。

畜产品质量安全监管 2016年，履行《中华人民共和国动物防疫法》《中华人民共和国畜牧法》《中华人民共和国农产品质量安全法》和《福建省动物防疫和动物产品安全管理条例》《兽药管理条例》《饲料和饲料添加剂管理办法》等法律法规赋予的职责，按照《永定区2016年动物卫生监督与畜禽产品质量安全监管工作方案》要求，加强组织领导，进一步规范全区动物卫生监督执法行为，在规模养殖场日常巡查监管、规范动物检疫行为、养殖环节病死猪监管、畜产品质量安全监管、动物卫生监督执法等方面落实责任，强化监管，依法履职。全年未发生重大畜产品质量安全事件。

规模养殖场监管 2016年，全区有263家生猪养殖场列入乡镇巡查监管名单，有161家持有效《动物防疫条件合格证》的生猪养殖场列入区动物卫生监督所监管范围。全年对272家养殖场开展监督检查，未发现违规违法行为。抽取生猪尿样831头份进行盐酸克伦特罗、莱克多巴胺和沙丁胺醇例行监测，监测结果全部为阴性。配合农业部做好2016年养殖场（户）β—兴奋剂类违禁物质排查监测活动，排查15个生猪养殖场，抽检尿液45头份，现场检测结果全部为阴性。城区定点屠宰场每天抽检5头份生猪尿液，共抽检生猪尿液1840头份，进行盐酸克伦特罗、莱克多巴胺、沙丁胺醇检测，结果全部为阴性。

动物和动物产品检疫 2016年，受理生猪产地检疫申报4136车次，产地检疫生猪4136车次94516头，受理率100%，合格率100%。同时，督促检查乡镇站《农业部关于畜牧兽医行政执法六条禁令》执行情况，做到依法出证、规范出证。城区牲畜定点屠宰场全年屠宰检疫生猪60516头，无害化处理不合格生猪106头。对屠宰场开展监督检查12次，并定期对驻场检疫工作情况开展检查，进一步规范检疫档案和程序。审核上报病死猪无害化处理128344头，下发无害化处理补助金1394.9460万元。病死猪无害化处理率100%，区、乡两级共在养殖场监督检查232场次。

畜牧业投入品监管 2016年，加强兽药、饲料管理，净化投入品市场。开展执法检查183人次，执法车辆53台次，发放宣传资料2000多份，查处销售假冒伪劣兽药案1起，按相关法律法规处理完毕。全区47家兽药经营企业均完成终端设备配置与安装培训，并纳入农资监管信息平台，初步形成兽药信息化监管网络且系统运行正常。

农产品产地环境监测 2016年，永定区建立主要农产品产地环境监测体系，以推进全区主要农产品产地环境监测工作。在2015年的基础上，继续实施主要农产品环境监测项目按耕地面积每50亩以上设定为一个监测点，全区实施43个监测点（其中耕地40个、永定红柿3个），分布全区24个乡镇（街道），监测内容主要有环境概况、农产品产地基本情况、重金属污染源情况。通过采集土壤样品、田间调查、分析化验，最终根据土壤质量好坏、是否含有农药残留、重金属是否超标、种植哪些农作物等作出评价，为全区主要农产品质量安全提供科学依据。

申报无公害农产品企业　2016年，永定区获无公害农产品企业5家。其中，复查换证企业有永定区金砂金汝山生态虫子鸡养殖场、永定县旺丰生态农业有限公司、福建省永定区吴崇武养殖场、福建省永定区胡亮周养殖场等4家养殖企业；新申报龙岩市万家兔业发展有限公司1家养殖企业。

【永定成为富硒农业产业开发重点县（区）】

2016年10月20日，省农业厅印发《关于加快推进富硒农业产业发展的意见》（闽农种植〔2016〕218号），将永定区列入第一批省级富硒农业产业开发重点县（市、区）。主要依据是地质矿产局的富硒区域调查研究成果中，发现全省有近2万平方公里的优质、环保、安全的富硒土地，规模和比例居全国前列，而永定区属于富硒土壤分布面积较大且含量较高的地区之一，北部8个乡镇为富硒区，包括虎岗、高陂、培丰、堂堡、坎市、抚市、龙潭、合溪等，其中，培丰、抚市、坎市3个镇之间及高陂镇南部有特别富硒土地，面积约为120平方公里，是难得的适宜产业化开发利用的富硒地区。永定区制订富硒开发行动实施方案，开展全区主要农产品富硒含量的调查取样、化验分析等前期工作，制订发展规划，培育做大做强富硒产业，打造富硒产业品牌，发展富硒特色现代农业，提升农业综合效益。

【土地确权】

2016年，永定全面推进农村承包地确权登记颁证工作，按照省政府"两年扩大试点，三年全面推开，五年基本完成"的工作要求，2015年在金砂乡秀山村、卓坑村开展试点的基础上，2016年开始在全区推开，通过开展土地承包经营权确权登记颁证，解决承包地块面积不准、四至不清、空间位置不明、登记簿不健全问题，实现承包地面积、承包合同、经营权登记簿、经营权证书"四相符"和承包地地块、四至边界、承包合同、承包经营权证书"四到户"，为开展土地经营权流转、调处土地纠纷、完善补贴政策、进行征地补偿和抵押担保提供重要依据。在确权工作中，严格稳定承包关系，以现有承包台账、合同、证书为依据，确认承包地归属；坚持依法规范操作，坚持"阳光操作"，严格执行政策，按照规定内容和程序开展工作；调动农民群众积极性，依靠村民民主协商，自主解决矛盾纠纷；加强组织领导、强化责任落实，农村承包地确权登记颁证各项工作有序推进。全区9镇10乡1街道、242个村居，2578个村民小组，9.67万户，35.08万农村人口。第二次全国土地调查耕地面积30.39万亩，应开展确权登记颁证的村居239个。2016年，完成全区航摄100%，DOM（正射影像图）完成率100%；完成全区239个村居农户摸底调查，完成率100%；开展权属调查89个村，完成权属调查60个村，完成率25.1%；开展审核公示30个村，占总村数12.55%。此项工作排名全市第三。

【农业项目实施】

2016年，区农业局负责的项目（市"五个一批"项目）有5个：永定坤雅农业观光园蔬菜基地项目，永定天湖山生态农业观光园项目，永定天高崟养生生态农业观光园项目，永定嘉华农业休闲观光园项目，永定龙湖万亩台湾果业带项目。总投资9.46亿元，确保全年完成投资3.15亿元以上。上述5个项目全年完成投资5.248亿元，完成率166.6%；实现新开工建设项目1个（湖山天高崟养生生态农业观光园），全市排名第一。

永定坤雅农业观光园蔬菜基地项目 位于下洋镇上川村。2016年,完成改造鸟巢温室内部设施、完善鸟巢生态餐厅建设、水上多功能科技展厅和17幢水上木屋建设,完成投资8580万元。

天湖山生态农业观光园建设项目 位于湖山乡桂坪村。2016年,完成土地平整工作98.8%、智能温控大棚10栋、普通温控大棚11栋、钢架大棚5000多平方米、农业设施大楼主体工程建设等,完成投资9130万元。

湖山天高崇养生生态农业观光园 位于湖山乡象湖村。2016年,建成观景台、游泳池、山塘等项目和绿化工程100亩,种植巴戟天170亩、黄花梨20亩、蓝莓50亩等,建设管理房280平方米、厨房108平方米等,完成投资13440万元。

永定嘉华农业休闲观光园 位于湖雷镇白崇村。2016年,建设160千瓦光伏发电站、温控大棚102亩,硬化道路600米及排水沟1200米,建设防洪堤1000米、休闲栈道300米和105亩2000千瓦光伏养殖棚,完成投资9850万元。

龙湖万亩台湾果业带项目 位于峰市镇信美村龙湖库区周边(重点在高寨背)。2016年,建成农业基地1000亩,种植台湾香水莲雾、红心芭乐、红肉火龙果、菠萝蜜、树葡萄等果树1000亩(永嘉龙湖休闲农场项目400亩已建成),完成投资11480万元。

【食用菌生产】

2016年,全区有食用菌580万袋、2.63万平方米,产量4418.5吨、产值3743.21万元。在反季节地栽香菇上有较大突破:全区地栽香菇370万袋,比2015年增加20万袋,比增5.71%,生产基地扩展到下洋、湖坑、古竹、大溪、岐岭、陈东、西溪、金砂、城郊等9个乡镇;香菇菌棒制作合格率普遍提高,全区菇农菌棒制作合格率平均在93%以上,为菇棒高产打下基础。2016年1月—5月,地栽香菇收购价格一直稳定在每公斤8.0—9.2元;下半年收购价比去年同期每公斤低2元,广大菇农收入普遍下降。全年平均收购价格每公斤在7元左右,每万棒菌棒获利润1.5万元以上。

2015年,引进台湾老板在岐岭乡新村村当风凹竹山试种金蝉花500余亩,因菌种原因试种失败。

【农业服务】

农业"12316"服务平台 2016年,继续推广安装"12316"手机农务通,注册安装13550户。通过软件及依托益农信息社的"12316"语音咨询3010人次,其中,技术咨询1200人次、市场信息咨询500人次、技术培训1300人次;组织科技下乡进村入户及专家下乡现场指导510人次;为农民挽回经济损失120万元,新增经济效益65万元。通过"12316"发送短彩信710条;依托益农信息社举办4期次培训会议,培训310人次;便民服务4.85万人次;便民服务金额650万元;电子商务成交额185万元,其中,农产品上行80万元、农业生产资料下行30万元、工业品下行75万元。

农村信息化 2016年,永定区是省级"信息进村入户"试点县(区)之一。永定通过公开询价的方式在中国邮政集团永定分公司和福建智慧家园2家公司中,确定中国邮政集团永定分公司为运营商,投资120万元与其签订合作协议,项目整体打包给邮政永定分公司,分三年实施,农业局负责监督检查。项目按照"六有"(有场所、有人员、有设备、有宽带、有网页、有持续运营能力)的标准,140个建制村建立村级信息服务站,每村选聘1名村级信息员。全面开展公益服务、便民服务、电子商务、培训体验服务等四个服务,提高公共信息服务水平,实现信息精准到户、服务方便到村,初步构建信息进村入户可持续发展机制。自5月实施至年底,全区确认112个村级标准站、16个专业站。

【农业综合执法】

2016年,永定农业行政执法工作主要围绕农业部和省、市农业依法行政工作要点的精神，突出治假治劣、质量安全、纠纷协调、生态保护，把保障农业生产安全、保护农业生态环境、维护农民利益作为全年工作的立足点和着力点。全年立案行政处罚案件4件，结案3件，罚没款10530元；调处涉农生产事故纠纷2件，补偿农户直接经济损失2.3万元。未发生重大农资质量事故和农产品质量安全事件，保障全区现代农业健康有序发展。

农资打假专项治理 2016年，对仙师、湖雷、下洋、大溪、抚市、湖坑等农药、兽药经营店，从经营业主是否有产品登记证、生产许可证、经营许可证、审定证书、质量合格证，产品进销售台账是否完整，是否存在无证经营或超范围经营农资现象，是否存在掺杂使假、以次充好、变质失效或假冒他人产品商标、名称、包装等行为展开全面检查。同时对可疑农资进行抽检。种子标签抽查样品48个，合格48个，合格率100%；种子质量抽检样品13个，合格样品13个，合格率100%；农药标签抽查样品120个，合格119个，合格率98.3%；农药质量抽检抽样16个，全部合格；肥料标签抽查95个，合格95个，合格率100%；肥料质量抽检抽样6个，全部合格。兽药样品抽检10个，合格9个，合格率90%；饲料样品20个，不合格样品3个，合格率85%。深入乡村农资网店进行农资执法巡查，出动执法人员131人次、执法车辆56辆次，主要针对农作物种子、肥料、农药和兽药等进行拉网式巡查，并对可疑品种进行质量抽检。立案查处假劣农兽药饲料案件4起，挽回农民经济损失60余万元。

百草枯水剂专项整治 按照"农业部公告"要求，区农业局及时下发《关于停止销售、使用百草枯水剂的通知》，要求自2016年7月1日起停止百草枯水剂的销售和使用。组织执法人员对全区20个乡镇（街道）主要农产品生产企业及农资经营单位的农资仓库、台账记录进行重点检查，对库存仍有百草枯水剂产品的单位出具责令整改通知书，在规定期限未退回者一律依法收缴。

普法宣传教育 开展"放心农资下乡进村"宣传咨询活动，在宣传周期间，把优质放心农资送到乡村，把农业法律法规宣传到户，把识假辨假和科学使用农资知识传授给农民。3月9日，区农业局组织农技、植保、畜牧、水产等部门专家及执法人员，在仙师举行2016年春季农业送科技下乡暨放心农资下乡进村活动启动仪式，在圩场和种子、农药、肥料、兽药、饲料等农资经营场所开展农资执法监督巡查，同时结合春耕生产科技下乡活动，进行有关强农、惠农、富农政策咨询宣传。现场发放《农产品质量安全法》《农产品质量安全基本知识》《国家禁用和限用农药名单》《农业"三品"标志》《假劣种子的识别方法》《如何识别真假农药》《假劣化肥简易识别方法》《农民购买农资的五要素》《动物检疫管理办法》《动物防疫条件审查办法》等资料600余份，为农资经营者和广大农民群众开展农业知识咨询、现场答疑。

农产品生产记录专项执法检查 为进一步加强农产品生产记录管理，建立健全农产品生产记录制度，按照《福建省农业厅关于加强农产品生产记录管理的通知》（闽农质监〔2015〕57号）和市农业局文件（龙农〔2016〕93号）要求，结合永定实际，制定《龙岩市永定区2016年农产品生产记录专项执法检查工作方案》，按照工作方案针对全区较大型的36家种养殖场、省级农民专业合作示范社等基地，发出限期责令改正通知书24份。

【"两法"衔接工作】

2016年8月，区检察院和区农业局"两法"（农业执法和司法）衔接联络室在农业局成立，联络室主要工作职责是监督联络单位依法开展行政执法工作，督促联络单位对涉嫌构成犯罪的案件及时向公安机关移送，监督指导联络单位做好执法信息录入工作；此外，也接受群众在行政执法中的法律咨询和举报、控告、申诉，及时化解社会矛盾纠纷。至年底，办理的行政处罚案件10多宗全部录入"两法"监管平台，接受区检察院和区公安部门的监督。

【落实强农惠农富农政策】

农业支持保护补贴　2016年起，中央支持的农作物良种补贴、种粮农民直接补贴和农资综合补贴合并为"农业支持保护补贴"，永定从此全面推开农业"三项补贴"改革。2016年，省财政厅、省农业厅下达给永定区"农业支持保护补贴"资金2259.56万元（含经开区4个镇）。

种粮大户奖励　2016年3月，出台《龙岩市永定区农业局、龙岩市永定区财政局关于印发2016年撂荒耕地连片复耕补助和种粮大户奖励政策实施办法的通知》（永农〔2016〕74号），全区有53户申报种粮大户，农业局会同财政局和有关乡镇农业站，通过初审、深入田间查看秧田、公示、审核2016年种粮大户48户，面积2554.7亩，下拨奖励资金20.44万元。

农村土地经营权有序流转　2016年，贯彻中共中央办公厅、国务院办公厅《关于引导农村土地经营权有序流转发展农业适度规模经营的意见》，坚持家庭经营的基础性地位，规范引导土地经营权有序流转，鼓励承包农户依法采取转包、出租、互换、转让及入股等方式流转承包地，培育新型经营主体，创新土地流转形式，发展多种形式的适度规模经营。继续出台土地流转奖励政策，对大田农业通过土地流转实现规模经营3年以上，程序合法，新增连片面积达到100亩、200亩、300亩以上的，分别给予每亩100元、150元、200元的奖励，奖励资金分三年按4:3:3的比例进行补助；对推行土地股份制经营、当年土地承包经营权折价入股面积达到100亩以上的土地股份合作社，或组织开展土地信托服务、当年实现土地信托面积达300亩以上的土地承包经营权信托服务组织，由区财政一次性给予3万元的奖励。全年全区耕地流转面积11.26万亩（不含经开区4个镇），占耕地总面积22.99万亩的49%；涉及农户4.59万户，占农户总数9.67万户的47.46%。成立土地流转专业合作社3家，分别是湖雷镇深度村土地股份专业合作社、堂堡乡河坑村土地流转专业合作社和龙潭镇虞溪土地流转专业合作社。

农业保险　2016年，水稻种植保险投保31.51万亩，保费378.14万元，投保率100%，受灾14573亩，理赔金额350.5万元。设施大棚保险投保186亩，保费33550元；受灾34.04亩，理赔金额13.19万元。蔬菜保险投保109.2亩，保费2556元；受灾46.26亩，理赔金额1.3万元。生猪投保247442头。其中，能繁母猪投保11972头、保费71.83万元，理赔1021头、理赔金额102.1万元；商品猪保险投保235470头、保费588.68万元，理赔10923头、理赔金额640.67万元。

【设施农业】

2016年，建成设施农业智能温控大棚总面积84.2亩。其中，福建天湖山生态农业有限公司在湖山乡桂坪村建设的设施农业智能温控大棚得到进一步完善，建成智能温控大棚一32.82亩、智能温控大棚二28.24亩，合计面积61.06亩；龙岩市永定区迦百农农业发展有限公司在龙潭镇联中村建设温室大棚一，建成面积23.14亩。

【休闲农业】

2016年，全区休闲农业经营主体86个，其中，农家乐26个、休闲观光农园（庄）60个；从业人数973人，带动农户数2127户；接待73.35万人次。仙师镇的"永定区金石鼓生态休闲农庄"被省农业厅认定为"2016年省级休闲农业示范点"。

【永台农业交流】

2016年6月，邀请台湾新竹县农会总干事戴锦源，与龙岩市三草堂农业发展有限公司经理陈建清对接，共同参加第八届海峡论坛·两岸特色乡镇交流暨智慧农业对接活动。

【福建省永定农民创业园】

2016年,将在下洋镇实施的"福建省永定农民创业示范基地"升格为"福建省永定农民创业园",建设区域包含下洋镇、大溪乡、湖山乡等3个乡镇,实施省级专项资金项目8个,完成省级专项资金项目总投资1578.6万元。

永定区坤雅农业观光有限公司实施"坤雅农业观光园台湾名特优水果采摘园"项目,建设内容:帝王柑20亩,茂谷柑15亩,南瓜蜜桔15亩,鸟巢温室改造,数字化监控工程。投资287万元。

福建天湖山生态农业有限公司实施"天湖山生态农业观光园"项目,建设内容:灌溉水池800平方米,供水大坝2300平方米,蓄水池200平方米,道路硬化7000平方米,泵区、冻库区硬化1800平方米。投资307.6万元。

龙岩市永定区天高崟生态农业有限公司实施"湖山乡天高崟养生生态农业观光园"项目,建设内容:入园道路硬化1000米,种植中药材、水果、苗木150亩,仓储养殖房设施240平方米,水上乐园3亩。投资205万元。

龙岩市三草堂农业发展有限公司实施"三草堂台湾精致农业水果采摘园建设"项目,建设内容:栽种日本系樱花800株,栽种台湾品种果树2600棵,停车场130平方米,采摘步道水泥路硬化,管理房建设350平方米。投资99万元。

福建诺誉现代农业科技有限公司实施"大溪客家风情现代农业观光园"项目,建设3000平方米农业设施楼,投资310万元。

永定土楼初溪池牛岗山寨观光休闲有限公司实施"池牛岗山寨观光生态农业设施扩建项目",建设多功能山寨门1个。投资155万元。

福建涌源生态农业发展有限公司实施"涌源生态种养殖农业观光园"项目,建设内容:铁皮石斛林下种植10万棵,山羊养殖场180平方米,道路建设1200米。投资115万元。

龙岩市永定区牛牛食品有限公司实施"下洋牛牛食品赛金连品牌农产品加工等"项目,建设内容:巴氏灭菌自动化设备技改,自动真空包装机器设备技改,自动烘干设备技改。投资100万元。

【山垄田复垦与改造项目】

2016年,实施山垄田复垦与改造项目总面积1000亩,总投资179.5万元,省级财政补助资金160万元。项目由湖雷、仙师、抚市、湖坑4个镇的5个业主实施。其中,龙岩市永定区亿景家庭农场山垄田复垦与改造项目,项目区面积200亩,总投资34.3万元,省级财政补助资金32.0万元;龙岩市永定区金竹坑种养殖家庭农场山垄田复垦与改造项目,项目区面积140亩,总投资27.7万元,省级财政补助资金22.4万元;龙岩市永定区城古家庭农场山垄田复垦与改造项目,项目区面积160亩,总投资30.4万元,省级财政补助资金25.6万元;龙岩市永定区抚市镇社前村种植大户赖维森山垄田复垦与改造项目,项目区面积260亩,项目总投资45.1万元,省级财政补助资金41.6万元;龙岩市永定区建荣家庭农场山垄田复垦与改造项目,项目区面积240亩,总投资41.9万元,省级财政补助资金38.4万元。5个项目共建成机耕路4249.2米、灌溉渠道5999.9米、水池4座150.1立方米、有机肥242吨16.9万元。至年底,全区实施山垄田复垦与改造项目总面积2300亩。项目建成后改善项目区田间交通、灌溉基础条件,降低劳动强度,改良土壤结构及农田基本环境,抑制山垄田抛荒,增加粮食产量。

【家庭农场】

2016年,永定发挥新型经营主体在农业供给侧改革中的带动作用,采取措施扶持发展家庭农场,使之成为引领适度规模经营、发展现代农业的有生力量。制定下发《龙岩市永定区家庭农场认定办法》(永农〔2016〕273号),建立家庭农场注册登记和认定制度及《2016年土地流转、土地股份、家庭农场、奖励政策实施办法的通知》(永农〔2016〕140号),引导农村土地流向家庭农场，鼓励发展示范家庭农场。对符合规定条件的家庭农场，择优选择10家作为区级家庭农场示范场，每个示范场给予3万元补助；加强金融保险等社会化服务。2016年，全区拥有家庭农场689家，比上年增加183家，增幅36.16%。其中，在工商行政管理部门注册664家，比上年增加261家。家庭农场成员总数2992个，劳动力总数2121人。家庭农场经营耕地（水面）面积6.73万亩，其中，土地流转面积3.94万亩。按产业结构划分：种植业142家、畜禽养殖业55家、水产养殖业6家、种养结合470家、林业2家、休闲旅游14家。全区家庭农场中，有省级示范场8家，市级示范场24家，区级示范场20家。

【继续实施全国基层农技推广体系改革与建设】

2016年，永定区继续列入全国基层农技推广体系改革与建设补助项目示范县。明确和巩固基层农技推广机构是国家在基层的公益性事业单位，具有公益性社会化服务职能和提升基层农业技术推广体系公共服务能力；理顺管理体制、合理设置机构，实行"双重管理、以县为主"，业务工作由县级农业主管部门负责，日常工作由乡镇（街道）政府管理。实行竞聘上岗，创新考核机制。坚持"公开、公平、公正"的原则，根据当地农业生产实际与农技推广机构的职责、任务和要求，以农业"五新"技术的普及率、指导服务农民的满意度为检验标准，将农技人员进村入户技术指导的次数与实绩作为主要考核指标，建立绩效考评机制和指标体系。调动农技人员的工作积极性，推动基层农技推广体系建设，促进全区水稻产业、蔬菜产业和水果产业的发展。2016年，建设湖雷、岐岭2个乡镇农技站、畜牧兽医站新站房，总投资125万元。

水稻产业 实施产能区建设，2016年，全区建粮食产能区93个，总面积8.8万亩，涉及农户（含科技示范户）2.1万余户；粮食总播种面积35.195万亩（不含经开区4个镇，下同），粮食总产13.916万吨，平均亩产395公斤。其中，水稻播种面积12.19万亩，产量12.19万吨，平均亩产406.8公斤。（其中，早稻播种面积6.83万亩，产量2.83万吨，平均亩产413.5公斤；中稻播种面积4.786万亩，产量2.114万吨，平均亩产441.6公斤；一季晚稻播种面积9.53万亩，产量3.65万吨，平均亩产388.1公斤；双季晚稻播种面积6.385万亩，产量2.61万吨，平均亩产408公斤；再生稻栽培面积805亩，产量183吨，平均亩产227.3公斤）。93个产能区良种（中浙优8号、两优616等优良品种）覆盖率100%，高优栽培技术入户率100%，测土配方施肥、病虫害统防统治、机耕机种覆盖率100%。

蔬菜产业 2016年，建立"六月红"芋标准化示范基地500亩，亩产1000公斤，总产500吨，比未建立示范片前每亩增产50公斤；辐射带动农户670户，面积1005亩，总产955吨。全区蔬菜面积16.2万亩，总产28.03万吨，比增1.6%。其中，"六月红"早熟芋种植面积2.95万亩，产量2.8万吨，产值0.84亿元。"六月红"芋成为永定在全省乃至全国有一定影响力、有发展前景的特色产业，成为永定农业增效、农民增收的一大亮点，是蔬菜产业的重点抓手。

果树产业 2016年，建立永定红柿标准化示范基地300亩，亩产2380公斤，总产714吨，比未建立示范基地前增产110吨；辐射带动农户290户，面积3000亩，总产6600吨，比周边农户增产205吨。建立蜜柚高产高效示范片750亩（2片），平均亩产3200公斤，总产0.24万吨。全区新增园林水果面积1616亩，总面积15.89万亩，采摘面积13.11万亩；产量13.18万吨，比增14.7%。其中，红柿面积8.45万亩，产量7.27万吨、比增0.4%；蜜柚面积2.12万亩，产量1.66万吨、比增3.1%。

【畜牧业生产】

2016年年末，全区生猪存栏37.24万头、同比下降0.03%，其中，能繁母猪存栏3.58万头、同比下降0.6%；出栏65.56万头，与去年持平。牛饲养量10329头，同比增9头；出栏9156头，同比增长4.15%。家禽饲养量52.2万羽，同比53.88万羽减少3.1%；出栏224.65万羽，同比107.69万羽增加108.6%。羊饲养量6970只，同比增长8.67%；出栏7717只，同比增加38.55%。兔饲养量17.96万只，与去年持平；出栏53.61万只，同比增加7.37%。肉类总产量5.58万吨，同比6.2万吨减少10%；禽蛋总产量1657吨，同比增加9.74%。

规范生猪养殖　2016年，根据生态环境保护原则，出台《永定区畜禽养殖污染防治规划（2015—2020）》《龙岩市永定区畜牧业"十三五"发展规划》，各乡镇严格控制生猪养殖量，全区（不含经开区）生猪出栏量控制在59万头以内。

养殖业污染治理　2016年，永定区拆除禁养区内猪场926户，面积15.83万平方米，削减生猪养殖量7万余头。限养区中小型猪场推广生态养殖模式，确保废水"零排放"，废弃物资源化利用。

提升猪场改造水平　以"减量、环保"为原则，提升猪场改造水平，在限养区内建设一批生态环保标准化生猪养殖场。2016年，完成120家存栏250—1500头、3家存栏1500头以上的生猪养殖场改造。同时，引进厦门联南强生物环保科技有限公司、福建东森节能环保科技有限公司、龙岩市蓝胜环保科技有限公司、福建宸昕环保科技有限公司、龙岩市森林环保科技有限公司、福建方明环保科技有限公司、龙岩市绿川环保科技有限公司、福建农科农业发展有限公司（异位发酵技术）与猪场对接，利用先进的污染治理技术，做好猪场的提升改造。永定区丰旺养殖有限公司、新金龙养殖有限公司、鸿兴生态农业发展有限公司、步兴养殖有限公司等4家生猪养殖场获"福建省畜禽养殖标准化示范场"称号。

生猪活体"线上+线下"交易　2016年，依托北京农信互联运营中心（永定）猪联网海量生猪大数据，实现生猪活体"线上+线下"快速交易，解决销售、融资等问题，为永定生猪产业转型提供新模式。

【渔业生产】
2016年，以池塘养殖为基础，大水面养殖为重点，调整渔业结构，发展特种水产养殖。加强渔业社会化服务，确保渔业安全生产和可持续发展，保障水产品质量安全。

池塘养殖　推进水产养殖标准化生产，建设5个总面积200亩的标准化示范基地，示范推广池塘生态养殖技术。督促养殖单位按照水产操作规程和质量安全全程控制措施进行生产，做好养殖生产、药物使用、产品销售三项记录，完善各种规章制度，美化养殖环境。2016年，池塘养殖面积2488.8亩，产量1411吨，产值3542.7万元。

渔业结构调整　2016年，根据福建省海洋与渔业厅颁布的《福建省海洋与渔业结构调整专项资金管理办法》申报项目，全区申报并实施5个总面积12000平方米，以养殖棘胸蛙、黄颡鱼为主的陆上工厂化养殖项目。

渔业社会化　2016年，开展重点养殖水域水质监测，在棉花滩水库选择4个监测点，每月开展1次水质监测，做好预警预报工作，为水库大水面渔业生产提供科学数据。做好鱼病预防，开展水生动物疾病测报与预警工作，选择3个有代表性乡镇的养殖池塘点，每月开展1次水生动物疾病测报与预警工作，测报结果汇总至市站后，发布预警信息8次，形成覆盖全区水生动物疫病防控网络。开展水产品中禁用药物残留快速检测，抽样检测50个样品，检测合格率100%。

【举办龙湖信美湾观光垂钓采摘文化节】
2016年10月29日，由区农业局、峰市镇政府联合主办，福建龙湖生态渔业发展有限公司、永定区龙湖信美湾生态农业专业合作社承办，峰市镇信美村委会、福建土楼龙湖旅游发展有限公司、永定区钓鱼协会协办的"龙湖信美湾观光垂钓采摘文化节"在峰市镇信美湾举行。活动以"秀美龙湖、远离毒品、亲近自然、收获金秋"为主题，旨在充分展示龙湖库区种养生态特色，营造远离毒品、亲近自然的氛围，打造龙湖特色农业品牌，提高龙湖信美湾休闲观光农业基地知名度。

【渔业行政执法】

中国渔政龙岩市永定区大队是区农业局直属股级渔业行政执法机构，加挂"福建渔业船舶检验局永定检验站""永定区渔港监督管理站"牌子，人员编制为渔业行政执法专项编制，在编在岗人员6人，其中大队长1名。主要职责是拟订和组织实施区渔业行政执法工作规划；维护国家渔业权益，保护渔业环境与渔业资源，维护渔业生产秩序；负责实施全区渔业水域的巡航监视，依法查处违法违规行为；负责渔业船舶登记、发证、审证、换证工作；检查监督渔业准入、持证养殖、育苗、捕捞、运输，检查处理禁用渔具、渔法和非法渔获物；负责水生野生动物保护的监督检查；负责江河渔业资源的增殖保护；依法检验渔业船舶及其产品，对渔业船舶修造厂进行监督。

涉渔规费征收　2016年，区渔政大队接待办事渔民群众200人次，为渔民群众办理各种证照200余本，征收渔业船舶检验费1.5万余元，完成年度各项涉渔规费的征收任务。

渔业违法行为治理　2016年，区渔政大队加大巡航检查力度，对电、毒、炸鱼多发区域，集中力量进行查处。出航渔政快艇100次，出动执法车辆120余次，出动执法人员300余人次，检查渔船78艘，与公安、交通部门联合执法15次，查获违法案件10宗，上缴电鱼工具6套。做好渔业安全生产隐患排查治理，重视渔业安全生产。围绕渔业安全生产检查监管工作的要求，汛期集中力量对渔船进行渔航安全检查。排查渔船150艘次，下达整改通知书5份，整改率100%，全面达到安全生产要求。

江河渔业资源增殖放流　2016年，投入20万元，以棉花滩水库为主开展增殖放流活动，放流鲢、鳙鱼苗种20万尾，同时在永定河、金丰溪放流花骨、青鱼等苗种10万尾。

【动物疫病防控】

2016年，全区重大动物疫病防控工作稳步提升，强制免疫病种免疫率100%，常年免疫密度保持在90%以上，免疫抗体合格率达到国家规定70%以上，做到"应免尽免、不留空档"，实现不发生区域性重大动物疫情的目标，2016年在全市动物疫病目标考核中永定区取得并列第一名。

【农业人才协会】

2016年，开展农业人才理事挂钩涉农企业服务基地22家，开展12对师徒活动，3项调研课题。12月上旬，成立中共龙岩市永定区农业人才协会支部委员会，支部书记由常务副会长罗胜奎担任。

【干部驻村挂钩】

2016年，永定区第四批25名驻村任职党员干部（其中省派6名、市派8名、区派11名）到全区25个省级扶贫开发重点村担任驻村第一书记，挂职三年（2014年4月—2017年4月）。驻村干部自觉转换角色，主动融入农村，认真学习有关惠民惠农政策，理思路、谋发展，驻点村各项工作取得初步成效，推动驻点村经济社会全面发展。据统计，全年省、市、区三级下派驻村干部争取各类帮扶资金3443万余元，其中，省派986万元、市派1016万元、区派1441万元。实施为民办实事项目141项，其中，推动农村经济发展26项、改善生产生活项目88项、促进社会事业进步27项。推动农村经济发展方面投入437万元，新增经济作物面积1068亩，新增专业经济合作组织4个，新办农村经济实体7个，农村实用技术培训479人次，新型农民培训951人次，建立农村致富创业基地7个。经过发展生产，各驻点村生产发展势头良好，村民、村集体"造血"功能不断增强；改善生产生活项目投入1775万元，开展拆旧建新工程20处；硬化道路28公里，机耕路25公里；道路亮化24公里，安装照明路灯156盏；农民公园绿地7处，公园绿地面积1820平方米。加强基层组织建设，促进社会事业进步投入1231万元，新建村部及改善或维修村部3座，新建村务公开栏14个，组织村主干业务培训176人次，发展党员18人，培养入党积极分子35人。修建各类养老院3个；资助贫困学生47人，资助金15万元；慰问特殊群体914人次，发放慰问金42万余元。

【农业灾情】

2016年，对农牧渔业生产造成影响的主要自然灾害有1次低温冻害和1场连续降雨。1月25日，由于受极地低温的影响，最低气温达零下6.3℃，许多大田作物被冻死；3月23日—27日连降暴雨，许多农田被冲毁，鱼塘、猪舍被损坏。全区有20个乡镇不同程度受灾，两次灾害造成大田农作物受灾6.85万亩，成灾4.65万亩，绝收1.85万亩，减产6098.85吨，农业经济损失1834.44万元；冲毁鱼塘20口、248.15亩，商品鱼损失20.3吨，鱼苗1.5万尾，经济损失130.14万元。农牧渔业合计损失2855.01万元。

·烟 草·

【烟叶生产与收购】

2016年，区烟草部门坚持"稳控结合，提质增效"的烟叶生产工作思路，进一步夯实烟叶产购合同，把合同落实到户、到苗、到田，并与烟区布局、物资供应结合起来。通过改善植烟土壤环境，推广稻草回田、溶田1.3万亩，施用生石灰2.1万亩，回收地膜574吨。实施小苗深栽、深沟排水、控氮增密、烘烤工艺等常规技术。虽经受霜冻、冰雹、洪水等自然灾害的严峻挑战，但烟叶生产保持平稳。全区种植烤烟3.4万亩，签订户数1619户，户均种烟面积21亩，收购烟叶9.66万担（1担=50公斤），完成因灾核减后计划任务的103.17%，居全市第一；上等烟比例63.3%，担烟均价1339元，烟农收入1.34亿元，上缴烟叶税2846万元。

【抗击寒流霜冻】

2016年1月23日—25日，永定区普遍降温8—10℃，极端最低气温达零下6.3℃。受寒流霜冻影响，全区烟苗受灾面积2528亩，其中严重受灾面积1070亩。灾害发生后，区烟草部门部署救灾工作，由领导带队分成3个工作组，第一时间赶赴各乡镇察看灾情，安抚烟农，核实受灾面积。同时，加强育苗棚内烟苗保温和通风，降低棚内湿度，防止烟苗再次遭受冻害。帮助烟农调剂余缺烟苗，区内无法调剂的采取区外补苗，全区调剂烟苗2700亩，对区外购苗的农户给予适当的运输费补助，确保种植计划的落实。制定灾后技术指导方案，指导烟农分类管理，对冻死的烟苗及时补种；对中度以下受冻的烟苗采取二次盖膜或加盖稻草的方式御寒，并给予适当的地膜补助；对还没有移栽的烟苗抢晴移栽，全面推进和督促烟农进行深栽，提高烟株防寒防冻能力。通过多措并举，把寒流霜冻灾害造成的损失降到最低。

【淑雅溪水库竣工蓄水】

淑雅溪水库是永定区第二座烟草援建的水源工程，也是烟草行业重点援建工程之一。项目总投资2.4亿元，占计划投资的146.47%，其中援建资金8882万元。大坝主体工程2013年5月2日动工，2016年6月完成，历时37个月。该工程坝高52米，长200米，总库容739万立方米。同时，进一步优化建设方案，输水管道与大坝主体工程同时动工，历时12个月完成4.6公里的输水管道工程，于2014年5月8日正式通水。2016年12月25日正式下闸蓄水，比原计划提前20个月启用。水库建成后，可保障2.5万吨/天的生活用水，还可保障和改善库区周边乡镇2730亩农田的灌溉。

【烟草专卖打假打私】

2016年，查获各类烟草违法案件52起，同比增加3起（其中，5万元以上案件5起，同比增加4起）；查获各类违法卷烟49件，烟叶13.7吨，案值141万元，同比增加126万元，增幅840%。烟草部门强化与工商行政管理、邮政、公安等部门协作，运用错时检查、突击检查、专项检查等手段，持续开展"百日行动""闽剑行动""清网打非"等行动，加强边界市场、物流寄递业管理，维护卷烟市场经营秩序，防止烟贩通过物流环节开展非法卷烟流通行为。4月7日，区政府召开土楼景区销售非法生产卷烟综合治理专题会议，并出台《关于永定土楼景区卷烟市场综合治理实施方案》和《关于加强土楼景区卷烟市场综合治理的通告》，成立综合治理工作组，建立"烟草推动，政府主导，部门联动，综合治理"的工作机制，综合运用宣传教育、部门联动、重点打击、疏堵结合等手段，加强对土楼景区的综合治理。9月份，与漳州南靖县烟草部门召开景区整治协调会，形成横向合力。全年在景区内查获销售非法生产卷烟案件10起，同比增加6起；查获非法生产卷烟17件，同比增加14件；总计案值23.5万元。

【卷烟销售】

2001年，按照"控量、稳价、增效"原则，制定卷烟调拨差率和批零差率，保证批零环节的合理利润。2002年，撤销城乡卷烟批发网点，取消城乡卷烟柜台式批发业务，推行访送分离、专销结合、多点式访销、一库式配送模式，县烟草部门设立市场营销部、物流发展部、专卖管理稽查部和信息督查部。通过信息平台相互沟通，相互配合，交叉监督，形成三线互控网络。2003年，按照《龙岩市卷烟统一零售指导价实施方案》，实施统一零售指导价和明码标价销售卷烟，根据《龙岩市烟草制品零售点合理布局管理暂行规定》，建立零售户市场准入退出机制，扶持重点客户，限制销量较小零售户，合理调整客户布局，提高市场覆盖率。烟草部门成立电访中心，试行电话订货和电子结算业务。2004年，县烟草部门成立市场营销部和物流发展部，龙岩市烟草公司设立电话呼叫中心，电话呼叫中心接线员负责客户电话订单采集，及时将订单信息传送物流配送中心，物流配送中心负责卷烟配货，县烟草部门负责送货到户。当年，推行客户关系管理，引入现代营销理念，开展全员友情营销活动，倡导人文关怀，尊重个性需求，成立以"维权、自律、互助"为宗旨的卷烟经销商协会，保障客户合法权益，开展帮扶、助学、送温馨活动，增强客户与企业平等合作关系，打造合作卷烟营销模式。2005年，实施"一定两基"（定制式客户关怀，基本客户服务、基础管理制度）服务管理模式，以卷烟经销商协会为主体，开展弱势群体帮扶、阳光助学、会员温馨三项"定制式"客户关怀活动，精细到位服务基本客户，构建客户经理授权体系，完善客户满意度调查程序和客户投诉流程。

2006年，全面推行"订单供货"模式，即与零售客户签订每月主销品牌供货意向书，增强零售客户营销计划性。按照"重心下移，深耕农村"的要求，开拓农村市场，分别建立坎市、湖坑、城关3个农村客户服务站。2008年，开展卷烟零售终端"品牌形象店"建设，以"诚信一条街"为依托，从"改善条件，提升层次，挖掘内涵，维系价值"四个方面入手，精选零售客户10家，协助亮化店堂，安装品牌宣传"菲林片"，为零售客户统一配备卷烟柜台、烟架、资料册等硬件设施。2009年，增强网上营销功能，提供电话订货、网上订货、语音订货、终端机订货和手机订货方式，实现"三网一电"（网上营销、网上订货、网上配货、电子结算）商务模式，推进传统商业向现代流通转变。延伸终端建设，创设方圆体验会所、海晟店体验区、方圆之家体验区、品牌形象店、圩天流动体验点五个层面的营销接触点，打造工、商、消、零四方互动平台。2010年，按照国家烟草专卖局提出的"卷烟上水平"和"建设一流的卷烟销售网络"的中心任务，全面开展"三户一店"（诚信经营示范户、信息采集示范户、品牌培育示范户，方圆服务形象店）建设，建立"136"紧密型客户评价指标，促进客户在贡献价值、诚信价值、发展价值和自我价值四个方面的平衡发展。加强"通"系列品牌培育，先后举办"通仙杯·土楼之旅"自行车邀请赛，"通"系列营销联谊座谈会，"我的店铺、我的经验"竞赛活动，"通"系列品牌建功立业活动。

2013年开始，卷烟销量有所下滑，县烟草部门坚持"五保"卷烟经营指导思想，以"稳定销量，保持市场状态"为目标，围绕"走市场，去库存，稳价格，促销售"工作重点，实施拓展农村市场挖潜力，明码实价保盈利，特色营销拓市场，专销协同保状态等措施。指导零售户开展自主营销、特色营销、微信营销等活动。开展"正价购狼，一元一梦"金叶慈善及"通仙之星"创意营销竞赛系列活动。2015年5月，国家对卷烟实施提税顺价（提高6%），区烟草部门提出打赢卷烟稳量顺价攻坚战。尊重市场导向稳销量，培育零售价200—250元/条、300—350元/条等价位段的品牌，培育高端，拓展中端，保障低端，挖掘农村市场。保障客户盈利状态，抓住市场价格、社会库存和客户盈利3个关键指标，加强对零售客户经营状态的监测，确保社会库存控制在合理区间。加强现代终端建设，推进"三培三优"（培育优胜重点品牌，培植优质零售户，培养优秀营销人才），不断推进"微商圈，微营销"营销方式，加强价格监督，实现明码标价向明码实价转变。挖掘特色营销拓市场，打造以旅游营销为重心，融合社区、公益、商务、民俗、喜宴等特色营销，创造卷烟市场新增长点。2016年，开展"消费者在哪里，我们就到哪里"卷烟营销活动，通过召开座谈会，深入拜访零售终端，全面了解客户进销存情况和盈利情况。通过一系列措施，卷烟销量下滑的态势得到控制，卷烟营销缓中趋稳，稳中向好。

2001—2016年，卷烟销量和条均价总体呈上升趋势，销量由2001年的10602箱提高到2016年的14353箱，条均价由2001年的25.59元提高到2016年的122.69元。卷烟销量最高年份为2011年达17666箱，随后逐年有所下降。主要原因是受客观经济下行、人口外流、控烟履约、卷烟提税顺价等因素的影响，导致县（区）内卷烟市场面临"卷烟销量下降，社会库存增大，消费需求放缓，结构提升受限"四大难题。

表15　　　　　　　　　永定区2001—2016年卷烟销售情况表　　　　　　　　单位：箱、元

年份	销量	条均价	年份	销量	条均价
2001	10602	25.59	2009	15708	69.24
2002	12230	33.52	2010	16821	77.97
2003	13502	33.92	2011	17666	88.82
2004	14061	36.83	2012	17639	96.86
2005	15005	37.98	2013	17389	101.66
2006	15787	49.90	2014	16983	106.77
2007	15853	58.11	2015	16311	117.64
2008	15300	64.71	2016	14353	122.69

·林 业·

【概况】

2016年,全区林业系统以生态建设为根本、以产业发展为支撑、以改革创新为动力、以森林文化为引领,发展生态林业、民生林业,在造林绿化、保护生态、深化林改、提升产业等方面取得显著成绩。据2016年年底森林资源变化调查数据,全区(含虎岗、高陂、坎市、培丰)林业用地面积262.39万亩,占土地面积的78.59%;有林地面积250.02万亩,森林蓄积量1155.92万立方米,森林覆盖率74.88%。为加快林业发展,林业部门全年争取到位林业资金4539.50万元,其中,中央财政资金1257.92万元、省级财政资金3110.28万元、市级财政资金171.30万元,保障永定林业生态建设的资金需求。按林业部门口径计算,全区实现林业产业总产值19.62亿元,比上年增长(简称"比增")11.2%。其中,第一产业8.00亿元,比增11.9%;第二产业8.87亿元,比增8.0%;第三产业2.75亿元,比增25.0%。按统计部门口径计算,全区实现林业产值6.76亿元(其中虎岗、高陂、坎市、培丰计1.04亿元),比增4.9%。

【森林资源培育】

2016年,永定区持续深化森林科学经营,促进森林资源增量提质,以生物防火林带建设、重点区位林分修复、水土流失治理为重点,全区完成造林绿化19950亩,占任务的258.3%。其中,完成区委、区政府为民办实事项目生物防火林带建设3778亩,重点生态区位林分修复2135亩,森林生态景观带建设149亩,珍贵用材树种造林1218亩,其他人工造林更新12670亩。全面推行不炼山造林,推广机械条带劈杂造林,防止水土流失,完成山地水土流失治理6100亩,占任务的122%。完成森林抚育66129亩,占任务的120.7%。其中,生物防火林带抚育7629亩,重点林分抚育18336亩,一般林分抚育40164亩。新建封山育林示范片43000亩,占任务的107.5%。启动电力走廊生物防火林带建设,通过林农出地、林业出力、电力出钱,实现林农增收、森林防火、电力安全"三赢"。林业部门免费提供优良乡土阔叶树苗木,供各单位义务植树和高速公路、棉花滩库区沿线墓地生态绿化,全区参加全民义务植树24.65万人,尽责率98.6%;义务植树104.5万株,占计划的104.5%;新建义务植树基地6个、面积360亩。

【生态产业发展】

竹产业 2016年,全区竹林面积22.13万亩。生产竹材850万根、鲜笋2.55万吨;实现竹业产值6.39亿元,比增22.3%。

林下经济产业 2016年,投入130万元补助资金,扶持5家林下经济示范基地建设。全区林下经济经营面积67.65万亩;实现产值12.0亿元,比增16.6%。惠及林农1.5万户3万人。

花卉苗木产业 2016年,投入100万元补助资金,在龙潭的龙岩市万花园林有限公司实施省级现代农业(花卉)项目,新建智能温室3520平方米,实现林业智能温室零的突破。全区种植花卉苗木1.38万亩,实现产值2.13亿元,分别比增8.2%和18.3%。

森林旅游业 2016年,新增森林人家1家,全区森林人家累计13家,其中,四星级(招宝生态农庄)和三星级(西溪双桥山庄)森林人家各1家。全年森林旅游接待游客46.1万人次,比增17%;实现直接收入0.9亿元,比增18.9%;实现社会总产值2.99亿元,比增16.7%。

【深化林业改革】

林业经济组织建设 2016年,新增规模经营的家庭林场3家,规模经营家庭林场累计18家,经营总面积1.5万亩;新增示范性林业专业合作社1个(市级),至此全区示范性专业合作社累计9个,其中,国家级1个、省级1个、市级4个、区级3个,经营总面积1.2万亩,入社农户226户。

林业贷款和森林保险 2016年,林业部门与金融保险机构合作,加大林业贷款和森林综合保险政策宣传力度。全区新增林业小额贴息贷款1045.5万元,争取财政贴息31.365万元。在保森林面积253万亩,实现应保尽保。与人保财险公司沟通,协调做好灾害理赔,2016年度全区获得森林保险理赔1416.1万元,其中冻害理赔1393.0万元。

国有林场改革 根据中共中央、国务院《关于印发〈国有林场改革方案〉和〈国有林场改革指导意见〉的通知》(中发〔2015〕6号)和省委、省政府印发的《福建省县属国有林场改革指导意见》(闽委发〔2016〕7号),结合永定国有林场实际,制定《龙岩市永定区区属国有林场改革方案》,经区政府同意、市政府审核后上报省林业厅,12月获省林业厅批复实施。

林业总公司培育上市 2016年,按照区委、区政府的部署,开展调研,制定上市培育工作方案并经区政府批准,组建上市工作机构,注册成立林业总公司和永兴林场为股东的福建绿为林业有限责任公司(简称"绿为公司"),作为上市培育壳公司;形成中介机构比选方案,并报区政府研究,选定中介机构,签订中介服务协议;完成金丰、金凤、金林等3个林场的7万亩林地林木分批次注入绿为公司的资产的林权变更46宗地、38450亩、评估价值2.4亿元的材料准备和报批,正申请林权变更登记。

【森林资源保护】

执行禁限制采伐政策 2016年,贯彻执行森林限额采伐、木材生产计划,坚持阳光操作、公平公正公开分配采伐指标,全区除虎岗、高陂、坎市、培丰4镇和仙紫林场外的86.82万亩天然商品林纳入国家天然林保护工程,中央财政给予列入天然林保护工程的天然林每年每亩15元的补助(其中,公共管护费0.25元、管护补助支出14.75元),全面停止天然林商业性采伐。同时,实行限制性采伐政策,除成熟人工林、灾害受害木以及依法征占用林地上的林木外,限制其他林木采伐,从宏观上控制森林资源消耗。全区批准林木采伐蓄积量19.8万立方米,生产销售商品材16.81万立方米,比增96.32%。

生态公益林管理 2016年,全区(含仙紫林场)生态公益林71.3万亩,其中,国家级生态公益林52.2万亩、省级生态公益林19.1万亩;森林生态效益补偿基金标准每年每亩22元,其中公共管护费0.25元、管护补助支出21.75元。发放中央和省级森林生态效益补偿金1383.8万元(含虎岗、高陂、坎市、培丰,不含仙紫林场)。除村级监管费和护林员承包管护费外,林农补偿费以"一卡通"方式直接发放到户。

打击毁林违法犯罪 2016年,组织开展打击破坏候鸟等野生动植物资源违法犯罪,打击违法采伐、运输、收购、加工、出售阔叶树为原料生产食用菌行为,严厉打击非法占用林地行为等涉林违法专项行动。同时,参与、配合开展打击非法采矿(砂)、养殖业污染整治等专项行动。全区查处森林三类案件206起。其中,刑事案件32起,采取强制措施47人,移送起诉28起31人;治安案件4起,治安拘留2人,治安调解1起;林政案件170起,打击处理170人次,罚款276.39万元,没收木材169.09立方米。

森林防火 2016年,加大森林防火责任落实、宣传教育、火源管控、预案演练、扑火指挥力度,全区发生1起森林火灾,过火面积81亩,受害面积33亩,无重大森林火灾、无人员伤亡事故、未发生"隔夜火",山火当日扑灭率100%。

森林病虫害防治 2016年,实施汀江流域下游有害生物防控体系建设等3个项目,完成投资595万元。开展松材线虫病等危险性林业有害生物普查,确定监测对象11个,设立监测样点1012个,累计监测面积465万亩,灾害测报准确率100%。全年病虫害发生面积4.8万亩,成灾面积114亩,采取白僵菌等无公害防治面积4.8万亩，无公害防治率100%，种苗产地检疫率100%。

项目建设林地报批服务　2016年，全区审核同意16个项目使用林地，面积2616.6亩，项目林地预审1起。符合条件的项目均得到批准；为项目办理采伐许可证49份，批准采伐面积1681亩，蓄积量6583立方米，保障华润湖坑风电、永杭高速公路、天子温泉等重点项目建设用地需求。

森林资源规划设计调查　2016年，区政府办下发《关于开展第四次森林资源规划设计调查工作的通知》，计划用2年时间完成调查工作。区林业局成立调查工作机构，组建以永定区在编林业技术人员为主的调查队伍，在全省率先完成全区1552个固定样地调查工作，受到省林业厅通报表扬，年底转入森林资源小班调查，计划于2017年完成该项调查。

林业站服务能力建设　为强化基层基础建设，更好地为保护森林资源服务，林业局贯彻落实市政府《关于进一步加强乡镇林业工作站建设的意见》，加强基层服务能力建设和标准化林业站建设。对林业站站房按标准化林业站建设要求修缮，绿化美化工作生活环境，配备必要的现代化办公设备，规章制度、办事流程上墙公示，开展林业站人员轮训教育，提高服务能力。12月，经国家林业局验收，陈东林业站被授予"全国标准化林业工作站"称号。

【实施"三大战役"】

项目落地攻坚战役　2016年，制定并实施林业项目落地攻坚战役方案，由局长担任林业项目攻坚战役和招商引资工作领导小组组长，安排两名班子成员具体负责，动员全体领导和机关干部抓项目，取得显著成绩。完成固定资产投资项目4个、1.521亿元，占任务的101.4%。完成项目策划入库2个。其中，辣木种植及干料加工项目，总投资1.03亿元；竹缠绕复合压力管项目，总投资15亿元。新开工辣木基地建设项目，种植辣木500亩，建设管理房250平方米，完成投资400万元；新签约项目3个（辣木种植及干料加工项目、竹缠绕复合压力管项目、二手车交易市场有限公司入驻南部园区项目），总投资17.33亿元。此外，林业局还协助有关部门和乡镇做好机动车检测线和礼旗酿酒迁建南部园区、鼍龙鳄鱼养殖等项目的招商工作。局长卢晓闽被区委、区政府评为年度招商引资先进个人。

精准扶贫脱贫攻坚战役　2016年，制定精准扶贫相关工作方案，成立领导小组和办公室及7个工作组，确定工作组长及联络员；实施2016年营林精准扶贫、竹业精准扶贫和林下经济项目扶贫等专项扶贫工程和贫困林场扶贫项目；审批建档立卡贫困户建房29户面积3.52亩，全部免收费用；新聘请14个贫困人口为生态护林员。下拨2万元，帮助挂钩的湖山乡里佳村发展光伏发电；派出84名干部挂钩湖山、抚市84户贫困户，每户给予补助生产扶持资金1000元和春节慰问费300元，帮助贫困户发展生产；印制5000份《永定区林业实用技术手册》，由挂钩帮扶干部、林业站干部、护林员送技术上门，确保每户贫困户1本手册发放到位，并组织局技术人员开展实用技术培训讲座，帮助有劳动能力的贫困户掌握1—2项林业实用技术。全年投入扶持资金35万元，帮助40户164人脱贫。贫困林场扶贫项目完成投资36万元，种植珍贵树种300亩。

生态环境保护攻坚战役　2016年，制定并实施林业生态环境保护攻坚战役方案，成立战役领导小组和办公室，林业各单位协同推进。至年底，森林覆盖率74.88%，森林蓄积量1155.92万立方米，湿地保有量81585亩，自然保护小区占国土面积3.84%，四项指标均达到或超过省、市、区下达的生态环保攻坚战役目标要求。

·水 利·

【基层水利服务体系建设】

2016年,永定区抓住吸引、培养、用好人才3个环节,解决区、乡镇(街道)两级基层水利专业技术人员不足、站房办公设施建设滞后等问题,建立健全职能明确、布局合理、队伍精干、服务到位的基层水利服务体系。5月28日、8月27日,采用公开招考方式,录聘12名大专以上毕业生充实水利专业技术队伍,其中,水利局2名、乡镇(街道)基层6名、专项岗位4名;经费纳入区级财政预算。同时,推进农村用水户协会组织建设,全区配备79名农民水利技术员。小(1)型水库6座,每座聘请水库管理人员2人;小(2)型水库16座,每座聘请水库管理人员1人。加强对水库的日常管理,进一步强化农村基层水利能力建设。

【山洪灾害防治项目】

2016年是山洪灾害防治项目实施的最后一年。8月5日,区水利部门组织建设单位、施工单位、监理单位,对由福建四创软件公司实施的2014—2015年度山洪灾害非工程措施项目进行完工验收。9月21日,组织专家组对永定区山洪灾害调查评价进行审查,调查评价按照国家相关技术要求完成相关工作,提交完整的调查评价材料。12月1日,市水利局组织区水利、水文、气象、项目设计单位、监理单位及相关施工单位的有关专家,对永定区2013—2015年山洪灾害防治项目进行初步验收。

【防汛减灾】

2016年,严格落实24小时领导带班、值班制度,落实责任人A、B角制度,区防汛指挥部建立当日雨量达到或超过100毫米的零报告制度,站点雨量超过50毫米的点对点预警指挥和防汛的定期会商制度,做到未雨绸缪。强化各项防汛措施,突出防汛工作重点,抓好一个前提,即隐患排查;守好三个部位,即守好山塘水库、河流、地质灾害点;做好五项工作,即制定好防汛预案、落实好物资储备和经费、组建好抢险应急队伍、做好防汛宣传、抓好预报预警。完成省防汛办部署的"五个一"工作:画好一张图、建好一个网、开展一次安全隐患排查、完善一个防汛救灾体系规划和配强一支队伍。并将"五个一"工作细化分解,对细化分解要求抓好贯彻落实,完成目标任务。

制作区、乡两级防汛指挥作战图 2016年10月,按照省防办《关于开展防汛指挥图编制工作的通知》(闽防办〔2016〕22号)、《指挥图编制工作大纲》(闽汛办电275号)要求,与省测绘院沟通联系,委托福建地三方空间信息技术有限公司和永川水利水电勘测设计院制作区、乡两级防汛指挥作战图。至年底该项工作还在进行中。

落实"建好一个网"建设任务 建设防汛信息平台,将水利、气象、水文、国土(地质灾害点)等相关信息统一纳入防汛信息系统。

开展一次安全隐患排查 2016年8月,汛中对辖区内的防汛安全隐患进行一次大排查,作出安排部署,安排足够的力量和时间,组织开展防汛安全大排查,排查出20个乡镇(街道)、8个成员单位52处存在不同程度的安全隐患。

完善防汛救灾体系规划 2016年,有关防汛救灾体系和规划建设纳入区委、区政府工作重点内容,充实到区"十三五"发展规划中,进一步提升防洪排涝减灾能力。区"十三五"发展规划中,涉及防汛救灾体系规划建设的项目有水库建设、防洪堤建设、水库除险加固、万里安全生态水系建设、山洪灾害防治项目、抗旱应急水源项目等。

【水土保持】

实施水土流失综合治理 2016年,市政府下达永定区水土流失综合治理任务26403万亩。其中,水利7513亩、林业14940亩、国土1000亩、农业2000亩、住建300亩、交通350亩、商务300亩。永定区对任务进行细化分解，并下发文件（永水保生态办〔2016〕1号）对有关单位和乡镇下达治理任务。各相关部门及时把任务分解到乡镇、村，把治理措施落实到具体项目和山头地块、林班及茶果园等水土流失区，及早落实苗木、种子、化肥等，确保全面完成年度目标任务。至年底完成水土流失治理2.64万亩，其中，水利部门完成0.75万亩，林业及其他部门完成1.89万亩。

实施国家水土保持重点建设工程 2016年，国家水土保持重点建设工程——溪联小流域综合治理项目，总投资715.28万元，治理水土流失面积22650亩。高头乡高头溪小流域水土流失综合治理项目，总投资189.53万元，治理水土流失面积3800.55亩。龙潭镇枫林溪小流域水土流失综合治理项目，总投资188.28万元，治理水土流失面积3755.55亩。

强化水土保持监督管理 2016年，检查生产建设项目143个，发放整改通知书105份，审批水土保持方案18份，收取水土保持补偿费149.79万元。完成"水土保持天地一体化监督管理"试点工作数据收集、上传、实地核查等工作；对洪山石材企业水环境污染进行整治。

【烟草水源工程建设】

2016年，继续实施淑雅溪水库工程建设，4月份完成防汛公路工程建设，7月份完成大坝工程建设，11月份完成大坝工程验收，12月份完成大坝下闸蓄水验收并开始下闸蓄水。水库移民安置房主体工程全面完成，进入装修阶段。湖坑镇下黄水库工程2015年12月30日举行开工仪式，2016年5月份正式动工，截至12月底，主要完成大坝两岸土石方开挖50%，导流隧洞掘进110米，环库公路完成路基开挖，完成投资2050万元。抚市镇水源工程从2011年开始筹备。2012年5月26日市发改局以龙发改审批〔2012〕55号批复项目可行性研究报告；6月13日，市发改局、市水利局以岩水审批〔2012〕105号批复项目的初步设计；9月，国家烟草局对该项目进行评审，确定项目工程总投资6765.56万元，其中，烟草援建资金5201.16万元。工程于2013年4月开工，2016年10月20日完工验收。

【农村饮水安全工程】

2016年，在完成全区整乡整村推进的农村饮水安全工程基础上，继续投资263万元（省级补助231万元），分两批实施峰市锦西南坑片等10个农村饮水安全巩固提升（拾遗补缺）工程，解决5402人饮水安全问题。

【堤防工程】

2016年，投入4848万元，实施"五江一溪"汀江防洪工程（一期）永定西溪段。治理河道1.858公里，建设生态防洪堤3.153公里。

【农田水利工程】

2016年，投入509.1万元（其中省级补助300万元），实施"金丰中型灌区续建配套节水改造项目"，项目地点为陈东乡、古竹乡。项目主要建设内容为干渠清淤1.04公里，干渠防渗7.96公里，渠系建筑物配套、改造22座。项目建成后，灌区设计年可恢复灌溉面积0.61万亩，改善灌溉面积0.5万亩，保证灌溉面积1.396万亩，灌区国民经济各部门用水需求均能得到满足。

【中小型病险水库除险加固】

2016年年底，开始实施小（1）型龙寨水库除险加固工程，工程总投资452.12万元。

【水政水资源管理】

2016年，区水政水资源工作围绕水法律和法规的宣传、水资源管理、水资源费征收、河道巡查、河道采砂管理等开展。实行最严格水资源管理制度，严格控制各乡镇取用水量，全面推行

"河长制"流域管理机制，按"三条红线"控制目标，严格管理水资源。全年换发8本取水许可证，新发1本取水许可证。征收水资源费452.36万元。

水资源开发利用控制红线 全年全区用水总量2.54亿立方米，控制在3.43亿立方米的目标以内。

用水效率控制红线 2016年，全区万元工业增加值用水量64.99立方米，比2010年的71.55立方米减少9.17%，达到万元工业增加值用水量减少7.6%的控制目标；农田灌溉有效利用系数0.6456，达到0.538的控制目标。

水功能区限制纳污红线 根据区环保局监控数据，永定水环境功能区水质达标率100%，大于2016年市政府下达的86%控制目标。

水质保持监控 辖区内汀江永定段、永定河、金丰溪3条河流6个地表水监测断面（河流4个、湖库2个）水质保持在良好水平，达到功能区划要求；城区龙寨水库水源保护区和14个乡镇集中式饮用水水源保护区水质均符合Ⅲ类水质标准。

【河道采砂管理】

2016年，为确保永定区河道采砂安全和规范有序开采，区水政执法部门对所有批准的规范可采区的开采情况进行定期或不定期的执法巡查，发现有不按规定开采的行为给予现场制止和责令纠正。出动执法巡查人员163人次，发出《责令停止水事违法通知》71份，阻止3家在河道违法采砂行为。与海事部门配合，组织多次对采砂船舶安全检查活动，确保采砂船安全生产。对2016年河道采砂权招标出让到期的采砂户发出《关于河道采砂许可证到期的通知》17份，并要求停止生产，等待下一步规划办证。城区周边乡镇及南部工业园区出现8家非法采洗砂场，12月15日，区水政执法部门联合公安、国土等部门组织一次集中打击行动，出动执法人员130人次，使用挖掘机对非法采洗砂场的洗砂设备进行强制拆除，打击非法采洗砂场率100%。

【安全生态水系建设】

2016年，开展永定万里生态水系建设项目可研前期工作，项目规划投资6.2亿元，争取市农发行建设基金9300万元。完成2016年金丰溪南溪支流安全生态水系项目批复建设任务，建设河道长度10.26公里，涉及实佳村、南江村、南中村、新南村、洋多村、湖坑村等村庄，工程总投资1276.5万元。

【农村水电站建设】

2016年，完成全区19座小（2）型电站水库大坝注册登记。完成大溪泰溪、仙师金成、仙师大坪、下洋寨下潭、湖雷园潭角、下洋车前坝等6座水库大坝安全鉴定。编制水电站增效扩容"十三五"规划及永定河流改造实施方案。编制完成凤城寨下水电站、抚市青溪水电站、岐岭狮象潭水电站、下洋沿江水电站、芦下坝水电站等5座"十三五"水电增效扩容改造和河流生态改造的前期工作：凤城寨下水电站原装机容量800千瓦，改造后电站总装机容量800（2×400）千瓦，概算总投资206万元。抚市青溪水电站原装机容量500（2×250）千瓦，改造后电站总装机容量640（2×320）千瓦，概算总投资198万元。岐岭狮象潭水电站原装机容量2400（3×800）千瓦，改造后电站总装机容量3000（3×1000）千瓦，概算总投资916万元。沿江水电站原装机容量15000（2×7500）千瓦，改造后电站总装机容量16500（2×8250）千瓦，概算总投资3047.58万元。芦下坝水电站原装机容量2×8750千瓦，改造后电站总装机容量25000（2×12500）千瓦，概算总投资7706万元。完成百丈寨水电站、汤池角水电站等2座"十二五"水电站增效扩容改造完工验收，完成湖角里水电站拦河坝改造工程完工验收。完成永定区小水电站退出试点实施方案编制，省水利厅批复将觉川、南中、新南下园寨、梅子角等4座水电站列入2017年老旧水电站退出试点，涉及装机605千瓦，省水利厅补助退出经费200万元。

农业与农村 水利

【水电站安全管理】

2016年，组织专家组对沿江、狮象潭2座小（1）型电站水库，泰溪、金成、官田坝、汤池角、寨下潭、三寨、园潭角、百丈寨、大坪、湖角里、罗潭、城区拦河坝、仙师车前坝、龙潭头、共星等15座小（2）型电站水库的防洪调度运用计划及防洪预案进行审查，确保电站水库安全度汛。

·农 机·

【概况】

2016年，全区（含经开区4个镇）农业机械总动力20.12万千瓦，比上年增加1.35万千瓦，比增1.1%。小型拖拉机保有量1671台，比上年增加52台，比增0.31%；耕整地机保有量16397台，比上年增加563台，比增3.45%。联合收割机保有量34台，比上年增加7台，比增20.6%；水稻插秧机保有量129台，比上年增加6台，比增4.87%；拖拉机配套机械保有量1711台，比上年增加96台，比增1.27%；水稻工厂化育秧设备20套，设施总面积259727平方米；果蔬烘干机10套；谷物烘干机23套。同时，畜牧、设施农业、林果及农副产品加工机械等均得到较快发展，农业装备结构得到调整。

【农机社会化服务】

随着农机购置补贴政策的深入实施，农业的现代装备水平得以提高，推动农机作业水平的持续提升。2016年，机耕作业面积30.21万亩，同比增长3.75%；机收作业面积10.2万亩，同比增长22.16%；机插作业面积4.51万亩。主要农作物耕种收机械化水平达到58%，比上年提高2个百分点。

【农机购置补贴】

2016年，全区使用农机具购置补贴资金150.186万元，其中，中央补贴资金132.248万元，省级农机购置补贴资金17.938万元。农机购置补贴带动农民投入资金769.18万元，补贴农机具884台套，受益农户728户。

【发展农机专业合作社】

2016年，永定区坚持"多样化创建、规范化运营、市场化服务、产业化经营"的发展方向，坚持发展与规范并举、数量与质量并重，加大扶持力度，加强工作指导，完善配套措施，抓好农机合作社的服务创新、领域拓展和能力提升，推动区内农机合作社又好又快发展。至年底，全区注册农机专业合作社14家，比上年增加2家；拥有合作社社员1021人，资产总额720万元。全区农机专业合作社完成机耕面积12万亩，占全区机耕面积的39.72%；机插面积3.5万亩，占全区机插面积的77.6%；机收面积5.1万亩，占全区机收面积的50%。

【农机具示范推广】

2016年，全区继续推广水稻钵形毯状秧苗机插技术，在金砂、仙师、洪山、湖雷、陈东、岐岭、湖坑等乡镇建立工厂化育秧示范基地9个，首次引进电烤果蔬烘干机、猪粪塔式发酵机等新机具15台，新增中型联合收割机2台，新增自走式直杆喷雾器、植保无人机使用面积2000亩，新增微滴灌、水肥一体化节水灌溉面积3000多亩。

【农机化技术培训】

2016年，区农机管理站组织举办以水稻机械化育插技术为主的农机技术人员培训班4期257人，举办新型职业农民（农机专业人才）培训班1期80人，收割机实用操作人员培训班1期40人。全区共计培训水稻、农机管理、农机操作、农机维修等各类人员377人。

【农机安全生产】

2016年，区农机管理部门继续开展"安全生产年"和"责任落实年"活动，开展"平安农机"

"为民服务创先争优"示范窗口、文明行业等创建活动,组织实施道路交通安全综合整治3个月大会战和"三年提升工程",开展"农机安全示范乡""农机安全示范村"的创建,新建"农机安全示范乡"1个,"农机安全示范村"3个。全年未发生农机安全生产事故。

·老区建设·

【老区调研活动】 2016年4月—6月,区老区办与区老促会联合组成调研组对全区10个乡镇15个脱贫攻坚重点革命基点村开展调研。调研组进村入户,召开座谈会,走进贫困户家中面对面交谈,深入了解革命基点村在脱贫攻坚中脱贫对象精准识别、贫困户精准管理、脱贫项目制定和实施、扶贫责任落实和产业发展等情况,形成书面调研报告,为区委、区政府提供决策参考。在此基础上出台扶持政策:基点村公路建设在原有补助的基础上再增加50%,即补助标准由原来的每公里4万元增加到6万元;造福工程搬迁户除按每人享受省、市、区财政原有补助外,区财政对基点村搬迁户每人再增加补助1000元;加大对革命基点村的支持力度,每年在中央和省下拨的革命老区财政转移支付资金中切出30%(每年500万元)统筹扶持基点村建设,加快全区革命基点村脱贫攻坚步伐。

【美丽革命基点村建设】 2016年,继续投入区财政老区转移支付资金500万元,在抓好原有10个美丽革命基点村建设工作的基础上,新增实施7个美丽革命基点村建设试点。其中,在下洋镇山仔下、湖雷镇石城坑、湖雷镇鸭妈坑、西溪乡赤寨、岐岭乡牛牯扑等5个基点村实施新村建设,整村"拆旧建新",做到"四个统一"(统一认识、统一意见、统一规划、统一建设),2017年春节前迁入新村新房居住;在大溪乡黄仕坑、大溪乡湖背村等2个基点村实施村容村貌亮化、绿化、美化整治,2017年春节前完成。美丽革命基点村建设促使老区村的基础设施日趋完善,村容村貌焕然一新,永定美丽革命基点村建设工作名列全省前茅,工作经验在全省推广。

【老区"五通"工程】 2016年,加快完善老区基础设施建设,集中力量实施革命基点村"五通"(通电、通路、通卫生饮用水、通广播电视、通电话)工程,重点实施硬化工程、人饮工程。全年投入97万元,实现基点村道路硬化22.3公里,修建桥梁2座;投入35万元,重点扶持9个贫困基点村的人饮工程项目,受益群众1800多人。

【提高"五老"人员保障待遇】 2016年,加强革命"五老"人员(老游击队员、老中共地下党员、老交通员、老接头户、老苏区干部)《荣誉证书》的管理、协调、服务,帮助"五老"人员到各级政府和有关部门办事,让他们享受到光荣的政治荣誉感。提高"五老"人员的生活定补费,实行不分类别,每人每月由原来的930元一律提高到1030元的标准(比省标准多60元),通过各乡镇(街道)民政办及时将生活定补费发放到他们手中,真正让他们过上幸福安康的生活。解决"五老"人员老有所医的问题。每位"五老"人员享受400元的医疗门诊费;对大病住院的"五老"人员在享受"新农合"医疗费补助的基础上,给予再享受未报销的医疗费总额50%的优待医疗费补助,并且对重病住院的贫困"五老"人员还给予特殊的慰问补助。对"五老"人员家庭实行有线数字电视整体转换补助400元的优待,解决他们在农村的电视频道少、信号差、看电视难的问题,进一步丰富他们的文化生活。开展"心连心"慰问活动。在每个重要节日都对"五老"人员开展慰问活动,送上慰问金和慰问品。

【关爱老区服务活动】

关爱老区群众 2016年元旦、春节期间，为基点村群众开展送医送药上门服务。区中医院、区老科协医疗分会派出医务人员深入到仙师镇西洋村、湖山乡里佳村、城郊镇桃坑村、区特殊教育学校、光荣院、孤儿福利院和18个边远的革命基点村，为当地群众进行义诊和免费送药800多人；扶持7个革命老区村的老年活动室和6个文化活动中心的建设，进一步丰富基点村群众文化生活。

关爱老区村 2016年，区老区办挂钩联系金砂乡，并与下洋镇西山村、大瑞村和凤城街道书院社区共建结对，开展"联乡、挂村、帮户"工作。将贫困村秀山村列入美丽革命基点村建设项目，安排6名干部与秀山村的6户贫困户挂钩结对，从政策宣传、生产就业、建房搬迁、就学资助、亲情沟通等方面进行帮扶。通过帮扶，有3户实现就业，5户实现搬迁建房，3户贫困户如期实现脱贫。与共建结对村开展共建工作，筹集"联、帮、挂"资金50万元。

关爱老区学生 2016年，"金凤凰"奖助学金为革命基点村和革命"五老"人员的后代考上大学的58名学生发放奖助学金11.6万元。"黄仲咸助学基金"为革命老区村的在校贫困中学生127名发放助学金12.7万元。

【科技示范与培训】

2016年，根据老区基点村的实际，先后在金砂、湖坑、城郊、仙师、湖山、下洋、湖雷等乡镇建立巴戟天、柚子等科技示范基地19个，投入资金145万元，通过科技示范基地建设，带动全区老区村、基点村的种植业发展。在老区村、基点村举办农副产品加工技术、畜牧兽医、毛竹垦复、美蕉、油茶、巴戟天、柚子、脐橙等水果栽培技术培训班10期，有老区村、基点村青壮年1000多人次参加培训。

【革命传统宣传教育】

2016年，开展"三红"（红色资源、红色传统、红色基因）系列宣传报道。配合福建省电视台《金秋》栏目组到抚市镇五湖村"泽东楼"、湖雷镇上南村"万源楼"、西溪乡赤寨村进行采访，宣传贯彻中共中央总书记习近平关于"要把红色资源利用好，把红色传统发扬好""要让红色基因代代相传"的重要指示，并制作成专题片在福建电视台播出；举办七一红歌文艺晚会。在中国共产党成立95周年之际，与区老促会、抚市镇政府在抚市镇五湖村"泽东楼"联合举办《庆祝中国共产党成立95周年文艺晚会》，欢唱红歌，歌颂党恩，宣扬老区红色文化；做好老区报刊赠订工作。为320多个老区村、基点村赠送《红土地》320份、《中国老区建设》150份，为30个边远的革命基点村送党报、党刊和科技书刊，向老区群众宣传新时期老区新人新事新面貌；与永定报社联合办好《今日永定》杂志、《老区见闻》和永定网页；动员鼓励报道组、报社等记者、通讯员踊跃向《中国老区建设》《红土地》《福建日报》《闽西日报》等报刊投稿，宣传老区，对发表的稿件给予稿费1—3倍奖金。加强革命旧址的维护与管理。投入35万元，对湖雷镇西华山、仙师镇石子紫、岐岭乡牛牯扑等3处革命旧址进行维护保护，充实展厅的革命斗争事迹展览，作为宣传老区和革命传统教育的一个重要阵地。

·移民开发·

【大中型水库移民后期扶持】

资金直补 2016年，核定直补移民24665人，按每人每月50元标准，每季度发放一次，全年发放直补资金1479.9万元。

项目扶持 2016年，省、市移民开发局批复永定区大中型水库移民后期扶持资金3439.54万元；安排后扶项目116个（其中环境整治62个、道路交通3个、生产开发16个、分户实施2个、社会事业

33个），涉及峰市、洪山、仙师、凤城、城郊、西溪、金砂、高陂、虎岗等9个乡镇（街道）、44个移民村，受益移民27916人。主要扶持项目：深化环境整治，打造美丽村庄。投入扶持资金2292.2万元，完善第二批环境综合整治移民村的基础设施配套项目，重点推进城郊镇书岭村、峰市镇信美村的环境综合整治项目实施；对洪山乡田梓村、西联村、抚硕村，凤城街道大园社区、龙角社区，金砂乡赤竹村中村村民小组等6个村（组）开展美丽库区移民村建设；对城郊镇东溪村新全村民小组等8个移民村（组）实施道路硬化、整治沟渠、安装路灯等。加大生产开发，促进增收致富。投入扶持资金446.34万元，改造和硬化洪山乡樟罗村、仙师镇华坊村等12个村的耕作道路5.4公里，整治边沟6公里；安排分户实施项目2个；举办汽车驾驶、电子商务等职业技能培训，培训移民311人次。完善配套设施，提升服务水平。投入扶持资金701万元，建设洪山乡中村村、仙师镇大阜村上下寨村民小组等2个文化活动室；配套区卫计部门，改造洪山乡樟罗村、峰市镇忠信村等5个村居卫生室；配套区交通部门，实施农村道路拓宽项目3个；洪山乡西联村、田梓村，凤城镇大园社区等31个村居安装视频监控系统。

【小型水库移民后期扶助】
2016年，省、市移民局批复永定区小型水库移民后期扶助资金85万元，安排扶助项目4个：抚市镇中在村新村道路硬化工程、下洋镇陈正村槐树下道路硬化工程、培丰镇东中村寨背炉道路硬化工程、抚市镇协兴村路灯亮化工程。年底，4个项目均完工验收并投入使用。

【"平安库区"创建】
2016年，区移民开发局把维护库区社会稳定和谐作为加强库区社会管理的重点来抓。创新稳定风险评估机制，制定出台《永定区库区重大事项稳定风险评估办法（试行）》，规定凡涉及移民群众切身利益的重大事项，都要进行事前稳定风险评估，提前防范与化解矛盾。开展移民信访和矛盾纠纷排查化解，全年受理移民信访件6件，全部给予答复办结；排查化解矛盾纠纷2件。加强预警防范，完善矛盾纠纷监测预警和信息报送制度，聘请35名库区维稳信息员，做到矛盾纠纷在第一时间发现、第一现场解决。开展以"服务进社区、携手建和谐"为主题的在职党员进社区活动，在峰市镇锦西社区设立党员服务站，先后设立环境卫生、应急处置、矛盾纠纷、政策讲解等志愿岗位，全年为群众解决实际问题11件。

工 业

·综 述·

【工业发展概况】 2016年是中国"十三五"开局之年，也是永定区实施"工业再造"战略的第一年。面对复杂变化的内外部环境，全区工业企业深入推进供给侧结构性改革，产业结构调整、转型升级取得初步成效，不含高新区4个镇，全年实现规模以上工业产值68.81亿元，比上年增长（简称"比增"）11.94%；增加值25.77亿元，比增8.12%；销售收入67.81亿元，比增12.88%；利润10.28亿元，比增294%；税收5.6亿元，比增30.6%。至年末，规模以上工业企业有67家，其中，产值亿元以上工业企业13家，总资产80.99亿元，从业员工8046人。全区工业发展达到稳中求进的要求，实现"十三五"工业发展良好开局。

【产业发展特点】 主导产业发挥支柱和引领作用。建材、煤炭、电力三大主导产业规模以上企业总产值占全区规模以上工业总产值比重达83.88%，缴纳税收比重占91.42%。其中，电力产业销售收入比上年增加5.94亿元，缴纳税收增加1.227亿元，为区财政增收作出积极贡献。成长型产业增幅较大。农林产品加工业总产值8.53亿元，比增29.42%；电子信息产业完成产值1.6亿元，比增43.98%；规模以上工业企业效益普遍好于2015年，其中，增幅较大的有水电、煤炭、新型建材、食品加工等行业，尤以水电行业效益最好，其税利总额比上年同期增长2.15倍。规模以上工业整体效益的提高标志着永定区工业重点产业向质量效益型方向迈出可喜的一步。产业结构调整不断深化。完成淘汰机立窑水泥落后产能的扫尾工作。开展工业科技领域项目会战，推进会战项目17个，全年完成投资25.5亿元，新开工项目8个、新竣工项目5个，实现"十三五"项目推进工作良好开局。

【民企产业项目对接】 根据市经信委和区政府关于2016年实施项目落地攻坚战役中"签约一批"的工作部署和要求，由区经济信息科学技术局（简称"经科局"）牵头组织，相关乡镇和部门配合，开展民企产业项目对接工作。全年实现对接入库民企产业项目24项，占市下达目标任务12项的200%；总投资98.24亿元，占市下达目标任务40亿元的245.6%；新开工项目18项，占市下达目标任务7项的257.14%。

表16　　2015年、2016年永定区规模以上工业企业分行业产值、增加值对比表　　单位：家、万元、%

行业名称	企业		产值			增加值		
	数量	其中：产值亿元以上	2015年	2016年	对比	2015年	2016年	对比
全区工业	67	13	614733.5	688139.5	11.90	238368.3	257714.2	8.12
建材	25	5	232342.2	237883.8	2.40	73175.4	76548.8	4.60
煤炭	15	5	179714.6	163701.0	-8.90	104073.1	94899.4	-8.80
电力	3	2	117126.4	176515.7	50.70	29135.5	48438.7	66.30
电子信息	4		11096.4	15977.0	43.99	2453.2	3736.1	52.30
农林产品加工	17	1	65873.2	85251.7	29.42	27265.6	31790.2	16.60
其他行业	3		8580.5	8810.3	2.68	2265.5	2391.0	5.54
说明	\multicolumn{8}{l}{1.其他行业包括制药、化工、服装等行业。 2.2016年产值亿元以上工业企业13家，其中产值5亿—10亿元企业2家，产值10亿元以上企业1家。}

【工业科技领域项目会战】

根据市经信委和区委关于2016年开展工业科技领域项目会战的工作部署和要求，成立由分管副区长任总指挥、区经科局局长任副总指挥、项目相关责任单位主要领导为成员的工业科技领域项目会战指挥部，指导协调项目会战各项工作。指挥部制定《龙岩市永定区工业科技领域项目会战实施方案》，全年重点推进会战项目17个，总投资148.28亿元，计划投资18.1亿元，全年累计完成投资25.5亿元，占年度投资计划的140.94%；实现新开工项目8个，占计划6个的133%；实现新竣工项目5个，占计划3个的166.67%。

【"两化"融合项目推进工作】

2016年，根据省、市关于做好工业化和信息化深度融合工作要求，推进"两化"融合项目的实施，福建闽盛新型建材有限公司高效节能自保温多孔砖项目、福建金丰酿酒有限公司高档白酒生产线提升技改项目、永定海莲纸业有限公司海莲纸业搬迁技改项目、华润水泥（永定）有限公司二期4500吨/天熟料水泥生产线及配套纯低温余热发电项目等4个项目列为省级两化融合重点实施项目。选择福建闽盛新型建材有限公司高效节能自保温多孔砖项目为"两化"融合试点，开展市级"两化"融合示范企业创建工作。4月，经专家评审，该企业被市政府评定为2016年市级信息化和工业化深度融合示范企业。

【数字家庭示范村建设】

2016年，龙潭镇上寨村、古竹乡大德村和湖雷镇罗陂村等3个村被列入省数字家庭示范村建设名单，其中，龙潭镇上寨村由福建广电网络集团有限公司永定分公司承建，古竹乡大德村和湖雷镇罗陂村由中国电信股份有限公司龙岩永定区分公司承建。按照福建省《2016年数字家庭示范村建设方案》的要求和标准，上寨村建设应用项目主要包括高清视频监控4个、Wi-Fi 1个、应急广播61个、娱乐宝61户、亲情宝61个、看护宝61个、健康宝3个、家居安防61户及APP应用等，其中，选择建设示范户3户、经济户3户、重点户3户、体验户50户。大德村、罗陂村建设及应用项目主要包括中国电信宽带（光纤接入为主、ASDL接入为辅）、家庭网关设备（光猫或路由器）、公共视频终端、公共Wi-Fi终端、亲情宝终端、看护宝终端、健康宝终端、智能家居终端、居家养老手机终端及其他相关电信手机业务，各安装Wi-Fi设备2个、高清监控视频4个，各选择建设示范户3户、经济户3户、重点户5户、体验户50户。通过现场演示察看，相关设备安装使用达到预期效果。

【节能减排】

2016年，永定工业从加强基础工作入手，深化节能减排工作。全区规模以上工业万元增加值能耗2.13吨标准煤，比上年同期下降13.7%。主要工作：广泛开展节能减排宣传，普及节能减排知识，及时转发上级有关节能循环经济文件，营造企业节能减排氛围；加强工业企业能源计量基础工作，继续将年综合能源消费量在3000吨标准煤以上的企业纳入区级重点用能企业管理；开展重点用能企业能耗对标达标活动，组织重点用能企业管理人员参加省、市举办的企业能源管理培训，做好分季度重点用能企业能耗情况汇总及分析工作，加强能耗标准及落后机电设备淘汰专项监察工作和企业节能目标考核；争取节能项目建设奖励资金。组织闽福建材有限公司窑炉系统改造等项目申报省、市节能与发展循环经济专项补贴，获项目补助资金共47万元。

【企业减负】

2016年，永定工业深化供给侧结构性改革，采取多项举措，减轻企业负担，为实体经济注入活力。通过新闻媒体等渠道，加强对中小企业税费减免等涉企优惠政策的宣传，为企业营造去杠杆、降成本大环境。编辑涉企收费项目清单。先后完成《龙岩市永定区涉及企业行政事业性收费清单》和《龙岩市市县两级定价管理的涉企经营服务性收费目录清单》，前者编辑13个部门26个收费项目，后者编辑10个收费项目。2个清单分别公布在永定区政府门户网站和龙岩市发改委门户网站。做好全区34个单位前置审批、中介服务和收费项目的清理工作，清理前置审批80项、中介服务25项、收费项目14项。同时开展区级49个行业协会自查工作，未发现涉企收费现象。金融税收部门主动为企业减负出力。永定银行机构减少企业收费项目8项，年减少企业收费金额30.2万元；永鑫融资担保有限公司与银行部门合作，降低实体企业贷款利率平均达0.25%左右，按2016年年底在保贷款计，1年可为企业减少贷款利息500万元左右；国税部门全年为中小微企业减免税额166.85万元，抵扣纳税所得额14.25万元；地税部门全年为企业减免所得税、营业税2469.67万元。

【融资担保】

龙岩市永定区永鑫融资担保有限公司成立于2014年11月，注册资金1亿元。公司实行董事会领导下的总经理负责制，下设综合部、财务部、担保业务部、风险管理部等4个部门。2016年，有员工11人。公司以服务区域经济为中心，稳健经营防范风险为根本，帮助具有发展前景的中小微企业和广大"三农"解决融资难、融资贵问题，开展融资担保业务。全年累计为29家企业担保银行贷款业务31笔，贷款金额9658万元；为农村扶贫贷款担保747笔，担保金额3254万元。至年底，公司在保余额20287万元，担保规模比年初增加5970万元。

为解决企业融资困难，公司积极为企业提供融资担保咨询服务，并通过与信用社、中国农业银行、兴业银行、中国银行、海峡银行、农商银行永丰支行、厦门银行龙岩分行、国家开发银行福建分行等8家金融机构签订企业贷款担保合作协议，明确和降低担保保证金比例及贷款利率，减轻企业融资成本，还争取海峡银行对企业担保金倍数放大至担保基金的8倍，增加担保规模，从而加强银、企、担三方联系和协调，为永定区经济发展作出贡献。

【工业安全生产监管】

2016年，工业安全生产重点做好如下几项工作：开展民爆行业专项整治，组织人员协同区公安分局对物资公司民爆仓库进行节日、季节专项安全生产检查，要求物资公司加强员工安全业务培训，加大安全设施投入，制定民爆企业安全管理规程，建立安全生产长效机制。组织开展"安全生产月"宣传活动，向全区工业企业下发开展活动通知，及时转发省、市、区关于开展"安全生产月"的各类文件。开展汛期企业安全生产督查专项工作，制定下发《关于认真做好工贸企业防汛工作的紧急通知》，结合区经科局工作实际，利用传真、电话、文件、短信群发平台部署落实汛期隐患排查工作，建立极端天气安全防范应对措施及联动工作机制，督促工业企业严格执行重大险情预警停产撤人制度，并制订上报专项应急预案（措施）。加强工业企业粉尘治理监管。配合卫生、安监等部门对控制排放企业进行监督检查，责令粉尘超标企业强化整改。

【经济技术协作】

永定区经济技术协作办深化落实龙厦山海协作。加强龙厦两地党政领导、部门之间联系沟通，开展互访活动和帮扶共建活动。2016年，厦门市翔安区政府和厦门市火炬高新开发区支持永定区闽盛新型建材有限公司、嘉华农业发展有限公司等企业技术改造、农产品发展和创新资金共100万元，扶持有关企业和完善乡镇、村基础设施建设及社会事业建设。

组织协调内联引资和市场拓展工作。为加强内联引资工作管理，区政府对各乡镇内联工作实施任务目标考核，区经济协作办对内联引资情况进行经济分析和项目跟踪服务，促进全区招商引资目标管理。2016年，新签约福建闽盛新型建材、土楼酿酒异地搬迁、乾元新型建材、福居新型建材、永诚利山泉水开发、金丰酿酒技改、鑫华通（福建）电子科技和鑫华通（深圳）电子科技等15个投资亿元以上项目，总投资58亿元，合同利用市外资金52亿元，实际到位资金41亿元，为永定区经济发展和经济建设发挥重要作用。

【驻外支乡协会】

至2016年年底，永定区在全国各地保持19个支乡协会（联谊会）。各地支乡协会热心家乡事业，积极参与家乡建设，主动为家乡发展牵线搭桥、引荐项目，为永定经济社会发展出谋献策。

表17　　2016年永定区在外支乡协会情况一览表

协会名称	成立时间	会员数（人）	负责人	姓名	性别	工作单位、职务或地址
北京市永定区智力支乡协会	1985年5月	650	会长	张胜友	男	中国作协书记处原书记
			执行会长	李天伶	男	北京宝莲纳新材料技术有限公司董事长
			秘书长	卢望平	男	北京市丰台区六里桥
			执行秘书	沈开海	男	北京市丰台区丰管路
天津市永定区智力支乡协会	1991年6月	85	会长	刘晓乾	男	圣凯（天津）工业有限公司总经理
			秘书长	张世文	男	天津市河东区富民路嘉城大厦

续表

协会名称	成立时间	会员数（人）	负责人	姓　名	性别	工作单位、职务或地址
上海市永定区智力支乡协会	1992年9月	220	会长	张华隆	男	上海同济大学数学系党组书记
			秘书长	苏耀武	男	上海市普陀区新村路
广州市永定区智力支乡协会	1989年8月	603	会长	魏建平	男	广州市荔湾区周门北路荔天大厦
			秘书长	苏爱瑞	男	广州市金钟横路盈翠街
永定区深莞支乡协会	1994年4月	650	会长	苏日明	男	深圳爱迪尔珠宝股份有限公司董事长
			秘书长	苏永明	男	深圳市罗湖区东晓路
			执行秘书	江锦画	女	深圳市罗湖区东晓南路
汕头市永定区支乡联谊会	1994年4月	68	会长	赖耀坤	男	汕头市龙湖区泰星路山海豪庭
			秘书长	赖梅兰	女	汕头市龙湖区珠江路星海华庭
福州永定支乡联谊会	1985年4月	919	会长	吴汉光	男	福建阳光学院原院长、教授
			秘书长	戴诚荣	男	福建省经济信息中心办公室副主任
泉州市永定支乡联谊会	2005年8月	326	会长	姜永新	男	泉州市丰泽区凌众建设发展有限公司
			秘书长	詹全彬	男	泉州市教育咨询公司
漳州市闽西支乡协会永定分会	1991年11月	260	会长	黄林三	男	漳州永定商会会长
			秘书长	李占林	男	漳州市胜利西路
三明市永定支乡联谊会	1994年5月	322	会长	赖晓明	男	三明顺泰贸易公司
			秘书长	江锋延	男	三明市人民检察院
永安市永定支乡联谊会	1994年3月	630	会长	张福林	男	福建金林凯轻纺实业有限公司总经理
			秘书长	赖新群	男	永安市闽运总公司
宁化县永定支乡联谊会	1995年10月	100	会长	吴永安	男	宁化县一中
			秘书长	胡远新	男	宁化县地税局
明溪县永定支乡联谊会	1996年1月	50	会长	王新梅	男	明溪生威木业有限公司
			秘书长	郑福民	男	明溪县人大常委会
清流县支乡协会联谊会	2009年3月	100	会长	郑斌	男	清流县政法委
			秘书长	郑保禄	男	清流县财通公司
永定厦门知青联谊会	1995年	18	会长	方国呈	男	永定区文体局
			秘书长	刘凤兰	女	永定凤城街道办事处

续表

协会名称	成立时间	会员数（人）	负责人	姓名	性别	工作单位、职务或地址
香港厦门知青联谊会	2004年12月		会长	陈伟民	男	香港沙田马鞍山利安邨利
南平市永定支乡协会	1991年	220	会长	曾田	男	南平市新建路嘉联大厦
			秘书长	熊晓明	男	南平市延平区环城南路
泉州市支乡联谊会石狮分会	2010年	760	会长	范继锋	男	石狮市博卡服饰有限公司
			秘书长	苏超鸿	男	石狮市灵秀镇石灵路
晋江市永定支乡联谊会	2015年	338	会长	李宏东	男	福景花园东门
			秘书长	赖益民	男	新联兴汽修厂经理

【矿产品管理】

永定区矿产品管理总站原为成立于1996年的永定县煤炭领导小组办公室，2000年更名为永定县矿产品流通管理办公室，2002年更名为永定县矿产品管理总站，并设立党总支和系统工会。矿产品管理总站主要职能是保护永定矿产资源、依法征收矿产品税费、负责基层矿产品税费申报验票站的管理及逃漏矿产品税费案件的查处。查验的矿产品种类包括煤炭（区外煤、永矿煤、龙社煤、龙矿煤、火车发运经营煤、省内省外煤）、煤矸石、煤灰、石灰石（石灰）、水泥熟料、石板材（荒料）、河沙、铁矿、锰矿、石英石等。

2002年，据永委编〔2002〕4号文件，全县设立41个基层矿产品税费申报验票站。由于高速路开通、公路改线或业务等原因，2016年改为37个基层矿产品税费申报验票站和分点。据2005年永委编〔2005〕35号"三定"方案文件，核定矿管总站人员编制530名，其中，下属基层税费申报站500名。到2016年12月，实有员工451人，其中，正式干部职工72人、区聘合同人员26人、农民合同工353人。

矿产品管理总站机关业务主要分路检稽查、业务核对、后勤保障、车皮核定、网络监管等五大部分。其中，路检稽查有4个中队，每队4人，主要职责是上路查处各类逃漏税费违纪违规案件；业务核对4个组，每组2人，主要职责是对37个基层站点每月上报的统计报表票证进行核对；后勤保障包括办公室、财务科、人事档案管理室、票证票据管理室、打印室等；车管办专职人员3人，主司运煤车辆及非煤矿产品运载车辆皮重核定；网络监管分为3个班，每个班2人，主要职责是对建成的37个基层站计算机网络监管系统实行24小时实时监管。

【矿产品规费征管和服务】

2016年，矿产品规费征收完成煤炭140万吨，区外煤矸石31万吨，石灰石及制品（不含三大水泥厂）120万吨，花岗石材76万吨。在各部门的支持配合下，全年查处逃漏税费案件140起，挽回直接经济损失102万元；移交公安立案3起，传唤处置2人。同时处分基层违反合同人员13人，震慑一部分违法违规人员。为矿农办理车辆运输煤矸石、石灰石300次，为运煤车辆复磅、安装和核对电子标签600辆。

【永定工业园区】

永定工业园区占地面积13.68平方公里，其中，一期规划6.32平方公里，二期规划7.36平方公里。一期规划区分A、B、C三个组团，A组团规划用地2089亩，规划建设用地1644.5亩；B组团规划用地5336.9亩，规划建设用地3680.25亩，已平整1200亩。

2016年，加强园区环境建设。完成西环路两侧亮化工程（C组团部分），完成主干道两侧的绿色景观带绿化面积6万平方米；提升供水能力，佳源自来水厂的供水管网铺设至西环路沿线及C组团支路；清理水渠疏通管道，清理西环路全线两侧排水沟及清除两侧杂草，疏通西环路C组团段污水管道298米，修复西环路人行道彩砖路面450平方米，疏通309线东段雨水管道26米，清理309线接垃圾处理场路段排水沟120米；清理309线东西两段排洪沟及4座沉沙池；清理横三路路口及西环路最低点临时挡土墙70米；对西环路C组团1公里道路进行常态化管理。加快专业园区标准厂房和商住办公楼建设。永定工业园光电信息产业园是永定工业园区重点打造的产业平台之一，是2016年省重点项目。项目总投资4.9亿元，规划用地152.21亩，规划建设16.58万平方米，包括建设13.86万平方米的标准工业厂房、研发中心和2.72万平方米的企业职工服务中心。该项目分两期进行，第一期建设16栋厂房（7.22万平方米）、4栋商住办公楼（2.72万平方米）。项目由中建海峡建设发展有限公司承建，2015年9月开工建设，2016年年底正在建设中。

2016年，园区签约项目有灿丰玻璃、辰辉新能源光伏逆变器、恒亮旅游用品、铭鑫护栏、百世供应链、公交首末站、大朗厨房电器、华润光伏屋顶发电等8个，在谈项目有富华日用品、联辉电子、乐清腾祥膜技术、名楼居等4个，在建项目有海莲纸业搬迁技改、昌宁燃气化站建设、金叶纸品搬迁技改、鑫华通智能终端等4个。其中，投资3.5亿元的深圳鑫华通智能终端项目正在入场装修。当年，园区完成固定资产投资58098万元。

·煤炭业·

【概况】

2016年，区煤炭行业落实煤矿企业安全生产主体责任，继续推进矿井安全质量标准化建设，严厉打击各类违法违规行为，化解煤炭过剩产能，扶持企业脱困发展，在煤炭市场极其疲软的压力下，克服重重困难，实现煤矿安全生产零死亡事故。全年全行业生产销售煤炭145万吨。15家规模以上煤炭企业实现产值16.37亿元、增加值9.49亿元、销售收入16.3亿元、利润1.29亿元、税收1.42亿元，总资产10.92亿元，从业员工2698人。

【安全监管】

坚持安全生产例会制度。坚持每周一早会、每月一次安全生产办公会及一次由业主参加的安全例会以及不定期召开安全生产专题会议等会议制度。全年召开安全生产办公会议12次，煤矿安全例会11次，安全生产专题会13次。安全生产会议重点学习中央和省、市、区领导有关安全生产讲话和上级安全会议精神，总结部署矿区安全生产工作。

严把复工关。制定严格的复工复产验收工作方案，加强煤矿复工工作指导，严格检查，排查隐患，确保安全管理、人员培训、工作面基本安全生产条件等符合规定要求，坚持验收合格一家、批准复工一家。2016年，复工生产矿井14家，建设矿井1家，批准安全证延期整改矿井1家。

严格依法履责。编制年度监管计划并报区政府批准实施。制定每月监管计划，扎实开展监管执法工作，全年开展监管执法90矿次，100%完成年度监管计划任务。

严惩违法违规开采行为。2016年，开展各类执法检查362矿次（含针对停产停建矿井的巡查检查），排查隐患1265条，责令停产整改6矿次，立案查处2家煤矿（东中煤矿四号井、大弯科煤矿），促进煤矿加大安全投入、加强现场安全管理，加大隐患排查治理力度，不断提升现场安全生产条件和安全生产管理水平。严厉打击非法违法采矿行为，督促全区煤矿每旬对矿界范围内非法违法采矿行为开展巡查，及时上报巡查情况，坚决制止违法采矿行为。对采矿证到期矿井每周至少巡查1次、其余停产停建矿井每月至少巡查2次，违法违规开采行为得到遏制。

安全生产大检查。集中开展第一阶段煤矿安全生产大检查，14家恢复生产建设矿井自查自纠排查出隐患106条；4个检查小组在煤矿自查自纠基础上全面深入煤矿，排查出隐患122条，各矿均按"五到位"要求将隐患整改完成。加强对其余19家（含8家已关闭矿井）停产煤矿执法检查、巡查，打击和制止违法违规行为，不断筑牢安全防线。深化开展大检查，牵头制定多部门参与联合执法的持续深化煤矿安全大检查方案。会同国土局、经科局等部门对14家正常生产建设矿井开展联合执法检查，排查出隐患128条。加强煤矿隐患整改工作的督促指导，并及时组织复查，实现闭环监管；加大11家停产停建矿井检查巡查，截至年底，巡查80矿次，严防违法违规生产行为。采取严厉措施，坚决杜绝违法生产。严格落实逐矿盯守责任。落实各矿每日盯守人员，由检查领导小组负责督查、抽查，确保包矿人员在岗在位，严格履职。强化夜间巡查，采取"四不两直"（"四不"指不发通知、不打招呼、不听汇报、不用陪同和接待，"两直"指直奔基层、直插现场）、"暗查暗访"等形式，随机抽调监管人员对全区煤矿特别是对11家停产停建矿井开展夜间巡查，严防"明停暗开""昼停夜开"等违法违规生产行为。开展夜间巡查65矿次。

【矿井安全质量标准化】

永定区是全省煤矿安全质量标准化建设带头示范区，2016年14家复工生产矿井均达标生产（其中二级达标7家、三级达标7家），计划2018年年底全部达到二级以上。

【重点风险管控】

强化重点灾害治理，消除鲤坑煤矿汛期排水能力不足隐患；协调解决煤电公司龙潭煤矿淹井水害威胁；制定并实施煤电公司昌福山煤矿关停造成安全影响治理方案。加大重大时段安全检查力度，落实春节、五一、国庆、两会、G20杭州峰会、中共十八届六中全会、省第九次党代会等节假日及会议期间值班值守、矿领导带班、安全生产信息专报等制度，确保重点时段的煤矿生产安全。落实各级政府及主管部门防范强台风工作部署。防范台风"莫兰蒂"和"鲇鱼"期间，监管人员均到矿蹲点指导煤矿按时撤出作业人员，14家生产建设煤矿共撤出井下作业人员1121人次，转移异地安置居住在不安全宿舍内工人8人。

【四级监控联网】

2016年，全区煤矿均安装安全监测监控系统，并与省、市监控中心联网运行，区监控中心设在煤管局，实现省、市、区、煤矿四级监控联网，可随时掌握煤矿生产动态，能快速应对防汛防台风等应急工作，使系统及时发挥监控、预警作用，防范各类事故的发生，保障煤矿安全生产。

【扶优做强煤矿企业】

2016年，永定区采取坚持"三个一批"原则，扶优做强煤矿企业。去产能一批：全年关闭煤矿8家，化解过剩产能48万吨，至年底，全区煤矿企业从33家减至25家。兼并重组一批：推进福建省永定永强小坑井煤矿有限责任公司小坑井煤矿（规模15万吨/年）兼并福建省永强小坑井高组煤矿有限责任公司高陂煤矿（产能21万吨/年），兼并重组后生产能力提升为36万吨/年。保留一批：推进有资源、实力强的煤矿改造扩能，保留一批核定产能9万吨/年及以上煤矿，以及通过批复核准的设计能力9万吨/年及以上煤矿项目，促进全区煤炭工业安全有序可持续发展。

【矿井整合技改】

支持服务一批优质企业整合技改、升级改造。2016年开工建设项目5家（大竹科煤矿、东中煤矿二块段、下坑煤矿、丰田煤矿、大弯科煤矿），其中，东中煤矿二块段9月份根据省政府办公厅《关于印发煤炭行业化解过剩产能实施方案的通知》（闽政办〔2016〕123号）精神申请缓建。储备建设项目5个，其中，资源整合项目3个，龙枫煤矿正申请开工建设，侨资煤矿和四方山煤矿均为9扩15项目，正在划定矿区范围，办理采矿证；扩建项目1个（洽溪煤矿背头凹矿）为调整类扩建项目，设计能力9万吨/年，经省经信委备案，正在办理采矿证延续工作；改建项目1个（鲤坑煤矿西采区）设计能力9万吨/年，正委托设计单位编制安全专篇设计。

【安全培训教育】

督促各生产建设矿井每月至少开展一次水害防治专项培训，加强对工人进行顶板管理、防火灭火、机电运输安全等知识的培训教育。强化"三项岗位人员"培训，将持证上岗情况纳入日常监管。开展"强化安全发展观念，提升全民安全素质"为主题的"安全生产月"活动。订制一批水害防治"三项制度""注意安全、文明生产""危险、严禁入内"等警示板牌1000余块，免费发放到煤矿，悬挂在矿井上下重点区域。抓好新《煤矿安全规程》宣传落实，订购200本新规程免费发放，做到安全监管队伍人手一册。

【生态矿区】

坚持生态开采、安全发展，秉持"既要金山银山、又要绿水青山"理念，2016年，全区煤矿实施工业广场绿化、矸石山植被覆盖、矿坑水多级沉淀处理等多项举措，矿山面貌焕然一新，增强矿区生态建设、改善矿区人居环境。

【福建煤电股份有限公司永定矿区】

福建煤电股份有限公司永定矿区是福建煤电公司的主矿区之一，下辖煤矿有铜锣坪煤矿、龙潭煤矿两对矿井，总生产能力45万吨/年。近几年，瓦窑坪煤矿、培丰煤矿相继关闭；高陂煤矿转换经营机制，由股东何文强承包经营。2016年，昌福山煤矿停产，牛栏山煤矿关闭退出，实现安全平稳有序闭坑。在安全生产方面，全年投入维持简单生产资金663.87万元，不断改造生产系统，维持企业正常生产。抓好安全生产制度和安全履职考核管理，落实"党政同责、一岗双责、齐抓共管"的要求和"管行业必须管安全、管业务必须管安全、管生产经营必须管安全"的原则，督促各矿井修订和完善安全生产责任制暨安全履职清单；同时落实好常态化履职考核制度，开展常态化矿领导井口24小时值班、井下8小时带班、职工安全培训等履职考核；落实"四类面"盯岗制度，重点工作面暨"四类面"坚持"一人一面"跟班盯岗。抓好培训教育管理和应急处置管理，提升职工安全技术素质。抓好专项整治管理和安全措施工程管理，打牢夯实安全生产基础，投入12万元完成铜锣坪矿抽风机无人值守改造。同时投入安全专用资金398万元，完成通风上山6条（龙潭煤矿4条，铜锣坪煤矿2条），打造第二条安全通道。全年实现安全生产。全年完成煤炭产量45万吨（其中块煤产量3.88万吨），实现产值3.17亿元，缴纳税收3791.2万元，实现利润-14700.8万元。2016年从业人员1366人。

【煤炭工业公司】

协调办理采矿许可证延续换证　永定区煤炭工业公司下属永定县洽溪煤矿背头凹矿（永定县洽溪煤矿接替矿井）设计生产能力6万吨/年，属改建工程项目，但采矿证于2015年12月31日到期，按相关文件精神，年产6万吨及以下矿井属于关闭对象，如采矿证到期后不予延续，国有和私人业主投资都将流失殆尽。2015年6月，煤炭工业公司接到背头凹矿私人业主要求办理采矿证延续的报告后，即刻召开经理办公会进行研究，并召集公司经营班子及私人业主代表，专题商讨背头凹矿采矿许可证延续换证一事，会议形成"委托私人投资方全权办理背头凹矿采矿许可证延续换证手续，资金由他们垫付，待资产处置后归还"的意见。煤炭工业公司专门成立相应的延续换证工作小组，进行初步分工，并向相关部门咨询换证程序，争取煤炭管理部门的政策与支持，做好前期准备工作。根据《关于加快关闭淘汰落后小煤矿的通知》（闽经信能源〔2015〕669号），煤炭工业公司协调区煤管局将该矿产能提高到9万吨/年，以《龙岩市永定区小煤矿属历史遗留需升级改造总体方案》向省、市主管部门申报，2015年年底，省经信委联合国土、煤监等六厅局形成专题会议纪要，原则同意背头凹矿调整扩建规模。为推进延续换证工作，公司及时向省、市、区煤管部门沟通，动员私人业主及时前去办理。2016年5月24日，取得省经信委同意背头凹矿技改项目备案的意见（闽经信函能源〔2016〕273号）。至年底，仍在继续协调办理中。

协调东中煤矿办理补偿问题 由于中石油西气东输三段东段管道工程经过东中煤矿井田范围，压覆东中煤矿部分资源，必须关闭该煤矿八号井和一块段的生产生活系统，影响煤矿生产经营。为此，煤炭工业公司向中石油公司提出补偿要求。经过一年多的协商，2016年11月15日，中石油公司永定天然气管网协调小组与东中煤矿签订补偿合同，东中煤矿获补偿费29329.17万元。补偿款分配方案拟报区政府研究批准后对承包人进行补偿。

·建 材·

【概况】

建材工业是永定区经济的重要支柱产业，主要行业有水泥、石材和新型墙体材料。2016年，全区规模以上建材企业25家，其中，水泥及混凝土企业5家、石材企业13家、其他建材企业7家，产值亿元以上企业5家。建材工业规模以上企业实现总产值23.38亿元，增加值7.66亿元、销售收入22.95亿元、利润1.21亿元，缴纳税收1.05亿元。全行业规模以上企业总资产25.06亿元、从业人员2811人。

2016年，受国内外经济下行压力的影响，永定区建材企业克服重重困难，积极开拓市场，实现稳中有进，取得较好的效益。产业发展主要特点：水泥行业实现扭亏为盈，由上年亏损1.06亿元，转为盈利1154万元；石材企业规模以上企业发展较快，由上年7家增至13家；新型墙体材料为主的其他建材效益显著，实现利润比上年增长28.7%，缴纳税收比上年增长28.9%。

表18　　2016年永定区建材工业各行业产值、增加值、利润、税收情况表　　单位：家、亿元、%

行业名称	企业数	产值	比增	增加值	比增	利润	比增	税收	比增	备注
水 泥	5	12.80	−5.5	3.25	−5.6	0.115	扭亏为盈	0.518	−4.8	包括2家混凝土企业
石 材	13	4.67	9.7	1.80	11.6	0.162	2.55	0.062	−8.1	
其他建材	7	6.31	6.4	2.61	15.2	0.932	28.70	0.469	28.9	包括新型建材及矿山
合 计	25	23.78	2.4	7.66	4.6	1.209	扭亏为盈	1.049	7.6	

【创建市"两化"融合示范企业】

福建闽盛新型建材有限公司成立于2016年6月。该公司为贯彻落实工业和信息化部《信息化和工业化深度融合专项行动计划（2013—2018年）》，把促进"两化"融合（信息化和工业化的高层次深度融合）作为企业转型升级的主攻方向，先后投入900多万元，对高效节能型自保温多孔砖生产线进行技术改造，实现产品生产从原料开采、储放、制粉、搅拌、泥料陈化、挤制成型、制坯干燥、焙烧等全流程工艺形成规范的生产系统，其中，原料配比、制坯、焙烧等工序采用TL砖互自动微机控制，实现原料准确配比、工艺优化。生产过程采用ABB机器人码坯，实现半成品、成品规律摆放，产成品质量达到国家优等品标准。该公司通过管理系统与智能加工中心联网，实现工艺快速编程和生产排程，同时优化设备和仓储管理，提高管理效率。"两化"融合促进企业减员增效，公司用工仅53人，比相同规模的同类企业减少300人以上，取得显著的经济社会效益。2016年，企业产值1.91亿元，增加值7197.1万元，利润4391.4万元，税收2203.2万元，万元产值综合能耗0.34吨标准煤，成为龙岩市建材系统首家获得市经信委授予"龙岩市信息化和工业化深度融合示范企业"的单位。为此，获得福建省新一轮技术改造2016年省级专项切块资金（"两化"融合）重点投资项目和市级"两化"融合示范企业奖励。

·电力业·

【概况】

2016年，全区重点电力企业继续实施技术改造，提高设备运行可靠性，加上全年降水量大，棉花滩水电厂等重点水电企业满负荷运行，电力产业取得良好经济社会效益。全行业3家规模以上企业全年发电量36.2亿千瓦时，比上年增长（简称"比增"或"比降"）104.8%；实现产值17.65亿元，比增50.7%；增加值4.84亿元，比增66.3%；利润7.47亿元，比增423.9%；税收2.65亿元，比增86%；从业人员579人，比降4.6%。

2016年，全社会用电量总计131576万千瓦时，比降3.95%。其中，全区工业用电89396万千瓦时，比降10.81%。

【农村小水电】

至2016年年底，全区24个乡镇（街道），除高头乡外，建有小水电站193个（不含棉花滩、芦下坝水电厂），总装机容量91410千瓦。其中，装机容量300千瓦及以下的小水电站122个，装机容量6933千瓦。

【光伏电站建设】

永定区地处亚热带，年平均日照时数1787.8小时，属太阳能资源较丰富区。随着国家扶持光伏产业健康发展的政策出台，永定区分布式光伏电站建设从2013年开始起步，区政府出台光伏扶贫政策，农业银行也实行光伏项目优惠贷款，促进光伏发电项目在农村加快普及。至2016年年底，全区建成光伏电站191座，装机容量6672千瓦；在建光伏电站85座，装机容量2404千瓦。

【主要企业】

福建棉花滩水电开发有限公司 2016年，福建棉花滩水电开发有限公司为提高设备运行的安全可靠性，满足电力安全生产需求，先后投入1098万元，完成29项技改项目，提高电站运行质量，取得较好的经济效益。全年发电量315960万千瓦时，比2015年增加145192万千瓦时，比增85.02%；实现产值102902万元，比上年增加45391万元，比增78.93%；缴纳各项税费35145万元，比增172.93%。从业员工97人。

芦下坝水力发电厂 2016年，福建泰龙电力股份有限公司芦下坝水力发电厂实现全年安全生产，发电量12200万千瓦时，创历史最高纪录，实现销售收

表19　　2016年永定区小水电站分布情况一览表　　单位：个、千瓦

序号	乡镇名称	电站数量	装机容量	序号	乡镇名称	电站数量	装机容量
1	凤城街道	2	2000	13	峰市镇	3	1655
2	虎岗镇	8	8850	14	堂堡乡	6	1620
3	高陂镇	8	2876	15	合溪乡	8	2070
4	坎市镇	2	1920	16	古竹乡	8	1121
5	培丰镇	4	335	17	大溪乡	14	5990
6	抚市镇	3	2290	18	陈东乡	10	1500
7	龙潭镇	6	1350	19	岐岭乡	12	4727
8	湖雷镇	16	7064	20	湖山乡	15	4350
9	湖坑镇	16	3300	21	西溪乡	7	1325
10	下洋镇	21	27684	22	金砂乡	3	430
11	城郊镇	11	6030	23	洪山乡	3	360
12	仙师镇	7	2561		合计	193	91410

入4000万元，缴纳税收1300万元，从业员工23人。

国网龙岩市永定区供电有限公司　2016年，公司完成产值5.67亿元、增加值1.02亿元、利润-345.4万元、税收5222.4万元。资产总额6.18亿元，从业员工752人（含乡镇供电所），下设10个部门和18个供电所、23个营业厅，供电营业用户20.02万户。完成总投资1.22亿元，110千伏湖坑变电站、110千伏坎市变电站及35千伏古竹变电站相继建成投产。110千伏高陂变、岐岭变，35千伏下洋变、洪山变、湖雷变等变电站完成技改增容。新增35千伏及以上输电线路33.36公里、变电容量9.15兆伏安。用电区域范围内高压电网网架得到明显增强，保障片区经济发展能力明显提升。重点投入配电网建设，全区配电网得到显著强化。2016年，全区配电网总投资1.15亿元，建设项目107个。全年新建及改造10千伏线路324.85公里，新扩建以及改造配变194台，配变容量5.02万千伏安，0.4千伏低压线路582公里，改造用户2.33万户。

截至2016年年末，全区有220千伏变电站1座、主变容量2×180兆伏安；110千伏变电站10座，主变容量560.5兆伏安；35千伏变电站11座，主变容量150.4兆伏安。110千伏线路17条，总长186.38公里；35千伏线路25条，总长233.93公里；10千伏线路出线114回，总长1866.63公里，其中，绝缘线占比46.63%；公用变压器1863台，总容量503.105兆伏安，区内户均容量2.56千伏安；0.4千伏线路总长度3092.76公里，户均供电半径15.7米。

2016年，公司累计售电量10.79亿千瓦时，与上年对比下降1.64%。其中，大工业售电量55209.23万千瓦时，比降8.13%；居民售电量30084.23万千瓦时，比增9.96%；商业售电量7231.01万千瓦时，比增11.39%；非居民售电量2675.52万千瓦时，比增8.82%；非普工业售电量

11868.70万千瓦时,比降5.5%;农业售电量857.63万千瓦时,比增16.93%。累计综合线损率3.34%,比增0.18个百分点。全社会用电量总计13.16亿千瓦时,比降3.95%。其中,第一产业用电698万千瓦时,比增16.92%;第二产业用电90571万千瓦时,比降10.61%;第三产业用电11881万千瓦时,比增10.49%;城乡居民生活用电28426万千瓦时,比增16.92%。

表20 2015年和2016年永定区全社会用电情况对比表   单位:万千瓦时、%

项目	2015年用电量	2016年用电量	比增
全社会用电总计	136987	131576	-3.95
A.全行业用电合计	112674	103150	-8.45
第一产业	597	698	16.92
第二产业	101324	90571	-10.61
第三产业	10753	11881	10.49
B.城乡居民生活用电合计	24313	28426	16.92
城镇居民	5891	6923	17.52
乡村居民	18422	21503	16.72
全行业用电分类	112674	103150	-8.45
一、农、林、牧、渔业	597	698	16.92
二、工业	100230	89396	-10.81
1.轻工业	7070	6804	-3.76
2.重工业	93160	82592	-11.34
(一)采矿业	9031	7893	-12.60
1.煤炭开采和洗选业	7187	6945	-3.37
(二)制造业	80959	73929	-8.68
1.非金属矿物制品业	68389	61255	-10.43
其中:轻工业	901	697	-22.64
水泥制造	57336	48639	-15.17
2.黑色金属冶炼及压延加工业	2837	2746	-3.21
其中:铁合金冶炼	213	187	-12.21
三、建筑业	1094	1175	7.40
四、交通运输、仓储和邮政业	723	823	13.83

续表

项　　目	2015年用电量	2016年用电量	比增
五、信息传输、计算机服务和软件业	1106	1374	24.23
六、商业、住宿和餐饮业	4244	4589	8.13
七、金融、房地产、商务及居民服务业	1223	1277	4.42
八、公共事业及管理组织	3457	3818	10.44

·农林产品加工业·

【概况】

永定区农林产品加工业包括酿酒、食品、竹木加工、烟叶复烤、纸品、饲料等行业。依托区内丰富的农林资源和近年崛起的互联网电商，永定农林产品加工业发展加快。2016年，17家规模以上企业实现产值8.53亿元，比增29.42%；增加值3.18亿元，比增16.6%；利润1584.3万元，比增86.7%；税收3928.9万元，比增12.82%；从业员工1479人，比增4.45%。农林产品加工业成为永定区的重要的成长型产业。

【酿酒工业】

酿酒工业是永定区"十三五"重点发展的产业之一。2016年，土楼酿酒生产线异地搬迁技改项目竣工投产，金丰酿酒工艺改造项目、三堡酒业物流配送中心建设项目等重点项目顺利推进。通过技术改造促进金丰酿酒、三堡酒业、土楼酿酒等企业做大规模，进一步提升质量，开拓中高档白酒市场，打造永定区"米香型"白酒品牌。规模以上企业，金丰酿酒有限公司实现产值5890.4万元，增加值24213万元，税收28.5万元，从业员工55人；三堡酿酒有限公司实现产值4779.1万元，增加值2004.8万元，利润106.1万元，税收114万元，从业员工48人。

【森林工业】

2016年，永定区林业部门以实施项目落地攻坚战役和国有林场改革及林业总公司培育上市为契机，进一步落实项目带动战略，加快推进林业供给侧改革，加大招商引资力度，签约引进辣木种植及干料加工、竹缠绕复合压力管生产项目，计划投资16.03亿元。同时，进一步加大对企业和林业经营者的服务，落实领导、干部挂钩企业和专业合作社、家庭林场等新型经济组织责任制，及时传达惠林惠企政策，指导企业和经济组织发展生产，帮助解决生产中遇到的问题。全区（含虎岗、高陂、坎市、培丰）实现森林工业产值8.87亿元，比增8.0%。其中，木材加工产值0.09亿元，比增10.0%；人造板制造产值1.46亿元，比增10.0%；木制品制造产值1.17亿元，比增9.8%；木竹藤棕苇制品制造产值0.34亿元，比增10.7%；木竹藤家具制造产值3.16亿元，比增5.3%；木竹苇浆造纸和纸制品产值1.86亿元，比增7.5%；林产化学产品制造产值0.69亿元，比增14.6%；木质工艺品和木质文教体育用品制造产值0.09亿元，比增6.5%；非木质林产品加工制造业产值0.01亿元，比增6.8%。

【主要企业】

福建省龙岩金叶复烤有限责任公司　2016年，福建省龙岩金叶复烤有限责任公司注册资本7.707亿元，资产总额13.37亿元；员工394人（含各类专业本科生221人），其中，股东委派员工87人、公司员工307人，员工队伍结构呈现年轻化、知识化、专业化特点。公司有两条12000公斤/小时打叶复烤生产线，生产加工能力30万担/月（1担=50公斤，下同）。2016年，公司完成打叶复烤加工产量76.58万担，实现营业总收入1.56亿元，缴纳税收总额2517.2万元。

龙岩卷烟厂永定分厂 龙岩卷烟厂永定分厂成立于1991年7月，每年卷烟指标3万大箱，主要生产"乘风"牌香烟。1996年6月，因国家烟草行业进行结构调整，该厂政策性停止卷烟生产，将卷烟指标有偿转让给龙岩卷烟厂生产。同年12月，该厂转产成立福建金叶纸品有限公司，主要为龙岩烟草工业公司、厦门烟草工业公司等省内外烟草企业生产各类包装纸箱，成为省卷烟材料定点生产企业。2008年开始，该厂3万箱卷烟指标调剂费实行财政转移支付，每年2400万元调剂费由市财政转到区财政。2010年增加2万大箱卷烟指标后，每年由市财政转移支付到区财政6000多万元。

2016年，龙岩卷烟厂永定分厂实施异地搬迁技改项目，该项目是永定主城区"退二进三"重大项目之一，列入2016年省重点项目。项目新址位于永定工业园区，占地49.5亩，总投资1.7亿元。项目分两期实施，其中，一期投资8300万元，主要包括兴建一栋单层钢结构厂房、一栋三层钢筋混凝土综合生产车间、一栋四层科研楼和单层锅炉房，新上一条年产8000万平方米瓦楞纸板生产线等；二期投资8700万元，主要包括新上一套彩印设备，兴建三栋生产车间等。2016年7月27日上午，项目第一期建设工程开工，计划工期18个月。

2016年，龙岩卷烟厂永定分厂下属金叶纸品公司完成纸箱产值2699.08万元；销售收入2792.12万元，税收438.97万元，利润195.48万元，从业员工249人。

·医药 化工 服装·

【概况】

2016年，永定区医药、化工、服装规模以上企业各1家。其中，永定采善堂制药有限公司，主产品万应茶系列产品、姜茶等，产值3315.9万元，比上年增加594万元，实现利润249.8万元，缴纳税收72.4万元，有从业员工42人；永定昊化无机盐有限公司，主产品过硫酸钠，产值2168.6万元，比上年增加635.5万元，实现利润403.4万元，缴纳税收26.9万元，从业员工43人；正泰实业（福建）有限公司，主产品为出口服装，产值3325.6万元，比上年增加1161.5万元，实现利润166.7万元，缴纳税收590.3万元，从业员工112人。

【永定万应茶产业发展专项规划通过市级评审】

2016年年初，为推进万应茶产业健康快速发展，永定区政府经济主管部门借助万应茶入选"闽西八大珍"机遇，组织科技人员编制《永定万应茶产业发展专项规划》，提出万应茶产业近、中、长期发展目标，原材料基地建设目标，技改项目；同时对原材料种植基地、产业园区、产品文化体验中心和产品销售网点建设进行科学规划布局，并提出促进规划顺利实施的五项保障措施。"规划"送市农委评审，5月，在全市"八大珍""八大鲜"发展规划评审会议上受到与会专家高度评价，获得评审通过。

商贸业 旅游业

·商贸业·

【国内贸易】 2016年,永定区社会消费品零售总额保持平稳增长,完成55.8亿元,比上年增长(简称"比增")13.1%;第三产业增加值完成46.4亿元,比增9.2%;批发零售业销售额完成87.1亿元,比增17.5%;住宿餐饮业营业额完成9.9亿元,比增18%;金融机构存贷款余额192.7亿元,比增8%;商品房销售面积11.2万平方米,比增43%;其他营利性规模以上服务业企业营业额5719.9万元,比增30.5%;财政预算支出中八项支出合计17.8亿元,比增5.9%;邮政业务总量3274.4万元,比增11%。

【对外贸易】 2016年,全区批准注册"三资"企业5家,其中,增资1家,比增150%;完成总投资11844万美元;合同利用外资4870万美元,比增111%;实际利用外资2593万美元,比增10.2%;实现外贸进出口总值14403.3万美元(海关数),比增8.5%。其中,外贸出口14401万美元,超过市目标任务14300万美元的0.7%,比增9%;外贸进口2.3万美元,同比下降91%。新批出口企业5家。

【招商引资】 2016年,制定出台一系列招商引资优惠办法、标准厂房管理办法、引税入永奖惩办法、飞地工业税收分成办法等招商政策文件,明确融资、用地、用工等方面的招商政策。开展小分队招商和驻点招商,频繁召开招商引资推进会议,压实招商责任,强化招商意识。利用北京招商、深圳招商、"9·8"投洽会、"9·21"四川项目对接会和"11·8"机博会等招商活动,成功签约鑫华通电子、华润电力、雅迪威电子、伊思园生态农业、永定工业园区光伏发电和闽台新能源科技等18个项目。

2016年,全区招商引资签约合同项目(签约开工或交履约保证金,下同)76个,其中工业类项目26个、文旅类项目10个、农业类项目21个、其他项目19个;总投资76.54亿元,其中亿元以上项目20个、10亿元以上项目(棉花滩库区水面光伏发电项目)1个;新开工项目62个,其中工业类项目26个、文旅类项目11个、农业类项目22个、其他项目3个。标准厂房招商完成33010平方米。

列入备案正在洽谈对接的项目111个，总投资216.1亿元。

【组团参加第十九届"9·8"投洽会】

第十九届投洽会于9月8日—11日在厦门市举行。区商务局精心筹备，制定工作方案，摸排推介项目，编制工作手册，并协调省、市商务部门和区有关部门，统筹安排各项活动。

市委常委、区委书记王金福率区代表团出席开幕式并参加系列经贸招商活动。大会期间，区代表团相继参加组委会举办的"一带一路"国际研讨会、2016年全国环境互联网大会、生态环境项目洽谈与技术交流、福建——海丝国家经贸对接会等一系列活动。参加省、市系列经贸招商活动和产业推介会，累计参与对接10场次，对接项目20多个，签约项目5个，分别为龙岩市永定伊甸园生态观光项目，投资2000万美元；光伏发电项目，投资5000万美元；白酒生产及酒庄园建设项目，投资6亿元；客家风情生态农业观光园项目，投资5.98亿元；旅游用品生产项目，投资1亿元。总投资17.53亿元，其中利用外资3500万美元。达成一批投资和考察合作意向。大会期间，召开重点客商座谈会。座谈会上，王金福等区领导向参会客商介绍永定的基本情况、产业特色、发展潜力和招商重点，以及永定工业园区规划建设情况、发展定位、产业基础、面临机遇、发展前景等，邀请客商到永定寻求合作商机，投资兴业。与会客商介绍各自公司的情况，围绕项目开发、投资环境等方面畅所欲言、各抒己见，希望同永定区进一步加强沟通交流，增进项目合作，实现互利互赢。区领导还走访厦门同智科技有限公司、厦门奥力龙健身器材科技有限公司等6家永定乡贤创办的企业。

通过宣传推介、走访座谈，广大客商对永定的投资环境、优势资源和优势项目有了更加深入的了解，为今后开展招商活动建立良好的互动平台。

【举办永定中华美食节】

2016年11月25日—30日，由世纪华泰主办，区客家美食行业商会和区商务局共同承办的永定中华美食节在永定区世纪华泰门前大坪举行。此次美食节活动除组织永定饮食商家参加外，还邀请中国饮店协会、中国烹饪协会、省烹协、市烹协、周边县市美食组织领导代表等参加。来自全区各乡镇及周边县（市、区）美食商家代表200多个美食品种，摆满200个标准展位，盛况空前，香飘四溢。其中，最受热捧的是客家美食——丸子世家的牛肉丸。

【参加福建"十大名菜""十大名小吃"系列评选活动】

福建"十大名菜""十大名小吃"系列评选活动在2016年3月全省拉开序幕。为展示永定客家美食精髓，推进美食产业转型升级，区客家美食行业商会组织商家参加系列评选活动。经市筛选、省初评，再通过网络投票与专家评定，"永定芋子包"最后在全省百余个品种中脱颖而出，摘得"福建省十大名小吃"桂冠。

【举办食品安全知识培训】

2016年3月9日，为注重食品安全，重视餐桌污染教育，举办百余人参加的食品安全培训班，全区112人领取食品安全知识培训合格证书。

【淘汰黄标车】

根据省、市黄标车淘汰工作要求及区府办《关于印发龙岩市永定区黄标车淘汰工作实施方案的通知》（永政办〔2015〕200号）精神，永定成立淘汰黄标车工作领导小组，建立主要领导亲自抓、分管领导具体抓的责任体系。截至12月底，永定区淘汰黄标车993辆，收到639辆申请补贴材料，完成审核并准备发放补助资金的有622辆，发放淘汰黄标车补贴632.4万元。

【出台外贸出口扶持政策】

为化解外贸企业面临的困难和问题，促进经济增长和对外经贸工作的顺利开展，根据省、市政策，并参照市内相关县、市、区情况，经多方征求意见，区政府出台促进外贸出口扶持政策——《2016年龙岩市永定区促进外贸出口扶持办法》（永政综〔2016〕80号）。扶持政策的出台，最大限度发挥政策资金的引导及杠杆作用，调动企业扩大出口的积极性。2016年，全区外贸出口1.44亿美元，同比增长9%。

【电子商务】

推动农村电商发展　2016年5月24日，举办首届"互联网+农业"项目对接会，促成电商帮帮团与多家农产品合作社合作签约，开启永定"互联网+农业"时代，把永定传统农业和电子商务紧密结合，构建农村现代流通体系，突破物流和信息流的瓶颈，实现"网货下乡"和"农产品进城"的双向流通功能，给电商企业和传统农业之间搭建交流平台、营造发展环境，助力全区传统农业与互联网的融合、互促发展，让更多的农民群众共享电子商务带来的便捷生活，为全区农产品与众多电商企业和平台深入对接奠定产品基础，为农村经济腾飞带来新的增长点。

与阿里巴巴集团深入合作　利用阿里巴巴平台优势资源，开展农产品上行试运营。永定区级服务中心自签约以来，仅短短36天时间于2016年10月20日正式开业，是龙岩市从签约到正式开业时间最短、速度最快的县（市、区），同时，也是龙岩市目前模式最新、标准最高、面积最大、设施最完备的县（市、区）服务中心。截至2016年12月底，全区建成110个农村淘宝村级服务站点，成为全市开设村级服务站最多的县份。农村淘宝项目共实现农村网络销售额6200万元，位居全省第二。

举办"八闽电商行"电商大讲堂活动　2016年12月23日，组织"八闽电商行"电商大讲堂活动，主讲人为商务部核心专家徐大力、福建省商务厅电商处处长马国武、泉州师大教授陈火全和张希等电商领域教授、专家、学者，聆听者突破3000余人，取得良好的文化交流效果。

加强邮政邮掌柜村级布点　2016年年底，永定区安装邮政农村电商平台"邮掌柜"314家，通过邮政农村电商平台"邮掌柜"消费品销售额105万元；代购1.8万笔，金额175.4万元。

·国有商业·

【处理改制企业遗留问题】

2016年，为原下属企业2002年改制前已退休的人员死亡后，办理其遗属申领救济待遇事务，对符合区政府文件规定的对象进行申报，并给予发放救济金，全年新增办理3名申报对象，发放救济金29520元。

【牲畜定点屠宰】

2016年，执行国务院颁布的《牲畜定点屠宰管理条例》，加强经营管理，完善服务机制，为屠商提供优质服务，提高企业经营效益。全年屠宰生猪64177头，其中供应当地31680头、供应外地32497头；屠宰菜牛4320头；产值4560万元，缴纳税金158.6万元。

·供销合作·

【概况】

2016年，区供销系统（含虎岗、高陂、坎市、培丰4镇。下同）农产品购进21015万元，完成计划18230万元的115.3%；销售总额157955万元，完成计划137900万元的114.5%；农业生产资料销售29330万元，完成计划25210万元的116.3%；利润总额191万元，完成计划190万元的100.5%。

【综合改革启动】

2016年，为贯彻落实中共中央、国务院《关于深化供销合作社综合改革的决定》（中发〔2015〕11号），10月17日，区委、区政府出台《关于深化供销合作社综合改革的实施意见》（永委发〔2016〕13号）。12月20日，区政府对《永定区供销合作社综合改革试点方案》进行批复（永政综〔2016〕260号），全区供销合作社综合改革工作全面启动。试点方案主要有加强基层社建设、大力发展农民专业合作社、构建新型农业社会化体系、构建农村现代流通体系、加强农村社区综合服务平台建设、构建联合社行业指导体系等6项内容。

【农资供应服务】

2016年，区供销部门秉着为"三农"服务的宗旨，早安排、早组织、早储备，3月底完成（2015—2016年度）冬储化肥6610标吨，占计划5400标吨的122.41%。全年全系统销售化肥44142吨、各种农药271吨、农膜1180吨，保障全区农业生产资料的需求和农资市场价格的稳定。

【农民专业合作社发展】

2016年，按照《中华人民共和国农民专业合作社法》及福建省《关于加快发展家庭农场的若干意见》的要求，新发展农民专业合作社61家，至此，全区有登记注册农民专业合作社493家。其中，省级示范社4家、市级示范社8家（获市精准扶贫先进单位3家）、区级示范社16家（获区精准扶贫先进单位3家）。农民专业合作社经营全区主导产业和特色产品，入社成员21217人，带动农户42607户，全年助农增收8420万元。全区农民专业合作社有注册商标62件。

【基层供销组织改造提升】

2016年，各基层供销社发挥当地的资源优势，打造新平台，拓展新领域，开创农业社会化服务体系，推动农村经济健康发展。湖坑社依托世界文化遗产地、土楼AAAAA级景区优势，壮大"闽西农副产品直销中心""电子商务服务中心"经营规模，加强品牌创建，领办、创办农民专业合作社；龙潭社重新塑造供销形象，拓展农资、农机服务中心经营服务领域，提升业务能力和管理水平，开展合作社资金互助活动；合溪社在凤城东大道设立"合溪供销社土特产品门市部"，经营当地家养猪肉、土鸡鸭、高粱酒、优质大米等，帮助农民解决"卖难"问题；洪山社恢复加油站、宾馆等经营业务。

【电子商务整合】

2016年，发挥供销社的主体和职能作用，整合区供销社电商公司和湖坑、高头供销社电商服务中心，实行联合经营抱团发展。为提升品牌意识，引导培植高头供销社注册"土楼红美人"、湖坑供销社注册"客农特""李柿民"农产品商标。全年实现电子商务销售额3688万元，其中通过互联网销售农产品3000万元。

【招商项目引进】

2016年，引进厦商集团在永定注册成立龙岩市永定区恩多农业发展有限公司，投资1215万元，建设以种植、生产、加工、销售为一体的泡菜加工项目，拟在南部工业园区新建面积10亩的加工厂房、在金砂赤竹村试种芥菜500亩、在城区周边乡镇推广种植，项目已开工建设，完成试种芥菜200亩。

【农业服务有限公司成立】

2016年，为适应综合改革发展需要，探索融资担保新机制，解决农民合作社及其成员融资难、融资贵问题，12月，区供销社与省、市供销社联合投资600万元，组建成立永定供销农业服务有限公司，设立永定区农信风险补偿基金，推进全区现代农业产业发展。

·粮食贸易·

【订单粮食收购和储备粮轮换销售】

2016年，区粮食局严格执行储备订单粮食直补惠农政策及最低收购价保护政策，全面完成订单粮食收购任务。具体做法：区粮食部门根据区政府制定、下发的实施意见，按照市政府下达的订单粮食收购计划，每收购50公斤储备订单粮食，在按最低收购价或市场价的基础上，由区财政再付给售粮农民12元的直接补贴；对于国家规定的最低收购价的粮食品种，在市场价低于最低收购价时按最低收购价收购，市场价高于最低收购价时按市场价收购。

区粮食购销企业严格按照有关政策规定和要求，对下达的储备粮轮换销售，制定销售计划，始终坚持公开、公平、公正的原则，委托龙岩市五丰粮油交易信息服务有限公司，采取"有保留价增价式竞价"的交易方式进行销售，提高储备粮轮换销售收益。

永定区订单粮食收购原粮4968吨，区级储备粮轮换销售原粮4468吨。

【粮食安全保障体系建设】

扩大区级储备规模 2016年，新增区级储备粮500吨，年底，区级储备粮15600吨落实到位。落实区级储备食用植物油100吨。采取动态代储方式，分别与晓慧食杂店、慧萍粮油经营部签订50吨区级食用植物油代储协议，100吨区级储备食用植物油落实到位。

全面完成"危仓老库"维修改造 2016年，根据上级主管部门的安排，结合永定实际，确定维修改造6个粮食库点，在2015年完成规划、初步设计、筹集资金756万元的基础上，2016年主要抓好项目立项、工程招标、施工建设等工作。设备采购和功能提升项目由市粮食局统一公开招标，输送、清杂、地上笼通风等设备全面安装完毕；屋面遮阳隔热和道路地坪硬化等土建工程项目全面竣工验收。

加强粮食市场调控 做好骨干粮食加工企业和骨干粮店的确认和年检，核定各经营企业应保持粮食最低与异常情况下最高库存量，指导、协助骨干粮食加工企业和骨干粮店及时做好成品粮生产、采购、销售。同时，做好全区粮食流通统计与市场走势监测，按照《福建省粮食流通统计管理办法》，建立健全粮食经营、转化用粮收支专用统计台账，安排专人负责粮食市场监测分析，随时掌握永定及周边地区粮食市场动态和粮价变化情况，及时监测粮食价格，做到每日跟踪，了解市场行情变化，分析市场走势，确保市场粮食供应稳定。

【粮食流通监督检查】

行政审批 2016年，依照粮食收购许可条件，落实永定区粮食购销有限公司粮食收购许可证年审工作，依法依规对粮食收购主体实行有效监督管理，维护全区粮食收购市场秩序。做好行政审批和公共服务事项网络平台建设工作，进一步完善行政审批和公共服务事项办理流程，及时完成行政审批公共服务事项网上公开工作，实现行政审批、行政执法、履行职责制度化、规范化，做到依法行政、阳光执法。

开展食品安全宣传周活动和放心粮油宣传日活动 2016年，围绕"尚德守法，共治共享食品安全"的活动主题，利用入户宣传，发放粮食科技宣传资料，张贴宣传标语，悬挂跨街横幅等形式，在各乡镇（街道）开展爱粮节粮、膳食平衡、合理营养、科学消费等粮食科技知识宣传，发放粮油食品安全科普等知识手册200余份，向粮食经营者和消费者普及食品安全知识。

开展粮油质量监督检查 2016年，区粮食局组织监督检查人员深入粮食购销公司、粮食加工企业、骨干粮店、农户等进行粮油质量检查4次，督促各企业和门店加强粮油质量管理，确保粮油食品质量安全。同时，对重点单位粮油质量进行抽样监测，分别开展新收获早籼稻质量检查、收购环节粮食质量卫生质量抽查、新收获粮食质量安全风险监测、晚季稻谷收获质量调查和品质监测等，抽样检测各类粮食样品50余批次，均符合相关标准。全区没有发生粮油质量安全事故。

开展治理"餐桌污染"建设食品放心工程2016年，配合市场监管局不定期在城区开展粮油食品专项检查，抽检市场粮油食品及其制品，全年没有发生因粮油食品问题事件，辖区内粮食市场经营秩序规范。

【区中心储备粮库项目】

龙岩市永定区中心储备粮库项目是省政府督办的区重点民生工程之一。该项目总投资8252万元，用地面积24567.8平方米，建筑面积10626.46平方米。规划新建现代化粮仓4幢合计3万吨仓容、管理房1幢以及器材房等附属设施。项目采用充氮气调储粮新技术，储粮方式绿色、环保、无害；采用智能化、多功能（测温、测湿、测虫、智能通风）粮情检测系统，粮情监测智能化；采用仓储信息管理系统、智能安防系统、智能出入库系统等，储备粮管理智能化。

该项目施工单位为福建联发建设工程有限公司。至年底，投入3800万元，主体工程3幢封顶，1幢正在进行封顶作业；管理房和生产辅助房完成基础工程。

·专用物资流通·

【概况】

区物资公司是全区唯一经营民爆物品的国有企业。2016年，有员工54人，办公场所设在凤城街道东大街工业大厦二楼。在坎市镇文馆村设立民爆物品储存库，占地2万平方米，由于湖坎公路扩建影响仓库安全距离，公司寻求仓库换址。全年销售工业炸药1774吨，工业雷管135万发，索类产品28万米，销售2041万元（不含税），缴纳税收65万元。

公司政府物资采购站承接政府采购相关的物资采购业务，全年采购各类物资约1.1亿元，为政府节省资金460万元。公司开源节流，压缩非经营性开支和严控可控费用的支出，同时，财务加强核算和资金调配使用，努力增加收入。

【安全管理】

2016年，落实企业安全主体责任，抓好企业安全管理，经常开展安全隐患排查治理和"打非治违"工作及民爆行业安全生产大检查、大排查、大整治工作。安全标准化复评经专家综合考评得分达到优秀级。按照公司经营民爆物品的行业特点，公司时刻加强员工法律、法规、制度的学习，加强预案演练，提高员工业务能力及处置突发事件能力；贯彻执行行业主管部门的规章标准，加强夜间值班巡查，强化安全设施的投入，注重员工的业务培训，做到人人持证上岗，确保公司经营安全。全年企业安全经营无事故。

·旅游业·

【概况】

2016年，区旅游部门秉承守护好、传承好、运用好世界文化遗产、中华瑰宝的理念，发挥清新福建·神奇土楼品牌优势，实施"文旅兴区"战略，取得成效。全年接待国内外游客597.9万人次，比增13.8%；实现旅游总收入46.8亿元，比增16.1%。

2016年，永定区被列入国家第一批"全域旅游创建示范区"；福建土楼永定景区成功创建"全国传统文化教育示范基地"，获省级"生态旅游示范区""年度最具特色旅游线路"称号；区旅游局获

"全国文明旅游先进单位"、福建省"厕所革命先进单位"、区"提案承办先进单位"称号；区旅游产业委员会被评为市级"先进基层党组织"等。

【文旅兴区】

2016年，文化旅游升级发展。品牌建设提升，天子生态旅游区荣膺国家AAAA级旅游景区；持续推进AAAAA级景区综合提升，AAAAA级景区问题整改成效显现，洪坑、高头、初溪三大土楼景区均衡发展。旅游营销升级，永定土楼亮相央视《瞰春》节目、人民日报和美国纽约时代广场，反映永定红色文化、客家文化的《绝命后卫师》《血脉》《大鱼海棠》等影视作品持续热播；11月，文旅集团组建完成，区旅游发展委员会筹备成立。

【组建文旅集团】

2016年11月，福建客家文化旅游集团有限公司组建成立。文旅集团下设4个职能部门：综合行政部、计划财务部、审计监察部、投资与市场拓展部。下辖5家二级权属企业：福建省客家土楼旅游发展有限公司、福建土楼龙湖旅游发展有限公司、永定宾馆、永定客家土楼艺术团、福建客家土楼文化传播有限公司。集团及权属企业注册资本共14.95亿元，员工总数403人。

【重点旅游项目】

福建土楼永定AAAAA级景区提升项目 总投资12.8亿元，项目分布于湖坑镇、下洋镇、抚市镇、岐岭乡、大溪乡、高头乡、古竹乡、陈东乡、湖山乡等9个主要土楼聚集区乡镇。该项目是国家优选旅游项目、省重点项目，也是国家2016年第一批专项建设基金项目，争取到国家专项建设资金1500万元。

高北景区阿波罗飞行俱乐部 空中看土楼项目总投资4800万元，2016年6月开业，主要建设热气球、动力伞、水上自行车、烧烤、河畔、特色民宿、篝火晚会、露营基地等特色旅游项目。

天子温泉项目 2016年，购置水上闯关项目设备，与龙岩电视台深度合作闯关类节目，做好山溪漂流、森林公园的规划设计。

客家古镇 2016年，古镇一期展示区77栋建筑主体全部封顶，古镇展示区砖砌体全部完成，正进行瓦外立面屋面铺装、木结构彩绘装饰工程施工。

福建土楼客家博览园项目 客家博览园占地面积105.07公顷，是福建省重点民生工程项目，是海峡两岸交流基地——永定客家文化园的核心项目，也是省客联会确定的全省10个客家文化项目之一。全园由福建土楼博物馆、中原汉人南迁纪念坛、客家民俗演艺中心、客家文化广场、客家姓氏碑廊、客家文化书法碑廊、客家书画院、观景台、观音寺、景观大道、地下停车场、梦幻土楼剧场、商业购物街等16个子项目组成，概算总投资10.5亿元，是永定区迄今为止投资规模最大的文化旅游项目，2016年国庆期间对外开放。

梦幻土楼项目 项目总投资3亿元，占地4万平方米，紧扣客家人迁徙、扎根、发展的历史主线，以现场电影的概念，重构演员、影像、装置、剧情的演艺秩序，借助大规模数控机械舞台、360°全视角LED屏、数字成像与全息投影等高科技表现手段。剧场建成后可容纳游客约2000人。至年底完成酒店和宿舍施工图审查，现场酒店土石方和边坡支护动工兴建。2016年5月，梦幻土楼项目列入《2016年全国优选旅游项目》。

旅游厕所建设 2016年，全区建设完成8座旅游厕所，并通过市旅游专家组验收。

集散中心建设 2016年12月，占地430平方米的洪坑集散中心建成，总投资3000万元，按三级集散中心标准建设，根据"旅游集散、游客接待、旅游管理、购物休闲"的功能需求，主要设置咨询接待区、候车厅、票务预订区、行政管理区、休闲服务区、公共厕所、吸烟区、特色商品购物点、医疗室等服务设施。客家古镇集散中心正在建设中。

【旅游专项资金】

2016年，向上申报争取旅游专项资金1004万元，年底到位资金523.85万元；指导协助土楼公司初溪旅游小镇项目申报国家专项发展基金0.15亿元，省级直拨智慧旅游O2O平台设备器材309.02万元。

【土楼景区整改提升】

2016年8月，福建土楼永定景区被国家旅游局严重警告后，针对被通报的"野导"扎堆、游步道安全隐患突出、厕所革命滞后、环境卫生差、车辆管理混乱、占道摆摊现象严重等问题，不断推进整改工作，土楼景区展现出全新面貌，成效初显，带动旅游经济持续增长。

环境整治　对景区主干道、游客服务中心、旅游厕所进行全天候保洁，增加更换垃圾桶（箱）102个，拆除鸡鸭圈35个，完善提升旅游公厕32座，清除卫生死角、乱堆杂货物161处。

旅游秩序　摸清"野导"90余人，对其中有意向从事旅游服务的村民，通过培训考试提升素质，强化管理，对符合条件的纳入土楼宣传员队伍管理，并签订承诺书。强化打击查处，行政拘留"黑导"1人（伪造导游证），"野导"扎堆揽客现象得到遏制。

交通整治　更换景区公路沿线及景区内标识、标牌464处；对违反限时准入制度进入景区的车辆、非法营运三轮车、景区客服中心沿线公路两侧旅游大巴随意停放的现象进行严厉打击，开展14次执法行动，管控非法营运车辆80余辆，行政拘留无牌无证驾驶员1人，查处7次违章停车行为。

经商规范　针对无照、无证、许可证过期、未明码标价等问题发出责令改正通知书38份，规范和建档明码标价经营户125户，拆除各类占道摊点175个，规范管理照相人员35户，乱摆摊设点、占道经营现象得到规范。

拆除违章建筑　拆除世遗本体土楼内及周边乱搭盖43处，拆除大溪公路沿线有碍观瞻的"两违"建筑150平方米，拆除福兴楼门口的"两违"建筑约150平方米、楼内天井中钢棚约70平方米。拆除振成楼内楼上通廊后期擅自加装的隔断门16道，消除安全隐患。

【全域旅游】

2016年，建立以全区"十三五总体规划"为基础，土楼核心景区、景点规划为重点，其他规划为补充的旅游发展规划体系，整合优势资源，科学安排开发层次和开发进度，用精品旅游线路组织旅游产品，让文化与旅游的融合来推进全区旅游资源优势向经济优势转变。

【乡村旅游】

2016年，发展各类农家乐旅游村（点）15个。至此，全区有各类农家乐旅游村（点）86个，农家乐从业人员4900人，全年接待游客156万人次，同比增长58.33%；营业收入8623万元，同比增长60.89%；带动农产品销售5218万元。乡村休闲旅游创佳绩。峰市信美、合溪汤湖、抚市里兴、岐岭湖河、大溪莒溪、高头高东、下洋富川、湖雷增瑞等8个村获批"国家旅游扶贫重点名村"及福建省旅游扶贫重点，福建汤湖旅游开发有限公司被国家旅游局列为"公司+农户"旅游扶贫示范项目，富川一甲土楼休闲农家乐有限公司董事长胡军获批国家旅游局"旅游扶贫能人带户示范项目"，抚市五湖村、陈东岩太村被省旅游局授予"旅游特色村"称号，泽东楼景区成功申报省级三星级乡村旅游经营示范点，下洋镇和抚市社前村、金砂西田村、洪山上山村分别获得省级"历史文化名镇"和"历史文化名村"称号。

【红色旅游】

2016年，为推进红色旅游发展，打造一批具有永定特色的红色旅游景区，作为永定土楼旅游的重要补充和全区全域旅游的重要支撑点。争取通过下拨财政资金和吸纳社会资金等方式，加大对红色旅游景区开发和保护的投入，修缮并开发泽东楼景区等红色旅游景区。配合区委党史研究室，对全区革命史迹再次进行全面普查，把革命史迹的保护、开发和利用工作纳入"文旅兴区"建设体系。加大基础设施的投入力度，逐步完善红色旅游景区停车场、游客中心、旅游厕所等配套设施建设。同时，提升红色旅游景区品牌建设。推动金砂红色旧址群AAA景区提升工程。加大红色旅游从业人员培训力度。全区红色旅游直接从业人员548人，间接从业人员620人，培训红色景区的讲解员56人，组织红色景区管理人员参加总经理资格培训，提升红色旅游经营管理水平。

【智慧旅游】

2016年，重点开展智慧景区中央管理平台建设，建立大数据库，整合现有智慧景区信息资源，开展对游客趋势分析，实现精细化营销服务。为洪坑土楼景区、高北土楼景区建设电子售票、自助取票、智能验票、网络售票、电子商务、移动电商、全员营销、数据采集、旅游年卡、综合管理等十大系统，其中电子售票、自助取票、智能验票等系统于11月开始使用。

【旅游行业管理】

2016年，1名干部取得执法资格证，执法人员得到充实。加大执法装备投入，配备游客投诉接听手机，购置6个执法记录仪。游客投诉处理有力。做好福建省"放心游福建"旅游服务承诺工作，畅通旅游投诉渠道，完善质量监督机制，受理游客咨询和投诉690人次，受理并处理好旅游服务质量投诉8起，电话转办购物、照相、交通等投诉17起，办理游客信访件2件，为游客挽回损失11910元。整治土楼景区"野导"扎堆问题，对有意从事旅游服务的村民221人进行考核，通过普通话测试、面试，将其中的125人纳入土楼宣传员协会管理。

旅游安全应急救援经受住考验。8月13日，在国道357线湖坑镇新南村路段发生一起台胞旅游大巴因泥石流翻覆事件，从事故现场救援、信息上报、事后调查，领导指挥有力，工作人员各司其职，有条不紊，事故得到妥善处理。排查安全隐患。组织检查121人次，发现隐患25项，完成整改25项，整改完成率100%。文明旅游成果显著。招募旅游志愿者300多名，队伍进一步壮大，开展"绿色土楼，我们在行动""旅游宣传进校园"等志愿者活动。志愿者活动生动地展示土楼新形象，拉近广大游客与土楼的距离。

【土楼AAAAA级景区整治】

2016年8月，国家旅游局对永定土楼AAAAA景区发出严重警告通报，指出景区存在"野导"扎堆、游步道安全隐患突出、"厕所革命"滞后、环境卫生差、车辆管理混乱、占道摆摊现象严重等突出问题。土楼管委会根据区委办、区政府办《永定土楼AAAAA景区问题整改工作方案》（永委办发〔2016〕71号）精神，从8月5日起，开展保卫土楼AAAAA的各项整治行动。

区成立"一办八组"（整改办公室，环境整治组、旅游秩序组、交通整治组、经商规范组、保护建设组、宣传报道组、督查保障组、纪律问责组）。土楼管委会承担环境卫生整治组牵头单位职责，主任张李阳任组长，协调区直有关部门、景区乡镇和土楼公司开展环境卫生整治。土楼管委会还承担建设保护组和经商规范组的成员单位职责，配合有关部门开展各项工作。土楼管委会全体人员取消双休、节假日，投入土楼整治工作中。

土楼管委会主动与景区乡镇、土楼公司、行政执法局等相关部门联系，每天按照景区整治范围全面铺开环境清理。对景区内楼前屋后、公共场所乱堆乱放、乱挂晒物品的，向群众做好宣传思想工作，帮助将物品清理叠放整齐，将杂物统一用车辆载走。对景区内放养家畜的，动员其圈养保洁；对不听劝阻的，张贴禁养公告，每月定期消毒投放鼠药。对景区内所有水沟及地板可见垃圾，协调土楼公司人员进行全面清扫，日产日清。对景区沿线游步道及本体楼内外乱堆放物品，组织人力规范清理摆放。对一些建筑垃圾、报废车辆等物品统一运走。统一拆除不规范广告牌。同时，对乡镇需要协调解决的问题和需要增加执法力量的及时给予请示协调解决，及时牵头召开有关会议，促进相关部门共同形成合力。此外，暂时接管整顿景区乡镇执法中队，制定中队管理制度，协调景区乡镇对照任务，做好日常工作。

针对重点难点问题，及时集中力量，逐一突破。协助拆除振成楼周边等处乱搭乱盖，拆除景区沿线违建；制止振成楼内的乱摆放现象和清除公共场所的杂物。清除振成楼右边可视范围内杂物。将洪坑景区环境整治作为重点，分成5片，由5名乡镇领导分别包片，景区中队、行政执法局、土楼公司、土楼管委会等相关人员每天开展地毯式的清理。整治中，更换垃圾桶（箱）102个，拆除鸡鸭圈35个，清除卫生死角、乱堆杂物161处，楼内遮阳伞、小广告被全部清除。至年底，景区环境整洁、空气清新、无污水污物，无乱搭建、乱堆放等现象；垃圾箱布局合理，垃圾，日产日清，不留死角；河道漂浮物及时清理，并与古竹乡协调上游溪口村垃圾的处理问题；无序晾晒衣物现象得到制止。

【实施保护工程和申报项目】

2016年，土楼管委会加强与文物局等有关部门的沟通协调，承接有关土楼保护项目，主要包括集庆楼、福裕楼和振福楼等3座土楼的保护维修工程，初溪土楼群防雷工程，五云楼保护维修工程（第二期）。至年底，五云楼保护维修工程（第二期）正在实施中。根据"十三五"国家文化和自然遗产专项中有关文物保护利用设施建设项目，向上级发改委、文物局等部门申报洪坑土楼群环境整治工程项目，拟争取项目资金2700万元。该项工作尚在可研报告审定阶段。

【制定景区管理长效机制】

2016年，土楼管委会牵头拟定《土楼旅游门票收入分配考核办法》《关于景区所在地居民非永定籍亲戚进入景区的管理办法》等相关文件，经过多次讨论、调研和征求意见，形成讨论初稿，提交区政府办审定。

【福建省客家土楼旅游发展有限公司】

福建省客家土楼旅游发展有限公司（简称"土楼公司"）成立于2007年9月，2016年注册资金15.2346亿元。该公司以永定土楼景区为核心，下辖4家全资子公司：福建客家土楼国际旅行社有限公司、福建客家土楼酒店管理有限公司、福建客家土楼置业有限公司和福建客家土楼旅游工贸有限公司，1家合资公司：福建客家土楼旅游运输有限公司。

2016年1月，土楼公司与万达旅业开展战略合作，通过引进知名企业，深化改革创新，突破营销瓶颈，有效开拓市场。7月，公司总部由永定城区搬迁至洪坑景区游客服务中心，同时进行人员结构优化和景区管理提升，员工由年初309人降至年底260人。8月，根据上级通报的问题，对土楼景区进行全方位的整改，"野导"扎堆、乱停乱放、占道经营、卫生脏乱、厕所滞后、楼院安全等问题得到全面整治，景区面貌焕然一新，得到国家、省、市旅游局的肯定。同时，利用整改契机，实行"商业退出土楼，文化进驻土楼"策略，策划一楼一特色，提升楼院文化内涵，提高游客游览满意度。11月，公司与龙湖旅游公司、客家文化传播公司、客家土楼艺术团、永定宾馆一同纳入福建客家文化旅游集团有限公司，并作为集团龙头企业引领集团战略构图。

2016年，土楼景区年接待游客475万人次，比上年增长15.2%；实现门票收入13058.2万元，比上年增长15.7%。旗下各子公司和合资公司经营状况实现稳步增长。公司再次被列为2017年度重点上市后备企业,并先后获福建省级生态旅游示范区、国家全域旅游示范区、全国文明旅游先进单位以及2016年度福建省十佳旅游企业、福建省旅游龙头企业等称号,其中客家家训馆获2016年中国旅游总评榜"旅游营销创意奖"。

城乡规划建设 交通运输业 通信业

·住房和城乡规划建设·

【城市建设概述】

2016年，区住房和城乡规划建设局（简称"住建局"）围绕建设"创业创新秀美厚德的新永定"的目标，抓好项目落地、脱贫攻坚、生态环保"三大战役"，落实区委、区政府的决策部署，做精做美城区，城区基础设施建设日趋完善，宜居环境建设不断推进，城镇面貌日新月异。

截至2016年年底，城区建成区面积11.2平方公里，常住人口城镇化率45.3%，城区生活垃圾无害化处理率99.9%，城区生活污水处理率87.6%，建成区绿地率42.76%、绿化率44.6%，城区路灯亮化率98%。

【规划与管理】

城区规划 2016年，主动融入"一市两区"同城一体化的发展格局，对接市"多规合一"工作，规划区面积42.5平方公里。全年召开7期区规委会，对燃气工程等7个市政综合专项规划、天子温泉控规等35个项目规划设计方案进行评审。按照做精做美城区，实现城区、景区、园区"三区"互联互通的要求，做好城区交通路网、教育卫生、城区停车场、工业园区等专项规划优化提升工作。

新型城镇化和美丽乡村规划 2016年，完成下洋镇和龙潭镇2个市级新型城镇化重点镇的《总体规划》《控制性详细规划》以及抚市镇抚溪村等20个市级美丽乡村建设的规划编制。

规划管理 加强规划区内危旧房管理，按原址原建筑面积翻建的原则，准许城区规划区内符合要求的部分危旧房户进行翻建。强化批后在建项目跟踪管理，对天鑫财富广场、盛世鑫城、珑府等7个项目进行规划条件核实，严肃查处各类违反规划的建设行为，维护规划的严肃性和权威性。全年依法核发《建设项目选址意见书》25件、《建设用地规划许可证》21件、《建设工程规划许可证》69件、《乡村建设规划许可证》4件。

【城市建设】

中心城市建设 2016年，基本完成城建惠民"十个一"项目建设，完成新建东门桥头红绿灯、新增6处城区停车场共500个停车位、贯通大路巷和西环路铁路下穿及井下路等3条断头路、沿河北路"白改黑"、凤山公园望月楼改造、春霭园提升、永定"一河两岸"滨河休闲栈道项目等一批城建民生项目，城市品位不断提升。

城区供水管网建设 2016年，城区供水管网工程完成投资2140万元，完成龙兴路给水改造工程、西溪礼田安置小区给水管网工程、寨下保障性住房给水管网工程、东兴路至大坪路供水管网工程、南部园区至古镇二期保障性住房供水管网工程及寨下水厂下山主管迁移工程等6个项目。

城区污水管网铺设 2016年，铺设南部园区段污水管道1400米、西溪河段污水管道1700米及寨下小区污水管道400米，龙凤花园污水支管650米工程完工并投入使用。

城区燃气管网建设 2016年，投入2500万元，LNG（液化天然气）场站建设完成设备安装，场地及道路硬化完工，场站基本完善，具备通气条件。燃气主管网铺设完成4500米，其中沿河南路2100米、店上路620米、606省道620米、古镇规划路245米、东环路700米等。

【村镇建设】

新型城镇化重点镇 2016年8月，为加快推进永定新型城镇化和美丽乡村建设工作，组建永定区城镇建设发展公司，主要服务于新型城镇化和美丽乡村建设融资、建设、管理等工作。2016年集中精力抓好下洋和龙潭2个市级重点镇建设，两镇均完成总体规划。实行重点镇建设项目化工程，下洋镇主要集中在休闲观光、美食养生等第三产业方面，全年完成投资3.62亿元；龙潭镇主要集中在工业及人居服务方面，全年完成投资1.33亿元。

特色小镇 围绕"产业发展、小镇环境、传统文化、设施服务、体制机制"5个方面做好策划培育特色小镇，下洋镇土楼美食特色小镇被列入省住建厅特色小镇项目库。此外，区住建局与相关乡镇加快策划湖坑洪坑客家民俗文化小镇、龙潭建材工业小镇、洪山石材循环经济产业小镇、城郊温泉休闲小镇、峰市龙湖渔业小镇、金砂红色文化小镇、永定珠宝文化小镇等7个特色小镇。

美丽乡村 2016年，有17个乡镇20个村庄列入省级"千村整治、百村示范"美丽乡村建设，全年完成投资1.413亿元，占总投资计划的111.26%。有19个乡镇20个村庄列入市级新型城镇化和美丽乡村建设3年行动计划，每个村计划总投资5000万元，20个村均完成美丽乡村地形图测量和可研工作，规划设计方案评审及编制。

传统村落、历史文化名镇名村 2016年，湖坑镇实佳村、下洋镇中川村、高陂镇西陂村、古竹乡大德村、洪山乡上山村、陈东乡岩太村等6个村入选第四批中国传统村落名录；下洋镇、抚市镇社前村、金砂乡西田村、洪山乡上山村等4个镇村列入省级第五批历史文化名镇名村；湖坑镇列入第四批中国美丽宜居小镇示范名单，下洋镇初溪村列入第四批中国美丽宜居村庄示范名单。

农村危房改造 2016年，农村危房改造对象600户，其中163户列入造福工程对象。开工600户，开工率100%；竣工482户，竣工率80.3%。其中，省级为民办实事任务数200户，开工率、竣工率均100%。

乡镇污水处理设施建设 2016年，省、市下达永定实施抚市镇、湖坑镇、高头乡、下洋镇、峰市镇、仙师镇、湖雷镇、堂堡乡、龙潭镇、城郊镇等10个污水处理厂站建设和10个管网PPP模式处理设施建设项目，总投资2.09亿元，年度计划投资3000万元，完成投资3230万元，占年度计划的107.67%。

乡镇垃圾处理设施建设 2016年，实施乡镇垃圾转运系统建设总投资1.37亿元，年度计划投资2100万元，已完成投资1875万元，占年度计划的89.29%。建设垃圾中转站7个，其中完工2个（龙潭镇、湖坑镇）、在建5个（陈东乡、湖山乡、城郊镇、湖雷镇、岐岭乡）；完成金砂乡、西溪乡、古竹乡、岐岭乡、龙潭镇、仙师镇、城郊镇、陈东乡、湖坑镇、下洋镇、高头乡、峰市镇、堂堡乡、湖雷镇、大溪乡、合溪乡、湖山乡、洪山乡等18个乡镇垃圾收集车的采购任务。

【城市管理】

市政设施维护管理 2016年,坚持城区路灯和夜景灯光巡查,定期清理老城区排污沟渠和窨井。修补路面2500平方米、人行道1500平方米;新喷划城区沿河南路、北环路、永杭路等标识标线共5000多平方米;清理老城区排污沟渠排水沟1200米,清理边坡溜方7000立方米;维修更换城区主次干道及巷道路灯1568盏,更换增补各种路灯夜景灯光电线、电缆7680米等。九一路、南门街城区主干道人行道安装2000多米长的栏杆,城区道路更加畅通便捷。

城区停车场管理 2016年,新增(改建)南门街2号地块、老环卫站等6处停车场近500个停车位,初步解决城区停车场难问题。为方便车辆出入,各停车场按照规范化标准设置出入指示牌,划好车位线,安装监控摄像、镀锌防护栏。12月1日起,九一路、南门街城区主干道禁停机动车辆,城区交通秩序得到整治。

市容市貌综合整治 加大对城区南市场等乱摆摊设点、占道经营及违章建筑等的整治力度,清除城区"牛皮癣"小广告乱张贴,整治非机动车辆乱停乱放,查处渣土乱弃乱倒。特别是对城区内渣土车辆的滴、洒、漏进行整治,严厉打击"两违"行为,加大对土楼整治、入城大道整治等。2016年,清除店外店200余家,拆除违章占道临时搭盖80余处,清理牛皮癣2000余处、小广告5000张,横幅600条,查处乱倒废弃土车辆93起,查处城区规划区违法建设案件120宗,查处违法建设面积9729平方米,其中制止38宗、面积6249平方米,拆除82宗、面积3480平方米;配合全区各乡镇拆除"两违"建筑面积58.94万平方米。

园林绿化和环卫保洁 对凤山公园、南山公园面积80.4万平方米和15.06万平方米的公园绿地、城区行道树及金凤、东坊社区环卫实行社会市场化管理。对城区环境卫生面积55.294万平方米和永定河河面保洁以及北环路、礼田景观大道、东环路等新增3条道路面积15.826万平方米实行市场化管理,主城区环境得到进一步绿化、美化,顺利通过"国家卫生县城"复核验收和新一届"省级文明县城"年度测评。

【建筑行业】

2016年,出台《永定区关于进一步扶持建筑业发展壮大的实施意见》,推进永定建筑行业的发展。全区新成立7家资质以上企业,分别为福建兆全建设工程有限公司、福建荣政建设有限公司、福建省鑫强盛建筑工程有限公司、龙岩市塔牌混凝土有限公司、福建富亿建设发展有限公司、福建瑞强建设工程有限公司、福建万广建设工程有限公司;新引进6家资质以上企业,分别为福建新值建设工程有限公司、福建省春生建设有限公司、福建荣升建设发展有限公司、福建省鹏发建设工程有限公司、龙岩市筑龙市政园林有限公司、福建鑫广恒装饰工程有限公司。

至年底,全区有资质建筑企业38家,其中二级总承包企业9家、三级总承包企业18家、专业承包企业7家、劳务分包企业4家。2016年,市下达永定产值任务24.8亿元,全年完成建筑业总产值27.55亿元,比增32.5%,增幅排名全市第2。同时开展清理规范工程建设领域保证金工作,减轻企业负担。

图9:建设中的寨下小区

【工程质量安全生产】

2016年，组织实施工程质量治理两年行动，深入开展"安全生产月"和"质量月"等活动，落实质量安全双随机监管机制。全年受理新开工工程项目质量安全监督申请36项，建筑面积28.7万平方米，合同造价4.82亿元，监督工程竣工验收33项，竣工面积152.7万平方米，市政路桥长度2247米，出具质量监督报告26份；发出质量安全责令改正通知书205份，排查各类质量安全隐患1845项，发出记分告知单660份，累计5332.39分（其中施工单位1346.38分、项目经理1845.55分、监理单位857.3分、总监理工程师1283.16分），为工程质量安全监督提供保障。（含经开区4个镇）

【房地产投资与销售】

2016年，落实关于推进供给侧结构性改革的工作部署，为支持居民、贫困户、危改户等刚性住房需求，制定出台《龙岩市永定区人民政府关于化解房地产库存促进房地产市场稳定健康发展的实施意见》《龙岩市永定区人民政府办公室关于印发永定区居民在古镇幸福园小区购房优惠办法（试行）的通知》等，逐步化解全区房地产商品房库存。

至年底，全区有房地产企业16家，全年完成房地产投资7.8亿元，比增5.86%，增速排名全市第3；商品房销售面积11.15万平方米，比增43%，增速排名全市第5；商品房销售额4.98亿元，比增41.4%，增速排名全市第4。

【安居工程】

2016年，永定区通过配租配售保障性住房等方式，保障中低收入住房困难家庭户，其中公共（廉）租赁住房保障276户，经济适用住房保障23户，限价商品住房保障210户。通过农村危房改造保障居住在危房中的农村贫困家庭482户，其中省级为民办实事200户、中央任务282户。

【人民防空】

为增强人民群众的国防观念和忧患意识，参照全国大部分城市防空警报试鸣日定于城市解放日或抗战纪念日的做法，根据《中华人民共和国人民防空法》第四章第三十五条和《福建省人民防空条例》第三十三条规定，以及龙岩市永定区人民政府第63次常务会议精神，决定自2016年起，每年的9月18日为防空警报试鸣日。

试鸣警报信号规定如下：第一为预先警报。鸣36秒，停24秒，反复3遍，时间3分钟。第二为突袭警报。连续急促短音，鸣6秒，停6秒，反复15遍，时间3分钟。第三为解除警报：鸣一长音，连续3分钟。

【永定"一河两岸"美丽滨河景观栈道项目建设】

项目简况 永定"一河两岸"美丽滨河景观栈道建设项目北起箭滩中桥，南至书院桥，两岸全长约16公里，总设计面积13.77公顷，总投资约10亿元，建设栈道、绿地景观、防洪堤、滨江步道、休憩观景平台、公园等。设计依托永定河"一河两岸"的山水空间格局和新旅游资源，将该项目定位为集慢道休闲、康体健身、文艺品读、旅游体验等功能于一体的滨水生态休闲绿廊，服务于永定居民和游客。根据绿廊所处的区位特点分为郊野段和都市段：郊野段介于箭滩中桥和龙角桥之间，两岸全长约8公里，设计面积约7.24公顷，细分为3个区段。第一区段箭滩中桥至东溪中桥段，旨在打造一条约650米长的开放式滨水特色商业街——书岭新客街；第二区段是东溪中桥至东溪新桥段，在天子温泉至湖角里河段内规划一条游船路线，为人们提供亲水悠游的体验；第三区段东溪新桥段至龙角桥段，设计重点是利用有限的空间打造一个城郊过渡的导示段。都市段介于龙角桥和书院桥之间，两岸全长约8公里，设计面积约6.53公顷，旨在通过栈道修建的契机缓解中心城区道路交通压力、串联绿地节点、重构滨河绿廊。都市段被细分为4个区段：第一区段龙凤大桥至东门桥区段为示范段，段落长度约1.3公里；第二区段为龙角桥至龙凤桥段，栈道形式主要有立柱式和贴地式两种；第三区段东门桥至南门桥段，西岸在春霭园增设一处春霭廊，增加赏水驻足的空间，东岸增加能够遮风避雨的廊亭；第四区段南门桥至书院桥段，重点对滨水道路空间进行梳理，通过绿化带将人行空间与道路停车空间明确区分，保障人车安全。

项目实施　2016年，先行实施示范段东门桥至风景桥西岸，高架部分栈道线长744.79米，含东门桥及风景桥下穿栈道，全长约800米，包括沿河园林景观工程、栈道建设、观澜楼改造工程等，具体如下：栈道紧靠滨河路河堤向河道延伸，沿河栈道采用立柱式作为人行道使用，栈道与车道之间采用设置绿化带隔离，栈道宽3米，高程与防洪堤同高，栈道间隔10米立柱，柱径0.6米，立柱90根。机动车道路原宽7米，改造后道路宽9米。本示范段工程项目造价为1582万元。项目于2016年6月27日开工，高架主体部分于2017年1月完成并投入使用。

·城市管理行政执法·

【市容市貌整治】

整治占道经营　坚持"堵疏结合"的原则，采取日常管理与集中整治相结合的方法，加强校园、市场周边及主街主道占道经营整治。2016年，累计拆除固定水果摊40余个，清除店外店200余家，拆除违章占道临时搭盖80余处，规范洗车点沉沙池建设16家。

清理牛皮癣小广告　严格规范户外广告的审批和管理，及时清除墙体上的牛皮癣小广告。2016年，共清理牛皮癣2000余处、小广告5000张、横幅600条，查处违规户外广告2起，改正2起。

查处渣土废弃土乱倒　重点对城区"四大城门"乱倒废弃土车辆进行跟踪、巡查，对城区内渣土车辆的滴、洒、漏进行整治。全年查处乱倒废弃土车辆93起，立案处罚16起，改正77起，与交警、交通执法联合整治5次，城区建筑垃圾车乱倒、车辆带泥上路、沿途抛洒等现象明显减少。

整治非机动车辆乱停乱放　配合住建局等单位做好九一路、南门街附近4个停车场和街道护栏的建设、管理。配合交警规范城区机动车辆管理，全年暂扣乱停乱放车辆200余辆次，实现九一路、南门街非机动车辆停在人行道，路面不停车。

【城区"两违"治理】

全面落实"三跟踪四巡查"（跟踪水泥预拌混凝土、建材、脚手架的流向，每天上午两次、下午两次进行巡查）工作机制，抓好城区范围内"两违"（违法占地和违法建设）巡查整治，对新增违法建设做到早发现、早制止、早查处、早拆除。全年共查处违法建设120宗，面积9729平方米。其中，制止38宗，制止面积6249平方米；拆除82宗，拆除面积3480平方米，罚款0.75万元。

【配合各单位执法】

配合区直各单位、乡镇执法，致力服务于全区经济项目建设。全年做好全区重大活动的维稳、突发应急事件的值班巡查活动8次；配合区直单位联合执法28次；做好全区各重点项目保障性施工执法15次；配合各乡镇（街道）拆除"两违"整治行动23次，拆除"两违"建筑面积约83.51万平方米，完成目标238.6%。

【队伍建设】

定期邀请党校教师、法律顾问上党课，开展执法业务培训；每季度开展体能与业务集训，每年组织两次业务考试，并将集训与考试成绩作为协管员淘汰考核的依据；明确执法人员十条禁令及"六不让"（不让工作在我手中延误，不让案件在我手中积压，不让差错在我手中出现，不让矛盾在我这里激化，不让违纪行为在我这里发生，不让队伍形象在我这里受损）工作要求，严禁各类执法违法行为，杜绝执法违法现象。

【信访案件办理】

建立便民服务中心，受理各类举报信访案件。实行网上信访信息系统平台处理各类信访件，有效推进信访案件的办结和处理。全年答复区委、区政府、区信访局等各部门转办、交办信访件35件；答复市12345政务网络平台11件；接听受理投诉、举报电话件167件，投诉案件办结率达100%。

·住房公积金管理·

【概况】

龙岩市住房公积金管理中心永定区管理部，是市住房公积金管理中心在永定区的下设单位，副科级建制。编制5名，2016年年底有人员7人，其中中级技术职称3人。

【住房公积金归集】

2016，全区住房公积金归集按工资总额12%个人缴存，财政或单位贴补12%，共按24%缴交住房公积金。全区有583个单位、22017名职工缴纳住房公积金，当年归集住房公积金2.57亿元（含利转存），至12月31日，累计归集住房公积金18.22亿元。住房公积金缴交实行"限高保低"政策，即最高月缴存基数不得超过统计部门公布的上一年度全市在职职工月平均工资的3倍，单位和个人的缴存比率均不得超过12%。2016年6月至2017年6月，龙岩市除中央驻岩单位外，住房公积金单位和个人最高月缴存合计不得超过3326元，单位和个人月缴存额最低不得低于124元。住房公积金缴交额每年核定一次。

【住房公积金贷款】

根据规定，住房公积金只能专项用于解决职工的住房问题。职工购买自住住房在一年内可申请住房公积金贷款，职工住房装修、跨地区购房、非自住住房用途及一年前购、建房等均不能申请住房公积金贷款。抵押或按揭贷款最高额度45万元。

2016年，发放贷款380户、1.25亿元。截至12月31日，贷款余额3.67亿元，为全区9735户职工解决住房问题。

·住房制度改革·

【保障房建设和分配】

2016年，区政府出台《永定区寨下、古镇小区廉租住房和公共租赁住房配租工作实施方案》（永政办〔2016〕161号）。全年竣工保障房240套，其中廉租房30套、限价房210套；配租配售保障房338套，其中廉租房配租30套、公共租赁房配租75套、经济适用住房配售23套、限价房配售210套。

【退休干部住房工龄补偿】

2016年，发放退休干部住房工龄补偿80家单位194人85万元，其中行政事业单位75家172人77万元，企业单位5家22人8万元。

·交通运输·

【概况】

2016年，区交通部门按照区"十三五"交通运输工作基本思路和建设"创业创新秀美厚德新永定"的总体要求，加快交通基础设施建设，增强运输服务保障能力和水平，推动交通运输各项工作开展。完成交通建设投资8.65亿元。其中，仙师至峰市、双永高速岐岭互通连接线二期工程竣工通车；城关经仙师、洪山至广东松源公路，溪口至坎市，合溪至上杭稔田镇接横十一线永定段一期，G235坎市新罗经抚市华丰至杏坑段全面推进；农村公路项目完成60公里，改造危桥7座。至年底，境内有2条高速公路，即永春至永定的高速公路（简称"双永"高速）永定段、湖雷至城关高速公路。全区有高速公路77.65公里，国道132.59公里，省道16.11公里，县道350.77公里，乡道692公里，村道1318.16公里。等级公路1610.89公里，其中高速公路77.65公里，二级公路239.41公里，三级公路147.70公里，四级公路1146.13公里。等外公路全区有通自然村公路979.23公里，公路桥梁1351座。农村客运网络化建设快速推进，共有1个二级客运站（永定），1个四级客运站（坎市）和岐岭、培丰、洪山、抚市、陈东等5个五级农村客运站、261个农村客运候车亭。龙湖水域拥有各类船舶69艘（不含渔业船舶），有1家水上客运企业。永定交通基本形成以双永高速公路、国道235线、国道357线及县道606线（适峰线）为主骨架，纵横20个乡镇（街道），实现"两横、两纵、一环"，乡村公路网络化，干支衔接，"公、铁、水"为一体，四通八达的城乡一体化交通格局。2016年，在市对各县（区）交通运输工作目标管理绩效考核中，永定获第一名。

【漳（州）武（平）高速永定至上杭段开工建设】

2016年6月18日，漳（州）武（平）高速公路永定至上杭段开工建设。项目路线起于永定区湖雷镇，经永定区金砂乡、上杭县稔田镇、庐丰乡、临城镇、湖洋镇，连接已建成通车的永武高速公路，全长56.361公里，新设永定互通、金砂互通、稔田互通、庐丰互通、上杭南互通、上杭西（湖洋）互通、观音井枢纽互通等7处互通。设计速度80公里/小时，双向四车道，路基宽度24.5米。该项目是龙岩市重要的"东进"通道和内陆连接线，建设期3年。

【仙师至峰市公路改建工程建成通车】

仙师至峰市公路是永（定）梅（州）出省通道的重要路段，被列入省交通运输厅"镇镇有干线"的重要项目。该项目全长3.65公里，按二级公路标准改建，总投资1683万元，2015年7月底开工，2016年1月15日建成通车，比原计划提前1个月完成建设任务。

【双永高速公路岐岭互通连接线二期工程竣工通车】

2016年7月27日，双永高速公路岐岭互通连接线二期工程竣工通车。该项目全长1.76公里，按二级公路标准建设，设计速度40公里/小时，路基路面宽18米，项目于2015年7月开工建设，实际完成投资4535万元。该项目的实施，对分流岐岭乡集镇过境车辆，彻底改变岐岭十字路口拥堵困境，提升AAAAA级福建土楼永定景区公路通行能力，确保通往景区旅游道路更便捷、通畅、安全，促进土楼旅游发展具有重要意义。

【国道357线、省道318线灾毁修复工程】

2016年11月10日，国道357线、省道318线灾毁修复工程开工，主要采取刷方减载、边坡拱形骨架防护、滑动路基施打抗滑桩、坡体布施排水平孔、路面挖除重铺、完善路基排水设施等六项工程措施，总投资约1491.19万元，其中建安投资1218.11万元，合同工期3个月。

【道路运输】

2016年，完成客货运周转总量14070万吨公里，比增7.3%，居全市第一。

完成淘汰黄标车任务。推进营运车辆落实节能减排措施，全面完成黄标车淘汰任务。2016年市局下达注销营运黄标车《道路运输证》任务414本。至年底，注销营运黄标车《道路运输证》490本，完成率118.36%。

【水路运输】

龙湖水域航道总里程58.5公里，为7级航道。航标44座，其中禁航标2座，沿岸标11座，过河标27座，指路牌4座。龙湖库区有渡口7个，分别为高山桃泉渡口、俄生渡口、茅坪头渡口、背头坑渡口、中村渡口、大池渡口、狗古岗渡口，均由区政府批准设立。高山桃泉、俄生、背头坑、中村渡口均配备渡船、有专职渡工渡运。

2016年年末统计，全区拥有各类船舶123艘（其中客运船舶2艘、快艇14艘），共154个座位，由龙湖航运有限公司统一经营管理；渡船4艘共44座，由峰市镇统一管理；农用船8艘、渔船78艘，其中峰市41艘、仙师17艘、洪山12艘、凤城1艘、城郊2艘；捞砂船舶9艘，其中工作船3艘、运输船6艘；公务用船8艘，其中海事局2艘、渔政执法船2艘、渔业公司2艘、棉电公司1艘、林业公司1艘。有船员65人，其中二类船员2人、三类船员21人、快艇驾驶员42人。客运周转量16万人公里。

【永定往返龙岩城际定制公交投入运营】

2016年12月28日，永定往返龙岩城际定制公交在永定汽车站举行启动仪式。城际定制公交投入16辆中型客车，包括19座和35座2种车型，线路分为K1线（西溪上高速）和K2线（湖雷上高速）2条公交专线，首末站均为永定汽车站至龙岩火车站。定制公交每隔15至20分钟对开1班，实行全程一票制，票价10元/人次，永定、龙岩两地全天发运班次达到96班，全天运送旅客量可达2448人，实现龙岩中心城区到永定城区公交快速互通，永定群众享受到撤县设区的红利。

【龙湖库区恢复通航】

因龙湖库区水体呈富营养化趋势，水葫芦迅速繁殖，泛滥成灾，致使航道无法通航。2016年5月12日，区政府发出《龙岩市永定区人民政府办公室关于印发龙湖库区水葫芦综合治理实施方案的通知》，决定对龙湖水葫芦泛滥进行综合治理，由福建土楼龙湖旅游发展有限公司作为龙湖库区水葫芦综合治理的实施主体，交通、水利、农业、环保、公安和库区乡镇（仙师、峰市、洪山）通力协作，投资900万元。经过一个多月的突击打捞，6月30日，龙湖库区全流域恢复通航。

【交通综合执法】

2016年，加大道路运政、公路路政、内河水上交通等方面的执法监督力度，查处各类交通违法行为1052起，立案处罚1052起，案件种类27种，处罚金额171.081万元。开展旅游公路沿线非法广告整治，根据相关法律法规和区政府工作部署，由交通部门牵头，对旅游公路沿线广告进行集中清理整顿，改善路容路貌及通行环境。配合区委、区政府中心工作，交通执法大队牵头与其他部门从8月份开始进行为期半年的土楼景区整治，清除旅游公路沿线乱堆放的路障，打击景区非法营运等行为。通过3个多月的整治，景区通行环境得到明显的改变，交通秩序明显好转，景区内未再发现非法营运行为。

【永定公路分局概况】

2016年，永定公路分局精心打造"平安优先、路况优良、管理优先、生态优美、服务优质"的"五优公路"，推进路面改造、生态路建设、绿化工程、排水系统整治、安保灾防、班站建设等工作。2016年度干线优良路率95.25%，比年初市局下达的计划优良路率提高3.05%，综合好路率92.8%。全年完成投资6352万元。

【公路养护】

"五小工程"及结构物养护　2016年，清理边沟478公里，清理桥涵626道（座）次，清理溜方56000立方米，砼路面修补6800平方米，沥青油砂套补1250平方米，完成轮廓桩102根，路面塞缝334米。对漳下线及东东线大部分路面破碎板采用热沥青或冷补沥青混合料进行套补，共用热沥青10吨，冷补沥青混合料40吨。开展"结构物养护年"活动，分局制定《"结构物养护年"活动实施方案》，成立以局长为组长、工程人员和班站长为成员的组织机构，明确责任主体、实施内容、结算办法、考核奖惩办法。按照实施方案的要求，组织班站与施工班组对存在缺陷的结构物进行修复与完善。至年底，实施桥涵269道：完成结构物、"五小工程"砼修复780立方米，桥涵检查通道1100米，抹面1300平方米，C30砼路288平方米，C30盖板4.92立方米。均完成市局下达的计划任务。

绿化养护　2016年，完成省道漳下线、东东线，县道适峰线的乔木、灌木的补植；加强苗木的病虫害预防和治理，加强苗木的施肥和管养。全年种植香樟、龙眼树、金桂，补植红叶李紫薇、红叶石楠球、红花继木球等共1784棵；铺设草皮3000平方米，施用各种肥料60吨，喷洒各种农药81件，进一步完善"畅、舒、美"的公路绿化环境，完成市局下达的计划任务。

专案工程　2016年，有专案工程20个，其中大修工程1个、中修工程6个、房建工程5个、水毁工程7个、绿化工程1个。完成专案工程工作量3200万元，合格率100%。其中，路面挖补完成11000平方米，改善提升S309线39公里"美丽交通生态公路"建设，完成水泥路面清灌缝18.5公里及裂缝处置3万米，抚市站主体工程改造完工。11月3日，投资6800万元的S309线岐岭至永定城关23.6公里沥青砼路面"白改黑"改造工程开工。

【路政许可管理】

2016年，公路巡查上路人员1895人次，办理路政许可案件12件，其中"在公路建筑控制区内设置非公路标志"行政许可7件，"在公路用地围内架设、埋设管道、电缆等设施"4件，"在公路增设或改造平面交叉道口"1件，办结12件。办理公路赔补偿案件35起，收取赔补偿费19.1万元、许可案件赔补偿费用20.6万元，合计收取39.7万元。纠正制止违章行为482起，其中占用挖掘公路3起、污染公路128起、摆摊设点25起、堆放物品137起、倾倒垃圾35起、打场晒粮17起、种植作物26起、占道加水21起、违法搭接平交道口16起、违法建筑违章搭盖25起、违法架设埋设管线1起、损坏公路附属设施16起。发出违法行为函告23起，其中办结2起、未办结21起。与区交通综合行政执法大队联合执法39次，清理堆积物218处计3155平方米，清除违法设置非公路标志1570平方米，涂刷违法墙体广告2318平方米。刷新墙体宣传标语11处，发放宣传材料7200份，宣传车宣传10次。完成路政14种档案材料及基础档案材料的整理、归档。

【安全生产标准化建设】

2016年，永定公路分局召开专门安全会议18次，安全检查49次，查出隐患52处，整改52处，整改率100%。以贯彻安全生产法为主线，以创建"平安公路、平安单位"活动为契机，每月组织技术人员对所管养的公路进行路况检查，结合"构造物养护年"以及台风、雨季汛期等极端天气情况，组织班站员工及早动手、及时处理、及时防治，使干线公路路面病害处理规范、及时，路面整洁、标线醒目，防止因路况不佳而引发的事故。全年投入200余万元，完成200余米钢筋砼防撞墙工程，路面修补6000多平方米，设置安全标志20面，完善标线300余米，学校道口设置减速震荡线、斑马线5处。

【信息宣传】

2016年，永定公路分局加强信息宣传工作，成立以局长为组长，副局长为副组长，各股室长、班站长为成员的信息宣传小组，办公室具体负责联系各班站、电视台、报社等媒体。要求各班站股室充分利用各类宣传媒体，宣传工作中的先进典型和先进事迹，做到防台风、抢修水毁等信息第一时间发生，第一时间上报。同时，结合公路法规，将先进典型、成功经验和主要成效及时进行宣传报道，从而提高广大人民群众爱路、护路意识。

全年发表各类信息报道80余篇。其中，央视《朝闻天下》报道2篇，福建省电视台报道8篇，东南卫视报道1篇，龙岩市电视台报道4篇，《闽西日报》13篇。利用"安全生产月""安全生产年""普法学习"等活动，结合单位实际情况，出版宣传墙报12期，悬挂、张贴标语11条，悬挂横幅34幅，发放宣传单500余张。

【永定火车站】

2016年，永定火车站在册职工24人，其中管理人员2人，设列车班组、客运班组、货运班组各1个，分别负责列车运行、旅客到发和货物到发业务。车站树立"以人为本、生命至上、安全发展"的理念，坚决贯彻"安全第一、预防为主"的方针，坚持"抓大防小、超前防范"的工作思路，以春运、节假日、重大会议等为重点，协调消防、公安、交通等地方单位，开展反恐防爆等突发事件应急演练，推进和谐铁路建设，促进经济又好又快发展，创造稳定的安全环境。

车站面向社会开办旅客运输服务、大宗货物运输及零担货物快运业务，设1条正线、2条到发线、1条货物线，采用6502型电气集中联锁设备，昼夜开行2对直通旅客快车（厦门—广州东、厦门—昆明），4对货物列车。2016年，日均发送旅客186人，到达旅客198人，全年累计发送旅客67890人次，到达旅客72270人次。往年，永定站货物发运以石板材、铁矿及零担货物快运为主，因受市场环境影响，2016年未办理货物发送业务。到达货物主要为化肥、饲料等，全年累计到达货物4800吨。

【厦长渝高铁龙厦四线项目前期工作】

项目简介　厦长渝高铁列入2016年国务院《国家中长期铁路网规划》，作为国家"八纵八横"高速铁路主通道的第七横，主要由厦门—龙岩—赣州—长沙—常德—张家界—黔江—重庆高速铁路组成。龙厦四线项目作为厦长渝高铁的重要组成部分，北起龙岩，经漳州至厦门，拟按国家Ⅰ级双线电气化、时速350公里标准设计建设。线路全长160公里，总投资约203亿元，其中龙岩市境内35公里，投资约51亿元。永定区力争龙厦四线项目在福厦高铁漳州站引出后，经南靖县，至永定区设站，后引入规划中的龙岩西站。

项目进展情况　该项目列入《龙岩市国民经济和社会发展第十三个五年规划纲要》。2016年4月，市政府委托铁四院开展厦长渝高铁龙厦四线项目方案研究前期工作；12月15日，厦长渝高铁龙厦四线项目总体、市规划局、市铁办专家到永定进行线路现场踏勘。

·邮　政·

【概况】

2016年，永定区邮政企业完成业务3778万元，比上年增加345万元，比增9.8%，完成率和增幅排名均居全市前三，收入规模全市各县排名第一。其中，邮储收入2871万元，比增596万元；包裹快递收入127万元，比增26万元；集邮收入145万元，比增25万元；报刊收入169万元，比增14万元，函件收入138万元，与上年持平；其他收入328万元。

【业务发展】

金融业务　2016年，实现净增余额1.63亿元，提前2个多月完成年度净增余额指标，净增平均余额超年度计划2200万元；存量余额市场占有率16.6%，新增余额市场占有率21.6%，增量占有率超存量5%，居全市榜首。

包裹快递业务　全年实现包裹快递业务收入127万元，超额完成年度计划。当年新增包裹快递业务基础客户15户，揽收农产品返城包裹超万件，其中快递包裹收入105万元，增幅64%，电商包裹收入规模进入全省第17强。

农村电商业务　全年实现新增邮掌柜客户307个，电商平台进货批发量逐月提升，是全市唯一同时完成新增邮掌柜数量、进货批发交易数量、代购数量三项指标的单位；此外，通过发挥农村电商平台优势，与区农业局签订"信息进村入户"项目合作协议，获得3年项目运营补助款120万元。

【普遍服务保障】

2016年，全市率先进行投递片区经理制改革，按照"普邮业务工作量+竞争性业务营销量+投递服务质量"等来计算片区经理的薪酬，充分调动投递员的积极性，促进农村支局各项业务的发展，特别是农村支局包裹快递业务实现暴发式增长，其中湖坑同比增幅322%，湖雷同比增幅299%。同时，按省、市公司部署，保证投递质量提升，公司投入20多万元，新增4辆投递及生产业务用车辆。4月份，新增龙岩到永定专线邮路1条，缩短邮件进出口时限。

·电信·

【通信网络建设】

2016年年底，建成光缆线路4752皮长公里；建成互联网宽带接入端口80298个；同时，公司实现全区光宽带接入能力不低于50兆，全面推进"光进铜退"，全区所有村（居）实现光纤接入。建成在用3G基站236个，天翼网络信号覆盖全区乡镇街道、建制村和自然村、铁路及主要公路沿线；城区及公路沿线覆盖率99.95%，建制村覆盖率99.62%。建成在用4G基站391个，建成在用的AP（Wi-Fi接入设备）379个。4G信号全部覆盖城区、旅游景区、经济较好的建制村、公路沿途区域。作为"宽带中国"建设的主力军，加快建设"双百兆"的移动互联网和有线宽带互联网（指两者接入速率双双达到100兆比特秒以上），提速降费，推进互联网向下一代网络演进，努力提供高速、安全、可靠的网络保障，积极发展普遍服务。

【业务及品牌建设】

2016年，公司新推出"真4G""天翼4G+物联网卡""天翼4G特惠融合"等商业品牌；以可穿戴平台为依托，推出智能儿童定位手表、无线血压计、定位豆等可穿戴产品，打造天翼云等客户（业务）、电信金牌宽带等品牌。公司依托自身强大的基础宽带网络以及大数据、物联网、云计算等新型信息设施和服务能力的发展，不断研发推广新型产品，提供领先的服务，推出安全的云计算服务，满足政务需求的电子政务云平台、综治网格、警务E通、智慧旅游、居家养老等政务信息化应用；满足个人信息化需求的天翼视讯、爱看4G、想家设备、云桌面、医疗云等应用。以"翼支付"为品牌，持续丰富和推广"通信+支付""支付+理财"等安全便捷的智慧金融业务，针对小微企业"短、频、快、急"的融资需求，推出"甜橙小贷"业务。

【信息化服务地方建设】

2016年5月，利用新兴业务的发展，公司利用物联网卡开通250个信用社小额便民点。8月，为了做强城市宣传，提高土楼旅游知名度，针对金腾大酒店的客房标清ITV电视全部提升为高清ITV电视。11月，同样将中天酒店的客房标清ITV电视提升为高清ITV电视。9月，在超强台风"莫兰蒂"来临之时，协助区委、区政府、防汛办开通20多个乡镇（街道）的防汛视频会，部署开展抗灾救灾工作。2—11月，为了做好安全生产的工作，陆续协助南部园区、梦幻土楼、中建海峡建设发展有限公司、龙岩市粮食储备直属库、永定区宏辉城市建设发展有限公司、金马海港置业有限公司等施工工地现场安装工地监控设备，方便工程的安全管理。12月，为了方便城乡居民缴纳电费，借助电信百兆光宽、农村光纤化特点，配合供电公司在乡镇供电所营业厅开通个性化WIFI，缩短用户缴纳电费的时间。同月，继续协助区供电公司为外巡人员配备外勤助手工作手机。

·移 动·

【通信网络建设】

2016年,中国移动永定分公司投资1.2亿元,对全区的4G基站、宽带和传输网络进行全盘规划建设、优化。其中,投资8000万元完成4G宏站建设363个、室分32个、微站25个,实现100%的建制村及大部分自然村4G网络覆盖;投资3000余万元完善全区光纤宽带网络建设,全区光纤宽带覆盖率90%,其中投资600万元完成8000个端口建设,实现全区24个乡镇(街道)光纤宽带接入网络100%覆盖,有效覆盖262个建制村。

【宽带发展】

为落实宽带"提速降费",2016年永定公司全面淘汰ADSL接入方式,免费为用户进行光纤改造。全年投入550万元建设1.1万个光纤宽带端口,提升光纤宽带覆盖面。截至2016年年底,建制村居光纤宽带覆盖率76.3%,覆盖区域全部实现百兆到户的接入能力。宽带用户2.5万户,到达份额35%,与去年对比提升2.1%,实现三分天下有其一。全面推广智能机顶盒互联网电视业务,全区互联网电视1万户,宽带互联网电视渗透率37%。宽带全年实现净增6000户,净增份额67%。

【客户服务】

2016年,公司有员工91人。公司坚持"客户为根、服务为本"理念,以"4G服务领先""家宽服务赶超""集客服务启航"和"数字服务安心"四大工程为主线,持续完善品质闭环管控和服务能力提升两大体系。严格落实国家工信部关于电话用户真实身份信息登记工作的相关要求,促进实名制工作的落实到位,在自营厅及全区售卡渠道增设人像信息采集设备,规范实名制管理行为。开展"防范打击通讯信息诈骗"专题活动,印制宣传单页、海报,群发防诈骗短信,多角度全方位进行知识普及。组织员工及合作渠道开展进村服务,深入农村一线,为客户提供实名制受理、套餐升级、宽带及互联网电视安装等现场服务,并教会客户使用业务自助查询APP,让客户足不出户也可办理业务,提升客户满意度。进一步改善自营厅及渠道端客户等候区环境,在保留原有饮水休息区、报刊阅读区等基础上,增设互联网电视体验区、VR体验区,为客户提供更好的服务。

【热心公益活动】

2016年,公司组织"青年文明号"志愿服务团队前往敬老院开展"关爱老人"活动,为老人送去生活用品;结合中考、高考,为莘莘学子送去夏日的清凉;贯彻落实区委、区政府精准扶贫工作要求,对公司干部挂钩的7户贫困户进行脱贫帮扶,先后投入近10万元,为帮扶对象建立移动希望农场、电子商务平台,提高帮扶对象的收入,践行"正德厚生、臻于至善"的企业核心价值观。

·联 通·

【概况】

2016年,中国联合网络通信有限公司龙岩市永定区分公司(简称"永定联通")持续围绕支撑服务"互联网+"行动计划、普遍服务、提速降费等国家战略部署,加快4G和全光网络建设,提升信息通信服务能力。同时,深入实施"为客户提质计划",加快提升客户感知等服务新举措。公司全年主营业务收入3220万元,拥有移动、固话、宽带用户4.6万户。

公司下设综合部、营销部、建设维护部、集团客户部等4个部,永丰营销服务中心、城区营销服务中心等2个网格和稿粑街、九一路、坎市、抚市等4个营业厅;有员工56人,员工平均年龄32

岁，大专以上学历45人。公司合作商遍布区内各乡镇（街道）。截至年底，签约15家合作营业厅、45家专营店、35家代理店。

【通信网络建设】
2016年，永定联通大力发展可以支持高速无线上网的WCDMA制式的基站网络，经过全年的规划及投资建设，共建3G/4G基站506个。覆盖全区所有乡镇政府所在地和人口较为集中的建制村及自然村，网络人口覆盖率95%以上。对旅游景点、人口较集中和经济较发达的城区、乡镇，侧重于4G（FDD）基站的重点覆盖，累计130个4G基站。至2016年12月底，利用900频段的较为深度的覆盖技术，完成100%移动对标建设任务，完成覆盖超过96%的建制村和95%人口的移动网络覆盖。在数据业务方面，6月，实现全区FTTH光改。至年底，永定联通有基站720个，可提供宽带资源4.5万户。

金融业

·银行业综述·

【概况】

2016年，永定区金融机构加快改革，不断完善各项管理制度，拓宽服务领域，增加业务品种，加快金融电子化进程，为社会提供多功能的金融服务。受发行地方债归还银行贷款等多种因素影响，金融机构存款增速加快、贷款继续减少，信贷结构进一步调整，对外金融业务进一步拓展。至年末，全区有10家银行类金融机构（含人民银行），营业网点65个（含高新建行），其中支行8个、二级支行9个、分理处（含营业所）14个、社区银行1个、村镇银行1个、农村信用联社1个、信用社31个；有员工705人。

【存款增速加快】

2016年年末，全区金融机构本外币各项存款余额1519623万元，比上年年末（简称"同比"）增加218058万元，增长16.75%，同比增速加快10.45个百分点。其中，住户存款902386万元，同比增加80610万元，增长9.81%；非金融企业存款216482万元，同比增加103555万元，增长91.70%；广义政府存款399284万元，同比增加36580万元，增长10.09%；非银行业金融机构存款9万元，同比减少1995万元；境外存款1461万元，同比减少693万元，下降32.17%。

【贷款继续减少】

2016年，全区金融部门正确处理支持经济发展和防范化解金融风险的关系，通过应用各种货币政策工具，加大信贷结构调整力度，保证工农业生产、重点建设项目及外商投资企业的合理资金需要，支持新的经济增长点，促进经济结构调整和经济运行质量提高。年末，全区金融机构本外币各项贷款余额939636万元，同比减少54029万元，下降5.44%。推进住户经营信贷产品和服务方式创新，满足个私经济发展中日益多元的融资需求，提高农村就业和农民收入的增长率。年末住户经营贷款441116万元，同比增加27263万元，增长6.59%。住户消费贷款增加，消费贷款在拉动经济增长中的作用增大。年末住户消费贷款220166万元，同比增加16354万元，增长8.02%。受企业发行债券归还贷款3.9亿元等因素影响，公司类贷款减少。年末非金融企业及机关团体贷款278347

万元，同比减少97637万元，下降25.97%。

【不良贷款继续增加】

在贷款减少的同时，区内各金融机构不良贷款继续增加。2016年年末，全区银行业金融机构不良贷款余额19667万元，同比增加4312万元；不良占比2.10%，上升0.54个百分点。

【外币存款继续回升】

随着人民币汇率单边上升势头改变，个人持有外币的意愿有所增强。2016年年末，全区外币存款326万美元，同比增加126万美元，增长63%。其中，住户存款322万美元，同比增加131万美元，增长68.59%；非金融企业存款0万美元，同比减少4万美元，下降100%；境外存款4万美元，同比减少1万美元，下降20%。

·人民银行·

【概况】

2016年，中国人民银行永定支行（简称"人行永定支行"）应对复杂多变的经济金融形势，以"更加有效贯彻执行稳健的货币政策，营造良好的货币金融环境；更加有效防范化解金融风险，维护辖区金融稳定；更加有效加强重点领域改革，推动各项改革落实；更加有效加强金融服务和内部管理，夯实履职保障；更加有效加强党风廉政建设，切实转变工作作风"五个"更加有效"为抓手，履行基层央行的各项职能，为供给侧结构性改革提供更好的金融服务，促进辖区金融业持续健康发展，金融统计等业务工作走在全市人行系统前列。

【实行稳健的货币政策】

落实广义信贷增量政策　2016年，学习贯彻宏观审慎评估体系（MPA）政策，强化辖内流动性监测，灵活运用各种工具组合，引导货币信贷和社会融资规模合理增长，采用"一对一"帮扶、上门指导等多种方式，帮助辖内法人机构做好指标测算、信贷增量规划等重点工作。

信贷产品创新　加大货币政策窗口指导力度，定期召开金融机构负责人联席会议、金融形势分析会，及时跟踪上级行货币政策措施的效果，推动辖区金融机构信贷业务创新，改进金融服务。深化林业金融创新，推广林权抵押贷款。至2016年年末，区金融机构林业贷款余额11683万元，其中林权抵押贷款余额239万元。永定信用联社与区委组织部加强合作，陆续为全国1700多名有需求的"土楼e支部"大学流动党员毕业生提供总额度为2亿元的贷款。至2016年年末，永定信用联社共向"土楼e支部"的46名大学党员毕业生发放个人创业贷款余额326万元。推出"无间贷"，节省融资成本。推动永定信用联社实施"无间贷"方式，实现新旧贷款无缝对接，节约融资费用。全年办理195笔，金额16056万元。推出"简易贷"，简化办贷流程。推动永定信用联社对30万元以下的农户贷款实行"简易贷"方式，将申请、面谈、授权及审查审批表合并成一张表格，简化办贷流程，全年办理791笔，金额9135万元。推出股权反担保贷款，解决融资担保难题。全年办理股权反担保贷款117笔，金额3609万元。

支农资金服务"三农"　发挥支农再贷款导向作用，支持"三农"经济发展，2016年年末，支农再贷款余额20500万元，央行支农再贷款在直接提供资金支持的同时，还发挥政策引导功能，促进农信社优化信贷投向。年末，永定信用联社涉农贷款余额381764万元，占全部贷款的85.86%，同比增加24130万元，增长6.75%，高于各项贷款增幅0.38个百分点，涉农贷款增幅高于各项贷款增幅，支农再贷款对全区信贷结构调整和地方"三农"经济持续稳定发展起到促进作用。

金融精准扶贫　2016年5月28日，成立永定区金融精准扶贫工作领导小组，出台《龙岩市永定区金融精准扶贫工作实施方案》，会同扶贫部门选择金融扶贫重点户，并协调金融机构实施"一对一"结对帮扶，确保金融精准扶贫全覆盖。各银行业金融机构，担保公司，围绕扶贫开发目标，以金融扶贫为抓手，精准用力，取得明显成效。至2016年年末，全区金融机构建立贫困户信息档案4879户（含经开区四镇），建档面100%。累计发放个人扶贫贷款2019笔，金额8361万元；贷款余额6573万元，同比增加3637万元，增长123.78%。累计发放企业扶贫贷款6笔，金额855万元；贷款余额855万元，同比增加165万元，增长19.30%。其中，政策性扶贫贷款901户，贷款余额3948万元（企业5户、贷款余额165万元），名列全市前茅。

【落实改革措施】

利率市场化　推进利率市场化改革。贯彻落实各项利率政策，督促金融机构健全内控制度，增强自主合理定价能力和风险管理水平。充分发挥好市场利率定价自律、宏观审慎评估等机制的作用，加强对非理性行为的监管。3月15日，组织辖内10家金融机构召开永定区市场利率定价自律机制成立大会，第一个建立龙岩市县区级利率定价自律机制。贯彻省、市利率定价机制自律机制会议精神，做好银行账户招投标利率指导。降低"三农"融资成本。结合实际融资成本、信贷管理成本等因素，针对"三农"领域的特殊性，在市场化利率定价的基础上，合理降低"三农"融资成本。据调查测算，2016年，永定联社贷款年化平均收益率同比下降1.67个百分点，下降14.06%。

存款保险制度　按照存款保险制度实施方案和《存款保险条例》，组织实施存款保险制度，督促辖区村镇银行、农村信用社按时缴交各期保费。7月份完成辖区村镇银行、农村信用社首次存款保险初始评级计分工作。

跨境人民币业务　继续推动各项跨境人民币业务发展，推动商业银行开展重点项目和行业龙头企业跨境人民币结算。全年人民币跨境结算收入6559万元，完成年度计划的184.62%。

深化外汇管理改革　深化直接投资外汇管理改革，开展直接投资存量权益登记，及时掌握外汇资金流动态势以及企业经营状况，完成企业申报31家，完成100%，完成3家企业名录登记，对2家无生产经营的企业实行外汇业务管控。继续推进支付机构跨境电子商务等便利化改革，支持个人开展外汇市场衍生产品交易，持续推动外汇管理简政放权的改革措施落到实处。

【维护金融稳定】

金融风险监测与排查　严密监测、妥善处理去产能、去库存、去杠杆过程中的金融风险；密切关注银行机构资产质量变化情况和流动性风险状况，特别是加大对实体经济信用风险监测，增强风险提示的更加有效性和针对性，重点做好金融运行、小贷公司、水泥行业和担保行业等监测分析。依法规范开展"两管理、两综合"（新设金融机构管理、重大事项报告管理，综合执法检查、综合评价）工作，对永定兴行依法开展综合执法检查，完成辖区2家法人金融机构存款保险初始评级计分工作。

国际收支监测与风险预警　强化国际收支双向监测预警，重点抓好大额异常购付汇监测。综合利用各类监测分析系统，探索推进主体监管，探索监测分析新思路新方法，深入挖掘影响跨境资金流出的核心要素和新情况新动向，围绕中心、突出重点、兼顾点面地做好各类监测分析报告，提高形势研判的前瞻性和识别异动的精准度。同时，研究实施适合永定地区实际的"扩流入、控流出"举措。以大额异常购付汇为重点，优化约谈机制，做好按周监测约谈和按月报告。5月份，完成德晖进出口贸易公司多付汇专项核查并进行风险提示。

【提升金融服务和管理水平】

征信管理　2016年，深入开展社会信用体系建设，建立健全守信激励和失信联合惩戒机制。1月25日，联合9家单位制定下发《龙岩市永定区贯彻落实"构建诚信惩戒失信"合作备忘录的实施意见》。规范金融机构征信相关业务，组织开展征信管理安全年活动，防范信息泄露风险，4月27日，组织辖内银行业金融机构签订《永定区银行业金融机构2016年征信信息安全责任书》。6月开始，在永定区中小学生社会实践基地学校持续开展金融诚信教育。

会计和支付结算管理 夯实支付清算系统运维基础工作，保障支付系统和ACS安全稳定运行；进一步完善便民取款服务点建设，加强银行卡风险管理，加大安全用卡宣传力度，防范各类诈骗行为；继续推动移动金融创新应用，进一步推动金融IC卡运用。做好撤县设区存量账户的变更。2016年，全区金融机构办理开、销户806户。其中，各类账户性质开户621户，销户185户。办理变更账户737户。做好推广手机支付等便民结算业务，全区发展手机银行用户23.4万户。推动电子商业汇票业务发展，全年全区商业银行共办理电子商业汇票3笔、金额145万元。实现全区所有建制村自助设备"村村通"，2016年年底，全区24个乡镇（街道）全部设有金融机构网点，开通客户终端或自助终端1710台，布放ATM机187台，POS机3379台（其中电话POS机2252台），自助设备布放覆盖全区24个乡镇（街道）279个建制村（居），全年助农取款服务点取款交易0.9万笔、金额311.1万元。

反洗钱 引导义务主体开展自主监测，深化与司法机关反洗钱案件协作；探索建立多方位的基层反洗钱监管模式，突出"风险为本"推动监管转型；以辖内"一般风险提示"实施经验为基础，加强客户风险分类管理，进一步加强风险警示；督促指导辖区法人机构做好"三证合一"登记制度改革。

货币金银管理 全面推进人民币满意工程，开展金融机构营业网点小面额现金备付制度执行情况抽查或暗访；注重普通纪念币发行兑换工作，建立"一把手"负责制；开展2016年反假币专项行动，建立完善相关制度和程序，建立辖区假币案件信息报送机制，建立本辖区的反假币工作综合考评台账；与广东省大埔县支行联合建立闽粤两省反假币联络机制，在接壤乡镇联合建立了4个边区反假币工作站。组织3场人民币防伪反假知识培训，培训415人次。全年，全区收缴假币2389张、面额200280元。

经理国库 推动非税收入电子化收缴，做好"金税三期"的上线推广工作，组织做好营改增改革的各项工作，推动车辆购置税纳入TIPS（财税库行横向联网系统）电子缴库范围和国库集中支付电子化管理。夯实国库基础，强化服务意识，配合辖区征收机关做好各项预算收支工作，为全区经济发展提供资金保障。2016年，永定支库共办理各级国家预算收入207845万元，各项预算支出202641万元。

依法行政和金融宣传 贯彻落实《推进普惠金融发展规划（2016—2020年）》。对金融消费投诉集中领域开展风险提示和监督检查。探索建立金融宣传长效机制，深化金融知识宣传和教育，与永定区教育局联合下发《永定区金融基础知识教育实施方案》，在区中小学生社会实践学校建立中小学生金融基础教育基地。开展"3·5"金融消费者权益保护、"金融知识普及月""金融知识万里行"、"12·4"宪法日等主题宣传活动。

·银行业监管·

【落实国家货币信贷政策】

2016年，中国银行业监督管理委员会龙岩监管分局永定办事处（简称"永定银监办"）引导辖区银行业机构贯彻落实中央经济工作会议、银监会系统年初工作会议精神，督促辖内银行业机构争取新增信贷规模和相关金融政策，进一步调整优化信贷结构和投向，加大银行业支持区域经济发展力度。督促银行业机构尤其是涉农银行业机构把"三农"信贷服务放在突出位置，实施农村金融服务"三大工程"（金融服务进村入社区、阳光信贷、富民惠农金融创新），"增户扩面"，加强对符合产业政策、有市场、有需求、可持续运营的小微企业的支持力度，提高小微企业金融服务水平，确保涉农贷款和小微企业贷款的增量、增速和申贷获得率不低于上年同期。2016年，辖内银行业继续保持稳健发展态势。至年末，全区银行业机构各项存款余额145.05亿元（含高新建行，下同），比年初增加15.01亿元，增长11.54%；各项贷款余额94.30亿元，比年初减少5.07亿元，减幅为5.10%；委托贷款、银行承兑汇票、跟单信用证等表外融资业务余额3.90亿元，比年初减少0.21亿元，下降5.07%。新增贷款主要满足中小企业和"三农"经济发展的资金需要。

【银行业不良贷款监管】

2016年，在国内经济下行、经济发展不确定因素增多和银行业不良贷款反弹压力增大的背景下，永定银监办按照上级监管部门的要求，继续开展辖区银行业机构月、季、年度不良贷款监测。根据辖区银行业机构的风险状况和变化趋势，定期或不定期走访各机构，掌握各机构新增贷款投向情况，采取现场检查、风险提示、约见谈话、诫勉谈话等多种监管措施，加强新增不良贷款的跟踪监管。截至12月末，不良贷款余额1.97亿元，不良占比2.10%。银监部门加大对银行业机构信用风险的监测力度，密切关注各银行业机构不良贷款每月变动情况，开展辖区各机构四个轮次的约见谈话，约谈高管55人次，向4家机构发出了监管提示，要求该4家机构认真查找、分析不良贷款形成原因，采取切实可行措施清收化解不良贷款，确保信贷资产安全。督促各银行业机构建立工作机制，制定不良贷款风险应急处置工作方案，按照不良贷款防控目标，对年内到期贷款情况进行全面风险排查，采取有针对性的风险防控措施，通过转贷、续贷、转让、重组、核销等方式拓宽不良贷款化解处置渠道。截至12月底，全辖累计清收、处置不良贷款2.14亿元，其中现金清收11094万元，转让4253万元，核销6060万元，重组3.8万元。督促各银行业机构落实"无间贷"政策，提高无还本续贷的比例。截至12月末，全辖发放"无间贷"贷款256笔，计13721万元。

【银行业普惠金融工作】

2016年，永定银监办推进普惠金融工作。在辖区24个乡镇（街道）建立普惠金融行动站29个，实现各乡镇全覆盖，普惠金融行动站利用宣传栏、宣传架、滚动视频进行全天候的宣传。永定瑞狮村镇银行在下洋镇设立三农金融服务中心，提供市场调查、存贷款、理财等业务咨询服务。农行永定支行在湖雷镇下湖村设立支农服务便民点，为农民提供各种业务咨询服务。以产业链金融支持地方特色优势产业发展。辖内农村合作金融机构加大对管理规范、操作合规的家庭农场、专业大户、农民专业合作社、产业化龙头企业和农村残疾人扶贫基地等经营组织的支持力度。截至12月末，永定联社支持家庭农场、专业大户375户，金额3253万元；支持专业合作社及社员21户，金额755万元；支持农业龙头企业4户，金额2830万元。配合地方政府推进信用工程建设，深入开展"信用户""信用村""信用乡（镇）"创建活动，营造良好信用环境。截至12月末，全区24个乡镇，279个建制村，130543户农户，评定信用户33151户，创建信用村91个，创建信用乡4个。其中，2016年创建11个信用村，创建1个信用乡镇。督促辖内农合机构开展农户建档与阳光信贷工作。永定联社积极推进农户信息档案建设工作，制定具体工作方案，安排人员进村入户了解农户家庭和经济等信息，摸清客户金融服务需求，登记相关信息，并录入农户信息，完成纸质和电子建档，并及时进行更新，为农户办理信贷等业务提供快捷的金融服务。截至12月末，该联社完成农户建档96331户，完成目标建档率124.26%。同时大力开展"阳光信贷"工程，统一制作贷款条件、贷款流程、贷款承诺、管片信贷员姓名、联系方式、监督电话等公示牌，并悬挂在各网点营业厅，公开信贷制度、操作流程、服务期限、联系人和监督电话等，为客户提供方便、快捷、廉洁的金融服务。截至12月末，永定联社在279个建制村设立304个小额支付便民点，实现每个建制村至少1个便民服务点，12月份交易笔数25319笔，交易金额860.89万元。

【银行业精准扶贫】

2016年，永定银监办协调当地政府制定小额扶贫信贷管理办法，采用政银合作方式，为有资金需求的贫困户提供5万元以内、最长期限为3年的信贷扶贫计划，为农业企业提供50万元以内，期限为一年的扶贫信贷计划，并督促辖内银行业机构做好贫困户的对接工作。成立由区政府出资的小额信贷扶贫担保基金1200万元，为贫困户和农业企业提供担保，利息（年利率5%）由财政贴息。督促永定联社根据区政府提供的贫困人员清单进行农户建档工作，了解其致贫原因、家庭贫困人口、劳动力情况和资金需求情况等，截至12月末，完成建档立卡的贫困户信息档案建立和评级授信，发放650户贫困户小额贷款，合计2763.1万元。

【现场检查和非现场监管】

2016年，永定银监办指导永定农村信用联社、永定瑞狮村镇银行规范开展各项业务，并对永定农村信用联社网点进行各项业务巡查。继续开展非现场监管工作，每月汇总分析辖区银行业运行情况，掌握辖区银行业经营和风险状况，并对存在的风险、困难和问题提出监管意见。及时、全面、准确上报永定农村信用联社、永定瑞狮村镇银行非现场监管数据和监管报告，做好非现场监管系统报表的新增和修改工作。开展永定农村信用联社和永定瑞狮村镇银行内控评价、风险评估、监管评级工作，有效发现、计量、控制、处置上述2个银行业机构的经营风险，提高其经营管理水平和风险管控能力。督促上述2个银行业机构的信息披露工作，做到真实、准确、及时，维护社员和投资者的利益。

【农村信用联社监管】

2016年，永定银监办每月、每季审核上报永定农村信用联社非现场监管报表、报告。开展永定农村信用联社年度监管评级、风险评估、高管履职评价和审慎监管会谈工作，撰写上报该联社2015年度监管报告。指导和督促其继续完善法人治理，审查联社理事会、监事会议议题并列席理事、监事会议，整理、修订《永定联社内部控制评价暂行办法》《永定联社内部控制管理办法》等120多项规章制度。促进信贷结构优化调整，出台一系列惠农新举措，简化贷款手续、推广30万元（含）以下"简易贷"、农村青年创业贷款、烟农贷款、助学贷款、林权抵押贷款和惠民卡等贷款模式，加大"三农"小微扶持力度。开通小微企业贷款审批的"绿色通道"，根据小微企业的实际情况，设计和推荐最适合客户的信贷产品和服务方案。创新推出最高额保证（抵押）贷款、组合贷款、商标专用权质押贷款、小企业联保贷款（"联贷宝"）、万通宝自助循环贷款、抵押分期归还贷款、股权反担保、无间贷等业务品种。截至12月末，永定联社发放"无间贷"贷款10667万元。创新推出"土楼e支部"贷款模式，向46户中共党员发放贷款326万元。

【金融知识宣传和消费者权益保护】

2016年，加强金融知识宣传和消费者权益保护工作。组织辖内银行业机构开展"金融知识进万家"宣传服务月和"打击非法集资，普惠金融在行动"等活动，提升金融消费者对金融知识、银行产品和服务的认知度，提高金融消费者权益保护意识。督促银行业机构严格执行"七不准、四公开"（严禁以贷转存、严禁存贷挂钩、严禁以贷收费、严禁浮利分费、严禁借贷搭售、严禁一浮到顶、严禁转嫁成本，收费项目公开、服务价格公开、产品功能公开、优惠政策公开），推动银行业机构规范经营、规范管理，促进消费者权益保护、规范收费管理的长效机制建设。

·农业银行·

【概况】

2016年，中国农业银行股份有限公司龙岩永定支行（简称"农行永定支行"）把握全行经营管理"品质提升"这一关键，围绕"抓弱补短、扩户提质、创新转型"工作主线，以"竞争力提升、效率提升、效益提升"为目标，以服务实体经济、服务"三农"为抓手，做大做强县域经济，各项业务健康发展。至年末，全行本外币各项存款余额20.81亿元，比年初增加1.22亿元。存量市场份额在四大行中（工、农、中、建）占比49.53%，比上年下降7.27个百分点，存量居四行第一，增量退居第三。"四行一社"存量市场份额19.46%，增量市场份额7.87%，存量居四行一社第二，增量退居第四。各项贷款余额14.59亿元，比年初增加8975万元。全行不良贷款余额2509万元，比年初减少936万元，占比1.64%。实现拨备前利润4545万元，完成全年任务100.34%；拨备后利润3945万元，完成全年任务130.20%。积极参与扶贫帮困活动，全年发放扶贫贷款104户、332万元。

年末，农行永定支行有7个营业网点（城区网点3个、乡镇网点4个），其中营业部1个、二级支行6个。机关职能部室5个，离行式自助银行2个，惠农e家6个，三农金融服务工作室1个。有员工119人。其中，男70人，女49人。本科学历49人，占41.18%；研究生2人，占1.68%。

【网点转型】

2016年12月3日，永定支行凤城分理处举行升格二级支行揭牌仪式，升格为永定凤城支行。至此，农行永定支行所辖6个营业网点全部升格为二级支行。同时，根据银监部门监管要求，撤并湖雷金融便利店。

【电子化建设】

2016年，推广超级柜台，集中运营服务模式，通过硬件设备的集成和业务流程、交易凭证的整合，借助视频、影像、工作流、人脸识别等技术手段，实现柜面非现金业务的客户自主办理。减轻柜面工作压力，促进柜面业务分流及网点经营转型，7个网点全部布放超级柜台，网点覆盖率100%。严格落实文明标准服务管理考核办法，每月进行文明服务、营销技能等2个标准检查通报。组织推进网点标准化管理工作，在全辖网点持续推进"6S"（整理、整顿、清洁、清扫、安全、素养）管理工作，网点精细化管理水平不断提升。

·工商银行·

【概况】

2016年，中国工商银行股份有限公司永定支行（简称"永定工行"）坚持依法合规经营，面对市场经济下行、挑战严峻的内外环境，全行上下贯彻省总行战略部署和金融监管要求，围绕"重发展、强管理、调机制、抓创新"的十二字方针，服务水平和内控管理水平得到进一步提升。年末，永定工行存款余额80376万元（含永定坎市支行，下同），比上年末（简称"同比"）增加18367万元；贷款余额62196万元，同比减少28381万元。不良贷款余额3909万元，同比下降622万元；实现拨备前利润2095万元，同比减少716.6万元；人均利润44.6万元，减少11.63万元。中间业务收入885万元。

永定支行除本部外，尚管辖坎市支行，全行对外机构2个；有员工47人，其中支行本部36人、坎市支行11人，男员工27人、女员工20人。

【完善营销管理机制】

2016年，永定工行发展"大零售"业务。细化工作目标，设立专门的存款营销台账。建立公私联动营销团队，深入单位、企业开展个人业务营销。加强理财经理队伍建设，配足理财经理，对个人金融资产达20万元以上客户进行全覆盖的维护。组建专业化的外拓营销团队，重点拓展营销商圈客户、第三方存管客户、POS商户等。配备专职从事信用卡营销与产品支持的人员，营销"大对公"业务。实行行长首席制，一把手负总责，配备2名专职的对公存款客户经理，抓住重点攻坚，梳理"条"、突破"块"、找准"点"。从年初开始，以财政、社保、教育、交通、医疗卫生、公检法等系统行业、重点公司客户等作为营销目标；持之以恒做好重点项目的贷款营销。

【融入当地经济建设】

建立大客户服务团队，对财政局、海发集团、葛洲坝永定公路施工项目部、坎市财政所、永定区天然气管网项目建设协调小组办公室等重点客户做到一条龙服务。跟踪招商信息，对符合融资条件的储备库项目逐项跟踪，实行名单制管理。走访财政局、招商局、市场监督管理局等客户信息部门，掌握当地政府重点项目和PPP项目。另外抓好贷款储备，把营销优质项目和有融资需求企业作为全行的重要工作来抓，并储备与进出口银行组团贷款的土楼公司等项目。对新成立的区文旅集团、建发集团和福建省日月尊珠宝文化有限公司以及准备打造上市的福建金丰投资股份有限公司等有潜力的优质企业，安排专人长期跟踪，寻找合作机遇。

【压降不良贷款】

2016年，面对当前经济形势和严峻信贷市场，永定工行加强把控信贷客户的准入关，从源头防范风险；加强贷后管理，对存量贷款通过排查、自查、交叉检查的形式，摸清家底，构筑防火墙，防止新劣变；对于存量不良贷款，成立不良贷款清收团队，由一把手挂团队负责人，一户一策。同时，争取法院和经济侦查部门支持，依法清收，将责任落实到人，采取多种手段积极催收，通过以诉促收、向保证人追索、扣收保证人账户资金、加大执行力度等方式，全年现金清收不良贷款988万元，起诉案件14件、金额870万元，当年申请执行13起、金额918万元，起诉案件申请执行率78%。

【内控外防】

2016年，落实"一岗双责"的要求，层层签订《党风廉政建设安全工作责任状》和《遵章守纪 廉洁从业承诺书》。开展"廉洁从业、合规经营""内控合规基础强化年"和"两学一做"主题教育活动。坚持每月一次的案防分析会制度，定期检查风险点的治理情况。深化员工行为动态排查，坚持日常排查与集中排查相结合，一般排查与重点排查相结合。组织员工学习各专业、各岗位的规章制度、操作规程。全年安全生产无事故。

·建设银行·

【概况】

2016年，永定建行面对区域经济疲软、经营基础薄弱、同业竞争激烈和信贷风险不断释放等重重压力，以价值创造为导向，推进转型发展，强化党建引领，以"平安建行"创建为主线，以"寻标、对标、创标"工作为抓手，以抓客户、抓项目、抓产品为主线，以防控风险、合规经营为前提，以提高经营效益和员工绩效为目的，加强项目储备，加大贷款营销，压缩和化解不良资产，合规合法经营，实现全行安全运营无事故的既定目标。截至2016年12月31日，一般性存款余额43059万元，比年初减少1978万元。其中，对公存款余额14549万元，比年初减少1405万元；储蓄存款余额28510万元，比年初减少571万元。各项贷款余额50476万元，比年初减少13507万元。不良贷款余额909万元。全年实现营业收入2264.72万元，利息净收入2051.74万元，税前净利润1524.67万元。年末，全行有员工26人，大专以上学历23人，其中具有中级职称资格者5人。

【信贷业务】

2016年，贯彻国家宏观调控政策，严把信贷准入关和投放关，落实信贷营销责任，把有限的信贷资源用在重点企业、重点项目、重要客户上。实现国网永定供电公司新增授信9000万元、福建永定一中新增授信500万元，完成申报福建永腾实业发展有限公司30500万元政府购买服务贷款项目，对接永定纳川水环境发展有限公司10个乡镇污水处理PPP项目、国电湖山风电项目、海发集团、建发集团等。全年发放各类贷款24024万元，其中公司类贷款10500万元、个人类贷款6429万元、公积金贷款7095万元。

【业务拓展】

在2016年春季永定一中"学易收"业务取得首次突破后，秋季永定城关中学"学易收"和永定佳佳物业"悦易收"又取得突破，特别是佳佳物业成为全市第一家"悦易收"平台。11月底，住宅专项维修资金系统继2015年上线后首次实现缴存业务，为今后营销拓展维修资金业务打下基础。年内，客户拓展有效推进，成功开立人民法院基建账户、住房和城乡规划建设局（财政共管）账户、福建客家建设发展有限公司基本账户、永定工业园区管理委员会、福建永腾实业有限公司、永定纳川水环境有限公司基本账户、永定红（福建）石材产业发展有限公司基本账户等。

【个人金融业务】

2016年，始终坚持"以市场为导向，以客户为中心"，通过转变观念、服务转型、营销方式转型、全力移动金融产品，以手机银行、龙支付为抓手，通过组建各种营销团队，进机关、企业、学校、社区等开展形式多样的营销宣传活动，将建行的优势产品手机银行、龙支付、快贷业务不断推向市场。截至2016年12月31日，永定建行移动金融交易占比69.21%，比上年提升19.55%，提升值全市排名第一位；个人手机银行签约客户5145户，激活手机银行客户3768户，占比73.24%，排名第5位；手机银行活跃客户占比42.08%，排名第13位；个人手机银行客户20478户，比年初新增2909户，完成率70.95%，排名第16位。信用卡净增发卡452张，其中公安便民卡298张、益贷卡90张。分期交易额2044.91万元，其中专项分期1665.75万元（汽车分期320.05万元、安居分期1340.70万元、车位分期5万元），一般分期379.16万元（账单分期317.24万元、现金分期61.92万元）。

【企业文化建设】

2016年，把"发展依靠员工，发展为了员工，发展成果与员工共享"的主题精神融入管理之中，倡导员工与建行同呼吸、共命运的家园文化，实现高层次的和谐发展。全年组织1次大型文体、游园活动，并租赁体育健身场所，开设各种活动室，最大限度开发文体资源。通过开展有益、健康、向上的活动形式，使员工身心充分放松，释放工作的紧张和压力，增进友谊，增强凝聚力和向心力，营造良好工作、生活氛围，员工遵章守纪，履职尽责，爱岗敬业和主人翁精神进一步增强，全年无重大安全隐患，无重大经济犯罪案件，无重大刑事案件，实现"不发案、不误人、不伤企业"的既定目标。

·中国银行·

【概况】

2016年年末，中国银行股份有限公司永定支行

(简称"永定中行"),各项人民币存款余额88748万元,比上年年末(简称"同比")增加46764万元;在当地市场占比5.94%,同比提升2.64%。其中,公司存款余额60413万元,同比增加45020万元;当地市场占比9.99%,同比增加6.68%。人民币储蓄存款余额28335万元,同比增加1744万元;在当地市场占比3.18%,同比下降0.11%。外币储蓄存款余额226万美元,比年初增长64万美元;当地市场占比69.11%,同比下降11.89%。

2016年年末,永定中行各项贷款余额38601万元(含信用卡透支),同比减少6751万元;当地市场占比4.12%,同比下降0.61%。

【优化网点布局】

2016年年末,永定中行结合业务发展的需要,从更有利人民群众的角度出发,投资20多万元,将高陂的自助银行从原广场搬迁到通往高新区工业园区的大路边、停车更为便利的莲花工业园区一层,为广大客户提供更为便捷高效的金融服务。

【强化内部管理】

2016年,按照上级的统一部署,在全行开展"学案例、讲操守、防风险"主题教育活动,结合党员"两学一做"学习教育活动,每月组织不少于一次的内控案防学习与应急演练,通过学习教育、签订承诺书等形式,增强自身道德修养和职业操守,提高廉洁从业和案件防范意识,杜绝违法违纪违规行为,防止发生案件和案件风险。同时,按要求进行全行员工的异常行为排查,并按要求进行家访。增强对员工的了解和掌控,确保各项工作健康、安全、有序发展。

【业务拓展】

2016年,中标永定区人力资源和社会保障局职业年金收支管理和养老金发放社会化合作银行,成为永定区职业年金收支管理的唯一合作银行。通过努力争取,向侨育中学、侨钦中学、侨光中学、金丰中学、湖雷中学、城关中学等6所学校投放贷款,实现永定中行教育行业贷款零的突破。

·兴业银行·

【机构人员】

2016年,兴业银行龙岩永定支行内设企金业务部、零售业务部、营业厅等3个部室,设永定支行本部和凤城社区支行等2个营业网点。有员工24人,全部拥有本科以上学历,且取得岗位资格证书。

2016年年末,各项存款余额116585万元,其中储蓄存款余额34794万元、对公存款余额81791万元;各项贷款余额110522万元。

【支持地方经济建设】

2016年,兴业银行龙岩永定支行重点扶持高新园区、南部工业园区、土地收购储备、土楼旅游、城乡建设、供水供电、教育基础设施建设,扶持一大批国有企业、民营企业和外资企业。同时,对居民个人的住房及消费、经营发展也给予大力支持。

·邮储银行·

【概况】

2016年,全行(含永丰支行)有员工42人,其中本科以上学历占员工总数的76%,支行机关下设综合业务部(三农金融事业部)、综合管理部和永丰支行。

2016年,邮储银行永定区支行各项业务快速发展,负债业务稳步提升,资产业务快速增长,中间业务领先发展。截至12月末,全行个人储蓄存款余额21495万元,比上年增加4908万元,完成市分行下达全年目标的144%,全市排名第二;平均余额22075万元,较年初净增5315万元,完成市分行下达全年目标的244%,全市排名第一。各项贷款结余5.33亿元(当年新增贷款0.69亿元),其中个人贷款结余4.91亿元、小企业贷款结余0.42亿元。

瑞狮村镇银行

【概况】

2016年，福建永定瑞狮村镇银行股份有限公司（简称"瑞狮村镇银行"），坚持"小额、流动、分散"的经营原则，坚持"支农支小"的市场定位，根植小微、服务"三农"。围绕2016年目标任务，发挥决策灵活、服务便捷、贴近客户的优势，为永定农户、个体工商户及小微企业提供全方位的金融服务，促进永定区域经济的发展。2016年年末，各项存款余额40067.28万元，比上年年末（简称"同比"）增加14434.94万元，增长56.32%；各项贷款余额29885.57万元（其中支农贷款24676.57万元，占比82.57%），同比增加1687.05万元，增长5.98%；实现利润总额1522.63万元，同比增加779.92万元，增长105.01%。

年末，瑞狮村镇银行内设综合部、财务会计部、业务发展部、三农金融事业部，下辖1个营业部。全行员工30人，均为大专以上学历。其中本科以上18人（其中研究生1人），占全体员工的60%。

【精准扶贫】

2016年，做好贫困群众的金融服务工作，确定金砂乡为瑞狮村镇银行对口扶贫工作地区。在信贷资金保障方面，划定专门的信贷额度用于精准扶贫项目及扶贫贷款投放，并适时向人民银行申请支农、支小再贷款等资金，优先用于贫困地区、贫困户的贷款投放。在信贷产品方面，为贫困户量身打造扶贫小额信贷产品，以最简便的手续、最灵活的使用周期、最大的可获得性，为贫困户个体提供快速优质的服务，为脱贫加油助力。在审批流程保障方面，优化审批流程，开辟绿色审批通道，限时办结贫困地区、贫困户个体贷款，提升发放效率。在风险容忍度方面，提高精准扶贫业务的风险容忍度。对于因扶贫产生的不良类小额信贷，实行尽职免责，在工作认真负责的前提下，提升信贷人员发放精准扶贫贷款的力度及积极性，为信贷人员全面支持贫困地区、贫困户脱贫解除后顾之忧。与扶贫小额信贷担保机构合作，解决贫困户贷款难、担保难等问题。截至2016年年底，发放扶贫贷款13笔，金额60万元，助力贫困群众脱贫致富。

【便捷普惠服务】

2016年3月，在下洋镇设立金融服务便民点。便民点在遵循"不违反监管要求、严格控制风险、力求取得便民实效"三大原则的前提下开展工作。便民点开展工作以来，方便当地及周边人民群众，受到当地及周边人民群众的欢迎及认可。

【深耕农村，开展流动服务】

发展手机银行、网上银行等电子银行业务。至年末，手机银行开立4001户，网上银行开立621户，加大贫困地区现代支付结算渠道推广运用。进行乡镇业务分片区划分，规划乡镇数13个，鼓励具备乡镇人缘、地缘优势的员工"走出去、沉下去"。必要时，配备瑞狮村镇银行特有的银行流动服务车下乡工作，多措并举，推进金融服务不出村，把"惠农福农"的金融服务送到农户家门口，解决金融服务"最后一公里"问题，为当地人民群众提供便捷、高效、普惠的金融服务。

农村信用联社

【概况】

2016年，永定区农村信用合作联社（简称"区农村信用联社"）秉承"立足社区、服务'三农'、城乡互动、富民强社"的办社宗旨，围绕"转型、创新、控险、增效"和"以农为本、让人信赖、受人尊重、队伍优秀"四好银行目标，各项业务持续稳健发展。年末,全社各项存款余额649230万元,比年初增加80199万元,增幅14.09%;市场份额44.95%。各项贷款余额444650万元,比年初增加26642万元,增幅6.37%;市场份额47.45%,比年初上升3.9个百分点。存、贷款总量及增量均居全区各家金融机构首位。全年实现税前利润23365万元;实现税收11915万元,其中地方税收3893万元、国家税收8022万元,区财政实得收入5237万元。资本充足率18.10%,拨备覆盖率310.24%,经营实力和抗风险能力进一步增强。

年末,区农村信用联社内设办公室、人事部、业务部、合规风险部、财务部、科技部、电子银行部、审计部、保卫部、监察室等10个部室,下辖1个营业部、31个信用社。全社在职员工242人。其中,大专及以上学历226人,占全体员工的93.39%;取得初级职称83人、中级职称66人、高级职称1人,分别占全体员工的34.30%、27.27%和0.4%。

【支农支小】

2016年,继续扩大贷款覆盖面,并以培育信用户为载体,推行创建"信用村(镇)"工作,发挥小额信贷的普惠作用。全年建立农户经济档案1326户,创建信用村11个,评定信用户1542户。至年末,全社累计建立农户经济档案96331户,占全区农户总数的73.8%;有贷款余额农户数31295户,农户贷款面23.97%;创建信用乡4个,信用村91个,信用户33151户。同时,围绕地方产业结构调整和经济发展战略目标,紧扣市场定位,扶持小微企业发展。年末,全社发放小微企业贷款余额140740万元。

【风险防控】

2016年,继续实行审贷分离制度,严格执行贷款第一责任人包放、包收、包效益的"三包"制度,在优化信贷结构、控制新增贷款风险方面发挥源头把关作用,并建立清收不良奖惩机制,着眼"四点"(盘活一点、清收一点、稀释一点、核呆一点)抓好清非压降工作。年末,按五级分类口径,不良贷款余额8805万元,不良贷款率1.98%,控制在监管部门要求的指标范围内。同时,按照"严当头、细着手"的管理原则,不断完善内控建设,加强稽核监察,标本兼治做好案件防控工作,组织开展专项检查13项,对违章违纪行为责任人严处重罚,形成对违规违纪行为的震慑和高压态势,实现全社全年经济无案件、安全无事故。

【业务创新】

2016年,继续推出"无间贷""简易贷"等贷款方式,信贷服务惠及千家万户。全年发放"无间贷"贷款195笔,金额16056万元;发放"简易贷"贷款791笔,金额9135万元。发挥信用社点多面广的网点优势,大力推进电子渠道建设,打造便民服务平台。全年发行福万通借记卡7397张,发展手机银行用户22042户,布设自助终端34台、POS机280台。至年末,全社累计发行福万通借记卡520500张,发展手机银行户数7.75万户,布设ATM机13台、CRS51台、自助终端66台、"小额支付便民点"305户、自助设备435台、POS机407台,实现存取款机乡镇全覆盖、金融服务村村通,让广大农户足不出村就能享受到农信社的便捷服务。

【企业文化】

坚持"以人为本",内强素质,外树形象,大力加强企业文化建设。一方面,从提升网点软实力入手,在全社大力推进"学习型企业"建设,并积极开展"两学一做""网点服务质量提升""创先争优""服务明星"等丰富多彩的文化活动,营造出积极向上的和谐创业氛围。另一方面,从改善网点经营硬环境入手,严格按照省联社"6S"要求和标准,大力推进标杆网点建设,统一形象标识,美化营业环境,完善服务功能,提升整体品牌形象,在方便客户的同时,也大大增强自身的市场竞争力。

·人保财险·

【概况】

中国人民财产保险股份有限公司龙岩市永定支公司（简称"中国人保财险永定支公司"）2016年有职工70余人。支公司内设经理室、综合部、出单分中心、理赔分部和专业销售团队、续保团队等10个职能部门，下设4个营销服务，在全区23个乡镇建立"三农"综合保险工作站。支公司开办机动车辆保险、企业财产保险、家庭财产保险、船舶保险、货物运输保险、建筑安装工程保险、责任保险、意外健康险、信用保证保险、政策性农业保险和"三农"综合保险等100多个险种。

2016年，公司保费收入7200万元，理赔支出4263.41万元。业务量占全区财产保险市场份额约50%，保险服务深入全区经济生活的各个领域。

·人保寿险·

【概况】

中国人民人寿保险股份有限公司永定区支公司（简称"人保寿险永定区支公司"）2016年有员工和营销人员82名，下设团体保险部、银行保险部、个人业务保险部、互动业务保险部和续期收展业务部等五大业务体系。公司开办的险种涵盖终身寿险、定期寿险、两全保险、年金保险、养老年金保险、医疗保险以及意外保险等各业务领域的人身保险产品。2016年，公司保费收入5789.71万元，赔付支出178.15万元。

·中国人寿保险·

【概况】

中国人寿保险股份有限公司龙岩市永定区支公司（简称"永定国寿"）是中国人寿保险股份有限公司在永定区域内的分支机构，是永定辖区内主要的商业保险服务商。2016年，公司有员工32人，设经理室、综合管理部、团险销售部、银行保险部、个险销售部、客户服务部等6个部门，乡镇营销服务部8个，1000多名代理人遍布全区各乡镇（街道）。

永定国寿是省级第八届文明行业创建竞赛活动创建示范点；是全国15家被中国人寿总公司授予"基层公司一把手培养基地"的公司之一，在"基层公司一把手培养基地"项目中获2016年度优秀基地、优秀学习小组、优秀萃取和优秀学员等全部四个奖项；被中国人寿福建省分公司评为2016年度"双文明"先进单位，辉煌20载——业务发展优秀机构奖，辉煌20载——队伍建设优秀机构奖。

2016年，永定国寿通过向个人及团体提供人寿、意外和健康保险产品，涵盖生存、养老、疾病、医疗、身故、残疾等多种保障范围，全面满足客户在人身保险领域的保险保障和投资理财需求。

2016年，永定国寿实现公司总保费17618.90万元，比上年增长（简称"比增"）11.73%。实现长险首年期交保费4203.49万元，比增20.70%。其中，10期及以上期交保费2748.56万元，比增78.04%。实现长险首年标准保费2135.14万元，比增25.31%。实现短期险保费1524.22万元，比增58.11%。其中，意外险保费814.81万元，比增17.79%；健康险保费709.41万元，比增160.52%。理赔支出402.45万元，赔付率26.40%。

表21　　　　　　　　　　2011—2016年永定国寿业绩情况表　　　　　　　　单位：万元、%

年份		2011	2012	2013	2014	2015	2016
保费收入	合计	11933.60	13032.23	13590.6	15840.70	14679.02	17618.90
	续期保费	6409.76	7841.76	8798.84	8546.60	8835.20	10712.39
	新单保费	4972.62	4405.93	4106.91	6438.10	4881.61	5382.28
	短期险保费	551.22	784.54	684.85	856.00	962.21	1524.22
短期险	意外险	352.97	461.61	464.54	599.58	690.31	814.81
	健康险	198.25	322.93	220.31	256.42	271.90	709.41
短期险赔款支出		213.59	195.76	244.16	280.91	346.26	402.45
短期险赔付率		38.68	24.92	35.62	32.79	35.98	26.40

·中国人寿财险·

【机构】

中国人寿财产保险股份有限公司龙岩市永定区支公司（简称"中国人寿财险永定支公司"）是中国人寿财产保险股份有限公司龙岩市中心支公司设在永定的分支机构，2008年1月16日依法取得营业执照、正式对外营业。公司分城区、坎市2个营业网点；2016年年末有正式员工12人，其中城区7人、坎市5人，城区、坎市各有1名业务主管。

【业务发展】

2016年，公司克服"营业税改增值税""商业车险费率改革"及经济下行压力加大、市场竞争日益激烈等因素带来的影响，实现保险费收入1926.17万元。其中，车险保费收入1721.69万元，占89.38%；非车险保费收入204.48万元，占10.62%。在永定众多财险公司中，市场份额排名第三。综合赔付率44.65%，实现承保利润472.56万元。

2015年以来，公司贯彻上级公司"调结构、增效益"的总体经营方针，在保险费收入均同比增长的前提下，险种结构趋于优化、经营效益稳步提升。2016年，是全市国寿财险11家营业单位中唯一获得综合年度考核"金奖"的单位，也是连续两年获得市公司综合年度考核"金奖"的唯一单位，同时，公司还获永定区妇女联合会授予2016年度"三八红旗手先进集体"称号。

2011—2016年中国人寿财险永定支公司业务情况

表22　　　　　　　　　　　　单位：万元、%

年 份	保费收入	赔 付 率
2011	1072.51	55.08
2012	1161.53	53.51
2013	1527.95	58.66
2014	1565.98	59.46
2015	1881.21	46.01
2016	1926.17	44.65

·其他保险·

【天安财产保险股份有限公司龙岩中心支公司永定营业服务部】

天安财产保险股份有限公司龙岩中心支公司永定营销服务部办公地址设在凤城街道沿河北路23号202室,员工5人。主要经营中国保监会核准的人民币、外币的各种财产保险、责任保险、信用保险、水险、意外伤害保险、健康保险、金融服务保险等业务,办理各种再保险、法定保险和资金运用保险等业务。2016年,保费收入527.36万元,赔付支出428.46万元。

【新华人寿保险股份有限公司龙岩中心支公司永定支公司】

2016年,新华人寿保险股份有限公司龙岩中心支公司永定支公司在册员工108人,其中内勤5人、外勤103人。全年完成保费收入610万元,赔付78万元,赔付率12.8%。

【中国平安财产保险股份有限公司龙岩中心支公司永定营销服务部】

中国平安财产保险股份有限公司龙岩中心支公司永定营销服务部2016年有员工10人,另坎市营销部有8人。

平安产险业务员范围涵盖车险、企财险、工程险、责任险、货运险、短期意外险及健康险等一切法定产险业务及国际再保险业务,近年来,深度参与社会风险管理和社会保障体系建设,积极推进诉讼财产保全、重大技术首台套、环境污染、安全生产、医疗责任、食品安全、居民意外险、手术意外险等产品;为服务实体经济,提供首台套保险、专利保险、科技保险、职业责任保险等,总产品数超过1000种。作为业内首家实现"异地出险,全国通赔"的保险公司,平安产险始终以高水平的标准化服务成为行业标杆。2016年,公司持续深入体察客户需求,以用户为中心,推出平安好车主APP、上线修理厂透明自助系统、口袋理赔等,持续推进产品和服务创新,进一步提升客户及合作伙伴的服务满意度。同时,公司建立完善的大灾应急预警体系,事前向客户发送预警和安全注意事项,并向团体客户提供专业的风险评估及排查服务;事中依托公司应急救援体系及移动服务点为客户提供救援及易发灾害点提醒服务,事后开通理赔绿色通道快速理赔,支持灾后企业恢复工作。

2016年,平安财产保险永定营销服务部净保费3364.6万元,支付赔款2556万元。

·华福证券·

【概况】

华福证券有限责任公司永定沿河南路证券营业部(简称"华福证券永定营业部"),是华福证券有限责任公司龙岩分公司下属的证券营业部,成立于2012年6月18日,是永定首家证券营业部。办公地点设在凤城街道沿河南路下坑广场西侧锦绣华庭二楼,员工7人,其中综合柜员1人、投资经理5人、其他1人。

公司经营范围包括证券经纪,证券投资咨询,与证券交易、证券投资活动有关的财务顾问,融资融券,证券投资基金代销,为期货公司提供中间介绍业务,代销金融产品,证券资产管理业务项目的推介和承揽,证券承销与保荐业务项目的推介和承揽。

【业务拓展】

华福证券永定营业部秉承公司"诚信专业,创造价值"的经营宗旨,坚持"规范经营,稳健发展"的经营理念,在证券经纪业务基础上坚持创新业务发展,拓展融资融券、"新三板"等新业务,全面提升市场竞争力。

随着华福证券公司的资本实力增长,公司走向全牌照大券商行列,总公司新增较多新业务。永定营业部依照有关权限,走访当地企业,开拓可挂牌"新三板"企业。2016年,参与永定区海发集团发债事宜;根据永定区政府的统一安排,利用当地优惠政策,在全国范围内开发一批限售股个人客户,在当地解禁卖出到期限售股票市值9960万元,为当地财政增加税收1747万元。

2016年年末,华福证券永定营业部固定资产和客户账户资金总量61533万元,比2012年增加60983万元;营业收入413万元,比2012年增加408万元;利润120万元,比2012年增加199万元。

表23　　　　　　2012—2016年华福证券永定营业部经营情况表　　　　　　单位:万元

年 份	总资产	营业收入	利 润
2012	550	5	-79
2013	673	35	-119
2014	1669	105	-52
2015	4450	469	168
2016	61533	413	120

经济监督与管理

·发展和改革·

【经济社会发展成就】

2016年,以"十三五"规划为指导,组织实施《规划纲要》及"十三五"区级重点专项规划。根据规划逐年分解主要目标和建设任务,起草并下发《龙岩市永定区人民政府办公室关于认真组织实施〈龙岩市永定区国民经济和社会发展第十三个五年规划纲要〉及区级重点专项规划的通知》,确保规划提出的主要目标和各项任务得到落实。并起草编制《龙岩市永定区关于补齐发展短板扩大有效供给的实施方案》《龙岩市永定区人民政府关于实施"产业兴区"战略的意见》《龙岩市永定区开展市场准入负面清单制度改革试点总体实施方案》《龙岩市永定区加快推进社会办医实施方案》《龙岩市永定区关于实施投资工程包的意见》等。

经济总量不断扩大 据统计,全年地区生产总值完成136.3亿元,占计划(调整后,不含经开区4个乡镇,下同)的99.2%,比上年增长(简称"比增")7.3%。其中,第一产业完成24.5亿元,占计划的95.4%,比增3.3%;第二产业完成65.4亿元,占计划的101.7%,比增7.3%,超过预期目标1.7个百分点;第三产业完成46.4亿元,占计划的98.2%,比增9.2%。

工业经济平稳增长 规模以上工业总产值完成68.9亿元,占计划的102.1%,比增14.9%,超过预期目标。工业综合效益指数提升。水电行业完成产值12亿元,比增110%,拉动产值增速11个百分点。受益于水电产值的大幅增长,全区规模以上工业效益综合指数为357%,比2015年同期提升103个百分点,高出全市21个百分点。新兴产业发展势头良好。光电信息产业发展加速,产值实现1.7亿元,比增54%。风电、太阳能光伏发电产业快速发展。华润(湖坑)风力发电开工建设。全区建成分布式光伏发电项目152个,总装机4865千瓦。非资源型企业较快增长。全区15家非资源型企业完成产值3.9亿元,比增33%。其中,5家高新技术企业完成产值2亿元,比增43%。

农业发展水平提升 农林牧渔业产值实现41.8亿元,占年度计划的109.5%,比增3.5%,超过预期目标9.5个百分点。其中,畜牧水产业产值19.3亿元,占年度计划的131.6%,比增5%;林业产值5.7亿元,占年度计划的96.9%。设施农业加快建成。嘉华、龙湖种植基地、坤雅、天湖山等设施农业项目建设进度加快，龙湖种植基地的香水莲雾等一批特色农产品产销形势良好。特色产业"六月红"早熟芋种植面积2.95万亩，总产量2.8万吨。发展林产经济。林下经济经营面积63.8万亩，实现产值12亿元，惠及林农1.5万户3万人。全区花卉苗木种植面积1.38万亩，实现产值2.13亿元。全区实现林业产业总产值5.7亿元，比增6.5%。果茶规模不断扩大。水果种植面积18.1万亩，新增280亩，比增1.59%；茶叶面积1.1万亩，比增5%；茶产量442吨，同比增长1.8%，产值970万元。

第三产业不断壮大 电子商务蓬勃发展。加强与阿里巴巴集团深入合作，实施"互联网+农村"行动，开启永定"互联网+农业"时代。全区建成84个村级淘宝服务点，成为全市开设村级服务站点最多的县份。农村淘宝项目实现农村网络销售额5908万元。旅游产业加快发展。"客家家训"掀起观摩热潮，"旅游+体育"推动全域旅游加快发展，成功举办中国永定环土楼首届国际马拉松赛，提升土楼影响力。获全国十佳文化生态景区、全国传统文化教育示范基地、十佳文明旅游景区等称号。土楼景区整改成效明显。完成景区公路沿线及景区内标识更新464处，土楼内和公路沿线有碍观瞻的"两违"建筑全面拆除。接待国内外游客597.9万人次，比增13.8%；实现旅游总收入46.8亿元，比增16.1%。其中，接待境外游客18.22万人次，比增8.7%；旅游创汇3466.4万美元，比增8.9%。

消费市场活跃繁荣 社会消费品零售总额完成55.7亿元，比增13.1%；房地产业去库存加快化解，商品房销售面积10万平方米，比增28%；完成商品房销售额4.7亿元，比增34%。全区商品房库存比2015年年底的30.57万平方米减少约5万平方米。居民消费价格指数101.3%，控制在年度计划103%以内，处于全市较低位。

【年度计划安排】

2016年，全区国民经济和社会发展主要预期目标：地区生产总值比增（调整后）8%，其中第一、二、三产业增加值分别比增3.5%、7.5%和11%。全社会固定资产投资比增20%。财政总收入比增6%，其中地方级财政收入比增6%。实际利用外资比增6%；外贸出口总值比增3%。社会消费品零售总额比增15%。城镇居民人均可支配收入比增9%。农民人均可支配收入比增9.5%。居民消费价格指数控制在103%以内。城镇登记失业率控制在4%以内。人口自然增长率控制在14‰以内。

【年度计划执行】

2016年，地区生产总值比增7.3%，其中第一、二、三产业增加值分别比增3.3%、7.3%和9.2%。全社会固定资产投资比增15.5%。财政总收入比增-20.9%，其中地方一般预算收入比增-20.8%。实际利用外资比增10.2%；外贸出口总值比增2.5%。社会消费品零售总额比增13.1%。城镇居民人均可支配收入比增7.3%。农民人均可支配收入比增8.6%。居民消费价格指数101.3%。城镇登记失业率控制在2.65%以内。人口自然增长率10.49‰。

【扩大有效投资】

2016年，以重点项目建设为抓手，以"三大战役"活动为契机，抓投资、上项目，以项目促进投资增长，以投资拉动经济较快增长。及时分解下达目标任务，对照全年的投资计划，将固定资产投资目标任务分解落实到各乡镇（街道）、各相关部门，固定资产投资持续较快增长。全社会固定资产投资完成176.5亿元，增长15.5%，增速居全市第四位。牵头起草《关于加快推进投资工程包项目的实施方案》和《关于实施2016年第二批投资工程包的意见》，推进投资工程包项目建设。第一批实施10大领域工程包项目19个，计划总投资56.4亿元，完成16.8亿元，占年度计划投资15.7

亿元的107.01%。第二批实施12个投资工程包，项目20个，计划总投资56亿元，完成7.1亿元，占年度计划投资5.4亿元的129.4%。

【争取补助资金】

2016年，按照《争取补助资金考核办法》的要求，加强项目的包装策划指导，把握资金投向，精准对接。争取上级补助资金3.82亿元，创历史新高。

国家专项建设基金补助　获批项目6个、总投资24.71亿元，争取资金3.18亿元。其中，第一批2个：永定区城区供水管网工程，总投资5.6亿元，获得补助0.3亿元；永定初溪土楼旅游小镇建设项目，总投资1.91亿元，获得补助0.15亿元。第二批1个：永定区万里生态水系建设项目，总投资6.2亿元，获得补助0.93亿元。第三批3个：永定城区污水管网工程，总投资2.1亿元，获得补助0.3亿元；汀江流域永定段防洪工程，总投资5.59亿元，获得补助0.84亿元；城南农副产品批发市场，总投资3.31亿元，获得补助0.66亿元。

中央及省级预算内资金补助　获补助项目36项，补助资金8423万元，居全市第四位。其中，城建政法类项目4项，补助资金1035万元；社会事业类项目18项，补助资金3447万元；农业农村基础设施类项目3项，补助资金930万元；水毁水利、以工代赈及其他类项目11项，补助资金3011万元。

【项目策划】

2016年，围绕增资扩产，立足产业重点，在主导产业、战略性新兴产业、传统产业、现代服务等领域，策划生成"投资有体量、技术有含量、带动有份量"的新产业、新业态、新模式项目71个，总投资496.76亿元。通过市评审论证列入市级储备库的项目40个，完成市下达25个目标任务的160%，全市排名第二。其中总投资60亿元的"永定红"石材循环经济产业园项目获得2016年度全市优秀策划项目二等奖。

【项目技术对接】

2016年，在第十四届"6·18"中国海峡项目成果交易会上，完成对接项目45个，总投资9.71亿元。其中，合同项目35个，总投资9.13亿元；协议项目10个，总投资0.58亿元。9月，全市第一个获批风电项目华润风电场湖坑项目开工建设，总投资4.6亿元，至年底完成投资1.46亿元。推动市属国企投资永定。筹备市属国企走进永定共谋发展活动，策划一批涉及旅游、交通、市政、水利、教育、体育等领域项目。与市属企业对接项目10个，总投资19.905亿元。

【重点领域改革】

公车改革　2016年，制定印发《龙岩市永定区全面推进公务用车制度改革实施方案》，全区公务用车制度改革工作进入实质性阶段。

医药卫生体制改革　继续落实健全医保、巩固基本药物。推进区级公立医院改革试点取得突破。推进公立医院院长竞聘制改革各项工作，完成永定区医院院长竞聘。协调职工医保、城镇居民医保、新农合医保"三医联动"的各项工作。

行政审批制度改革　进一步推进简政放权，做好审改，梳理完善网上办事大厅审批流程，简化办事流程，实现行政审批"五规范四统一"（规范审批事项名称，规范申请材料，规范审批流程，规范办理时限，规范收费项目；统一行政审批事项统计口径和目录，统一使用行政审批专用章，统一行政服务中心设置，统一行政服务中心工作规则）目标。全年网上办理78件。其中，审批制发文36件，备案制42件，全部在承诺期限内办结，办结率100%，群众满意率100%。

【抓实项目攻坚战】

2016年，按照区委《项目落地攻坚战役实施方案》要求，加强项目落地攻坚指挥部的日常联络工作，主动跟踪战役实施情况，及时通报战役推进情况，检查督促项目建设进度，统筹协调解决有关困难和问题，确保项目落地攻坚会战有序、有效推进，确保"五个一批"和"七大重点领域"项目攻坚会战目标任务的全面完成。其中，"五个一批"项目中，"谋划一批"全市第二名、"签约一批"全市第七名、"开工一批"全市第五名、"建成一批"全市第三名、"增资一批"全市第三名。"七大领域"中，市级能源项目快速推进，全市第五名；社会事业领域全市第四名，交通领域全市第四名，工业科技领域全市第四名，农业领域全市第四名，城建环保领域全市第二名，商贸服务业领域全市第六名。

·物价管理·

【概况】

2016年，区物价部门以"推改革促发展、强监管保稳定、稳物价惠民生"为主线，推进重点领域价格改革，完善价格调控，加强市场价格行为监管，提升价格服务水平，为建设创业创新秀美厚德的新永定营造良好价格环境。受国内经济下行等影响，永定区居民消费价格温和上涨，全年CPI同比上涨1.4%，分别比全国2.0%、全省1.7%和全市1.5%低0.6、0.3和0.1个百分点，全市排名（从低到高）第一，完成区委、区政府确定的CPI年度控制在3%以内的目标任务。

【调整居民用水阶梯价格】

城区自来水价格（永定佳源自来水有限公司供水价格参照永定区天丰自来水公司执行）改革从2016年6月份抄见水表水量之日起执行：调整永定区天丰自来水公司现行自来水销售价格，即民用水从1.3元/吨调整为1.6元/吨，特种行业用水从1.8元/吨调整为2.2元/吨，其他行业用水从1.6元/吨调整为2.0元/吨。居民用水实行阶梯式计量水价，即对已实行一户一表的居民用水实行三级阶梯式计量水价（累进制），第一级水量基数25吨/(户·月)（计价水量按照3人/户计算，按户人口每增加1人另加5吨。下同），价格为1.6元/吨；第二级水量基数25—40吨/(户·月)，价格为1.5×1.6元/吨=2.4元/吨；第三级水量40吨/(户·月)以上（计价水量同上）价格为2×1.6元/吨=3.2元/吨。对尚未实行"一户一表"的合表居民用户和执行居民生活用水价格的非居民用户，水价标准按高于第一阶梯价格水平10%以内确定，也可实行季节性（6—10月份）加价20%。对依靠政府部门补助的五保户、特困户、低保户，凭相关证明材料到自来水公司每月减免5吨水费。

【调整污水处理收费标准】

2016年11月4日，出台调整城区污水处理收费标准，城区居民用水污水处理费收费标准采取"分步到位"方式进行调整：第一步从2017年1月开始，由0.8元/吨调整至0.85元/吨；第二步从2020年1月开始，由0.85元/吨调整至0.95元/吨。2017年1月份开始，其他行业用水（除居民用水和特种行业用水外的所有用水）污水处理收费标准由1.0元/吨调整至1.4元/吨，特种行业用水（含桑拿、洗车、足浴、纯净水业）污水处理收费标准由1.2元/吨调整至1.6元/吨。符合居民最低生活保障政策的低保户凭有效证件每月减免5吨污水处理费。污水处理费和水资源费由自来水公司按规定代征。

【调整区体育中心游泳项目收费标准】

2016年，区体育中心游泳项目每人次收费标准：成人从9元调整为11元，儿童从7元调整为9元。

【核定城区停车场收费标准】

2016年11月30日，首次核定永定城区文化路南门街商贸广场等5个停车场收费标准。南门街商贸广场地下停车场机动车停放收费标准：1小时以内（含1小时）免费；1小时以上2小时以内（含2

小时）5元/辆次；2小时后每超出1小时加收2元（超出部分不足1小时按1小时计算）；过夜车20元/辆次（过夜后早上8点开始每超出1小时加收2元，当日封顶15元，车辆夜间24时后离开停车场按过夜车收费）；包月固定停放每月每辆收费360元。老环卫站停车场、南南路二号地块停车场、体育路停车场和寒陂下停车场等4个露天停车场机动车停放收费标准：1小时以内（含1小时）免费；1小时以上2小时以内（含2小时）收费3元/辆次；2小时后每超出1小时加收1元（超出部分不足1小时按1小时计算）；过夜车15元/辆次（过夜后早上8点开始每超出1小时加收1元，当日封顶15元，车辆夜间24时后离开停车场按过夜车收费）；包月固定停放每月每辆收费300元。

【调整农村客运票价】

2016年8月22日，由于全省提高站务服务费收费标准而相应调整区内农村客运票价。

表24　　　　　　　　　　　　　永定区农村客运站点里程票价表（普通公路）　　　　　　　　　单位：公里、元/人次

营运线路		里程	站务服务费	小 型 座 席			中 型 座 席		
起点站	讫点站			普通级	中级	高一级	普通级	中级	高一级
永定	圆头山	11	0.50	3.50	4.00	4.50	3.00	4.00	4.50
永定	列市	14	0.50	4.50	5.00	6.00	4.00	4.50	5.50
永定	金丰	21	0.50	6.50	7.00	8.50	5.50	6.50	8.00
永定	岐岭	25	0.50	7.50	8.50	10.00	6.50	8.00	9.00
永定	共星	30	0.50	9.00	10.00	12.00	8.00	9.50	11.00
永定	大溪	32	0.50	9.50	10.00	13.00	8.50	10.00	12.00
永定	陈东	33	0.50	10.00	11.00	13.00	8.50	10.00	12.00
永定	双洋	33	0.50	10.00	11.00	13.00	8.50	10.00	12.00
永定	下洋	36	0.50	11.00	12.00	14.00	9.50	11.00	13.00
永定	湖坑	37	0.50	11.00	12.00	15.00	9.50	11.00	13.00
永定	莒溪	40	0.50	12.00	13.00	16.00	10.00	12.00	14.00
永定	洋多	40	0.50	12.00	13.00	16.00	10.00	12.00	14.00
永定	月霞	41	0.50	12.00	13.00	16.00	10.00	13.00	15.00
永定	新南	42	0.50	12.00	14.00	16.00	11.00	13.00	15.00
永定	洪坑	42	0.50	12.00	14.00	16.00	11.00	13.00	15.00
永定	南中	44	0.50	13.00	14.00	17.00	11.00	14.00	16.00
永定	月流	44	0.50	13.00	14.00	17.00	11.00	14.00	16.00
永定	古竹	45	0.50	13.00	15.00	18.00	11.00	14.00	16.00
永定	南江	46	0.50	14.00	15.00	18.00	12.00	14.00	17.00

续表

营运线路		里 程	站务服务费	小 型 座 席			中 型 座 席		
起点站	讫点站			普通级	中级	高一级	普通级	中级	高一级
永定	实佳	47	0.50	14.00	15.00	18.00	12.00	14.00	17.00
永定	高头	47	0.50	14.00	15.00	18.00	12.00	14.00	17.00
永定	奥杳	47	0.50	14.00	15.00	18.00	12.00	14.00	17.00
永定	昌龙	48	0.50	14.00	15.00	19.00	12.00	15.00	17.00
永定	赛华	54	0.75	16.00	18.00	21.00	14.00	17.00	20.00
永定	里佳	57	0.75	17.00	18.00	22.00	15.00	18.00	21.00
永定	湖山	63	0.75	19.00	20.00	25.00	16.00	19.00	23.00
永定	仙师	16	0.50	5.00	5.50	6.50	4.50	5.00	6.00
永定	峰市	20	0.50	6.00	6.50	8.00	5.50	6.50	7.50
永定	棉花滩	27	0.50	8.00	9.00	11.00	7.00	8.50	10.00
永定	九坑	34	0.50	10.00	11.00	13.00	9.00	11.00	12.00
永定	西洋	37	0.50	11.00	12.00	15.00	9.50	11.00	13.00
永定	小阜	40	0.50	12.00	13.00	16.00	10.00	12.00	14.00
永定	大阜	42	0.50	12.00	14.00	16.00	11.00	13.00	15.00
永定	洪山	58	0.75	17.00	19.00	23.00	15.00	18.00	21.00
永定	文溪	51	0.75	15.00	17.00	20.00	13.00	16.00	19.00
永定	大排	54	0.75	16.00	18.00	21.00	14.00	17.00	20.00
永定	东中	58	0.75	17.00	19.00	23.00	15.00	18.00	21.00
永定	孔夫	62	0.75	18.00	20.00	24.00	16.00	19.00	22.00
永定	田地	66	0.75	19.00	21.00	26.00	17.00	20.00	24.00
永定	湖雷	14	0.50	4.50	5.00	6.00	4.00	4.50	5.50
永定	上湖	16	0.50	5.00	5.50	6.50	4.50	5.00	6.00
永定	增瑞	18	0.50	5.50	6.00	7.50	5.00	6.00	7.00
永定	五湖	23	0.50	7.00	7.50	9.00	6.00	7.50	8.50
永定	抚市	27	0.50	8.00	9.00	11.00	7.00	8.50	10.00
永定	溪联	30	0.50	9.00	10.00	12.00	8.00	9.50	11.00
永定	上寨	33	0.50	10.00	11.00	13.00	8.50	10.00	12.00
永定	上西	36	0.50	11.00	12.00	14.00	9.50	11.00	13.00
永定	龙潭	42	0.50	12.00	14.00	16.00	11.00	13.00	15.00
永定	洽溪	41	0.50	12.00	13.00	16.00	10.00	13.00	15.00

续表

营运线路		里程	站务服务费	小型座席			中型座席		
起点站	讫点站			普通级	中级	高一级	普通级	中级	高一级
永定	坎市	45	0.50	13.00	15.00	18.00	11.00	14.00	16.00
永定	富岭	49	0.50	14.00	16.00	19.00	12.00	15.00	18.00
永定	上洋	51	0.75	15.00	17.00	20.00	13.00	16.00	19.00
永定	高陂	58	0.75	17.00	19.00	23.00	15.00	18.00	21.00
永定	西陂	59	0.75	17.00	19.00	23.00	15.00	18.00	21.00
永定	虎岗	70	0.75	21.00	23.00	27.00	18.00	21.00	25.00
永定	溪口	23	0.50	7.00	7.50	9.00	6.00	7.50	8.50
永定	堂堡	28	0.50	8.50	9.00	11.00	7.50	9.00	10.00
永定	三堡	40	0.50	12.00	13.00	16.00	10.00	12.00	14.00
永定	合溪	42	0.50	12.00	14.00	16.00	11.00	13.00	15.00
永定	坎市（溪口）	36	0.50	11.00	12.00	14.00	9.50	11.00	13.00
永定	富岭（溪口）	40	0.50	12.00	13.00	16.00	10.00	12.00	14.00
永定	上洋（溪口）	42	0.50	12.00	14.00	16.00	11.00	13.00	15.00
永定	高陂（溪口）	49	0.50	14.00	16.00	19.00	12.00	15.00	18.00
永定	西陂（溪口）	50	0.50	15.00	16.00	19.00	13.00	15.00	18.00
永定	虎岗（溪口）	61	0.75	18.00	20.00	24.00	16.00	19.00	22.00
永定	上洋	6	0.50	2.00	2.50	3.00	2.00	2.50	2.50
永定	高陂	13	0.50	4.00	4.50	5.50	3.50	4.50	5.00
永定	西陂	14	0.50	4.50	5.00	6.00	4.00	4.50	5.50
永定	虎岗	25	0.50	7.50	8.50	10.00	6.50	8.00	9.00
永定	溪口	16	0.50	5.00	5.50	6.50	4.50	5.00	6.00
永定	堂堡	21	0.50	6.50	7.00	8.50	5.50	6.50	8.00
永定	三堡	25	0.50	7.50	8.50	10.00	6.50	8.00	9.00
永定	合溪	37	0.50	11.00	12.00	15.00	9.50	11.00	13.00
永定	抚市	14	0.50	4.50	5.00	6.00	4.00	4.50	5.50
永定	大排	9	0.50	3.00	3.50	4.00	2.50	3.00	3.50
永定	溪联	4	0.50	1.50	1.50	2.00	1.50	1.50	2.00
永定	上寨	8	0.50	3.00	3.00	3.50	2.50	3.00	3.50
永定	上西	10	0.50	3.50	3.50	4.50	3.00	3.50	4.00
永定	龙潭	15	0.50	5.00	5.00	6.00	4.00	5.00	5.50

【供电价格与供用电服务收费】

自2016年1月1日起,全省统一降低一般工商业及其他用电价格。同年11月1日用电起,全省统一调整居民生活用电阶梯分档电量,即实行阶梯电价的"一户一表"居民生活用电,第一档电量从现行的每户每月200千瓦时提高到230千瓦时,第二档电量从现行的每户每月400千瓦时提高到420千瓦时,第三档电量调整为每户每月用电超出420千瓦时的部分;各档电价和合表用户电价水平保持不变。为规范供用电服务收费行为,维护广大用户和供电企业的合法权益,自2016年12月1日起,全省统一规范供用电服务收费,对零散低压新装用户工料费、迁移用电地址工料费、移动表位工料费、电能表检定费等市场竞争不充分的供用电服务收费,实行政府指导价(最高收费标准)管理;对线路及变压器代维护费、变压器出租费、电气设备预防性试验费、电能表赔偿费等市场竞争充分的供用电服务收费,实行市场调节价,收费标准由供需双方协商确定;对用户变更用电性质或变更户名等手续属于供电企业主营业务范围,接电前检查复查、初勘等属于供用电服务收费项目中应当提供的服务内容,均不向用户另行收费。

表25　　　　　　　　　　　　　　　　福建省销售电价表　　　　　　　　　　　　　　　单位:元/千瓦时

用电分类		电度电价					基本电价	
		不满1千伏	1—10千伏	35—110千伏以下	110千伏	220千伏及以上	最大需量〔元/(千瓦·月)〕	变压器容量〔元/(千瓦·月)〕
一、居民生活用电	"一户一表"用户 月用电量230千瓦时以下	0.4983						
	"一户一表"用户 月用电量231—420千瓦时	0.5483						
	"一户一表"用户 月用电量421千瓦时以上	0.7983						
	合表用户	0.5330						
二、一般工商业及其他用电		0.7773	0.7573	0.7373	0.7173	0.6973		
三、大工业用电			0.6222	0.6022	0.5822	0.5622	39	26
其中:1.氯碱、农药、电石生产用电			0.5612	0.5412	0.5212	0.5012	39	26
2.电解铝生产用电					0.4548	0.4348	39	26
四、农业生产用电		0.7006	0.6806	0.6606	0.6406	0.6206		
其中:农业排灌用电		0.2477	0.2277	0.2077	0.1877	0.1677		
五、趸售用电		0.4888						

注:

1.上表所列价格,除农业排灌用电外,均含重大水利工程建设基金0.7分钱,大中型水库移民后期扶持资金0.83分钱,除居民生活、农业排灌用电外,均含地方水库移民后期扶持资金0.05分钱。除农业生产用电和趸售给各级子公司的用电外,均含可再生能源电价附加:居民生活用电0.1分钱,其他用电1.9分钱。

2.上表所列价格,除农业排灌、化肥、农药、电石、氯碱、电解铝生产用电及趸售用电外,均含城市公用事业附加费,具体标准为:大工业用电0.8分钱,居民生活用电1.0分钱,一般工商业及其他用电1.1分钱，农业生产用电（除农业排灌用电外）0.8分钱。

3.抗灾救灾用电按上表所列相应分类电价降低2分钱（农网还贷资金）执行。

4.上表所列电解铝生产用电价格为优惠电量的电价，超过核定优惠电量的，执行统一的大工业用电价格。采用离子膜法工艺的氯碱生产用电按表列氯碱生产用电价格每千瓦时降低0.9分钱执行。

5.上述趸售用电价格是指趸售用电综合价格，对各趸售县的趸售电价由福建省物价局具体核定。

表26　　　　　　　　　　实行政府指导价管理的供用电服务收费项目和收费标准表

序号	项　目	单位	收费标准
一	零散低压新装用户工料费	户	单相300元，三相直接式1980元，三相间接式2830元。
二	迁移用电地址工料费	户	零散低压用户220元
三	移动表位工料费	户	单相60元，三相140元。
四	电能表检定费	户	单相20元，三相100元。

注：

1.零散低压新装用户工料费、迁移用电地址工料费、移动表位工料费，是指用户申请新装接电或迁移用电地址、移动表位时形成的用户受电工程需支出的设计、安装、调试、设备材料、运行维护等费用统称。各级供电企业在提供有关服务时，除按规定收取相关工料费外，不得向用户收取其他费用，建成后也不得向用户收取运行维护、改造等费用。

2.零散低压新装用户、迁移用电地址工程建设范围包括从公共电源接入点至用户的电能计量装置（含表箱材料）的所有供配电设施。

3.用户申请迁移用电地址，不改变供电点的按本表规定收费标准收取迁移用电地址工料费；供电点改变的，按同类型零散低压新装用户工料费收费标准收取。

4.用户申请在同一门牌内移动表位或接户装置，5米内的按本表规定收费标准收取移动表位工料费；超过5米的按实际工料费收取，但最高不得超过同类型零散低压新装用户工料费收费标准。

5.电能表检定费是指用户要求供电企业现场校验电能表需预交的校验费，经检定电能表合格的，按本规定标准收费收取电能表检定费；不合格的，不收取电能表检定费。

【成品油价格】2016年，成品油价格继续实行全省统一价区，成品油零售企业可在不超过汽、柴油最高零售价格的前提下，自主制定具体零售价格。2016年1月1日零时起，车用汽、柴油质量升级实行加价政策。全省国Ⅴ标准车用汽油销售价格在国Ⅳ标准车用汽油基础上标准品每吨加价170元；国Ⅴ标准车用柴油销售价格在国Ⅳ标准车用柴油基础上标准品每吨加价160元，非标准品按国家规定品质比率相应加价，普通柴油仍按国标Ⅲ标准车用柴油销售价格执行。2016年，国家发改委根据国际市场油价变化情况和国家现行成品油价格形成机制对成品油价格进行5降10升共15次调整，省物价局也随之对全省成品油价格作相应调整。

表27　　　　　　　　　　　　　2016年永定区汽、柴油最高零售价格一览表　　　　　　　　　　　　单位：元/升

执行时间	车用89号汽油（V）	车用92号汽油（V）	车用95号汽油（V）	车用0号柴油（V）	普通0号柴油
2016年1月13日24时起	5.16	5.54	5.92	5.14	4.68
2016年4月26日24时起	5.28	5.67	6.06	5.27	4.82
2016年5月11日24时起	5.37	5.77	6.16	5.37	4.92
2016年5月25日24时起	5.53	5.94	6.34	5.54	5.09
2016年6月8日24时起	5.61	6.02	6.43	5.64	5.18
2016年7月21日24时起	5.49	5.90	6.30	5.51	5.06
2016年8月4日24时起	5.33	5.73	6.11	5.33	4.87
2016年8月18日24时起	5.46	5.87	6.26	5.47	5.02
2016年9月1日24时起	5.61	6.03	6.44	5.64	5.19
2016年9月18日24时起	5.50	5.90	6.31	5.51	5.06
2016年10月19日24时起	5.76	6.19	6.61	5.80	5.35
2016年11月16日24时起	5.49	5.90	6.30	5.50	5.05
2016年11月14日24时起	5.94	6.38	6.82	6.01	5.55
2016年11月30日24时起	5.62	6.04	6.45	5.65	5.19
2016年12月28日24时起	6.01	6.46	6.90	6.09	5.63

【液化气价格】

2016年，瓶装液化气价格实行市场调节价，由液化气经营企业依据生产经营成本和市场供求情况，自主制定价格；管道液化气销售价格实行政府定价。城区瓶装液化气价格先后4降1升共5次调整，价格水平每公斤在5.00元至6.15元之间变动。城区管道液化气居民用气销售价格继续按2012年区物价局核定的标准18元/立方米。

表28　　　　　　　　　　　　2016年永定区城区瓶装液化气销售价格变动情况表　　　　　　　　　　　　单位：元

调价时间	每瓶（净气重13公斤）销售价格	每公斤销售价格	备注
3月2日	80	6.15	含2层以下送气费
6月27日	70	5.38	含2层以下送气费
8月5日	65	5.00	含2层以下送气费
10月11日	75	5.77	含2层以下送气费
12月20日	80	5.15	含2层以下送气费

【推进简政放权】

及时做好省物价局和有关部门取消收费许可证和经营服务性收费证制度的承接工作，停止执行《经营服务性收费证》和《收费许可证》年审制度，取消"两证"核发（其中注销72个行政事业性收费单位的收费许可证），改为收费单位情况报告制度，完成2016年度行政事业收费情况报告，涉及66个执收单位、75项收费项目，收费总额6736.77万元（按收费对象分类，涉农收费0.70万元、涉企收费3184.72万元、其他收费3551.35万元；按收费性质分类，行政性收费3521.55万元、事业性收费3215.22万元；按管理权限分类，中项中标收费1240.24万元、中项省标收费3980.12万元、省项省标收费160.49万元、其他收费1355.92万元；按收费类别分类，行政管理类收费2276.97万元、资源补偿类收费1261.78万元、鉴定类收费39.79万元、考试类收费0.70万元、教育类收费2676.18万元、其他收费481.34万元），同比减少2588.02万元，减幅27.75%。收费总额减少主要原因是二胎政策放开后，计划外生育人数减少，社会抚养费征收相应减少3215.94万元；而诉讼费由于法院加大追缴力度增加249.44万元、居民身份证工本费由于换证年增加102.46万元。公布2016年区本级有资质的66个行政事业性收费单位名单和2016年区本级23个经营服务性收费单位名单。公告承接市级下放的中等职业学校和普通高中住宿费收费标准审批事项。健全行政权力运行制约和监督机制。以规范物价行政审批程序为重点，按照市物价局物价行政审批"五规范"（规范审批服务事项操作细项的名称、申报材料、审批流程、办理时限和收费标准）要求，进一步规范权力运行程序。逐步推进"双随机一公开"（行政执法随机抽取检查对象、随机选派执法检查人员，公开抽查情况及查处结果）监管工作。2016年4月13日，因区物价局在编在岗执法检查人员只有2名，不能建立随机选派执法检查人员机制，暂缓建立"两随机"机制，向区审改办书面说明情况。11月10日，按照全省"双随机一公开"监管工作电视电话会议精神，统筹全局取得国家发改委价格行政执法资格的执法人员，建立检查人员名单和随机抽查事项清单和区级市场主体名单"两单两库"；11月18日，制定推进随机抽查规范事中事后监管实施方案，通过"福建永定"网站公布；12月23日，制定"双随机"抽查工作细则，在"福建永定"网站公布；12月26日，制定"双随机"抽查工作计划。

【收费管理】

2016年，实行收费目录清单常态化，在"福建永定"网站及区发改局网站公布涉企行政事业性收费清单、政府定价管理的涉企经营服务性收费目录清单和政府定价管理的中介服务收费目录清单。督促落实收费优惠政策，对2015年1月1日以来，区国土局、农业局、林业局、环保局、工商局、质监局、人防办、人社局等涉企、涉及大众创业万众创新等部门收费优惠政策落实情况进行执行督查，全区降低计量检定收费、房屋转让手续费标准和减免拖拉机安全技术检验费、拖拉机驾驶证费各2项，共减免收费金额177.45万元。根据财政部和国家发改委的通知要求，及时暂停征收价格调节基金，减轻企业和经营者负担400多万元。按照市局部署，完成土地使用权、矿业权和建设工程交易服务机构建设和服务收费情况调查，为纳入公共交易服务平台和规范收费行为提供意见和建议。开展企业反映涉及煤炭、石灰石收费问题的调查。进一步推进"阳光价费"工作，实现"价费动态监管、价费公共服务、价费监督制约"三大长效机制，工作成效得到省及市物价局的肯定。2016年9月2日，在龙岩召开的全省"阳光价费"活动工作总结会议上，区物价局作《构建阳光价费长效机制 营造规范有序价费环境》的工作经验交流。

【教育收费】

核定2016年春季高中课本及教辅用书收费标准，规范永定区2016—2017学年中学、小学、幼儿园学生收费标准。

表29　　　　　　　　　2016—2017学年永定区普通高中学费收费标准　　　　　　　单位：元/(生·学期)

学校类别	收费标准
省级示范校	1000
省一级达标校	850
省二级达标校	800
省三级达标校	700

表30　　　　　　2016—2017学年永定区高中课本及推荐教辅材料费预收标准表　　　　　单位：元/(生·学期)

类别	高一	高二文科	高二理科	高三文科	高三理科
课本费	283.6	280.8	305.3	96.7	97.1
教辅材料费	220.9	375	442.5	291.4	286.8

表31　　　　　　　　　2016—2017学年永定区幼儿园收费项目及标准表

类别	计费单位	保育教育费收费标准	
		简托	日托
省示范性幼儿园	元/(生·月)	350	400
市示范性幼儿园	元/(生·月)	270	320
区示范性幼儿园	元/(生·月)	220	260
普通幼儿园	元/(生·月)	180	200

表32　2016—2017学年永定区普通高中及中等职业学校学生公寓住宿费收标准表　　单位：元/(生·学期)

学校名称	学生公寓收费标准	高中住宿费收费标准
永定一中	600	280
城关中学、湖雷中学、金丰中学、抚市中学	500	280
高陂中学	男生480元、女生520元	280
坎市中学	480	280
侨荣职专	500	—

【价格监督检查】

2016年，坚持做好日常和强化节假日期间市场价格监管。进一步推进明码标价工作，继续推进"12358"价格举报管理系统建设。开展银行、教育、涉企、客运票价和医疗服务价格等专项检查，进一步规范行业价格行为。全年立案查处价格违法案件4件，经济制裁总金额7.98万元。

专项价格检查 按照国家和省、市价格主管部门统一部署，结合永定实际，采取直接检查、联合检查和属地检查等相结合的工作方式，在全区组织开展旅游市场价格、春运客运价格、医药品价格和教育收费专项检查。旅游市场价格专项检查方面，2016年4月—5月，配合市物价局做好土楼景区门票价格及减免优惠政策落实情况、景区内配套交通运输服务价格、导游服务收费、景区停车收费以及住宿、餐饮、购物等经营场所的明码标价情况，出动检查人员30多人次，规范景区价格行为；春运客运价格专项检查方面，出动检查人员32人次，维护春运期间客运票价的正常秩序；医药品价格专项检查方面，查处1起医疗价格违法行为，违法金额6.33万元，给予没收违法金额6.33万元、罚款1.50万元、上缴财政7.83万元的行政处罚。

市场价格检查 坚持做好日常和重大节假日、高考期间市场价格监管，出动检查人员30多人次、检查经营户40多家。

明码标价监管 为巩固土楼AAAAA级旅游景区形象，做好复核迎检工作，根据区委、区政府的部署和要求，从2016年8月份开始，区物价局集中力量开展土楼AAAAA级景区明码标价专项整治，每天派出4名工作人员深入土楼景区，采取地毯式户户做通的工作方式，对土楼景区内及周边商铺、餐饮、住宿等商品和服务明码标价进行巡查，采取边检查、边宣传、边指导的方法，发现问题及时责令纠正。8月份，派出工作人员200多人次，巡查和督促经营户近2500户（日均30—40户），规范明码标价经营户260户，建档立卡经营户156户，责令整改经营户90多户，现场分发《关于进一步规范旅游景区明码标价的通知》及价格法规政策宣传材料800多份，免费发放标价签25000多张。通过整治，洪坑、高头两个主要景区商品和服务明码标价普及率和标价率达80%以上，整治土楼景区明码标价工作取得阶段性成效。8月25日，福建经济频道、福建新闻频道、福建经视频道和永定电视台、永定新闻网、福建永定网站等媒体，以新闻直播、视频转播和图片文字集中宣传等方式报道区物价局规范旅游景区经营者明码标价行为。

电商价格监管 针对网购价格举报数量猛增的新情况新问题，采取加强电子商务平台价格法律法规宣传、召开价格政策提醒告诫会、严查消费者投诉举报案件和及时指出商家明码标价不规范的商品等综合监管措施，探索破解电商领域价格执法难题。4月29日，组织孵化园等全区11家较大的涉及电子商务平台的商家，召开提醒告诫会，提醒告诫要合法经营、诚信经营，受到媒体的集中关注。永定电视台、红土地视频网以《永定：首次对境内电商企业进行告诫》为题进行专题报道，永定政府网站通过截屏进行转载。同年，查处一起电商企业违反明码标价规定的价格违法行为，责令商家退还消费者购物金额，维护消费者的合法权益。

打造"12358"品牌 在继续推进"12358"价格举报管理系统建设的同时，发挥价格举报工作了解社情民意，服务社会，化解价格矛盾纠纷的"窗口""纽带""桥梁"的作用，认真办理价格举报案件，及时查处群众举报投诉的乱加价、乱收费行为，化解社会矛盾。全年受理价格举报案件（含咨询件）16件，办结率100%。

【价格认证】

2016年，围绕开展"价格认定法制建设年"活动目标，提高价格认定业务水平和办案质量，全年办理价格认定案件138件，比增28件，增幅25%。其中，刑事案件120件，认定标的金额359.88万元；行政案件14件，认定标的金额

2357.38万元；涉税认定2件，增加地税收入155.50万元。3月，区价格认证中心阙东昌再次被抽调到国家发改委价格认证中心参加"1·12"专案组工作，表现突出，受到中国人民解放军军事检察院和"1·12"价格认定工作组领导的通报表彰，并被国家发改委价格认证中心授予"优秀价格认定人员"称号。区委、区政府对价格认定工作给予充分肯定，区委办、区府办2016年第2期《永定信息》专刊编发《永定区物价局多举措促价格认定工作成效显著》，提升区价格认定工作的影响力。为贯彻落实新制定的《价格认定规定》《价格认定文书格式规范》，进一步规范价格认定行为，提高价格认定文书质量，先后制定《价格认定协助书》示范文书格式、编制《价格调解争议处理宣传手册》和《价格认定文业务指南》，并在办公场所提供纸质材料、电子版和对前来办理价格认定业务人员进行现场指导，深受区司法机关、行政执法机关好评，省物价局网站和龙岩物价微信平台先后以《永定区物价局规范价格认定行为》为题进行宣传报道。

【农产品成本调查】

2016年，区物价局按时完成国家和省价格主管部门下达的早籼稻、晚籼稻和烤烟等3个常规调查品种的成本、收益调查，农户种植意向、农资购买情况、农户存粮情况调查，烤烟和晚籼稻成本预测调查任务，以及市下达品种"六月红"早熟芋、红柿生产及加工调查任务，并将各项调查形成的专题调查报告，为政府调整农业产业结构、发展地方特色农产品、增加农民收入提供决策依据。

表33　　　　　　　　　　2016年永定区部分农产品成本收益调查主要指标表

项　目	早籼稻	晚籼稻	烤烟	"六月红"芋
主产品产量（公斤/亩）	403.13	405.39	131.24	824.15
产值（元/亩）	1131.99	1257.01	3301.85	2868.23
总成本（元/亩）	1605.44	1780.22	3894.21	3623.35
净利润（元/亩）	-473.45	-519.99	-592.36	-755.12
主产品平均出售价格（元/50公斤）	140.00	155.04	1257.94	167.94

【价格成本监审】

2016年，开展污水处理收费标准调整、中川土楼景区门票价格等成本监审，为价格决策提供依据。此外，根据区领导批示，对污水处理厂提出新增的加药除磷设备购置费及添加化学除磷药剂费用应增加政府补助的报告，开展专项成本调查核算，及时为区政府提供决策依据。

【价格监测】

2016年，加强价格监测预警分析，落实价格监测日报、周报、旬报制度，不断提高分析质量和预测能力。对凤城、坎市、下洋等三大集镇市场采集的36种主要食品价格和18种主要工农业生产资料价格进行汇总、分析，编印《永定价格监测》月刊，为价格决策提供参考；推进民生商品价格信息发布，运用价格监测数据，在继续做好永定政府网站、区发改局网站每月5日、15日、25日定期发布"价比三家"信息的同时，加大"价比三家"信息发布力度，与永定家园网合作，设置永定家园网公众号每月定期发布3期"价比三家"信息、"价比三家"信息关键词回复取得相关信息和永定家园网"价比三家"首页条显示等6个专栏（版），增加发布渠道，扩大宣传面。

表34　　　　　　　　　　　　　2016年若干月份永定区主要生产资料价格表

序号	品名	规格等级	产地	计量单位	2月	4月	6月	8月	10月	12月
一、建材类（7种）										
1	普通线材	普通6.5Q235A	三明	元/吨	2140	2383	2350	2435	2555	3184
2	圆钢	Φ10毫米	三明	元/吨	2164	2417	2383	2483	2589	3217
3	螺纹钢	Φ10—12毫米	三明	元/吨	2164	2417	2372	2483	2589	3217
4	螺纹钢	Φ16毫米	三明	元/吨	2150	2400	2355	2444	2555	3189
5	水泥	32.5R袋装	十大	元/吨	350	339	330	314	323	395.7
6	水泥	42.5R袋装	十大	元/吨	383	372	367	347	353	428
7	机砖	机制14厘米	本地	元/块	0.3	0.31	0.31	0.30	0.31	0.34
二、农资类（6种）										
8	尿素	有效成分46%	三明	元/吨	1963	1980	1967	1867	1811	2011
9	碳酸氢铵	有效成分17%	龙岩	元/吨	895	887	884	880	867	876
10	过磷酸钙	含P12%	厦门	元/吨	760	760	760	760	760	773
11	三元复合肥	含N、P、K各15%	龙岩	元/吨	2767	2767	2733	2700	2678	2700
12	敌敌畏	350克瓶装	福州	元/瓶	8.11	8.33	8.33	8.33	8.33	8.33
13	稻瘟净	350克瓶装	上海	元/瓶	7.17	7.17	7.17	7.17	7.17	7.17
三、能源类（5种）										
14	汽油	无铅93号		元/升	5.54	5.54	5.99	5.78	6.00	6.28
15	柴油	无铅0号		元/升	5.14	5.14	5.61	5.38	5.61	5.89
16	瓶装液化气	13公斤		元/公斤	7.72	7.10	6.81	6.51	6.35	6.74
17	煤炭	机制14厘米	本地	元/个	0.73	0.73	0.73	0.73	0.73	0.77
18	蜂窝煤	5000大卡	坎市	元/吨	380	380	380	407	420	493

表35

2016年永定区"价比三家"活动城区商品价格一览表

公布单位：龙岩市永定区物价局　采价时间：2016年12月15日9时

商品名称	规格等级	计量单位	30种比价商品价格			
			旺都超市	乐万家超市	新华都超市	华榕超市
一、粮油						
月牙米	一优质	元/500克	2.35	2.40 散金丝丝苗米	2.68 丝苗米	2.85 茉莉香米
面粉	一级	元/500克	2.30	2.28	2.80	无
花生仁	一级	元/500克	6.50	9.00	5.58	6.50
黄豆	一级	元/500克	2.80	3.70	3.50	3.50
绿豆	一级	元/500克	6.50	7.58	5.98	6.50
调和油	金龙鱼一级桶装	元/5L	56.90	59.90	56.90	55.80
玉米油	金龙鱼一级桶装	元/5L	73.80	71.80	79.50	71.80
二、肉蛋						
鲜猪肉	精瘦肉	元/500克	14.00	12.98	13.00	无
鲜猪肉	腿肉	元/500克	13.00	10.48	12.50	无
鲜猪肉	五花肉	元/500克	12.00	11.38	11.00	无
鸡蛋	红壳新鲜完整	元/500克	4.58	5.88	5.68	无
土鸡蛋	白壳新鲜完整	元/500克	4.98	5.38	5.38	无
鸭蛋	新鲜完整	元/500克	5.88	8.80	6.98	6.00
三、蔬菜						
大白菜	新鲜一级	元/500克	1.38	0.68	1.38	无
小白菜	新鲜一级	元/500克	2.58	4.28	2.98	无
三叶青	新鲜一级	元/500克	2.38	3.68	2.98	无
卷心菜	新鲜一级	元/500克	1.28	1.98	1.98	无
油菜	新鲜一级	元/500克	1.88	4.88	2.98	无
黄瓜	新鲜一级	元/500克	3.88	3.58	3.58	无
苦瓜	新鲜一级	元/500克	2.88	4.38	4.58	无
西红柿	新鲜一级	元/500克	3.88	3.98	3.88	无
四季豆	新鲜一级	元/500克	4.68	4.38	5.98	无
白萝卜	新鲜一级	元/500克	0.98	1.58	1.58	无
豆芽	新鲜一级	元/500克	无	1.38	无	无

续表

商品名称	规格等级	计量单位	30种比价商品价格			
			旺都超市	乐万家超市	新华都超市	华榕超市
小葱	新鲜一级	元/500克	5.68	7.98	7.58	无
大蒜	新鲜一级	元/500克	6.98	7.58	4.98	无
土豆	新鲜一级	元/500克	2.18	1.68	2.38	无
冬瓜	新鲜一级	元/500克	1.58	1.88	1.68	无
四、调味品、日用品						
味事达味极鲜酱油	380毫升	元/瓶	6.60	6.90	7.80	6.00
雕牌生姜洗洁精	1.5千克	元/瓶	13.90	15.80	8.8（特价）	13.00

注：本表公布的商品价格由城区超市报送，永定区物价局价格监测中心审核，商品价格仅反映当日采价时点的价格水平，不作为其他时间购买依据。

【取消征收价格调节基金】 财政部决定从2016年1月起暂停向社会征收价格调节基金，所需资金通过地方财政预算安排；经省物价局报省改办同意，决定从2016年10月28日起取消征收价格调节基金。取消征收价格调节基金后，每年可减轻永定区企业和经营者负担400多万元。

【平价商店建设】 2016年，持续推进平价商店建设，在元旦、春节期间，城区3个大型超市自行按照均价下浮15%以上销售平价农副产品15种，区物价局对乐万家、旺都和新华都等3个大型超市的平价商店建设年度考核给予一次性奖励1万—2万元。

·统 计·

【统计服务】 完善指标体系 2016年，根据区委、区政府制定的"125"（文化旅游优势产业，能源、建材两大传统产业，光电信息、白酒酿造、生物医药、现代农业、健康养生）产业发展目标体系，及时在《永定统计月报》《永定统计提要》上调整、加载反映产业发展趋势特征的统计指标，服务"125"产业，并实时监测。全年编印《永定统计提要》1册、《永定统计年鉴》1册、《永定统计月报》11期、《统计信息》11期。

加强调研分析 2016年，进一步完善经济运行分析会议制度，提高对经济运行态势科学研判分析的能力，形成一月一分析、一月一调度、一月一通报的运行工作机制，全年召开13场经济运行情况调度分析会、31场专业数据审核评估会，撰写21篇经济综合运行专题分析、41篇统计分析、8篇统计分析报告，其中《关于加快龙岩市旅游资源优化配置的研究》被市科协评为一等奖，《永定生态绿色循环石材产业园建设调查的思考》《永定文化产业发展状况探析》得到区领导批示。

强化企业服务 针对"四上企业"及投资项目入统工作流程，精简审批环节，编制申报入统材料菜单，实行专人专业指导、一次性告知及代办代理制度，提高入统申报成功率。全年新增5家规模以上工业企业、17家限上商贸企业、5家资质以上建筑企业。

推进统计改革 全面深化GDP核算、服务业统计、名录库统计、数据质量控制、统计专业技术职称继续教育等方面改革。名录库从半年报改为季度报,增加企业创新情况调查,统计专业技术职称实行网络继续教育培训方式,由传统的集中培训改为网络在线培训。

【统计宣传】

2016年9月20日,区统计局与调查队联合在南门街广场利用展板、现场咨询台、宣传单、有奖知识竞猜、横幅、短信等,举办以"农业普查福到农家"为主题的第六届统计开放日活动。同时,利用永定新闻网、永定电视台、宣传车、横幅等多种宣传渠道,开展农业普查宣传,在全社会营造人人参与农普工作的氛围。

【统计执法】

2016年,进一步加强执法检查,加大统计执法力度,对拒报、虚报、瞒报和篡改统计数据等违法行为按照有关规定从严处理,并追究其法律责任。统计部门先后对凤城街道、下洋镇、龙潭镇、洪山乡开展监督检查,检查"四上"企业164家,对三兴塑料制品加工厂、福建金丰酿酒公司等28家公司或单位发出《统计整改通知书》,对呈祥家政服务、金诚物流等5家企业发出《限期送检通知书》,对福建昊化无机盐有限公司等2家企业进行立案查处。

【2016年全国第三次农业普查】

2016年3月,成立以区政府分管农业领导为组长的领导小组,领导小组下设办公室,负责普查日常工作的组织和协调;印发《龙岩市永定区人民政府关于做好第三次全国农业普查工作的通知》(永政综〔2016〕35号),明确普查的时间、内容、牵头部门及责任。区主要领导、分管领导不定期听取普查前期工作汇报,及时协调解决工作中出现的问题。农业、林业、国土等单位密切配合,普查办人员实行集中办公,并制定农普办工作规则,明确普查办人员包片挂钩乡镇农普工作责任和成员单位工作职责分工。完成永定区农业普查(三年期)的经费预算工作,落实普查工具,购买PDA终端,添置办公设备。选聘乡镇普查"两员"775人,劳动报酬纳入经费预算。启动农业普查宣传工作,制定普查宣传动员工作方案,采用电视播放、宣传栏张贴、手机发短信、发放宣传材料、悬挂横幅等多种形式,定期在城区统计宣传栏刊登《农普知识》,利用统计开放日印发"一分钟读懂农普"宣传材料等。同时,选派业务骨干5人参加省级培训,26人参加市级培训,500余人次参加全区农业普查区划分业务培训、农业普查推进暨住户清查摸底和入户登记业务培训会议,全面完成乡镇(街道)农业普查业务培训工作。

·国家统计调查·

【调查网点维护】

2016年,居民收支调查打破传统的账本记账方式,利用无线网络传输,推行手机记账,手机记账开户率达52%;流通与消费价格调查新增2个调查网点、更新6个调查网点,剔除部分无代表性规格品,进一步细化规格品名称;畜禽监测调查重新整理样本库,对21家饲养量5000头以上的大型生猪养殖户和1家饲养量10万只以上的大型家禽养殖户采用全面调查,对中小型和散养户采用抽样调查,利用14个生猪调查小区和19个家禽调查小区进行推算;其他专业均按原有的调查对象和调查方式进行调查。

【队伍建设】

2016年,3名队领导班子成员参加福建调查总队组织的领导干部综合素质培训,1名干部参加全省新任公务员任前培训,1名干部参加省委党校研究生班学习。11名在编干部全部参加国家统计局内网政治理论和业务知识学习,并完成规定课时。

【专项调查】

第三次农业普查面积遥感测量调查　2016年，根据第三次全国农业普查方案，第三次农业普查面积遥感测量调查由调查队系统组织实施，区财政拨付30万元调查经费。5—8月，历经春播、夏播两个调查期，采用PDA定位采集数据和无人机飞行采集数据两种方式，每次调查古一、下金、兰岗、忠信、寨头、上湖、上南、朱罗、上洋、和兴、大排、龙川、虞溪、陈东、黄龙等15个农作物面积调查村，每个调查村15个样方，每个样方投影面积60亩。

公众评议政府工作绩效调查　受永定区政府、绩效办委托，于2016年第一季度开展公众评议2015年度73个区直部门、24个乡镇政府（街道办事处）工作绩效问卷调查，评议结果作为评价区直部门、乡镇政府（街道办事处）工作绩效和奖惩的重要依据。

劳动力调查　2016年，新增劳动力调查，调查10个建制村（居委会），每个村抽取4户进行调查，每月调查1次。

【统计宣传】

"第七届统计开放日"　2016年9月23日，与区统计局在城区南门商贸广场联合开展以"农业普查，福到农家"为主题的"第七届统计开放日"宣传活动，摆设1个气拱门、12个统计调查业务咨询台，悬挂20块展板，向近千名市民分发"一分钟读懂农业普查"宣传单、统计基本常识、正统网和统计法宣传材料，为100多名市民解答农业普查工作流程和统计调查业务方面的疑难问题。同时，向区领导、区人大代表、区政协委员、辅助调查员、调查对象和普查员发送以"农业普查，福到农家"为主题的宣传短信。

统计法治宣传进校园、进社区　2016年12月8日《中华人民共和国统计法》颁布纪念日，与区司法局、统计局联合，在凤城街道书院社区开展以"弘扬法治精神，深化统计改革，全面依法统计，保障数据质量"为主题，以宪法和统计法为主要内容的法治宣传进校园、进社区活动，向书院小学师生和书院社区群众分发农业普查宣传单、统计法律法规宣传手册、宣传画等宣传材料及印有法律知识的宣传纪念品1000多份。

"情系数海"主题宣传　2016年，撰写以宣传好人好事和抒情为主的统计文化稿件31篇。其中，被国家统计局内网采用4篇，被《中国信息报》采用3篇，被《中国统计》杂志采用1篇，被福建调查总队内网采用12篇。

【统计服务】

2016年，撰写各类信息127条，被采用102条，采用率80.3%。其中，撰写政务信息107条，被福建调查总队内网采用57条，另外被龙岩调查队内网不重复采用20条；撰写约稿信息7条，其中3条被省两办、福建调查总队采用，为福建调查总队提供的《永定企业接受政府部门各类检查情况》《永定区红色旅游发展现状与存在的主要问题》等2条约稿信息被省领导批示。编印《永定调查分析》19期，其中《永定区经济转型绿色发展探析》分别被国家统计局、福建调查总队、龙岩调查队内网采用，《永定区个体经济发展状况研究》获福建调查总队2016年度优秀论文评选县市组三等奖。

·市场监督管理·

【机构改革】

2016年3月，根据区委、区政府部署，区工商局、质监局、食药监局合并组建区市场监督管理局（简称"市场监管局"），并于4月26日正式挂牌办公。原来3个局的人员、资产整体合并。办公场所整合在原工商局办公楼，仅质量计量检测所暂无法迁入，仍在原质监局办公。机关设17个股室，派出机构6个（城区监管所、抚市监管所、湖坑监管所、峰市监管所、湖雷监管所、下洋监管所），直属机构3个（执法大队、消费者权益保护委员会秘书处、消费者申诉举报指挥中心）；下属事业单位1个（区质量计量检测所）。经区编办核定，区市场监管局编制134名，其中行政编制111名、机关工勤人员及事业编制23名；实有干部职工120人，其中行政编制100人、行政工勤编制6人、事业编制10人、事业工勤编制4人。

区市场监管局主要职责：负责涉及工商行政管理、食品药品监督管理、质量技术监督的各类行政审批和行政许可并监督管理；指导企业办理动产抵押、商标质押、股权出质，拓展融资渠道。组织指导查处违反工商行政管理、食品药品监督管理、质量技术监督法律、法规、规章的行为。承担消费者权益保护牵头协调职责，负责涉及工商行政管理、食品药品监督管理、质量技术监督的投诉和举报工作。承担对各类市场生产经营秩序的监管职责。负责管理和指导质量工作。实施商标战略和名牌战略，指导广告业发展，实施合同行政监督管理，监督管理拍卖行为。负责管理标准化工作、计量工作、特种设备的安全监察和管理合格评定工作。承担区食品安全委员会日常工作。管理质量计量检测所。

【申诉举报热线"三线合一"】

2016年，区市场监管局将工商"12315"、质监"12365"、药监"12331"热线"三线合一"，实现"公众消费诉求处置一体化"，完善申诉举报转案件的流转机制，实行集中分派、并网处置、高效办理、统一反馈。全年接到举报申诉等161件，处理161件。

【市场主体发展】

2016年，区市场监管局深入实施商事制度改革，进一步激发市场主体活力，促进大众创业、万众创新。全区新增企业443户，比上年增长（简称"比增"）29.91%；新增个体工商户2299户，比增8.34%；新增家庭农场591户，比增104.50%；新增食品经营户488户，比增19%。至年底，全区有市场主体18002户，比增17.97%。其中，个体工商户15495户，比增17.42%；企业2507户，比增21.46%。食品销售经营户3075户，食品生产企业42户，餐饮经营户654户，有证小作坊7户，农村移动厨房209家。发放药品经营许可证67份，"五证合一"营业执照782份，电子营业执照1317份，个体工商户"两证整合"营业执照1590份，"一照一码"换照率100%。帮助指导160余户个体工商户转型升级为公司制企业。通过股权出质、动产抵押、商标质押帮助企业融资，全年指导47家企业获得14.3亿元融资支持。

【实施"质量强区"、品牌、标准化三大战略】

2016年，产品监督抽查合格率100%，全市排名并列第一，产品质量稳步提高。"全国土楼客家文化知名品牌示范区"创建工作有序推进。永定区将"质量工作"纳入经济社会发展规划和政府目标考核体系。区市场监管局出台名牌培育三年滚动发展和商标培育计划，2016年指导新注册商标394件，同比增长70.26%；指导申报地理标志证明商标10件，全部被国家商标总局受理。指导注册马德里国际商标4件、省著名商标2件、市知名商标4件，初评福建名牌产品3家、复评3家。至年底，全区有省名牌产品8件、国家地理标志保护产品1个（永定万应茶）；有效注册商标1880件，其中驰名商标1件、福建省著名商标11件、龙岩市知名商标22件、地理标志证明商标4件（永定菜干、永定巴戟天、永定红柿、永定美蕉）。

【市场执法】

2016，相继组织开展不正当竞争、农资监管、春节、网络监管、肉制品"溯源"等专项执法，以及校园及周边环境、特种设备安全、计量、涉麻涉毒等整治，严厉查处一批无证照经营、假冒伪劣以及违反食品安全法、产品质量法等案件。

开展打击传销宣传活动，巩固无传销县创建成果。全年办结案件90起，罚没入库107.5万元。其中，查处工商类案件60起，罚没入库39.4万元；查处食品药品违法案件26起，其中移送公安机关4起，罚没款69.3万元，已入库57.3万元；查处质监类案件4起，罚没入库10.8万元。其中9月1日开展"保民生百日执法"专项整治以来，区市场监管局查处立案违法案件56起，罚没54.8万元，向公安机关移送涉嫌食品安全犯罪案件2起。

【综合监管】

2016年，抽检流通领域商品质量样品30组，其中不合格商品10组，立案查处6起案件；抽检食用农产品160批次，合格率96.9%；工业产品质量抽检17批次，合格率100%；市级抽检流通环节药品150批次，合格率98%。加强企业信用信息归集与运用，全国"一张网"2016年归集信息1414条，其中行政许可信息1105条，行政许可变更信息2条，行政处罚信息179条，抽查检查信息80条，小微扶持信息48条。利用"双随机、一公开"监管方式，抽检内资企业187户，农民专业合作社9户，个体工商户347户。被列入企业经营异常名录的内资企业527条、移出138条，农民专业合作社列入57条、移出17条，个体经营异常标注3315条、取消670条。

【食品安全监管】

2016年，加大"全省食品安全社会共治示范区"创建力度，打造土楼风情街、凤城街道河滨路等2条餐饮服务安全示范街、30家餐饮店示范点、"明厨亮灶"示范店2家。开展各类食品安全专项整治，深化学生餐饮安全工程，签订食品安全承诺书62份，发出监督意见书11份。做好区党代会、区"两会"、中高考等12场重大活动的食品安全保障工作。食品安全满意率全市排名第二。

【药械安全监管】

2016年，收集药品不良反应报告456例，医疗器械不良反应报告45例，位列全市前茅。开展疫苗、特殊药品和特殊药品复方制剂及体外诊断等专项检查，立案查处3起，责令整改12家，其中乡镇卫生院以上医疗机构疫苗专项检查面100%，完成全区11家药店GSP认证跟踪检查。药品安全满意率全市排名第四。

【特种设备安全监管】

2016年，检查63家特种设备使用单位，消除隐患35个，发出安全监察指令书11份，与12家特种设备重点使用单位签订安全责任书，全区特种设备运行总体安全平稳。

【消费维权】

2016年，加强维权力度，推行"互联网+维权"的维权模式，该模式受到原省工商局局长叶木凯和区长陈荣水肯定。全年受理消费投诉举报150起；"诉转案"21起，处置率100%；抽查回访消费申诉案件中被省局通报表扬1次；新设12315消费维权服务点1个。消费维权满意率全市并列第三。

【餐桌污染治理】

2016年，全面推进治理"餐桌污染"建设"食品放心工程"为民办实事项目。发放相关宣传材料8270份，举办农村集体聚餐（培训范围涵盖全区20个乡镇）、行业协会食品安全培训等8场次。强化装备，投资33.9万元购置食品检测设备1套和食品安全快速检测仪8套。餐饮服务行业量化分级管理率94%，量化分级公示率90%。

【计量器具检定】

2016年，实施计量惠民，为乡镇集市、卫生院等免费检定约19万元。检定各类计量器具6456台件，其中衡器（电子秤、电子台秤、架盘天平、戥秤、电子汽车衡）5237台、加油机654枪、压力表185台、天平80台、血压计300台。

【土楼景区安全整治】

2016年8月3日，国家旅游局发出对福建永定—南靖土楼景区严重警告的通报后，区市场监管局组织人员对景区及其周边涉及食品安全的食品销售、餐饮服务经营户和景区购物点进行检查，发现主要存在无照、无证、许可证过期等问题。发出责令改正通知书118份，至年底全部整改完成。对景区及周边餐饮行业进行集中整治，创建市级餐饮行业示范一条街，做到持证亮照，制度上墙。限期仍未整改的商户，将依照法律法规进行处理。组织工作人员对洪坑、高头景区及周边的商户、摊点所使用的电子秤进行计量检定，检查电子秤1300余个，免费发放检定标签1300余个，投入资金1万元。配合市食药监局对景区周边餐饮行业的食品原材料进行快速检测，抽检15批次，包括牛肉、牛肉丸、猪肉等品种，未发现非法添加问题。

【两大示范区创建】

2016年，"全国知名品牌创建示范区"筹建工作有序推进。"全省食品安全社会共治示范区"试点建设工作逐步开展，10月召开全区创建动员大会。食品流通和餐饮环节的示范建设方面，将湖坑镇土楼风情街（示范街）和15家餐饮店（示范点）列为2016年餐饮服务食品安全示范创建单位，牛特酒店和土楼王子酒店列为"明厨亮灶"示范店。

【社会共治】

2016年，严格落实《食品药品行政执法与刑事司法衔接工作办法》，做好行政刑事衔接信息共享平台录入。全市首家"两法衔接工作检察联络室"在区市场监管局揭牌成立。联合公安部门对辖区7户牛肉丸加工销售单位进行监督检查，移送1起生产不合格的牛肉丸（硼砂超标）涉嫌犯罪案件。8月2日，联合城关派出所，捣毁一场涉嫌夸大宣传效果养生讲座，现场退回70多名老人购买的高价低廉保健品货款17万余元。9月5日，联合公安部门查处一起不合格肉制品案件。所查肉制品无中文标识、无检验检疫报告及无合法购货票据，共计186箱，计重5.305吨。进一步加强全区市场监管、卫计部门之间的沟通协调，明确联席会议制度工作任务，强调双方职责和分工配合，预防、处置食品和药品安全突发事件，促进各自有关食品药品工作职责落实。

·安全生产监督管理·

【概况】

2016年，区安全生产监督管理局（简称"区安监局"）牢固树立安全生产"底线"思维和"红线"意识，狠抓安全生产"党政同责、一岗双责、齐抓共管、失职追责"和落实企业主体责任，开展"本质安全年"和企业安全生产标准化建设提升工程"三年行动"，做好安全生产各项工作。全区发生各类安全事故12起，死亡8人。各类指标均控制在市政府下达的指标范围内，全区安全生产形势总体稳定。

2016年，选调1人充实区安监局。6月，区安监局增配2名正科级领导干部。年底，区、乡两级在编在岗的专职安监干部60人、兼职人员16人。

【落实"党政同责、一岗双责"】

2016年，区委、区政府根据安全生产"党政同责、一岗双责、齐抓共管、失职追责"要求，加强领导，全面落实安全生产责任；主要领导在区委常委会、区政府常务会、区长办公会上多次专题听取安全生产工作情况汇报，研究解决安全生产重大事项，部署开展安全生产工作，全区召开安全生产各类会议24次。政府分管安全的领导每月至少一次带队深入一线检查指导安全生产工作，及时协调解决安全生产工作中存在的困难和问题。区委、区政府其他领导根据各自职责，树立"管行业必须管安全"的理念，对所分管领域的安全生产工作提出要求、作出部署，开展检查督查。

【合约监管】

2016年，区安监局继续探索践行"合约监管"模式，在依法严格监管的同时，强化全区安监执法人员的服务意识，打造安全监管工作品牌。区安监局干部主动上门为企业服务130多次，接待企业来电来访500多次，发送安全生产警示短信3000多条，较好地解决企业在安全生产过程中遇到的困难或问题，企业自主开展隐患排查治理的意识明显增强。

【基层安监站标准化建设】

按照"巩固区局、强化乡镇（街道）、延伸村居"的思路，2016年，区安监局投入34万元，在全区开展"基层安监站标准化建设"，进一步强化基层安监机构和执法队伍建设，按照"十有"（有一个正常运行的组织机构、有一间相对独立的办公场所、有一个学习参观的宣教基地、有一批业务精湛的执法人员、有一支较为稳定的监管执法队伍、有一批方便实用的监管装备、有一套整齐规范的执法服装、有一套统一规范的管理制度、有一笔相对保障的工作经费、有一套操作性强的应急预案）标准，采取有力措施，进一步夯实安全生产基础。

【企业标准化建设】

2016年，区安监局采取有力措施，严格评定企业标准化等级，培育华润（永定）水泥、东中煤矿、国产实业等一批具有可学习、可参照、可推广的安全标准化提升工程典型示范单位；同时，结合安全生产诚信体系建设和"黑名单"制度等，建立标准化建设行业包干、责任追究等工作制度，要求企业把标准化建设与落实安全生产目标责任、开展隐患排查治理、解决突出问题等工作相结合，统筹兼顾，纵深推进。当年评定三级标准化企业8家，小微企业13家，个体工商户1230家。

【设立安全生产专项资金和考评奖金】

2016年，永定设立300万元的安全生产专项资金，列入年度财政预算，严格按照《永定区安全生产专项资金管理办法》，实施专项管理；坚持按每年65万元的标准设立年度目标考评奖金，对突破区政府下达控制指标和考评总得分不符合要求的乡镇和区直单位，实施安全生产预警，发挥目标考评的奖惩作用。

【深化宣教增强全民安全意识】

2016年，印发《关于加强永定区全社会安全生产宣传教育工作的实施意见》，部署开展安全生产宣传教育"七进"（进企业、进学校、进机关、进社区、进农村、进家庭、进公共场所）活动。做好安全生产政务信息报送，拓宽视野和渠道，全年在省级以上安全媒体发表安全生产政务信息415篇，其中安报53篇、安网84篇、省局网278篇，均居全省县级安监部门前列。精心谋划第十五个"安全生产月"活动。积极动员，及早部署，组织开展形式多样的宣传教育活动。安全生产月活动期间，在烟草局、交通运输局举办企业安全文化、交通安全等培训班3期，安全生产文艺巡回演出5场次，组织观看警示教育片65场次，开展应急救援演练78场次；举办"6·16"安全生产月咨询日活动，安委会51个成员单位发送各种安全宣传资料5100份（册），宣传教育3000多人次，社会反响较好。

此外，围绕"教育培训强基础，隐患排查保安康"主题，开展"安康杯"竞赛活动，参加竞赛职工2万多人。举办"守护生命"有奖知识竞赛活动，1.69万人参加。继续抓好安全生产新闻发言人、专家、记者和通讯员、网络评论员和安全生产监督员"五支队伍"建设，每年宣传教育投入经费以不低于全区人口人均1元进行拨付使用。

【开展安全生产大检查】

及早部署，深入开展 2016年，区安监局及早下发文件，部署开展重点时段安全大检查，强化督查检查，推动各项安全防范措施落实到位，防范元旦、春节、端午、中秋、国庆等传统节假日和"两会"、汛期、暑期、G20杭州峰会、中共十八届六中全会以及省、市党代会等重点时段事故和险情的发生。为确保中秋、国庆全区安全生产形势持续稳定，8月上旬制定下发《龙岩市永定区集中开展安全生产大检查实施方案》，要求各乡镇（街道）、区直各有关部门从8月中旬开始至9月底，组织开展安全生产大检查，并派出督查组进行专项督查。此外，针对烟花爆竹销售旺季的到来，区政府提前组织安监、公安和当地政府开展烟花爆竹"打非治违"专项整治行动，发现违法出售非法烟花爆竹经营点4家，没收烟花爆竹共计340余件，涉案金额6000余元。

领导重视，措施有力　11月29日下午，市委常委、区委书记王金福主持召开区委常委会议，就当前安全生产工作作专题部署。根据市政府安委会和区委、区政府领导要求，迅速制定下发《龙岩市永定区人民政府安全生产委员会关于进一步深入开展安全生产大检查的通知》（永安委〔2016〕16号），成立安全生产大检查领导小组（永安委〔2016〕17号），由区委副书记、代区长陈荣水任组长，区政府副区长林寿杨任副组长，区政府安委会成员单位主要领导为成员，加强对安全生产大检查工作的领导。市委常委、区委书记王金福和代区长陈荣水分别带队深入龙潭镇、抚市镇等产煤乡镇，检查煤矿安全生产工作和非法采矿点整治情况。分管煤管局的副区长卢文阶和分管安全生产工作的副区长林寿杨也多次带队前往相关乡镇，现场检查无证非法采矿整治工作。

专项督查，落实责任　下发《关于开展安全生产大检查暨重点工作落实情况专项督查的通知》，从11月15日至25日，由区政府4位副区长分别带队，对各乡镇（街道）、区直单列考核单位就开展安全生产大检查暨重点工作落实情况进行专项督查。对督查中发现的问题，形成督查通报，并要求针对督查发现的问题进行梳理，采取措施，确保整改到位，对履职不到位、失职的相关人员进行严肃处理。

严格执法，确保安全　区政府采取统筹兼顾、点面结合的方式，既做到全面发动，又对事故频发、隐患突出、安全生产形势严峻的行业（区域）和企业开展重点检查，把各项安全生产措施落到实处。开展安全生产大检查专项行动以来，全区各乡镇（街道）、区直各有关单位组织156个检查组，检查企业393家，排查隐患957项，均在整改期限内完成整改；打击非法违法行为87起，整治违规违章行为155起，关闭取缔1家，暂扣吊销证照5个，处罚20余万元。

【"打非治违"和专项整治行动】

2016年，根据永定实际，深入组织开展煤矿、非煤矿山、危化品等重点行业（领域）"打非治违"和专项整治，严厉打击非法违法生产经营建设行为。检查非煤矿山企业72家次，发现隐患340个，发出各类执法文书216份，整改到位340个，立案查处3起，处罚金额2万余元。检查危险化学品企业31家次，发现隐患41条，开具执法文书55份，完成隐患整改41条。检查烟花爆竹批发企业5家次，开具执法文书9份，排查隐患5个，整改5个。对烟花爆竹零售点累计执法检查37家次，开具执法文书61份，排查隐患27条，完成隐患整改27个。冶金和粉尘涉爆方面，对华润水泥、闽福水泥等相关企业进行有限空间专项检查，排除隐患12个；进行1次粉尘专项大检查，安全监督检查3次，排查隐患2个，均督促其按时整改到位。

·审计监督·

【概况】

2016年，区审计机关坚持"依法审计，服务大局，围绕中心，突出重点，求真务实"工作方针，主动围绕区域经济发展重点，结合实际，创新工作方法，开展审计工作。全年完成审计（调查）项目43个。查出问题金额49590万元，发现非金额计量问题208个；审计处理处罚45093万元，审计促进整改落实有关问题资金2092万元；核减投资额935万元。审计提出建议144条，被采纳审计建议109条；提交审计专题、报告、信息等133篇，被批示采用72篇次。审计监督在加强宏观调控、推进依法行政、促进廉政建设、助力永定经济社会转型发展和跨越发展等方面发挥积极作用，取得良好成效。

【财政预算执行审计】

2016年，永定区本级预算执行审计围绕政府预算管理，以预算执行和政府性资金（全口径）收支为主线，对区财政局、环保局、水利局等单位2015年度预算执行情况的11个项目实施审计，查出主要问题金额6096万元。审计结果表明，有关部门不断加强预算管理，建立健全规章制度，部门预算执行情况总体较好，但在预算执行和其他财政收支中仍然存在一些有待纠正和改进的方面。审计机关对审计整改落实情况进行督促检查，促进被审计单位依法理财用财，规范管理，提高财政资金使用效益。各有关部门（单位）在纠正具体问题的同时，重视从源头上整改，从根本上治理，出台多项管理制度和办法，本级预算执行审计整改工作取得较好效果。有关整改情况，审计机关在区第十六届人大常委会第46次会议上作专题报告。

【专项资金审计和专项审计调查】

2016年，审计机关实施的专项审计或审计调查项目有审计署统一组织安排的稳增长、促改革、调结构、惠民生、防风险政策措施落实情况跟踪审计（4个季度），省审计厅统一组织安排的2015年度"社会保障和就业支出"科目专项审计（基本医疗保险基金和医疗救助资金审计），省定扶贫资金专项审计、世界银行贷款福建农村公路项目专项审计，峰市镇信美村、下洋镇觉川村、岐岭乡湖河村2013—2015年财政资金收支及管理专项审计，抚市镇水源工程项目征地拆迁补偿专项资金审计等11个项目。通过跟踪检查相关政策贯彻落实情况，揭示和反映资金分配、管理、使用方面的问题，审计查出主要问题金额3551万元。主要问题有：部分单位和项目进度缓慢，部门工作衔接不及时；一些村存在专项资金未按规定实施或使用，招待费用支出较大，未执行"零招待"规定；一些村干部违规发放补贴；往来款项长期未清理；白条报销招待费用；有些村内部控制制度不健全，工程支出没有税务发票，工程没有进行公开招投标，财务核算不规范等。审计机关提出相关整改意见和建议，确保各项惠民政策取得实效。

【行政企事业审计】

2016年，区审计局安排并实施的行政企事业审计有：福建兴业能源有限公司和永定中小企业担保中心等两个单位的2013—2015年资产、负债及损益情况审计；经信科技局、老区办、老龄办、殡仪馆等4个单位2013—2015年财务收支情况审计。审计发现主要问题有：一些单位部分往来款项未及时清理，费用支出在往来款项中核算，费用报销不规范，会计基础工作薄弱、会计核算前后不一致，部分科目余额未进行归集、合并、调整，下拨经费、旅差费报销手续不够规范，接待费支出不符合有关规定等。审计发现永定老区办存在美丽基点村建设资金使用不规范、"五老"减员资金结余支出未纳入部门预算、乡镇"五老"人员经费结余没有及时结算核销，中小企业担保公司存在未按规定控制代偿率和代偿金额占担保基金的比例、未按规定计提未到期责任准备金、风险准备金没有按规定进行专户存储等问题。审计机关针对存在的问题提出审计整改建议并跟踪落实，促进有关行政企事业单位财政财务收支真实、合法，规范单位预算，加强财务管理，加强管理健全内部控制制度，提高资金使用效益。

【政府性投资项目审计】

2016年，政府性投资项目审计以促进和提高财政资金使用效益，完善政府投融资体制，规范项目建设秩序，保障建设工程的顺利实施为目标，重点揭示和反映项目工程建设管理及资金筹集和使用过程中存在的问题，关注项目推进和进度情况。实施对永定2015年保障性安居工程跟踪审计、永定区客家古镇景观大道工程价款结算审计等4个审计项目，送审金额4986.73万元，核减金额225.56万元。固定资产投资审计中心完成建设工程决算审核项目383个，送审金额37219.13万元，核减金额2967.34万元。审计发现一些项目存在工程价款结算不实、施工单位多计工程量以及工程后续管理不够到位等问题。审计对存在的问题提出整改建议并跟踪落实，促进有关单位加强管理，提高工程质量。

【经济责任审计】

2016年，任期经济责任审计以客观评价被审计单位主要领导干部任职期间履行经济责任的总体情况，促进被审计领导干部守法、守纪、守规、尽责为目标，重点监督检查统筹经济社会发展战略、规划和措施制定及执行有关方针政策和决策部署，经济目标责任制完成情况，财政收支及政府性债务管理情况，重大建设项目实施，脱贫扶贫管理，民生改善和机构编制使用管理，履行党风廉政建设第一责任人职责及遵守廉洁从政规定情况。对区委文明办、商务局等12个乡镇、部门共15位领导人任期经济责任进行审计。审计查出主要问题金额17888万元，其中部门和政府306万元、国企17582万元。审计发现，一些部门和乡镇存在往来账未及时进行清理，固定资产未按规定记明细账和固定资产登记卡，资产未建立购置和领用制度，部分资产购置无政府采购手续，该缴交财政资金未及时上缴财政，费用报销不合规和财务核算不规范等问题。审计机关就有关问题提出审计意见和建议并出具审计报告。

· 环境保护 ·

【概述】

2016年，区环保部门以生态环境保护攻坚战役为抓手，完成年度各项目标任务。各流域监测断面水质达标率100%，城乡集中式饮用水源地水质达标率100%。城区环境空气质量优，二氧化硫、二氧化氮和可吸入颗粒物PM10、细颗粒物PM2.5、二氧化碳、臭氧均达到国家大气环境质量一级标准，大气环境质量优良率达到100%。城区环境噪声54.1分贝，交通噪声加权平均值68.2分贝，达到城市环境综合考评标准要求。土壤污染防治工作有序推进。

【大气污染治理】

2016年，强化大气工业污染防治。对大气污染企业严格执法监管，督促各企业达标排放，责令关停6家大气污染企业，处罚1家违法排污企业，罚款50万元。实施华润水泥和闽福建材2家企业脱硝设施改造，实现稳定达标排放，脱硝效率50%。开展黄标车淘汰，将上级下达永定区2016年黄标车淘汰967辆任务分解下达至各乡镇（街道），加大催告力度，对黄标车违法禁行、限行、非法营运，督促车主及时申报淘汰黄标车。全年共淘汰黄标车1009辆，完成率104.34%。

【水污染治理】

2016年，贯彻落实汀江流域补偿机制，申报汀江流域补偿项目。城区污水管网建设、乡镇污水处理厂及配套管网工程、养殖业治理、洪山尚径溪小流域治理、龙湖水葫芦综合治理等5个项目被龙岩市列入2016年度治理补助对象，总投资12200万元，争取专项补助资金4960万元。至年底，城区污水管网建设等5个项目共完成投资13270万元，占任务的109%。强化水环境综合整治，制定《龙岩市永定区汀江流域生态环境保护与治理实施方案》《龙岩市永定区乡镇交接断面水质考核办法（试行）》《龙岩市永定区小流域及农村水环境综合整治计划（2016—2020）》，有效提升流域水质。饮用水源得到有效保护，14个饮用水源保护区内，均未发现工矿企业，没有排污口，没有矿山开采，保护区内人为活动少，植被保护良好。监测结果显示，全区14个在用集中式饮用水水源地水质各项指标保持在《地表水环境质量标准（GB3838-2002）》Ⅲ类水质标准。

【噪声污染防治】

2016年，加强噪声防治，解决群众反映的噪声污染问题，打造宁静舒适的宜居环境。加强经营性文化娱乐单位噪声源和工业企业噪声源日常督查，及时发现制止扰民噪声，保障周边居民正常工作、生活和休息。强化中高考期间环境噪声综合整治工作，全面排查考点周边的工业企业、建筑施工单位和营业性文化娱乐场所等噪声污染源单位，以学校区域和居民区为重点，进行定人、定位、定时巡查，及时制止违规行为，消除影响考生考试的噪声。加大重点区域、道路交通的噪声监测力度，监测企业82家次。其中，验收企业37家，监督性监测26家次，比对监测19家次，及时为"三同时"（建设项目中环境保护设施必须与主体工程同步设计、同步施工、同步投产使用）验收和排污许可证的发放做好监测服务。

【土壤污染防治】

2016年，按省、市工作部署要求，开展土壤污染防治前期工作。编制土壤污染防治行动计划草案。完成永定区土壤污染源重点行业企业空间位置遥感的核实。完成3家企业土壤污染治理情况调查评估报告的备案。

【落实环保目标责任书】

2016年，完成市对区2015年度区长环保目标责任书的考核迎检工作，督促相关乡镇、相关单位按时完成养殖业减排档案资料不完整等9个问题的整改工作，养殖业整治、洪山石板材整治、城区污水处理厂运行情况、水质自动站建设等情况顺利通过市级考核。制定2016年区直部门、工业园区生态环保目标责任书和乡镇（街道）党政领导生态环保目标责任书，由区委、区政府与区直部门、工业园区、乡镇（街道）党政领导签订责任书，制定考核指标和考评细则进行考核。至年底，各项指标完成情况良好。

【危险废物规范化管理"达标升级"】

2016年，成立固体（危险）废物环境监督管理中心，购置便携式固体分析仪等设备，强化危险废物规范化管理"达标升级"。建立健全"一企一档"制度，督促华润水泥、闽福建材、国产实业、金叶复烤和祥亿电子等5家产废企业进行"达标升级"规范化管理，华润水泥列为试点企业。

【环境信用评价】

2016年，制定《永定区企业环境信用评价工作方案》，将永定采善堂制药有限公司、华润混凝土（永定）有限公司、福建昊化无机盐有限公司等3家企业列入2016年度区级环境信用强制评价企业名单，将闽福建材、国产实业、华润水泥、恒发水务等4家企业列为省级强制评价企业。

【农村环境综合整治】

2016年，有序推进土楼景区及周边村庄环境综合整治项目，下发《关于做好土楼景区及周边村庄农村环境综合整治项目备案资料相关事项的函》，督促乡镇完成问题整改自验收，规范备案材料，做好市级、省级验收准备。同时，建立"每周一督查、半月一通报"制度和定期不定期沟通协调机制，先后29次通报进展情况，确保项目按时完成。至年底，该项目顺利通过区级预验收，各示范点污水处理设备和垃圾收集设施正常投入运行。

【环保行政审批】

2016年，在环保环评审批过程中，深化审批制度改革，清理行政审批和公共服务事项，制定审批流程，所有事项均在窗口审批，21项行政许可事项入驻行政服务中心，授权窗口办理19项，授权率90.47%，审批承诺时限均比法定时限缩减50%以上，大大提高了审批效率。在服务项目工作中，对特重大项目、民生工程开辟审批绿色通道，提供优质服务，提高工作效能，营造良好的发展环境。在建设项目环境监管中，严格环境准入条件，严把产业政策关、选址关，严防"两高一资"项目落地，坚决把重污染行业挡在门外，把环境污染控制在源头；严格执行建设项目环评审批和"三同时"制度，杜绝新污染源和环境安全隐患的产生。全年共审批61个项目，环评执行率100%；建设项目"三同时"验收33个项目，"三同时"执行率100%。

【生态区、乡镇、村创建】

2016年，推进生态区、乡镇、村创建。按照省、市关于生态创建相关工作要求，结合永定区实际，制定下发《关于分解落实龙岩市创建省级生态市考核验收整改意见的通知》《关于推进国家级生态文明建设示范区创建工作有关事项的通知》《关于加快推进2016年度生态文明建设示范区创建工作的通知》，编制《永定区国家生态文明示范区建设规划》，将市政府下达永定区整改任务分解到区直相关部门、有关乡镇落实，并加大督促，及时按要求完成整改材料的收集、汇总、归档并上报。开展对乡镇生态文明示范区创建工作的指导布置。

【环境监测】

2016年，加强环境监测能力建设，坚持"科学、严谨、公正、及时"的质量方针，执行国家环境保护法及相关条例、规定、方法、标准、规范等，规范各项管理制度，完成三级环境监测站标准化建设。强化监测服务工作，全年监测企业79家次，其中验收企业36家，监督性监测24家次，比对监测19家次，及时为"三同时"验收和排污许可证的发放做好监测服务。

【环境执法监察】

2016年，严格环境执法监管，保护生态环境安全。制定《龙岩市永定区污染源日常环境监管领域随机抽查机制规范事中事后监管的实施方案》（永环保〔2016〕42号），建立"双随机"环境监管体系，建立健全网格化环保监管体系，依托综治网格运行，完成二、三、四级网格体系的建立，20个乡镇（街道）均配备监管人员，建立运行及联动机制。加大日常监管频度和力度，全年出动568人次，检查排污企业306家次，其中检查涉水污染企业223家次、涉大气污染企业69家次、涉噪声污染企业12家次、涉一般固体废气物污染企业2家次。以贯彻落实新《中华人民共和国环境保护法》为契机，开展环保大检查、环境安全大检查、"清水蓝天"环保执法、环境执法大练兵等专项行动，加强部门联动，加大环境违法行为惩治力度，处罚13家企业，处罚金额81万元，利用3个配套文件查封企业9家，移送公安机关行政拘留2起。完成污染源在线监控平台能力建设，监控水平显著提升。完成洪山陈井塘石板材加工企业等30家在线监控视频安装，加强加工企业废水处理设施运行情况监管，严防企业偷排、漏排现象发生。落实挂牌督办问题整改，2015年11月25日，在福建省环保厅联合省公安厅开展的"清水蓝天"行动中，永定区有3家企业被省环保厅列为2015年第七批省级挂牌督办企业，分别是陈东乡共星村塑料米加工厂、西溪乡富家村轮胎炼油厂、龙潭镇龙潭村塑料米加工厂。经整治，3家企业均于2016年4月15日由省环保厅解除挂牌督办。

【环境信访】

2016年，全面落实"12369"环保举报热线24

小时值班制度，重视网络舆情预警分析，妥善处置公众投诉和媒体曝光的环境问题，对每项投诉登记、督办、处理、存档全程跟踪，解决关系群众切身利益的环境问题。受理群众来信来访37件次，调处污染纠纷109起，环保接警出警405人次，处理率100%。

【排污费征收】

2016年，落实国务院《排污费征收使用管理条例》，拓展排污费征收费源，规范收费程序，严格执行收支两条线制度，全面运用排污费征收软件，实现排污费征收稳步增长，完成82家排污申报审核工作，征收排污费712万元，超额完成年度征收任务。

【环境突发事件应急处置】

2016年，加快应急预案编制，完成企业突发环境事件应急预案备案1家；制定区政府突发环境事件应急预案和城区龙寨饮用水水源地突发环境事件应急预案。开展企业风险源监督排查，建立风险防范和隐患排查制度，对国、省控重点排污企业和较大以上风险排污企业每季度进行排查一次以上，建立健全企业"一厂一档案"应急管理工作制度。开展应急演练活动，指导企业开展突发环境事件应急演练，针对演练中发现的问题，要求企业做好相应整改，防患于未然。

【环保宣传教育】

2016年，加强与区委宣传部、教育局、移动公司等部门的协同合作，围绕宣传主题，采取群发公益短信、组织环保志愿者上街宣传、现场发放宣传图文和环保购物袋、举办文艺晚会等形式，开展"6·5"环境日宣传，提高广大干部群众的环境保护意识，形成环境保护人人有责、全民参与的氛围。全年发送环保公益短信2万多条，发放宣传单3000余份、宣传购物袋5000多个。同时，与闽西日报社、永定电视台建立合作伙伴，开办环保专栏、专版和专题节目，全年在省、市环保刊物报送生态环保新闻信息70多篇，编发《永定环保信息》简报12期。

·国土资源管理·

【概况】

2016年，区国土资源部门围绕"尽职尽责保护国土资源，节约集约利用国土资源，尽心尽力维护群众权益"的工作定位，推进区国土资源管理和土地利用方式的根本转变，为加快建设"机制活、产业优、百姓富、生态美"的新永定提供国土资源支撑，做到"守土有责、守土负责、守土尽责"。至年底，国土局内设人秘股、计财股、行政审批股、法规监察股、规划与耕地保护股、农用地转用征用股、地籍与测绘管理股、土地利用管理股、矿产开发管理股、矿产资源勘查与储量管理股、地质环境管理股和监察室等12个股室，下设不动产登记中心、国土资源监察大队、国土资源收购储备中心、地产公司、耕地开发办、土地整治中心、测绘中心、地质灾害防治中心和非煤矿产品规费征收服务中心等9个事业单位，派出20个国土资源所。在职干部职工152人，其中局机关公务员19人，工勤人员3人，事业单位77人，基层国土资源所53人。

【耕地保护】

2016年，建立健全耕地保护工作制度，加强基本农田管护，区政府和各乡镇签订耕地保护责任书，建立基本农田巡查工作机制，同时对占用耕地的违法行为加大查处力度。全年查处违法占用耕地46宗，24409.11平方米。实施耕地补充，采取多种形式做好土地开发有关政策的宣传发动工作，对宜开发的地类，引导群众参与开发。完成补充耕地1118亩，占市局下达任务1100亩的101.64%；完成高标准农田建设10790.28亩，占市局下达任务7000亩的154.15%；旧村复垦新增耕地经市国土局验收150.59亩。

【地籍管理】

2016年7月，通过2个试点村庄的地籍和房屋调查试点工作成果验收。同时有序推进对建制镇及乡政府所在地的66个村（已完成地籍调查区域）进行房屋补充调查。组建不动产登记中心，7月份正式挂牌运行。受理各类不动产登记事项20513件，其中颁发不动产权证书930本、出具不动产权登记证明1638本、不动产权登记365件。办理各类转移登记929件，抵押登记656宗，查封登记280宗，注销登记699宗，预告登记1022宗。权籍窗口办件4188宗，窗口完成查询9086件，纸质材料调档720件，办结20314件，办结率99.03%。

【土地报批】

2016年，落实土地管理制度，统筹保护资源和保障发展，保障重点项目和民生项目用地，做好项目用地报批。获批土地16宗，面积5834.53亩；完成7个批次467宗农村村民个人建房用地报批，其中贫困户174宗。

【土地征收】

2016年，完善土地征收程序，规范土地征收行为，提高土地征收透明度，强化对被征地农民进行法律法规和政策宣传，做好群众思想工作，重点保障体育中心民生板块、交通领域等重点项目的土地征收，签订土地征收合同124份（零星补偿合同70份），征收面积2273.98亩，其中工业建设用地107亩、基础设施用地1849亩；拨付补偿费4725万元（零星补偿费1218万元）。审核失地农民815人申领养老保险的工作。

【土地收储出让】

2016年，收储土地3宗，面积124亩，其中房产面积38659.93平方米。委托存量房地产拍卖45宗，成交价2208.08万元。出让经营性土地4宗，成交价2.88亿元；划拨土地补办出让57宗，补收土地出让金435.67万元。清理全区疑似闲置土地51宗，根据具体情况分门别类，按"一案一策"提出具体处置方案，处置闲置土地20宗，面积17.08万平方米。创建国土资源节约集约模范县（市）通过省国土资源厅考核。

【矿产资源管理】

2016年，加强对持证矿山的日常监管，开展矿山年检，应检矿山60个，实际参检矿山60个，参检率100%；组织矿山"三率"（综合利用率、开采回采率、选矿回收率）考核，做好零星矿产资源补偿费征收，抓好矿山安全生产，严厉打击超层越界开采，做好矿山"三清两退一公开"（"三清"，即对历年拖欠的矿产资源补偿费和矿业权价款以及矿山生态环境恢复治理保证金进行清理追缴；"两退"，即对不符合继续开采条件的矿业权实行注销并退出，对难以整合或以整合之名违规开采的矿业权整合项目进行清理并退出；"一公开"，即开展矿业权出让网上公开试点，建设矿业权出让管理系统）。

【地质勘查和地质灾害治理】

2016年，建立健全矿山储量年报制度，督促矿山企业执行"边开采，边治理"措施。对矿山生态环境恢复治理监督检查53次，催缴入库矿山生态环境恢复治理保证金564万元；完成城郊镇中坑石场青山挂白治理项目工程招标和施工合同签订，工程治理正在进行。完成64个地质灾害隐患点和1452个高陡边坡的排查，并向上级争取地质灾害搬迁资金1863万元，完成地质灾害搬迁219户692人，超额完成市政府下达的110户地质灾害搬迁任务。

【非煤矿产品资源税费征收】

2016年，征收非煤矿产品资源税费3665.22万元。其中，石灰石122.94万吨，1183.43万元；花岗岩72.29万吨，2481.79万元。同时，加大对偷逃资源税费的打击力度，查处29起，处罚40余万元。

【参与洪山石材循环经济产业园建设】

2016年，编制《永定洪山、峰市饰面花岗岩矿区开发利用整合实施方案》并组织相关部门初审。大竹源矿区《矿山地质储量报告》送省国土资源厅评估中心评审，"三合一"（矿产资源开发利用方案、生态环境治理恢复方案、土地复垦方案）方案评审会召开，待生态保证金缴清后可拿到详审意见。老虎岩石场"三合一"方案召开评审会；矿业公司何家寨、福龙石场、嘉景石场、施龙溪何家寨储量报告已评审。

【国土执法监察】

打非治违 2016年，组织开展矿山联合整治行动48次。同时，对屡关屡开的无证矿硐进行矿产资源破坏程度鉴定11起，移送公安机关立案3起。重拳打击洪山、峰市石材矿山无证开采，派出1个监察中队常驻洪山。12月，对洪山、峰市实施专项整治，制定《石材矿山关闭打击整治、石材加工企业违法用地和违法采洗砂工作方案》和《石材矿山复绿工作方案》，成立以局长为组长、分管领导为副组长的领导小组，抽调机关业务骨干6人和监察大队20人做好矿山关闭打击整治和复绿工作，对洪山、峰市石材矿山实施为期3个月的关闭打击整治和矿山复绿。重抓土地违法案件查纠，卫片执法检查方面，对国土资源部下发的卫片违法图斑进行立案、查处，立案率、查处率均100%。

国土资源动态巡查 2016年，区国土资源执法监察大队加强对基层国土所巡查情况和效果的监督、检查和指导；对日常巡查检查发现或群众举报的土地违法行为，第一时间到现场制止和查处。对国土资源部下发的2015年度永定土地卫片134个图斑逐个进行核查，并就涉及违法用地的85个图斑提出具体整改措施，立案查处39宗，移送林业部门43宗，拆除1宗，公益项目用地2宗。同时，开展土地例行督察市级评查和土地卫片执法先行评测工作。

【"数字永定"投入使用】

2016年，"数字永定"地理空间框架建设项目在全省县域数字城市中率先通过省测绘地理局验收，并上网投入使用。发挥"数字永定"的作用，推进地质、矿管、地灾应急等应用系统和区公安警务地理信息系统的联合使用，完成永定"批、征、收、供"一张图外业数据采集和内业编辑的工作。

教科文体

·教育·

【概况】

2016年，永定区把教育摆在优先发展的地位，尤其把创建"教育强区"当作打造永定教育品牌的重要抓手，把中共中央总书记习近平"福建没有理由不把教育办好"的谆谆重托转化为人民群众看得见摸得着的教育实绩，办人民满意的教育，为永定全面建成小康社会、建设创业创新秀美厚德的新永定提供可靠的人才保障和智力支撑。先后制定出台《关于"十三五"时期实施"教育强区"项目带动战略的若干意见》（永委发〔2016〕3号）等文件，完成"十三五"城区学校布局规划调整。4月，龙岩市政府进行管理体制调整，原属永定的高陂、坎市、培丰、虎岗等4个镇纳入龙岩市高新区管理，因此，本分类目提供的情况及数据均不含上述4个镇。这4个镇教育工作中的教师业务培训、教学管理及教学指导、教研活动以及招生考试等工作委托永定区教育局管理。截至2016年秋季，全区有小学52所、教学点86个，在校小学生17848人（含3所九年一贯制学校小学部学生）；初级中学13所，在校初中生7953人（含3所九年一贯制学校、5所完中初中部学生）；独立高中1所（省示范性高中）和完中5所（省二级达标高中3所、省三级达标高中2所），在校高中生4724人；九年一贯制学校3所；特教学校1所，在校学生101人；职业学校1所，有全日制学生910人、非全日制学生2371人；公办中心幼儿园22所、小学附设幼儿班75个、持证民办园45所，在园幼儿13489人；教师进修学校1所。全区中小学、幼儿园、职业学校在校学生共计45025人。全区在职教职工3818人。其中，取得高级职称任职资格的688人，取得中级职称任职资格的1898人；特级教师5人；省杰出人民教师2人，市杰出人民教师5人；市级名校长16人，市级名师96人；省级学科带头人21人、骨干教师210人，市级学科带头人70人、骨干教师512人。全部教师均持有教师资格证，小学专任教师大专及以上学历占81.9%，中学专任教师本科及以上学历占90.6%，在职校长任职资格培训率100%。全区有31人分别被聘为专职督学、特约督学、兼职督学。

【学前教育】

2016年，全区有幼儿园142所。其中，公办幼儿园22所（区直幼儿园2所，乡镇中心园20所），持证民办幼儿园45所，小学附设幼儿园（班）75个；省级示范性幼儿园1所，市级示范性幼儿园1所，县级示范性幼儿园12所。至秋季，全区在园幼儿13489人，学前三年入园率97.5%。在编幼儿教师288人。

2016年，争取国家奖补类资金360万元补充学前教育装备，为全区公办幼儿园配备多媒体一体机130台，使中心园的设施设备配备基本达到省定标准，在全市率先实现公办幼儿园多媒体"班班通"。

为民办幼儿园提供普惠性服务。制定并出台《龙岩市永定区普惠性民办幼儿园管理暂行办法》，建立普惠性幼儿园财政补助标准动态调整机制。对全区45所持证民办幼儿园进行分类定级评估，对接受分类定级、按政府指导价收费的民办幼儿园，区政府采取政府购买服务，有26所低收费民办幼儿园因此获得国家补助资金共120万元。

推进全区学前教育招生制度改革，化解城区公办幼儿园教育资源不足问题，出台《龙岩市永定区2016年幼儿园招生工作方案》和《龙岩市永定区教育局2016年城区公办幼儿园电脑派位招生工作的意见》，凤城中心园实行按条件分批次电脑派位招生，此办法属全市公办幼儿园招生先例，得到社会好评。

发挥省、市示范性幼儿园的辐射作用，通过示范幼儿园开放、城乡幼儿园结对帮扶、幼儿园送教下乡等活动，实现教学示范、师资培训、教研科研、家长工作、信息资料、后勤管理等方面的资源共享，促进薄弱幼儿园的内涵建设。2016年，实验幼儿园开展对湖雷中心园、仙师中心园"结对帮扶"活动。凤城中心园对龙潭中心园、岐岭中心园开展"送教下乡"活动。城区举行的省、市示范性幼儿园开放活动有85名公、民办幼儿园园长及骨干教师参加。在教育教学优秀论文评选活动中，"跟班学习"的园长、教师及指导教师撰写论文近200篇，其中93篇优秀论文获奖。

做好2016年度有证民办园的年检和无证民办园的清理整顿。9月，区政府组织消防、卫生监督所、审计等13个单位相关部门工作人员，深入到城区幼儿园、托儿所、培训机构进行专项检查，确保园所安全，管理规范。

【小学教育】
2016年秋，全区完全小学52所（含九年一贯制学校），初小教学点86个（其中原属完全小学建制的峰市镇寨头小学因为生源不足变更为初小建制）。全区小学有教学班级643个，在校生17848人，其中女生8303人。

抓目标管理综合考评　依据《2015—2016学年永定区小学教育教学目标管理综合考评工作意见》，2016年5月，从"育人环境""内部管理""特色创建""队伍建设""教育质量"五个方面对全区中心小学建制的学校和实验幼儿园进行实地考评。结果第二实验小学、城关中心小学、实验小学东坊校区3所学校获一等奖；胡文虎小学、实验小学龙凤校区、仙师中心小学、岐岭中心小学4所学校获二等奖；高头中心小学、龙潭中心小学、金砂中心小学、下洋中心小学、湖坑中心小学5所学校获三等奖；实验幼儿园各项工作管理突出，获得单列优胜奖。获奖学校分别得到5000元、4000元、3000元奖金和奖状鼓励。此目标考评结果还作为学校年度绩效考核奖励金定级发放依据使用，对学校创先争优、提升教育教学质量起到较大作用。

视导学校管理和教学　区教育局、教师进修学校和区政府教育督导室组成视导组对胡文虎小学等学校的学校管理和教学工作进行全方位视导，每所学校视导时间为两天。通过听汇报、深入课堂听课评课、查阅管理资料、检查教师教案和作业设计及学生作业试卷、召开师生座谈会等形式，全面了解被检查学校的教育教学工作真实状况。在此基础上，视导组将检查情况反馈给每所学校的全体教师，并提出针对性的整改意见。每次视导，局长卢海强和分管小学的副局长卢鸿芳全程参加。对于在视导中发现的问题和不足，教育局及时向全区中小学通报，要求各校结合自身实际，举一反三，进一步加强学校各项管理工作，全面提高教育教学质量。12月，胡文虎小学经评估后被省教育厅确认为"义务教育管理标准化学校"。

查学科质量 一学年中，对完全小学以上的学校进行4次随机学科质量抽测，每次抽测不同年级4个学科学生掌握知识的情况，其后都召开被抽测学校质量研讨会，对抽测情况结合教学现状进行全面分析，提出改进意见，促进学校加强质量管理。

创特色学校 5月，在第二实验小学举行全区小学特色学校创建工作推进会，现场点评各中心小学创建特色学校的工作汇报，要求各学校在特色学校创建工作中，做到精准定位、精心提炼，精心制定工作方案。10月，汇编出版《永定区小学形象识别系统手册》，全区中心小学建制的小学从此都具有自身特点的标识（包括学校简介、校歌、校训和校徽）。11月份，组织全区中小学校长到厦门湖里中心小学进行3天的参观学习，学习厦门先进的学校管理和创建特色学校的经验，树立办学的品牌意识。此后，全区小学创特色学校工作成效明显提高。12月份，区教育局承办龙岩市2016年小学特色学校建设工作推进会。

【初中教育】

2016年，全区有初级中学13所，九年一贯制学校3所。另有5所完全中学的初中部。全区初中班级201个，在校初中生7953人，适龄初中人口入学率99.89%，在校初中学生巩固率98.20%。

初中教育监测评估机制 2016年，通过充实调整学业评估中心人员，教育教学质量监测长效机制得到建立健全；通过增加"中考低分率"评估指标，调整初中"四率"（三年巩固率、中考全科及格率、中考单科及格率和综合比率）评估方案，促进学校重视面向全体学生的全面发展。2016年全市中考"五率"（三年巩固率、中考全科及格率、中考单科及格率、中考得分率和中考低分率）评比中，永定5所中学获市一等奖，1所中学获市二等奖，4所中学获市三等奖。

初中办学水平提升 持续推进教学视导工作，引领学校做好教学常规工作，促进薄弱学校教育教学质量的提升；教师掌握现代化教学技能水平呈现高速发展，全区中学装备的"班班通"一体机全部投入使用，学校基本实行运用办公电脑集中备课；修订《龙岩市永定区中学目标管理考评办法》，开展中学目标管理考评，规范学校各项管理行为，每学年根据考评结果，对中学进行分类奖励，同时将考评结果作为学校各类先进集体评选、校级领导任命和绩效工资评定及先进个人评选的重要依据，促进学校各项工作精细、科学、全面发展。

校园文化建设先进学校评选 深化特色学校创建工作，提升育人环境的整体水平，引导和推动全区中学提升品质，特色发展。10月份编辑《龙岩市永定区中学形象识别系统手册》，每个学校的"简介""标识""内涵""校训""校歌"基本定型且各有特点，各具特色。4所中学得到区政府40万元"校园文化建设先进学校"奖励。

【高中教育】

2016年，全区有普通高中、完全中学6所，其中永定一中为独立高中，是省一级达标高中、省示范性高中，侨育中学、城关中学、金丰中学是省二级达标高中，湖雷中学、抚市中学是省三级达标高中。高中在校生数4724人，高中毛入学率94.50%，万人口在校生数比例133.0%，居全市前列。区教育局重抓教育教学质量，质量抽测成常态工作，质量提升工程开始凸显成效。克服困难，筹划成立区高中教研室（办公室设在永定一中），建立以永定一中学科骨干教师为主体的高中教研员队伍，填补永定区高中教研机构和人员的空白。引导高中教师积极钻研高考全国卷，组织全区高中教师进行全国高考试卷考试体验，掌握应对高考的主动权。全区高中期中考、期末考、阶段考、揣测考等考试统一出卷、统一时间、统一考场标准、统一评卷。全区高中债务得到化解，区政府将高中学校4885.66万元债务进行债权置换，解除永定一中、侨育中学、城关中学、抚市中学、金丰中学、湖雷中学6所完高中学校的债务压力，办学活力得到激发。

【职业教育】

2016年，区教育部门加大对职业教育学校发展的指导，印发《龙岩市永定区进一步加强中等职业学校教学常规管理的指导意见（试行）》（永教职〔2016〕3号），指导区内职业学校针对区情，增强内涵，提高办学质量和效益。5月，仙师职校和永定卫校并入侨荣职校，3所职业学校教学资源得到整合。同时，为适应发展需要，侨荣职校在城区内大园村另选址新建。开展"2016年龙岩市中职教育宣讲活动进校园"活动，营造永定区职业教育发展良好氛围，扩大职业教育的社会影响。8月，区教育局调整全区职业教育招生机制，实施初中学校和侨荣职校在职校招生工作中责任分解，完成任务情况列入目标学校目标管理考评，与教师绩效工资发放挂钩。秋季，侨荣职校招收全日制新生334人，招生人数比上年增加77%。2016年，永定侨荣职校被省教育厅认定为"达标中等职业学校"。侨荣职校教师参加龙岩市教师技能大赛，获得二等奖1人，三等奖5人；学生参加龙岩市中等职业学校学生技能大赛，7人次获得一、二、三等奖，选拔参加省赛获三等奖1人，护理专业学生卢林凤在2016年全国职业院校护理技能大赛（中职组）中获二等奖；幼教专业毕业生有11人被录用为永定区在编幼儿教师。在抓好全日制教学工作同时，还承接永定区技能培训工作，为社会培养各类技术人才1350人，为各相关企事业单位培训2180人，举办5次职业技能鉴定考试。

【成人高等教育和社区教育】

永定电大　2016年，学校坚持为永定经济建设和社会发展服务的办学宗旨，贯彻"为了一切学习者，一切为了学习者"的办学理念，发挥现代远程教育优势，开设"开放教育"和"奥鹏网络教育"学历教育系列，2016年有在校生493人，毕业生215人。同时学校始终在非学历教育和终身学习等方面服务全区，深入各社区开展各类教育活动，为建设永定区终身教育体系和学习型社会提供保障。

老年大学　围绕"老有所乐　老有所学　老有所为"的教学宗旨，重视名师办学，紧抓教学工作，教学成果丰硕。2016年，在抓好常规教学工作同时，创办并印发500册《永定区老年大学校刊》，旨在增进社会对老年大学的了解。举行永定老年大学老年人诗书画影展览，并编撰《永定老年大学老年人诗书画影作品选》。举行老年人革命传统教育活动，组织学员到金砂暴动纪念馆、魏金水纪念馆、古田会址等红色教育基地参观学习，重温革命历史。在与乡镇老年大学分班的指导和互动中，为湖雷镇、坎市镇、陈东乡、合溪乡等老年大学分班送去图书和文艺节目。

【特殊教育】

2016年，全区6—14周岁户籍人口中三类残疾人口288人，在校生273人，入学率94.8%，其中随班就读172人。全区有特殊教育学校1所。全年特殊教育工作依据《关于印发永定县残疾儿少随班就读工作暂行管理办法》《永定县教育局关于进一步加强义务教育阶段儿童少年随班就读工作意见》《关于开展永定县残疾儿少随班就读巡回指导工作的通知》等文件精神，重点做好残疾儿童少年组织入学、随班就读以及发挥区特殊教育学校在全区特殊教育教学中的辐射作用等工作。9月，组织全区各中心小学、区直小学相关人员在区特教学校接受残疾儿少随班就读教师培训。11月，组织区特殊教育学校教师到乡镇巡回指导，提高普通中小学校随班就读教育教学质量。

2016年，区特殊教育学校在校全日制学生101人（含非全日制送教上门重度残疾学生8人）。教职工26人，其中本科学历3人、大专学历19人，高级教师职称2人，市名校长、名教师各1人，省级骨干教师3人。特教专业毕业教师10人，全部教师参加省级特教专业轮训。2016年1月，省教育厅认定区特教学校为省级特殊教育标准化学校。12月，投资245万元的区特教学校150米塑胶运动场建成投入使用。

【招生考试】

完善考点准化建设　2016年，在区唯一的中考体育测试场（永定一中运动场）安装11个高清摄像头，中考体育的各个项目测试可全程监控和录像。同时，全面更新永定一中、永定二中考点的听力系统。

考风考纪教育月活动　5月，开展"考风考纪教育月"，区教育局要求各校认真组织师生学习《考试规则》和《考生守则》以及主考、副主考、巡视员、监考员等考试工作人员的职责，区招考办通过发送致全区考生一封信，各学校通过召开主题班会、考生会、家长会，与教师签订《监考教师责任书》、与学生签订《考生诚信考试承诺书》等，加强考风考纪教育。

高考、中考、会考考点设置　2016年，全区设2个高考考点（永定一中、永定二中），67个考场。9个中考考点（8所完中和洪山中学各设1个）246个考场（八年级125个，九年级121个）。高中会考每所完中均设考点。

高考、中考成绩　2016年，全区普通高考理工类最高分651分，文史类最高分587分；600分以上考生14人，本科线1595人（其中本一406人，本二1189人），上线率81.63%。中考最高分519.1分，500分以上考生85人，永定一中统招录取线473.8分，等级要求为4A6B；录取其他普通高中的考生文考分必须达到300分以上，等级达到10C以上。2177人被录取到永定区域内的高中，录取率61.10%，录取率比上年的55.84%提高5.26个百分点。

【教师管理】

创优评优　永定一中教师李秀菊被省政府授予"省第四届杰出人民教师"称号并获得30万元奖励；实验小学教师李定清、仙师中学赖铃洪被市政府授予"市第三届杰出人民教师"称号。永定一中、古竹中学、城关中心小学、实验幼儿园等4所学校被授予"市级先进集体"称号，范金雪、胡雪珍、卢建顺等14位教师被授予"市级优秀教师"称号，曾德勇、陈福全等2人被授予"市级优秀教育工作者"称号。2016年教师节期间，永定区评选表彰永定三中等13个教育工作先进单位、江富华等10位扎根山区先进教师、陈小珍等30位优秀班主任、王健华等188位优秀教师和先进教育工作者。

教师录用与培训　2016年，公开招聘114名中小学、幼儿园教师（其中研究生学历2人）充实农村教师队伍，优化教师结构。37名新聘小学教师分期分批到城区学校跟班学习。重视中小学教师培训，提高中小学校长、教师的政治和业务素质。根据省、市师资培训工作意见和有关规定及全面实施素质教育的要求，选派183人参加国家、省、市级培训。11月份，组织全区中小学校长、教研人员等55人赴厦门开展为期一周的高级研修班活动；组织全区3300余名教师参加信息技术应用能力提升培训。

师资校际交流　根据《中华人民共和国义务教育法》《国务院关于加强教师队伍建设的意见》《福建省人民政府关于进一步加强中小学教师队伍建设的意见》以及《关于进一步推进县域内义务教育学校校长教师校际交流工作的意见》（闽教人〔2014〕29号）等文件精神，为促进县域内义务教育师资均衡发展，2016年秋季开学前，县域内义务教育学校的校长、教师286人参加校际交流和支教交流，选派2名教师到武平县进行为期一年的支教。

校级班子调整 6月，对全区中小学校级领导干部进行年度考核。7月，对部分学校的校级领导班子进行调整、充实。

教师资格认定 2016年，经资格审核，有87人符合教师资格申请条件，并获得相应的教师资格证书。其中，初中教师23人，小学教师27人，幼儿园教师37人。

解决原公办、民办、代课教师遗留问题 10月，区委、区政府出台《龙岩市永定区妥善解决原公办、民办、代课教师遗留问题工作方案》（永政综〔2016〕225号），12月，区政府办公室出台《龙岩市永定区妥善解决原公办、民办、代课教师遗留问题实施方案》（永政办〔2016〕291号）文件，对妥善解决原公办、民办、代课教师遗留问题实施范围、实施办法、工作程序、工作措施、认定原则、认定依据、认定程序等作详细规定，至2016年12月底，永定区符合摸底条件的有4290人。

【教师职称管理】

依据福建教育厅、人力资源和社会保障厅《福建省深化中小学教师职称制度改革实施方案》《关于做好2016年中小学教师职称评审工作的通知》及区委、区政府《关于进一步加强教师队伍管理的若干意见》（试行）、区政府《关于完善教育系统职称激励办法的通知》等文件精神，坚持"履行职责，优化管理，以人为本，服务教师"的工作目标，积极完成统一的中小学教师职称（职务）过渡、中小学教师职称评聘和聘后考核管理。

职称过渡 根据省职称管理文件规定，普通中小学、幼儿园教师职称实行统一称谓。从2016年起，普通中小学、幼儿园教师的职称分为"高级教师""一级教师""二级教师"和"三级教师"。2016年，全区有3617名教师办理专业技术职称过渡手续，其中833名原"中学高级教师""中小学高级教师"过渡为高级教师，2204名原"中学一级教师""小学高级教师""幼儿园高级教师"过渡为一级教师，485名"中学二级教师""小学一级教师""幼儿园一级教师"过渡为二级教师，95名"小学三级教师""幼儿园三级教师"过渡为三级教师。

岗位聘任 严格执行区委、区政府《关于进一步加强教师队伍管理的若干意见（试行）》精神，按永定区人社局核定专业技术岗位的比例规定，2016年度有96名符合正常晋升条件的教师晋升岗位职务；141名符合任职条件的教师及时补充到空缺岗位（其中高级教师73人，一级教师56人，二级教师12人）；74名2015年公开录聘的教师获得三级职务任职资格并得以聘任。

资格评审 2016年，符合正高级、高级教师评审条件教师的申报材料初审量化、公示并上报市、省评审及任职资格的聘任；符合高、中级教师职称评审条件的52名中小学教师（高级教师20人，一级教师32人）的申报材料通过区级审核、公示，并上报市级评审。

【德育工作】

2016年，全区学校围绕上级工作部署，结合学校实际情况，主要开展10个方面的教育活动，全面加强学校师生的思想教育和思想道德建设。

主题实践活动 深入开展党史国史、"我的中国梦"主题教育实践活动，开展培育和践行社会主义核心价值观"进教材、进课堂、进头脑"教育实践活动。

读书系列活动 开展"传承中华文化、共筑精神家园"第23届全国青少年爱国主义读书教育活动，举行学生讲故事比赛，评出一等奖6人、二等奖9人、三等奖12人；开展"环境教育我先行"主题教育学生手抄报比赛，一等奖6件、二等奖12件、三等奖27件；开展"新华杯"校（园）长、教师读书暨征文评比活动，评出一等奖19篇、二等奖31篇、三等奖56篇；春节期间举行教师客家楹联家训书法比赛，评出一等奖作品5幅、二等奖作品8幅、三等奖作品15幅和优秀奖50幅。

家庭教育问卷调查 永定二中、实验小学、龙凤小学、实小幼儿园等19所学校的学生家长参与"教子良方"家庭教育问卷调查。

乡土文化传承教育 开展"写好中国字，说好客家话"主题活动，在第二实验小学举办启动仪式。开展以"传承中华文化，共筑精神家园"为主题的学生征文、讲故事及客家楹联家训书法比赛，收到征文628篇，有52篇获奖，其中一等奖10篇、二等奖16篇、三等奖26篇；53名学生参加区级讲故事比赛，有27人获奖，其中一等奖6人、二等奖9人、三等奖12人；征集到学生客家楹联家训书法作品165幅，评出一等奖5幅、二等奖8幅、三等奖15幅、优秀奖50幅。

毒品预防教育 推进对青少年的毒品预防教育，制定《龙岩市永定区教育系统2016年青少年毒品预防教育工作方案》《永定区教育系统开展"毒品预防教育示范学校"建设工作方案》《龙岩市永定区青少年学生毒品预防教育规划（2016—2018）》《2016年度永定区教育系统禁毒工作综合评估责任分解》，印发《龙岩市永定区教育系统青少年涉毒问题处置意见》等文件，全面加强中小学校毒品预防教育各项措施。开展"全民禁毒宣传月"宣传教育活动，组织学生进行禁毒知识竞赛；举办禁毒工作培训会议，全区92名分管副校长、部门负责人参加培训，并参与禁毒知识测试；组织51名中小学教师参加市毒品预防教育师资在线网络培训，超过龙岩市禁毒办与市教育局分配永定区的30名在线网络培训任务。2016年，永定一中、永定二中、永定三中、实验小学、胡文虎小学等5所学校被区教育局、区禁毒办认定为区"毒品预防教育示范校"。

诚信教育活动 胡文虎小学五年级（1）班学生林晨、永定二中八年级（12）班学生黄芷暶被市诚信促进会、市教育局评为2016年"诚信之星"。

尊师重教演讲 在市教育系统关心下一代工作委员会开展的"老师您好、我的好老师"主题演讲（视频）市级决赛中，永定三中学生廖美婷的《我心中的好老师》获二等奖、张瑞雪的《老师，你好》获市三等奖。

实施中小学教育特色校争创计划 2016年，湖雷中学被教育部评为福建省首批全国国防教育特色学校，永定区中小学生社会实践基地学校被省教育厅评为示范性综合社会实践基地；永定三中被省教育厅评为省级中小学心理健康教育特色校。至此，永定区有两所学校获得省级以上中小学心理健康教育特色校的荣誉（永定一中2015年被教育部评为第一批全国中小学心理健康教育特色学校）；永定区中小学生社会实践基地学校被龙岩市红十字会、龙岩市教育局确认为首批红十字体验式生命教育示范基地。

长征胜利80周年系列纪念活动 组织全区中学生参加"纪念长征胜利80周年网络知识竞赛"。永定有68名学生获得市一等奖，179名学生获得市二等奖，288名学生获得市三等奖。

社会公德教育 2016年，在全区学校推行"八不"公德教育（安全出行不违规、垃圾分类不落地、节俭用餐不浪费、红白喜事不奢办、言谈举止不粗俗、文明上网不低俗、旅游观光不任性、经济生活不失信），在师生中大力倡导做一个行为举止规范文明的合格公民。

【平安校园建设】

2016年，全区学校综治安全工作实行"党政同责、一岗双责、失职追责"规定。在教育系统内层层签订安全、综治、交通、消防、禁毒、反恐怖工作责任状，中小学校用好学校安全教育平台和《学校安全管理工作指导手册》《中小学微安全教育手册》，结合学科教学渗透，利用微信群、校讯通等多种教育平台，开展综治安全宣传教育活动，做到社会、学校、家庭教育有机结合。

区教育局坚持每月5日开展综治安全大检查，在节假日和重大活动、敏感时段之前，对全区学校另行组织综治安全大检查。全年先后进行六种层面的安全检查（春节前综治安全大检查，《安全综治交通消防禁毒防恐怖工作责任书》落实情况考核，春、秋季开学综治安全检查，防汛工作检查，五一、国庆、中秋、元旦、"两会"前校园及周边综治安全大检查，消防安全、校车安全、校舍安全、设施安全、实验室化学药品、食品卫生安全等专项检查）及时消除各类隐患，确保学校安全。充分发挥区综治委学校及周边治安综合治理工作领导小组的职能作用，开展校园周边治安隐患大排查，对排查出的安全隐患进行整理分解，各乡镇（街道）、区直有关单位根据属地管理原则和各自职责范围，采取措施，开展专项整治，区住建、公路、交通、交警、城管、市场监管等部门密切配合，为城区和在国道、省道、区道、乡道边的学校门前设置人行道斑马线、人行道标志、限速让行标志、减速带等道路交通安全设施。

加强校车安全监督，规范校车安全运行。与区交警大队联合举办2期由中心小学分管副校长、中心园园长、民办园园长、校车驾驶员、随车管理员参加的校车安全管理培训班。12月16日，组织拥有校车的学校（幼儿园）负责人携车在下坑广场集结，进行校车管理工作交流和现场检查，以此提高有关人员的安全意识和安全管理水平，在校车管理上做到一车一档（档案），一车一警（责任警察）。每次综治安全检查，都把校车安全当作重点，由教育局牵头，联合交警、交通、安监等部门开展校车安全专项整治，2016年4月13日，专门推介永定区做法的《福建龙岩市永定区开展校车安全大整治》一文在《中国安全生产报》刊载。9月，12所小学通过区级"学校安全标准化提升三年行动"认定。与此同时，对各校进行平安校园等级认定，至年底，全区学校安全标准化建设达标率100%，有安全标准化二级达标学校27所，三级达标学校69所；AAAA级平安校园27所，AAA级平安校园66所。

2016年，教育系统综治安全工作形势平稳，各中小学幼儿园工作认识到位、措施到位、责任到位，无发生综治安全责任事故，无人员非正常伤亡报告，教育局分别被评为区安全、综治、道安等三项工作和全区法治宣传教育工作先进单位。

【体卫艺工作】

2016年，狠抓学校体卫艺精细管理，广泛开展阳光体育运动，加强学校健康教育，提高学生的艺术素养，学校体卫艺教育有序开展。全面实施《国家学生体质健康标准》，有计划、有目的、有规律地指导学生参加体育锻炼，做好体质健康测试，按时上报数据至"国家学生体质健康网"，上报率100%。进一步推动学校开展阳光体育运动，开放学校体育场馆和课外活动中心，每天开展"两课、两操、两活动"（两课：体育课、运动训练课，两操：课间操、眼保健操，两活动：大课间活动、课外体育活动），确保在校生每天1小时校园体育活动时间。贯彻落实全国青少年校园足球工作电视电话会议精神，开展校园足球工作，永定三中被评为福建省青少年校园足球特色学校示范校。10月，举办全区中小学生田径运动会，促进学校文体活动水平提升，增强学生体质。参加全市中等教育学校学生运动会，初中男子、女子组均获田径比赛一等奖，高中男子、女子组均获田径比赛二等奖，永定二中获体育传统校二等奖、初中男子篮球赛一等奖，永定三中获初中男子篮球赛三等奖，永定一中获高中男子篮球赛甲组二等奖，抚市中学获高中男子篮球赛乙组三等奖，侨育中学获高中篮球赛女子组二等奖。城关中心小学少儿合唱队参加全市"唱响中国梦"少儿组合唱决赛，获一等奖。组织"我爱我家"绘画比赛，评出少儿组46幅、幼儿组40幅优秀作品送市参加"我爱我家"少儿绘画作品展。在全市入围的幼儿组、少儿组各50名中，永定区有幼儿组10名、少儿组2名入围。

学校卫生工作，坚持"健康第一"的指导思想，加强学校健康教育和管理，提高师生卫生意识，养成良好的卫生习惯，营造整洁的校园环境。

强化学校食堂管理及食品卫生安全工作，做好学校人感染H7N9禽流感、手足口病、碘缺乏病等传染病和地方病防控工作。3月16日，永定区确诊一例H7N9流感病例，区教育局做好防控工作，杜绝H7N9流感在学校蔓延。

【青少年活动基地】

区青少年学生校外活动中心　2016年，区青少年学生校外活动中心内设有计算机室、藏书室、阅览室、科技制作室、机器人制作室、舞蹈室、棋艺活动室、书法绘画房、音乐室、电子琴室。活动中心贯彻《未成年人思想道德建设的若干意见》，以加强未成年人思想道德教育为核心，以培养青少年儿童广泛的兴趣、特长、爱好以及科技创新精神和实践能力为重点，坚持公益性活动为主，公益性和服务性相结合的原则。活动中心利用节假日课外时间对青少年儿童进行文化、体育、艺术、科技等培训，培训2000人次，为全区青少年儿童提供全面优质的服务，满足青少年成长需要，给青少年成才搭建平台。

中小学生社会实践学校　2016年，全区开展25期中小学生社会实践活动，参训学生6186人。学校始终坚持以法治校，规范管理，落实安全管理责任制，拓展实践教学项目，新颖的项目、充实有趣的内容，激发学生参与的积极性；突出"实践、感悟、创新、成长"的活动主题，让学生在体验中收获，在锻炼中成长，在活动中享受成功的喜悦。

【教育督导】

2016年，区教育督导工作以全面深化体制机制改革为突破口，以保障教育改革发展稳定为主线，进一步调整和完善教育督导工作机制，贯彻落实《中小学责任督学挂牌督导办法》，及时调整责任督学挂牌督导学校，实现中小学挂牌督导全覆盖并向幼儿教育、职业教育延伸。

构建督政、督学、评估监测三位一体的教育督导体系，结合日常"督政""督学"工作，开展教育督导理论与实践的研究。6月，举办首届"督学论坛"，有5名责任督学在论坛上交流"控辍保学"工作经验。鼓励督学根据督导工作实际撰写督导案例，7名督学的督导案例送省、市参评，其中胡廷欣撰写的《一次全区四年级特别抽测引发的思考》获"2016年福建省中小学校责任督学挂牌督导优秀案例"二等奖。

2016年，举办2期督学培训班，系统学习督导相关文件，提高督学理论研究能力。胡廷欣前往西安参加"龙岩市高中校长高级研修班"培训，罗庆文前往厦门参加"2016年全省教育督导人员高级研修班"培训，通过多渠道培训，进一步提升督学的业务水平。同时，制定出台《龙岩市永定区督导责任区责任督学履行职责考核办法》和《龙岩市永定区特约督学、兼职督学聘任管理办法的通知》，进一步加强对督学队伍的管理。

7月，"全面改薄"工作通过市级核查，并于11月通过省级专项督导评估。永定根据省、市专项督导发现的问题，认真制定整改方案，落实整改措施，确保"全面改薄"工作按时序推进。11月22日—25日，配合市教育局对永定区中小学校教育教学工作进行督导检查，推动永定教育教学水平的进一步提升。组织6名督学对永定三中、胡文虎小学、第二实验小学创建"义务教育管理标准化学校"进行区级核查，并于11月通过市级核查，指导永定三中、胡文虎小学通过"义务教育管理标准化学校"省级抽查。开展"全国中小学校责任督学挂牌督导创新区"创建工作，12月22日—23日，通过省督导专家现场评估验收。继续开展"素质教育示范校"评选活动，从12月26日开始，对金丰中学等7所中学和峰市中心小学等7所小学开展"素质教育综合督导评估"活动，评选出抚市中学、城关中心小学等6所学校为第二批"素质教育示范校"。

【设施建设】

2016年,中小学和幼儿园新建、改建、扩建校舍和运动场建设项目23个,总投资10230万元。其中,全面改善义务教育薄弱学校办学条件校舍建设项目6个,建筑面积13580平方米,总投资3080万元;公办幼儿园建设项目1个,建筑面积3200平方米,总投资1000万元;中小学校舍安全长效机制项目4个,建筑面积7700平方米,总投资1586万元;中央预算内投资项目2个,建筑面积11200平方米,总投资2464万元;中小学运动场建设项目10个,总投资2100万元。

表36　　　　2016年永定区中小学、幼儿园完成建设项目情况表　　　　单位:平方米、万元

序号	项目名称	项目类别	建筑面积	投入资金
1	龙凤幼儿园	公办幼儿园建设项目	3200	1000
2	岐岭中心小学综合楼	中小学校舍安全长效机制项目	2500	500
3	龙潭中学食堂膳厅		2900	580
4	下洋思贤小学教学楼		1000	220
5	湖山中学二期教学楼		1300	286
6	龙凤小学200米塑胶跑道	中小学运动场建设项目		180
7	特殊教育学校150米环塑胶跑道			120
8	中小学社会实践基地校150米环塑胶跑道			120
9	永定二中300米环塑胶跑道			300
10	城关中学400米环塑胶跑道			600
11	侨光中学200米环塑胶跑道			180
12	湖山中学200米环塑胶跑道			180
13	仙师中心小学150米环塑胶跑道			120
14	胡文虎小学150米环塑胶跑道			120
15	湖坑中心小学200米塑胶跑道			180
16	城关中心小学教学楼	全面改善义务教育薄弱学校基本办学条件校舍建设项目	7000	1650
17	陈东学校教学楼(一期)		2000	400
18	湖山中心小学学生宿舍楼		1400	308
19	陈东学校学生宿舍楼		1200	264
20	龙潭铜联小学教学楼		1900	418
21	湖雷中心小学厕所		80	40
22	洪山中学教师周转房	中央预算内投资项目	1200	264
23	永定一中学生宿舍楼		10000	2200

【信息技术教育课题研究】

2016年1月,完成福建省电化教育馆课题"数字教育资源在农村教学点英语、音乐、美术学科教学中的应用研究",福建省电化教育馆课题"区域教育信息化支持服务体系建设与应用研究"正在中期小结。10月,举行"适应信息化教学的教师知识及能力提升体系研究"省级课题开题仪式。

【教育技术装备】

教育信息化提升工程　实现"宽带网络校校通"。与电信公司签订宽带提速及教学点光纤宽带网络接入协议,为14所大型中小学校增加百兆网络出口链路,全区所有学校均实现光纤上网。

教育资源"班班通"　根据《关于加快推进福建省优质教育资源共享支撑工程"班班通"建设的通知》(闽教科〔2016〕59号)及《关于研究教育信息化"班班通"项目建设工作的纪要》(永定区人民政府专题会议纪要〔2016〕52号)精神,全区"班班通"项目配备832套设备,其中213厘米(84英寸)液晶互动触摸一体机及配套黑板31套,178厘米(70英寸)液晶互动触摸一体机及配套黑板459套,165厘米(65英寸)液晶互动触摸一体机及配套黑板342套,以上设备全部安装调试完成,并且投入使用。为24个教学点的31个班级安装液晶互动触摸一体机,所有教学点实现数字教育资源全覆盖。

"学习空间人人通"　全区中小学教师注册创建并开通"学习空间人人通",全体教师均能登录"福建省教育资源公共服务平台",进入空间进行网络教研及信息技术能力提升学习,所有专任教师需熟悉运用"班班通"设备进行课堂教学。

教师办公自动化　全面更新区教育局办公OA系统及WEB网站建设。根据《中共龙岩市永定区委办公室、龙岩市永定区人民政府办公室关于解决中小学教师办公电脑的通知》(永委办发〔2016〕8号)精神,通过乡镇(街道)筹措、学校自筹、区财政适当补助相结合的办法,筹措资金,配置2248台教师办公电脑,实现中小学每个专任教师都有一台备课电脑。

【教师信息素养培训】

为提升教师信息化素养和教育教学能力,"班班通"设备安装完成以后,2016年12月13日—14日,分别对中小学校长、教务处主任、信息技术教师及教学点教师进行"班班通"设备应用知识培训,然后进行校本全员培训,做到每一个教师都会使用"班班通"设备进行教学;推进中小学教师信息技术应用能力提升工程,确保每位教师完成80学时的信息技术应用能力提升培训,完成网络培训50学时及网络研修与教学实践30学时。

【政策助学】

"四免一补"　2016年,永定区在全面贯彻落实"四免一补"(免除义务教育阶段杂费、书费、住宿费、作业本费,对义务教育阶段寄宿生实行生活补助)、中职学生免学费政策的同时,做好普通高中家庭经济困难学生助学金、中职国家助学金及城乡低保幼儿保教费补助的发放工作。全年,永定全区免教科书费424.177万元,受益学生37166人;免杂费3468.73万元,受益学生37166人;免作业本费116.01725万元,受益学生37166人;中职学生免学费97.965万元,受益学生933人。发放中职学生国家助学金5.98万元,受益学生76人;发放高中贫困生助学金112.969万元,受益学生1096人;发放寄宿生生活补助费552.75万元,受益学生10533人;发放低保幼儿保教费补助93.54万元,受益幼儿809人。

困难家庭高中学生免学费　2016年秋季开始,永定区全面实施普通高中建档立卡等家庭经济困难学生免除学费的政策,新学年全区对238名在普通高中就读的建档立卡贫困户子女、低保家庭学生、孤儿、残疾学生、烈士子女、优抚家庭学生免除学费,免学费17.832万元。

贫困户子女就读大学资助　从2016年9月起至

2020年，永定区建档立卡贫困户子女在本（专）科学习期间，除享受其他优惠政策外，给予每人每年2000元学费资助。2016年，永定全区有142名建档立卡贫困户子女就读大学获得学费资助，全区此项资助金额28.4万元。

大学生生源地助学贷款　2016年，区学生资助管理中心进一步完善和规范大学生生源地助学贷款工作，简化办理程序，使贫困家庭大学生能及时获得生源地助学贷款，确保顺利入学。全区有1865名贫困家庭的大学生获得助学贷款，贷款金额1229.91万元。

【奖教奖学基金】

2016年，全区新成立3个奖教助学协会：大溪乡奖教助学协会、堂堡乡教育发展协会、城郊镇万美村助学奖学协会。至此，全区有9个乡镇成立15个奖教助学协会，基金合计金额1670.418万元。

【实验幼儿园分园（大洲园区）建成开园】

2015年6月，把原大洲小学校址改建成实验幼儿园（大洲园区）。该分园总投资1100万元（其中省级财政补助680万元，区财政配套资金420万元），总建筑面积4200平方米，设计规模12个班，可容纳幼儿360名。分园按"省级示范性幼儿园"标准配备相关设施设备，办园条件达到全区领先水平。2016年秋季，招生8个班，招收幼儿284人。

【城关中学初高中分离】

2016年，永定区推进教育试点改革，解决城关中学生源不足、效益不高的突出问题。出台《关于开展城关中学（初中部）委托管理工作的意见》，2016年秋季新学年开始，对城关中学初中部进行委托管理，将该校初中部42名教师和263名学生按"就近、自愿"原则安排到永定二中、永定三中管理，制约城关中学高中发展的"瓶颈"问题得到解决。2016年秋，该校高中部有19个班、563名学生，在校教师109人。

【年度"金凤凰"奖颁奖】

2016年9月，区政府为鼓励永定学子而设立的"金凤凰"奖颁奖典礼在永定一中举行，2016年高考中录取到"985工程""211工程"大学的160名学生受到表彰，并得到5000元、3000元不等的奖励，同时得到奖励的还有在教学一线任教的高三毕业班教师。

【师资培训】

小学学业质量监测工具研发培训　2016年4月，教师进修学校分别举办小学语文、数学、音乐学业质量监测工具研发培训，全区200多名教师参加培训。通过试题样卷的梳理分析，现场解题，让参加培训的教师明白"测什么，怎么测"。让大家明白"教、学、评（考）要一致"，明确今后教学努力的方向。

转岗教师集中培训　2016年4月16日—18日，教师进修学校举办转岗教师集中培训，全区56名中学转岗到小学任教的教师参加培训。培训期间，参训教师听取4位市级名师及学科教研员的讲学，亲历实验小学、城关小学的语文、数学、英语等学科教学观摩课，执教教师的教育教学理念、平实的教学过程、新颖独到的教学技艺，以及互动评课、教研员独到的点拨引导，让参训教师眼界开阔、收获颇多，为中学转岗教师尽快融入小学教育教学起到推动作用。

参加龙岩市中小学教师信息技术应用能力提升工程培训　2016年4月19日—21日，由市教育局普教室和福建广播电视大学共同举办的"2016龙岩市信息技术能力提升工程管理人员及骨干教师培训班"在市师范附属小学分校开班。区教师进修学校组织19名教研员和基层学校48名教师参加为期3天的培训。培训内容主要是信息技术提升工程政策解读、教师专业化发展、研讨各级提升工程实施办法、校本实践方案、学习平台功能及熟练操作技能等，让教研员和基层骨干教师感受到信息技术应用能力提升工程的重要作用。

城区小学部分教师外出培训　2016年6月1日—2日，教师进修学校组织实验小学和城关中心小学各20名优秀教师前往厦门市湖里区教师进修学校附属小学和湖里区安兜小学进行培训学习。参加培训学习的两位校长和全体教师感受厦门市中小学先进的教育思想和教学理念，他们从不同角度去思考、去总结，并提交培训学习心得。大家表示将以这次学习为契机，不断更新观念，将所学到的新理念和先进的管理方法运用到教育教学以及管理中去。

中小学教师信息技术应用能力提升工程管理者、骨干教师培训　2016年9月21日—23日，全区中小学教师信息技术应用能力提升工程管理者、骨干教师培训班在永定一中举行。福建广播电视大学培训学院副院长江克英、区教育局副局长王彦铭、区教师进修学校校长江小春及管理人员、骨干教师、工作坊坊主总计258人出席开班仪式。通过专家教授的讲座，让与会者进一步认识到提升信息技术应用能力的重要性。同时，通过相关课程的学习，提升教研员和骨干教师在学科信息技术的应用能力，为下一步开展全员培训奠定坚实的基础。

中小学、幼儿园新教师培训　2016年10月22日—27日，举办2016年中小学幼儿园新教师培训，全区99名新教师参加。培训分理论集中学习和跟班学习2个阶段，其中师德教育、教师专业发展、班主任工作、教学常规、教育技术、优秀教师等专题进行集中培训；班主任岗位、学科教学业务、课堂教学实践、教学研讨交流等方面的内容在城区相关中小学、幼儿园进行跟班学习。

中小学校长高级研修培训　2016年11月18日—21日，区教师进修学校委托厦门新方式教育在厦门举办全区中小学校长高级研修培训，近50名中小学校长和局校管理者参加。研修采取专家讲座、案例教学、现场考察、经验交流、互动参与等方式，使大家感受到厦门沿海地区先进的教育管理理念和管理体系，从而更新观念、创新思维，进一步提升校长的领导和管理水平。

中小学幼儿园教师信息技术应用能力提升工程全员网络培训　根据《福建省教育厅关于实施全省中小学教师信息技术应用能力提升工程的通知》（闽教办人〔2015〕86号）和《2016龙岩市永定区中小学、幼儿园教师信息技术应用能力提升工程全员网络培训实施方案》，2016年11月28日正式启动"提升工程"全员网络培训，借助海西网培训平台，以混合式培训为主要方式，以区级骨干教师培训为突破口，以区、校两级培训为主体，分层次、分学校组织全区3192名中小学教师参加信息技术应用能力提升全员培训。

【教学研究】

常规管理　2016年，中小幼教研员深入全区各中学、中心小学和幼儿园，通过课堂观察、查看教学常规管理过程性资料、参与校本教研活动、与教师座谈等方式，了解教育教学情况，以"加强校本研修，优化课堂教学"为教研主题，落实学校教研组、年级备课组在校本教研中的作用。组织由教育局、进修学校、督导室三家联合的集中教学视导，前往侨育中学、金丰中学、湖山中学、仙师中心小学、金砂中心小学等进行全方位视导，及时发现问题，要求各校及时整改，落实常规管理。

教学指导　精心组织2016年度"一师一优课，一课一名师"活动。教研员全程参加"优课"的试教、改进、录制、评点等环节，提升全区"优课"质量。活动中，评选出142节区级优课并推送参加更高级别评选，其中获"市优"51节，"省优"25节，"部优"5节。同时，组织开展选拔中青年教师教学评优活动，指导选送优秀教师参加市级以上课堂教学评优或展示、优秀课例评选等活动，其中获省级奖10人次，市级奖62人次。在各级各类教学比赛指导过程中，注重"以赛促教"，既培养参赛教师又锻炼学校教研团队，培养一批学校教研的骨干力量。

教研活动 2016年，中小学、幼儿园各学科开展片区教研、送培送教下乡、名师工作室等教学研讨活动42次，参加活动1753人次；组织参加龙岩市各学科教学评优观摩研讨活动30次，参加活动956人次；承办市级以上教研活动15次，参加活动1530人次。

质量监控 每学期，中小学教研室配合区教育局学业质量评估中心，分别于期中、期末对部分年级的语文、数学、英语、品德与社会、历史、地理、生物、化学、物理、品德与生活、音乐、美术等科目进行质量抽测，教研员认真命题，精心组织考试，做好网上阅卷工作，并对质量抽测结果进行深入分析，提出合理化教学建议，帮助一线教师改进今后教学。

小学新教师"三字一画" 基本功考核2016年7月1日上午，全区小学近三年100多名新教师"三字一画"（粉笔字、毛笔字、硬笔字及简笔画）考核活动在城关中心小学举行。区教育局党组书记、局长卢海强，副局长卢鸿芳，区教师进修学校校长江小春，副校长卢德凤等莅临考场巡视、指导基本功考核工作。该次新教师"三字一画"基本功考核活动，以考促发展，以考促成长，让教师们看到自己与别人的差距。教师们表示，今后将不断加强基本功训练，不断提高自己的教育教学能力。

学生学科竞赛 2016年，组织学生参加青少年科技创新大赛，高中物理、数学、生物、化学、信息技术奥林匹克竞赛，初中物理、化学、数学竞赛，中学生思品、政治小论文比赛，龙岩市中学生地理科技小论文评比活动，中学生英语演讲比赛等省、市活动。各项活动获全国一等奖2人次、二等奖5人次、三等奖17人次，获省级一等奖9人次、二等奖20人次、三等奖30人次，获市级一等奖56人次、市级二等奖98人次、市级三等奖160人次。

教学论文征集 2016年，根据省、市、区教育主管部门有关精神，征集中小学部分学科优秀教育教学论文，择优选送省、市参评。全区有153篇论文选送市参评，获一等奖15篇，二等奖30篇；汇编区级论文小学4本、共240篇，中学3本、共180篇。

【课题研究】

2016年，完成省、市级课题研究申报立项，每名教研员、每所中小学和幼儿园都承担一项课题研究任务，本着"问题即课题、教学即研究"的原则，开展课题研究。全区中小学、幼儿园教育教学方面申报立项省级课题3个、市级课题26个、区级课题98个。在课题研究中，对承接课题的学校尤其注重课题的过程管理，做到有目的、有计划、有总结、有步骤、有阶段分析，使课题研究走向制度化、规范化；同时，要求及时收集、积累、整理资料，课题研究的理性思维得到提升，教师从"经验型"向"科研型"转化。全年有45篇课题研究论文在CN级刊物发表。2016年9月—12月，先后对到期的55项课题进行结题验收。

·科 技·

【构筑科技创新公共服务平台】

推进区互联网产业孵化园建设，引进农信互联等40余家企业入驻，入驻企业涵盖电子商务、公共服务、互联网科技等多个领域，互联网孵化园在2015年获评省级互联网孵化器、市级众创空间的基础上，2016年又被认定为省级众创空间；推进光电信息孵化园建设，永定光电信息专业科技园16栋厂房工程有14栋完成主体封顶，2栋进行基础施工，投资3.5亿元的鑫华通智能终端项目开工建设；支持企业建立技术研发机构或联合高等院校、科研院所建设研发机构，永定富家文化传播公司与区外高校、文化企业合作建设福建土楼文化产业科技平台，完成福建土楼公共资源信息数据中心数据库部分软件的开发设计，并开展信息数据中心资料的收集和整理工作。乾元新型材料有限公司与龙岩紫荆创新研究院联合组建乾元紫荆新型建材技术研发中心项目正式签约。

【支持企业开展科技创新创业活动】

引导企业以科技项目建设为载体，开展科技创新活动，组织"具有保健功能的巴戟天西洋参产业化开发"和"山鸡良种繁育与生态养殖技术研究及产业化示范"等两个项目申报上级科技项目，前者获得市级立项；加强创新科技项目管理，"闽西客家和红色双重文化遗产数字化与文化旅游综合服务"项目通过国家级验收，"利用农林三剩物生产机制炭""山鸡标准化生产技术研究与示范"等两个项目通过省级验收。做好省、市科技创新大赛参赛工作，出台参赛企业补助和获奖企业配套奖励政策，组织鼎福来食品、智游电子商务、招宝生态农庄等一批企业参加省、市科技创新创业大赛，其中鼎福来食品公司的"永定红柿迭代气调保鲜与全营养加工技术研发"项目获得省、市级创新企业大赛优胜奖。

【培育科技创新成果】

推荐优秀成果申报上级科技奖励，区食用菌技术工作站"低海拔地区反季节不覆土地栽香菇技术研究与示范"、区经作站"甜柿太秋品种选育及配套栽培技术研究"等两项成果分别获市科学技术二等奖、三等奖；区经作站"六月红早熟芋产业化关键技术集成研究与应用"成果获评省科学技术奖三等奖，这是永定区"六月红"芋研究获省科学技术奖10年后再次获评该奖。

【科技小巨人领军企业遴选】

2016年，永定采善堂制药有限公司被确定为省级科技小巨人领军企业，招宝生态农庄有限公司被确定为市级科技小巨人领军企业。

【科技宣传普及】

为企业和群众提供各类科技信息，全年编辑《永定科技信息》4期、印发600多份；组织开展科普活动日、科技活动周等科普活动，通过悬挂科技宣传标语、分发科普资料、接受公众科技咨询，为提高全民科学素质营造氛围；做好科普统计，及时掌握全区科普人员、场地、经费、活动等情况，为领导科普决策提供依据。

【科技扶贫】

2016年，区经科局抓好脱贫攻坚战役的"科技帮扶到户"工作。组织制定《2016—2020年龙岩市永定区科技帮扶到户工作实施方案》，提出主要工作措施和分年度推进计划。全年组织3次脱贫攻坚科技帮扶农业技术培训，培训200余人；邀请市、区农技专家6人，分赴金砂、堂堡、合溪等贫困乡传授种植、养殖技术，深入田间地头对贫困户进行现场技术指导。推荐2名科技人员挂钩帮扶到户示范项目，指导科技扶贫示范项目实施。其中，湖山乡农业站农艺师王景挂钩养蜂示范项目，为帮扶对象李庆华设计养蜂规划，筹备蜂箱、蜂具等生产资料，提供养蜂技术指导，李庆华年增收3000多元；金砂乡农业站农艺师刘国忠挂钩山鸡生态养殖示范项目，为帮扶对象陈元桂提供产前、产中、产后技术服务，指导帮扶对象做好生产记录，陈元桂养殖山鸡200多只，年出栏山鸡700只左右，增收2万多元。科技扶贫示范项目的实施，带动示范项目周边群众养蜂、养鸡业发展，成为群众重要的科技脱贫致富项目。

【知识产权强区建设】

2016年，永定区在近年先后获得"国家知识产权强区工程试点区"和"福建省知识产权强区"命名的基础上，加强知识产权强区工程建设，加强专利管理制度建设。与财政、文体、工商等部门密切配合，根据国家和省有关知识产权强区建设有关文件，制定和完善《永定区专利奖励办法》

《永定区专利发展专项资金管理办法》和《永定区专利技术实施与产业化项目管理办法》等文件，对照《国家知识产权强县工程试点县（区）考核指标》和《福建省知识产权强区工作考评指标》要求的各项考核指标进行建章立制，使专利工作步入常态化科学管理轨道。9月，永定区"福建省知识产权强区"建设以考核等次"优秀"的成绩通过福建省知识产权局复核验收。开展知识产权试点工作。2016年5月，市知识产权局确定永定采善堂制药有限公司、福建省招宝生态农庄有限公司、福建省金丰酿酒有限公司等3家企业为龙岩市知识产权试点单位。加强专利执法。与市知识产权局联合开展专利行政执法和维权援助，重点对药品、医疗器械、儿童玩具和日常用品等与百姓生活密切相关的商品进行检查，对假冒专利立案调查，对专利标识不规范的商品责令商家限期整改，对发明专利权属纠纷和侵犯外观设计的行为进行调查处理。在"4·26"世界知识产权日来临之际，区知识产权局联合区文体广新局在城区体育中心举行2016年侵权盗版及非法出版物集中销毁活动，销毁盗版图书、盗版音像制品、盗版电子出版物、非法报刊2351件及非法卫星电视地面接收设备318套。支持企业开展专利产业化工作。5月，福建康文医疗器械厂和福建招宝生态农庄有限公司的专利产业化项目各获市财政10万元的经费支持。

是年，全区专利申请931件，比上年增长303.03%，增幅居全市第一位；专利授权324件，同比增长61.19%，增幅居全市第三位；有效发明专利6件，其中福建省招宝生态农庄有限公司的"一种中草药饲料添加剂及含该添加剂的饲料"发明专利获市三等奖。对全区授权专利发放奖励金77.7万元。

表37　　　　　　　　　　　　2016年永定区专利申请及专利授权一览表　　　　　　　　　　　　单位：件

专利申请				专利授权				有效发明专利	万人发明专利拥有量
合计	其中			合计	其中				
	发明	实用新型	外观设计		发明	实用新型	外观设计		
931	79	635	217	324	3	219	102	6	0.234

·防震减灾·

【完善监测预报和群防群测网络】

2016年，区地震办公室配合省、市主管部门管好、用好地震监测设施，保证数据的不间断安全传输。永定境内有12个观测台站，其中，5个微观观测台站监察设备设施完善，观测数据与省、市地震台网机房联网，信号24小时实时不间断传输。5个微观观测台、7个宏观观测点均聘请1名管理员，每天下午管理员按时将数据报到地震办，由地震办将数据综合后上报市地震局。全年无发生停运事件。加强地震监测站管理人员和防震减灾"三网一员"培训。2016年3月24日，召开全区防震减灾工作暨"三网一员"培训会议，提高民众应急自救互救能力，夯实应急救援基础。配合省地震局做好预警机房建设，将GPS系统更换为北斗系统。

【地震灾害预防】

2016年，完善中小学防震减灾教育基地建设，永定三中被市地震局评为龙岩市地震科普示范学校。加强建设工程抗震设防管理。永定一般居民6度设防，对学校、医院等人员密集场所的建设工程，严格按照文件（中国地震局〔2009〕49号）要求确定7度设防标准。由地震办牵头，区政府、乡镇政府、区直指挥部成员单位完成地震应急预案的编制，将预案录入管理系统，并随时保持动态更新。编印《永定区乡镇地震应急预案汇编》《永定区指挥部成员单位地震应急预案汇编》，并分发到有关单位。按国家三类标准，建成金丰中学和洪山中学2个避难场所。

【提升防震减灾综合保障能力】

2016年，制定《龙岩市永定区防震减灾"十三五"规划》，并以区政府名义发文，指导全区防震减灾工作。制定考核细则，将乡镇（街道）防震减灾工作纳入区对乡镇（街道）年度考核。

同时，把防震减灾科普示范学校、地震安全示范社区建设纳入全年地震工作计划。至年底，全区有市级防震减灾科普示范学校1所（永定三中），国家级地震安全示范社区1个（凤城街道龙凤社区）。

2016年6月，配合做好"福建及台湾海峡深部地壳构造陆海联测"，在洪山乡棉花滩水库开展该项工作。

·文体广新·

【文艺创作与展演】

2016年，区文艺团体和个人创作一批反映永定各方面的文艺作品，主要有舞蹈《祥龙献瑞》《等郎归》《客家妹》《乡愁无边》《魅影》《冬天来了》《笛中花》《感谢春天》《我等你》《走月亮》《花儿》《留下》等；5月编辑出版《永定文博》，10月编辑出版《铁雪长征》等内部资料性出版物。审批24件内部资料性出版物。组织文艺人员在八一前夕走入军营开展拥军文艺汇演，在闽粤赣三省剧院联盟活动现场、文化科技卫生"三下乡"、龙岩首届春晚中表演永定特色文艺节目。先后举办"迎新春金叶书香五人书画联展"、2016年迎新春永定区美协美术作品展、绿水春风——龙岩市永定区"十二五"水利建设成果展、永定首届3D魔幻艺术展、"学党章党规学系列讲话做合格党员"职工硬笔书法作品展、"艺术扶贫——爱心同行"义卖书画精品展等活动。

【对外文化交流】

2016年，先后与"东方演艺集团"、台北市永定同乡会暨中华福建闽西客家文化交流协会、台北市苗栗县同乡会、台北市立大学、"中东欧十六国作曲家来华采风创作活动"创作组、省及市音乐家协会、同济大学和浙江大学等文化组织单位协会对接和交流；客家土楼艺术团演员张冬梅受邀参加交响音诗《土楼回响》在澳大利亚巡回演出，深化永定的对外人文交流。

【群众性文化体育活动】

2016年，先后组织举办"十大"群文、广场舞、城区月月有演出活动（"禁毒""两学一做""巩固创卫""庆六中全会""长征颂"等主题宣传）13场，举办"跟我学·唱客家山歌"主题活动，"举党旗、戴党徽、温誓词、忆长征"践行"两学一做"暨建党95周年重走红色旧址群活动，举办"百场文艺进乡村"、"艺术扶贫"、《中国梦劳动美》五一专题文艺晚会、"庆七一"文艺晚会，举办第二届"和谐杯"男子篮球总决赛和第八届"土楼杯"、第五届"龙湖杯"、第三十一届"金龙杯"男子篮球赛、海峡两岸暨香港地区群众乒乓球赛、首届环土楼马拉松赛、"土楼清风杯"乒乓球赛、全国城市俱乐部筏钓巡回赛等赛事，举办庆三八系列健身活动、"青年杯"花样跳绳、围棋、足球、羽毛球等系列群众文化和全民健身活动。被龙岩市体育局授予2016年度"全民健身工作先进单位"称号。开展书法、美术、舞蹈、魔术、成人舞健身操、太极、健身气功等群众性文体项目培训。全年新增一级社会体育指导员7名,二级社会体育指导员2名。

【非物质文化遗产保护】

2016年4月25日,中央电视台《民歌大会栏目》专程采访永定客家山歌大王李天生。5月18日,举办"跟我学唱客家山歌"主题宣传弘扬活动。8月18日,省人大非遗保护立法调研组到永定调研非遗保护工作。9月22日—25日,"永定客家山歌合唱队"作为全省唯一代表队伍,参加"第四届中国非物质文化遗产博览会民歌大赛"。年初,将客家土楼营造技艺、永定万应茶制作工艺向上申报国家级非遗补助资金,将永定客家山歌、永定客家土楼楹联向上申报省级非遗补助资金。

【文物保护】

文物安全 2016年,在做好日常文物安全巡查基础上,以开展第十一个"文化遗产日"活动为契机,印发宣传材料5000多份、发送短信3万多条等,在全区营造保护文物的氛围。为全区县级文物保护单位增配灭火器200具,启动初溪土楼群防雷建设工程,依法拆除高北土楼群保护区内违法建筑4座。洪坑土楼群消防方案通过国家文物局专家组评审,是全省首个通过国家文物局专家评审的列入国家文物局文物消防安全百项工程的项目。洪坑土楼群、高北土楼群防雷方案通过省级专家组评审。

文物保护维修 全年争取国家、省文物局补助资金1535万元,组织编制国家级文物保护单位福裕楼、振福楼整体维修等保护维修细化方案及预算,编制抚市天后宫、永豪楼、永隆昌及下洋荣禄第等4处涉台文物保护维修方案。在继续推进承启楼保护维修工程的同时,实施振成楼中厅维修工程,启动五云楼保护维修二期工程,完成初溪集庆楼保护维修工程招标。按国家、省、市文物局的部署,完成10处革命文物保护维修及展示资金补助申报。

传统村落保护 2016年,继湖坑镇洪坑村和南江村、下洋镇初溪村、高头乡高北村被列入第一、三批中国传统村落后,陈东乡岩太村、金砂乡西田村、洪山乡上山村、高陂镇西陂村、湖坑镇实佳村、下洋镇中川村等6个村被列入第四批中国传统村落名单。

申报文物保护单位 2016年,完成三堡奎文书馆、毛泽东旧居(竹林馆)、胡子春故居(荣禄第)、中共永定县委旧址(金砂公学)、溪南兵工厂旧址(邹公庙)、毛泽东旧居(泽东楼)、抚市天后宫、金丰暴动旧址(广圣庙)、毛泽东旧居(赖家祠)等9处第九批省级文物保护单位申报工作,同时开展第十批县级文物保护单位申报工作。

【文化市场管理】

2016年,结合"清源""净网""护苗""扫黄打非"和涉毒专项整治行动,对全区文化市场开展监督检查,出动执法人员924人次,检查出版物经营场所273家次,网吧场所254家次,电子游艺、歌舞娱乐场所368家次,下发责令整改通知书26份,违法经营现象得到遏制。

【文化惠民工程】

2016年,完成3个社区多功能运动场建设,1个室内健身房和1个足球场建设。完成广播电视节目无线数字化覆盖工程,为信号覆盖乡镇群众免费收看16套电视节目。巩固提升14个乡镇18个农家书屋,共投入6.93万元,配送图书1.125万册、光盘380张。新购4台投影机,进一步提升农村公益电影放映影像效果,放映农村公益电影3348场,观众86768人次,区电影公司被省公司评为"2015—2016年度农村电影放映工程先进单位",并被推荐向各区县公司作经验交流。

【竞技体育】

2016年，区文体广新局开展的竞技体育项目有乒乓球、羽毛球、网球、田径、举重、跆拳道、武术套路、游泳、篮球。竞技体育持续进步，陈思颖获全国青年跆拳道锦标赛46公斤级（淄博站）冠军、全国青年跆拳道锦标赛46公斤级（鄂尔多斯站）亚军，林志伟获全国帆船帆板冠军赛X级障碍赛亚军、全国帆船帆板冠军赛X级长距离季军，王俊鸿获全国赛艇冠军赛亚军。省级锦标赛中，获得金牌13枚、银牌9枚、铜牌18枚。

【文体产业】

2016年，龙湖水上体育运动休闲基地、区体育中心田径运动场相继正式开园和动工，其余挂钩联系文体项目按既定目标有序推进。同时，积极对接市属国企进入永定谋发展，策划生成"外圆内方·天下大同"、客家书画创作交流中心、华谊兄弟水上影视基地等项目。

【广播电视】

2016年，按照"内聚人心、外树形象"的宣传导向，永定电台、电视台先后开辟《三大战役》《土楼党旗红——践行"两学一做"》等专题专栏，深入报道永定经济社会发展成果和民众心声。其中，永定电视台采编的节目上中央台播出新闻21条，其中新闻联播2条；上福建电视台375条，列全市第二，其中新闻联播78条；上龙岩电视台733条（新闻联播333条），总分1175分，列全市第三（其中新闻联播809分，列全市第二；新闻直通车366分，列全市第二）；永定电视台播出新闻1881条，微信公众号和头条号一共刊登新闻3762条；永定人民广播电台播出新闻1493条，在中央电台播出4条、省电台播出90条、市电台播出285条。

【图书馆工作】

2016年，区图书馆围绕"读者第一，服务至上"的宗旨和区委、区政府提出的建设"创业创新秀美厚德新永定"的工作目标，从读者服务、业务管理、读书活动、提高工作人员素质等方面入手，优化服务，拓展图书馆的教化功能，发挥图书馆在提高全民思想道德素质和科学文化水平上的职能作用。在藏书建设方面，4月份派员参加在福州市举办的福建第二届"世界读书日·海峡读者节"，精选1000余册图书，后又通过北京出版发行部门挑选1000多册的新书，全年累计投入5万多元采购新书3000多册，基本保证一般读者的阅读需求。此外，通过发放读者意见征求表，了解读者对报刊的需求，2016年通过邮局征订报刊200余种；为了满足不同层次的读者的阅读需求，购买1万册的电子图书，安装于本地服务器上，读者利用电子阅览室的电脑，便可阅读到自己喜爱的读物。在读者工作方面，做好读者服务工作，倡导全民阅读，利用节假日、"4·23"世界读书日、图书馆服务宣传周等，举办各种读书活动，参加活动4000余人。至年底，办证读者4380人，年流通90500人次，图书流通85470册次，为读者免费复印资料500余份。协助区委宣传部做好"永定家训馆"的提升改造工作，征集到重点姓氏族谱70种，从中精选出60个姓氏族谱60册，对其进行加工整理，精选出60个姓氏的家训家规，供布展组制作展板用。

【博物馆工作】

2016年，完成全国第一次可移动文物普查（简称"一普"）任务。按照国家、省、市、区统一工作部署，区博物馆认真落实、扎实推进"一普"工作。经过近4年努力，按时、保质完成全区"一普"任务。由于工作出色，省文物局奖励该馆普查补助经费4万元。

实施博物馆基本陈列改版提升。区博物馆基本陈列包括《永定文明史》和《永定革命史》两个展览室。至年底，完成《陈列大纲》，《文明之光》陈列方案进行7次修改提升，设计方案通过专家评审论证。此外，布展完成工程项目招投标，文物资料征集等工作也在同步进行。

【海峡两岸暨香港地区群众乒乓球赛】

2016年1月9日，在区体育馆举办2016年海峡两岸暨香港地区群众乒乓球赛，比赛为期两天，吸引来自香港、台湾、广东、江西及福建龙岩、厦门、泉州、南平、三明等城市共16支队伍200多名乒乓球爱好者参赛。经过激烈的角逐，最终永定区土楼队获第一名，厦门市乒协获第二名，南平市延平区乒协和江西银河队并列第三名，台湾台中市联队、龙岩市乒协、三明市乒协和香港乒乓总会并列第五名。比赛期间，乒乓球奥运冠军陈龙灿和世界冠军乔红也受邀参加，并在永定土楼景区进行球技表演和互动活动。

【首届环土楼马拉松赛】

2016年11月20日，在永定土楼景区举办首届土楼山地马拉松赛，来自肯尼亚、加拿大、韩国、日本等国家和中国香港、澳门、台湾等地区及各省、市的近5000名跑步爱好者参赛。比赛设全程马拉松、半程马拉松、土楼风情跑3个项目。其中，全程和半程分设男子组和女子组。经过3个多小时的比赛，最终全程男子组由来自肯尼亚的HENRY CHERUIYO以2小时31分13秒的成绩获得冠军；全程女子组由高萌以3小时04分36秒的成绩获得冠军；半程男子组由来自肯尼亚的NICHOLAS KIPROTICI以1小时11分22秒的成绩获得冠军；半程女子组由来自肯尼亚的ALICEN CHEPLETNG以1小时24分42秒的成绩获得冠军。央视5频道、福建电视台、人民网、新华网等30多家主流媒体和网站报道该次比赛。

【全国城市俱乐部筏钓巡回赛永定分站赛】

2016年12月8日—10日，在龙湖举办全国城市俱乐部筏钓巡回赛"永定土楼杯"福建龙湖分站赛，来自福建、江西、湖南、浙江等省的41家垂钓俱乐部164名垂钓选手参加比赛。比赛为自然水域筏钓混合鱼团体重量赛，41个运动队分成A、B两组，每组分别参加2场比赛，每场比赛时间为7小时，实行积分竞赛制。最终浙江温州渔人码头俱乐部、福建龙岩海斯特俱乐部和江西瑞昌俱乐部分别获得冠、亚、季军。

【文化永定"十大"群文活动】

根据《龙岩市人民政府办公室关于印发文化龙岩2016群文十大活动总体方案的通知》龙政办〔2016〕62号及《龙岩市文化广电新闻出版局关于进一步做好"文化龙岩2016群文十大活动"的通知》龙文广新〔2016〕87号文件要求，在区委、区政府的领导下，区文体部门制订下发《文化永定2016群文十大活动工作总体方案》《文化永定2016群文十大活动具体任务分解表》等文件，并通过永定电视台、广播电台、短信平台、公众微信群等媒体，宣传各项活动事宜，吸引1260名永定社会各界群众的踊跃参与。该次活动举办10场次海选比赛，每一子项活动均举办一次海选。其中，《岩创好歌曲》有16人共21首作品参加海选，《岩舞民星》有300人共25支队伍参加海选，《唱响中国梦》有600人共12支队伍参加海选，《百姓大戏台》有30人共5支队伍参加海选，《我爱我家》有160人共200幅作品参加海选，《美丽乡村》有40人共56首作品参加海选，《灯谜百姓通》有50人共130首作品参加海选，《欢动闽西》有30人共12支队伍参加海选，《喜笑"岩"开》有22人共7支队伍参加海选，《讲古啦》有12人共12支队伍参加海选。经海选评出的作品，在参加市级比赛中，通过初赛、复赛、晋级赛、决赛，各项活动均有获奖。其中，歌曲类：胡文虎小学教师张秋红创作的《土楼童趣》获得二等奖；舞蹈类：吴秀娴表演的《花儿为什么这样红》，张秀萍、曹晓欢表演的《孤行》分别取得优秀奖；合唱类：《唱响中国梦》少儿组比赛城关小学合唱队以总分第二名的成绩获少儿组一等奖，老年组代表队——老年大学合唱队、成人组代表队——永定区业余合唱团分别获二等奖；美术类：12位小选手参加现场创作比赛，其中5幅作品获优秀作品奖；诗歌类：胡菊香、赖敏君参加龙岩市诗歌朗诵决赛，分别获优秀奖；吉他类：朱茂生的吉他弹唱《骑行在路上》获优秀奖；小品类：张喜峰、叶少卿表演的小品双簧《赖小凡心里话》获二等奖第一名；故事类：福建土楼博物馆黄薇演讲的《爱国侨领胡文虎》获优秀奖。

·新闻宣传与网络管理·

【概况】

2016年，区新闻宣传与网络管理中心深入贯彻落实中共十八大及其各次全会精神和全国、省、市宣传思想工作会议精神，围绕中心，服务大局，弘扬主旋律，传播正能量，做好永定的新闻宣传、网络舆情管理等各项工作。新闻中心（区委报道组）被福建日报评为2016年度"优秀报道组"。

纸质媒体上稿　2016年，围绕"两学一做"学习教育、"三大战役"、经济转型绿色发展、民生事业等各个方面，深入组织采写，推出一批有份量的报道。被市级以上纸质媒体采用稿件1707篇（幅）。其中，在福建日报上稿169篇，在《闽西日报》上稿1159篇，在《人民日报》《县域经济报》等其他报刊上稿379篇。新闻宣传继续走在全市各县市前列。

《今日永定》杂志出版工作　2016年，遵循"坚持党性、服务中心、贴近群众、突出特色"的办刊宗旨，围绕区委、区政府工作大局，突出转型发展、跨越发展主线，在杂志出版上加强宣传策划和版面设计，提高组稿质量和杂志吸引力，受到区主要领导及群众的一致好评。全年出刊《今日永定》杂志12期，发行2.4万余册。

网络宣传　2016年，永定新闻网先后策划生成"书记区长在忙啥""看看他们怎样攻打'三大战役'""大美永定"等一批接地气、有特色、叫得响的栏目。永定新闻网上传新闻14286条，日访问量最高攀升至上万人次。微信平台发布文章1864条，拥有粉丝万余人。向今日头条平台推送文章780多篇，有430多篇被平台推荐。

网络舆情监管　2016年，累计编发网络舆情专报6期、舆情提示函6期，发出提示电话42个，其中区主要领导批示1份。快速有效处置《湖雷镇发现一例H7N9病患》《福建土楼景区被国家旅游局严重警告》《台湾旅游大巴在湖坑遭遇山体滑坡》等重大网络舆情。其中，《台湾旅游大巴在湖坑遭遇山体滑坡》舆情处置工作，得到省委常委、宣传部部长高翔的充分肯定。同时，相继修订完善各个乡镇（街道）突发网络舆情应急处置预案，形成全区科学快速处置突发网络舆情的"防火墙"。此举在全市属于首创，受到市委宣传部的表扬和肯定，并在全市推广。

·档　案·

【概况】

2016年，区档案局（馆）接收区住建局、民政局、教育局、高头乡、古竹乡等单位移交各类档案资料2800多卷（件、册），征集客家文化档案、革命历史档案资料20多件（册），电子档案光盘4张。至此，馆藏档案总数超过16万卷（册）。全年接待查阅档案人员2700人（次），查阅档案7900多卷（件、册）。成功举办红军长征胜利80周年专题图片展。组织档案工作执法检查7次，检查12个乡镇和21个区直单位，下发整改通知5份。

【爱国主义教育基地落成】

2016年，投资10万元，在区档案馆一楼展厅建立可展出实物、纸质和电子档案的爱国主义教育基地。11月，在新馆一楼展厅举办"红军长征胜利八十周年专题图片展"，展出图片200多张，显示永定英雄儿女在红军长征中的光辉事迹和作出的重要贡献。开展当天即有200多名区直干部前往参观,至年底,共接待参观的干部、群众1000多人次。

【档案基础业务】

档案安全督查 定期组织人员严格按照档案"八防"(防盗、防光、防热、防火、防潮、防尘、防虫、防霉)工作要求开展档案安全专项检查,对发现的问题,及时处理,努力消除安全隐患,确保馆藏档案安全。

保密工作 严格执行国家、省、市档案局、保密局的有关安全保密规定,在日常工作中,严把保密关,确保档案数据的安全。

档案信息化建设 完成所有馆藏档案机读目录编写,案卷级目录总数1.81万条,文件级目录总数16.31万条,民国档案全文扫描数字化项目正在全面推进。

国家重点档案抢救 抢救国家重点档案5000多卷,走访收集客家文化档案、革命历史档案资料20多件(册),电子档案光盘4张,为弘扬客家文化和革命精神提供重要参考资料。

【档案知识和法律法规宣传教育】

2016年,组织开展《中华人民共和国档案法》和《福建省档案条例》的宣传教育,提高广大干部群众的档案法律意识。开展档案管理主题活动。组织开展"6·9"国际档案日、档案知识"进机关、进企业、进社区"等活动,宣传档案法和条例,普及档案管理知识,营造档案管理良好氛围。全面拓宽档案管理宣传平台。建设区档案局门户网站,全面、系统地介绍档案管理的法律法规,告知社会公众查询档案的时间;向全区干部发送3万多条档案宣传短信,扩大档案工作的社会知晓度和影响力。

【档案执法检查】

2016年,加强对各立档单位的档案执法检查,督促基层档案安全保管,进一步充实完备档案柜(架)、空调、温湿度计等基本设施,建立档案管理制度和安全防范措施。检查12个乡镇和21个区直单位,下发整改通知5份。从检查情况看,各乡镇(街道)、区直单位档案意识普遍提高,逐步做到有机构、有人员、有档案室,档案收集、整理主动性加强,案卷质量有所提高。但也还存在一些不足,个别单位存在档案室归档不及时、无电子目录、档案室"八防"设施不齐全等。

【档案便民服务】

2016年,购置一批便民服务设备,为群众查档提供舒适的环境。接待查阅档案人员2700人次,查阅档案7900多卷(件、册),复印9500多页资料,为解决各类民事纠纷、大学院校课题研究、中央苏区革命历史研究和客家文化研究等提供翔实资料。同时,在永定政府网和区档案网公开查档服务程序、档案行政责任清单,进一步完善档案服务方式。

·方 志·

【落实省、市地方志工作】

2016年,按照省方志委的部署,做好《福建年鉴(2016)》永定区条目撰写和上报;做好全省方志系统学术人才梯队建设和课题研究工作,完成阶段性调研和论文报送;参与《蕉城区志》《三元区志》等志稿评议,如期提交评议报告。根据市方志委的要求,抓好《龙岩年鉴(2016)》永定区及高新园区等条目撰写和上报;派员参加2016年全市地方志文化论坛,并作《客家家训文化的传承与发展》专题发言;推进《龙岩茶志》(永定)资料收集报送等地方志其他业务。

【《永定区姓氏文化志》编纂】

2016年,区方志委在完成全区81个主要姓氏的源流、分布、播迁、郡望堂号、祠联、族规祖训、谱牒、文物等初稿撰写的基础上，向各乡镇（街道）、各姓氏进一步征求意见，对源流、分布和播迁等情况进行修订和完善，更好地体现永定客家文化元素。

【《永定年鉴（2016）》出版】

2016年2月，区委办、区政府办联合下发《关于认真做好〈永定年鉴（2016）〉编纂工作的通知》（永委办发〔2016〕15号），全面启动年鉴编纂。该部年鉴由区委、区政府主办，区方志委承编，是永定区第八部综合性年鉴。名誉总编陈荣水，总编赖秀金、詹萃芳，执行总编刘增晶。4月底，初稿基本完成。8月，完成总纂。10月定稿。2017年1月，由海峡出版发行集团海峡书局出版。

该部年鉴卷首设专文、特载、大事记，卷末设附录（含统计资料），正文设18个类目、980个条目，全面记载2015年永定区自然、政治、经济、文化和社会等各方面的发展情况。全鉴71万字、20面彩页，采用大16开精装印制。

【方志书库建设】

2016年，添置器材、扩增库房，推进方志书库建设。方志书库设有书柜、密集柜和查阅接待室等，以收藏本地志鉴和地情书籍（如族谱，红色文化、客家文化、土楼文化等方面）为主，兼顾历史和其他地区的地情书籍资料。藏书3000余册，实行专人专管，工作日免费向公众开放。全年接待江西省南昌市政协、龙岩学院及其他大学师生、区直单位和社会各界人士100多批次，成为集中展示永定修志编鉴成果和方志文化的重要服务窗口。

【地情网站维护】

2016年9月，为应对撤县改区的实际情况，将"永定县情网"更名为"永定方志网"，并对页面进行改版升级，使得网站页面更加简洁美观，内容更加全面实用，查询更加快速便捷。全年及时更新永定地方志、乡镇综览、特色专题、方志动态、永定乡讯和通告栏等栏目内容，先后上传《永定县年鉴（2011—2014）》等书籍和文章信息300多万字，为社会提供最新信息服务。同时，为突出永定客家文化和红色文化，增设红色永定和客家文化等栏目，使网站内容更接地气。

【方志资源挖掘利用】

2016年，开展志鉴"五进"活动，采取送书上门、免费赠送等方式，向机关、农村、社区、校园和企业开展赠送县志、年鉴和土楼志等方志书籍活动，实现方志成果共享。同时，结合中共永定支部成立90周年座谈会召开，不断挖掘永定红色文化资源，撰写《浅探林心尧对永定和闽西革命发展的重要贡献》一文，在研讨会上作专题发言，并登载于《闽西社科》2016年第3期。加强客家家训文化研究，查阅大量永定史料，写成《浅谈客家家训文化的传承与发展——以永定客家家训为例》一文，在《客家纵横》2016年第2期登载。

【配合做好党政部门业务】

2016年，按照区政府的部署，对永定政府网的地情资料进行更新充实。为区民宗局编写《永定寺院》提供业务指导，并提出修改意见，促进部门编志工作；协助民政局做好地名普查，为其提供大量地名资料；协助区档案馆办好纪念红军长征胜利80周年专题档案图片展览会，进一步弘扬长征精神；为农业局申报名特优等产品提供大量地方志史料。

卫生与计生

·医疗卫生·

【概况】 2016年，永定区（不含高新区4个镇）有各级各类医疗卫生机构32家。其中，公立医疗卫生机构30家，即区医院、中医院、疾控中心、妇幼保健院、卫生监督所、卫校、新型农村合作医疗管理中心、卫生工作者协会、卫生应急办、初级卫生保健办公室、城区消毒站以及18家卫生院、1家社区卫生服务中心；非公立医院2家，即客佳医院、民康医院。区医院为二级甲等综合性医院，中医院为二级甲等中医医院。30家公立医疗卫生机构核定人员编制1085名，其中区级681名、乡镇404名；实有干部职工1416人，其中区级829人、乡镇587人；医疗卫生单位设置病床1063张，有卫技人员1146人；按常住人口27.4万人计算，每千人口拥有床位3.88张、拥有卫技人员4.18名。全区216家卫生所（室）有乡村医生252人，基本覆盖所有村（居）委会。

【医药卫生体制改革】 **公立医院改革** 2016年，区委、区政府调整深化医药卫生体制改革领导小组及公立医院管理委员会，将医改办、医管办挂靠到卫计局，印发《永定区县级公立医院管理委员会工作规程》。开展公立医院院长公开竞聘试点工作，制定《福建省龙岩市永定区医院院长公开竞聘方案》《永定区医院院长绩效考核指标》等文件，开展区医院院长公开竞聘，有16人参加竞聘，经公开报名、资格审查、演讲答辩、体检、民主测评、组织考察等程序，12月31日正式聘任抚市卫生院陈东辉为区医院院长。加强医改绩效指标监督，公立医院药占比、卫生材料收入占比、门（急）诊人次费用增长率、人均住院费用增长率等指标基本处于全市居中位置。

基层医改 继续执行基层医疗卫生机构基本药物制度，实行药品零差率销售，全年19家基层医疗卫生机构约为患者减轻药品负担230万元。落实省药品招标采购政策，区级医疗机构严格按照招投标结果进行采购。按省药品、耗材招标结果，制定《乡镇卫生院基本药物采购目录》，实行竞价采购政策，各乡镇卫生院按最低价原则，统一按目录进行网上采购；对目录外药品使用实行报备制，严格控制目录外药品的种类，降低药品虚高价格，割断医院和药品的利益关系，缓解"看病贵"的现象。进一步理顺基层医疗卫生机构管理体制，实行乡镇卫生院归口管理，巩固"三权"（人事权、经营权、分配权）下放成果，全区乡镇卫生院门（急）诊471655人次、出院13063人次，与2015年相比总体平衡。打造基层医改示范点，抚市卫生院顺利通过示范点建设验收。

分级诊疗 制定出台《永定区推进分级诊疗制度建设实施意见（试行）》《永定区医师多点执业管理办法》，鼓励符合条件的医师进行多点执业，逐步解决基层医疗卫生机构人员不足及诊疗水平不高的问题。建立完善对口支援帮扶机制，提升城区医疗技术服务水平，区医院分别与福建医科大学附属协和医院、龙岩市第一医院、龙岩市第二医院、福建医科大学附属口腔医院签订对口支援协议，支援医院定期指派高年资主治及以上职称的医师组成的医疗团队到区医院开展临床诊疗、教学培训、义诊等技术援助活动。区中医院与市中医院建立医疗联合体，开展全面的技术合作。区妇幼院与厦门市妇幼院开展对口帮扶合作。加强区域内医联体的建设，制定出台《永定区区域医疗联合体工作实施方案》，区医院与下洋镇中心卫生院、湖坑镇中心卫生院，中医院与湖雷镇中心卫生院、仙师镇卫生院签约建立医联体试点。实施"互联网+"分级诊疗项目，在区医院及坎市、高陂、抚市、湖雷、下洋、湖坑镇中心卫生院开展高清视频门诊远程会诊系统建设，并实现上网运行，2016年接受1576人次的预约会诊，使老百姓不出乡镇即能享受到上级专家的服务，缓解"看病难"的问题。

【基本公共卫生服务】

2016年，人均公共卫生服务经费提高到45元。根据省、市有关文件精神，将工作任务进一步分解、细化，开展基本公共卫生服务综合考核、点评。依托福建省医院管理信息平台，建立电子档案33.3万份，电子建档率89.13%。加强健康教育，全年出版宣传栏6期、开展公众健康咨询活动194次、举办健康教育讲座251场；落实工作措施，规范管理65岁以上老年人29492人、高血压患者19760人、糖尿病患者6622人、重性精神疾病患者907人、孕产妇6251人、0—6岁儿童43275人、结核病156例，管理率分别达89.47%、96.81%、97.77%、99.23%、91.56%、95.52%、100%。加大儿童预防接种工作力度，建立儿童预防接种证6306份，建证率99.86%，常规免疫接种105545人次，疫苗强化接种4788人次，应急接种199人次。加强传染病防治，实行传染病"0"报告制度及全程监控，全年无传染病暴发流行。抓好卫生监督协管工作，开展饮用水、非法行医、学校卫生摸底调查和日常巡查工作并及时上报相关信息。实施中医药健康管理，0—36个月儿童接受中医药健康管理14911人，管理率66.55%；老年人接受中医药健康管理15039人，管理率45.63%。

【新型农村合作医疗】

2016年，新农合筹资水平提高到每人540元，全区新农合参合323276人（含高新区4个镇），参合率99.6%。当年筹集基金17456.9万元。根据龙岩市《城乡居民基本医疗保险政策一体化实施意见》，实施全市统一结报政策。完善新农合支付方式改革，开展总额预付制，在合理确定各定点医疗机构基本医疗保险基金量的前提下，按照"结余留用、超支分担"的原则，制定对结余额度与超支费用的处理和分担办法，调动定点医疗机构医疗费用控制的积极性和主动性。开展单病种付费，出台《永定区新型农村合作医疗单病种付费实施方案》，按照"统一定价、定额包干、超支自付、结余归己"原则，对白内障等102个病种试行单病种付费。做好新农合结报工作，全年补偿495737人次（含普通门诊、特殊门诊、住院、大病补偿等），补偿金额15441.21万元。其中，住院补偿48773人次，补偿金额12127.93万元；普通门诊补偿340686人次，补偿金额719.14万元；特殊门诊104391人次，补偿金额1482.22万元；大病补偿1887人次，补偿金额1111.92万元。当年基金使用率87.81%（注：新农合因结报系统问题，数据含虎岗、高陂、坎市、培丰4个镇结报数据）。

【医疗卫生基础设施建设】

下洋镇中心卫生院（又名永定区华侨医院）诊疗综合大楼项目及辅助工程建设、设备配备项目，2011年12月立项，建筑面积7500平方米，总投资3508万元，正进行二次装修，完成工程量85%，累计完成投资2100万元，当年完成投资500万元。洪山卫生院医技综合楼项目，建筑面积1342平方米，总投资289万元。2014年12月正式动工，2016年9月建成投入使用，当年完成投资180万元。完成高头、湖山、合溪等3个卫生院污水处理项目，完成投资90万元。加强村卫生所建设，计划改扩建培丰镇洪源村、湖坑镇山下村、合溪乡袍山村、仙师镇恩全村、下洋镇富川村、虎岗镇城下村、湖坑镇楼下村、坎市镇新罗村、下洋镇初溪村、抚市镇里兴村、湖雷镇弼鄱村、高头乡高东村、抚市镇新民村、古竹乡坪洋村、龙潭镇上寨村等卫生所15个，其中培丰镇洪源村、湖坑镇下山村、合溪乡袍山村、仙师镇恩全村、下洋镇富川村、虎岗镇城下村、湖坑镇楼下村、坎市镇新罗村等8个村卫生所当年完成改建，完成投资48万元。加强项目申报，完成金砂、大溪、堂堡、仙师、西溪卫生院改造及职工周转房建设项目立项及造价预算、招投标等工作。

【疾病预防与控制】

免疫规划　做好国家免疫规划疫苗和注射器预算、储存、分发，保障供需。完成AFP、NT、MV、流脑、乙脑等监测任务。区、乡级人员156人次接受省、市、区级接种知识培训。对全区20家接种门诊进行规范化建设复评审，其中岐岭、大溪、陈东等14家通过复评验收。全年开展32次接种单位工作督导检查，提出改进等反馈意见32份。接种证查验率、督导率100%，查漏补种月查出应补种3900人次，实补种3844人次，补种率98.56%。更新免疫宣传教育栏56期，发放各种宣传资料5000余份。规范处理预防接种异常反应21起。全年接种国家免疫规划疫苗16.1万余针次，卡介苗、乙肝疫苗、脊灰疫苗、含麻疹疫苗、百白破、乙脑疫苗、流脑疫苗、甲肝疫苗等各剂次接种率均在99%以上。规范冷链管理、监测、维护。补充6台冰箱、300个冰箱温湿度计、2台疫苗运输箱，规划更换一个30立方米冷库。

传染病防治　加强传染病监测和疫情研判，全区28个疫情报告单位开展AFP、麻疹、新破、流脑、乙脑"O"报告。报告乙、丙类传染病1511例（乙类694例），无甲类传染病，发病率为418.56/10万，排除1例AFP疑似病人和10例麻疹疑似病人。加强鼠疫监测，4—9月份在湖坑镇、下洋镇、高头乡开展鼠疫监测。布放有效鼠笼4695笼次，捕鼠201只，采集鼠血清标本201份，鼠肝脾标本162份，均未发现阳性标本。继续实施结核病控制10年规划及做好结核病控制策略（DOTS）控制项目，开展结核病宣传咨询、义诊。全年新发涂阳病人56例，涂阳治疗满一年转归93例，治愈85例，治愈率91.4%。做好艾滋病防治，加强免费自愿咨询室建设，自愿咨询检测402人。配合公安部门完成557名"二所"（看守所、拘留所）人员的监测。全年完成HIV初筛监测9972人份，发现HIV阳性感染者3人。规范管理72名HIV感染者或病人（全年新增感染者22例）。做好丝虫病和2011—2016年消除疟疾病行动的防治工作，区医院、坎市医院、下洋镇中心卫生院、矿区医院、抚市镇中心卫生院等5个单位对"三热"病人进行监测，抽取血样300份，未发现疟原虫阳性。2016年通过省级消除疟疾的验收。

地方病防治　开展碘缺乏病防治工作，加强地方病防治，全年共采集8—10岁非寄宿学生家中食用盐205份，检测出非碘盐一份，碘盐覆盖率99.5%，合格率98.5%。继续做好地氟病防治监测，完成合溪乡采地村下甲、汤湖村龙潭，城郊镇古二村岗前及下洋镇下墟、廖屋等5个氟病区饮用水监测6份，对病区26名8—12岁儿童进行氟斑牙检查，氟斑牙检出率11.54%（3/6例）。

饮用水卫生　开展村镇饮用水监测，对城区2个、农村48个集中式水厂、二次供水、分散式供水、学校自备供水进行4次监测，采样水样450份，水样合格率66%，主要问题为总大肠菌群、菌落总数超标。对不合格供水点提出整改建议。

【妇幼保健】

妇幼重大公共卫生项目　2016年，全区5015例农村孕产妇享受住院分娩补助，补助金额200.6万元；7894例孕妇接受免费产前筛查；免费发放叶酸14941瓶，适龄妇女免费服用叶酸6282人。

妇女常见病普查普治　实施福建省城乡已婚低保妇女常见病免费普查和国家农村妇女宫颈癌免费筛查项目。全年为3500名低保妇女进行妇科常见病检查，3262名农村妇女宫颈癌筛查，100%完成普查任务。检出乳腺癌2例、宫颈癌3例。对查出疾病或异常者，给予治疗或建议到上一级医疗机构做进一步确诊、治疗，做到疾病早发现、早诊断、早治疗。

孕产妇、儿童保健　全年产妇8544例，活产8619例。孕产妇系统管理8283例，系统管理率96.1%；孕13周以前检查8380例，早建卡率97.23%。高危孕产妇追踪随访管理3230人，并进行100%管理。住院分娩8619例，住院分娩率100%。孕产妇死亡2例，死亡率23.2/10万。产后访视8391例，访视率97.35%。新生儿出生缺陷61例，出生缺陷发生率7.05‰。7岁以下儿童62140人，儿童健康管理率96.2%；3岁以下儿童30536人，系统管理率96.54%。5岁以下儿童死亡43例、婴儿死亡29例、新生儿死亡15例，死亡率分别为4.99‰、3.37‰、1.74‰。

婚前保健　优化提升婚前医学检查及优生检测服务，实行婚检优检一站式服务，免费婚前医学检查3186对，婚检率92%。检出疾病745例，疾病检出率11.69%。

新生儿疾病及听力筛查　新生儿疾病筛查8594例，筛查率99.71%，确诊甲状腺功能减低症9例，苯丙酮尿症确诊1人；听力筛查3648例，无听力障碍病例。使确诊病例及时得到诊断治疗，避免残疾儿发生。

【卫生监督执法】

机构建设　推进综合执法示范乡镇建设，投入8万元，在峰市镇成立卫生计生综合监督办公室，整合乡镇卫生和计生2支队伍，组建卫生计生综合监督执法队伍，聘用卫生监督协管员7人。

医疗服务市场监管　全面加强医疗服务市场监管，实行医疗机构综合监督检查"双随机"制度。9月份，在对乡镇卫生院实施全面监管的基础上，按照"双随机"的要求，随机抽取24家医疗卫生机构（9家卫生院、12家卫生所室、2家二级医院、1家疾控机构），对11家存在违法违规行为的医疗机构进行立案查处，共处罚金10.5万元。全年对14家医疗机构提出整改意见并依法进行处罚。严厉打击非法行医，协同公安、药监等部门进行联合执法，查处一起家庭式个体非法从事医疗服务的行为。加强医疗机构传染病防控监督执法，组织开展以预防接种、消毒隔离、病原微生物安全、医疗废物集中处置等为重点的医疗机构传染病防控落实监督执法。针对"山东济南非法经营疫苗案件"，对全区医疗卫生机构疫苗使用情况进行监督检查，督促医疗卫生机构严格规范疫苗流通、接种管理。

公共场所卫生监管　对城区160多家公共场所经营单位进行全面监督检查，督促公共场所经营单位落实从业人员健康体检工作，办理卫生许可证照，完善卫生管理制度，进一步规范公共场所的服务行为。借力土楼AAAAA级景区的整治工作，对景区90多家公共场所经营单位进行监督检查，督促其依法、规范、有序经营，提高景区公共场所卫生管理水平。10月份，实施公共场所重点抽检、监督工作，抽检单位25家，对发现存在严重违法行为的23家公共场所经营单位进行立案调查。

学校卫生监督　做好学校卫生相关信息报送工作，完善学校卫生监督管理的基础资料。组织乡镇卫生监督协管人员进入学校，督促学校建立和健全传染病防控有关制度，完善传染病防控预案，落实各项防控措施，防范重大传染病在校园发生流行。加强学校饮用水卫生监督管理，开展全面的学校饮用水卫生监督检查，督促饮用水规范卫生管理，消除饮用水卫生安全隐患。开展学校医务室建设情况调查，指导学校开展好校内卫生保健工作。

【行政审批】

按照有关法律、法规和省卫计委的要求，制定和完善行政审批的办理程序、审批流程，重新修订办事规程、压缩审批环节。进一步推进简政放权，各行政审批事项在行政服务中心卫计窗口实行统一集中受理。落实一次性告知制度，深化"比服务"活动，梳理前置审批和中介服务机构事项8项并予公布；进一步清理行政审批事项，保留行政许可43项、公共服务3项、行政确定1项，下放行政审批事项2项。全年受理行政许可604件。

【卫生应急】

2016年，完善各类应急救治预案，健全部门应急协调联动机制，加强应急物资储备及卫生应急队伍培训演练，增强实战能力。全年有效处置1例人感染H7N9流感事件、3起疑似食物中毒事件及"8·13"旅游大巴车侧翻伤员救治工作；完成10余次重大活动、重要节日医疗保障任务。选派2名预防专业技术员协助宁德、连城开展灾后卫生应急救援工作。

【卫生人才队伍建设】

2016年，多渠道补充优质卫技人才，设置卫生技术人才招聘、引进岗位69个，完成招聘52名。做好首届定向医学毕业生岗位安排，完成26名临床专业、5名检验医学专业毕业生的岗位安排。加大卫生人才储备，与3名取得本科录取通知书的医学生签订定向委培协议；新选送14名本土人员到龙岩卫生学校进行为期三年的乡村医生班学习。加强乡镇卫生院班子建设，按照"适当交流、择优提拔"的原则，交流4名卫生院院长，新提任院长4名、副院长1名，建议提任党支部副书记1名，对1名违纪的乡镇卫生院副院长作出撤职并降低职级聘用处分。加强毕业后再教育，组织605名在编卫技人员通过福建医学通讯、"好医生"网站等进行医学理论学习，选派55人到上级医疗卫生单位进修学习。做好全科医生培训工作，当年，永定区医院被省卫计委确定为福建省助理全科医生培训基地，录取当地学员13名，为永定区全科医生培养工作奠定基础。

【医政管理】

2016年，加强医疗机构管理，对医疗机构进行定期检查，规范医疗行为，保证医疗安全。全年未发生院前急救失误和重大医院感染事故；全区发生医疗纠纷13起，均妥善处置。加强医疗质量管理，在全省188所二级以上医院满意度问卷调查中，区中医院排在全省第8名（中医系统第4名）、全市排名第1名（中医院系统第1名）。开展群众满意乡镇卫生院创建工作，下洋、抚市、古竹等3家乡镇卫生院被评为全国2015—2016年度群众满意乡镇卫生院。加快中医药事业发展，完成中医院标准化建设、区医院中医诊疗服务区建设，开展乡镇卫生院医疗质量中药饮片专项检查，基层中医药服务能力提升工程全面实施，顺利通过市对区中医药提升工程的中期督导和评估工作。做好医疗废物处理，与绿洲环保有限公司签订合同，所有医疗废物由绿洲环保有限公司定期上门回收，集中处置；未被污染的输液瓶（袋）由龙岩稆源塑胶有限公司上门回收，集中处置。实施医疗责任保险工作，22家医疗单位与中国财保永定分公司签订保险合同，增强医疗单位抗医疗风险能力。

·人口和计划生育·

【概况】

2016年，全区年末总人口530133人，比2015减少262人；出生率16.12‰，其中二孩率55.37%、多孩率8.59%；死亡率5.63‰，自然增长率10.49‰；政策内出生7726人，政策符合率90.38%；政策外多孩率6.21‰；二女出生928人，占二孩出生比19.61%，出生人口性别比114.6:100；全区女性初婚3157人，其中晚婚率80.23%；没有发生行政侵权和恶性案件。

【实施全面两孩政策】

2016年，贯彻落实中共中央、国务院《关于实施全面两孩政策改革完善计划生育服务管理的决定》，坚持计划生育基本国策不动摇、党政一把手"亲自抓、负总责"不动摇、计划生育"一票否决"不动摇的工作方针。落实一孩二孩生育登记服务及再生育审批制度。完善计生目标管理责任考核机制，根据区委、区政府下达责任书和省、市、区考核方案，开展对乡镇（街道）、村居计划生育中期、年终考核并兑现责任奖惩。

【出生人口预警监测】

2016年，开展人口和计生信息清理、纠错、还原全员人口信息，提升信息准确率。发挥卫生计生信息共享平台的作用，完善全员人口出生登记信息，提高出生统计质量。及时掌握全面两孩政策实施后人口出生变化情况并及时预警。

【计生集中服务活动】

2016年2月—5月，在全区范围内开展为期4个月以全员人口信息清理、社会抚养费征收、妇幼健康服务、流动人口服务管理、计生优质服务创建为主要内容的计划生育集中宣传服务活动。活动期间，落实优检1652人次，协查反馈流动人口信息77325条，征收社会抚养费223万元（其中申请法院强制执行54例，强制征收31万元），查处"两非"（非医学需要胎儿性别鉴定和非医学需要选择胎儿性别人工终止妊娠，下同）案件4起。

【落实计生"一票否决"】

2016年，对被市确定"单列管理""黄牌警告"的湖雷镇和凤城街道给予单位和相关责任人评优、评先"一票否决"；对95个集体和2635名个人的评优评先、入职招聘、职级晋升、选拔任用进行计生审核；对59名非公经济人士进行等级审核，评为A级57人、B级2人；对省6名、市51名、区50名党代表会代表候选人初步人选，429名区人大代表，219名区政协委员初步人选推荐进行资格审查，否决46人；对30名拟发展的党员计生情况进行资格审查；对130张须区级把关的婚育证明进行审核。

【孕前优生健康检查】

2016年1月起，将区计生服务站与妇幼院合署办公。大力宣传婚检和孕前优生健康检查知识，提高检查质量和覆盖率，全区免费孕前优生健康检测6181人，早孕随访1396人次，妊娠结局随访202人次，评估咨询中具有风险因素449人，高风险率7.26%。有效控制出生缺陷，提高出生人口素质。

【计生宣传教育】

多渠道开展全面两孩政策宣传。4月7日，邀请市委《关于实施全面两孩政策改革完善计划生育服务管理的决定》和《福建省人口与计划生育条例》宣讲团成员、市卫计委副主任谢国忠到永定区进行宣讲，增强全区干部的国策意识。正确引导社会舆论，对与"全面两孩"政策不相符的标语进行清理、更新。注册运行"卫计永定"微信公众号，发布重要信息13次，有1300余人关注；

完成计生宣传动漫微电影《小棉袄》制作，将关爱女孩、治理性别比、计生奖励扶助、婚育新风等内容融汇到电影中，7月11日举行首播仪式，使广大育龄群众在潜移默化中受到教育。加强新闻宣传报道，与永定电视台、永定广播电台合作，围绕深化医改、调整完善生育政策等重点工作开展宣传报道，拍摄、播出卫计新闻28条；在市级以上报刊、网络上发表信息99篇（其中国家级10篇、省级51篇、市级38篇）。

【计生家庭发展】

兑现计生奖励扶助政策　根据省、市计生家庭奖励扶助条件，全面落实奖扶政策。全区发放656名农村对象扶助金86.28万元，发放8177户2015年以前落实计划生育措施的农村二女家庭奖励金294万余元，发放22户2015年后落实计划生育措施的农村二女家庭奖励金22万元，发放79户独生子女家庭奖励费7.9万元，发放55名城镇奖扶对象奖励金6.72万元，发放248名55—59周岁符合奖励扶助条件的对象奖励金8.928万元，发放27名其他特扶对象扶助金24.88万元，发放416位贡献奖对象奖励金14.976万元。

计生家庭农场建设　发挥计生家庭农场的示范带头作用，推动计生家庭逐步实现小康生活的梦想。全区累计建立计生家庭农场128家，其中市级示范农场21家、区级示范农场24家，拨付扶持资金37万元。

关爱计生特殊家庭　区委、区政府将特殊计生家庭帮扶工程纳入"为民办实事"项目。对独生子女的父亲或母亲伤残、死亡及罹患重大疾病的给予其子女帮扶救助，帮扶标准分为基本档每人每年1200元，低保档每人每年2400元。全年帮扶救助43户，救助资金6.84万元；对当年失独家庭给予每户2000元慰问金，慰问失独家庭7户共计1.4万元；设立农村低保纯女户女孩考取高等院校（含研究生、博士生）奖学金制度，给予每个女孩3000元奖学金，为9个女孩颁发奖学金2.7万元。继续实施幸福家庭——救助贫困母亲27户，发放救助金75万元；将独生子女家庭意外伤害保险项目范围扩大为计生家庭，全区10900户计生家庭纳入2016年保险，财政投入68.32万元；为226户计生家庭提供51万元的小额贴息贷款，为437户二女家庭女孩实行中考加分奖励。

【综合治理出生性别比】

2016年，制发《关于印发龙岩市永定区打击非法行医、非医学需要的胎儿性别鉴定和选择性别人工终止妊娠专项行动暨打击"三非"实施方案的通知》，按每2万人查处1例"两非"案件的目标任务，把治理出生人口性别比偏高问题纳入年度责任目标管理考核。全年查处"两非"案件24起，其中重大案件1起。

【社会抚养费征收】

加大社会抚养费征收力度，全年制作法律文书506份，申请法院强制执行71例，执行到位51万元。全年征收入库社会抚养费520万元。

【流动人口计生服务管理】

2016年，全区流动人口77828人，其中流入人口3667人、流出人口74161人。流入人口出生105人，其中政策内出生103人，出生政策符合率98.09%；流出人口出生2983人，其中政策内出生2660人，政策符合率89.17%。开展流动人口清查活动，全区清查登记流入人口3200人，清查用工单位86家、房屋出租户463户，其中新录入流入人口202人，注销1631人，登记信息完整率99.52%；上报流入人口出生5人；落实计生措施4例，发出协查通报685条，通报双查信息23条，反馈率和接收率均为100%。清查流出人口72350人，与流出育妇签订合同30203份。全区流动人口三年未注销或未变动率由56%下降为2.56%。提升服务管理信息化水平，全区流动人口全员纳管率99.28%，信息完整率99.79%；协查信息反馈12953条，反馈率

100%,通报信息接收3927条,接收及时率99.46%。

·爱国卫生·

【概况】

2016年,永定区爱国卫生运动工作,围绕"政府组织、地方负责、部门协调、群众动手、科学治理、社会监督"的基本方针,紧密围绕"巩固提高国家卫生县城"这一目标,把城乡环境卫生整治纳入爱国卫生工作计划中,制定相关工作方案,组织开展爱国卫生工作,使永定区城乡环境面貌不断改善,城乡居民文明卫生素质不断提高,爱国卫生工作取得较好成绩。

4月,永定区遵照全国爱卫办第二十八个爱国卫生月活动要求,开展以"五个一"(一次全城区的大清沟,一次大扫除,一次市容、卫生、交通秩序大整治,一次突击灭"四害",一次食品卫生大检查)为内容的爱国卫生活动,取得明显成效。

【巩固国家卫生县城成果】

2016年3月4日,由区政府副区长、区爱卫会主任陈昌带队赴广东省梅州市梅县区开展交流学习。3月7日,成立巩固提高"国家卫生县城"领导小组并下发《巩固提高"国家卫生县城"实施方案》。4月29日,在区委7楼会议室召开巩固提高"国家卫生县城"动员大会,代区长陈荣水作重要讲话,宣传部部长曾佑繁作具体部署,对各单位的工作任务进行分工。5月,区巩固提高"国家卫生县城"领导小组定期组织相关成员单位对全区巩固国家卫生县城情况进行督查,对没有完成巩固提高"国家卫生县城"工作的相关单位进行通报,限期进行整改。7月5日,市委常委、区委书记王金福对全区巩固提高"国家卫生县城"工作进行督查,并召开由相关责任单位参加的座谈会,会上,王金福指出现场查看发现的不足,明确相关责任单位,并要求限期完成整改。8月3日,区委、区政府下发《关于重新划分单位挂钩包干城区街道路段卫生责任区及河道卫生管理区的通知》,不定期组织卫生大扫除,督促各乡镇自行组织开展环境卫生整治工作。结合全区创建第五届省级文明城区,组织协调,开展全城范围内责任区和河道卫生管理区卫生大扫除活动10次,人居环境进一步改善,为永定区"五城"同创工作作出贡献,进一步巩固"国家卫生县城"的创建成果。

【城乡环境整治】

2016年,城市生活垃圾无害化处理率达到96%,全区60%的乡镇和村庄生活垃圾得到有效处理,建制镇污水处理率达到35%。城区及全区80%的乡镇集贸市场的环卫设施基本配齐,环境卫生符合要求;乡村集贸市场垃圾及时清运,清运率达100%;农村集中式供水人口比例提高到75%左右;农村卫生厕所普及率在上年基础上再提高。

开展城区环境卫生治理集中整治行动。在城区、镇区主街巷道开展全面彻底的大清沟,区、镇区环卫部门积极主动安排输通沟渠,确保排污通畅。尤其是城区的东大街、金凤大街、环城路、沿河路等主街巷道,经20多天的集中整治,清理水沟12公里,清除污泥杂物250多吨,清理社区卫生死角460余处,清除城区乱涂乱画"牛皮癣"3400多处。

【常态化开展除"四害"工作】

2016年,开展春、秋两季全城性除"四害"工作。根据区爱卫会制定的永定城区除"四害"管理办法、工作方案和技术方案,由城区除"四害"领导小组统一指挥,落实区直单位、城区内居委会除"四害"投药员,开展除"四害"前培训,实行"五统一、四不漏和提高三率"除害防病工作方法,把"四害"密度控制在最低限度;投放灭鼠药6吨,投放灭蟑螂、灭蝇药饵1万多盒,城区消毒站组织力量对河道两岸、公园绿地、建筑工地、体育馆、农贸市场、公厕、垃圾临时收集点等周边补施灭鼠毒饵2吨,灭蟑灭蝇药2100袋(盒),控制城区"四害"密度。4月28日,市爱卫会要求,在全市统一开展灭蚊行动,在城区范围内共喷洒灭蚊药剂1吨。2016年,区爱卫办对永定区除"四害"骨干投药员培训800余人次,印发科普防病知识如"全球洗手日""全球厕所日"和除"四害"常识及方法宣传材料共计3万多份,增强市民对除"四害"重要性的认识,巩固"灭鼠先进县城区"成果。

乡镇概况

·凤城街道·

【概况】

2016年,全街道实现社会总产值14.8亿元,比上年增长(简称"比增")9.6%。工业总产值2.71亿元,比增20.7%。农业总产值6258万元,比增4.5%。完成社会固定资产投资7.21亿元,比增22.1%。其中,工业固定投资3.03亿元,比增10.4%。社会消费品零售总额6.31亿元,比增8.9%。实现财政收入8543万元,比增38.6%。其中,街道本级可分成收入7923万元,比增257%。城镇居民人均可支配收入31779元,比增7.3%。农民人均纯收入13185元,比增9.8%。各项经济指标均居全区前列。

【产业转型升级】

2016年,坚持"转方式、调结构",加快产业转型升级,增加经济发展内生动力。发挥城区商业发展优势,鼓励辖区内批发零售企业通过合作经营等方式扩大规模,形成特色品牌,扩大影响力。支持福建最大的米香型白酒生产企业福建金丰酿酒有限公司主板上市计划。发挥龙头带动作用,引进白酒酿造上下游企业入驻,延伸产业发展链条。打造集生态酿酒、旅游体验、酒道传播、休闲养生为一体的"福建金丰酒文化创意产业园",金丰酿酒厂入选2016年福建省观光工厂名单。依托城区地域优势,发展机动车服务业,瑞鑫汽车事业发展有限公司总投资1.21亿元,集机动车检测、汽车回收拆解及再生资源加工利用、汽车施救停车场为一体的机动车服务项目进行一期建设。做强特色工业。引进永定区名楼居家具有限公司入驻,打造特色家具生产和进口木头家具营销基地。发展以福建老字号采善堂制药有限公司为龙头的现代生物制药产业,打造以"万应茶"为代表的药品、健康食品茶、药品浸膏、植物提取物等系列品牌,不断做强特色工业。

【服务能力】

坚持优质服务与基础工作并重,围绕全区发展目标定位,配合区直相关部门共同做好城区发展各项服务工作。抓好城区发展建设服务。以创建国家文明县城和巩固国家卫生县城为抓手,开展文明创建活动,加大背街小巷的环境卫生整治,开展家园清洁行动12次;加强对沿街商铺形象的整治和管理,开展10余次文明城区创建主题宣传,提升城区管理水平，完成上级验收工作。抓好项目用地征收服务。全面完成体育中心民生板块运动场、城关烟草站、金丰酒文化创意产业园、永梅出省公路、佳源水厂进厂通道、东大道防洪堤建设等10余个项目的用地征收工作，并交付项目业主顺利施工，全年完成项目用地征收23.3公顷（350余亩），为城区项目建设提供用地保障，得到区委、区政府通报表彰。同时，配合城建惠民项目实施推进工作，为建设秀美永定发挥力量。抓好社区服务能力提升。加大对社区工作的支持和指导力度，调优配强社区两委和社区服务中心工作人员。创新基层管理机制，13个社区全面实行网格化管理，落实社区网格员责任，建立信息收集—协调处理—督查反馈机制，畅通民意诉求，延伸社区服务触角。

【社会保障】

2016年，做好就业再就业工作，组织120人参加新春专场招聘会和劳务供需见面会，为农民工免费提供职业介绍、政策咨询、农民工维权等就业服务，提升居民就业水平。发动街道居民参加基本医疗保险，有14039名居民续保、100人新保。社会养老保险有9000人参保，参保总金额133.94万元，发放养老补助440.83万元，1868人享受被征地农民养老补助。完善养老保障体系，推进社区居家养老服务中心建设。开展城镇居民、农村最低生活保障动态管理，健全双拥优抚、抚恤定补和社会救助体系，发放各类低保金41.7万元、五保户生活供养费37万元、农村义务兵家属优待金39.8万元、各类抚恤定补资金113.87万元、临时困难救助20.9万元、重残护理补贴和生活补贴109万元。

【脱贫攻坚】

2016年，全街道识别录入贫困对象52户183人，其中国标20户63人、省标32户120人，全面完成贫困户一户一档建档立卡，实现干部挂钩帮扶（区干部挂钩34户，街道干部挂钩18户）和帮扶计划制定全覆盖。实施就业培训、产业帮扶、资金帮扶、兜底帮扶等措施，组织贫困对象参加雨露计划和农民职业技能培训55人次，帮助街道11户贫困对象向信用社等争取58万元小额贷款，将全街道6户17名五保、低保贫困对象全部纳入低保兜底保障，2016年脱贫21户88人，占贫困人口数48.1%。

【社会事业】

2016年，坚持教育优先发展战略，进一步规范民办幼儿园发展，支持城区学校扩容项目建设，推进永定区第三实验小学、城关第二中心小学、永定职业学校、第三实验幼儿园、凤城第二中心幼儿园、金凤幼儿园等6所学校建设工作。发展公共文体事业。支持街道群团组织开展"月月有演出"专场文艺汇演等文娱活动，丰富群众精神生活，获第五届"龙湖杯"男子篮球赛冠军、"万星杯"社区广场舞大赛二等奖等荣誉，公共文体事业繁荣发展。

【生态环保】

2016年，提前全面完成街道110辆黄标车淘汰报废，辖区内空气质量明显改善。全面完成禁养区内65户、18364平方米猪场测量及关闭拆除，减少生猪存栏7357头，实施水流域垃圾清理及水质改善工程，各流域断面三类水质达标率100%。全年完成造林绿化304亩，森林抚育325亩，森林覆盖率60.26%。

【平安综治】

2016年，完善矛盾纠纷排查调处预警防控机制，健全人民调解组织网络，建立14个调委会。组织开展矛盾纠纷排查48次，排查矛盾纠纷64件，受案率100%；受理来信来访并化解调处28件，同比减少20件。平安凤城创建活动成效显著。全年出动1200余人次开展禁毒专项巡查，投入大量工作经费用于禁毒宣传广告牌、宣传栏、横幅、标语、宣传材料等制作和印制；"三书"（告知书、告诫书、承诺书）入户宣传回收工作全面落实到位，广泛发动全民参与禁毒，群众拒毒防毒意识全面提高。持续开展"打非治违"专项整治活动，全年开展集中整治活动9次。

【获区委、区政府通报表彰奖励】

2016年6月24日，区委、区政府首次发文，对凤城街道按时完成体育中心项目征地任务在全区范围内进行通报表彰。

凤城街道高度重视项目用地征收工作，创新工作方式方法，加大人力、物力、财力投入，成立多个重点项目用地征收工作组，通过入户做细群众思想工作和依法强制拆除清表交地相结合，以拆促签、以签促拆，项目用地征收快速推进，全年完成23.3公顷（350余亩）项目用地征收，特别是在短短3个月之内便完成体育中心项目用地征收，为其他项目征地拆迁工作提供经验借鉴。

【获2016年永定区"万星杯"社区广场舞比赛二等奖】

2016年8月19日，永定区"万星杯"广场舞决赛在区体育馆举行，凤城街道舞蹈队参赛队员们经过刻苦训练，以"友谊第一、比赛第二"的参赛理念，展现街道的良好精神面貌，最终在23支舞蹈队中脱颖而出，获得二等奖。

近年来，凤城街道高度重视居民的业余文化生活，不断完善社区基础配套设施，为居民业余生活提供良好的条件，并大力支持居民参加各级各类文娱比赛，丰富居民精神生活，该次凤城街道舞蹈队参加"万星杯"广场舞比赛就是街道居民文娱生活发展的一个缩影。

【获第五届"龙湖杯"男子篮球赛冠军】

10月30日晚，历时5天的区第五届"龙湖杯"男子篮球赛在仙师中学举行总决赛，对阵双方分别是凤城街道、城郊镇。

比赛过程紧张激烈，扣人心弦，精彩纷呈，高潮迭起。最终，凤城街道后来居上，以68:55战胜对手，一举夺得第五届"龙湖杯"男子篮球赛冠军。

·虎岗镇·

【概况】

2016年，全镇预计实现地区生产总值5.44亿元。其中，农林牧渔业总产值2.8亿元，工业总产值7350万元，第三产业产值1.58亿元。实现财政总收入3260万元，实现农民人均收入14776元。新策划项目5个，开工项目6个，竣工项目4个，签约项目3个，均完成全年任务的100%。完成固定资产投资6.25亿元，其中工业固定资产投资2.06亿元。完成限额以上社会消费品零售总额1.14亿元，新增注册贸易公司4家。

【农业生产】

推进粮食生产各项惠民政策落实，调动农民种粮积极性。2016年，粮食播种面积16499亩，产量6542吨。果茶总产4425吨，经济作物播种面积20746亩，食用菌总产515吨，蔬菜产量82070吨。加大土地流转力度，规模集约经营初见成效，在城下村建立35亩香菇示范片，在虎东村、虎西村建立650亩百香果示范片。烟草种植面积5525亩，收购烤烟82万公斤，总产值超过2000万元，烟叶收购量连续9年居永定区首位。大力发展茶果产业，芙蓉李年产量达300万公斤，产值1500万元。

【项目落地建设】

2016年，总投资3.5亿元的海西生态肉牛产业化项目，完成土地租用400亩，种植牧草320亩，收储玉米、牧草约210吨。完成征用城下村通往项目公路建设用地2124平方米，总计完成投资约370万元。总投资4427万元的虎岗镇至高陂镇二期工程项目（镇镇有干线高虎公路）年初开工建设，至年底完成暗坑段260米公路护坡及4个箱涵建设，正在实施集镇路段改建及桥台、桥墩、路网拓宽建设，完成投资约350万元，年底完成征拆任务和主路路基工程建设。虎灌公路第一期寨上桥到烟草站公路改造工程完成单向水泥路面铺设建设，完成投资近200万元。完成灌洋环库公路400米安保工程和虎西坑源至堂堡朱罗村的简易公路建设。完成中心小学门口道路硬化工程。完成投入80万元的624县道城下桥建设并通过验收。完成总投资485万元的小型农田水利建设项目；总投资306万元的小流域水土流失综合治理项目，基本完成并通过上级相关部门验收，治理成效明显。

【养殖业污染治理】

2016年，持续加大养殖业污染治理力度，巩固灌洋片区养殖业污染治理成效，严厉打击复建复养行为，全年联合上级执法部门近600人次，拆除复建复养猪场25户，面积5000多平方米。9月份，依法配合法院强制拆除汉洋村两户违法猪舍，面积6000平方米，全面完成灌洋片区养殖业污染治理工作。同时，为改善永定河断面水质，净化环境，对虎东、虎西、虎北、城下等4个村禁养区和限养区内的生猪养殖场开展集中整治，拆除禁养区猪舍142户，面积29000平方米，拆除限养区猪舍26户，面积4200平方米，水质明显好转，生态环境明显改善。

【农村生活垃圾治理】

2016年，先后完成全镇6个村环卫基础设施建设，新建垃圾池近60个，购置垃圾桶近300个。投入26万元购置后装式垃圾压缩运输车1辆、垃圾清洁车3辆，聘请保洁员17名，在集镇范围内实施全天候保洁。对全镇生活垃圾进行统一运输，投入24万元，将集镇管理、卫生清洁、生活垃圾清运等业务统一外包给专职人员清运，走市场化运作模式，有效治理长期以来占道经营和集镇脏、乱、差的现象，集镇面貌焕然一新。

【生态环保建设】

2016年，灌洋水库水质综合治理项目完成一期实施方案并通过专家评审。完成分散式污水处理9个站点的选址和地形图测量工作。集镇污水处理项目完成污水处理站的配套管网工程一期实施方案并通过专家评审，并结合高虎公路拓宽改造工程，年底前完成500米的管网建设任务。总投资近110万元的镇垃圾中转站项目，年底进行设备安装。汉洋村美丽乡村建设完成路灯安装155盏，实施道路硬化200米，排污沟建设1000米，裸房整治4000平方米，启动实施沿河农民休闲公园建设，并初具规模。完成市级美丽乡村虎西村村级的规划设计、项目报批工作，完成路灯安装130盏，总投资100万元的乌石下桥正在设计。

大力抓黄标车治理。全镇淘汰黄标车56辆，完成经开区下达任务54辆的103%。全年完成迹地造林更新390亩、水土保持林造林900亩、全民义务植树造林10亩、山下非规划林地造林20亩。完成春、秋两季松材线虫病普查面积61125亩，完成54个森林资源样地调查工作，森林覆盖率82%。

【社会保障】

2016年，开展转型就业培训，先后组织近500人次参加的畜牧、烟草、家政等方面的专业技术培训。全面推行城镇居民基本医疗保险、新型农村合作医疗制度，参保率达99.6%。城乡居民养老保险，参保率96%，推动"三农"综合保险工作。提高农村医疗水平，解决好农民因病返贫的问题。严格按照规定对符合纳入低保的对象进行动态调整，确保应保尽保，及时足额发放现役军人、复退军人等对象的各类补助资金。

【社会事业】

改善医疗环境，虎岗卫生院基础设施建设和医疗设备得到进一步完善和提升。提升教育教学水平，坚持把教育摆在优先发展的战略地位，进一步完善中小学教育设施和教学条件。虎岗中学顺利通过福建省首批农村初中合格校验收。2016年，中考考入永定一中30人。投资260多万元的虎岗中学塑胶运动场投入使用；中心小学校容校貌明显优化，质量抽测成绩不断提升，幼儿园办园水平逐步提高。

【脱贫攻坚】

2016年年初，全镇有贫困户193户、653人。至年底，完成84户300人的脱贫计划，其中国定标准贫困户28户92人，省定标准贫困户56户208人。基本完成2016年易地搬迁55户185人任务，均动工建房。共发放扶贫小额信贷36户142万元。

【红色文化建设】

2016年，多方筹集资金加强对红色旧址群的维修与建设。先后投入32万元用于红军桥的加固维修，投入16万元用于闽粤赣边特委、闽西苏维埃政府、闽西工农银行旧址的维修保护。由解放军将军王直命名的《红色虎岗》一书，在中共党史出版社出版发行。积极争取将"中央苏区闽西虎岗红色旧址群"纳入"古田会议旧址群"规划保护管理范围。做好中央苏区闽西虎岗革命纪念馆布馆的前期准备工作，布馆方案正在策划设计之中。

【社会治安综合治理】

强化综治领导责任制落实，深化"平安虎岗"建设。制定涉麻涉毒工作责任制，落实镇村干部包村包片包山头责任制，切实加大禁毒力度。扎实开展民爆物品安全管理重点整治，认真抓好学校及周边治安整治工作，加强社会安定稳定工作，严格执法，严厉打击各类违法犯罪行为，全年共查处治安案件53起，拘留27人；查处刑事案件14起，刑拘20人。

安全隐患整治 强化安全生产教育，深入推进各类安全隐患排查整治，加大打击无证采矿行为，加强对非煤矿山监管，强化道路交通安全整治，加强产品质量和食品药品安全的监管，全年无发生重特大食品药品违法案件及安全生产事故。

矛盾纠纷调解 开展矛盾纠纷排查调处，落实信访、维稳各项措施，建立健全镇、村、组三级信访网络，发挥联动机制作用，矛盾纠纷得到有效化解，社会治安状况明显好转。严格落实信访工作责任制，坚持领导干部接访调处机制和领导包案制度。2016年，全镇调处各类矛盾纠纷49件，调解成功47件，调解成功率95.9%。

·高陂镇·

【概况】

2016年，高陂镇社会总产值131.4亿元，比增13.1%。工业总产值103.01亿元，比增8.9%。农业总产值2.89亿元，比增3.9%。实现财政收入3.05亿元，比增10.9%。完成城乡500万元以上固定资产投资13.41亿元，比增42.7%。其中，工业固投6.01亿元，比增39.8%。限上社会消费品零售总额4.23亿元，比增218%。城镇居民人均可支配收入和农民人均纯收入达2.66万元和1.67万元，分别比增11.2%和13.6%，各项经济指标均居全区前列。

【城市规模日益显现】

2016年年底，高陂镇城镇化率达56.3%，建成区规模拓展至11.2平方公里。始终坚持"一座城"理念，委托厦门城市规划设计院、海南雅克、龙岩城乡规划设计院等专业规划团队进行规划编制，总规、控规的编制和修编工作全面完成；基本完成旅游发展规划、古民居保护规划、公共服务设施规划和特色小镇概念性规划（初稿）的编制；编制经济社会发展、空间布局、土地利用、生态环境保护等"多规合一"，基本实现规划网络全覆盖。

【城镇建设】

交通路网初具规模。龙岩中心城区半小时经

济圈基本形成。城际快速通道富岭段主线全线贯通，和兴段征拆有序推进；南北环路一期全面竣工通车，北环路二期A段即将竣工通车；高虎公路建设稳步推进；汽车产业园"一纵一横"、高陂大街、永丰大道平在段等域内道路全面竣工通车，"一环两轴三横四纵"的交通路网规模初具。水电气设施不断完善。实施高标准农田水利、农村饮用水安全、集镇配水管网、道路污水管网和小流域水土流失综合治理、永定河高陂段防洪堤等水利项目建设；高新区自来水厂一期（日产2万吨）即将建成。电网改造不断推进，完成中心桥电站增效扩容改造等工程。天然气管道铺设完成9.3公里。全镇基础配套设施不断完善。商住休闲日益优化。莲花安置小区二期回迁顺利推进，永高安置小区建成，正进行配套设施建设；房地产开发顺利推进，典金名城、恒地中央、恒益嘉苑、仙景花园等商品房投入使用。稳步推进"五大公园"建设，水美公园、绿竹公园基本建成，河滨公园、南山公园正稳步推进。建成和兴、睦邻、平在及许佳、增坑、曲峰等3村合建的村级综合体。

【农业农村】

2016年，进一步整合农业资源，转变发展方式，推进农业发展现代化。努力防止耕地骤减的状况，实现土地流转1200余亩；发展基地农业、休闲农业和观光农业，至年底，全镇形成惠源、农家雨等37家农民专业合作社和30个家庭农场；百香果、烟草、大棚蔬菜等基本实现规模化发展；金线莲、蜜蜂等林下经济得到推广；农村土地经营权确权登记颁证摸底工作基本完成。全镇农业发展态势趋好。三产比例逐步优化，2016年为2.2:78.4:19.4。立足高陂实际，深入开展"一村一品"活动，重点打造以国保西陂天后宫为核心的西陂村古村落建设推动旅游发展；建成以服务居民为主的先富街社区"一体化"办公场所、以休闲生态为主的富岭村绿竹公园、以文学传承为主的北山书院（张胜友文学馆）、以人居板块为主的黄田村居民小区和以工业板块为主的平在村工业长廊等。进一步巩固西陂、北山"美丽乡村"建设成果，其中西陂村入选第四批中国传统村落、福建省传统村落和龙岩市35个重点培育传统村落，上洋、睦邻、富岭等3个村美丽乡村"千村整治、百村示范"试点工作扎实推进。

【产业升级转型】

商贸物流方面，2016年，申通快递龙岩转运站成功入驻，成立上洋、睦邻等10家农村淘宝服务点，百香果、金线莲、高陂花生、高陂月饼等特色产品实现线上销售；电子商务园、电商一条街和综合物流园配套设施建设扎实推进。旅游方面，成立旅游资源保护领导小组，牵头实施旅游产业规划、旅游资源挖掘和保护工作。由市旅游局委托专业规划团队对西陂天后宫进行规划建设，国家AAA级景区申报工作稳步推进；裕隆楼、遗经楼、富岭天后宫、北山关帝庙、西陂苏维埃旧址群、北山书院、笔架山风景区等特色旅游资源得到开发。全镇旅游规模初步形成。

【社会事业】

教育教学质量大幅提升。坚持教育优先发展战略，2016年投入教育专项资金2000余万元，教育教学设施和师资力量明显优化。永高幼儿园即将竣工。完成中心小学永高校区项目建设前期工作，正在进行三通一平；镇支教协会资金规模不断扩大，2016年发放奖教金43万余元，奖教助学活动持续开展。教育教学质量进一步得到改善。就业促进政策有效落实。组织开展农民职业技能培训2场，培训150余人次，农民就业技能不断提高；加快农民转型，多方位解决被征地农民、失业人员就业问题，共计开展贫困户专场招聘会和供需见面会2场，新增就业岗位350个，就业水平明显提高。社会保障体系更加完善。全镇城乡居民医疗保险参保率99%，新型农村养老保险完成率97.7%；有5324人享受养老补助，共计发放800余万元；3290人享受被征地农民养老补助，共计发放500余万元；开展城乡低保对象清查核实工作，实现应保尽保，全年发放农村低保金69万元，城市低保金6.04万元；大病救助、临时救助等工作不断健全，社会保障能力全面提升。医疗卫生服务体系逐步完善。探索新城医院医养结合运营模式，进一步完善全镇社会医养保障体系。落实人口和计划生育政策，各项指标居全区前列。公共文体事业蓬勃发展。顺利举办第31届"金龙杯"男子篮球赛，并勇夺桂冠；获经开区第四届职工运动会乡镇第二名；争取筹措资金近百万元，将张胜友祖居改建为北山书院（张胜友文学馆），并成功举办张胜友文学座谈会；举办五四青歌赛、广场舞大赛、社区杯等民间文体活动；完善村级和公共场所健身设施，推进全民健身。

【社会综治】

2016年，树立抓稳定就是抓发展的思想，推进"平安高陂"建设。完善信访工作，出台《进一步做好信访工作的意见》，规范来信来访来电接待，成功调解越战退伍军人、代课教师上访事件。深化和谐高陂建设，调解各类纠纷157起，成功调解156起，调解率99.4%。禁毒工作深入推进，出动1250余人次，开展联合巡查，发放宣传材料2万余份，动员全民参与禁毒，群众拒毒防毒意识全面提高。开展矿山巡查工作，"一周一巡查、一报告、一通报"制度持续推进，全年组织开展3次无证矿硐集中整治活动，出动260余人次，坚决打击已关闭无证矿硐死灰复燃现象。全年全镇未出现重特大安全生产事故。

【工业产业】

2016年，全镇有规模以上企业34家，其中新增3家（龙岩市闽宏香业有限公司、龙岩兴方舟纸制品有限公司、龙岩绿恒兴建设工程有限公司）；限上企业19家，其中新增4家（龙岩市昌鑫产品油有限公司、龙岩市荟生国通电子商务有限公司、龙岩市伟翔贸易有限公司、龙岩市增裕贸易有限公司）。整车制造转档提速。新龙马首款SUV车型V60正式量产；枭龙越野车一期建成投产，二期征拆稳步推进；福龙马扩建项目正进行桩基工程；新龙客车完成基础施工。整车制造业有序发展。汽车零部件生产基地初步形成。富田专用车核心零部件孵化园主体厂房竣工，引进年产15亿安时锂离子动力电池生产项目；环海环保主体厂房及办公楼施工顺利推进；新龙马发动机、卫东实业、安通汽车、易动力、鑫泓源、兴万祥、盛丰机械、龙合智能等重点汽车配件企业发展良好。以光电、新材料、军民融合等为支撑的产业稳步推进。德晖实业与韩国LGS公司投资组建中晶科技有限公司，形成亚洲最大的PSS材料专业生产基地；福建帕特纳环境产品有限公司（SCR）一期建成投产，二期建设稳步推进；龙岩粮食储备直属库迁建工程正进行厂房建设；通飞航空成功入驻，引进无人机飞行学院。2016年，累计完成土地征收36.2公顷（543.25亩），房屋征收面积约15万余平方米，为重点项目落地提供用地保障。

【脱贫攻坚】

精准识别全面完成。2016年，全镇识别录入贫困户469户1234人，全面完成干部挂钩贫困户帮扶安排，并实现挂图作战；完成脱贫237户591人。易地扶贫搬迁有序推进。严格按照扶贫搬迁工作任务部署工作，全年落实124户387人，其中国标70户213人，省标54户174人。安置类型灵活多样，其中自建房45户142人，集中安置39户110人，安置房21户79人，解决贫困户住房问题，国标、省标贫困户易地扶贫搬迁验收工作全面完成。雨露计划扎实开展。全镇有60名贫困对象参加雨露计划培训和农民职业技能培训；落实企业帮扶措施，帮助贫困户的劳动力到企业就业，协调7家企业签约12名贫困对象就业。落实小额信贷帮扶。对接高陂信用社面向贫困户开展扶贫小额信贷业务，办理78户241万元小额信贷。社会保障兜底一批。

推行农村低保最低标准制度，将全镇五保贫困户全部纳入低保兜底保障，五保贫困户75户75人全部脱贫。

【生态环保】

水污染防治取得成效。2016年，全面加强黄岗水库饮用性水源保护区增坑、曲峰村养殖业污染整治成果的后续巩固和监管工作，镇财投入80万元，对增坑、曲峰境内的溪流进行清淤清障，水源质量进一步提高。生猪养殖业污染整治工作取得一定成效。经过镇村干部进一步深入细致的调查摸底，全镇有生猪养猪场409家，调查摸底面积27.6万平方米，其中禁养区325家，限养区84家。至年底，关闭、拆除禁养区生猪养猪场99家、面积4.47万平方米，其中省环保督察组督办的8家养殖场全部关闭、拆除。大气污染防治稳步推进。由镇城管中队牵头，实行集镇及主要道路洒水车早晚洒水制度，减少扬尘；严格排查管控，对露天焚烧垃圾、秸秆等行为进行严厉打击，做到发现一起处罚一起，露天焚烧垃圾、秸秆现象得到有效遏制；制定渣土车管理办法，规范工地车辆准入准出条件；全面完成2016年黄标车淘汰任务，淘汰黄标车223辆。土壤污染防治多措并举。全面落实"家园清洁"行动共投入120万元，完善各村（社区）垃圾转运系统，垃圾中转站建成营运，新增垃圾池36个，新布垃圾桶1200余个，垃圾运输车、收集车等运输工具实现部分更新，增加集镇保洁员5名、村级保洁员10名，全镇垃圾实现日产日清；要求新城医院、各村（社区）卫生所将医疗废物集中运送至镇卫生院，进行集中处置，集中处置率100%。生态环境修复进展顺利。通过近3年的稳步推进实施生态环境修复工程，区域内生态环境得到明显改善，全镇实现森林覆盖率66.7%。2016年，投资180万元的西陂小流域水土流失综合治理项目，完成投资135万元，完成生态堤建设900米，水保林种植245亩，封禁治理3000亩等造林绿化和工程措施，完成工程量的90%，进入扫尾、竣工验收准备阶段。

【成立北山书院（张胜友文学馆）】

2016年10月8日，由福建省作家协会、龙岩市文联、龙岩经开区（高新区）主办的"北山书院（张胜友文学馆）揭牌暨张胜友文学创作座谈会"顺利举行，标志着北山书院（张胜友文学馆）全面建成并向公众开放。书院由"北山书院理事会"及北山村委指定专人进行管理。

北山书院（张胜友文学馆）筹建于2015年8月，由张胜友故居改建而成。不仅收藏有"中国改革作家"之誉的张胜友本人的丰厚著述，同时也收集了闽西当地作家的代表性作品，分"张胜友文学成就""闽西文学""福建土楼（闽西）"三部分进行陈列展示。其中，"张胜友文学成就"是该馆的主体，由"北山到北京""改革颂歌""红色闽西""闽山乡情""出版改革"等五大板块组成，以图片与实物全面展示张胜友的文学道路和出版业改革历程，展示张胜友从闽西山村的一名"小裁缝"，成长为中央文史研究馆馆员的传奇人生。张胜友文学馆的建立，将成为龙岩市一处重要的文化新景点，也将成为龙岩市作家、艺术家学习与研究的基地，对于推动龙岩市文学艺术向更高层次发展，具有重要的启示意义。

【举办第31届"金龙杯"男子篮球赛】

2016年11月12日，由高陂镇承办的第31届"金龙杯"男子篮球赛开幕，虎岗镇、坎市镇、培丰镇、煤管局、抚市镇、龙潭镇以及高陂镇等7个代表队参赛。经过5天的激烈角逐，高陂镇代表队夺得桂冠，坎市镇代表队、培丰镇代表队分别获得第二、三名。

【西陂村入选第四批中国传统村落、第六批省级水利风景区】

近年来，西陂村积极创建"美丽乡村"，开展古村落保护工作，不断完善村级基础配套设施建设，整治环境卫生，改善村民生活质量。继2015年入选龙岩市35个重点培育的传统村落后，2016年又成功入选第四批中国传统村落（龙岩市共14个村入选）。西陂村以此为契机，不断加强居民精神文明教育，加快加大推动该村传统村落保护发展工作，确保精神文明建设再上新台阶。

2016年，西陂村以水利元素丰富、水文化遗产底蕴深厚、保护完整，被评为第六批省级水利风景区。该村成立西陂水利风景区管理委员会，切实抓好西陂水利风景区的前期策划、审批以及今后的规范化管理。

【富岭、睦邻两村入选省级"千村整治、百村示范"美丽乡村点】

2016年，富岭、睦邻两村被列为全省"千村整治、百村示范"美丽乡村建设工程。

富岭村以全面"建设和谐美丽新富岭"为目标，开展基础设施配套建设、生态环境保护设施建设，从根本上改善农村人居环境。全面完成村境内国道路灯亮化工程、村牌建设和100米"大塘角"防洪堤建设，基本建成绿竹公园，稳步推进"裕隆楼"周边景观整治工作、生态环境保护工程、新村村道硬化工程、村部综合功能升级改造工程等。

睦邻村围绕"三整治、三提升"主题开展美丽乡村建设，即整治生活环境、整治生活污水、整治旧房裸房，提升公用设施建设水平、提升生态保护修复水平、提升经济社会发展水平。美丽乡村建设成效显著。

【镇第一届"十佳优秀教师"表彰大会召开】

2016年9月10日，高陂镇在高陂中学阶梯教室召开庆祝第32个教师节暨高陂镇第一届"十佳优秀教师"表彰大会，表彰高陂中学等4个教育工作先进单位、林彬俊等10位"十佳优秀教师"和陈家建等77位先进教育工作者，以此激励广大教育工作者不懈追求、孜孜奉献，推动镇教育事业更好更快发展。

【福汽新龙马启腾V60车型正式上市】

2016年10月24日，福汽新龙马启腾首款紧凑级SUV——启腾V60首辆整车在福汽新龙马生产车间（高陂镇）正式下线。11月8日，车型上市发布会在龙岩展览中心举行。

·坎市镇·

【概况】

2016年，坎市镇围绕建设"宜居、宜业、幸福、美丽"新坎市的发展目标，按照"机制活、产业优、百姓富、生态美"的新要求，应对复杂严峻的宏观形势和经济下行的巨大压力，凝心聚力、攻坚克难、真抓实干、奋发有为，国民经济持续健康发展，经济增长质量稳步提升，各项民生事业全面发展，人民生活水平不断提升。2016年，实现社会总产值32.7亿元，比2015年增长（简称"比增"）9.5%。其中，规模以上工业总产值5.19亿元，比增30.06%。完成固定资产投资15.26亿元，比增148%。财税总收入3.49亿元。农民人均纯收入16800元，比增10.53%。

【"三农"工作】

2016年，坎市镇农业产业结构进一步优化，农业发展方式加快转变，发展"一村一品"，倡导土地流转，促进农业增效、农民增收。持续发展绿色产业和设施观光农业，翰林生态休闲观光园、泉水山原生态园林有限公司、恒绿生态休闲观光园、碧水湾观光种植基地等现代农业项目稳步发展。农业基础设施不断完善，全镇设施农业种植面积360余亩，累计筹措4430万元，实施农业综合治理、高标准农田建设、矿区水利设施修复以及水利、烟基工程等项目建设。

【工业强镇】

2016年,坎市镇围绕"工业强镇"战略,扶持传统工业转型发展及小微企业创业发展,科学合理谋划全镇工业布局。国产实业、万隆纸业等企业不断加大环保投入和技术设备改造,新增南侨沥青混凝土搅拌站等规模企业7家。面对土地资源紧缺的局面,立足当地,腾笼换鸟、筑巢引凤,盘活闲置土地和厂房,创办坎市小微企业创业园,先后引进印象雨林、业兴机械、松顺粮油加工、越丰高岭矿业、鼎锋新能源公司等投资小、见效快、无污染的小微企业。产业集群的顺利推进,为工业强镇建设奠定坚实的基础。

【商贸经济】

2016年8月,成立坎市美食协会。10月,成功举办坎市首届美食文化节,规划建设坎市美食街。通过提炼、提升坎市美食文化,做大做强美食产业。推动新罗汽车交易服务中心、龙岩市万辰机动车驾训基地、安宁城市综合体等项目在坎市落地建设。发展"互联网+"产业,农村淘宝等电子商务服务企业迅猛发展,全镇设立"农村淘宝"村级服务站8个,促进镇第三产业的蓬勃发展,打造商贸重镇。

【城乡建设】

2016年,推进以人为本的新型城镇化建设理念,坚持建管并举,推进宜居环境建设,重现坎市商贸重镇新形象。基础设施不断完善。先后实施坎市医院新门诊医技大楼、南洋农贸市场、云川公园南广场、垃圾中转站、污水处理厂、坎市过境公路二期、浮山小流域治理项目、永定河坎市镇治理工程等市政、水利基础设施建设项目。集镇永定河"一河两岸"建设项目和坎湖公路建设项目全面推进,全镇道路交通、农田水利、镇容村貌变化巨大。城乡建设面貌不断改变。争取各级支持,加大农村基础设施建设投入。利用"千村整治,百村示范"工程,实施浮山村、清溪村和新罗村美丽乡村建设,村庄面貌焕然一新。完善镇、村亮化工程,坎市至高陂、坎市至培丰、南市场至火电厂、坎市集镇至新罗村、文馆至秀山村等路段的路灯亮化工程和新街、沿河路夜景工程全面建成并投入使用。宜居宜业环境不断优化。对集镇主要道路和街道施划交通标示线,从源头解决店外经营、乱摆摊设点、车辆乱停乱放等影响城市市容问题,缓解停车压力,营造干净、整洁、有序的集镇环境,提升城市整体形象和品味。加大全镇环卫设施投入,垃圾中转站、永定河污水管网、污水处理厂相继建成投入使用。通过每年投入100多万元购买集镇卫生清洁服务,实施"城乡环卫一体化",农村"千村整治、百村示范"环境治理项目和持续开展家园清洁行动实现全镇7个村居的生活垃圾无公害化处理,全面改变农村环境"脏、乱、差"的问题。持续推进养殖业污染整治,拆除猪场44家、建筑面积9715平方

图10:云川公园

图11:清溪村污水处理厂

米,减少生猪存栏4960头;关闭养猪场26家、面积6129平方米,减少生猪存栏3014头,污染源得到有效控制,清溪村成为全镇首个"无猪村"示范村居。全面完成黄标车淘汰任务,淘汰黄标车489辆,辖区内生产生活环境进一步优化。坚持修复与绿化并举,全年完成荒山造林53亩,森林抚育1000亩,封山育林3000亩,全民义务植树5.3万株,森林覆盖率提高至69.05%,累计完成水土流失治理面积558亩,治理度84%。

【脱贫攻坚】

2016年,深入开展脱贫攻坚"5510"行动计划,落实"十到户措施",完成295户贫困户711人建档立卡,实现镇、村干部挂钩帮扶全覆盖。完成易地扶贫搬迁90户257人,发放扶贫小额信贷资金87.5万元,生产发展资金19.8万元;发放低保金76.85万元,五保户生活补助金76.2万元,各类临时救助金7.9万元,各类慰问金13.2万元。171户410人稳定脱贫。

【社会保障】

基本医疗保障制度、社会救助体系基本形成,截至2016年年底,全镇有20916人参加城镇居民基本医疗保险和新型农村合作医疗保险;城乡居民养老保险全面普及,续保扩面到账人数8027人,覆盖面95%以上;基础养老金待遇提高到每人每月110元,发放率达100%。扩大"三农"保险覆盖面,全镇14061人参加农村小额人身意外险,参保率78.28%;4058户参加小额农村家庭财产保险,参保率79.01%。劳动保障监察工作进一步完善,全年成功调解拖欠劳动者工资案件20余件、劳动争议案件5件,挽回各类经济损失10余万元。全面完成坎市养老院升级改造建设,迈出公办民营改革发展新步伐,社会保障体系得到进一步完善。

【社会事业】

教育事业 016年,实施"科教兴镇"战略,持续加大对教育基础设施的投入,多方筹措800余万元建成坎市中学400米标准塑胶运动场;9月,投资近9300万元建成的彩金实验小学如期投入使用,全校招有31个班,学生1518人;4月,中心幼儿园迁建项目开工建设,至年底完成主体工程和外墙装修;成立总额1000余万元的各类"奖教助学基金",投资600余万元建成彩金奖教大楼。全镇教育教学条件明显改善,教育质量全面提升,坎市中学中考、高考连创佳绩,初中升学考取永定一中46名,高考本科上线率保持在永定区农村完中之首。

计生工作 坚持依法行政,强化优质服务,全面落实人口计生政策,重点抓好计生民生,全面推进诚信计生和阳光计生,改进生育服务证、流动人口婚育证明办理办法,简化再生育审批程序,落实计划生育家庭农场等系列优惠政策。2016年人口出生率16.21‰,政策符合率88.62%,人口自然增长率9.19‰。

文体事业 不断优化文化资源,推动文化事业和文化产业健康发展,相继成立篮球协会、书法协会、美食协会、广场舞协会、围棋协会等民间文体组织。连续举办元宵灯会赛、"社区·商会杯"男子篮球赛,举办坎市首届广场舞比赛、首届美食文化节,组队参加"金龙杯""和谐杯"男子篮球赛、"职业杯"象棋锦标赛、永定区广场舞比赛,均获得佳绩。卢氏家训获得中纪委网站客家家训专题刊播,坎市客家特色文化影响力不断扩大,被评为福建省农村宣传思想文化工作示范乡镇,精神文明创建成效显著。

【社会综治】

该镇加快探索社会治理新模式,社区自治共治彰显成效。社会管理平稳可控。开展"平安坎市""平安村(居)"创建活动,建立完善群防群治的长效防控机制,狠抓干部群众法制教育。严厉打击各类违法犯罪,全年立刑事案件135起,同比去年下降3.6%,群众安全感、社会治安满意率不断提升。加强机动车辆、道路交通隐患治理，无重特大交通安全事故发生。坚持和完善信访接待日制度，畅通信访渠道，做好矛盾纠纷排查化解排查调处，全年排查调解各类矛盾纠纷122件，调解成功率97.3%，无"民转刑"案件发生，未发现非正常上访现象。在全市平安建设公众安全感、满意度测评中排位持续向前。25个市级综治捆绑乡镇年度考核中排名第二，新罗村、浮山村、清溪村、洽溪村被市委、市政府评为平安和谐村居。公共安全管理持续加强。全面推进社区网格化管理建设进程，科学划分、个性设计、多元化收集群众诉求；新成立卫生计生监督中心，推动公共卫生、医疗卫生、计划生育执法工作再上新台阶；建立健全"党政同责、一岗双责、齐抓共管"的安全生产责任体系，强化安全监管和各类安全隐患的排查整治，打非治违扎实推进，未发生较大及以上安全生产事故。村居自治逐步深化。完成村级组织换届选举和区镇人大代表换届选举任务。没有发生重大违法违纪案件，在换届选举中也没有发生任何违反换届纪律案件。全镇7个村居均设立便民服务代办点，实行便民服务全程代理，村级阵地服务功能得到进一步加强；全覆盖构建村级法律顾问工作网络，开展"一村一顾问"，统一调配、就近服务，推进村居依法治理、依法办事、依法维权。

【龙灯赛喜闹元宵】

农历正月十七的夜晚，坎市集镇人头攒动。夜幕中，16支龙灯和花灯排成长达百米的龙船队伍浩浩荡荡巡游而来，龙灯所到之处，爆竹声声、烟花齐放。7点整，在坎市镇灯光球场，伴随喜庆太平鼓乐的响起，坎市镇2016年龙灯大赛举行，来自坎市镇各村（社区）的16支龙灯队伍共聚一堂，龙灯、狮灯、采茶灯、船板灯等精彩表演，吸引当地及附近成千上万的群众前往观看。

【坎市镇彩金实验小学建成】

2016年7月29日上午，坎市重举行"坎市彩金实验小学"落成剪彩仪式。副市长王建生、经开区（高新区）党工委书记李善昌、管委会主任陈泽亮、金腾集团董事长卢彩金等出席仪式并为学校落成剪彩。

坎市彩金实验小学总投资9300万元，其中金腾集团卢彩金捐资1200万元，故冠名彩金实验小学。该工程于2015年11月开工建设，总建筑面积25000余平方米，计划招生48个教学班，可容纳2160名学生。坎市彩金实验小学按照高起点、高标准的建设理念，建有教学楼、实验楼、综合楼、学生宿舍楼、餐厅、篮球馆、排球馆、运动场等设施，是一所布局合理、功能齐全、设备配套、环境优美的标准化、现代化实验小学。2016年9月11日正式开学。

图12：彩金实验小学全景

【坎市镇美食协会成立】

2016年8月12日上午，坎市美食协会成立暨第一次会员大会在镇党校召开。出席该次大会的有经开区（高新区）管委会副主任林澄海、坎市镇党委书记王文龙、镇长郑良太、人大主席吕基增、坎市市场监督管理所所长黄冠彩，各村居书记以及50多家餐饮企业代表、行业精英100余人。

会上，与会会员审议通过协会章程及草案、会员缴纳会费规定，选举产生卢达洪（粮食餐厅董事长）为协会会长、卢启东（银江大酒店董事长）为常务副会长，卢华煊（成信酒店总经理）、邱菊莲（坎市大众餐厅总经理）、卢焕材（坎市牛常欢鲜汤店经理）3人为副会长。

客家饮食文化博大精深，而作为客家美食代表的坎市特色餐饮、小吃在龙岩，乃至福建也颇有名气，但由于行业分散，产业链条未形成，难以做强做大。坎市餐饮业作为第三产业中的一个支柱产业，在拉动内需、解决就业、优化发展环境等方面具有不可替代的作用。近年来，坎市镇党委、政府立足镇情实际，大力发展第三产业，确定在全镇打造集美食文化、农副产品及美食加工、电商销售、商务休闲为一体的美食街，突出发展以餐饮、商贸为主体的传统服务业，进一步提升城镇服务功能和整体竞争力。

【首届美食文化节暨第十二届"社区·商会杯"男子篮球赛】

2016年10月1日上午，坎市镇首届美食文化节暨"社区·商会杯"男子篮球赛在坎市镇灯光球场开幕。龙岩市经开区（高新区）党工委书记李善昌、管委会主任陈泽亮，坎市镇部分外出领导、乡贤，部分县（市、区）美食协会会长以及坎市镇全体党政领导参加开幕式。

近年来，坎市镇结合镇情，致力于发展餐饮、文化、体育事业。2016年8月成立坎市美食协会，规范该镇餐饮服务行业的管理，进一步提升坎市餐饮行业的服务水平。"社区·商会杯"男子篮球赛至2016年举办11届，在坎市已形成一股热爱篮球热爱生活的运动潮，对推动坎市人民积极参与全民健身、增强全民体质起积极作用。

此次美食节活动展位有30个，除了5个来自台湾的美食外，其他全部来自坎市本土美食，有家喻户晓的鸡肠面、杯子粄、鸡肠粄、鸭子粄、牛肉鲜汤、牛肉丸、捏饺等，吸引周边乡镇百姓前往参观品尝。

【镇养老院升级改造】

2016年7月，位于文馆村的镇养老院改造建设全面启动，项目占地面积近7000平方米，拥有2幢共39间50张床位楼房，内设办公室、接待室、值班室、娱乐室、医务室、厨房、餐厅等；院内房间均按双人标房设置，配有医用ABS床、衣橱、床头柜、彩电、电扇、电热水器等内部设施；院区安装有背景音乐、有线电视等多种休闲娱乐设施。10月9日，举行竣工启用揭牌仪式。升级改造后的养老院是一所公办民营、医养结合的养老机构，不仅使受托老人生活有依靠，而且生活质量能得到提高，从而舒适地安度晚年。

·培丰镇·

【概况】

2016年，全镇实现社会总产值21.45亿元，比上年增长（简称"比增"）18.5%。其中，企业总产值18.5亿元，比增20.2%；农业总产值2.95亿元，比增8.9%。农民人均纯收入14199元，比增9%。财政收入6344.65万元。完成固定资产投资11.6亿元。规模以上工业产值6亿元。

【现代农业】

2016年，发展高效、集约、生态的现代农业，探索独具特色的现代化农业发展模式。农业生产

图13：10月1日，坎市镇首届美食文化节开幕

持续稳定发展，粮食、茶叶、葡萄、生姜、百香果、烤烟等产量稳中有升，在东中、长流、大排、洪源、孔夫等村建立特色种植示范片。稳步推进土地流转工作，全镇土地流转面积5500余亩，百亩以上规模经营面积2000余亩。农村土地承包经营权确权登记颁证工作有序开展。紫云山生态农业开发有限公司、园星农业开发有限公司等一批农民专业合作社相继投入生产。推广畜禽良种和安全生产技术，加强动物疫病防控。

【工业转型】

摒弃过去倚重矿产资源开发拉动经济发展的模式，探索新常态下经济转型升级的思路举措。深刻汲取2015年"6·27"事件的惨痛教训，全面关闭辖区内所有无证煤矿。按照优化存量和提升增量的思路，研究制定产业转型升级计划，完成工业发展及布局规划。成立新镇投资发展有限公司，负责统筹协调推进全镇项目工作。依托项目开发办、行政便民服务中心，进一步简化办事程序，提升办事效率。开展"干部进企业"活动，建立领导干部挂钩联系企业制度，帮助企业解决生产经营中遇到的困难和问题。

【第三产业】

2016年，坚持优化三次产业结构，推进房地产、电子商务、旅游等现代服务业发展。丰旺商贸城累计出售商品房274套、24797平方米。发展"互联网+"经济，力促实体经济与虚拟经济有机融合，累计培育发展垂直电商2家，小微电商10家，电商物流配送点7个，上正统网企业11家，新增农村淘宝服务站8个。燕子岩、紫云山等风景区升级改造成效明显，旅游管理服务水平不断提高。突出煤炭挖掘全过程体验的矿山公园项目于12月30日开工建设。福能绿色小镇项目完成控规设计。

【基础设施】

2016年，319国道改线（经培丰）项目确定线型并完成地勘工作。农村人饮工程和黄岗水库灌区节水灌溉工程完工。汀江防洪工程一期（培丰段）防洪堤工程完成主体工程。双坑口水库水源建设项目完成立项、可研、环评和设计等前期工作。东中寨背炉基础设施建设项目竣工。605县道（培丰段）修整完成，村际公路、出境公路硬化率达到100%。

【人居环境】

2016年，全市乡镇建筑面积最大、配套设施最完善的丰旺商贸城基本建成，拓展集镇面积0.5平方公里，新增集镇人口约3000人。大排、孔夫等村开展"美丽乡村"建设，以点带面发挥示范带动作用，改善人居环境。培风公园完成第一期工程建设，中华山公园、马达公园建设有序推进。孔夫新塘新村完成一期工程建设。长流至坎市交界处完成路灯安装。家园清洁行动深入开展并建立长效机制。

【社会事业】

培才中学塑胶运动场附属绿化工程完工。三育小学综合实验楼完成主体工程。田地小学综合实验楼完成土地征用、地质勘探等前期工作，正准备招投标。各中学中考被龙岩一中、永定一中录取人数居全区前列。培丰福利院社会化运营良好，社会满意度高。镇第十届"福利杯"青年男子篮球赛圆满结束。通过财政投入、社会各界参与捐资等方式持续壮大培丰教育基金，至2016年年底，该基金规模近200万元。

【社会保障】

城镇居民基本医疗保险、城乡居民养老保险、"三农"综合保险等工作扎实推进，通过发放各类困难补助款、救济款、低保金，改善五保户、低保户、烈属等困难弱势群体生活。2016，全镇"三农"综合保险人身险参保17431人、家庭险参保3941户，城乡居民养老保险共参保19692人，新农合参保22103人，发放困难补助、低保金85万余元。探索新常态下计生工作自身职能的转变，从管控、处罚向重视计生服务全方位过渡，实现从监管者到服务员的角色转换。积极联系福建医科大学附属协和医院专家到矿区医院开展义诊。洪源村、孔夫村幸福院项目完工。

【社会综治】

2016年，以抓早、抓小、抓日常为重点，以全覆盖、无死角、重实效为原则，不断建立健全维稳工作机制。执行领导接访和下访制度，对信访突出问题实行领导包案责任制，全面推行信访维稳效能考核办法。全年受理来信来访件19起、受理办结率100%，镇村调解委员会受理各类矛盾纠纷49件、调解成功49件、调解成功率100%。持续深化"平安培丰"建设，开通"平安培丰"微信工作平台，不断提高广大人民群众对平安建设的知晓率和参与率，群众安全感满意率位居全区前列。开展禁毒宣传进校园活动，不断增强未成年人的防毒拒毒意识。组织有关工作力量开展全天候巡查，始终保持涉麻涉毒高压打击态势。实行举报奖励制度，不断激发群众参与打击涉麻涉毒违法犯罪活动工作的主动性和积极性。发挥公安派出所的主力军作用，不断加大侦查打击力度，遏制涉麻涉毒犯罪活动势头。建立健全预警防控机制，强化对当地易制毒化学品、医用化工设备经营企业的管理和监督。

【生态环保建设】

2016年，完成封山育林5000亩，完成人工造林600亩，义务植树9万株，矿区生态逐步修复。开展养殖业污染治理工作，全年关闭拆除生猪养殖场208户、103210平方米。加强病死猪监督与管理，境内3家病死猪无害化集中处理厂全年集中处理病死猪99495头，病死猪污染环境现象得到有效控制。孔夫村水保项目开始入场建设。田地汀江小流域（孔夫—文溪）完成治理。淘汰报废黄标车256部。开展违规项目清理工作，淘汰关闭环保违规企业1家，督促2家未批先建企业完善备案，规范整治已批未验收企业17家，促进环境质量改善。

【扶贫开发】

2016年，完成全镇445户贫困户的调查摸底工作，实现建档立卡全覆盖。突出精准施策，实施挂图作战，有201户733人如期实现脱贫，199户756人完成易地搬迁。东中官田造福工程集中安置点A、B地块均完成地梁浇筑，并启动一层楼房主体工程建设。文溪洋坑背造福工程集中安置点完成三层楼房主体工程建设及挡土墙、排洪沟等配套设施建设。开展产业扶贫，星星葡萄园、幸福园生态农庄等农业合作社以"流转土地+吸纳就业"形式，带动贫困户发展生产、增收脱贫。不断加大扶贫小额信贷优惠政策宣传力度，为34户贫困户申办131万元贷款、1家农业企业申办20万元贷款。

·抚市镇·

【概况】

2016年，抚市镇坚持创新、协调、绿色、开放、共享的发展理念，全力深化转型发展，打造闽西经济重镇、客家人文名镇、生态旅游新镇，全镇经济和社会等各项事业呈持续健康发展态势。实现社会生产总值10.38亿元，比上年增长（简称"比增"）6.4%。其中，工业总产值2.66亿元，比增6.3%。财政总收入4600万元。全社会固定资产完成投资7亿元。农民人均纯收入14310元，比增11%。

【项目建设】

工业项目　2016年，规模以上企业福建恒龙新型建材公司，年产值1.7亿元，生产线扩建至4条；省级重点项目永定乾元新型建材项目于11月份建成试投产；签约新建永隆环保机制炭项目，投资建设

3条环保机制炭生产线，年产值3000万元。

农业项目 实施现代农业发展行动计划，推进农村土地确权，加快金艳家庭农场、六星苗场、东安特色种植、李前溪特色农业等龙头特色农业项目建设，全镇26个新型农业经营主体加快培育发展壮大，并启动"项目+农户""公司+农户"模式，带动农民增收致富，精准脱贫效应日臻凸显。

旅游项目 辖区乡村旅游点"泽东楼"红色自然景区、美丽乡村、传统古村落、方土楼等项目建设加快推进，全域旅游格局不断拓展；为统筹方土楼群保护开发需要，抚溪"一河两岸"生态景观带和总投资1200万元的抚溪防洪堤二期工程正扎实推进。2016年1月，组织国家书画院黄格胜画家工作室的8位书画家和近40位闽西作家到该镇开展"人文名镇·多彩抚市"写生创作活动，并在永隆昌楼举办书画展，创作书画作品500多件、出版书画2000多本。

【脱贫攻坚】

2016年，坚持"输血"与"造血"相结合，全镇精准识别、建档立卡贫困户379户1305人，落实24户79人易地搬迁安置，发放补助资金221.2万元，发放扶贫小额贴息贷款244.1万元，180户648人实现脱贫。全镇93户贫困户新建住房，建成中湖杏坑、龙川詹屋造福工程集中安置区主体。溪联联合的50千瓦光伏发电站启动筹建，贫困村里兴村的50千瓦光伏发电产业扶贫项目完工并启用。

【基础设施】

2016年，总投资6766万元的抚市水源工程实现向集镇稳定供水，进入结算送审阶段；总投资9700万元的基安堵树坪水库项目初设获市水利局、市发改委批复，完成林地、土地报批。实施农村电网升级改造工程，全镇供电可靠性明显提升；集镇路灯亮化工程全部完工并投入使用。总投资480万元的里兴高标准基本烟田土地整理项目完工，实施旧村复垦和土地整理项目，高寨背水库除险加固工程进入蓄水验收阶段，抚市至坎市快捷通道工程完成前期准备工作。

【社会事业】

2016年，落实城乡低保、重点优抚对象、残疾人、孤儿等特殊群体救助政策，推广落实新型农村养老保险（11438人参保）、新型农村合作医疗保险（25066人参保）和"三农"综合保险（14582人参保）等普惠性政策，医疗条件得到大幅改善，严格执行医改政策，农民"看病难、看病贵"和"因病返贫"等问题得到缓解。稳步实施"文化"抚市战略，优先发展教育事业，成立抚市镇文化教育发展协会，改善中小学办学条件。各中小学专任教师电脑配备基本实现"全覆盖"；总投资200万元的抚市中学运动场改建工程竣工并投入使用；总投资7000万元的抚市中心小学新校区项目完成发改立项、规划设计，正在进行征地动员；总投资1080万元的抚市中心幼儿园迁建工程预计2017年交付使用。2016年，全镇参加中考211人，其中47人考上永定一中、1人考上龙岩一中；参加高考48人，录取本科以上10人。完成总投资860万元、占地面积6840平方米的抚溪文体活动中心建设项目主体工程，正在装修；举办和参加"金龙杯""社区杯"等篮球赛事、全民健身运动会社区广场舞比赛并获奖。坚持计划生育基本国策，弘扬婚育新风，坚持依法行政、优质服务，稳妥实施二孩政策，较好地完成人口计生工作预期目标。

【宜居环境建设】

2016年，抚市镇围绕"百姓富、生态美"的目标，推进抚溪"美丽乡村"建设三年提升计划。全面推行"河长制"，加快总投资1580多万元的污水处理厂项目建设进程，加大辖区内较为突出的生猪养殖业污染问题专项整治力度，全面完成辖区317家养殖场关闭拆除或升级改造任务，关闭拆除面积67707平方米，辖区断面水质明显改善。

【安全生产】

2016年，全面落实"党政同责、一岗双责"等有关规定和企业主体责任，切实加强对民爆物品、危化企业、尾矿库和道路交通等领域安全监管，主动向无证非法采矿点"亮剑"，出台并执行打击非法违法采矿行为长效机制，辖区内无证非法采矿行为得到全面遏制，全年安全生产各类指标执行良好。

【社会治安】

2016年，严格按照"守底线、压发案、保稳定、求实效"工作思路，全面深化新一轮"平安抚市"建设，推动农村网格化建设，成立群众诉求服务中心，开展"邻里守望互助，共创平安和谐村居"活动，落实"六定五包"（定包案领导、定责任单位、定责任人、定督办单位、定督办人、定办理时限，包掌握情况、包解决困难、包教育转化、包稳控管理、包依法处置）维稳工作责任机制，排查化解各类矛盾纠纷67件，化解信访积案1件。开展涉麻涉毒专项整治行动，宣传教育"10个一"（用好一辆禁毒专车、创建一个微信平台、举行一次宣誓活动、组织一场文艺汇演、发好一张联系卡片、办好一份禁毒专刊、举办一次禁毒葡萄采摘节活动、举办一届禁毒球赛、组建一支禁毒稽查队、上好开学第一堂禁毒主题课）载体和精准摸排管控"1+1+1"（每村有1名责任领导、每片或组有1名责任干警、每户有1名责任干部）模式，受到市、区禁毒委肯定，抚市镇农村"禁毒广播"和禁毒帮教中心为全省首创。里兴、鹊坪、抚溪、龙川、基安等5个村被列为"市级平安村居"，及时兑现"两个10%"奖补资金共计25.7万元。抚市镇综治信访维稳工作考评获龙岩市25个重点责任捆绑乡镇二等奖。

【打造"一山一俗两大楼"旅游格局】

东华山为永定"第一名山"，地处抚市镇东安村，2004年和王寿山一起被评为国家级森林公园。东华山自然景观资源丰富，名胜古迹多，同时也是佛教圣地，吸引众多游客到此观光，经营效益日渐提升，2016年策划的预可行性研究报告通过区级审核。

抚市"走古事"民俗起源于中原，从清朝乾隆、嘉庆年间以来，承传不衰，2005年1月列入福建省非物质文化遗产，所用到的十番音乐演奏也是福建非物质文化遗产。每年"走古事"都吸引众多影视文化公司、电视台和摄影爱好者慕名前往观赏、拍摄。2016年，"走古事"短短三天时间就吸引来自全国各地的群众10余万人次前往领略二百多年历史的传统文化"盛宴"。"走古事"结合当地政府的工作，表演和游行时将禁毒知识宣传、二孩政策宣传等内容融入民俗文化活动中，禁毒志愿者身披绶带，扛着禁毒宣传展板，成为游行队伍中一道"亮丽的风景线"。通过这一盛大的民间传统民俗文化活动，表达抚市民众祈求风调雨顺、国泰民安的美好心愿，也将"多彩抚市·人文名镇"的文化气息发挥得淋漓尽致。

"泽东楼"位于抚市镇五湖村上寨"何凹头"革命基点村，地处抚市、湖雷、陈东、岐岭4个乡镇的结合部。1928年8月古田会议召开前夕，毛泽东偕同贺子珍在此开展过革命活动，是闽西革命旧址重要代表之一。1951年8月经永定县政府批准，依原样恢复重建，并命名为"泽东楼"。2016年，总投资5000万元的五湖"泽东楼"红色自然景区建设项目进入运营阶段，实施总投资500万元的区道X606线至何凹头红色景区公路建设项目、道路改建项目和景区附属工程正在有序推进中，观光游客数量日益增加，接待游客6万人次。

抚市方土楼群位于社前、新民村，历史悠久、气势恢宏、风格古朴、工艺精湛，连片100多座的方土楼具有极高的传承保护与开发价值。其中，永隆昌、永豪楼均属省重点文物保护单位，社前村于2015年被列入龙岩市重点培育传统古村落名单及福建省第一批传统村落名录。

【美丽乡村建设】

2016年，抚市镇五湖村和华丰村列入全省"千村整治"建设村。根据省、市、区关于宜居环境建设的有关部署和安排，抚市镇按照"布局美、环境美、建筑美、生活美"的要求，以"三整治三提升"（开展卫生清理大整治、开展村组管理大整治、开展镇容镇貌大整治，提升规划设计水平、提升设施配套水平、提升建设管理能效）、"五清楚"（扫清楚、拆清楚、整清楚、绿清楚、粉清楚）为创建标准，抢抓历史机遇，科学合理规划，突出群众主体，兼顾效率效益，坚持"政府主导，村级实施，全民参与"的原则，投入380多万元，推进镇"美丽乡村"创建活动各项工作。

五湖村，以村部为中心点，投入26万元实施村部、康氏街附近屋顶平改坡项目，并在村部设立便民服务点、卫生室，配备文娱基础设施，出台平改坡改造92元/平方米的补助标准，带动村部周边农户实施住房平改坡600多平方米；投入9.6万元重新粉刷装修村部大门、围墙；投入8.9万元在五湖口、村部周边等地段悬挂美丽乡村广告以及文化墙制作；实施上寨新村50户的危旧房改造项目；投入29万元在村部周边、康氏街等路段实施道路硬化、拓宽改造和护坡砌体工程共计900多米；投入21.6万元在村主干道、村部周边、新村附近新增60盏LED光源，往日每至傍晚昏暗一片的"景象"不复存在；印发改变"脏乱差"村容村貌的倡议书，制定《农村卫生管理公约》，建立并实行10元/月按户收取的经费保障机制，与全体农户签订《门前三包》责任书，投入4.6万元购置110个垃圾桶发放至各片区，添置30个垃圾箱布置在各公共区域，聘请2名专职保洁员，形成"户定点、村清运、镇处理"的管理模式；完成水冲式户厕改造，生活污水采用三格式化粪池，尾水进入田间或氧化塘、人工湿地处理；村内河流、沟渠无漂浮垃圾；开展垃圾分类、推行垃圾干湿分离；开展垃圾分类收集转运，就地填埋处理；投入9万元在村部至五湖口实施河道清理共计近2公里；统筹空心房、闲置宅基地、荒杂地等整治项目，投入16.8万元在村部周边、五湖口、小学门口、新村等地段房前屋后、村主干道构建绿化带2800多平方米，种植1300多株苗木。投入20多万元实施村部门口护坡项目。

华丰村，以村部为中心点，投入20万元在罗屋带动村部周边农户实施屋顶平改坡和裸房整治项目，并在村部配备文娱基础设施；投入80万元将全村7个自然村水泥路面先后连通，实施村部门口护坡砌体、道路拓宽、进村路口、小学门口等路段道路硬化和编制竹篱笆墙等项目，实施鹊岭2座危桥的改造，村民出行条件大为改善；投入23万元在村主干道、村部周边、河滨公园等新增69盏LED光源，全部安装完成并投入使用；投入5万元购置垃圾清运车1辆、100个垃圾桶（发放至各片区），20个垃圾箱（分布在各公共区域），聘请2名专职保洁员；争取资金在五湖和华丰交界处至全村各组铺设共计4.6公里的安全饮水管网，改变供水不足的现状；投入15万元在五湖口交界处至鹊坪交界处等华丰河道实施河道清理共计近3公里，并完成水冲式户厕改造；投入50余万元兴建河滨农民公园（包括场地清理、拓宽改造、护坡砌体、休闲占道铺设和兴建凉亭等工程）；投入12万元在村部周边、小学门口、新村等地段房前屋后、村主干道构建绿化带面积2500平方米，种植1000株苗木。

·龙潭镇·

【概况】

2016年，龙潭镇围绕"机制活、产业优、百姓富、生态美"发展主题，坚持发展为先、民生为本，进一步抢抓机遇、真抓实干，推动全镇各项事业取得新的成绩。全年社会总产值214054万元，比上年增长（简称"比增"）10.5%；财政收入14100万元，比降9.6%；农民人均可支配收入16872元，比增5.7%；固定资产投资68765万元，比降5.3%；社会消费品零售总额74025万元，比增9.7%。

【农业生产】

2016年，完成农业产值19911万元。生猪出栏26409头，年末存栏17817头；家禽出栏47987只，年末存栏24171只。肉类总产2103吨，禽蛋77吨。粮食播种面积10937亩，生产粮食4497吨，其中稻谷4108吨。烤烟种植面积1006亩，产量123吨。蔬菜种植面积7428亩，产量13434吨。现代农业异军突起，引进并开工建设总投资5000万元的万花园林项目和总投资2000万元的迦百农生态农业项目，铁皮石斛、蝴蝶兰、百香果等花卉水果种植基地达1000余亩，新增合作社5家，家庭农场26家。

【项目建设】

2016年，龙潭镇共实施市、区、镇重点项目13个，总投资11.86亿元，完成固定资产投资7亿元。按照"五个一批"（谋划一批，签约一批，开工一批，建成一批，增资一批）要求，谋划项目6个、签约项目3个、开工项目2个、竣工投产项目1个、增资项目1个，项目建设名列全区前茅。协调推进国家重点项目西气东输天然气管网工程，年底通气运行。

【产业升级】

2016年，规模以上工业产值12.47亿元。新型建材工业不断发展壮大，完成投资500万元的闽福新型建材机器人技改项目，签订华润水泥二期和富龙新型建材项目协议。主动淘汰煤炭落后产能，关闭大科督、油黄坑、铜联联办矿等3家持证煤矿。三产产值8.8亿元，社会消费品总额5.7亿元，运输业产值1.9亿。电商线上线下联动发展，百香果、铁皮石斛等农产品销售额185万元。

【脱贫攻坚】

2016年，通过产业扶贫、项目扶贫等方式，策划109个脱贫项目，落实78户266人易地搬迁安置，发放扶贫小额信用贷款256.5万元，组织193人参加家政、电工等技能培训，帮助62名贫困户就业。104户358人脱贫。

【生态环保建设】

全年淘汰黄标车196部，超额完成区政府下达的192部任务。关闭拆除83户生猪养殖场，治理养殖业污染13706.9平方米，削减存栏5482头。实施枫林溪等小流域水土流失治理工程，治理水土流失面积3750亩；开展煤矸石烧结、生活垃圾和电子垃圾焚烧等执法行动12次，遏制大气污染。

【社会事业】

全年民生投入和农民收入实现"双增长"，民生支出3475万元，占全镇财政支出的69.1%。投入1360万元完成龙潭中心小学、七峰小学综合教学楼和中学教工宿舍楼主体工程建设；每年固定为教育基金注资5万元，发放奖教奖学金13.09万元；拨付10万元为中小学教师购置办公电脑，改善教师办公教学条件；全镇新增21名教师，逐步缓解师资紧缺的问题。举办第三届"欧骑士"杯社区篮球赛，首次组队参加区广场舞比赛，枫林村、联中村分别举办龙岩市第五届庄、严宗亲恳亲大会及福建省阙氏第二届宗亲联谊会。完成45户4083.9平方米拆旧建新和13户危房改造，开工建设洋甲生活小区。

【社会保障】

2016年，全镇有9543人参加新农合，参合率98%；7325人参加新农保，其中续保及新参保率91.6%。1796人领取养老金，发放农村低保金312人48.1万。慰问困难群众、困难党员315人7.72万元。

【社会综治】

以"零容忍"的态势严厉打击无证矿硐、涉毒涉麻和"两违"整治，通过密集走访、巡查，使不法分子无处藏身。"平安龙潭"建设深入开展,"三率"(群众安全感率、平安建设知晓率和执法工作满意率)水平持续提升,处置各类信访件25起,调处各类纠纷36起,处置调解率100%。

【新型城镇化建设】

2016年,龙潭镇被列为龙岩市新型城镇化重点镇。该镇乘势而上、乘势而为,对《龙潭镇控制性详细规划》作进一步修编,突显精而小、美而精,按照"一心两翼一园"发展战略,规划实施8个产业项目和城镇惠民"十个一"项目,生态型工贸新镇的蓝图将逐步变成现实。投资150万元的垃圾中转站竣工验收并交付使用,投资1750万元的污水处理厂完成主体工程及管网铺设2公里,投资5800万元的西寨水库水源性项目通过市级评审,投资460万元的农村饮水安全工程全面竣工,投资1500万元、占地1000平方米的文化活动中心基本完成征地工作,投资120万元的庵子山公园提升工程完成入口、路网、亭台等建设,投资80万元建成街心、三堂屋环岛通讯灯塔。在集镇道路沿线、庵子山公园、上寨公园等地种植樱花、桂花、枫树、榕树等景观树1500株;继续对集镇、上西、铜联的垃圾实行统一收集处置方式,全年处置垃圾3504吨;厂矿企业、运输车辆的粉尘灰尘污染整治成效明显。

【龙潭智慧生态农业产业园】

智慧生态农业产业园项目分两期建设。一期以万花园林现代设施苗木基地建设现代设施农业(名贵花卉),基地总面积300亩,其中智能温室大棚80亩,钢构大棚10个,面积6万平方米,组培室5000平方米,办公管理房1栋2000平方米;水电系统、道路系统等配套设施建设。2016年,完成一期80亩的交地任务和3500平方米温室大棚,着手建设组培室。二期规划扩大建设1000亩的田园综合体。

·湖雷镇·

【概况】

2016年,湖雷镇围绕区委、区政府提出"转型发展,跨越发展"的主题,实施"工业强区、文旅兴区、生态主区、农业稳区"战略,把湖雷建设成为区域中心城市副中心的目标,促进湖雷经济社会健康、持续、快速发展。全镇实现社会总产值8.6亿元,比上年增长(简称"比增")7.37%;财政总收入1602.2万元,比增15%;农民人均纯收入15883元,比增13.9%,成功实现翻番。完成固定资产投资7.1亿元,同比下降8.97%。其中,工业固定投资完成4亿元,比增30.7%。社会消费品零售总额2.1亿元,比增50%,全面超额完成区下达的任务。

【产业经济】

2016年,永兴源生态农业申报规模以上工业并获批准,实现规模以上工业产值6150万元。成功申报限上商贸企业,全镇有限上商贸企业11家,限上服务企业2家。重点扶持星湖食品、正发食品等企业升级改造,做大做强湖雷镇农副产品加工等支柱产业。发展农村电子商务,龙岩市永定区客家田园电子商务有限公司入驻"福建正统网",并正常开展网上销售。全镇建立农村淘宝村级服务站11个,实现"网货下乡"和"农产品进城"。

【特色农业】

实施品牌战略,在招宝创"中国驰名商标",星湖"玉喜"和万家兔业"兔鼎记"创"福建省著名商标"的基础上,鼓励永兴源客家牛肉丸申报"国家地理标志产品"。嘉华农业投入2900余万元,完成180亩台湾水果香水莲雾、红心芭乐、红肉火龙果、树葡萄等名贵花木设施种植和160千瓦太阳能光伏发电的基础建设,解决14户贫困户和

20户计生户的就业问题，带动35名本地在校大学生参与创业实践，2016年获"国家级大学生创新创业基地"称号。

【招商引资】

2016年，湖雷镇加大招商引资力度，全年落实签约项目5个，总投资2.499亿元，分别是：投资1.2亿元的永兴源生态农业循环经济项目，投资4380万元的龙岩市永定区馨逸茶叶有限公司、年产200吨精制茶生产线项目，投资1500万元的"互联网+有机绿色种养示范地（一期）"项目，投资3560万元的龙岩市永定区灿灿食品有限公司、年产400吨客家休闲系列食品生产线项目和投资3550万元的永定三兴塑料制品公司、年产1000万只塑料瓶生产线项目。年末，湖雷镇获得招商引资项目一类乡镇考评一等奖。

【基础设施建设】

2016年，实施中小河流域治理工程，投入1180万元，建设永定河下湖段、上湖溪、白紫段、道仁段、溪口段、石坑段的防洪堤及石护栏，总长2600米。实施25个村33个点的农村饮水安全工程，解决2万余人的安全饮水问题。投入100万元的湖雷镇垃圾中转站在上湖村赤竹坑开工建设。投资3500万元日处理2000吨的湖雷污水处理厂完成选址和征地。投入70余万元建设农业站办公大楼，改善农业站办公条件。全镇完成130户危房改建工程。

【脱贫攻坚】

2016年，湖雷镇有国定贫困户235户809人，省定贫困户159户521人。镇村两级因地制宜、因产施策，每个贫困户都有一种保障性政策或技术措施帮扶到户。全镇完成易地搬迁166户562人，发放扶贫小额贷款310.5万元，发放建房补助款200万元。当年脱贫196户689人，脱贫率51.8%。

【社会综治】

强化安全检查和监管，重点部位安装视频监控设备，兴建16处道路交通安全劝导站，完善危爆物品的审批、销售、使用管理制度，提高群众安全意识，消除各类安全隐患。逐步加大综治工作经费的投入，开展普法活动12场次。投入10余万元开展禁毒工作，对全镇27个建制村进行地毯式排查，对排查的重点对象及79个重点场所进行跟踪管理。镇政府大院的群众诉求窗口发挥效应作用，搭起政府与群众沟通的平台，进一步了解群众的意见和建议，确保件件有回复，事事有落实，形成和谐安全的氛围。

【生态环保】

开展国家级生态乡镇创建工作，制订农村卫生保洁长效管理工作机制，投入60多万元引进社会管理市政工作新机制，环境卫生状况有明显改观。开展养殖业污染整治，全镇拆除猪场4.5万平方米，完成5家猪场的升级改造。淘汰黄标车54辆。

【社会保障】

全面落实"农民健康工程"、城乡居民保险、"三农"综合保险以及失地农民保险工作。推进新型农村医疗工作，2016年，全镇新型农村合作医疗参合率99.1%；140户330人享受农村低保，确保困难群众的基本生活。

【社会事业】

教育事业优先发展。筹建湖雷镇教育发展协会，提高全镇教育教学质量；努力改善办学条件，多渠道筹措办学资金，兴建上湖第二中心幼儿园，全镇中小学校、幼儿园生均校园面积、教学设施设备均达到省级标准。文化事业蓬勃发展。组织编写《湖雷掠影》一书，挖掘文化内涵，提升湖雷形象；专刊发行《红叶》杂志，宣传湖雷正能量、代言湖雷好形象。组织参加区第三届、第四届社区广场舞大赛，均获得二等奖。在元旦、五

一、七一、国庆节期间举办各具特色的文艺晚会，丰富群众的文化生活。

·湖坑镇·

【概况】

2016年，湖坑镇按照"产业富镇、文化立镇、旅游兴镇、生态强镇"的工作思路，推进美丽、开放、幸福、宜居的国际旅游目的地建设。全镇实现社会总产值10.39亿元，比上年增长（简称"比增"）5.7%。其中，农业生产总产值4.46亿元，比增5.2%；工业生产总产值9026万元，比增3.5%；第三产业总产值5.03亿元、比增6.6%，其中限上商贸企业增加至33家、限上商品零售总额突破3.5亿元。全社会固定资产投资突破7亿元；农民人均纯收入11033元，比增6%。

【旅游产业】

2016年，湖坑镇融入全域旅游发展格局，发挥世遗土楼品牌优势，实施洪坑土楼景区环境整治提升项目，完善旅游配套设施，提升旅游服务管理水平，全年全镇接待游客220万人次，比增4.8%。加强景区环境整治。按照AAAAA级景区标准，推进景区整治提升工作，重点打击乱摆摊设点、乱占地、乱搭盖、非法载客、违章建筑、侵害游客合法权益、扰乱旅游市场秩序的违法违规行为，为广大游客营造良好的旅游环境，提升游客满意度，维护洪坑景区对外良好旅游形象。拓展旅游产业链条。培育扶持鸿闽采摘园、龙富泉生态旅游园等一批生态休闲采摘园，策划奥杏整体开发项目，引进车游土楼服务中心项目，景区配套设施逐步完善，景区档次品位得到较大提升。推进景区新村建设。加快曾屋寨景区新村建设步伐，桥圳下、瑞子坑等4个分散建设点正有序推进。舞活舞好乡村旅游。利用南江村、吴银村、西片村、实佳村列入省、市级美丽乡村"千村整治、百村示范"建设契机，打造南溪土楼沟这颗璀璨明珠，初步形成以南江村为开发试点村、带动土楼沟其他村多点开花的环南溪土楼景观带，融入全域旅游发展格局。圆满完成"追梦土楼·醉美永定"中国永定环土楼首届国际山地马拉松赛、中国东方歌舞团大型环球经典音乐会《东方之声》等大型活动的维稳接待任务，展示客家精神、弘扬土楼文化，推进土楼旅游。

【基础设施】

2016年，湖坑镇重点做好农田水利、道路硬化、新村建设等民生工程建设。重点实施涉及洪坑、南江等13个村的农村安全人饮工程；集镇垃圾中转站完成主体工程建设，即将投入使用；六联村污水处理站正式投入使用，集镇污水处理厂建设加快推进，环保基础设施进一步完善；奥杏村村道改造硬化、湖奥公路修复工程顺利实施；曾屋寨、桥圳下、瑞子坑景区安置小区、兴黄农民住宅小区、合水壶安置小区、新南双溪新村、实佳东月小区建设步伐加快，全面改善农村人居环境。

【现代农业】

2016年，立足镇情，以农业结构调整为主攻方向，在稳粮兴烟的同时，加快特色种养等现代农业发展。全面落实强农惠农政策。全年累计发放各类补贴80多万元，水稻种植2.12万亩，遏制农田抛荒现象。全年全镇粮食播种面积2.2万亩，粮食总产9703吨，比增8.34%；经济作物总产2.87万吨。在吴屋村建立粮食高产创建示范片200亩、测土配方施肥示范片400亩，奥杏村建立水稻病虫害统防统治示范片500亩。开发农村劳动力资源，实施阳光工程培训，培训劳动力近1000人次，转移农村剩余劳动力1200人次。其中，开展农村淘宝合伙人培训3期，新街、奥杏、西片、吴屋、六联、新南等6家村级淘宝服务站开业。农业旅游业融合初现端倪，结合土楼旅游开发，扶持发展一批生态农业观光种养项目，在振福楼周边开发荷花种植基地近60亩；新南村紫云生态农场种植经济树种110多亩、无公害果蔬60多亩；奥杳片扩大发展反季节蔬菜生产100亩；新街村发展香水柠檬100多亩，龙泉生态农场种植杨梅、柚子近百亩；洪坑村鸿闽百果采摘园发展近200亩葡萄、草莓、百香果等生态休闲水果采摘项目。

【招商引资】

持续实施项目带动战略，开展项目招商引资年活动。2016年，净增限上法人企业1家，服务业入驻"正统网"5家，策划项目2个并通过市评审，签约项目5个，新开工项目5个，均超额完成区下达的任务。项目考评工作走在全区前列，获得2016年度项目落地攻坚战役绩效考评一等奖、2016年度招商引资项目考评一类乡镇二等奖。华润永定湖坑风电场项目，2016年完成投资0.82亿元，完成乡镇权属林业采伐许可证办理，东区进场道路征地清表10公里，西区进场道路放样9.8公里、征地清表6公里；送出线路共42基，完成开挖浇筑41基，组塔累计完成40基，架线共计3公里；配电楼室内电缆沟及盘柜基础、附属楼基础及底板垫层、SVG室基础垫层浇筑完成，集电线路塔基础开挖完成20基，浇筑12基。龙富泉旅游生态园项目，完成接待中心主体工程和外墙立面装修，附属排水沟、道路、场坪等基础设施基本完成。闽西红土地水土保持生态产业园项目，前期工作基本完成，完成一期1260亩土地流转，正在开垦油茶种植平台。湖坑镇紫云生态旅游农场项目（二期）、湖坑镇下南溪田园风光生态园项目、龙泉生态农场项目均全面竣工。

【社会保障】

2016年，坚持统筹兼顾、民生优先，让发展成果惠及全镇人民。完善低保动态管理，全镇享受城市低保5户5人、农村低保56户96人、五保对象104人、列入助孤工程儿童14人；做好救济救助、优抚安置等工作；强化社会保障，参加新农合17584人、参合率99.8%；参加新农保8606人、续保扩面率96.1%，60周岁以上领取养老金人数3739人；"三农"综合保险参保率71.3%。

【脱贫攻坚】

2016年，建档立卡贫困户183户627人，较好完成区下达的各项指标任务。其中，区下达2016年脱贫帮扶任务295人，完成326人，完成率110.51%；区下达国定标准易地搬迁任务数60户199人，落实80户280人，竣工并完成验收79户277人，完成率139.2%；区下达扶贫小额信贷任务100万元，落实168万元，完成率168%。获区脱贫攻坚战役一等奖。

【社会事业】

融入"教育强区"建设，加大对中小学扶持力度，壮大教育奖教奖学基金，改善中小学办学条件，完成中学塑胶运动场项目建设，小学塑胶运动场项目开工建设。向上对接中心卫生院病房大楼和门诊大楼工程建设，改善医疗卫生设施；开展农民健康体检，全镇符合优惠和免费体检对象2541人，占总人口9.2%。顺利举办第三届"社区杯"男子篮球赛，获得"土楼杯""和谐杯"篮球赛冠军。

【平安建设】

2016年，以弘扬客家家训家规、发挥家训家规教化育人作用为抓手，开展"平安家庭""平安楼院""平安景区""平安校园""平安边界"等多种形式的"平安湖坑"建设工作，南江村被评为区平安和谐村示范点，山下、洋多、洪坑、吴屋等4个村被评为全市平安和谐村；5月，湖坑镇被市委、市政府评为"平安和谐乡镇"；7月，湖坑镇被区委、区政府评为"2015年度综治工作及平安和谐先进乡镇"，综治"三率"测评位居全区前列，公众安全感满意率明显提高；落实安全生产责任制，开展安全生产大检查及专项整治，遏制各类安全生产事故的发生。

【实佳村列入第四批"中国传统村落"名录】

实佳村地处湖坑镇东南部，位于南溪土楼沟景观最后一个村庄。该村风景秀丽，环境优美，传统的客家风俗、淳朴悠然的农家院、青山绿水的自然风景让人感受到大自然之美和客家文化风情。气势磅礴的高山流水，悠悠荡荡的松涛，炊烟袅袅，鸟啼声声，吸引着全国各地游客到实佳休闲度假，体验客家人的纯朴和热情，探寻土楼原始部落群。实佳村于2015年5月着手准备并申报第四批"中国传统村落"，2016年12月正式列入"中国传统村落"名录。

【客家家训馆完成改造提升】

永定客家家训馆位于湖坑镇洪坑村庆成楼内，陈展面积300平方米，以"坚韧不拔、开拓创新、爱国爱乡、团结互助、崇文重教"的客家精神为主线，通过族谱、图片、文字、书法等4种形式，展出永定境内100余个姓氏中32个姓氏的祖训家规，以及永定客家族谱中有记载祖训家规的19个姓氏族谱、32帧名居、名祠家训图片、14幅家训书法作品，涵盖"孝悌忠信，礼义廉耻"等方面的内容，突出展示客家土楼文化精华，集教化、欣赏为一体。自2014年6月建成开馆以来，接待海内外游客200多万人次。该馆于2016年上半年闭馆改造，年底完成改造升级。改造后，展板面积757平方米，比改造前增加一倍多。

·下洋镇·

【概况】

2016年，下洋镇围绕建设富有侨乡特色的文化旅游小城市目标，按照"稳中求进"的总基调，凝心聚力搞建设，千方百计谋发展，求真务实保民生，全镇经济社会各项事业健康有序发展。全年完成社会总产值24.9亿元，比上年增长（简称"比增"）10%；全社会固定资产投资7亿元，比增28%；批发餐饮旅游服务业总产值5.3亿元，比增16%；实现工业总产值13.8亿元，比增10.3%；财政总收入1500万元，比增8%；农民人均纯收入9833元，比增12%。

【休闲农业】

2016年，推进上川坤雅农业观光园、初溪池牛岗、牛牛食品等省级农民创业园建设，合计投资1500余万元，完成坤雅水上木屋、池牛岗多功能山寨大门、牛牛食品技改等项目，新型农业主体不断丰富。同时，扶持初溪生态园、觉川火龙果采摘园、思贤蜜柚基地、东联甜玉米基地、乡村百香果园等观光农业，促进现代观光农业与土楼旅游深度结合，推动省级农民创业示范基地建设升级为创业园。

【脱贫攻坚】

实施精准脱贫，坚持"输血"与"造血"并重，强化精准扶贫"九到户"措施，通过金融扶贫、光伏扶贫、旅游扶贫、技术扶贫、危房改造扶贫、易地搬迁扶贫等多渠道促进群众脱贫。2016年，为63户贫困户争取发展种植养殖贷款292万元，全镇丹竹、三联、富川、北斗等4个贫困村建设太阳能光伏发电站共装机265千瓦。易地搬迁申报实施260户839人，占全区计划数的五分之一，实现全部动工，其中竣工88户289人。同时，采取集中安置方式推动易地搬迁进程，富川、初溪、下洋集镇等3个安置区共安置贫困户148户447人。脱贫攻坚取得明显成效，全年完成脱贫178户625人。

【社会事业】

营造崇文重教氛围，2016年，筹措奖教奖学教育基金720万元和现金11.3万元；中考成绩再创辉煌，全镇两所中学考取龙岩一中5人，占全区总数四分之一，考入永定一中70人；中小学"三率"（入学率、升学率、合格率）继续保持全区排名前三，中心小学获得"福建省先进教工之家"称号；教学设备进一步完善，投入近40万元为中小学配备218台电脑。开展"家园清洁"行动，全年投入100余万元进行环境卫生整治，完善集镇卫生管理长效机制，群众对生态建设和卫生环境的满意率不断提高。实施农民健康工程，加强疾病防控，完善医疗养老设施，下洋华侨医院门诊综合大楼和敬老院扩容工程正在施工中。计划生育工作卓有成效，完成上级下达的各项任务，年终考核检查取得好成绩，出生人口政策符合率达91%，优质计生服务全面提升。

【社会保障】

2016年，新型农村合作医疗参合26110人，参合率100%。新农保参保11565人，参保率81.6%。发放低保金308人次62万元，发放养老金858万元。全面落实大病救助205人次51万元。享受五保供养192人，取消不符条件低保35人。在残疾人保障工作方面，累计发放残疾人生活补贴、护理补贴等各类补助资金78万元。发放粮食直补、综合直补、家电下乡等国家支农惠农政策资金1002万余元。投入97万元，完成月流幸福院建设。

【平安创建】

以创建"平安和谐乡镇"为目标，做好信访维稳工作。强化百姓利益就是党员干部利益的意识，实施"平安幸福下洋"建设，全年调处矛盾纠纷126起，确保一般矛盾纠纷不出村、复杂矛盾纠纷不出镇。全年发生刑事案件56起，受理治安行政案件107起，其中刑事案件比去年同比下降37%。以脱市级"涉麻制毒重点整治乡镇"之帽为目标，全力开展禁毒工作。成立涉麻制毒整治机构，大力宣传、强化措施、重点管控，涉麻制毒整治工作取得较大成绩，"三升三降"（"三升"指主动打击数、情报输出数、群众举报数大幅上升，"三降"指未主动发现查处的涉麻制毒犯罪窝点、案件、人数明显下降。）达到预期效果。2016年，查处贩卖毒品案件2起，查处吸食毒品人员27人次，刑事拘留5人次，收缴冰毒54.7克，至年底，全镇辖区内无当地籍涉麻制毒犯罪嫌疑人、无流出辖区外作案犯罪嫌疑人，没有发生制毒前体和制毒窝点，吸毒人员大幅下降，涉麻制毒重点人员均在管控范围内，全民禁毒意识得到明显提高。

【新型城镇化建设】

突出破解新型城镇化建设要素制约。2016年，提升"小城市"试点镇规划布局，按照"多规合一"的要求，立足"侨乡下洋、美食小镇"发展定位，完成下洋镇新型城镇化重点镇总规并通过区规委会评审，同时修编控制性详规和旅游产业、公共设施两个专规以及土楼美食特色小镇概念性规划。创新招商引资方式，利用在外工作的领导、乡贤、华侨等多方社会关系，上门推介与邀进来相结合，吸引各方投资主体共同投资建设"小城市"。积极争取上级政策支持，吃透"小城市"和特色小镇建设相关文件精神，用好用活"小城市"培育试点工作及特色小镇在规划指导、项目建设、财税支持、土地使用、投资融资等优惠政策。主动融入全区发展规划，发挥下洋侨区、旅游区的优势，找准有"含金量"和可操作性的政策措施，迅速跟进，主动对接，策划生成35个项目，总投资21亿元，"土楼美食特色小镇"成功列入省、市特色小镇项目库。

打好项目攻坚战。本着"一切以项目为中心，一心为企业谋发展"的宗旨，强化项目服务。针对各项目工作薄弱之处，成立项目推进工作组，做好项目开工和推进；重点解决项目用地问题，妥善处理与项目业主利益攸关的热点难点问题，2016年全镇实施投资1000万元以上的项目有16个。突出公共服务项目建设重点。全年投入近4000万元用于公共设施建设。完成集镇户外多功能运动场、集镇公厕、下高桥至农贸市场道路改造工程，将陈正、青坑等危桥拆除重建，华侨医院门诊综合大楼室内装修接近完工，集镇污水处理厂开工建设，一河两岸栈道进入财审阶段，御品湾温泉住宅小区实现入住。

【土楼和古村落维护】

牢固树立"保护是最大功臣、保护是最大政绩"的理念。一方面严厉打击"两违"现象，采取"零容忍"的态度进行铁腕制违，把违建遏制在萌芽状态；另一方面争取资金用于土楼保护，加快推进初溪国家级传统古村落维护项目。2016年，投入500多万元实施部分文本楼电路改造和集庆楼维修工程，在不损害文物和土楼群原始风貌的前提下，进行初溪外围生态农业观光项目开发。同时，做好历史文化名镇和古村落入选名录及美丽宜居村庄申报工作。其中，下洋镇、初溪村入选省级历史文化名镇名村名录，初溪村入选住建部第四批美丽宜居村庄示范名单，中川村入选第四批住建部传统村落名录，成为全市为数不多的有2个国家级古村落的乡镇。

【旅游产业】

拓宽思路搞旅游，从单一土楼旅游延伸到包含侨台文化、田园文化、温泉养生、农业观光、下洋小吃等内涵多元化旅游，结合下洋餐饮住宿实现下洋旅游经济的蓬勃发展。全力推进重点旅游产业项目建设：初溪游客服务中心开工建设，美食一条街进入装修阶段，生态农业观光园建设初具规模，东山金丰工业园区转型升级特色食品加工园解决历史遗留债务的关键步骤，富川一甲土楼农家乐AAA级提AAAA级工程建设有序进行，特色旅游食品企业的产值不断增加。2016年，下洋旅游接待游客超过15万人次，实现旅游收入近6000万元。

【生态环保】

实施"生态立镇"战略，开展重点领域环境整治。为确保金丰溪水质趋好，进行生猪养殖业污染整治，2016年，拆除生猪养殖场面积18843平方米，升级改造规模猪场17家，投资200多万元建立的病死猪集中无害化处理场竣工使用。同时，开展"黄标车"淘汰工作。全镇淘汰黄标车57辆，超额完成区下达的淘汰任务。水源保护、水土流失治理等生态环保领域工作也有序开展。实施环保设施项目。兴建初溪景区污水处理系统工程，该工程总造价172万元，年底进入试运营阶段。开工建设近期日处理3000立方米、远期日处理6000立方米的集镇生活污水处理厂，总投资3850万元，正在实施三通一平。此外，采取多措并举方式做好水土保持工作。实施上川、思东小流域水土流失综合治理工程，总投资188万元。其中，抚育造林251公顷，筑护河堤395米。加强护林巡查，严厉打击破坏森林资源的违法行为；继续搞好森林防火工作，切实执行防火戒严令。

·城郊镇·

【概况】

2016年，城郊镇围绕建设经济繁荣、人民富裕、环境优美、社会和谐的"宜居、宜游、宜商、宜业"新城镇目标，坚持把"稳增长"放在突出位置，强化培植重点企业税源骨干，以培植烤烟等传统重点税源为基础，优化财政税收格局，实现经济指标平稳增长。完成社会固定资产投资5.91亿元，比上年增长（简称"比增"）10%。实现农业产值0.89亿元，比增5%。工业产值2.2亿元，比增12%。第三产业值2.29亿元，比增14%。农民人均纯收入11335元，比增14.4%。

【农业生产】

农业生产保持良好态势，粮食生产稳定。

2016年，全镇完成农作物播种面积12012亩，其中种植粮食作物7485亩；粮食总产量2877吨，比增11.7%；肉类总产量1754吨，比增3%；禽蛋产量95吨，比增4%。特色农业发展平稳。发展东丰果园、龙门设施食用菌、中坑灿通食品设施冷藏库以及东溪、三峰设施蔬果等项目，建立双溪200亩早熟芋示范基地、双溪100亩沙田柚示范基地，优化提升上下斜万亩竹林等特色农业。

【项目建设】

2016年，始终坚持把项目工作摆在经济工作的首要位置，全镇上下围绕区委、区政府项目发展战略，敢于面对、敢于碰硬、持续攻坚，破解征迁难题，确保落户镇辖区的天子温泉度假区二期、客家博览园、梦幻土楼剧场、永定"一河两岸"美丽滨河景观栈道、淑雅溪水库、永梅出省公路、中心储备粮库等省、市、区重点项目按时序推进。天子温泉度假区一期建成营业，成功创建AAAA级景区，提升全区旅游接待形象；客家博览园于国庆前开园，迅速成为城区休闲旅游的新亮点；淑雅溪水库大坝下闸蓄水，为城区提供优质的第二水源。

【旅游产业发展】

2016年，天子温泉、客家博览园、梦幻土楼、"一河两岸"美丽滨河景观栈道等一批旅游项目深入实施，为城郊旅游产业发展、实现产业转型奠定坚实基础。据统计，上述项目全年接待国内外游客58万人次，拉动城郊镇第三产业发展。

【宜居环境优化】

2016年，争取上级项目资金，加大对各村基础设施投入，持续加大生态治理力度，环境更加优化。城镇化水平得到提升。天子温泉商业街、箭滩岗安置小区、古镇"幸福园小区"、古二造福工程安置小区等精品小区投入使用，龙门炉前造福工程有序推进。书岭、东溪美丽乡村建设稳步推进，建设成效显著：书岭村完成560米的栈道铺设和石栏杆建设及天子温泉至书岭村跨河铁索桥桥台征地工作；东溪村完成老桥修复工程，通往东溪公共汤池道路路面硬化，安装路灯等。设施更加完善。投资252万元完成双溪等11个村11处农村安全饮水工程项目，完成古镇至兰地公路，东溪樟坑留斜公路，龙门、桃坑、樟尧、中坑等通村公路，治理整治13处交通安全隐患，建立交通一级安全劝导站2个，群众交通出行更加安全快捷。完成水土流失治理2000亩、造林绿化500亩，森林覆盖率82%。生猪养殖业污染得到彻底整治，关闭生猪养殖户37户共计10446.04平方米，拆除40户共计23513.76平方米。关闭非法采洗砂场8家，拆除"两违"建筑7.4万平方米。

图14：城郊镇集镇

【社会保障】

2015年，始终坚持优先保障和改善民生，让人民群众共享改革发展成果。完成小额信用贷款245万元。列入农村低保173人、五保户58人，全年发放低保金288万元、五保户供养金40.15万元。发放优待金16.77万元、"五老"定补9.408万元、健在"五老"配偶补助4.167万元。为5名对越参战人员落实公益性岗位，全年发放工资及"四险一金"共计8.89万元。开展"五位一体"爱心助孤行动，有6名孤儿得到生活补助。

【社会事业】

2016年，教育卫生加快发展。加大教育投入，优化整合教育资源，城郊学生初中阶段就近入读永定二中、三中，城关中学重点发展高中阶段教育。卫生院和村级卫生所（室）医疗条件进一步改善，农村医疗服务水平和应对突发公共卫生事件的能力得到提高。完善文体设施。古一灯光球场和幸福院竣工并投入使用，各村文体健身设施更加完善，群众文体生活丰富多彩，社会大局和谐稳定。社会治安、信访维稳、安全生产和人民调解工作卓有成效，全年没有发生重大恶性事件，群众安全感、获得感、社会满意度不断提升。

【脱贫攻坚】

2016年，全镇建档立卡贫困户177户，贫困人口595人。至年底，87户299人脱贫。实施易地扶贫搬迁34户，分别实施中坑、桃坑2个贫困村各40千瓦光伏发电项目，为城郊镇脱贫攻坚战役提供坚实的产业支撑。

·仙师镇·

【概况】

2016年，全镇实现农村社会总产值8.26亿元（第一产业3.67亿元，第二产业1.67亿元，第三产业2.92亿元），比上年增长（简称"比增"）5.6%；农民人均纯收入11712元，比增6.7%；财政总收入866万元，比增4.7%。

【农业产业】

仙师镇以高效农业为发展目标，实施品牌战略，加快农业产业化进程，通过示范村建设，发挥专业合作社等服务中介机构的作用，为农民提供全方位服务。助推"六月红"早熟芋和"务田"蜜柚等特色产业的提质增效，产业发展初具规模。打造"六月红"早熟芋、"务田"蜜柚、东魁杨梅、"美国"脐橙等知名农业品牌，形成以"六月红"早熟芋、蜜柚、烤烟等为重点的产业链。"六月红"早熟芋种植面积4600亩左右，产量9200吨，产值3600万余元；仙师蜜柚种植面积9405余亩，产量8581吨，产值2200万元；烤烟种植面积1100亩，产量150余吨，产值420余万元。

【项目建设】

2016年，投入100余万元对仙（师）—金（寨）公路实施修复和拓宽，改善内山片村民的出行条件。永梅出省公路于2015年10月开工建设，项目总投资11.13亿元，其中仙师段10.78公里，项目建成后将改善仙师的交通条件。做好永梅出省公路征地拆迁工作，实施永梅出省公路红线内抢建抢搭强制拆除行动。至年底征用耕地面积434亩，占总任务的99.9%；征用林地面积782亩，占总任务的99%；房屋拆迁及坟墓迁移工作进入尾声，公路施工全面铺开，出省公路便道全部拉通，项目建设正有序推进。

【社会事业】

2016年，仙师镇成功承办第五届"龙湖杯"男子篮球赛，并取得第三名，获得历史性突破。全面推广素质教育和职业教育，教育教学质量稳步提高，教育事业持续健康发展，标准化学校建设和义务教育均衡发展取得新成果。成立仙师镇教育发展协会，营造奖教奖学氛围。仙师中心小学的成绩在全区名列前茅，仙师中学的教学质量持续提升，2016年中考考取永定一中的学生37人。展陈马永昌、马发贤等革命英烈事迹的西洋革命纪念馆正在申请区级文物保护单位。健全完善农村医疗卫生服务网络，完成全镇16个村的卫生室建设，进一步提高农村医疗服务水平和应对突发公共卫生事件的能力。开展计生政策宣传，明确人口控制目标，突出抓好重点人群的管理工作，开展计划生育集中服务活动，各项计生政策得到落实。

【社会综治】

2016年，全面落实安全生产责任制，开展安全生产大检查，做好道路交通、学校、企业生产、非煤矿山整治和龙湖水域等重点领域行业的安全生产工作，开展安全生产检查和专项检查30余次，全面提高群众安全意识。坚决执行防汛防火24小时值班制度，消除安全隐患，全镇未发生较大的生产安全事故。全面落实社会治安综合治理各项措施，完善各项工作制度，深入开展普法宣传活动。扎实推动平安仙师建设，加强社会治安防控网络建设，形成镇村两级群防群治格局，严厉打击各类违法犯罪活动，2016年，该镇"三率"（群众满意率、领导重视率和群众知晓率）测评全市排名第一。

【社会保障】

围绕"人人享有基本社会保障"的目标，持续推进新农合、城镇居民基本养老保险、"三农"综合保险工作。城镇居民基本养老保险扩面征缴工作有力推进。2016年，城镇居民基本养老保险参保率95.2%，参保缴费总额超过100万元；新农合参保率98%。社会救助体系进一步完善，实现农村五保、低保动态管理和生活困难对象的定期救助，保障贫困户、残疾人等弱势群体的基本生活。

【脱贫攻坚】

仙师镇建档立卡贫困户179户619人，2016年计划脱贫84户300人，落实具体帮扶措施300人，占年度任务100%。其中，生产扶持和就业发展260人，通过就学资助12人，医疗援助8人，通过生存救助扶持20人。国定对象易地扶贫搬迁任务70户234人，落实上报73户242人，人数占任务数103%，全部动工兴建。至年底，竣工47户148人，其中组织验收42户129人，下拨贫困户补助资金677.6万元。建档立卡贫困户有26户94人在仙师镇集镇集中安置，正在建设。扶贫小额信贷，申报69户337万元，占年度任务337%；发放贷款51户248万元，占年度任务248%。

【生态环保】

2016年，生猪禁养区内拆除26户，面积6602.13平方米，奖补资金112.8067万元。关闭养猪场11户，面积2678.2平方米；改造养猪场7家，自行改造12家（基本完成），征收生猪养殖业排污费88360元。加快建设污水处理厂及配套管网设施，7月中旬正式动工建设，至年底，完成施工场地平整、施工便桥建设等一系列项目前期工作。按照村庄每500人标准配备一名保洁员，全镇农村垃圾处理率达到75%。9月27日，购买一辆压缩式垃圾车，用于集镇范围的垃圾收集清运。持续开展打非治违活动，实施水土流失治理项目，保护好饮用水源地。仙师镇是全省重点水土流失治理区之一。2016年，完成投资84万元，继续实施九坑小流域水土流失综合治理项目，实现果园内道路相通和沟池相连，方便果园耕作、肥料运输和果实采摘，确保果园旱涝保收和产量提高；同时实现"三保"（保土、保水、保肥），提高土地利用率和山地水源涵养能力，遏制水土流失，减轻旱涝灾害，改善生态环境。开展龙湖沿线一重山范围墓地生态建设整治，整治87座坟墓。淘汰41辆黄标车。

【务田村获第六批"全国一村一品示范村"称号】

务田村属"六月红"早熟芋主要种植区。该

村近10余年来坚持种植的"六月红"早熟芋具有早熟、个大、粗圆、质地疏松等特点，是全国上市最早的芋品种，深受国内外客商的青睐，因而产生显著的经济效益，对提高该村农民收入起到很大的作用。6月，该村获第六批"全国一村一品示范村"称号，成为永定区第二个获得"全国一村一品示范村"称号的建制村。

·峰市镇·

【概况】
2016年，峰市镇实现工农业总产值23217万元，比上年增长（简称"比增"）15.5%。其中，农业总产值11095万元，比增11%；工业总产值12122万元，比增20%。完成全社会固定资产投资6.2亿元，比增24.8%。财政总收入677.33万元，比增8%。社会消费品零售总额7300万元，比增24.3%。农民人均纯收入8865元，比增12%。

【项目建设】
镇政府成立专门招商班子，发挥外出人口多的优势，宣传推介镇资源和区招商政策。新签约项目2个，总投资1.5亿元。其中，陶瓷原料加工项目正在申请采矿权证。

【生态环保建设】
2016年，历时半年，完成龙湖水葫芦灾害整治，6月25日湖面恢复通航。推进污水处理厂及配套管网工程，完成厂址及管网的征地拆迁、"三通一平"、图纸审查等工作，施工人员进场动工。淘汰黄标车23辆。加大集镇卫生治理，购置一辆龙马环卫压缩式垃圾车和60只环保垃圾桶。开展龙湖"一重山"范围坟墓巡查整治，印发峰市镇《关于开展龙湖一重山范围墓地整治工作的通告》，加大宣传和巡查治理力度，杜绝出现新坟。完成猪场整治，自行改造、拆除、关闭52家。永定河峰市段及汀江流域水污染治理取得阶段性成效，桂竹桥断面和峰汀大桥断面水质均符合Ⅲ类标准，水质达标率100%。2016年生态环保攻坚战役绩效考评三等奖。

【脱贫攻坚】
2016年，峰市镇建档立卡贫困户101户334人，其中国定47户156人，省定54户178人。至年底，全镇国定易地搬迁13户36人，其中竣工9户26人，验收7户19人；发放资金81.2万元。发放扶贫小额信贷65户291.5万元。推进信美、新坑2个贫困村整村脱贫，2个村均通过村集体、贫困户集资参股的形式，筹集资金发展光伏发电项目，建设规模分别为90千瓦和50千瓦。实施信美村、新坑村路灯安装、路面硬化和信美村移民项目屋顶平改坡、立面改造等环境综合整治；新坑村被列入2017年度"美丽乡村"备选村；信美村被列为"全国旅游扶贫重点村"，通过用好政策优势，带动产业发展、设施完善、改善民生福祉。年底脱贫49户165人。

【产业调整】
传统矿业加速升级。坚持"红色石材·绿色开采"理念，推广规范、有序、绿色开采模式，加快推进"永定红"石材循环经济产业园建设，推进大山里矿山延续办证及矿山修复工作；依法打击非法违法采矿行为，坚决关闭非法矿山企业。旅游产业突破发展。发展台湾热带水果，镇政府联合龙湖渔业公司于10月29日、12月8日先后举办信美湾首届观光垂钓采摘文化节、2016年全国城市俱乐部筏钓巡回赛"永定土楼"杯福建龙湖分站赛。特色农业初见成效。在夯实农业基础的同时，发展特色农业，鼓励成立农业专业合作社和家庭农场，发挥库区特殊小气候优势，规模化发展特色农业，台湾名特优水果种植技术日趋成熟，产值产量不断攀升，2016年种植面积465亩，年产水果144吨。

【基础设施建设】

2016年，实施寨头村美丽乡村建设，完成村道拓宽工程、"幸福院工程""农民公园"建设，建立农村环卫保洁机制，美丽村庄初具雏形。完成忠信村卫生所建设。投资25万元，与福建广电网络集团共同完成峰市街、信美村线路梳理工程，数字网络信号明显增强。全长3.59公里总投资1451万元的省"镇镇有干线"峰市镇至仙师镇公路，于2016年1月15日建成通车。

【社会治安】

2016年，持续深化"平安峰市"创建活动，化解棉电遗留问题，特别是做好桃泉、俄生造福工程整村搬迁工作，妥善解决各类信访问题。在系列重大活动期间，摸排社会矛盾纠纷，做好重点群体的稳控工作，保障重大活动期间社会安定稳定，群众安全感和社会治安满意率不断提高。重点抓好森林防火、消防、防汛、校园、矿山、道路交通、食品药品、危化物品、在建项目等安全生产专项治理工作，全镇安全生产工作保持平稳态势。成立禁毒工作领导小组，设立专门禁毒办公室，抽调4名干部专职抓禁毒，投入10万元专项工作经费，

组建禁毒专业巡查队，配齐相关的硬件设施，定期展开禁毒巡查；利用各种机会广泛宣传禁毒知识，"打击毒品，珍爱生命"的观念深入人心。2016年被评为龙岩市"平安乡镇"。

【社会事业】

2016年，加大投入，改善教育教学条件和寄宿制学校办学条件，落实中小学奖教奖学基金，实现中小学教师人手一台电脑。秋季，峰市中学有6人考上永定一中，镇财政拨出3万元奖励优秀师生。深化医药卫生体制改革，推行节假日门诊制度，全面落实公共卫生服务项目，不断完善就医环境，全镇医疗卫生事业健康发展。全年卫生院门诊量11748人。严格执行计划生育工作责任制，在实施全面二孩政策的基础上，优化计生工作机制，提升计划生育管理服务水平，加大计生宣传力度，做好计划生育帮扶工作。当年计生工作被评为全区第一名。开展文明镇村（居）、文明单位、文明学校等群众性精神文明创建活动；组织参加"龙湖杯"男子篮球赛；鼓励有条件的村（居）开展"全民阅读"活动，营造"书香社会"。同时，国防动员、民兵预备役、民族宗教、科普、妇女儿童、残疾人以及慈善事业等工作都取得新成绩。

【依法行政】

2016年，明确镇政府权责事项249项，区直部门委托、下放乡镇权责事项6项、镇政府责任状、指标考核事项18项，行政权力得到规范约束，机关效能建设取得实效。农村集体"三资"（农村集体资金、资产、资源）管理机制更加健全。办结人大代表建议11件。设立便民服务中心，完善网上办事大厅，推进政府从管理型向服务型转变。

【社会保障】

2016年，加大社会保障力度，增强惠民实效。新农合参保6907人，完成率94%，新农保参保3049人，完成率96.37%。严格审核城镇低保对象，清核28人，取消20人城镇低保待遇，并依据新标准发放城市低保金20064元。完善农村低保对象年度评议制度和调整清核，实行动态管理，清核303人，取消192人的低保待遇，全年发放农村居民低保金14.1996万元。有五保户45人，发放五保金31.752万元。开展对困难群体慰问活动，"两节"期间，发放衣服45套、秋衣45套、特困户救济款1600元、军属慰问款1800元、五保户慰问款4500元。全年发放救济款6200元，慈善抚慰金4000元，重度残疾人生活补助金9.66万元，护理补助金12.12万元。落实拥军优抚政策，全年发放五老人员、复员、烈属各项定补款27.5328万元，参战人员岗位工资1.476万元，重点优抚对象

八一慰问、春节慰问1.08万元，义务兵优抚款12.816万元，重点优抚对象优抚款3750元，孤儿生活补助金7200元。

·堂堡乡·

【概况】

2016年，全乡实现社会总产值29379万元，比上年增长（简称"比增"）7.3%。其中，农林牧渔总产值14741万元，比增10.3%。财政总收入560.76万元，比增3.7%。农民人均纯收入11157元，比增10.5%。全社会固定资产投资完成51155万元，比增59%。社会消费品零售总额5921万元，比增38%。规模以上工业实现产值4828万元，比增60.9%。

【农业生产】

全年农作物播种面积21118亩。其中，粮食作物14310亩，经济作物1432亩，栽种瓜菜4595亩，经济作物的占比进一步加大。抓好农作物病虫害统防统治和优良品种试验示范，种植水稻、高粱新品种1.1万多亩。在种植高粱、蜜柚、油茶基础上，新开发的"磜下竹节酒"成为特色农业新秀，获得社会广泛认可。开展土地确权登记，完成全乡10个村129个村民小组7438亩耕地的入户调查、矢量图勾画和数据采集、录入。土地流转得到广泛推广，河坑高粱基地、下村油茶基地、香溪石蛙基地均采用土地流转模式运作，新增流转土地110亩。

【项目建设】

2016年，引进福建福成农牧有限公司投资4800万元，建设三宝现代生态农业。富祥日用品公司投资5000万元，租赁永定工业园区标准厂房9000平方米，兴建竹制品加工生产线。省重点项目湖坎公路经过堂堡路段正在施工。污水处理厂项目完成征地，河坑土地整理项目全面完工，小流域生态综合治理、电力走廊生物防火林带、水库清淤工程等项目正在推进。2016年度，获全区招商引资突出贡献集体三类乡镇一等奖。

【工业产业】

积极培育新兴产业，致力打造高粱酒之乡，推动酿酒业发展。三堡高粱酒厂扩建项目累计完成投资10708万元，建立900多个销售网点，"三堡"系列高粱酒销售网络全面形成，年度销售额1000万元。

【基础设施】

2016年，全乡10个建制村人饮工程得到完善，建成香溪候车亭、河坑停车场，开通堂堡至虎岗红色交通线。完成堂堡过境公路和堂堡至三堡公路提级改造勘查、设计和发改立项工作；完善下村新农村建设示范点和湖塘岗省级造福工程示范点；以村庄整治建设为切入点，汇聚各类资金200余万元，高标准打造下村村、三堡村、河坑村美丽乡村建设，乡村面貌焕然一新。

【社会事业】

围绕"厚德永定"建设目标，传承和弘扬客家文化、红色文化，继奎文书院获得"龙岩市最书香古书院"后，竹林馆、居易楼的红色文化资源也得到进一步保护和挖掘，投资1000多万元的沈钊昌文化艺术活动中心顺利落成，丰富文化旅游内涵。成立教育发展协会，鼓励教育教学，奖励优秀学生，完善教学设施。全乡考上永定一中3人，磜下村阙鑫荣成为永定高考理科状元；加大二孩和计生政策宣传，人口信息系统得到持续更新和完善。乡卫生院的医疗设施也得到进一步改善。

【社会保障】

2016年，新型农村合作医疗参合人数15525人，参合率99%。新农保参保5525人，参保率93%。发放低保金2776人次320万元，发放养老金87.7万元。

全面落实大病救助1800人次310万元。享受五保供养75人，取消不符条件低保1028人。在残疾人保障工作方面，累计发放残疾人生活补贴、护理补贴等各类补助资金154万元。发放粮食直补、综合直补、家电下乡等国家支农惠农政策资金800万余元。投入40万元，完成寨下幸福院建设。

【社会治安】

排查矛盾纠纷55起，化解55起，化解率100%，原代课教师群体、涉军群体及精神病易肇事肇祸人员得到有效稳控，全年未发生影响重大的群体性事件，未发生重大集体越级上访案件。

【生态环保】

2016年，在获得"国家级生态乡镇"基础上，推进生态环保攻坚战役。抓好控污减排工作，淘汰黄标车24辆。开展养殖业污染治理，改造升级6家养殖场2560平方米，拆除关闭33家养殖场4737平方米；三宝生态农业综合开发有限公司成为全区首家通过省级达标验收企业之一。污水处理厂项目完成征地工作，完成施工准备。投入20多万元开展"家园清洁"行动，垃圾实现"村收集、乡运转、区处理"的规范化处理。

【脱贫攻坚】

2016年，完成易地搬迁建房48户163人，发放建房补助资金439.6万元；发放扶贫小额贴息贷款41户153万元，实现脱贫77户246人。唱响"光伏发电+红高粱+竹节酒"扶贫品牌"三件宝"。通过"贫困户+贫困村""公司+贫困户+贫困村"等合建方式铺开光伏扶贫项目，完成磜下、朱罗、下村、赛智和河坑5个村总装机容量365千瓦的光伏电站并网发电，光伏发电产业扶贫的做法在全区推广。在全区20个乡镇脱贫攻坚考核中位列第二。

·合溪乡·

【概况】

2016年，全乡完成社会总产值23693万元，比上年增长（简称"比增"）10.7%。其中，农林牧渔业18620万元，比增10.8%；企业产值5073万元，比增10%。农民人均纯收入7899元，比增11.5%。财政收入179万元（财税收入62万元，困难乡镇转移支付30.2万元，市级财政补助20万元，其他收入66.8万元），比增4.1%。固定资产投资约5亿元。人口自然增长率11.57‰。

【农业结构调整】

传统农业　2016年，粮食播种面积2万亩，烤烟种植面积1000亩。同时引导农民发展果业经济，全乡果园面积达5000余亩。

现代农业　2016年，加大低产竹林改造力度。发挥丰富的竹林资源优势，对全乡2万亩低产竹林进行分阶段改造，至年底，改造竹林面积8000余亩，亩产效益由以前的200元上升到800余元。大力发展林下经济。推广林下种植食用菌和中草药材等特色产业，探索"公司+基地+农户"的模式，发展林下规模种养殖，引导农户向专业合作社、家庭农场方向发展。全乡有种植合作社8家，种养大户近50户。

特色农业　丰富农业发展形式，推进特色生态农业和观光休闲农业的发展，通过土地流转，逐步实现规模、集约经营。发展名贵花木种植，扩大王社、天丰、合调、上调吴等村的名贵花木和苗木种植专业合作社的种植规模。天丰村树兴名贵花木专业合作社初具规模，王社绿为苗木种植基地规模效益逐步呈现。福建山川生态农业有限公司流转土地660亩，投入1875万元，种植名贵花木100亩；福建蓝屋畲族生态养生园项目、通德生态种养殖休闲农业观光项目开工建设，前期投入2000余万元用于流转土地及基础设施建设等。依托资源优势，在天丰、洪教、合调、汤湖以及袍山等村发展生态农业，引导农户发展家庭农场。汤湖村以被评为国家级乡村旅游扶贫开发试点村为契机，加快生态休闲农业的发展。

【基础设施】

2016年，合汤公路合溪至横十一线汤湖段道路改建工程实施，同时合汤公路二期汤湖至上调吴村完成预征地。利用"一事一议"财政奖补政策，完善武北、合调、上调吴、袍山等村的通村公路建设和汤湖村的桥梁建设。实施小流域生态综合治理，兴建王社、汤湖等9个村的高标准农田水利建设项目。规划设计1000万元的农综项目通过专家评审，即将组织实施。实施采地村湖洋里革命基点村77户造福工程，该工程被列为市级新农村建设示范点和区美丽基点村建设项目。投入30余万元完善合溪学校、汤湖学校的基础设施，2所学校的办学条件得到明显改善。

【脱贫攻坚】

2016年，建档立卡贫困户151户547人。其中，国标130户466人，省标21户81人。国定易地扶贫搬迁对象86户331人。通过明确责任、增强组织机构力量、细化脱贫攻坚作战图、强化督查等措施，至年底，全面完成贫困户易地扶贫搬迁任务86户，实现脱贫87户323人，全面完成区下达的脱贫任务。拨付建房补助809.2万元。完成小额信贷生产发展资金178万元。同时推进社会扶贫，引导社会各方力量支持和参与脱贫攻坚工作，带动贫困群众脱贫致富。

【项目建设】

2016年，把项目工作作为经济发展的核心动力，加大招商引资力度。签约并开工项目3个：福建山川生态农业有限公司、福建客家蓝屋畲族养生风情园项目、通德生态种养殖休闲农业观光项目。签约尚待开工项目3个：王社村高寨山生态采摘园项目、伊思园项目、广州音频电子转换项目。策划5亿元以下项目1个：福建山川生态农业体验庄园项目；5亿—10亿元项目1个：节能汽车发动机机油泵制造项目。在谈项目1个：益民生态养殖驴示范基地。

【社会事业】

加大教育经费的投入。2016年，新建合溪学校学生宿舍楼1幢，改善学生的住宿条件。2016年，全乡有7名学生考上永定一中，占考生数的30.4%；合溪籍学生考上本一、本二大学37人。成立合溪"奖教助学基金"，募集资金25万元，为2016年考取"211"大学和本一的学生、考取永定一中的学生及参加各类竞赛获奖的师生颁发奖励金。顺利摘掉市计生委黄牌警告的"帽子"。推进汤湖、上调吴美丽乡村建设项目规划和实施工作。不断加大"两违"执法力度，2016年拆除"两违"面积22325平方米。

【社会综治】

2016年，开展综治信访维稳工作，18件群众信访的合理诉求基本得到有效解释或解决。加强平安合溪建设，群众安全感和满意率大幅提升，其中洪教、藕丝连续四年被评为平安和谐村。做好矛盾纠纷排查化解，排查矛盾纠纷7起，化解7起。开展涉麻涉毒专项整治工作，至年底，全乡未发生一起涉麻涉毒案件。全面落实安全生产"党政同责、一岗双责、齐抓共管"责任体系，加大日常安全检查和隐患排查治理。全乡未出现安全生产事故。

【社会保障】

进一步统筹完善农村的社会保障体系，落实农村社会保险扩面征缴工作，完善农村最低生活保障制度，推进新型农村合作医疗保险和"三农"保险工作。2016年，全乡参加新型农村合作医疗

11589人，参保率99%。做好五保、优抚、救灾济困等各项工作。

【采地村湖洋里造福工程项目】

湖洋里位于合溪乡采地村，距离集镇中心8公里，距离村部5公里，有81户320多人，属革命基点村。2016年，全村有77户村民实施整村造福工程建设，将原来的破旧危房全部拆除后，进行统一组织、统一安置、统一规划、统一建设。造福工程项目旧宅基地面积7000余平方米，规划调整后，房屋建筑占地面积1500平方米，其余为停车场、篮球场、公园绿化带等基础配套设施。造福工程分2个地段建设，上一地段建48套，下一地段建29套，共77套，每套为建筑面积85平方米小三房。年底，项目主体工程全部完成，附属设施基本完工。该项目被评为市级造福工程示范点。

【汤湖村国家级乡村旅游扶贫开发试点村建设】

2015年，汤湖村被评为国家级乡村旅游扶贫开发试点村。在汤湖村两委的带领下，汤湖村民不等不靠，发展乡村旅游。利用汤湖现有的旅游资源，发展千亩柑橘采摘游、温泉浴室养生游、西华山朝圣游、福建农村团支部红色游、畜禽蔬菜农家乐、温泉垂钓场等，汤湖村的乡村旅游从无到有，每年吸引游客上万人，为汤湖村民带来可观的经济收入，解决部分汤湖剩余劳动力的出路，使一批汤湖村民脱贫致富。

·高头乡·

【概况】

2016年，高头乡围绕发挥"世遗土楼"品牌效应，打造旅游名乡目标，依靠全乡干部群众，完成各项目标任务。实现农业总产值6229万元，比上年增长（简称"比增"）5%；实现企业总产值1.71亿元，比增14%；财政收入850万元，比增6%；农民人均纯收入12467元，比增12%。

【"三农"工作】

2016年，高头乡按照"三农"工作部署，围绕粮食增产、农业增效、农民增收，抓好"三农"工作，加快转变农业发展方式，提升现代农业水平，发展符合高头实际的特色农业，让农业更强、农民更富、农村更美。

强农惠农政策　粮食直补、新型农村合作医疗、新农保、"三农"保险等强农惠农政策全面落实，调动农民生产积极性。依托"三农"服务中心，做好农业生产技术信息服务。发放粮食直补2724户7102亩，补贴金额528448.53元；参加新型农村合作医疗7699人，参合率97%；新农保续保2934人次，345450元，续保率95%；农村住房附加室内财产保险参保1729户，保费25935元；农村小额人身意外保险参保5918人次，保费118360元；务工农民小额意外保险75人次，保费3750元。

农旅融合　结合土楼旅游开发，扶持发展一批百香果、茶业等观光农业特色项目，农产品结构不断优化，销售渠道进一步拓宽，早熟柿、苹果柿的比重进一步提升，柿饼加工和"土楼"百香果、土楼甜柿的种植初具规模，以土楼为品牌的特色果业初显盛名，"农业+旅游"模式初见成效。早熟柿1500亩，产量2250吨，产值801万元。

农业生产　2016年，粮食播种面积5728亩，粮食产量2427吨，与上年持平。烤烟种植面积156亩，产量26吨。全乡肉类总产量702吨，比增2.3%；禽蛋产量28吨，比上年有所下降。

【项目建设】

把项目带动战略作为壮大乡域经济总量、强化乡村发展后劲的重要手段，加强服务职能，打造宽松投资环境，狠抓招商引资，为项目建设提供全方位服务，项目建设成效显著。永定客家土楼文化休闲自驾游项目建设持续推进，日日新生态农业公司种植芙蓉李项目初具规模；农业综合开发项目总投资522万元，覆盖全乡5个建制村；高标农田水利建设项目总投资288万元，完成高南、田禾塘排洪沟建设。重点围绕做长旅游产业链条、丰富旅游产品、促进百姓增收等方面做好项目招商。结合土楼旅游及高头传统农业之乡、水果之乡的实际，发挥丰富的农业资源、生态资源优势，主攻生态观光休闲农业、特色农产品营销等旅游配套项目。加强拟建、在建项目建设的指导和监督，提高建设质量，降低成本，防范风险，把投资转化为效益；挖掘时有企业发展潜力，扶持时有15家工业、商贸、餐饮企业做大做强，促进成规模、上档次、创品牌。2016年，全乡限上商贸流通企业销售额8500万元。

【旅游产业】

2016年，贯彻实施"文旅兴区"发展战略，发挥"世遗土楼"品牌优势，围绕建设"生态旅游名乡"目标，融入永定全域旅游经济圈，突出舞好、舞活旅游龙头，拉动旅游产业。高头景区游客量98万人次，比增5%。

强化土楼保护 重抓世界文化遗产福建土楼保护工程，突出"两违"整治，拆除"两违"建筑52起，查处"两违"面积1万余平方米，遏制"两违"势头。加强景区安全检查，落实消防安全措施，定期开展消防演练；加强巡查，严厉打击破坏本体楼行为；严格控制土楼保护区范围的建房审批，维护土楼环境风貌整体协调。

整顿旅游秩序 针对景区占道经营、"黑导"等不良行为严重影响AAAAA级景区形象的状况，注重发动群众，依靠群众，集中开展景区管理秩序整治行动。从环境卫生、经营秩序、文保建设、交通秩序、维稳引导等方面入手，至年底，基本完成整治，进入巩固提升阶段。

发展乡村旅游 利用高头资源优势，发展乡村旅游，实现旅游富民。立足高东村本身优良的生态环境和美丽乡村建设成果，实施旅游富民工程，打造乡村休闲观光旅游亮点，实施"一溪两岸"、纱帽楼维修、万安土楼群观景台等项目，高东乡村旅游初具雏形。高东村被列为全国乡村旅游扶贫重点村。大岭下村利用土楼和果业长廊效应，与厦门山海旅行社合作，开发乡村特色旅游，全年接待游客6000余人。以承启楼景区为核心，高东、大岭下村为两翼的全乡旅游格局初步形成。

打造观光农业 实施生态景观农业项目，承启楼对岸南山洋百香果种植示范基地继续发挥良好效应，带动全乡百香果种植规模扩大至200亩，高东村100亩蜜柚采摘园、高南村老虎塘100亩芙蓉李基地基本定型，丰富旅游产品，增加农民收入。

【生态乡村建设】

21016，推进生态乡村建设，加强环境综合整治，巩固打造国家级生态乡镇建设成果。"家园清洁"行动，高东、高北、高南村各购1部垃圾清运车，并开展河道清淤、垃圾清理，完善垃圾打扫、清运等长效管理机制，农村"脏、乱、差"现象得以进一步改善。"美丽乡村"建设，完成高东村"一溪两岸"整治工程，高南村道路扩建、村容整治、"同心圆"主题公园正在建设中，人居环境得到显著改善。高东村在2015年"美丽乡村"建设的基础上，围绕"古韵村落，清新高东"品牌打造，完善提升。高北、高东、高南村连续3年开展美丽乡村建设，使高头集镇规划区进一步得到亮化、美化、绿化。养殖业污染治理，争取区养殖业污染治理政策，开展生猪养殖业污染治理，在2015年拆除6000余平方米猪舍的基础上，又拆除猪舍38户2000平方米。涉及全乡5个村的生态护岸护坡等水土保持工程全速推进，实施生态护岸护坡工程0.68公里，林草修复工程500亩，种植油茶树1500棵、枫香树1.5万棵、木荷1.9万棵。

【基础设施】

整合美丽乡村建设项目、乡村一事一议项目、农综项目和高标农田项目等，安装照明路灯150盏，实施高南桥桥头沿河护岸建设、道路硬化、洋尾寨村口观景台前期工程，改变乡村形象；惠及全乡的农村安全饮水工程顺利完成验收；完成大曲、圩背路段塌方修复工程；完成高东村田禾塘路面拓宽、路边沟建设；完成高北至北城农综机耕道的路基拓宽工程。

【脱贫攻坚】

2016年，有建档立卡贫困户142户415人。推进国定标准易地搬迁工作，完成60户161人贫困户选址和用地任务，并动工建设。实施大岭下村、高东村、高南村光伏发电项目，促进村财政和贫困户增收。至年底有70户206人脱贫。

【社会事业】

坚持统筹兼顾，发展各项社会事业，让发展成果惠及全乡人民。加强教师管理，严格实行考勤管理，提高教师的自律性、自觉性；筹措壮大教育基金，健全贫困学生资助制度；改善中小学教学条件，为全乡中小学教师配备108台办公电脑，提升教学质量。落实计生长效管理机制，重抓计生常规工作，强化乡村干部责任，完成计生各项指标任务，计生工作水平得到较大提高。

【平安建设】

以创建"平安高头"为抓手，各部门齐抓共管，形成工作合力，及时排查、化解各种社会矛盾纠纷，综治"三率"测评位居全区前列，公众安全感满意率明显提高。高东村、高北村被评为"平安和谐村"。开展"涉麻涉毒"巡查，杜绝制毒活动，遏制吸毒现象。落实安全生产责任制，开展安全生产大检查及专项整治，遏制各类安全生产事故的发生，创建安定、祥和、有序的社会环境。

结合土楼旅游和客家文化，推动文化与旅游、经济的融合提升；加强非物质文化遗产的保护与开发，促进文化事业健康发展；10月4日—6日举办高头乡首届"社区杯"男子篮球赛，丰富群众文体生活。参赛队伍有东山、北山、南山、乡直机关等4支代表队，其中北山队获冠军、东山队获亚军。

·古竹乡·

【概况】

2016年，古竹乡社会总产值3.47亿元，比上年增长（简称"比增"）8.0%。其中，工业总产值1.25亿元，比增8.3%；农业总产值0.95亿元，比增5.2%；第三产业产值1.27亿元，比增9.4%。财政总收入908.05万元，比增5%。农民人均纯收入12700元，比增8.5%。社会固定资产投资任务数6亿元，社会消费品销售额12468万元。500万元以上固定资产投资项目新增6个，完成固定资产投资6.2亿元，超额完成全年任务数；新策划项目4个，总投资12560万元，年底完成项目立项报批。

【农业生产】

2016年，全乡种植水稻11635亩，其中优质稻种植11665亩；平均亩产425公斤，同比亩产增20公斤。继续做好古竹村、坪洋村优良品种的推广示范。种植生姜、蔬菜及其他作物2445亩，罗汉果、百香果425亩；签订烟叶种植面积2667亩，种植户数108户，收购烟叶37.5万公斤，实现产值1200万元。发展生态林业，完成植树造林面积105亩，现代竹业项目1000亩，林业总产值逐年递增。向上争取90多万元，完成瑶下村320亩土地整理项目，新增耕地10.3亩；大德村、黄竹烟村150余亩的土地流转通过区相关单位的验收；完成田洋村、陂子角村共计16亩土地复垦项目申报工作；完成蛟塘村300亩高标基本农田建设项目前期工作。

【基础设施建设】

2016年，完成沟渠改造400余米，新建水渠300余米。盘活土地存量，上报审批新村建设用地

14亩，完成20余亩旧村复垦的上报工作。争取总投资800万元的农业综合开发项目；万里安全生态水系、中小河流域治理项目列入上级水利部门"十三五"规划。实施"古黄"线（古竹村至黄竹烟村）道路改造工程，完成线路勘察、设计，并完成黄竹烟村1公里的公路改扩建，路面由原来3.5米扩宽至6.5米，方便群众出行。

【社会事业】

2016年，投资280万元的顶新教师公寓项目建成并投入使用，改善教师住房条件；古竹中心小学塑胶运动场建设列入区教育局2017年实施项目，启动征地拆迁工作；加强教师队伍建设，提高古竹教育水平，2016年，古竹中学被市委、市政府评为"龙岩市教育系统先进集体"，当年有23人考进永定一中。农村新型合作医疗参合率逐年提高，村医疗卫生所实现全乡覆盖，每年从乡财政中划出3万—5万元，支持卫生院开展边远村"送医进村、送药到户"活动；参加第八届"土楼杯"男子篮球比赛并取得较好成绩；成功举办第一届"爱迪尔"杯村际男子篮球赛。

【新农村建设】

加强和完善市场管理，乡农贸市场改造项目列入市、区两级为民办实事项目；大德村列入国家级传统村落、市级美丽乡村，坪洋村列入省级"千村整治、百村示范"建设项目，正实施坪洋村、大德村新农村建设；蛟塘村造福工程完成"三通一平"；瑶下村泰和新村、古竹村农民住宅小区、大德村造福工程等前期工作有序开展。

【安全维稳】

全面加强社会精细管理，加强对重点人员和特殊人群的管护。及时妥善解决群众信访问题，开展"平安和谐"村创建活动。全年接待群众来信来访52批次132人，现场解答群众45次，办理上级转办件10件，解决群众合理诉求15件。

【项目建设】

2016年，成功争取上市公司深圳爱迪尔珠宝公司回乡投资建设珠宝产业园落地永定工业园。由古竹乡引入的总投资3000万元的铭鑫城市镀锌防护栏项目入园开工建设。同时向省、市、区争取项目，全年争取饮水工程、河道清水、中学教师公寓、医院改造、环境整治、烟基工程、土地挂钩增减、一事一议等项目资金1000多万元，增强全乡发展后劲。

【生态环保建设】

2016年，充分利用所有宜林地，植树造林321亩，全面提高造林绿化水平；进一步完善农村卫生保洁长效投入机制，开展家园清洁行动，投入20多万元对全乡特别是集镇垃圾进行规范处理；全年完成8辆黄标车整治任务；做好生猪养殖场关闭和拆除工作，全乡拆除猪场27家，共计8530平方米，退养4650头，3家存栏250头以上养殖场标准化改造全部开工。落实河长制，有效提升金丰溪上游水质。

【精准扶贫攻坚】

始终把脱贫攻坚作为第一民生工程来抓，全面落实精准扶贫政策，把"九到户"措施落实到位，按时完成全乡2016年48户162人脱贫任务。完成古竹村、大德村2个贫困村光伏发电项目建设，实现并网发电，增加村集体及贫困户收入；完成2016年25户贫困户84人易地搬迁任务，发放易地搬迁补助款共计214.8万元；从乡财政中安排生产扶贫资金7万元发放给贫困户。

【南华山旅游景区建设】

2016年，主动接受土楼旅游辐射，发挥古竹乡生态旅游的比较优势，对南华山风景区进行扩建。乡党委、政府积极谋划，完成景区八大景点布点，实施各景点之间道路硬化、水土流失治理及部分景点的装修。积极策划AAA级旅游风景区申报。

【社会保障】

筹措和落实优抚、五保、救灾救济资金，做好受灾群众和冬春两季困难补助的发放工作。乡敬老院入住五保户16人，农村五保户分散供养工作正常开展。全乡农村低保实现动态管理下应保尽保，新型农村合作医疗参保率100%，新型农村养老保险保率95%，60周岁以上农村老人100%领到养老金，并足额发放80周岁以上农村老人高龄补贴。

·大溪乡·

【概况】

2016年，大溪乡围绕"产业优、百姓富、生态美"的发展主题，进一步解放思想，凝心聚力，攻坚克难，推动乡域经济健康发展。全年实现社会总值3.32亿元，比上年增长（简称"比增"）9.94%；完成固定资产投资5.33亿元，比增143%；财政收入1045万元，比增11.17%；农民人均纯收入12290元，比增11.93%。经济各项指标居三类乡镇前列，其中固定资产投资增速位居全区第一，获"2016年度招商引资项目考评"二等奖。

【农业产业】

2016年，发放种粮直补资金63.88万元，调动农民生产积极性，保障粮食生产安全。发展特色农业种植面积5000多亩，引进种植台湾四季香水柠檬、蓝莓、向日葵、百香果、红心蜜柚和红心橙等高优农业600余亩，"六月红"芋、高山反季节蔬菜、优质烤烟种植及红柿标化栽培等取得明显成效。"一村一品"培育加快。黄龙村、湖背村示范推广养兔产业；苎溪村推广种植收成见效快的七叶胆；联和村、大溪村打造苗木基地示范村，种植名贵绿化苗木830亩。农作物总播种面积20670亩。其中，谷物播种面积11986亩，产量4777吨；烤烟种植面积1794亩，产量260吨。加快畜牧水产发展和动物重大疫病防控，养殖业存栏12000头，出栏26400头，促进农民增产增收。

【项目建设】

2016年，策划对接项目15个，完成立项13个，入统10个。计划总投资18.41亿元，年度完成投资5.33亿元，比增143%。完成项目签约3个（其中客家风情生态农业观光园为省级重点项目）占年度任务数的350%；落地开工项目11个，建成5个。福建永诚利山泉水生产技改项目一期竣工投产、礼旗酒厂技改项目全面完成，工业从无到有，并不断做强做大。"9·8"中国国际投资贸易洽谈会签

图15：大溪乡集镇

约的省重点项目客家风情生态农业观光园11月8日顺利开工建设，大溪生态旅游观光植物园、三草堂农业观光园等项目有序推进，旅游公路沿线现代休闲农业黄金走廊初具雏形。

【脱贫攻坚】

大溪乡有莒溪、湖背、坑头等3个贫困村。2016年，精准识别建档立卡贫困户89户282人。89户贫困户均由领导干部一对一挂钩帮扶，采取一村一策、一户一法，把产业扶贫作为脱贫攻坚的重要出路，分门别类地开展产业扶贫工作。实施产业扶贫多元化，针对贫困户不同情况因类施助，扩大产业扶持面。是年，大溪乡贫困户发展的主要产业有参与投资光伏发电、电站技改、养牛、养羊、养兔及种植七叶胆、台湾四季香水柠檬、红心蜜柚、太秋甜柿和农产品加工等项目，同时安排贫困户4人到当地企业工作等。全面完成21户72人易地扶贫搬迁，年底前均完成竣工验收和拨付资金工作；完成小额贷款98万元，占年度任务数的98%；脱贫46户155人，占年度任务的140%。

【生态环保】

2016年，全力推进生猪养殖场关闭拆除工作，签订关闭拆除协议61户。其中，拆除16户，面积5485.53平方米；关闭45户，面积7352.46平方米，均占任务的100%。淘汰16辆黄标车，占任务的107%。全面实行"村收集、乡转运、区处理"的模式，整治农村生活垃圾，清运率、处理率均为100%。集镇污水处理厂竣工投入使用。加大水土流失治理力度，全面完成莒溪村小流域治理工程，仙崇森林公园申报国家级森林公园工作有序推进。

【产业调整】

2016年，红柿特色小镇申报工作，完成规划文本，正积极向上申报。莒溪村、坑头村引进两台全自动烘干机，发展红柿深加工。互联网电商产业初具规模。两家村级淘宝服务站分别入驻大溪村、太联村。发展4家小微电商企业，逐步壮大"互联网+"产业。旅游产业不断壮大。在旅游公路沿线发展生态农庄、家庭农场和农家乐，台商企业德荣山庄、北山洞生态农庄、三阜堂生态农业观光园等旅游休闲项目先后建成开业。商贸服务不断完善。新注册成立仙崇山泉销售有限公司等5家限上商贸流通企业，增加群众就业渠道。

【基础设施建设】

优化农村交通条件。拓宽集镇到坑头、黄龙、园树山等3条道路，共长6.5公里，拓宽修复集镇到湖背部分路段，实施大仙路安保工程，修复太湖公路部分道路塌方工程，解决乡村道路行车难及交通安全问题。完善水利设施建设。完成大溪、太联、联和、莒溪等村的水毁修复工程，农村安全饮水工程和整乡推进工程全面投入使用，解决全乡14000多人的饮水安全问题。

【宜居环境建设】

推进美丽乡村建设。坑头村、大溪村列入2016年省级"千村整治、百村示范"美丽乡村示范村建设。完成建设牌楼1座、社会主义核心价值观主题公园2座，拓宽硬化美化村道7公里，修筑防洪堤6.2公里、游步道5.3公里，安装路灯178盏，维修土楼5座，新建停车场1个，房屋立面改造6000多平方米，铺设排污管网5.7公里等。至此，全乡8个建制村，有5个实施"千村整治、百村示范"美丽乡村建设；黄龙村列入2017年省级"千村整治、百村示范"美丽乡村示范村建设；两个连片美丽乡村示范长廊初步形成。坑头村传统古村落申报工作通过省住建厅初评。

【社会保障】

优先保障和改善民生，让人民群众共享改革发展成果。基本保障逐步提高，新型农村合作医疗和新型农村养老保险得到全面推行，参保率均达95%以上；"三农"综合保险工作有序推进，参保率达75%以上。农村劳动力转移就业培训、失地农民养老保险、低保救助、农村危旧房改造等保障工作有序实施。

【社会事业】

2016年，投入70万元兴建中心幼儿园教学楼建成使用，投入228万元建设侨光中学塑胶运动场，投入21万元购置6间教室班班通多媒设备。投入80万元添置华侨医院全自动生化分析仪、数字化X光摄影系统等医疗设备，投资130万元的华侨医院门诊大楼征地工作全面完成。

【与侨胞台胞联谊】

2016年，完成乡侨联换届工作，保障外商在大溪乡投资兴业，邀请海外华侨、港澳台同胞、外出乡贤及厦门知青回乡参加第四届关帝民俗文化节，加强与华侨、港澳台同胞的沟通联络，争取外资兴建知青路、颐福园、丰贤综合楼等，协助省、市、区侨联举办联谊、庆典活动，侨乡大溪的知名度进一步提高。

【社会治安】

落实综治责任制，持续深化"平安大溪"创建活动，抓好乡村两级群众诉求中心建设，扎实开展禁毒工作，全乡社会安定稳定，群众安全感和社会治安满意率不断提高。重点抓好消防、汛期、校园、道路交通、食品药品等安全生产专项治理工作，全年未发生群体性事件和安全生产事故。

·陈东乡·

【概况】

2016年，陈东乡完成财政收入601.23万元，比2015年增长（简称"比增"）16.5%；农民人均纯收入11892元；固定资产投资完成50410万元，比增57.5%；限额以上消费品零售额完成4667万元，比增28.5%；社会总产值30459万元，比增6.5%；农林牧渔总产值16709万元，比增4%。

【农业产业化】

2016年，全乡粮食播种面积13674亩，粮食产量5320吨；烤烟种植面积1900亩，完成收购烟叶20.5万公斤；种植"六月红"早熟芋1850亩。引进太秋甜柿，实施高枝嫁接200亩，新建柿饼加工烘焙房5户，冻库3座，加工柿饼30万公斤；在城东村建立200亩的高效高产优质稻示范片、200亩绿色蔬菜基地，在共星村建立200亩"六月红"早熟芋，在陈东村建立1000亩粮食高产能区，以源华农机专业合作社为示范，推广育秧新技术。畜牧业生产基本保持平稳增长，生猪出栏约5万头。发展农村淘宝电商3家，带动农产品产销，促进农民增收。

【项目建设】

2016年，建成投资600万元的龙岩市永定区环卓科技有限公司；引进陈东岩太土楼旅游开发项目；完成投入约700万元实施岩太、古龙、共星土地整理项目共计500亩；投资700万元的陈东学校2幢教学楼完成主体工程建设，岭湖小学改造项目竣工并投入使用；总投资260万元的陈东派出所办公用房竣工投入使用；总投资3000万元的环卓生物有机肥加工项目、总投资3000万元竹制品加工项目正在有序对接。

【基础设施建设】

2016年，完成榕蛟大道、园东危桥改造，岩太、古龙、陈东道路扩建等基础设施建设；推进岩太村、古龙村、陈东村省级"千村整治、百村示范"美丽乡村建设；完成总投资480万元的农村安全人饮工程、投资260万元的向东水库和投资90万元的十八塘水库除险加固工程等项目建设，完成投资180万元高标准农田水利建设，投入50万元修复农田水利水毁工程。全乡农业基础设施进一步完善，抵御自然灾害能力明显增强。

【社会保障】

2016年，农村合作医疗稳步推进，覆盖面不断扩大，农合参保率和"新农保"完成率90%以上；实现60周岁以上农村老人农村养老保险和90岁以上老人高龄补贴全覆盖；全乡有135户227人纳入低保，实现在动态管理下应保尽保，发放农村低保50.4万元、五保供养金45万元。实施"五位一体"爱心助孤行动，为19名孤儿发放生活补助金、慰问金13.7万元。寒潮期间，发放棉大衣75件、棉被75床、秋衣秋裤等御寒物资120件套，给贫困村民、孤寡老人、孤儿送去温暖。

【精准脱贫】

2016年，全乡有建档立卡贫困户134户436人，其中国标99户313人、省标35户123人；古龙村、石岭村、蕉坑村被列为全区扶贫开发工作的重点贫困村。全年易地扶贫搬迁对象81户270人，其中在陈东乡金三角车站新村建立贫困户集中安置小区，安置岩太、蕉坑、陈东、古龙、榕蛟、高丰、城东、共星等8个村的贫困户共25户75人；发放补助资金669.45万元，占区拨到陈东乡扶贫资金715.5万元的93.56%。帮助34户贫困户申请小额信贷160万元发展生产，下拨99户贫困户每户1000元发展生产帮助金，举办贫困户种养技术培训班等，全面帮助贫困户脱贫。2016年有69户230人贫困户实现脱贫。

【生态环境】

2016年，淘汰黄标车20辆，100%完成年度目标任务；开展养殖业污染治理。截至12月底，关闭、拆除养殖业污染户81户，面积1.4万平方米；规模养殖场污染整治升级改造5家；推进"家园清洁"行动。总投资约100万元处理生活垃圾30吨/日的陈东生活垃圾中转站项目完成主体工程建设；总投资300万元、日处理生活污水300吨的陈东生活污水处理厂项目完成厂房用地征收、地块平整和地勘工作；全乡聘请清扫保洁员19人，购买1辆龙马环卫车和1辆摩托垃圾车，改装1辆垃圾车，对集镇生活垃圾每天集中清运。

【"平安陈东"建设】

2016年，以创"平安和谐陈东"为主线，强化打击违法犯罪，破获案件18起；投入50万元建设综治维稳中心、重点路口和学校平安监控网络；深入开展矛盾纠纷排查，成功调解375起群众纠纷；重视禁毒工作，发放禁毒宣传单和宣传手册800余份，现场解答群众咨询150余人次，受教育群众1500余人；强化对重点辖区的巡查和重点人员摸排，重点人员共151人，摸排一类人员8人，二类人员15人，三类人员128人；抓获吸毒人员2名，贩毒人员1名，缴获冰毒222.7克。

·岐岭乡·

【概况】

2016年，岐岭乡以建设"土楼旅游美丽门户"为目标，深挖发展潜力，狠抓项目建设，全乡经济实力稳步增强。实现地区生产总值37185万元，比上年增长（简称"比增"）10%。其中，农业总产值11142万元，比增5.2%；工业总产值14154万元，比增11.3%（其中，规模以上工业总产值6132万元，比增30.7%）；第三产业产值11889万元、比增15.6%。乡财政总收入684万元，比增12.2%。农民人均纯收入9887元，比增10%。

【农业生产】

在稳定粮食、烤烟等传统农业产业的基础上，大力发展"一村一品"特色农业产业，竹联村百亩高海拔蔬菜基地、八联村食用菌基地、新村村金线莲林下经济种植、蒲山村和龙湖村名贵苗木基地、湖河村太秋甜柿等一批具有岐岭特色的农业产业稳步发展并取得较好的经济效益。

【工业基础】

2016年，一批企业相继落户岐岭。投资3亿元的省重点项目"龙岩土楼酿酒有限公司搬迁技改项目"竣工投产，榕翔木业废旧木材再利用加工项目建成投产。成功签约投资4.6亿元的华润岐岭风电项目，开展前期测风工作。同时，保障和服务原有的名楼居家具厂、星兴塑料厂、竹制品加工厂等企业发展壮大。

【第三产业】

依托土楼旅游发展"旅游+"产业，扶持餐饮服务业，岐岭"美食一条街"初具规模。继承优秀客家传统文化，龙湖村义门陈客家文博馆被定为"海峡两岸文化交流基地"和区廉政文化教育基地。发展电商产业，组建4家农村淘宝服务站，实现"网货下乡"和"农产品进城"的双向流通，突破信息、物流、金融的瓶颈，解决农民农村买卖难问题。

【美丽乡村建设】

2016年，新村村的"千村整治、百村示范"项目基本完成，龙湖村的市级美丽乡村建设"三年行动"项目有序推进，下山、湖河、井下、蒲山美丽乡村示范带初步形成，全乡人居环境大大改善。

【基础设施建设】

2016年，完成一批为民办实事项目，"双永高速"二期连接线、通建制村道路提升改造相继完成，永岐路拓宽实施"白改黑"项目有序开展，乡村两级路网进一步完善。投资300万元完成高标准农田改造，建设渠道18公里，排水沟500米，引水堰9座。投资270万元完成农业综合开发小流域治理项目。投资80万元完成蒲山村农民公园建设，完成征地3800平方米，购置一批座椅和健身娱乐设施，满足群众的精神文化需求。

【社会事业】

全面落实"两免一补"政策，教育教学资源有效整合，师资队伍得到加强。教育基础设施不断完善，投资220万元完成中心小学200米塑胶跑道运动场和灯光球场建设，中心小学、筶竹小学教学大楼完成改造。校园安全有序，教育教学质量不断提高。推进农民健康工程，不断改善群众就医条件。做好计生优质服务，实施"全面两孩"政策，促进全乡人口均衡发展。

【生态环保】

2016年，对接人饮安全水系工程建设，加快推进全长5公里的金丰溪沿线村庄环境综合治理；总投资1300万元的岐岭溪山洪沟防洪治理工程开工建设，工程涉及湖河、下山、井下、蒲山等4个村，新建防洪堤2100米。加大环卫基础设施投入，购买一部后装式压缩垃圾运输车，各村购置安放公共垃圾桶，按照"户分类、村收集、乡清运"模式，实行村级垃圾清运承包制，聘请村级保洁员38名，具体负责村内垃圾的收集装车。全面完成"黄标车"淘汰和生猪养殖业污染整治年度目标任务，2016年，全乡淘汰黄标车23辆，关闭拆除生猪养殖场107户3.05万余平方米，规模养殖场标准化升级改造14户，征收养殖业排污费2.7万元。

【脱贫攻坚】

全乡精准识别贫困户177户623人，2016年脱贫91户323人，落实就学资助、就业辅助、医疗援助、科技帮扶等帮扶措施，帮助贫困户156户565人，发放小额信贷资金191万元。落实易地搬迁贫困户57户191人，全部完成主体工程建设，组织验收53户173人，拨付建房补助资金456.4万元。探索产业扶贫，新村村竹业合作社吸纳10户贫困户参与低产林改造、草珊瑚种植，增加贫困户收入。同时，利用扶持贫困乡、贫困村发展光伏发电项目的补助政策，投资120万元在乡政府大楼顶层兴建160千瓦的光伏发电项目。八联、外坑、蒲山、湖河等4个贫困村采用贫困户和村财合股的形式发展光伏发电项目，建设规模280千瓦。

【社会保障】

落实各项惠民政策，2016年，全乡新农保参保率达80%以上，"三农"综合保险参保率连续多年位居全区前列。投资200万元完成蒲山、外坑农村幸福院建设。

·湖山乡·

【概况】

2016年，湖山乡实现地区生产总值1.976亿元，比上年增长（简称"比增"）5.1%。其中，农林牧渔业生产总值14026万元；企业生产总值5736万元。农民人均纯收入8660元，比增5.6%。乡财政总收入351.14万元，比增2.8%。完成社会固定资产投资4.68亿元，比增5.4%。

【农业生产】

2016年，农作物播种面积3万亩，其中粮食作物面积1.5万亩、烤烟种植面积2000亩、巴戟天种植面积2100亩。引导养殖业健康发展，扶持符合养殖条件的养殖场做大做强，石蛙、山羊、竹鼠等特色养殖业发展迅速，成功申报"湖山乡山羊生态养殖基地"项目。省林业厅生态文化村建设项目——湖山乡漳溪村申报工作正按计划进行。

【项目建设】

2016年，项目工作取得新的突破。天湖山生态农业休闲观光园，总投资2.76亿元，列入福建省重点项目，建成综合接待中心1栋6000平方米，完成农业设施大楼、智能温控大棚及普通棚等基础建设，冻库建设通过验收。天高峚生态农业观光园完成投资500万元，铺设进园区的道路水泥路面5公里，接待中心进行前期运营，正与龙岩市林业局洽谈规划建设森林公园事宜。涌源生态农业观光园在赛华村、象湖村建设山羊生态养殖基地，规划面积1000亩，总投资1亿元，完成前期项目可行性报告，流转土地200亩。总投资6亿元的国电风力发电项目完成风力数据测试。引进总投资5000万元的北京农信互联科技有限公司闽西运营中心项目，于11月在永定互联网孵化园开业。

【新农村建设】

2016年，桂坪村上坪新农村项目总投资2000多万元，占地面积2万多平方米，建筑总面积7000多平方米，设计入住72户、350多人。至年底，有66户完成主体工程，22户搬迁入住，完成新村的绿化建设。黄坑幸福新村项目投入800多万元，设计入住16户，主体工程全面完工，进入装修及绿化阶段。至年底，有6户搬迁入住。省住建厅"千村整治、百村示范"项目——象湖村完成公园规划、凉亭建设、路灯安装及河道整治等工程。

【教育卫生事业】

坚持把教育摆在优先发展的重要地位，投资500多万元的湖山中学教学楼和总投资180多万元的中心小学影光教学大楼项目建成投入使用；投资40万元建成中心小学教师宿舍楼。筹集30万元完善中学软硬件设施建设，实施校园美化、绿化、净化工程，湖山中学通过"市级文明学校"评估验收。投资180多万元，建设湖山中学塑胶跑道和灯光球场。湖山卫生院的医疗设备不断完善，卫生队伍不断壮大，为群众开设专题讲座、宣传健康知识，为65周岁以上老人免费体检。实施住院病人及门诊及时报销制度，2016年累计补助医疗费74万元。

【社会保障】

2016年，开展农村低保、新农合和"三农"

综合保险等各项社会保障工作。落实城乡居民养老保险政策，参保、续保率达到95%以上，基础养老金发放率100%；巩固和发展新型农村合作医疗保险，群众参保率100%。完善乡敬老院基础设施建设，改善院民生活条件。贯彻实施最低生活保障制度，依照程序严格开展阳光评定、公开透明、动态管理的农村低保工作，全乡列入低保105人，发放低保金13万元，基本实现应保尽保。严格落实农村五保供养、受灾群众救助和军烈家属优抚等政策，发放优抚金、救助金合计30万元。

【脱贫攻坚】

2016年，全面宣传易地扶贫搬迁造福工程补助政策，加快推进易地搬迁工作。全乡国定易地搬迁68户252人。至年底，竣工66户239人，验收66户239人；发放资金669.2万元，资金发放率94.8%。里佳村13户的集中安置点开工建设。确定脱贫人口63户255人，完成区下达的脱贫任务。宣传扶贫小额贷款政策，全乡发放扶贫贷款277万元，占年度任务的277%。在全区脱贫攻坚战役绩效考评中获三等奖。

【生态环保】

2016年，湖山乡连续第三年被评为森林防火工作先进单位。突出抓好控污减排，淘汰黄标车10辆，超额完成年度任务。开展养殖业污染治理，关闭养殖场18户，面积3495.14平方米，拆除47家，面积12068.07平方米。

【"美丽乡村"建设】

2016年，桂坪村拆除4000多平方米旧房，总投资4000万元，完成上寨、上坪2个新村建设，解决100多户群众住房难问题；杨山村投入90余万元，完善新建休闲公园、路灯亮化、沿河步道、垃圾收集等公共基础设施，进一步凸显乡村特色风貌，不断美化优化村居环境。

【"党员邻里守望互助"活动】

2016年，在全乡深入开展"党员邻里守望互助"活动，通过发放邻里守望互助卡、张贴邻里守望互助公约、成立邻里讲法说理室、建立邻里互助QQ群或微信群等方式，落实邻里守望互助措施，发挥党员守望员的先锋模范作用，营造治安秩序良好、人际关系融洽、居住环境舒适的平安和谐新农村。至年底，全乡共成立9个守望互助合作社，设立72个"守望点"，聘请党员守望员72名，印制守望互助联系卡1200多张，化解邻里间矛盾纠纷15起，发放涉麻涉毒等宣传材料900余份，慰问空巢老人、留守儿童5次，为困难群体提供生产生活帮助45人次，党员致富能手与贫困户结对52人。

【举办第三届"梨花节"】

湖山乡漳溪坑头风景林是闽西十大风景林之一，坑头梨花远近闻名。2016年3月，在漳溪坑头成功举办第三届"土楼梨韵 诗情花意"梨花节踏青赏花活动。吸引来自广东省梅州及厦门、漳州、龙岩以及当地上万名游客享受梨花盛开带来的浪漫春景，获得游客的一致好评。

·西溪乡·

【概况】

2016年，西溪乡完成社会总产值2.25亿元，实现工业总产值1.5亿元；农林牧渔业总产值7130万元；财政收入400.45万元，比上年增长8.9%；完成城乡500万元以上固定资产投资4.8亿元，其中工业固定资产投资1.7亿元；实现农民人均纯收入9653元，比上年增长9.5%。

【农业生产】

2016年，完成农作物播种面积6633亩，其中粮食播种面积3490亩。新增1家森林人家和2家农业专业合作社。发放良种补贴21万元，农机购置补贴4963元。举办2场"保险进农家"主题宣传晚会，宣传"三农"保险知识，增强人民群众抵御自然灾害风险意识。投入0.7万元，对全乡所有水稻进行投保；投入16.4万元实施"三农"保险，全年因灾理赔32.3万元。

【项目会战】

全面完成湖城高速公路补亏用地和永梅出省公路征拆任务。汀江防洪工程一期（西溪段）完成工程招投标并启动项目建设。杭永高速（西溪段）完成罗坑段地类测量，并发放30%的征地补偿款。县道X625礼田段改造项目开工建设；完成签约项目2个（兴腾和瑞鑫兴机动车检测线项目）、协议项目1个（颐养苑）、项目策划2个。促成新型材料产业园区落户礼田林屋坑。实施赤寨革命基点村美丽乡村建设"三通一平"工程，项目规划用地面积11267平方米（16.9亩），计划建设安置房34幢。完成杭永高速项目新塘隧道施工便道征地，全面完成涉征林地、建筑物测量。

【生态治理】

全乡原有86户生猪养殖户，全年关闭12户，关闭面积7550平方米；拆除65户，拆除面积33267平方米；升级改造9户。征收生猪养殖业排污费7021元。关闭非法砂场5个，拆除工棚110平方米，关闭到期矿山2个。淘汰12辆黄标车。投入28.7万元，购置压缩式生活垃圾车一辆，发放村级保洁员工资4.5万元，购置垃圾桶80个，标本兼治做好农村垃圾处理工作。投入机械对西溪河主河道和支流河道进行清理，清理河道垃圾80多吨。投入3万元实施北环路礼田段环境综合整治，投入5万元整治乡政府机关及农场宿舍楼四周环境，保护西溪生态环境。加大"两违"治理力度，拆除礼田、罗坑违章搭盖钢棚15576平方米。

【社会保障】

严格落实新农合管理制度，参加新型农村合作医疗4258人，参合率100%。完成新农保参保续保工作，参保率95.1%。完善农村低保对象动态管理机制，严格推行村民代表评审制，完成103名农村低保对象的年度审核和调整工作。规范集中供养工作，落实五保供养制度，全乡28名五保对象全部纳入农村最低生活保障范围。投入4万余元，修缮敬老院屋顶，添置敬老院的消防、清洁饮用水等生活设施，改善敬老院老人的生活条件。投入27万元建设礼田片区（农场）幸福院。完善双拥优抚安置工作机制，为全乡4户农村义务兵家属和21户重点优抚对象共发放优待金6.071万元。全面落实"大众创业，万众创新"战略，探索"互联网+"模式，建立健全乡村劳动保障服务平台，全年新增就业15人，农村劳动力转移30人。

【社会事业】

协调解决西溪籍初中学生在永定二中和三中就读等问题，其中抚全、硕杰、礼田、罗坑的初中学生就读永定三中，富家、四联、肖地的初中学生就读永定二中。完善西溪中心小学实验室、图书馆建设。继续实施"奖学奖教"活动，西溪乡教育发展协会发放奖教、奖学金2.02万元，奖励14名优秀教师和18名品学兼优学生。人口与计划生育工作成效明显，计生服务管理工作形成合力。实施富家村矿泉水取水口段亮化工程，安装5盏路灯。投入28万元建设硕杰村农民文化活动中心灯光篮球场。组织参与第五届"龙湖杯"男子篮球赛等各项文化体育活动。开展电影下乡活动，宣传推广广电网络有线数字高清电视，丰富人民群众文化生活。

【社会综治】

全面落实安全生产"一岗双责"制度，建立健全应急工作处置体系，全年无重特大安全事故发生。突出部门联动。加大综治、司法、派出所、群众诉求中心等部门联合调解力度，按照信访事项"路线图"，畅通群众利益协调、权益保障的法律渠道，引导群众依法依规依政策解决合理诉求，全年无越级上访案件发生。突出安全巡查，加强涉麻涉毒巡查，实行安全生产定期大排查，做好进乡主干道、北环路、中心小学周边安全工作，发挥村警务、群防群治、视频监控等治安防控体系作用，全年无刑事案件发生。社会治安、信访维稳、安全生产和人民调解工作卓有成效，平安"三率"测评名列全区前茅，没有发生重大恶性事件，群众安全感、社会治安满意率不断提升。

【脱贫攻坚】

严格实施精准扶贫"九到户"政策措施，2016年脱贫任务77人（国标55人、省标22人），完成脱贫24户86人，占任务数的110%；易地搬迁国标任务13户42人，其中完工12户40人（完成验收12户40人）。上级拨付117.6万元易地搬迁建房补助资金，发放112万元；20户贫困户获得小额贷款，贷款总金额96万元，占任务数的192%；市定贫困村肖地村的35千伏光伏发电项目全面完成安装，并进行并网发电；特色山泉养鱼项目完成初步选址。

·金砂乡·

【概况】

2016年，全乡完成社会总产值2.18亿元，比上年增长（简称"比增"）9.6%。其中，第一产业8950万元，比增7%；第二产业7203万元，比增9%；第三产业5647万元，比增20%。入统固定资产投资项目9个，总投资4.93亿元，比增64.2%。实现规模以上工业产值2830万元，比增31%。年底，全乡有限上商贸企业7家，完成批发总额4858万元，零售总额4794万元，比增160%。全乡财政收入925万元（含工资及上级专项补助），比增3%。实现农民人均纯收入12058元，比增13.71%。被评为2016年全省"无违建"创建工作示范点、2014—2016年度全区"两违"专项整治工作先进单位，获得全区"两违"专项整治工作一等奖、区森林防火考评一等奖、区宣传目标管理考评第二名、生态环保三等奖。

【农业经济】

发挥金砂乡附城、生态等优势，推进城郊型农业乡镇建设。2016年，粮食种植面积5014亩，产量1926吨；种植木薯1500亩，产量465吨；种植"六月红"早熟芋300亩、冬种蔬菜500亩、烤烟350亩。发展林下经济，加强种植、养殖业的立体结合，提高种养效益，全乡生猪存栏9278头、羊存栏336只、牛存栏156头，实现农、林、牧、渔业的全面增产、增收。发展农业特色产业。全乡种植美蕉面积7300多亩，年产量1850余吨，产值1100万元；"古木督"牌美蕉、"土楼"牌永定菜干品牌效应不断突显，金汝山生态虫子鸡推行标准化养殖，规模不断扩大，产品畅销省内外。全乡在册种植、养殖合作社8家，家庭农场12家，新型职业农民25人。

【项目建设】

2016年，华润混凝土（永定）有限公司产值2830万元，创税收135万元，成为全乡唯一一家规模以上工业。区重点项目永昆文化创意产业园（首期）项目完成奇石观光园绿化、游步道和接待中心主体工程等建设，完成投资6000多万元。龙岩绿园机动车驾驶培训中心项目首期竣工投入运营。龙信石材工艺品加工项目（签约项目）正式投产运营，总投资3150万元，主要从事路沿石、石栏杆等建筑石材的生产和销售。金砂信用社综合大楼建设项目总投资1260万元，占地800平方米，建筑面积约3200平方米，于2月份正式动工建设，至年底完成主体工程的装修；永定英烈纪念设施保护中心项目总投资1000万元，由区委党史办牵头组织实施，完成选址、规划前期工作。

【基础设施】

2016年，积极向上争取资金项目，不断完善水利、交通、电力等基础设施建设。投入30万元完成下金村小溪背桥的改造工程；投入16万元实施下金村至卓坑村道路避车道建设；投入155万元的金砂水土保持工程全面完工，建成生态护岸1458米，其中下金780米、赤竹678米；投入138万元实施上金、赤竹、西田、五坑、下金的高标准农田水利建设项目，建成标准化灌溉渠道7500米、陂坝4座、排灌站2个和节水灌溉项目1个（五坑村）。实施有线电视"户户通"工程，扩展线路延伸，开通秀山光缆有线电视，新增用户35户，全乡总用户550多户。

【社会事业】

2016年，召开乡教育发展协会第二届颁奖大会，进一步推动金砂教育事业的发展；加强教育基础设施建设，完善金砂中心小学综合教学楼、中心幼儿园建设及教学设施、设备和教学器材的配备。开展"明眸工程"义诊活动，免费为100多名眼疾患者进行检查，为12名符合条件的贫困白内障患者免费手术治疗。完善计划生育利益导向机制，通过"生育关怀""计划生育意外伤害保险""幸福工程""贴息贷款""奖励扶助"等形式，对243户计划生育困难家庭进行帮扶救助，累计帮扶资金45万元。完成永杭高速（金砂段）、永梅出省公路征地拆迁工作。同时，成功举办第四届"红土杯"暨"禁毒杯"村际篮球赛，促进乡风文明。

【新农村建设】

2016年，投入98.3万元，完成下金村美丽乡村建设，实施游步道、休闲公园、路灯亮化、道路拓宽、环境整治等工程，乡容村貌进一步改善。实施上金村2016年度市级"千村整治，百村示范"建设，完成道路硬化、防洪堤建设、空心房整治、停车场、村部农民活动中心等项目。结合美丽乡村建设，实施乡村道路的绿化和亮化工程；继续开展家园清洁行动，投入28万余元购置压缩式垃圾装卸车，新增垃圾桶60个，每年投入10万余元聘请专职保洁员，垃圾实行"户集中、村收集、乡清运"的处理模式。

【社会保障】

2016年，规范程序、从严把关，做好农村低保和五保人员的评定，全乡有低保户84户280人。全面实施新农合、新农保、"三农"综合保险、大病救助等工作，全乡新农合参合率达98%以上、新农保参保续保率达96%以上、"三农"综合保险参保率达80%以上，全面完成上级下达的任务，为全乡农民群众的生产发展、生活医疗等提供保障。

【脱贫攻坚】

2016年，全乡有贫困户159户513人，其中国定126户404人、省定33户109人。由市、区干部挂钩119户，乡干部挂钩41户，实现贫困户挂钩帮扶全覆盖。结合"雨露计划""市区科技帮扶培训"，组织贫困户培训215人次；实施造福工程国定易地搬迁建房29户83人，省定原址新建6户20人。入股光伏发电项目的贫困户86户，获得小额信贷项目贷款的贫困户26户126万元。通过"九到户"措施，实现脱贫78户253人（其中国定63户202人、省定15户51人），脱贫率49.2%。

【社会综治】

2016年，金砂乡加强矛盾纠纷排查，受理群众来信20余封，均按信访条例及时予以调查和回复。深入开展"安全生产月"活动，严格执行每月5日安全生产检查日制度，打击非法违法行为11起，发出安全隐患整改通知书28份。结合安全生产月活动，加强"平安金砂"创建，张贴和悬挂宣传标语、横幅100余条，发放平安金砂建设宣传单1500余份。加大涉麻禁毒的宣传和巡查力度，开展"无邪教示范乡"创建活动，张贴"反邪教"图片，放映"反邪教"电影，举办"反邪教杯"篮球赛。

【生态环保建设】

2016年，金砂乡做好生态环保工作。加强生猪养殖业污染综合整治，签订拆除协议书34份，拆除猪舍面积6798平方米，关闭转产3户，面积998平方米；猪场升级改造4户，面积3587平方米。7月底提前完成"黄标车"注销报废17辆任务。完成幼林抚育80亩，毛竹抚育500亩的任务。按3000亩/人划定专门责任管护区，聘请9名护林员专职管护，消除森林火灾隐患，获得区"森林防火工作先进单位"称号。

【红色旅游】

2016年，做好革命旧址修缮和保护利用，用好红色交通线品牌资源，推动红色文化传承。加大资金投入，对金砂革命遗址、旧址进行修缮、重建及申请文物保护，打造革命传统教育基地，提升红色旅游档次。3月，以红色交通线为题材的微电影《血脉》在金砂开拍和取景。红色旧址群全年接待游客4.9万余人次，进一步弘扬和传承苏区精神。

·洪山乡·

【概况】

2016年，洪山乡实施"生态立乡、农业稳乡、石材强乡、旅游兴乡"的发展战略，推进"绿色矿区、商贸边区、新兴旅游区、美丽移民区"4个区建设，全乡经济和社会各项事业全面发展。全乡完成社会总产值13.3亿元，比上年增长（简称"比增"）11.7%；农林牧渔业总产值1.39亿元，比增3.1%；工业总产值10.4亿元，比增3.6%，其中规模以上企业完成产值3.6亿元；全乡财政收入1214.44万元，比增6%；农民人均纯收入9860元，比增10.8%。

【农业经济】

2016年，全面落实各项强农惠农政策，持续推进现代农业发展。烤烟收购20.3万公斤，全面完成全年任务。生猪出栏17620头，同比持平；存栏14985头，下降3.2%。渔业产量130.2吨，比增3%。王寿山蜜柚种植近7000亩，产量约600万公斤，产值约2000多万元。王寿山蜜柚专业合作社、糯米专业合作社、寿耕农业机械社等3家农业专业合作社的示范带动显著增强，助力农户精准脱贫。

【石材产业】

石材产业转型升级加快。2016年，全乡石材加工企业76家，石材产值10.4亿元。全年销售花岗岩67.1万吨，比上年减少13.7万吨。加快工业集中区建设力度。评估公司对一期一号地块进行现场勘查，基本确定产业园控制性详规，并确定控规评审稿出稿时间。正在推进352亩内的迁坟和房屋拆除工作，为实施"三通一平"清障碍。

【项目建设】

2016年2月29日，投资4.5亿元的永定至梅州出省公路洪（山）松（源）路段项目实现动工，完成田地、林地测量和地上附着物清点登记，补偿金基本发放到户，工程全面施工。策划总投资5.5亿元的龙湖石窟朝圣项目，在废弃矿山矿点雕塑一批石刻神像、佛像、民间传说或红色英雄人物群像，供游客参观朝圣或瞻仰。利用古村落资源策划总投资1.1亿元的上山历史文化名村生态养生游项目获得区级预审通过。总投资33亿元的"永定红"工业特色小镇，完成可行性研究，正向发改部门申报立项，并争取上级资金补助。总投资4500万元的石粉加工厂二期项目、总投资2000万元的尚径村水子塘生态农庄完成签约。总投资

8500万元的杰毅异形加工企业开工，正在安装设备。正在与深圳客商对接王寿山山泉水及生态农庄+光伏发电项目。

【生态建设】

2016年，实施尚径村美丽乡村建设，建立环境卫生整治长效机制，成立保洁小组，购买垃圾桶100个，建设后山公园，完成970米的阶梯步道，并实现绿化、亮化，完成河堤建设双向1040米，路肩双向1040米，全村河道清理2.5公里，道路硬化300米。做好乡村风景古迹和传统古村落的保护，上山村被福建省列为第五批历史文化名村，同时列入第四批中国传统村落名录。推动石材行业污染专项整治行动，按照《永定石板材行业污染整治专项行动方案》，重抓矿山生态修复，督促矿山业主自行复绿和强制复绿，对无证矿山及不可延证矿山按六条标准严厉打击，对可续证矿点实施全面关闭，生产设备全部撤离。推进石材加工企业污染整治，田梓片区32家石材加工企业已全部采取单相停电停产措施，陈井塘、上山、半径片区石材加工企业采取单向断电停产，对注册在上杭县下都镇（行政区域在永定区洪山乡）的5家石材加工企业及裕兴石材废渣回收公司完成停产限电，明确石材企业搬迁入园的工作目标。做好政策宣传和督促整改工作，劝导各企业按规定要求及时、有序进行整改，对堆场督促限时覆土复绿，完成道路两旁乱堆放的清理。

【社会事业】

2016年，脱贫攻坚稳步推进，落实精准扶贫"九到户"（生产扶持到户发展一批、建房补助到户搬迁安置一批、医疗援助到户保障一批、科技帮扶到户带动一批、挂钩帮扶到户扶持一批、就业辅助到户提升一批、就学资助到户帮助一批、生存求助到户兜底一批、社会捐助到户支持一批）政策，全面打响脱贫攻坚战，每户贫困户领取1000元的一次性生产发展扶持资金，扶贫小额贷款共发放22户105万元，18户易地搬迁户基本完成一层建设，补偿资金发放到位。基本保障逐步提高，城乡居民养老保险参保续保率始终保持在96%以上，养老金按月足额发放到位；新型农村合作医疗参合率达99.36%，"三农"综合保险逐步开展；对农村低保户进行精准识别，做到应保尽保；对优抚和五保对象按时足额发放优抚金及五保金。投入100余万元改造集镇道路。教育、卫生事业发展良好，洪山中学教师周转房项目开工建设，总投资200万元；解决自筹资金缺口，争取中学塑胶运动场项目；投入16万元为中小学购买50台电脑，确保教师每人配备1台；洪山中心幼儿园迁建完成选址工作。总投资290万元的洪山卫生院医技综合大楼的建设竣工。

人物 先进集体

·各组织机构领导干部名单·

(2016年1月—12月)
(相同职位以任职时间先后为序)

【区委及其工作部门】

中共永定区委员会

书　　记　刘先裘（2016年3月免）
　　　　　王金福（2016年3月任）
副 书 记　廖方顺（2016年5月免）
　　　　　陈荣水（2016年3月任）
　　　　　姜林芬（2016年5月任）
常　　委　姜林芬
　　　　　吕素梅（女，2016年6月免）
　　　　　章溧斌
　　　　　张金滨（2016年7月免）
　　　　　曹伯田
　　　　　黄华凤
　　　　　王小庆
　　　　　曾佑繁

　　　　　陈文操（2016年5月任）
　　　　　蓝富雁（2016年5月任）
　　　　　江峻伟（2016年5月任）

区人武部

部　　长　曹伯田
政治委员　何毓琦（2016年6月免）
副 部 长　马长林

组织部

部　　长　王小庆（2016年5月免）
　　　　　黄华凤（女，2016年5月任）
副 部 长　陈景元（2016年3月免）
　　　　　卢庆垣
　　　　　郑鼎文
　　　　　江培太（2016年10月任）
　　　　　张洪隆（2016年10月任）

宣传部

部　　长　曾佑繁
副 部 长　卢基莹
　　　　　阙俊聪
　　　　　陈华祥

宣传系统党委

书　　记　卢基莹
副书记　纪委书记　严大堂

统战部
  部　　长　黄华凤（女，2016年5月免）
      王小庆（2016年5月任）
  副部长　吕生章（2016年10月免）
      翁胜芳
      苏美城

海基办
  主　　任　林如建（2016年10月任）
  副主任　林如建（2016年1月—10月）

中华职教社
  主　　任　卢崇万（2016年10月免）

政法委
  书　　记　章溧斌
  副书记　江　麒
      王选海
      姜国镇

政法系统党委
  书　　记　姜国镇（2015年10月任）
  副书记　邹国才（2015年12月免）
  纪委书记　邹国才（2015年12月免）

综治办
  主　　任　王选海

区委"610"办
  主　　任　姜国镇
  副主任　邱茂煌

区委办
  主　　任　赖明智
  副主任　王培建（2016年6月免）
      江　晓（2016年1月任）
      罗汉平（2016年1月任）
      赖友滨（2016年10月任）

区委接待处
  主　　任

党群口总支
  书　　记　黄志增
  副书记　阙文全

区委机关工会主席　李富祥

机要局
  局　　长　阙文全

保密局
  局　　长　廖皓平

党工委
  书　　记　王小庆（2016年6月免）
      黄华凤（兼，2016年6月任）
  常务副书记　吴衍强
  副书记　林瑞河（2016年5月免）
  纪工委书记　苏茂祥

文明办
  主　　任　刘福华（2016年10月免）
      林熙贤（2016年10月任）
  副主任　王泉林（2016年5月免）
      邓荣周
      卢文选（2016年6月任）

台办
  主　　任　林熙贤（2016年10月免）
      吕杨兴（2016年10月任）
  副主任　江广辉

老干局
  局　　长　江培太
  副局长　张东苗
      余义忠（2016年10月免）

老干总支
  书　　记　江培太

党校
  校　　长　王小庆（2016年6月免）
      黄华凤（2016年6月任）
  常务副校长　陈万松
  副校长　张镜宏

党史研究室
  主　　任　赖立钦
  副主任　魏振翔

新闻宣传与网络管理中心
  主　　任　沈德彪（2016年1月任）
  副主任　赖逸玲

温贵雪

《今日永定》杂志社
社　长　沈德彪
总　编　沈德彪
副总编　赖逸玲

区委报道组
组　长　沈德彪
副组长　刘永良

【区人大常委会及其专门委员会】

人大常委会
主　任　苏贤添
副主任　吕国文
　　　　胡　健（女，2016年12月免）
　　　　孔晓荣
　　　　詹萃芳（女，2016年5月免）
　　　　赖秀金（女，2016年5月任）
　　　　熊　明（兼，2016年5月任）
党组书记　苏贤添
党组副书记　胡　健（女）

办公室
主　任　张明耀（2016年10月免）
　　　　林启明（2016年11月任）
副主任　李海辉（2016年5月免）
　　　　黄永焕（2016年10月任）

人事代表联络委员会
主　任　黄如鑫（2016年10月免）
　　　　苏红卫（2016年10月任）
副主任　熊玉梅（女，2016年10月免）

教科文卫委员会
主　任　李振雄（2016年10月免）
　　　　孔招娘（女，2016年10月任）
副主任　陈意娣（女，2016年6月—10月）
　　　　张曙晞（2016年10月任）

财经委员会
主　任　赖奕华

副主任　李瑜琳（女）

农经委员会
主　任　罗荣全（2016年10月免）
　　　　阙海荣（2016年10月任）
副主任　沈群贤（2016年6月任）

侨台委员会
主　任　卢游斌
副主任　刘素萍（女，2016年10月免）

内务司法委员会
主　任　唐信章
副主任　吴中祥

城建环保委员会
主　任　赖永辉（2016年10月免）
　　　　胡海仁（2016年10月任）
副主任　赖寿生

信访室
主　任　江美莲（女，2016年10月免）
　　　　黄炼英（女，2016年10月任）

【区政府及其工作部门】

区人民政府
区　长　陈荣水（2016年6月任区长候选人，
　　　　　　　　12月当选为区长）
副区长　赖秀金（女，2016年5月免）
　　　　姜林芬（2016年5月免）
　　　　江峻伟（2016年5月免）
　　　　陈文龙（2016年6月免）
　　　　阙洲荣
　　　　饶祥林（2016年9月免）
　　　　陈　昌
　　　　卢文阶
　　　　马　越
　　　　陈荣水（2016年3月—6月）
　　　　蓝富雁（2016年5月任）
　　　　詹萃芳（2016年5月任）
　　　　林寿杨（2016年5月任）

　　　　　　张学滨（2016年7月任）
　　　　　　刘元刚（2016年9月任）
　　党组书记　陈荣水（2016年3月任）
　　党组副书记　姜林芬（2016年5月免）
　　　　　　蓝富雁（2016年5月任）

区府办
　　主　任　阙启旺
　　副主任　吴才开（2016年5月免）
　　　　　　张向京（2016年10月免）
　　　　　　江颖冠（专职分管效能）
　　　　　　赖万良（2016年1月任）
　　　　　　廖荣华（2016年6月任）
　　　　　　孔晓红（2016年10月任）
　　党组书记　阙启旺
　　纪检组长　张祖庆（2016年10月免）
　　工会主席　游鸿南

政府办口总支
　　书　记　张祖庆

侨务外事办
　　主　任　胡日红

行政服务中心管委会
　　主　任　吴云汉
　　副主任　赖友滨（2016年10月免）
　　　　　　王洪涛（2016年10月任）

民族与宗教事务局
　　局　长　翁胜芳

人力资源和社会保障局
　　局　长　赖朝江
　　副局长　黄美兴
　　　　　　郑国荣
　　　　　　唐建洋
　　　　　　黄书明
　　党组书记　赖朝江
　　纪检组长　翁元生（2016年10月免）

机关社保中心
　　主　任　陈祥瑞（2016年5月免）
　　　　　　卢松德（2016年10月任）

编委办
　　主　任　卢万文
　　副主任　姜松芬
　　　　　　刘正福

事业单位登记局
　　局　长　王芳萍（女）

信访局
　　局　长
　　副局长　阮太平（女，2016年10月免）
　　　　　　江松林（挂职，主持工作）
　　　　　　张俞平（2016年12月免）

旅游局
　　局　长　林如居
　　副局长　赖红文
　　　　　　张家钦
　　　　　　孔招娘（女，2016年10月免）
　　　　　　温永招（2016年10月任）
　　党组书记　林如居
　　纪检组长　邱森金

方志委
　　主　任　刘增晶
　　副主任　赖仿群（2016年10月免）

司法局
　　局　长　胡海仁（2016年10月免）
　　　　　　赖永辉（2016年10月任）
　　副局长　游耀宗（2016年6月免）
　　　　　　刘晋林
　　　　　　江伟中
　　　　　　沈永昌（2016年6月任）
　　党组书记　胡海仁
　　纪检组长　吴泮昌

民政局
　　局　长　范晓华（2016年10月免）
　　　　　　陈荣欣（2016年10月任）
　　副局长　杨波（2016年10月免）
　　　　　　卢先灿
　　　　　　苏祥康

邱香才（2016年10月任）
党组书记　范晓华（2016年10月免）
　　　　　陈荣欣（2016年10月任）
党组副书记　卢先灿
纪检组长　邱香才（2016年10月免）

革命老根据地建设办公室
　主　任　熊浩章
　副主任　苏卫瑞

发展和改革局
　局　长　吴潮林（2016年6月免）
　　　　　卢连芳（女，2016年6月任）
　副局长　林灿荣（2016年6月免）
　　　　　黄志强（2016年10月免）
　　　　　陈飞耀
　　　　　赖冠群（2016年6月任）
　　　　　黄锦辉（2016年10月任）
　党组书记　吴潮林（2016年6月免）
　　　　　卢连芳（女，2016年6月任）
　党组副书记　卢太阳
　　　　　张柏丰
　　　　　赖冠群（2016年6月任）
　纪检组长　郑胜文（2016年10月免）

物价局
　局　长　卢太阳
　副局长　赖锦煌

粮食局
　局　长　张柏丰
　副局长　廖文华（2016年5月免）
　　　　　张奕修（2016年5月免）

统计局
　局　长　林华珍（2016年6月免）
　　　　　张宝华（2016年6月任）
　副局长　郑健祥（（2016年5月免）
　　　　　赖洪生
　　　　　刘继兴
　　　　　吴庆茂（2016年6月任）
　党组书记　林华珍（2016年6月免）
　　　　　张宝华（2016年6月任）
　纪检组长　陈泰年

国家统计局永定调查队
　队　长　马锦荣
　副队长　石家先
　　　　　苏棣忠
　　　　　赖天生（挂职）

物资总公司
　总经理　陈振家
　副总经理　黄达锦
　　　　　苏志丹

经济信息科学技术局
　局　长　翁子荣（2016年6月免）
　　　　　范琳云（2016年6月任）
　副局长　何忠其
　　　　　黄广安
　　　　　苏长泰（2016年10月免）
　　　　　郑初城
　党组书记　翁子荣（2016年6月免）
　　　　　范琳云（2016年6月任）
　纪检组长　胡添成

知识产权局
　局　长　汪举汀

支前办
　主　任　熊春生（2016年1月任）

经贸系统党委
　书　记　翁子荣（2016年6月免）
　　　　　范琳云（2016年6月任）
　副书记　张华英（女）
　纪委书记

市场监督管理局（2016年3月由工商局、质监局、食药监局三局合一）
　局　长　陈文贤（2016年3月任）
　副局长　江新廷（2016年3月任）
　　　　　林启明（2016年3月—10月）
　　　　　温贵雄（2016年3月任）
　　　　　赖发明（2016年3月任）

　　　　　　苏湘文（2016年3月任）
　　　　　　赖平元（2016年3月—10月）
　　　　　　赖周航（2016年3月任）
　　监管专员　曾志钦（2016年3月任）
　　安全总监　曾龙钦（2016年3月任）
　　党组书记　姜庆荣（2016年3月任）
　　党组副书记　陈文贤（2016年3月任）
　　　　　　　江新廷（2016年3月任）
　　纪检组长　吴林清（2016年3月任）
工商局（2016年3月撤销）
　　局　　长　陈文贤（2016年3月免）
　　副局长　温贵雄（2016年3月免）
　　　　　　赖发明（2016年3月免）
食品药品监督管理局（2016年3月撤销）
　　局　　长　姜庆荣（2016年3月免）
　　副局长　林启明（2016年3月免）
　　　　　　苏湘文（2016年3月免）
　　　　　　赖平元（2016年3月免）
　　安全总监　曾龙钦（2016年3月免）
　　党组书记　姜庆荣（2016年3月免）
　　副书记　林启明（2016年3月免）
　　纪检组长　吴林清（2016年3月免）
质监局（2016年3月撤销）
　　局　　长　江新廷（2016年3月免）
　　副局长　赖周航（2016年3月免）
财政局
　　局　　长　赖林源（2016年6月免）
　　　　　　林华珍（2016年6月任）
　　副局长　简华禹
　　　　　　胡净仁
　　　　　　王建荣（2016年10月免）
　　　　　　廖培模（2016年10月任）
　　总会计师　陈建勋（2016年5月免）
　　　　　　赖奕洲（2016年6月任）
　　党组书记　赖林源（2016年6月免）
　　　　　　林华珍（2016年6月任）
　　党组副书记　张银文（2016年10月免）

　　　　　　陈品文
　　　　　　赖奕洲（2016年6月任）
　　纪检组长　廖培模（2016年10月免）
　　工会主席　廖启扬
财政总支
　　书　　记　赖林源（2016年6月免）
　　　　　　林华珍（2016年6月任）
　　副书记　余大斌
　　　　　　刘　振
财贸系统党委
　　书　　记　赖林源（2016年6月免）
　　　　　　林华珍（2016年6月任）
　　副书记　张宗才
　　纪委书记　廖培模（2016年10月免）
国有资产监督管理局
　　局　　长　乐丁畈（兼，2016年1月任））
审计局
　　局　　长　王福文
　　副局长　卢焕清
　　　　　　曾宪岩
　　　　　　张宝华（2016年6月免）
　　　　　　黄焕彩（2016年6月任）
　　总审计师　胡畔朝（女）
　　党组书记　王福文
　　党组副书记　张宝华（2016年6月免）
　　纪检组长　苏晋云
国税局
　　局　　长　陈建发
　　副局长　江安生
　　　　　　孙永兴
　　　　　　苏金淼
　　纪检组长　戴若明
地税局
　　局　　长　陈寿福
　　副局长　江永隆
　　　　　　唐文兵
　　　　　　谢宪仪

纪检组长　孔可生

烟草专卖局

　　局长（经理）　黄成章

　　副局长　吴旗彪

　　副经理　王金文

　　　　　　周万灵

　　专职纪检员　熊清连（女）

供销社

　　理事会主任　陈玉坤（2016年10月免）

　　　　　　　　李振雄（挂职，2016年10月任）

　　副主任　王　兴

　　　　　　林榕辉（2016年5月免）

　　　　　　卢永元（2016年10月任）

交通局

　　局　长　张雄峰

　　副局长　赖剑舟

　　　　　　张如发（2016年10月免）

　　　　　　林海煌

　　党组书记　张雄峰

　　纪检组长　黄铭彩

　　交战办主任　温永招（2016年10月免）

交通总支

　　书　记　姜振龙

交通综合执法大队

　　大队长　苏赵兴（2016年1月任）

永定公路分局

　　局　长　沈东旺

　　副局长　王晓东

　　　　　　卢　晟

铁路建设办

　　主　任　沈喜锋（2016年1月任）

　　副主任　熊洪荣（2016年3月免）

永昌公司

　　经　理　张雄峰（2016年4月免）

运管所

　　所　长　李俊翔

地方海事处

　　处　长

农办

　　主　任　吴南祥（2016年6月免）

　　　　　　丘维环（2016年10月任）

　　副主任　巫煌星

　　　　　　苏荣亮

　　　　　　张志文

　　　　　　王启耀

　　　　　　陈有澎（2016年10月免）

　　　　　　阙海荣（2016年10月免）

　　　　　　李其生（2016年10月免）

　　　　　　阙全昌

　　　　　　黄峰伟（2016年10月免）

　　　　　　游凤娟（女，2016年5月免）

农业系统党委

　　书　记　吴南祥（2016年6月免）

　　　　　　丘维环（2016年10月任）

　　副书记　林文灿

　　纪委书记　吴汉明

农业局

　　局　长　吴南祥（2016年6月免）

　　　　　　丘维环（2016年10月任）

　　副局长　阙海荣（2016年10月免）

　　　　　　陈有澎（2016年10月免）

　　　　　　李其生（2016年10月免）

　　　　　　阙全昌

　　　　　　游凤娟（女，2016年5月免）

　　　　　　张志文

　　　　　　苏荣亮

　　　　　　王启耀

　　总农艺师　黄峰伟（2016年10月免）

　　党组书记　吴南祥（2016年6月免）

　　　　　　　丘维环（2016年10月任）

　　党组副书记　黄峰伟（2016年10月免）

　　　　　　　　陈有澎（2016年10月免）

　　纪检组长　熊冠荣（2016年10月免）

水利局
　　局　　长　林立汀
　　副局长　范文星（2016年5月免）
　　　　　　张凯祥
　　　　　　苏红卫（2016年5月—10月）
　　　　　　张伟根（2016年6月任）
　　　　　　张向京（2016年10月任）
　　党组书记　林立汀
　　党组副书记　张向京（2016年10月任）
　　纪检组长　林增龙
防汛办
　　主　　任　陈荣锦
水保办
　　主　　任　姜安福
灌洋水库
　　主　　任　张庆兰（2016年6月免）
　　支部书记　林如建（2016年1月免）
水文局
　　局　　长　孔晓红（女）
农机站
　　站　　长　吴庆茂（2016年10月任）
　　副站长　　翁彩浪
　　　　　　　林小青
林业局
　　局　　长　卢晓闽
　　副局长　　黄洪彩
　　　　　　　丘维环（2016年10月免）
　　　　　　　李正兴
　　党组书记　卢晓闽
　　党组副书记　丘维环（2016年10月免）
　　　　　　　　游连盛
　　纪检组长　阙利洪（2016年5月免）
林业总支
　　书　　记　卢晓闽
森林防火办
　　主　　任　张育芳

教工委
　　书　　记　吕素梅（女，2016年5月免）
教育局
　　局　　长　卢海强
　　副局长　　卢鸿芳（2016年10月免）
　　　　　　　王彦铭
　　　　　　　赖义煌（2016年10月任）
　　党组书记　卢海强
　　纪检组长　赖义煌（2016年10月免）
广播电视大学工作站
　　站　　长　黄海燕
进修学校
　　校　　长　江小春
　　副校长　　苏亦戈
　　　　　　　卢德凤
永定一中
　　校　　长　游远新
　　副校长　　张金林
　　　　　　　俞联斌
永定一中总支
　　书　　记
　　副书记　　廖旺华
　　　　　　　马元灿
文体广电新闻出版局
　　局　　长　廖建房（2016年1月任）
　　副局长　　廖建房（2016年1月免）
　　　　　　　郑秀珍（女）
　　　　　　　张丁锋（2016年1月任）
　　　　　　　王　晶（2016年6月任）
　　党组书记　廖建房（2016年1月任）
　　党组副书记　赖晓东
　　纪检组长　黄天祥（2016年5月免）
文物局
　　局　　长　赖晓东
文化执法大队
　　大队长　　苏赵兴（2016年1月免）
　　　　　　　阙修全（2016年10月任）

电视台
　　台　长　沈德彪（2016年1月免）
　　　　　　马　斌（2016年1月任）
广播电台
　　台　长　赖丽红（女）
603台
　　台　长　林培华
卫生和计划生育局
　　局　长　吕杨兴（2016年10月免）
　　　　　　范晓华（2016年10月任）
　　副局长　卢太成（2016年8月免）
　　　　　　魏锦华
　　　　　　林焯焜
　　　　　　李志群（2016年12月任）
　　党组书记　吕杨兴（2016年10月免）
　　　　　　　范晓华（2016年10月任）
　　党组副书记　魏锦华
　　纪检组长　许培辉
爱卫办
　　主　任　卢太成（2016年8月免）
红十字会
　　常务副会长　陈昌台
区医院
　　院　长　罗建华（2016年12月免）
　　　　　　陈东辉（2016年12月任）
区中医院
　　院　长　王树春
疾病预防控制中心
　　主　任　张日树
　　支部书记　沈喜锋（2016年1月免）
卫生监督所
　　所　长　苏志台
妇幼保健院
　　院　长　严建雄
住建局
　　局　长　简尚彬
　　副局长　黄文育
　　　　　　陈森昌
　　　　　　陈永中
　　总工程师　张美金
　　党组书记　简尚彬
　　党组副书记　赖桂珍（女）
　　　　　　　　陈永中
　　纪检组长　赖宏清
建设总支
　　书　记　简尚彬
城市管理行政执法局
　　局　长　张祖金（2016年1月任）
人防办
　　主　任　简尚彬
　　副主任　苏志德
房改办
　　主　任　张曙晞（2016年10月免）
　　　　　　熊智华（2016年10月任）
住房公积金永定管理部
　　主　任　郑寿文
国土资源局
　　局　长　马荣添（2016年6月免）
　　　　　　江海辉（2016年6月任）
　　副局长　简兰涛
　　　　　　苏志瑞
　　　　　　葛信兴
　　　　　　廖选庆（2016年6月任）
　　党组书记　马荣添（2016年6月免）
　　　　　　　江海辉（2016年6月任）
　　党组副书记　卢琳锦
　　　　　　　　江绍荣
　　　　　　　　陈荣欣（2016年10月免）
　　　　　　　　汪强汀
　　　　　　　　许志明（2016年10月任）
　　纪检组长　范德文
国土资源局党委
　　书　记　马荣添（2016年6月免）
　　副书记　葛信兴

纪委书记　范德文

不动产登记局

　　局　长　简兰涛（兼，2016年3月任）

不动产登记中心

　　主　任　熊洪荣（2016年3月任）

矿产品流通管理总站

　　站　长　陈荣欣（2016年10月免）

　　　　　　许志明（2016年10月任）

　　副站长　卢道根

　　　　　　江永和

矿产品流通管理总站总支

　　书　记　陈荣欣（2016年10月免）

　　　　　　许志明（2016年10月任）

环保局

　　局　长　苏耀培

　　副局长　卢添兴

　　　　　　胡育提

　　　　　　李秋萍（女）

　　党组书记　苏耀培

　　党组副书记　刘选伟

　　纪检组长　刘选伟

土楼管委会

　　主　任　张李阳

　　副主任　江葵（女）

　　　　　　江彤亮（2016年6月任）

移民局

　　局　长　黄达顺（2016年6月免）

　　　　　　陈玉坤（2016年6月任）

　　副局长　江涛

　　党组书记　黄达顺（2016年10月免）

　　　　　　　陈玉坤（2016年10月任）

商业总公司

　　经　理　卢凤荣

　　副经理　魏超槐

　　　　　　曾初明

商业总支

　　书　记　卢凤荣

商务局

　　局　长　林灿荣（2016年6月任）

　　副局长　何忠其

　　　　　　朱启富

　　　　　　简洪标

　　　　　　吴彦成（挂职至2016年6月）

　　　　　　熊春生（挂职至2016年6月）

　　党组书记　林灿荣（2016年6月任）

　　党组副书记　何忠其

　　纪检组长　简连超

招商局

　　局　长　林灿荣（兼，2016年6月任）

　　副局长　游学耕（2016年5月免）

　　　　　　胡文光（2016年10月免）

　　　　　　卢永元（2016年10月免）

　　　　　　赖晓宝（女，挂职，2016年6月任）

　　　　　　苏运龙（2016年10月任）

　　　　　　郭新年（2016年10月任）

气象局

　　局　长　李剑刚

档案局（馆）

　　馆　长　张金源

　　副馆长　钟日荣（2016年10月免）

良种场

　　场　长　谢灿煌

　　支部书记　谢灿煌

邮政分公司

　　总经理　江恒仁

　　副总经理　苏振伟

电信分公司

　　总经理　沈衍昌

移动公司

　　经　理　江文周

联通公司

　　经　理　阙添寿

安监局
　　局　　长　江海辉（2016年6月免）
　　　　　　　卢鹤鸿（2016年10月任）
　　副局长　卢鹤鸿（2016年10月免）
　　　　　　吴忠平
　　　　　　黄庆南（2016年6月任）
　　党组书记　江海辉（2016年6月免）
　　　　　　　卢鹤鸿（2016年10月任）
　　党组副书记　卢鹤鸿（2016年10月免）
　　　　　　　　黄庆南（2016年6月任）
　　纪检组长　陈盛豪（2016年10月免）
煤管局（煤炭发展总公司）
　　局　　长　郭伟明
　　副局长　王启增
　　　　　　吴福宏
　　　　　　赖　毅

　　总经理　谢炎琪（2015年11月免）
煤炭公司
　　常务副经理　阙灿华
地震办
　　主　　任　许永澜（2016年10月免）
　　　　　　　李永通（挂职，2016年10月任）
海发集团
　　董事长　张俞平（2016年10月任）
　　总经理　简华禹（2016年10月免）
　　　　　　吴振开（2016年10月任）
　　副总经理　简仁光（2016年10月免）
　　　　　　　李文标（2016年10月免）
　　　　　　　张庆安（2016年10月任）
　　　　　　　阙灿华（2016年10月任）
　　财务总监　许东华（2016年10月任）
文旅集团
　　董事长　赖善彬（2016年10月任）
　　副总经理　张开梅（2016年10月任）
　　　　　　　黄婵媚（2016年10月任）
　　财务总监　廖雪英（2016年10月任）

建发集团
　　总经理　曾　雨（2016年10月任）
　　副总经理　阙锦荣（2016年10月任）
　　　　　　　江灿辉（2016年10月任）
　　总工程师　熊万仁（2016年10月任）
　　财务总监　吕清清（2016年10月任）
烟厂
　　厂　　长
　　副厂长　姜禹贤
　　　　　　苏松瑞
　　总支书记　姜禹贤
　　总支副书记　赖建坤
　　　　　　　　吴振开（主持厂长工作，
　　　　　　　　　　　　2016年10月免）
先锋烟场
　　场　　长　陈盛武
　　支部书记　邱绍尧
果林牧场
　　场　　长
　　支部书记
供电公司
　　经　　理　王荣康
　　总支书记　陈在汉
天丰水电有限公司
　　经　　理　王天柱
永定火车站
　　站　　长　王守庆（2016年11月免）
　　　　　　　黄成万（2016年11月任）

【区政协及其工作部门】

区政协
　　主　　席　廖方顺
　　副主席　熊　明（2016年5月免）
　　　　　　简连章
　　　　　　郑新彩（2016年1月免）
　　　　　　黄秀文

阙启旺（2016年5月任）

翁海东（2016年5月任）

党组书记　廖方顺（2015年12月任）

党组副书记　简连章

秘书长　熊兆辉

办公室

主　任　谢雪林（2016年5月免）

王培建（2016年6月任）

副主任　阙绍华（2016年10月免）

提案委员会办公室

主　任　吴潮林（2016年6月任）

副主任　林振生

经济科技委员会

主　任　张日斌

副主任　陈秀华（女）

文教卫体委员会办公室

主　任　邬文武（2016年10月免）

阙绍华（2016年10月任）

副主任　简锡联

社会法制与港澳侨台委员会办公室

主　任　刘明忠（2016年10月免）

王秀兰（2016年10月任）

副主任　陈元辉

学习宣传与文史资料委员会

主　任　谢汉忠

副主任　王广福

【区纪委及各室】

区纪委

书　记　张金滨（2016年5月免）

陈文操（2016年5月任）

副书记　李新钦

苏斌耀（2016年5月免）

吴南祥（2016年7月任）

常　委　张良昌（2016年5月免）

陈荣权

何文生

赖友滨（2016年7月—10月）

江浩洪（2016年7月任）

区监察局

局　长　李新钦

副局长　王秀兰（女，2016年10月免）

游飞标（2016年10月任）

办公室

负责人　赖友滨（2016年7月免）

纪检监察一室

主　任　王洪涛（2016年10月免）

傅兴华（2016年10月任）

纪检监察二室

主　任　傅兴华（2016年10月免）

纪检监察三室

主　任　李建台（2016年10月任）

信访室

主　任

宣教室

主　任　江浩洪（2016年7月免）

组织和宣传部

部　长　邱永浪（2016年10月任）

案件审理室

主　任　余明森（2016年3月免）

党风政风监督室

主　任　熊育良（2016年10月免）

陈东亮（2016年10月任）

案件监督管理室

主　任　熊育良（2016年10月任）

巡察办

主　任　赖友滨（2016年12月任）

【公检法机关】

法　院

院　长　刘伟光（2016年7月免）

郭盛元（2016年7月任）

副院长　林启文
　　　　张志芳
　　　　郑锦玉（女）
　　　　姜文辉
党组书记　刘伟光（2016年7月免）
　　　　　郭盛元（2016年7月任）
政治处主任　林振荣
纪检组长　陈礼坤
审委会专职委员　卢晓平
　　　　　　　　张福兵

检察院
　　检察长　戴宇明（2016年7月免）
　　　　　　陈炳旺（2016年7月任）
　　副检察长　江一智
　　　　　　　张秋平
　　　　　　　江金峰
　　党组书记　戴宇明（2016年7月免）
　　　　　　　陈炳旺（2016年7月任）
　　党组副书记　江一智
　　纪检组长　孔令基
　　反贪局局长　游胜辉
　　政治处主任　孔令基
　　反渎职侵权局局长　曾泰
　　专职委员　邱志明

公安分局
　　局　长　张学滨
　　政　委　朱彩宏
　　副局长　张月烟
　　　　　　卢雄茂
　　　　　　沈煊华
　　　　　　阙强
　　纪检书记　陈国煌（2016年5月免）
　　政工室主任　陈向阳
　　督察长　张学滨

公安分局党委
　　书　记　张学滨
　　副书记　朱彩宏

森林公安分局
　　局　长　黄晓方
　　副局长　张添华
　　　　　　张文

交警大队
　　大队长　黄玉先
　　教导员　郑毅才（2016年11月免）

【金融系统】

中国人民银行永定支行
　　行　长　赖添良
　　副行长　郑大灿
　　　　　　张清水

银监办
　　主　任　肖信洲（2016年4月免）
　　　　　　张振标（2016年4月任）
　　副主任　廖全清

中国银行永定支行
　　行　长　胡小萍
　　副行长　倪雅丽（女）
　　　　　　邱楠（2016年1月任）

中国工商银行永定支行
　　行　长　苏国达（2016年1月免）
　　　　　　康勇华（2016年1月任）
　　副行长　廖汝春
　　　　　　卢永生

中国农业银行永定支行
　　行　长　李志平
　　副行长　吴培超
　　　　　　阙启均（2016年3月免）
　　　　　　李新福
　　　　　　林业柱（2016年3月任）

中国建设银行永定支行
　　行　长　卢锦龙（2016年5月免）
　　副行长　陈良书（2016年5月任，主持工作）

　　　　蒋时益（2016年10月免）
　　　　赖月霞（2016年10月任）

福建省兴业银行永定支行
　　行　长　曾德森
　　副行长　杨卡卡（2016年11月免）
　　　　　　苏可芳（2016年11月任）

邮政储蓄银行永定区支行
　　行　长　张开明（2016年2月免）
　　副行长　刘桂春（2016年2月起主持工作）

区信用联社
　　理事长　苏顺金
　　主　任　俞永丹
　　监事长　卢老林
　　副主任　胡鸿壮（2016年12月免）
　　　　　　张永德（2016年12月免）
　　　　　　赖伟强（2016年12月任）

中国人民财产保险永定支公司
　　经　理　卢晓斌
　　副经理　余定伟
　　　　　　丘军城

中国人寿保险永定支公司
　　经　理　蓝营盛

【群团组织】

工商业联合会
　　会　长　吴艳（女）
　　副会长　沈美彬
　　党组书记　苏美城

总工会
　　主　席　黄华凤（兼，2016年6月免）
　　　　　　王小庆（兼，2016年6月任）
　　常务副主席　饶耀途（2016年10月免）
　　　　　　　　刘福华（2016年10月任）
　　副主席　卢银玉

　　党组书记　黄华凤（2016年6月免）
　　　　　　　王小庆（2016年6月—10月）
　　　　　　　刘福华（2016年10月任）
　　党组副书记　饶耀途（2016年10月免）

团区委
　　书　记　吴彦成（2016年5月免）
　　　　　　谢万鹏（2016年10月任）
　　副书记　谢万鹏（2016年10月免）
　　　　　　黄锦辉（2016年10月免）

妇联
　　主　席　郭鸿（女）
　　副主席　张玲燕（女）
　　　　　　胡金梅（女）

科协
　　主　席　沈锦松
　　副主席　赖晓宝
　　党组书记　沈锦松

侨联会
　　主　席　翁海东（女，2016年10月免）
　　　　　　张明耀（2016年10月任）
　　副主席　李进强（2016年10月免）

文联
　　主　席　卢济鸿
　　副主席　廖文茂（2016年10月免）

残联
　　理事长　许志明（2016年10月免）
　　　　　　王建荣（2016年10月任）
　　副理事长　简富超

计生协会
　　会　长　李春燕（女）
　　常务副会长　李永通（2016年10月免）
　　　　　　　　罗荣全（2016年10月任）
　　副会长　林彩萍（女，2016年6月任）

关工委
　　主　任　李荣光
　　办公室主任

老龄办
  主　任　范晓华（2016年10月免）
  常务副主任　邱香才
老区建设促进会
  会　长　吴鑫辉
客联会
  会　长　郑新彩
  常务副会长　吕生章
      游继骞
  秘书长　游继骞
永定工业园区
  主　任　黄焕彩（2016年6月任）
  副主任　刘济东
     吴政道
     卢托文（挂职，2016年10月任）
     赖加林（挂职，2016年10月任）
     张金福（挂职，2016年10月任）

【各乡镇（街道）党（工）委　人大　政府】

凤城街道

党工委
  书　记　胡佐仁
  副书记　沈堂洪（2016年5月免）
     李太华
     陈美中（挂职，2016年5月任）
     张忠诚（2016年5月任）
  纪委书记　沈堂洪（2016年5月免）
      苏玉辉（2016年5月任）
  组织委员　沈小东（2016年5月免）
      卢定成（2016年5月任）
  宣传委员　张忠诚（2016年5月免）
      郑素云（2016年5月任）
  统战委员　卢定成（2016年5月免）
      郑素云（2016年5月任）
  人武部长　沈小东（2016年5月任）
人大工委
  主　任　刘炘芳
办事处
  主　任　李太华
  副主任　李彩娘（女，2016年5月免）
     赖福钦（2016年5月免）
     赖金富
     熊功首
     陈天喜（2016年1月任）
     胡寿强（2016年5月任）

虎岗镇

党委
  书　记　吕基增（2016年5月免）
     卢明耀（2016年5月任）
  副书记　陈作安
     简衍荣（2016年5月免）
     苏红卫（2016年5月免）
     王财源（2016年5月任）
  纪委书记　林鑫仁
  组织委员　张礼福（2016年5月免）
      陈扬开（2016年5月任）
  宣传委员　黄福荣（2016年5月免）
      王金政（2016年5月任）
  统战委员　林鑫仁（2016年5月免）
      王金政（2016年5月任）
  人武部长　黄福荣（2016年5月免）
      张炜全（2016年5月任）
人大主席团
  主　席　陈炬年（2016年5月免）
     江峻斌（2016年5月任）
人民政府
  镇　长　苏红卫（2016年5月免）
     陈作安（2016年5月任）
  副镇长　阮茂清（2016年5月免）
     邱和盛（2016年5月免）
     林炀富（2016年5月免）

黄福荣（2016年5月任）

杨胜光（2016年5月任）

陈泳书（2016年5月任）

高陂镇

党委

书　　记　赖庆斌

副书记　陈盛湖（2016年5月免）

　　　　　江峻斌（2016年5月免）

　　　　　张太立（2016年5月任）

　　　　　王龙林（2016年5月任）

纪委书记　吴　剑（2016年5月免）

　　　　　张东洪（2016年5月任）

组织委员　廖利红

宣传委员　陈祥书

统战委员　陈祥书

人武部长　张炜全（2016年5月免）

　　　　　邱绍尧（2016年5月任）

人大主席团

主　　席　王增梅（2016年5月免）

　　　　　陈炬年（2016年5月任）

人民政府

镇　　长　陈盛湖（2016年5月免）

　　　　　王龙林（2016年5月任）

副镇长　　陈群星（2016年5月免）

　　　　　王财源（2016年5月免）

　　　　　张太立（2016年5月免）

　　　　　张逸民

　　　　　卢春荣

　　　　　张秀娟（女）

坎市镇

党委

书　　记　王文龙

副书记　卢桂姑（2016年5月免）

　　　　　郑良太

　　　　　王淮锋（2016年5月任）

纪委书记　张东洪（2016年5月免）

　　　　　吴　剑（2016年5月任）

组织委员　江永开（2016年5月免）

　　　　　赖华贵（2016年5月任）

宣传委员　王才莲（女，2016年5月免）

　　　　　沈德星（2016年5月任）

统战委员　沈德星

人武部长　张东洪（2016年5月免）

　　　　　简仲坤（2016年5月任）

人大主席团

主　　席　卢集江（2016年5月免）

　　　　　吕基增（2016年5月任）

人民政府

镇　　长　郑良太

副镇长　　吴锦洪（2016年5月免）

　　　　　王淮锋（2016年5月免）

　　　　　林红志（2016年5月免）

　　　　　王才莲（女，2016年5月任）

　　　　　王启彪（2016年5月任）

　　　　　卢东升（2016年5月任）

培丰镇

党委

书　　记　张树连

副书记　饶世扬（2016年5月免）

　　　　　王龙林（2016年5月免）

　　　　　罗锦烽（2016年5月任）

　　　　　简衍荣（2016年5月任）

纪委书记　黄达强（2016年5月免）

　　　　　赖庆晶（2016年5月任）

组织委员　郭剑伽

宣传委员　卢锦光（2016年5月免）

　　　　　郑万春（2016年5月任）

统战委员　饶世扬（2016年5月免）

　　　　　　郑万春（2016年5月任）
　人武部长　周添龙（2016年5月免）
　　　　　　张礼福（2016年5月任）
人大主席团
　主　席　林权岗（2016年5月免）
　　　　　　饶世扬（2016年5月任）
人民政府
　镇　长　王龙林（2016年5月免）
　　　　　　罗锦烽（2016年5月任）
　副镇长　王启彪（2016年5月免）
　　　　　　赖小青（女，2016年5月免）
　　　　　　郑万春（2016年5月免）
　　　　　　张松智（2016年5月免）
　　　　　　卢锦光（2016年5月任）
　　　　　　江永开（2016年5月任）
　　　　　　徐　伟（2016年5月任）

抚　市　镇

党　委
　书　记　张汉锋
　副书记　吴永坤
　　　　　　林松江（2016年5月免）
　　　　　　张良昌（2016年5月任）
　纪委书记　廖荣华（2016年5月免）
　　　　　　徐初电（2016年5月任）
　组织委员　张　斌（2016年5月免）
　　　　　　沈增康（2016年5月任）
　宣传委员　廖燕武（2016年5月免）
　　　　　　沈玉香（2016年5月任）
　统战委员　吴永坤（2016年5月免）
　　　　　　廖燕武（2016年5月任）
　人武部长　廖燕武（2016年3月免）
　　　　　　曾伟辉（2016年3月—5月）
　　　　　　吴永坤（2016年5月任）
人大主席团
　主　席　王德荣

人民政府
　镇　长　林松江（2016年5月免）
　　　　　　张良昌（2016年12月任，2016年
　　　　　　　　5月—12月为候选人）
　副镇长　姜庆梁（2016年5月免）
　　　　　　范泽华（2016年5月免）
　　　　　　卢松德（2016年10月免）
　　　　　　张　斌（2016年12月任，2016年
　　　　　　　　5月—12月为候选人）
　　　　　　张荣华（2016年12月任，2016年
　　　　　　　　5月—12月为候选人）

龙　潭　镇

党　委
　书　记　卢连芳（女，2016年5月免）
　　　　　　苏斌耀（2016年5月任）
　副书记　卢焜华（2016年5月免）
　　　　　　李汀元（2016年5月免）
　　　　　　吴才开（2016年5月免）
　　　　　　卢太铭（2016年5月免）
　纪委书记　卢焜华（2016年5月免）
　　　　　　郑建辉（2016年5月任）
　组织委员　卢太铭（2016年5月免）
　　　　　　张燕红（2016年5月任）
　宣传委员　沈永昌（2016年5月免）
　　　　　　赖兆国（2016年5月任）
　统战委员　苏金文（2016年5月免）
　　　　　　赖兆国（2016年5月任）
　人武部长　卢锦新（2016年5月免）
　　　　　　沈荣宏（2016年5月任）
人大主席团
　主　席　卢定生（2016年1月任）
人民政府
　镇　长　李汀元（2016年5月免）
　　　　　　吴才开（2016年12月任，2016年
　　　　　　　　5月—12月为候选人）

副镇长　杨金礼（2016年5月免）
　　　　姜庆梁（2016年12月任，2016年
　　　　　　　5月—12月为候选人）
　　　　卢友成（2016年12月任，2016年
　　　　　　　5月—12月为候选人）

湖雷镇

党　委

书　记　赖文君
副书记　陈美中（2016年5月免）
　　　　吴效彤（2016年5月免）
　　　　邱小梅（女）
　　　　张景鸿（挂职，2016年5月任）
　　　　苏德昌（2016年5月任）
纪委书记　苏玉辉（2016年5月免）
　　　　　卢镇阶（2016年5月任）
组织委员　苏玉辉（2016年5月免）
　　　　　肖浪添（2016年5月任）
宣传委员　赖德文（2016年5月免）
　　　　　卢玉云（2016年5月任）
统战委员　赖德文（2016年5月免）
　　　　　卢锦新（2016年5月任）
人武部长　沈荣宏（2016年5月免）
　　　　　卢锦新（2016年5月任）

人大主席团

主　席　张树镇

人民政府

镇　长　邱小梅（女）
副镇长　苏章洪（2016年5月免）
　　　　黄　勇
　　　　廖敏娟（2016年5月免）
　　　　阙裕登
　　　　吴新辉（2016年12月任，2016年
　　　　　　　5月—12月为候选人）
　　　　卢良中（2016年12月任，2016年
　　　　　　　10月—12月为候选人）

城郊镇

党　委

书　记　张树焜
副书记　熊福清（2016年1月免）
　　　　黄庆南（2016年5月免）
　　　　赖雄群（2016年1月任）
　　　　江　橇（挂职，2016年5月任）
　　　　廖国生（2016年5月任）
纪委书记　熊福清（2016年1月免）
　　　　　吴文佳（2016年1月任）
组织委员　赖雄群（2016年5月免）
　　　　　魏丽玲（2016年5月任）
宣传委员　赖带新（2016年5月免）
　　　　　林海滨（2016年5月任）
统战委员　赖群雄（2016年1月免）
　　　　　赖带新（2016年1月—5月）
　　　　　林海滨（2016年5月任）
人武部长　廖国生（2016年5月任）

人大主席团

主　席　郑彦华（2016年5月免）
　　　　李海辉（2016年5月任）

人民政府

镇　长　黄庆南（2016年5月免）
　　　　赖雄群（2016年12月任，2016年
　　　　　　　5月—12月为候选人）
副镇长　廖国生（2016年5月免）
　　　　李志群（女，2016年5月免）
　　　　陈庭园（2016年12月任，2016年
　　　　　　　5月—12月为候选人）
　　　　杨金礼（2016年12月任，2016年
　　　　　　　5月—12月为候选人）
　　　　苏章洪（2016年12月任，2016年
　　　　　　　5月—12月为候选人）

仙 师 镇

党　委
　　书　记　赖奕洲（2016年5月免）
　　　　　　马　越（挂职第一书记至2016年2月）
　　　　　　赖天鸿（2016年5月任）
　　副书记　郑启德（2016年5月免）
　　　　　　吴伟旺
　　　　　　吴彦成（2016年5月任）
　　纪委书记　吴伟旺（2016年5月免）
　　　　　　李崇幸（2016年5月任）
　　组织委员　阮小梅（2016年5月任）
　　宣传委员　江华珍（2016年5月免）
　　　　　　陈庆星（2016年5月任）
　　统战委员　江华珍（2016年5月免）
　　　　　　陈庆星（2016年5月任）
　　人武部长　赖延平（2016年1月任）

人大主席团
　　主　席　刘亮忠（2016年5月免）
　　　　　　吴效彤（2016年12月任，2016年
　　　　　　　　　5月—12月为候选人）

人民政府
　　镇　长　吴彦成（2016年12月任，2016年
　　　　　　　　　5月—12月为候选人）
　　副镇长　王树添（2016年5月免）
　　　　　　陈贵文（2016年5月免）
　　　　　　简盛明（2016年5月免）
　　　　　　张大春（2016年12月任，2016年
　　　　　　　　　5月—12月为候选人）
　　　　　　苏振康（2016年12月任，2016年
　　　　　　　　　5月—12月为候选人）
　　　　　　陈健兴（2016年12月任，2016年
　　　　　　　　　5月—12月为候选人）

峰 市 镇

党　委
　　书　记　廖选庆（2016年5月免）
　　　　　　林松江（2016年5月任）
　　副书记　谌锦春（2016年5月免）
　　　　　　苏晋雄（2016年5月免）
　　　　　　简盛明（2016年5月任）
　　　　　　赖善钦（2016年5月任）
　　纪委书记　谌锦春（2016年5月免）
　　　　　　卢玉万（2016年5月任）
　　组织委员　林海滨（2016年5月免）
　　　　　　陈秋梅（女，2016年5月任）
　　宣传委员　卢秀琴（女，2016年5月免）
　　　　　　黄权彬（2016年5月任）
　　统战委员　苏晋雄（2016年5月免）
　　　　　　黄权彬（兼，2016年5月任）
　　人武部长　孔祥炳（2016年5月任）

人大主席团
　　主　席　沈群贤（2016年5月免）
　　　　　　沈堂洪（2016年5月任）

人民政府
　　镇　长　简盛明（2016年12月任，2016年
　　　　　　　　　5月—12月为候选人）
　　副镇长　简建丽（2016年5月免）
　　　　　　马元锋（2016年5月免）
　　　　　　范茂华
　　　　　　陈贵文（2016年12月任，2016年
　　　　　　　　　5月—12月为候选人）
　　　　　　李文莉（2016年12月任，2016年
　　　　　　　　　5月—12月为候选人）

湖 坑 镇

党　委
　　书　记　林寿杨（兼）

副书记　游飞跃（2016年5月免）
　　　　李维海
　　　　张臻喜
　　　　李鸿辉（挂职，2016年5月任）
纪委书记　江　晓（2016年1月免）
　　　　郑玉明（2016年5月任）
组织委员　江　晓（2016年1月免）
　　　　沈庆渊（2016年1月任）
宣传委员　陈树淦
统战委员　李维海（2016年5月免）
　　　　沈桂兰（2016年5月任）
人武部长　李维海（2016年5月免）
　　　　陈树淦（2016年5月任）

人大主席团
　主　席　李汉才

人民政府
　镇　长　张臻喜
　副镇长　江永强（2016年5月免）
　　　　余朝良（2016年12月任，2016年
　　　　　5月—12月为候选人）
　　　　李　森（2016年12月任，2016年
　　　　　5月—12月为候选人）

下 洋 镇

党　委
　书　记　温福英（女）
　副书记　江彤亮（2016年5月免）
　　　　江信进（2016年5月免）
　　　　范泽华（2016年5月任）
　　　　游飞跃（挂职，2016年5月任）
　　　　张万华（2016年5月任）
纪委书记　江信进（2016年5月免）
　　　　连贵超（2016年5月任）
组织委员　张万华（2016年5月免）
　　　　张丽静（2016年5月任）
宣传委员　苏振康（2016年5月免）
　　　　孔凡荣（2016年5月任）
统战委员　苏振康（2016年5月免）
　　　　孔凡荣（2016年5月任）
人武部长　郑建辉（2016年5月免）
　　　　卢庚华（2016年5月任）

人大主席团
　主　席　游可亮（2016年5月免）
　　　　江新鸿（2016年5月任）

人民政府
　镇　长　江彤亮（2016年5月免）
　　　　范泽华（2016年12月任，2016年
　　　　　5月—12月为候选人）
　副镇长　肖东秀（女）
　　　　曾庆林
　　　　包志中（2016年12月任，2016年
　　　　　5月—12月为候选人）
　　　　苏志蛟（2016年12月任，2016年
　　　　　5月—12月为候选人）

堂 堡 乡

党　委
　书　记　赖天鸿（2016年5月免）
　　　　马永彬（2016年5月任）
　副书记　郭庆华（2016年5月免）
　　　　陈元宝（2016年5月免）
　　　　马永彬
　　　　李建熔（2016年5月任）
　　　　张正锋（2016年5月任）
纪委书记　谢学优（2016年5月免）
　　　　张靓蓉（2016年5月任）
组织委员　张正锋（2016年5月免）
　　　　巫南星（2016年5月任）
宣传委员　阮小梅（女，2016年5月免）
　　　　廖春红（女，2016年5月任）
统战委员　阮小梅（女，2016年5月免）
　　　　廖春红（女，2016年5月任）

人武部长　廖浩斌（2016年5月任）
人大主席团
　　主　席　廖金荣（2016年5月免）
　　　　　　郑启德（2016年12月任，2016年
　　　　　　　5月—12月为候选人）
人民政府
　　乡　长　马永彬（2016年5月免）
　　　　　　李建熔（2016年12月任，2016年
　　　　　　　5月—12月为候选人）
　　副乡长　徐航峰（2016年5月免）
　　　　　　赖灿金
　　　　　　温国华（2016年12月任，2016年
　　　　　　　5月—12月为候选人）
　　　　　　陈文燕（2016年12月任，2016年
　　　　　　　10月—12月为候选人）

合　溪　乡

党　委
　　书　记　林文荣（2016年5月免）
　　　　　　林瑞河（2016年5月任）
　　副书记　范朝阳（2016年5月免）
　　　　　　邹德良（2016年5月免）
　　　　　　邱绍安
　　　　　　林建权（2016年5月任）
　　纪委书记　苏亮发（2016年5月免）
　　　　　　林东武（2016年5月任）
　　组织委员　邹德良（2016年5月免）
　　　　　　卢松鹤（2016年5月任）
　　宣传委员　沈玉香（女，2016年5月免）
　　　　　　罗林华（2016年5月任）
　　统战委员　沈玉香（女）
　　　　　　赖伟举（2016年5月任）
　　人武部长　赖伟举（2016年5月任）
人大主席团
　　主　席　赖海辉

人民政府
　　乡　长　邱绍安
　　副乡长　赖万安（2016年5月免）
　　　　　　卢春荣（2016年5月免）
　　　　　　吴丽凤（女）
　　　　　　林建权（2016年5月免）
　　　　　　卢桂春（2016年12月任，2016年
　　　　　　　5月—12月为候选人）
　　　　　　廖秀芳（女，2016年12月任，2016年
　　　　　　　5月—12月为候选人）
　　　　　　谢　维（2016年12月任，2016年
　　　　　　　10月—12月为候选人）

高　头　乡

党　委
　　书　记　吴庆茂（2016年5月免）
　　　　　　张一晓（2016年5月任）
　　副书记　李瑞柱（2016年5月免）
　　　　　　江　櫢（2016年5月免）
　　　　　　卢治文
　　　　　　卢光衡（2016年1月任）
　　　　　　曹志红（挂职，2016年5月任）
　　　　　　李红星（2016年5月任）
　　纪委书记　孔凡荣（2016年5月免）
　　　　　　邱洧铭（2016年5月任）
　　组织委员　黄德龙（2016年1月任）
　　宣传委员　黄德龙（2016年1月—5月）
　　　　　　苏华珍（2016年5月任）
　　统战委员　江秀平
　　人武部长　江秀平
人大主席团
　　主　席　江新鸿（2016年5月免）
　　　　　　李瑞柱（2016年12月任，2016年
　　　　　　　5月—12月为候选人）
人民政府
　　乡　长　卢治文

副乡长　周际生（2016年5月免）

　　　　苏贞隶（2016年12月任，2016年
　　　　　　5月—12月为候选人）

　　　　江永强（2016年12月任，2016年
　　　　　　5月—12月为候选人）

古 竹 乡

党　委

书　记　赖大彬（2016年5月任）

副书记　张文昌（2016年5月免）

　　　　林茂月

　　　　江文建（2016年5月任）

纪委书记　吴文锋（2016年1月任）

组织委员　黄进璋

宣传委员　陈福星

统战委员　吴文锋（2016年1月免）

　　　　陈福星（2016年1月任）

人武部长　赖兴明（2016年5月任）

人大主席团

主　席　李建华（2016年5月免）

　　　　张文昌（2016年12月任，2016年
　　　　　　5月—12月为候选人）

人民政府

乡　长　林茂月

副乡长　苏建娟（2016年5月免）

　　　　黄燕标（2016年5月免）

　　　　江　煌（2016年12月任，2016年
　　　　　　5月—12月为候选人）

　　　　廖敏娟（2016年12月任，2016年
　　　　　　5月—12月为候选人）

大 溪 乡

党　委

书　记　苏玉铸（2016年5月任）

副书记　苏玉铸（2016年5月免）

　　　　邱晓京

　　　　李建熔（2016年5月免）

　　　　沈南茂（2016年5月任）

纪委书记　邱晓京（2016年5月免）

　　　　郑万龙（2016年5月任）

组织委员　卢文瑞（2016年1月任）

宣传委员　刘春伟（2016年3月免）

　　　　邱　枫（2016年3月—5月）

　　　　黄燕标（2016年5月任）

统战委员　刘春伟

人武部长　邱　枫（2016年5月免）

　　　　黄燕标（2016年5月任）

人大主席团

主　席　卢天明（2016年5月免）

　　　　谢学优（2016年12月任，2016年
　　　　　　5月—12月为候选人）

人民政府

乡　长　苏玉铸（2016年5月免）

　　　　沈南茂（2016年12月任，2016年
　　　　　　5月—12月为候选人）

副乡长　江文建（2016年5月免）

　　　　游正勋（2016年5月免）

　　　　李进兴

　　　　翁丽平（女，2016年5月任）

　　　　江欣华（2016年5月任）

陈 东 乡

党　委

书　记　张一晓（2016年5月免）

　　　　谢雪林（2016年5月任）

副书记　李鸿辉（2016年5月免）

　　　　王　晶（2016年5月免）

　　　　陈朝阳

　　　　游正勋（2016年5月任）

纪委书记　李鸿辉（2016年5月免）

　　　　郑　坪（2016年5月任）

组织委员　陈朝阳（2016年5月免）

卢荣富（2016年5月任）
宣传委员　卢开全（2016年1月任）
统战委员　卢开全（2016年1月任）
人武部长　赖兴明（2016年5月免）
　　　　　廖志明（2016年5月任）

人大主席团

主　席　陈意娣（2016年5月免）
　　　　卢天明（2016年12月任，2016年
　　　　　5月—12月为候选人）

人民政府

乡　长　王　晶（2016年5月免）
　　　　陈朝阳（2016年12月任，2016年
　　　　　5月—12月为候选人）
副乡长　翁丽平（2016年5月免）
　　　　李加和（2016年1月免）
　　　　胡彪林（2016年5月免）
　　　　张晓蓉（女，2016年12月任，2016年
　　　　　5月—12月为候选人）
　　　　黄华彩（2016年12月任，2016年
　　　　　10月—12月为候选人）

岐 岭 乡

党　委

书　记　苏瑶媛
副书记　苏德昌（2016年5月免）
　　　　曹志红（2016年5月免）
　　　　卢文选（2016年5月免）
　　　　江信进（2016年5月任）
　　　　邹德良（2016年5月任）
纪委书记　熊春生（2016年1月免）
　　　　　李加和（2016年5月任）
组织委员　苏德昌（2016年5月免）
　　　　　曾伟辉（2016年5月任）
宣传委员　黄　浩（2016年5月免）
统战委员　黄远深（2016年5月免）
　　　　　黄　浩（2016年5月任）

人武部长　邹德良（2016年5月任）

人大主席团

主　席　徐东平

人民政府

乡　长　卢文选（2016年5月免）
　　　　江信进（2016年12月任，2016年
　　　　　5月—12月为候选人）
副乡长　李茂宜（2016年5月免）
　　　　苏建娟（女，2016年12月任，2016年
　　　　　5月—12月为候选人）
　　　　邱智鹏（2016年12月任，2016年
　　　　　5月—12月为候选人）
　　　　卢　澂（2016年12月任，2016年
　　　　　10月—12月为候选人）

湖 山 乡

党　委

书　记　范琳云（2016年5月免）
　　　　曾广城（2016年5月任）
副书记　李红星（2016年5月免）
　　　　曾广城（2016年5月免）
　　　　陈建勋（2016年5月免）
　　　　周际生（2016年5月任）
纪委书记　卢光衡（2016年1月免）
　　　　　赖堰楚（2016年1月任）
组织委员　卢光衡（2016年1月免）
　　　　　江建平（2016年1月任）
宣传委员　孔祥炳（2016年5月免）
　　　　　陈茂全（2016年5月任）
统战委员　江建平（2016年1月—5月）
　　　　　赖梅添（2016年5月任）
人武部长　陈茂全（2016年5月任）

人大主席团

主　席　钟生辉

人民政府

乡　长　曾广城（2016年5月免）

　　　　陈建勋（2016年12月任，2016年
　　　　　5月—12月为候选人）
副乡长　张茂海（2016年5月免）
　　　　卢光衡（2016年12月任，2016年
　　　　　1月—12月为候选人）

西溪乡

党　委

书　记　赖冠群（2016年5月免）
　　　　张悠华（2016年5月任）
副书记　卢镜光
　　　　张悠华（2016年5月免）
　　　　阙利洪（2016年5月任）
　　　　陈元宝（挂职，2016年5月任）
纪委书记　邱绍安（2015年12月免）
　　　　　苏亮发（2016年5月任）
组织委员　胡寿强（2016年5月免）
　　　　　廖文钟（2016年5月任）
宣传委员　赖永胜（2016年5月免）
　　　　　李茂宜（2016年5月任）
统战委员　廖文钟（2016年5月免）
　　　　　李茂宜（2016年5月任）
人武部长　张祖金（2016年1月免）
　　　　　赖永胜（2016年1月任）

人大主席团

主　席　廖奎亮（2016年5月免）
　　　　郑彦华（2016年12月任，2016年
　　　　　5月—12月为候选人）

人民政府

乡　长　张悠华（2016年5月免）
　　　　阙利洪（2016年12月任，2016年
　　　　　5月—12月为候选人）
副乡长　卢玉云（2016年5月免）
　　　　徐定基
　　　　苏月平（2016年5月免）
　　　　沈泳娘（2016年12月任，2016年
　　　　　5月—12月为候选人）

金砂乡

党　委

书　记　林松源
副书记　张景鸿（2016年5月免）
　　　　阙亮星（2016年5月免）
　　　　苏晋雄（2016年5月任）
　　　　谌锦春（2016年12月任）
纪委书记　赖思芬
组织委员　林彩萍（2016年5月免）
　　　　　邱枫（2016年5月任）
宣传委员　苏冠生
统战委员　张仲锦（2016年5月免）
　　　　　苏冠生（2016年5月任）
人武部长　黄浩（2016年5月免）
　　　　　范朝阳（2016年5月任）

人大主席团

主　席　李添元（2016年5月免）
　　　　陈镇锋（2016年12月任，2016年
　　　　　5月—12月为候选人）

人民政府

乡　长　阙亮星（2016年5月免）
　　　　李志群（女，2016年5月—12月）
　　　　谌锦春（2016年12月任）
副乡长　陈镇锋（2016年5月免）
　　　　赖菊梅
　　　　李春书（2016年12月任，2016年
　　　　　5月—12月为候选人）
　　　　吴树华（2016年12月任，2016年
　　　　　5月—12月为候选人）

洪山乡

党　委

书　记　翁志强
副书记　赖善钦（2016年5月免）

童开建（2016年5月免）
　　张伟根（2016年5月免）
　　马元锋（2016年5月任）
　　谌锦春（2016年5月—12月）
纪委书记　童开建（2016年5月免）
　　　　　许文华（2016年5月任）
组织委员　童开建（2016年5月免）
　　　　　李志立（2016年5月任）
宣传委员　张晓文（2016年1月任）
统战委员　张晓文（2016年1月任）
人武部长　刘银辉（2016年5月免）
　　　　　张林锋（2016年5月任）

人大主席团
　　主　席　江文振（2016年5月免）
　　　　　　童开建（2016年12月任，2016年5月—12月为候选人）

人民政府
　　乡　长　张伟根（2016年5月免）
　　　　　　马元锋（2016年12月任，2016年5月—12月为候选人）
　　副乡长　张大春（2016年5月免）
　　　　　　李文莉（女，2016年5月免）
　　　　　　张晓蓉（女，2016年5月免）
　　　　　　李志立（2016年5月免）
　　　　　　王树添（2016年12月任，2016年5月—12月为候选人）
　　　　　　吴上权（2016年12月任，2016年10月—12月为候选人）

·先进个人·

2016年，区内获市（厅）级及以上表彰的先进个人（已知，含补遗），以获奖时间为序。

表38　　　　　　　　　　　　　　　先进个人名表

姓名	性别	籍贯	获奖时所在单位	荣誉称号	授奖单位	获奖时间
马建瑛	女	仙师	教师进修学校	名师	市委、市政府	2016年1月
赖桂东	男	洪山	教师进修学校	名师	市委、市政府	2016年1月
阙金梅	女	抚市	教师进修学校	名师	市委、市政府	2016年1月
张　文	男	金砂	永定森林分局	个人三等功	省森林公安局	2016年2月
王炤华	男	城郊	峰市森林派出所	个人三等功	省森林公安局	2016年2月
赖春蕾	女	永定	区国家税务局	福建省优秀巾帼志愿者	省妇联、省巾帼志愿者协会	2016年2月
李秀菊	女	岐岭	永定一中	福建省第四届杰出人民教师	省委、省政府	2016年3月
吴培超	男	堂堡	农行永定支行	优秀工会干部	农行省分行	2016年3月
卢秋玉	女		区疾病预防控制中心	福建省"十二五"地方病防治工作先进个人	省疾病预防控制中心	2016年3月
张日树	男		区疾病预防控制中心	2013—2015年度慢性病预防控制工作先进个人	福建省疾病预防控制中心	2016年4月
苏银华	女	湖坑	区地税局	福建省五一劳动奖章	省总工会	2016年4月
林如居	男	陈东	区旅游局	年度旅游新闻人物	中国旅游总评榜	2016年4月
林如居	男	陈东	区旅游局	文明旅游人	省委文明办 省旅游局	2016年4月
张凯祥	男	抚市	区水利局	福建省十佳文明游客	省委文明办、省旅游局	2016年4月
张宝华	男	岐岭	区审计局	龙岩市劳动模范	市委、市政府	2016年4月

续表

姓名	性别	籍贯	获奖时所在单位	荣誉称号	授奖单位	获奖时间
简满娘	女		区环卫处	龙岩市劳动模范	市委、市政府	2016年4月
郑秋娣	女		坎市医院	龙岩市劳动模范	市委、市政府	2016年4月
谢永达	男		湖山中心小学	龙岩市劳动模范	市委、市政府	2016年4月
赖桂荣	女		福建省客家土楼旅游发展有限公司	龙岩市劳动模范	市委、市政府	2016年4月
孙国侠	女		德泓（福建）光电科技有限公司	龙岩市劳动模范	市委、市政府	2016年4月
苏强海	男		福建省永定闽福建材有限公司	龙岩市劳动模范	市委、市政府	2016年4月
蓝招衍	男	湖雷	福建省招宝生态农庄有限公司	龙岩市劳动模范	市委、市政府	2016年4月
阙培汉	男	堂堡	堂堡乡磜下村	龙岩市劳动模范	市委、市政府	2016年4月
李上炮	男	湖山	湖山乡桂坪村	龙岩市劳动模范	市委、市政府	2016年4月
苏华荣	男	陈东	区发改局	龙岩市2015年度项目建设先进个人	市委、市政府	2016年4月
陈伟	男	高陂	区重点办	龙岩市2015年度项目建设先进个人	市委、市政府	2016年4月
沈鑫宏	男	湖雷	抚市镇统计站	龙岩市2014—2015年度全省优秀辅助调查员	国家统计局福建调查总队	2016年6月
唐文兵	男	上杭蓝溪镇	区地税局	优秀共产党员	市委	2016年6月
张洪隆	男	下洋	区委组织部	优秀共产党员	市委	2016年6月
张忠诚	男	凤城	凤城街道	优秀共产党员	市委	2016年6月
温荣元	男		永定一中	优秀共产党员	市委	2016年6月
张金汝	女	金砂	区金汝山生态虫子鸡种养殖农民专业合作社	优秀共产党员	市委	2016年6月
张悠华	男	湖雷	西溪乡党委	优秀共产党员	市委	2016年6月
刘汝维	男	洪山	区王寿山国家森林公园	优秀共产党员	市委	2016年6月
谢添松	男		区政法委	优秀共产党员	市委	2016年6月
罗良禄	男		中医院	优秀共产党员	市委	2016年6月
周灿东	男		区供电有限公司金砂供电所	优秀共产党员	市委	2016年6月
许端秀	女		仙师镇司法所	优秀共产党员	市委	2016年6月
邱永浪	男		区纪委	优秀共产党员	市委	2016年6月
邹德良	男	湖雷	岐岭乡	优秀党务工作者	市委	2016年6月
卢连芳	女	坎市	区发改局	优秀党务工作者	市委	2016年6月
钟伟东	男		下洋侨育中学	优秀党务工作者	市委	2016年6月
陈鸿生	男		大溪乡联和村	优秀党务工作者	市委	2016年6月

续表

姓名	性别	籍贯	获奖时所在单位	荣誉称号	授奖单位	获奖时间
张庆安	男	培丰	海发集团	优秀党务工作者	市委	2016年6月
龚志民	男		省政府投资项目评审中心派驻高头乡高东村党支部第一书记	优秀党务工作者	市委	2016年6月
卢庆祥	男	坎市	区工商局	2015年执法办案先进个人	省工商局	2016年6月
邱永浪	男	仙师	区纪委	龙岩市优秀共产党员	龙岩市委	2016年6月
严梅姑	女	龙潭	龙岩卷烟厂永定分厂	福建省百万职工"五小"创新大赛三等奖	省总工会	2016年6月
赖仰雄	男	湖雷	龙岩卷烟厂永定分厂	福建省百万职工"五小"创新大赛三等奖等奖	省总工会	2016年6月
阙仕才	男	堂堡	龙岩卷烟厂永定分厂	福建省百万职工"五小"创新大赛三等奖	省总工会	2016年6月
苏丽清	女	凤城	龙岩卷烟厂永定分厂	福建省百万职工"五小"创新大赛三等奖	省总工会	2016年6月
陈有洪	男	培丰	龙岩卷烟厂永定分厂	福建省百万职工"五小"创新大赛三等奖	市政府	2016年6月
王文龙	男	抚市	坎市镇政府	道路交通安全综合整治工作先进个人	市政府	2016年6月
吴兆鹰	男	抚市	抚市镇政府	道路交通安全综合整治"三年行动"工作先进个人	市委、市政府	2016年9月
赖铃洪	男	凤城	仙师中学	龙岩市第三届杰出人民教师	市委、市政府	2016年9月
李定清	女	湖坑	实验小学	龙岩市第三届杰出人民教师	市委、市政府	2016年9月
范金雪	男	仙师	永定一中	龙岩市优秀教师	市委、市政府	2016年9月
胡雪珍	女	下洋	侨育中学	龙岩市优秀教师	市委、市政府	2016年9月
卢建顺	男	龙潭	龙潭中学	龙岩市优秀教师	市委、市政府	2016年9月
刘建芹	女		仙师中学	龙岩市优秀教师	市委、市政府	2016年9月
张永忠	男	洪山	永定三中	龙岩市优秀教师	市委、市政府	2016年9月
刘文彬	男	洪山	洪山中学	龙岩市优秀教师	市委、市政府	2016年9月
张继艳	女	岐岭	胡文虎小学	龙岩市优秀教师	市委、市政府	2016年9月
赖芳萌	女	凤城	城关中心小学	龙岩市优秀教师	市委、市政府	2016年9月
邱东华	女	仙师	仙师中心小学	龙岩市优秀教师	市委、市政府	2016年9月
胡盛初	男	下洋	下洋东洋小学	龙岩市优秀教师	市委、市政府	2016年9月
李千双	女	湖山	龙潭中心小学	龙岩市优秀教师	市委、市政府	2016年9月
赖纪平	男	合溪	区特殊教育学校	龙岩市优秀教师	市委、市政府	2016年9月

续表

姓名	性别	籍贯	获奖时所在单位	荣誉称号	授奖单位	获奖时间
苏学军	男	抚市	侨荣职业中专学校	龙岩市优秀教师	市委、市政府	2016年9月
张福萍	女	洪山	实验幼儿园	龙岩市优秀教师	市委、市政府	2016年9月
曾德勇	男	湖雷	永定三中	龙岩市优秀教育工作者	市委、市政府	2016年9月
陈福全	男	高陂	第二实验小学	龙岩市优秀教育工作者	市委、市政府	2016年9月
张凯祥	男	抚市	区水利局	中国好游客	人民日报社	2016年10月
罗灿忠			区疾病预防控制中心	参与"尼伯特"台风灾后卫生应急救援工作表扬人员	省卫生计生委	2016年10月
张东林	男	永定	区国税局	金三推进嘉奖	省国税局	2016年11月
阙东昌	男	凤城	区价格认证中心	"1·12"工作组价格认定工作	解放军军事检察院、国家价格认定中心	2016年11月
				全国优秀价格认定人员	国家价格认定中心	2016年12月
刘永良	男	峰市	区委报道组	优秀通讯员	福建日报社	2016年12月
阙少华	女	堂堡	区妇联	全省妇联系统先进工作者	省人社厅、省妇联	2016年12月
陈小菁	女	凤城	区教育系统老体协	老年人体育健身优秀辅导员	省老年人体育协会	2016年12月
熊宝玉	女	湖雷	湖雷镇老体协	老年人体育健身优秀辅导员	省老年人体育协会	2016年12月
谢秀松	女	下洋	区农业局农广校	2012—2015年度全省农业系统先进工作者	省人力资源和社会保障厅、福建省农业厅	2016年12月
吴燕昌	男	凤城	区住建局	福建省住房城乡建设系统优秀工会工作者	省住建厅	2016年12月
黄晓琼	女	抚市	坎市镇妇联	全省妇联系统先进工作者	省人社厅、省妇联	2016年12月
林煜春	男	坎市	坎市镇农业站	全国农牧业丰收奖	农业部	2016年12月
卢钟万	男	抚市	抚市镇畜牧站	2012—2015年度全省农业系统先进工作者	省人力资源和社会保障厅、福建省农业厅	2016年12月
熊清连	女	永定	区烟草局	福建省政法系统"十佳百优"最美家庭	省委政法委员会、省妇女联合会	2016年12月
刘炘芳	男	凤城	凤城街道	2016年度龙岩市"三大战役"先进个人	市委、市政府	2016年
江文周	男	新罗区	中国移动永定分公司	2016年优秀党务工作者	中共中国移动通信集团福建有限公司委员会	2016年
邓雁	女	凤城	中国移动永定分公司	福建省五一劳动奖章	福建省总工会	2016年
徐玉香	女	凤城	中国移动永定分公司	2016年福建移动"满意100"服务明星	中国移动通信集团福建有限公司	2016年
赖照华	女	凤城	中国移动永定分公司	2016年度优秀共产党员	中共中国移动通信集团福建有限公司委员会	2016年
熊建冬	男	凤城	中国电信龙岩永定区分公司	2016年接入层光缆线路维护生产竞赛先进个人	中国电信股份有限公司福建省分公司	2016年

续表

姓名	性别	籍贯	获奖时所在单位	荣誉称号	授奖单位	获奖时间
卢盛兰	女	陈东	中国电信龙岩永定区分公司	2016年全省优秀工会积极分子	中国电信集团工会福建省委员会	2016年
邓淦荣	男	抚市	中国电信龙岩永定区分公司	2016年全省优秀工会小组长	中国电信集团工会福建省委员会	2016年
林建钿	男	培丰	中国电信龙岩永定区分公司	2016年度网运基层工作先进个人	中国电信股份有限公司福建省分公司	2016年

·科技人才·

高级专业技术职称人员名表

（2016年，区内单位已知获得高级专业技术职称人员，含补遗。）

表39　　中小学正高级教师

姓名	确认时间	工作单位
李秀菊	2016年9月	永定一中

表40　　中小学高级教师

姓名	确认时间	工作单位
张光泽	2016年11月	下洋中心小学
黄海森	2016年11月	城关中心小学
伍顺英	2016年11月	胡文虎小学
张焜仁	2016年11月	湖雷罗潭小学
胡盛初	2016年11月	下洋中心小学
吴宏伟	2016年11月	湖坑洪川小学
赖桂东	2016年11月	教师进修学校
苏志勇	2016年11月	实验小学

表41　　主任医师

姓名	确认时间	工作单位
郑可丰	2016年9月	区中医院

表42　　副主任医师（护师、药师、检验师、技师、中药师）

姓名	职称	确认时间	工作单位
陈晓红	副主任医师	2016年1月	区中医院
罗宝华	副主任医师	2016年1月	区中医院
李方泉	副主任医师	2016年1月	区中医院
赖龙梅	副主任技师	2016年9月	区医院
赖冬娘	副主任护师	2016年9月	区医院
胡高标	副主任中药师	2016年11月	华侨医院
陈谷兰	副主任医师	2016年12月	华侨医院
郑东祥	副主任医师	2016年12月	湖雷中心卫生院
李振	副主任医师	2016年12月	区医院
林雪春	副主任护师	2016年12月	区医院
黄意芬	副主任护师	2016年12月	区医院
游雅娟	副主任护师	2016年12月	金砂乡计划生育服务所
林太鸿	副主任医师	2016年12月	区中医院

表43　　高级审计师

姓名	确认时间	工作单位
张丽华	2016年2月	区固定资产投资审计中心

表44　　高级政工师

姓名	确认时间	工作单位
吴振开	2010年7月	龙岩卷烟厂永定分厂

表45　　　　高级工程师

姓名	确认时间	工作单位
李清招	2015年12月	区园林管理所
卢胜芬	2016年12月	区林业局培丰林业站
林贵超	2016年12月	区建设工程质量监督站

中级专业技术职称人员名单

（2016年，区内单位已知获得中级专业技术职称人员，含补遗。）

卫生系列中级职称

黄小冬　叶翠英　廖根洪　沈喜伟　张玉武
赖胜华　卢盛维　沈基河　王洪光　廖　丹
戴锦辉　游友煌　卢兆仁　沈梅芳　陈丽萍
马锦良　黄进月　赖海达　苏文强　翁宏舜
李武铭　郑　光　卢龙明　胡　呈　陈芳芳
孔华梅　刘秋兰　张爱珍　张小平　谢细芳
邓丽群　赖冬华　黄小琴　刘小红　谢洪萍
张顺连　卢文斌　卢林玲　张丽欣　赖春妹
王金年　王　松　张林华　陈钛荣　胡长京
张应新　温小龙　赖俊生　阙秋兰　卢文斌
苏　青　张继晖　范莉萍　李丽琴　黄祝萍
张富娣　肖素平　李宝珍　黄艳玲　阮露瑜
胡玉莲

工程师

2015年

王尚龙　梁国华　谢冰江　黄书龙　简丽新
江卫军　姜凌燕　廖　文　阙斌荣　沈汉和
吴庆兰　张民锋　朱黄镕　林　淼　范荣进
罗家宁

2016年

罗鹏飞　廖如生　郭伟军　林锡琪　卢清文
戴建华　林文清　孔祥深　刘邦强　赖华生
陈路强　庄彬彬　郑楠华　李龙浩　黄盛维
张秀霞　苏泳才　李仙娣　林新富　林发龙
陈淑彬　詹　意　李仙娣　李桂林　罗富炜
姜初雷　徐小红　王朝钦　王晓阳　江克昌
张招娣　胡南兴　杨建文　孔德富　陈忠亮
陈金生　郑燕荣　丘桂堂　罗锦玉　薛文娟
陈志斌　肖　萍　翁淑彬　邱心红　丘永祥

政工师

郑　玮

经济师

2015年

黄　榕　卢文标　吕明芳　廖伟红　沈　乐

2016年

卢如新　卢勤娣　阙东昌

会计师

2015年

陈泽开

2016年

陈满娘　陈招娣　黄荣花　卢雪梅　黄春华
江晓春　卢明达　赖国智　卢梦雪

社会工作师

马岩祥

统计师

肖占良　苏秀梅　江满娘

审计师

谢凤珍

中级教练员

郑龙祥

·人物传略·

逝世人物

阮受贤

阮受贤，原名阙精和（1917年6月—2016年6月16日），培丰镇东中村阮屋人。1932年4月参加革命工作，1935年6月加入中国共产党。

1932年4月参加中央工农红军一方面军红一军团直属警卫连，任勤务兵，参加了广东南雄水口之战。1933年任红一军团军部无线电台监护班班长，参加了第四次反"围剿"战争。在江西宜黄黄陂战役中，和战友一起巧捉敌五十九师师长陈时骥。1933年夏参加第五次反"围剿"战争。1934年10月随红一军团从瑞金出发参加二万五千里长征，任特务连通讯员。1935年8月过草地时调军部，任聂荣臻警卫员，多次掩护首长出行。

1937年8月加入八路军一一五师，参加过平型关战役。1938年6月在山西忻州定襄县西汇头村接送白求恩去延安。1942年入抗日军政大学二分校学习，毕业后任晋察冀军区特务连连长。在学习期间，他一边学习、一边战斗，出生入死屡建奇功，曾一个人对付上百个日本侵略者，被政治部授予"歼敌第一"的称号。1948年任解放军华北军区汽车管理员。

中华人民共和国成立后，1950年任临汾军分区警通连连长。1952年调山西军区后方医院，先后任连长、科长、院长并转业。1962年调山西省荣军医院任总支书记、省民政厅党委委员。1973年调山西省101高干疗养院任主任。1982年离休，享受国家省部级待遇。

曾荣获国家颁发的三级"八一勋章""独立自由奖章""解放奖章""抗日战争胜利60周年纪念章"。事迹载入《毛泽东选集（第一卷）》《聂荣臻回忆录》《开国将士风云录》等。

2016年6月16日，阮受贤在山西省太原市逝世，享年100岁。

·先进集体·

2016年，区内获市（厅）级及以上表彰的先进单位（已知，含补遗），以获奖时间为序。

表46　　　　　　　　　　　　　　先进集体名表

获奖单位	荣誉称号	授奖单位	授奖时间
区审计局	2015年度全省审计信息宣传工作先进单位	省审计厅	2016年1月
坎市镇	2015年度森林防火工作先进单位	龙岩市政府	2016年1月
土楼公司	全国文明旅游先进单位	国家旅游局	2016年1月
区国税局	法治税务示范基地	省国税局	2016年1月
土楼公司	生态旅游示范区	省旅游局、省环保厅	2016年2月
物价局	2015年全国价格监测质量考核优秀单位	国家发改委	2016年2月
农行永定城关支行	"三化三达标"先进集体	省农行分行	2016年3月

续表

获奖单位	荣誉称号	授奖单位	授奖时间
农行永定支行团委	2014—2015年度五四红旗团支部	省农行分行	2016年3月
区农村信用合作联社	龙岩市守合同重信用企业	市政府	2016年3月
区农村信用合作联社	经营管理十强	省农村信用社联合社	2016年3月
区旅游局	厕所革命先进单位	省旅游局	2016年3月
区疾病预防控制中心	2013—2015年度慢性病预防控制工作先进集体	省疾病预防控制中心	2016年4月
区农村信用合作联社	福建省五一劳动奖状	省总工会	2016年5月
龙潭镇上西村	"全国计划生育协会村级先进单位"	中国计生协会	2016年5月
福建省龙岩金叶复烤有限责任公司	福建省百万职工"五小"创新大赛	省总工会	2016年6月
区国税局总支部委员会	先进基层党组织	市委	2016年6月
区委办公室支部委员会	先进基层党组织	市委	2016年6月
永定闽福建材有限公司支部委员会	先进基层党组织	市委	2016年6月
峰市镇河头村委	先进基层党组织	市委	2016年6月
抚市镇里兴村委	先进基层党组织	市委	2016年6月
区工商局执法大队	2015年执法办案有功单位	省工商局	2016年6月
福建省龙岩金叶复烤有限责任公司技术中心	福建中烟"十二五"科技创新工作先进集体	福建中烟工业有限责任公司	2016年7月
福建棉花滩水电开发有限公司	全国"安康杯"竞赛活动优胜单位	中华全国总工会、国家安全生产监督管理总局	2016年8月
永定一中	龙岩市教育系统先进集体	市政府	2016年9月
古竹中学	龙岩市教育系统先进集体	市政府	2016年9月
城关中心小学	龙岩市教育系统先进集体	市政府	2016年9月
实验幼儿园	龙岩市教育系统先进集体	市政府	2016年9月
抚市镇政府	全市2012年8月—2015年7月道路交通安全综合整治"三年行动"工作优胜单位	市政府	2016年9月
坎市镇	全国重点镇	住建部、国家发改委等7部委联合发布	2016年9月
永定区	2016—2020年度福建省科普示范区	省科协	2016年10月
洪山乡上山村	第四批中国传统村落名录	住建部	2016年11月
陈东乡岩太村	第四批中国传统村落名录	住建部	2016年11月
区工商局行政审批股	商事制度改革以来全国工商、市场监管部门企业登记工作成绩突出窗口单位	国家工商总局	2016年11月

续表

获奖单位	荣誉称号	授奖单位	授奖时间
湖坑镇	全国第四批美丽宜居小镇	住建部	2016年12月
下洋镇初溪村	全国第四批美丽宜居村	住建部	2016年12月
永定区委报道组	2016年优秀报道组	福建日报社	2016年12月
湖雷镇金业老年人活动中心辅导站	老年人体育健身先进辅导站	省老年人体育协会	2016年12月
区林业局陈东林业站	全国标准化林业站	国家林业局	2016年12月
区农业局产业发展与市场信息股	2012—2015年度全省农业系统先进集体	省人力资源和社会保障厅、省农业厅	2016年12月
金砂乡	全省"无违建"乡镇创建示范点	省"两违"综合治理专项行动领导小组	2016年

附　录

主要统计资料

2016年永定区国民经济主要统计资料

指标名称	计量单位	2016年	指标名称	计量单位	2016年
一、人口与劳动力			第二产业增加值	万元	1070631
1.年末总人口（户籍）	万人	50.82	#工业增加值	万元	873503
其中：非农业人口	万人	15.82	第三产业增加值	万元	747736
农业人口	万人	35.00	3.人均地区生产总值	万元	59285
其中：男	万人	26.50	4.固定资产投资	万元	2438536
女	万人	24.33	其中：国有单位投资完成额	万元	1190690
人口出生率	‰	16.12	其中：第一产业投资	万元	86771
人口死亡率	‰	5.63	第二产业投资	万元	960682
人口自然增长率	‰	10.49	第三产业投资	万元	1391083
2.年末社会劳动者人数	万人	32.84	其中：房地产开发投资	万元	76403
其中：第一产业	万人	11.01	5.非私营城镇单位在岗职工	人	26620
第二产业	万人	8.96	其中：国有单位	人	14915
第三产业	万人	12.87	城镇集体单位	人	1587
乡村从业人员数	万人	26.92	其他单位	人	10118
其中：男	万人	13.78	企业单位	人	12974
女	万人	13.14	6.非私营城镇在岗职工工资总额	万元	1571096
二、国民经济综合指标			其中：国有单位	万元	969207
1.地区收入总值	万元		城镇集体单位	万元	95085
2.地区生产总值（现价）	万元	2146114	其他单位	万元	506804
其中：第一产业增加值	万元	327748	企业单位	万元	686535

续表

指标名称	计量单位	2016年	指标名称	计量单位	2016年
7.非私营城镇在岗职工年平均工资	元/人	58592	四、工业		
其中：国有单位	元/人	65332	1.工业总产值	万元	-
城镇集体单位	元/人	60680	其中：轻工业	万元	-
其他单位	元/人	48675	重工业	万元	-
企业单位	元/人	51779	（1）规模以上工业产值	万元	689201
8.城镇居民人均可支配收入	元	32138	# 轻工业	万元	94456
9.农民人均纯收入	元	15352	重工业	万元	594746
10.居民消费价格指数	%	101.4	# 国有经济	万元	61247
三、农业和农村经济			集体经济	万元	-
1.耕地面积	万亩	38.85	其他经济	万元	627954
2.农业机械总动力	万千瓦	156793	# 中型企业	万元	274104
3.化肥施用折纯量	吨	17915	小型企业	万元	415097
4.农林牧渔业总产值	万元	555033	（2）规模以下工业产值	万元	-
其中：农业	万元	212697	2.规模以上工业主要产品产量		
林业	万元	67649	原煤	万吨	235.1
牧业	万元	242293	发电量	万千瓦时	374035
渔业	万元	13284	水泥	万吨	575.48
服务业	万元	19110	木材	万立方米	16.28
5.农作物播种面积	万亩	59.9	服装	万件	26.92
6.主要农作物产量			五、交通运输、邮电、通信		
粮食产量	吨	124768	1.全社会客货运周转量	万吨公里	258229
油料产量	吨	2168	2.全区公路总里程	公里	2509.7
茶叶产量	吨	1709	3.邮电业务总量	万元	3274
烟叶产量	吨	5847	4.固定电话用户	户	53439
7.水果产量	吨	176789	5.移动电话用户	户	315548
8.主要畜牧业产量			六、贸易、外经和旅游		
肉类产量	吨	81364	1.社会消费品零售总额	万元	770829
禽蛋产量	吨	2540	2.实际利用外资	万美元	3843
猪年末存栏数	万头	53.2	3.外贸出口	万美元	14535
牛年末存栏数	万头	1.23	其中：三资企业出口	万美元	
9.水产品产量	吨	5615.3	4.旅游接待人数	万人次	597.9
10.造林面积	亩	45135	其中：境外旅客	万人次	18.22

续表

指标名称	计量单位	2016年	指标名称	计量单位	2016年
5.旅游总收入	亿元	467919	特殊学校	人	10
其中：旅游创汇	亿元	3466.4	4.在校学生数	人	65188
七、教育、卫生			其中：小学	人	26046
1.全区教师数	人	4993	普通中学	人	12677
其中：幼儿园	人	346	职业中学	人	910
小学	人	2514	幼儿园	人	20916
普通中学	人	2516	特殊学校	人	116
职业中学	人	95	5.医院床位数	张	1388
特殊学校	人	26	6.卫生技术人员	人	1073
2.中小学学校数	所	116	八、财政、金融		
其中：小学	所	81	1.财政总收入	万元	134723
普通中学	所	31	#中央级财政收入	万元	45848
职业中学	所	3	地方财政收入	万元	88875
特殊学校	所	1	其中：一般预算收入	万元	
3.中小学招生数	人	10877	2.财政总支出	万元	245749
其中：小学	人	4612	3.金融机构存款年末余额	万元	1517361
初中	人	3790	其中：城乡居民储蓄存款余额	万元	900152
高中	人	2064	4.金融机构贷款年末余额	万元	939636
职业中学	人	401			

注：本表数据含虎岗、高陂、坎市、培丰4个镇。

2016年永定区国民经济和社会发展统计公报

2016年，全区上下在中央和省委、市委的正确领导下，深入贯彻落实党的十八大和十八届历次全会精神，深刻领会中共中央总书记习近平系列重要讲话和来闽来岩考察重要讲话精神，主动适应体制转轨，加快经济转型，坚定实施"工业强区、文旅兴区、生态立区、农业稳区"战略，做大做强"125"产业，全力推进二次创业，全区经济社会实现平稳健康发展。

一、综　合

初步核算，全年实现地区生产总值达136.37亿元、比增7.3%。其中，第一产业增加值24.51亿元、比增3.3%；第二产业增加值65.42亿元、比增7.3%；第三产业增加值46.44亿元、比增9.2%。三次产业的结构比例由2015年的17.5:49.1:33.4调整为2016年的18.0:48.0:34.0，人均GDP为59122元。

全年财政总收入12.42亿元。其中，地方财政收入8.17亿元，下降20.8%；上划中央收入4.25亿元。国税税收收入76225万元，地税税收收入90201万元。财政总支出24.57亿元，下降8.0%。其中，教育支出

5.86亿元、下降23.4%；社会保障和就业支出3.22亿元、下降13.6%。医疗卫生支出3.38亿元、下降18.2%。农林水事务支出4.12亿元、比增0.3%。

2016年财政支出完成情况

指　　标	绝对数（万元）	比上年增长%
财政总支出	245749	-8.0
其中：一般公共服务	16127	-29.2
公共安全	10589	-8.3
教育	58587	-23.4
科学技术	1755	-42.1
文化体育与传媒	4814	0.4
社会保障和就业	32152	-13.6
医疗卫生	33751	-18.2
农林水事务	41232	0.3

2016年居民消费价格总水平（CPI）比上年上涨1.4%，近五年来涨幅逐渐放缓，其中消费品价格上涨1.3%，服务项目价格上涨0.6%，农业生产资料价格上涨1%，工业品价格与去年持平。

2016年居民消费价格类指数情况

指标名称	上年同期=100
居民消费价格指数	101.4
（一）食品	104.7
1.粮食	100.1
2.油脂	99.0
3.肉禽及制品	108.3
4.菜类	117.3
（二）烟酒及用品	101.2
（三）衣着	101.9
（四）家庭设备用品及维修	101.5
（五）医疗保健和个人用品	99.9

续表

指标名称	上年同期=100
（六）交通和通讯	99.2
（七）娱乐教育文化用品及服务	101.3
（八）居住	100.3

年末新增就业人数1650人，年末城镇登记失业人数1485人，年末全区城镇登记失业率2.55%，比上年下降0.39个百分点。

二、农　业

全年实现农林牧渔业总产值41.81亿元，比增3.5%。其中，农业产值16.76亿元，增长3.2%；林业产值5.72亿元，增长4.1%；牧业产值16.78亿元，增长3.1%；渔业产值1.21亿元，增长6.1%；农林牧渔服务业产值1.34亿元，增长5.5%。农林牧渔业生产结构比例由2015年的39.1:13.4:41.3:2.6:3.6。调整为2016年的40.1:13.7:40.1:2.9:3.2。

2016年主要农产品产量表

指标名称	单位	实际值	增量	比上年增（%）
粮食产量	吨	111043	365	0.3
其中：稻谷	吨	98155	-533	-0.5
油料产量	吨	2421	28	-2.2
烤烟产量	吨	3941	107	2.6
蔬菜产量	吨	224519	3666	1.7
茶叶产量	吨	1335	90	7.2
水果产量	吨	131759	16888	14.7
其中：李子	吨	4357	-309	-6.6
食用菌产量	吨	1217	-119	-8.9
肉类总产量	吨	55836	925	1.7
其中：猪肉产量	吨	49871	138	0.3

续表

指标名称	单位	实际值	增量	比上年增（%）
牛肉产量	吨	1019	28	2.8
羊肉产量	吨	119	40	50.6
禽肉产量	吨	3996	616	18.2
兔肉产量	吨	829	109	15.1
禽蛋产量	吨	1657	147	9.7
奶类产量	吨	120	3	2.6
蜂蜜产量	吨	395	103	35.3
水产品产量	吨	5615	382	7.3
生猪出栏	头	634419	−21143	−3.2
生猪存栏	头	336989	−35436	−9.5

2016年年末，耕地面积32.65万亩，其中水田28.46万亩，水浇地0.59万亩，旱地3.60万亩。耕地面积结构比例为87.2:1.8:11.0。2016年年末，有市各类农业龙头企业3家，新增各类农业龙头企业3家，累计3家，年产值2412万元，带动农户353户，带动基地规模中种植面积为7700亩。

三、工业和建筑业

全年实现工业增加值25.78亿元，比增7.1%。年末有规模以上工业企业74家，净增5家。规模以上工业企业实现利润总额8.44亿元，比降256.5%；规模以上工业经济效益综合指数347.22%，比上年上升104.58个百分点；产品销售率99.04%，比上年下降0.1个百分点。全社会工业用电量17413万千瓦时，比降7.2%。

在规模以上工业中，煤炭产业产值16.37亿元、比降8.9%；建材材业产值23.33亿元、比增2.3%；光电光纤产业产值1.61亿元、比增44.9%；农副产品加工业产值8.17亿元、比增29.5%；电力产业产值17.65亿元、比增50.7%；高技术产业产值1.94亿元、比增34.6%。

2016年规模以上工业主要产品产量

指标名称	单位	产量	比上年增长（%）
原煤	吨	2350675	−8.9
水泥	吨	5754793	−2.2
天然花岗石建筑板材	平方米	7060831	11.4
发电量	万千瓦小时	374035	98.4
中成药	吨	77.07	−11.5
精制茶	吨	77	16.4
纸制品	吨	1897	−41.3
服装	万件	26.92	42.2

全年实现建筑业增加值12.01亿元，比增8.2%。年末有资质以上建筑业企业23家，净增5家。全区资质以上建筑业企业完成总产值27.55亿元，比增32.5%；房屋建筑施工面积75.79万平方米，比增13.9%。

四、固定资产投资

全年城乡500万以上固定资产投资171.51亿元（不含高速），比增15.5%，在城乡500万元以上固定资产投资（不含高速）中，第一产业投资6.88亿元，比增64.5%，第二产业投资62.04亿元，比增22.6%，第三产业投资102.59亿元，比增9.5%。全年施工项目412个。

全年房地产开发投资7.80亿元，比增5.8%。商品房销售面积11.15万平方米，比增43%。商品房销售额4.98亿元，比增41.4%，待售商品房面积2.80万平方米，比增2.2%。

五、国内贸易和对外经济

年末有工商企业45056家，其中个体户21270

家，私营企业4667人。私营企业从业人员19119人，其中城镇从业人员10106人。

全年社会消费品零售总额6.32亿元，比增18.5%。按经营地分，城镇消费品零售额3.92亿元，比增10.6%。乡村消费品零售额2.40亿元，比增34.2%。按构成分，限额以上25.44亿元，比增19.6%；限额以下30.34亿元，比增8.2%。主要消费形态中，批发零售业商品销售额87.09亿元，比增17.5%；住宿餐饮业营业额9.93亿元，比增18%。商品零售额56.40亿元，比增15.8%。

全年新申请注册商标137件，累计有注册商标1839件，累计有中国驰名商标1个、省著名商标11个、市知名商标22个。

全年新增4家外商投资企业，新签合同利用外资4870万美元。实际利用外资2593万美元（验资口径），比增10.2%；外贸出口14401万美元，比增8.7%。

六、交通、邮电和旅游

全年24个乡镇交通运输、仓储及邮电通信业实现增加值8.46亿元，比增4.2%。年末公路通车总里程2509.67公里，其中国道132.7公里、省道16.11公里、区道350.77公里、乡道692.04公里、村道1318.05公里。有高速公路里程78.5公里。全年公路客货运周转总量14070万吨公里，比增7.3%。载货汽车（营运）2678辆、下降21.8%；载货挂车633辆、比增48.24%；年末有区内有2条公交线、13辆公交车、15辆出租车。

邮电通信业务总量为9541.86万元，其中邮政业业务总量3274.37万元、电信业业务总量6267.49万元。年末城乡固定电话用户53439户，移动电话用户45788户，互联网用户33576户。移动电话基站382个，光缆线路长度4752公里，互联网宽带接入端口50747个。全年累计邮路总长度466891.6公里，函件1563710件、包裹131434件、快递12838件、汇票20295笔、订销报刊期发数35556份、比降16%；订销报刊累计数4670832份、比降5.4%。

全年共接待旅游总人次597.9万人次，比增13.8%。其中境外游客18.22万人次、比增8.7%。实现旅游总收入467918.7万元、比增16.1%。其中，土楼景区门票收入13058.2万元、比增15.7%。年末有5家星级酒店，星级酒店客房总数367间。

七、金融和保险

全区24个乡镇年末金融机构本外币各项存款余额151.74亿元，比增16.7%。其中，住户存款90.01亿元，比增9.7%。年末经融机构贷款余额93.96亿元，比降5.4%。其中，住户贷款66.13亿元，比增7.1%。

2016年金融机构存贷款情况表

指 标	年末余额（万元）	比年初增减（万元）	比上年末增长（％）
存款余额	1517361	217094	16.7
其中：住户存款	900152	79616	9.7
贷款余额	939636	-54029	-5.4
其中：住户贷款	661283	43609	7.1
非金融企业及机关团体贷款	278347	-97637	-26.0

全年全区人身保险保费收入18364万元，人身保险赔款及给付5721.53万元；财产保险保费收入10163.12万元，财产保险赔款及给付6238.85万元。

八、教育和科学技术

全区年末有普通初中17所、班级数201班、毕业2548人、招生2725人、在校7953人、教师1013人。普通高中6所、班级116班、毕业1810人、招生1549人、在校4724人、教师649人。职业中学3所、班级32班、毕业213人、招生401人、在校910

人、教师95人。小学52所、班级643班、毕业2775人、招生2996人、在校17848人、教师1678人。幼儿园71所、班级484班、毕业3244人、招生7091人、在园幼儿13489人、教师798人。特殊教育学校1所、班级12班、毕业0人、招生10人、在校101人、教师27人。小学学龄儿童净入学率、初中升学率、高中升学率分别为100%、97.01%、71.33%，学生升学率位居全市前列。2016年度，有1189人上本科线，有1072人被本科录取。年末共有各类专业技术人员5110人，比增0.1%，其中高级878人，比增0.2%，中级2758人，比增0.02%，初级1474人，比增0.3%，农业技术人员135人。

年末有国家基本地面气象观测站1个，简易地面气象观测站20个，年平均气温20.7℃，最高温度36.7℃，最低温度-4.1℃，总降雨量2767.2毫米，平均相对湿度83%，总日照时数1585.5小时，有霜日5天，有雾日31天。

九、文化、卫生和体育

年末有汉剧团和土楼艺术团等区级艺术团体2个，区级体育馆、文化馆、图书馆各1个、影剧院2个，年末公共图书馆图书总藏量64000册。全年累计共放电影3589场。有区级电视台、广播电台、有线电视台、电视发射台、603台各1个，电视人口覆盖率达98.92%，广播人口覆盖率达94.6%；光缆网络4043杆公里；有线电视网络通乡数24个，通乡率达100%；有线电视用户57172户，其中城区用户15989户。

年末有各类卫生医疗机构35家（其中区医院、中医院、疾控中心、妇幼院各1家，乡镇卫生院23家），共有床位990张，共有卫生技术人员927人。

十、人口、人民生活与社会保障

年末全区24个乡镇（街道）中有1个街道、12个镇、12个乡、18个居委会、261个行政村。全区有户籍户数153402户、户籍人口508246人，其中男264977人、女243269人。常住人口36.3万人。年内出生人口9450人，出生率18.01‰，其中男5176人、女4274人，男女出生人口性别比为121.1：100。死亡人口2948人、死亡率5.63‰、人口自然增长率10.49‰。

2016年，城镇居民人均可支配收入32138元，比增7.3%；城镇居民人均消费支出21037元，比增5.1%。农村居民可支配收入15352元，比增8.6%；农村居民人均生活消费支出10864元，比增7.7%。

年末参加城镇职工养老保险2124户，共计37852人，基本养老保险保费收入15227万元，累计结余2583万元。参加城镇职工基本医疗保险人数159584人，保险基金收入21759万元，基本医疗保险基金累计结余34430万元。年末参加农村养老保险人数159714人，年度筹资总额13258.65万元，其中缴纳总额2744.39万元；领取养老保险人数64103人，发放总金额10252万元。年末10336人领取被征地农民养老补助金，累计发放养老保障金1546.28万元。参加农村新型合作医疗户数100205户，共计323276人，基金总额17570.47万元，筹资总额17570.47万元，补偿人次493850人，补偿总金额13882.71万元。年末参加工伤保险职工人数22686人，工伤保险保费收入1134万元，工伤保险基金累计结余728万元。参加生育保险职工人数20806人，生育保险保费收入236万元，生育保险基金累计结余525万元。参加城镇失业保险人数为34880人，失业保险覆盖率95%，失业保险基金累计结余552.38万元。

2016年，全区民政事业经费投入10723.24万元，比增19.6%，其中抚恤2484.97万元、福利救济3545.38万元、救灾195.4万元、离退休361.3万元、其他4136.19万元。全区烈属数（直系）1946户、享受抚恤金806.1万元；革命伤残人员105人、享受伤残抚恤金193.86万元；失散红军6人、享受定期补助金28.32万元；现役军人475人、享受群众优待金630.83万元；复员军人164人、享受定补金240.3

万元。年末有光荣院、福利院、烈士陵园管理所各1个，乡镇敬老院22个，院民人数共248人，共有924张床位。全区城镇有147户、203人，农村有2730户、6163人纳入最低生活保障，保障金额分别为317.2万元、2825.2万元。年末共有残疾人总数为16740人，共有"五老"人员996人，享受定补金额1039.82万元。全区共有五保户248户，五保人员248人。

十一、资源、环境和安全生产

初步核算，2016年全区规模以上工业综合能源消费量为528145吨标准煤，比降13.7%，规模以上单位工业增加值能耗2.13吨标准煤/万元。全社会用电量13.16亿千瓦时，比降3.95%。其中，工业用电量8.94亿千瓦时，比降10.81%。年末有林地面积262.2万亩，其中森林面积246.8万亩，森林覆盖率73.8%。全年共发生森林火灾0起，受害面积0亩，森林火灾发生率为0次/十万公顷，森林火灾受害率为0‰。

全年共发生各类生产安全事故12起，死亡8人，亿元GDP生产安全事故死亡率为0.059%，工矿商贸企业就业人员10万人生产安全事故死亡率为2.22%。

注：

1.本公报数据除有特别说明外均为2016年全年累计数或年末时点数。

2.本公报数据均为快报数，无说明数据均为扣除经开区4镇（高陂、培丰、坎市、虎岗）数据。

3.年末人口数为公安局年报数，年内出生人口（含补报往年数）人、出生率、死亡人口、死亡率、人口自然增长率等指标为卫计局年报数。

4.保险数据仅含中国人寿保险有限公司永定支公司、中国人民财产保险股份有限公司永定支公司、中国平安财产保险股份有限公司永定营销服务部、大地财产保险股份有限公司永定支公司等4家公司，天安财产保险股份有限公司永定支公司等5家公司。

龙岩经开区（高新区）

【概况】

2012年11月2日，龙岩高新区在原永丰新区举行揭牌成立仪式，设立中共龙岩市委龙岩高新技术产业开发区工作委员会、龙岩高新技术产业开发区管理委员会、中共龙岩市纪委龙岩高新技术产业开发区工作委员会，分别为龙岩市委、市政府、市纪委派出机构。按照"职能相近、便于管理、便于工作衔接、有利于调动工作积极性"的原则，龙岩高新区与原永丰新区合署办公，实行"两块牌子、一套人马"的模式运行。2014年4月30日，中共福建省委机构编制委员会办公室批准确定龙岩高新区管委会机构规格为正处级。

2014年4月，科技部研究确定将龙岩高新区列入2014年国家高新区升级名单。同年，创建国家高新区通过部委审核。2015年2月5日，国务院发文（国函〔2015〕22号）批复同意省级高新区升级为国家高新技术产业开发区。2015年3月，市委、市政府研究决定龙岩经济技术开发区与龙岩高新技术产业开发区整合，简称龙岩经开区（高新区），按照"同级授权，属地直管"原则，实行"两调整、一下放"，即把东肖、红坊、高陂、坎市、培丰、虎岗等6个镇党的建设工作（含辖区范围内的乡镇干部职工的任免和管理）调整为经开区（高新区）党工委负责，经济社会管理工作调整为经开区（高新区）管委会负责，市一级行政审批与管理职能的权力下放到经开区（高新区）党工委、管委会。

2016年，龙岩经开区（高新区）实现地区生产总值147.5亿元、比增9.5%。财政总收入完成8.34亿元、比增34.2%。其中，地方财政收入4.74亿元、比增38.1%。规模以上工业增加值58.6亿元、比增9.1%。500万元及以上固定资产投资134.5亿元、比增21.9%。其中，工业固定资产投资50.2亿元，比增22.8%。实际利用外资2500万美元，比增19.1%。社会消费品零售总额30.78亿元，比增12.3%。城镇居民人均可支配收入33000元，比增7.2%；农民人均可支配收入16200元，比增8.9%。

【项目落地】

2016年，龙岩经开区（高新区）的16个省、市重点项目完成投资37亿元，占年度计划的112.1%。列入2014—2018年"行动计划"重大投资项目39个，完成投资38.2亿元，占年度计划的128.6%。福建新龙马汽车股份有限公司、国研科级集团"四方重组"基本完成，首款SUV车型启腾V60正式上市。中晶蓝宝石衬底、安通线束、紫荆SCR脱硝催化剂、易动力新能源电池、富田标准厂房等一批项目正式投产。龙马环卫扩建、环海环保、新龙客车、15亿安时锂电池、中农批物流交易城、中外运综合物流中心、培丰福能绿色小镇等一批项目开工建设。龙岩公路港、红炭山健康医养等一批项目顺利签约。粮食储备直属库等项目有序推进。发挥"新古田会议"后续效应，签约12个军民融合项目，投资总额72.5亿元，签约项目数、投资总额均位居全市前列。获批国家专项建设基金项目4个，争取资金补助3亿元。

【脱贫攻坚】

2016年，龙岩经开区（高新区）按照"一个不漏，一个不错"的原则，集中实施"九措到户"政策，精准识别经开区范围内贫困户1897户5174人，实现扶贫挂钩全覆盖；完成年度脱贫2404人，占市下达脱贫任务102.87%，占全部贫困户人数46.5%。设立扶贫开发和融资担保"两大融资平台"，累计发放小额贷款793万，腾出220套安置房源用于易地安置，基本完成培丰、高陂3个集中安置点建设，全面完成省、市下达易地扶贫搬迁、小额信贷任务。充分发挥龙岩经开区"一户一就业"特色优势，采取举办培训班、劳务供需会、村企共建等模式，共培训460户800人次，组织企业42家，提供60个工种，近千个就业岗位，约1300名贫困人员参加，达成就业意向563人；实现6家龙头企业与经开区内6个贫困村挂钩结对帮扶，实施就学资助38人、就业援助45人。

【生态环保】

2016年，深入开展"大干90天，全面完成关闭拆除生猪养殖业综合整治任务"活动，投入2195万元，完成市下达36家规模养殖场升级改造任务，关闭拆除省环保厅督办养殖场17家，全年拆除关闭生猪养殖场1120家，面积38.1万平方米，存栏生猪减少38.04万头。落实汀江流域、九龙江流域河长制，完成13公里流域治理、9公里雨污管网建设，永定河高陂段、坎市清溪段水质达到三类水质标准。全面关停黄岗水库29家农家乐，东肖、高陂等5个镇完成垃圾中转站建设。淘汰黄标车1346辆，整治燃煤锅炉5家。实施水土流失治理3万亩、造林绿化5100亩，均超额完成市定任务。

【"333"产业】

编制实施"333"产业（智能机械、环境科技、专用车三大主导产业，光电新材料、生物医药、新一代信息技术三大新兴产业，电子商务、现代物流、健康养生三大现代服务业）发展规划，实施智能制造、发展"互联网+"经济，推动供给侧结构性改革、产业高端化发展，全年产值196亿元。新增亿元企业9家、规模以上企业32家、限额以上商贸企业38家、规模以上服务业14家。龙马环卫"环卫装备制造+环卫产业服务"模式逐步在全省、全国推广成功，连续五年营业收入复合增长率达30%以上，获中国上市公司最具成长价值奖。光电与新材料产业加快调整升级。福建德晖实业有限公司向光电全产业链延伸，钰辰微电子与阿联酋公司签订1000万美元订单，龙生第二代透皮短肽技术加快研发。龙马环卫、龙合智能机械成功进入第五批军队设备供应商库，强龙金属产品运用于长征五号运载火箭。通过省级新型工业化产业示范基地（军民结合）验收。

【创新驱动】

出台中小科技企业培育扶持政策，落实各项科技专项支出1400万元。强化创新主体培育，龙净环保被授予国家技术创新示范企业称号（全国仅2家），新增国家高新技术企业9家、省战略新兴产业骨干企业1家，"科技小巨人"6家。帕特纳与中船重工合作研发脱硝技术获首届中国军民两用技术创新应用大赛优胜奖。龙生生物获省第四届创新创业大赛一等奖，4家企业获市第三届创新创业大赛奖项，获奖总数居全市第一，其中易动力电子获一等奖。设立"龙岩市机械装备产业集群窗口公共服务平台"，共孵化科技创新型企业（项目）53家。整合重组经开区（高新区）下属国有企业，设立南方总部实业集团，推进国有资产保值增值。加强政产学研用合作，与北京大学研究生院共建研究生实习基地，与龙岩学院共建奇迈众创空间。成功举办龙岩市第三届汽车产业发展顾问座谈会。

【服务企业】

2016年，龙岩经开区（高新区）出台工业稳增长、产业龙头培育、小微企业减负等惠企政策，组织开展"进企业、送服务、解难题、促增长"、帮扶工业企业"降成本"、政银企对接洽谈等活动，全年为33家企业提供1.3亿元贷款担保，为8家企业提供融资授信4亿元、发放融资款1.2亿元。设立5000万元企业还贷应急资金，累计为5家企业提供"过桥资金"9990万元。全年兑现各类财政奖励6542万元，举办各类技能培训班6期，为园区企业招聘普工2000多人。采取债券转换、争取政策性贷款等多元融资模式，筹措低息长期融资贷款27.3亿元。新兴产业创业引导投资基金完成3家科技型企业投资。全年获批城市建设用地56.31万平方米（844.6亩），累计征收土地55.47万平方米（832.1亩），集中清理供而未用土地、闲置土地26宗共2563.7亩。扎实开展"两违"专项整治行动，拆除违建面积68.5万平方米，"两违"分类处置率99.2%，腾出可利用土地54.5万平方米，腾出土地利用率达97.5%。

【基础设施建设】

2016年，南方总部城一期A标（珠江花园）完成部分销售，B标（珠江大厦）完成主体工程建设。完成国道319线改造工程（培丰至东肖段）、城际快速通道三期（黄田至大水坑段）、双永高速坎市互通等项目工程审计，高虎公路二期、坎湖公路开工建设，永丰大道（平在段）、西外环、南环桥及引线工程实现通车，高陂南北环路一期、红田路一二期、快速通道二期基本建成，龙岩大道南段、厦蓉扩容、高陂北环路二期进入扫尾阶段。启动实施汀江防洪堤工程一期（培丰段）、灌洋水库综合治理，加快推进大坑水库、双坑口水库项目前期工作，高陂自来水厂及配套管网开工建设，永定第二污水处理厂主管网、坎市碧溪河污水支线管网实现竣工通水，高陂西陂水利风景区项目通过省水利厅审查。完善城区配套设施，基本完成东肖南路提级改造以及片区主干道路交通标线、停车线的布设工作。

【宜居环境建设】

2016年，龙岩经开区（高新区）实施新型城镇化和美丽乡村建设三年行动计划，委托市城乡规划设计院规划编制，计划投资17.7亿元，用于高陂专用车特色小镇、东肖新城91个项目建设。集中投入11.1亿元资金重点发展6个市级美丽乡村产业项目，实施农房改造及新村建设项目9个，完成投资9200万元。实施宜居环境建设行动，推进"三边三节点"（山边、路边、水边，城市中心节点、市民活动节点、交通枢纽节点）整治，完成村道路面硬化9100米、村庄新增绿化面积4.86万平方米，新建村级公园7个、集中污水处理设施1个、污水管网1200米。

【城乡综合治理】

2016年，龙岩经开区（高新区）全面实施"平安三级联创"工作，完成高陂、坎市境内治安视频监控卡点设置。涉麻涉毒、涉爆涉矿、精神病患者救治救助、进京非访等专项整治有序开展。实施创建全国文明城市工作，抓好镇容镇貌综合整治，整治主干道16条，查处或清理占道、店外店经营1000余起。加强企业安全生产、无证矿硐巡查，强化食品安全检查及消防网格化建设，安全生产环境明显改善。开展道路交通安全整治，完成41处道路交通安全隐患点整治。有效应对"莫兰蒂""鲇鱼"超强台风侵袭，抢险救灾工作组织有力，实现安全度汛。

【社会保障体系】

2016年，龙岩经开区（高新区）公共财政用于各类民生支出4.72亿元，占财政总支出的75.3%。启动兴业安置小区二期主体建设，莲花二期安置小区全面建成、完成安置房613套涉及476户回迁工作。开通市区至红坊陆地港公交车专线，新增途经经开区（高新区）公交车路线5条。城乡劳动就业形势保持稳定，被征地农民养老保障、农村五保供养、城乡最低生活保障等标准稳步提高，全面推进农村土地承包经营权确权登记颁证工作，"三农"综合保险实现全覆盖，城乡居民社会养老保险、新农合参保率达95%以上，城市低保对象由原来的144人核减到76人。

【教育卫生事业】

2016年教育事业投入3.8亿元，编制"十三五"教育、卫生事业发展规划，龙岩三中、溪连小学、东肖中心幼儿园上划龙岩学院附属学校，启动东肖中心小学、红坊中心小学改扩建项目，永高小学、坎市实验幼儿园开工建设，九年一贯制学校完成选址规划，坎市中心小学（迁建）建成使用。实施"名师名校长培育工程"，公开招聘补充小学教师30人，中小学校级领导班子调整充实到位。深入开展创建卫生计生综合监督行政执法工作示范镇活动，全年投入2923万元用于改造提升卫生服务中心、标准化卫生所以及其他卫生事业，乡镇疾病防控、卫生监督工作全面推进。

【文化旅游发展】

2016年，完成经开区（高新区）旅游发展专项规划，投入500万元用于东肖、虎岗等5个镇46个闽西中央苏区革命旧址群申报点建设，东肖红色旧址群国家AAA级旅游景区持续提升，高陂镇西陂村入选第四批中国传统村落名录，《红色虎岗》由中共党史出版社发行。策划申报的龙岩特色土楼、四角崟火山口地质公园等项目进入国家项目库。推荐申报国家、省级文物保护单位12处，规划申报非物质文化遗产3个，东肖咸酥花生传统加工技艺、农历正月十二民俗文化庙会省级、市级非物质文化遗产品牌持续提升。群众文化生活不断丰富，成功举办经开区（高新区）首届中小学生田径运动会、"筑梦新区"迎新春职工文艺汇演、坎市首届美食文化节、张胜友文学馆（北山书院）开馆及文学创作座谈会、第31届"金龙杯"篮球赛等活动。

文 选

故乡的土楼

每当朋友问起我的故乡在哪里，我总会习惯性地面带得意地双手比划着说，"有圆圆土楼的地方"，对方往往"噢噢噢"连声赞叹，可见故乡的土楼早已名满天下。

故乡的土楼原本"养在深闺人未识"。在故乡永定和整个闽西地区，民间流传着一则极为搞笑的故事：话说上世纪东西方对峙冷战的年代，美国间谍卫星掠过福建西南部上空时，骇然发现一片又一片的深山密林间掩藏着一座座硕大无朋的圆形建筑物，像地下冒出来的"蘑菇"，又如同自天而降的"飞碟"，或隐没于山岙，或突兀于溪畔，疏密错落，排列有序，一度被美国联邦调查局（FBI）神经质地判定为"核反应堆"或"导弹发射井"……接下来，更加荒腔走板的闹剧上演了，有神秘人士潜入这片山林，实地拍摄了一系列照片，却啼笑皆非地发现了另一片新大陆：原来这些庞然"怪"物是世界上独一无二的山区大型夯土民居建筑，客家先民披荆斩棘，垒土成楼，耕读传家，安居乐业久矣！

何谓客家？时序上溯千年，自东晋以降，北方游牧铁骑屡屡南侵，中原板荡，战祸频仍，黄河流域汉民颠沛流离，"人慌慌而游走，风飒飒以南迁"，客家先民历经多次大规模辗转徙居，择河谷，逐水草，遂于闽赣粤边界安营扎寨，并逐渐形成客家民系社会。

显然，客家是汉族的一支特殊民系。客家人自诩汉族正宗，客家话是古代汉语的活化石，客家文化传承了中华古老的汉文化。在民族学和社会学范畴中，"客家族群"系基于地域特征和文化传袭而形成的"原生性"社会群体。

俗话说"深山藏瑰宝"，这些古朴雄奇的客家土楼，被世人称誉为"东方古城堡"。有学者论述为人类建筑史上的三次革命：一曰石材，以西方哥特式教堂为代表；二曰木材，以北京紫禁城故宫为代表；三曰生土，以客家土楼为代表。据考察，永定境内现有各式客家土楼两万三千余座，其中圆土楼三百六十座。客家土楼起源于唐代，元末明初蔚然成风，有方形、圆形、八角形、交椅形和椭圆形，并随着客家人的迁徙足迹遍布闽西、赣南、粤东等地区。客家人喜好聚族而居，每座土楼都居住着十几户甚至几十户宗族人家，几十个、上百个房间环形排列，厅堂、水井、粮仓、畜舍、厕所、澡房、私塾、讲堂等一应俱全，自成体系，既有节约、坚固、防御性强等特征，又极富美感、壮观的高层民宅，可谓"一楼一世界，一户一乾坤"。

其中，被誉为"土楼王子"的振成楼，空间配置妙不可言：以一个圆心为起始，层层向外伸展，环环互为相扣，"楼中有楼"为内通廊圆形结构，"楼外有楼"呈苏州园林设计印迹，整体布局又依稀可辨古希腊建筑艺术遗风，堪称中西合璧的建筑典范。于是乎，在1985年美国洛杉矶世界建筑模型展览会上，北京的雍和宫、天坛和永定的振成楼，令金发碧眼的西洋人大开眼界、叹为观止。

振成楼大门石刻对联开宗明义："振纲立纪，成德达材"。厅堂两侧楹联颇含哲思："振作那有闲时，少时壮时老年时，时时须努力；成名原非易事，家事国事天下事，事事要关心"——几乎可视作客家人文化心理和家国情怀的权威诠释。

客家土楼大放异彩、震惊世界，是在加拿大魁北克城第三十二届世界遗产大会上。

2008年7月6日18时30分，对于全球客家人来说，无疑是一个盛大的节日。

来自全球四十一个国家的四十七个候选项目展开激烈角逐。强烈传递出客家文化信息的中国"福建土楼"建筑群光耀夺目，倾倒与会评委：东方血缘伦理关系与聚族而居传统文化的历史见证，世界上独一无二的大型生土夯筑的建筑艺术成就，具有"普遍而杰出的价值"。

最终，"福建土楼"毫无悬念地一致性地获得世界级认可，被正式列入《世界遗产名录》。

故乡的土楼，当之无愧地成为客家文化的符号——"圆楼"与"方楼"的言说，不正是蕴含着中国传统哲学的通融豁达、天地万物的对称与和谐么？

我想象着镜头升上高空，俯瞰故乡葱葱郁郁的大地与绿水，悠远、静谧的山林、廊桥、屋宇、田畴点缀其间，禁不住诗兴大发，赋曰：傍溪涧涓涓森列，依山崖步步登高，闻书声琅琅飘落，有农家怡乐陶陶。客自中原来兮，筚路蓝缕；万里迁徙路兮,水寒风萧。家从创业兴,耕商读而骄;文脉承孔孟,根基发舜尧……

啊,故乡的土楼,我心中永远的梦境!

(作者:张胜友　来源:《人民日报》2017年2月1日)

家乡的龙灯

我的家乡在永定区培丰镇。记忆中,每逢过年,乡亲们都要热热闹闹地开展各式各样的文娱活动,其中最为热闹的要算舞龙灯。

家乡的龙灯从腊月的小年开始到正月十五或十六日结束,程序大致可分为"抬灯""糊龙""起灯""圆灯"等。每年的小年一过,村里德高望重的族长或新灯头就会牵头挨家挨户通知:"各家把龙板子都请出来,准备糊龙了。"故称"抬灯"。因为头一年龙灯结束时,龙头龙尾安放到村子的祠堂里,龙身子卸下来,各家各户扛回去,找个稳妥的地方放好。

所谓"糊龙",就是请匠人来扎龙头,修补龙身,用崭新的皮纸糊龙。那些日子里,村子里即时呈现一派忙碌喜庆的景象。

舞龙的第一天称"起灯"。起灯前有一个"点光"的仪式,老辈们说,点光后的龙就活了,有了灵气和威严,能够保佑这一年里风调雨顺,五谷丰登,生活安定。

起灯通常是在本姓房族内先舞龙。这一天,锣鼓喧天,鞭炮声此起彼伏,家家户户都兴高采烈"接龙"。那时的本姓房族人对龙灯有着近乎神圣的朝拜,接龙的事情也准备得一丝不苟:家家户户早早把自家门前收拾得干干净净,并将一张八仙桌摆到楼堂的中间,摆好糕点,沏上茶,红包和鞭炮也一一备齐,条件好一些的人家还会准备几包好烟。

龙灯到了家门口时,家中男主人赶忙燃放鞭炮迎接。龙头进屋后,主人忙于给龙灯队员递烟,敬茶,发红包,龙灯队这边管事的人从随身的挎包中取出一对红烛回赠,点燃后插在桌上的烛台上,并说些"大吉大利""四季平安""恭喜发财"之类的喜庆话。之后,龙头起身,绕桌一圈,出门,后面的龙身、龙尾亦鱼贯而入。遇上楼院宽敞,龙头便会舞出各种花样,一时间,人群惊呼不断,气氛热烈,主人也格外开心。

龙灯劲舞时,哪家若有刚出生的小男孩,便要作兴"挂红"。挂红时,龙头停在主人家的堂屋里,管事的人拿出一条事先准备好的红绸缎,搭在孩子的脖子上由家中的父辈抱着,从龙须下钻几个来回,祈福新生孩平安健康,聪明,会读书,长大后有出息。

龙灯起灯过后的日子,便按照事先计划好的线路去各家各户或外村舞龙。半下午,粗犷的开锣声就响起来,这是提醒参加舞龙的人员要开始吃饭,做好起灯的准备了。龙灯出村时,前面鸣锣开道,后面两个少年高举着写着某某房族名的牌灯,这可是一个必不可少的标志呢。乡亲们远远听到锣鼓声,便开始相互询问:"这是哪个房族的龙灯啊?"这时有腿脚快的孩子气喘吁吁地跑过来大声喊道:"是某某房族的龙灯来了!"人群中若是有亲戚或朋友在那个村子里的,便赶紧回家准备接龙了。

"圆灯"的日子一般都选在正月十五或十六日,意味着这一年舞龙活动结束。圆灯时仍要去村外的土地庙举行一个"辞光"仪式,仪式完毕后便熄灭所有的烛光,用黑色的纸蒙住龙眼睛,龙尾朝前,鸦雀无声地返回村庄。那一刻,也许每个人的心里都藏着一份简单而美好的愿望。

(作者:蔡天文　来源:闽西新闻网2015年3月3日)

经德堂里屏风美

永定区湖坑镇南江村的经德堂,有一块屏风,至今保存完好,精美绝伦,是客家土楼中为数不多的历史遗物。

屏风，也叫围屏，多由优质木材所造，一般由四、六、八、十、十二块单扇配置连成。在清朝以前，它是帝王将相的专用陈设，多置于正殿（室）主座之后，既彰显室内布置的富丽精雅，又衬托出主人地位的尊贵与威仪。

南江村的经德堂围屏，是咸丰元年（1851年）由民间雕刻大师采用金丝楠木花费多年心血精雕细琢而成，历经160多年，仍保持光鲜明艳的色泽。据介绍，经德堂主人江献堂暨夫人黄太安人71岁荣寿时，其表弟巫宜禊（进士出身）与其他仕宦拜寿，并赠送了这幅精巧美观的屏风。

该屏共十二幅扇，互相衔接连成一幅完整的祝寿图。长约6米，高约2.8米。正面是画，后面为字，分上下两部分。正面上半部分是郭子仪祝寿图。郭子仪是平息安史之乱的功臣，被封为汾阳王。屏的正面以汾阳王府为背景，王府中郭子仪容光焕发，面带笑容；前来祝寿的七子八婿衣冠齐整，恭迎宾客，众官员手持笏板；其他人物或端捧寿礼或互相寒暄，姿态各异；王府外车马相随，熙来攘往；轩阁女眷，雍容淑雅，愉快交谈，场面十分热闹宏大。祝寿图左右书写着一副对联："凌霄松柏参天秀，入座芝兰引气佳。"联意主题突出，意境深邃，富有韵味。在寿图的上端，雕有小窗花格；下端刻着许多生动的图景，如周文王访贤，亲到渭水请姜子牙出山；乐人闹八音，还有对弈、嬉戏者，形象栩栩如生；其余或打石蒲卵，或放风筝，或观鱼品茗，或雅集赏书，全然取材现实人物，而周边饰以仙鹤、松柏等，象征长寿；麒麟、雉鸡、牡丹等，则象征着福禄昌盛，富贵寿考，构成一幅动人的风俗画卷。屏风的下半部分，则是镂刻精美的窗花格，整齐划一，色彩红艳。

屏风的另一面是字。右边为巫宜禊为祝寿所撰写的序，其后是由乡进士特授兴化府莆田县儒学正堂巫廷弼（公之表弟）所题的文字及一同拜寿赠屏的亲朋贵友芳名。他们有的是进士，有的是庠生，有的是太学生，或受职有官或候补，皆为当时显贵名流。序与名单均用金粉书写，边框通红。其余文字以髹黑漆为地，字体端白，承载寿意，恭祝赞美。

屏风在清代达到鼎盛，制作技法愈益精湛美观。经德堂围屏延请民间大师雕制，其镂刻的人物、山水、瓶花、飞禽走兽等都刻画入微，连风筝线都清晰可见。屏风色彩历经一百多年仍鲜艳明晰如旧，究其原因，乃有清时代漆器装饰艺术在继承明代的技法上发展精进，油彩、漆彩并施，朱髹、描金、雕漆、戗金兼用，融汇了中西艺术，使得屏风纹饰色泽细腻光鲜、绚烂华美，颜色经久不褪。

献堂公婆寿诞时四代同堂，寿礼如此隆重壮观，贺客盈门，乃因其子江朝彩（又名朝英）为州司马。江司马平时结交缙绅，往来多鸿儒，又与巫宜福、巫宜禊兄弟（大溪人，皆翰林）有亲戚关系，宜福于嘉庆二十四年恩科进士，授翰林院编修（正七品），充国史馆纂修；宜禊，嘉庆二十二年进士，初任礼部主事（正六品），奉旨简放江苏苏松泰兵备道（正四品）、浙江道监察御史。巫翰林兄弟都为经德堂撰写过对联，宜福为表兄献堂公书室题："案设诗书居今稽古，教申仁义责实循名。"宜禊则作："忠简横琴书案相传旧物，孝江读月风流政在诸郎。"朝英公还与两广总督林则徐相契，经德堂里悬挂的对联"第一等人忠臣孝子，只两件事耕田读书"，正是林则徐的经典作品。

（作者：江文明）

西华山，岁月深处歌未央

鸡鸣二县、泉涌一坡；庵筑秘境、枫林聚幽。

西华山，像是一簇新旧夹杂的水墨画，在闽西永定区合溪乡汤湖村与上杭县交界一侧铺陈开去。

荒芜的石路伴着荆棘与芦苇，像一条缺了几

颗牙齿的拉链，斜摊在山的一侧。白云飘飞，阳光惬意，路上的每一块石头既亲切又陌生，看清的是淡淡的足印，读不懂的是光阴的故事。

踩着"拉链"走西华，心房筑筑、霜飔几许、气象絷然。这里有坐爱枫林晚的仙踪秘境，有八闽共青团的初啼鼙音，有切合人意的爱情美谈。任时光在记忆与梦境中变幻，任季节荼靡开谢冬梅凌霜，西华山依然半新半旧、半仙半俗。

血雨腥风的年代，难有杜牧行山的浪漫，西华山却以云烟笼罩、县界骑缝，成为僻道战火、挥斥绸缪的陬僻之地。时光拉回到1926年的某一天，西华山月黑风高，木鱼声泣，昏暗的油灯下，几个铁血青年高举右拳，向着东方低声宣誓：我们是共产党领导的队伍，我们在这里庄严宣告：福建第一个农村团支部正式成立！破败的西华庵缄默不语、窗外的枫树林缄默不语，只有神龛前的青烟袅袅升腾，升向了云天，升到了八闽大地的村村寨寨。几许青烟绕山水，几度时光换新天，若干年后，福建农村团支部像西华庵前的山花，一夜春风漫山遍野。于是，这里成了福建农村团员青年出发之地，当年带头宣誓并任团支部书记的热血青年赖际发，带着八闽农村团支部的第一声鼙角走向了抗日烽火的最前线，成为新中国创立的功臣（是中共九届中央委员、第一任建材工业部部长）。

爱情恒久远，一孕永留传。当年的金戈铁马早已烟消云散，而今的西华山已成山媚水柔、求子祈福的风月传情之地。民间女子多年不孕，托梦于西华，求得送子观音送来儿孙满堂、代代兴旺的千古绝唱，化作后人对西华山风骚八卦、想入非非的物相联想：山是雄浑激荡的壮男，水是春心荡漾的少妇；山顶森木翁郁，山腰红枫点染。"钟情靡颜形似物，此处细看无却有"。以物寄情、人云亦云果真是人的天性！无巧不成书的是，生活在"风情山水"里的村民，果然开窍有术，仅当地赖氏始祖繁衍开来的子孙就以百万计……

大地多传奇，人类善写意。西华山的仙俗之辨已然久远，筑建于清幽深处的西华庵却成为一方胜迹。一簇参天红枫，遮天蔽日，有如凤盖棽丽。古老的树干与嫩绿的寄生蕨相拥相生，正合岁月的久远与簇新。微风中飘来阵阵幽香，这香味夹杂着枫林的暗香和庵内的烟香，好生引人以入空门。庵前的小路已被厚厚的枫叶覆盖，松软的枫叶在阳光下琳琅耀目，尤如万千片琥珀辉映山谷。"环列从容蹀躞归，光风骀荡发红薇"，踩在其上，真有几分唐代权德舆的兴致与性灵。

庵堂不大，呈一字排开，门前的对联虽不对仗却有高扬的气度与胸襟：西岳朝阳佛界庄严新气象，华山毓秀万民共沐四时新。进得庵内，菩萨庄严、神龛肃穆，空气中弥漫着敬畏与空灵。都说山不在高有仙则名，这小小的庵堂寄托着多少善男信女的痴情梦想，又有多少香客莫名灵验，不远遥途，前来膜拜。

庵堂的一侧，一汪清泉汩汩流淌，掬一捧放在嘴里，清冽甘甜、沁人心脾。水是有灵性的，要不百年红枫为何生机勃勃？蕞尔小庵怎么让爱情神话流传千古？当年的草鞋青年怎么从这里走向了首都北京？

山不醉人人自醉。我自山间走过，回首间，那片红枫在蔚蓝的天空下，摇曳起舞，枫叶在微风的吹拂下正发出清丽的声音，仿佛在唱响亘古的歌谣。遥望远方的家乡，人影幢幢、炊烟袅袅；一幢幢崭新、别致的小别墅把小小的山村装点得色彩斑斓、分外洋气。脚下是仙风道场，眼里是岁月风情，一种时空的穿越感油然而生。是的，步履沉沉、情愫惚悠，瀊潏不歇、笙歌未央。这里的一切似乎都在提醒匆匆的过客：岁月，才是这里的主人。

(作者：赖仲文)

秀美高源山

高源山位于永定区金砂乡秀山村的东南部，巍峨秀丽，婀娜多姿，风光旖旎，四季如春。

高源山海拔800米左右。她像一位清纯靓丽的村姑，楚楚动人，不胜娇羞，有着特殊的魅力，那种妙不可言的感觉，深深地感染着每一位慕名前来游玩的客人。

沿着陡坡一路登高，不用半个小时便可到达目的地——崇圣寺。迎面是清凉的山风，有了一些凉意，清新的空气，沁人心脾。

找一平台驻足休憩片刻，放眼望去，层林尽染、满目苍翠，古木参天，鸟语花香。流泉飞瀑、天子地、老虎岩、雄牛脱轭、戏子登台、和尚坟、武僧练武场、红军医院、红军兵工厂、百年茶王——大红袍、崇圣寺等景色，目不暇接，数不胜数。

令我记忆最深的是那半山一个斜坡处的几棵红豆树。走到那里，常常可以捡到不少的红豆，心里顿然升起一股文人笔下的诗意："红豆生南国，春来发几枝。愿君多采撷，此物最相思。"

崇圣寺位于高源山之巅东边一块十余亩的小盆地，建于南宋年间。这是一座一层的土木结构的建筑，建筑面积上千平方米，内大门外右侧墙角有两块石碑，一块是清雍正十年（1732年）立的"佛田油灯碑"，记载了康熙乙未以后捐置买油田的情况；另一块是乾隆二十六年（1762年）的"施田主碑"，记载金砂张志颜等人合买一处水田，施入崇圣寺点灯。左侧外大门的门框已坍塌，还遗留有石头门槛，可见该寺的年代已久远。门外种着几棵李树、桂花树，周围被郁郁葱葱的竹木环抱，冬暖夏凉，真是一块人间仙境。崇圣寺有着丰富的佛教人文景观，声名远扬，民间盛传"九寺十三庵，唔当高源山"之赞誉。清朝雍正年间，著名武僧妙空和尚云游于此，仰慕这里的好山好水，他不仅弘扬佛法，还在寺前开辟了两个练武场，教众僧习武强身。从乾隆至光绪的100多年里，崇圣寺在众多方丈的管理下，不仅香火旺盛，习武之风亦盛，吸引众多人前来拜师学艺。仙师的武进士、南澳总兵马琳（马兰桂），就曾经在崇圣寺拜师学艺。

1929年，永定县的苏维埃政府在崇圣寺建立兵工厂，一直坚持到三年游击战争。1931年党组织在高源山崇圣寺建立地下交通站，为秘密护送党中央领导人和大量物资作出贡献。1938年，该寺被国民党军焚烧夷为平地，1992年，社会各界热心人士和群众修建恢复了崇圣寺。

（作者：苏冠生）

后 记

2017年2月，中共龙岩市永定区委办公室、龙岩市永定区人民政府办公室下发《关于认真做好〈永定年鉴（2017）〉编纂工作的通知》（永委办发明电〔2017〕7号），部署年鉴编纂工作。各承编单位随即按照分工要求，着手搜集资料、确定条目选题及初稿编写。区方志委编辑（刘增晶、游剑才、赖仿群、陈志霞、张璐、林添茂、江梦兰、郑慕岳、熊秋华）也按照分工要求，到各单位督促辅导。2017年4月底，初稿基本完成。后经方志委编辑认真修改，7月将总纂稿返回各承编单位，由单位主笔和分管领导、主要领导加以审核。经过一番连续作业、精雕细刻；9月份定稿后，呈送区政府领导审定。2017年11月交付出版社出版。

本年鉴在编纂过程中，得到上级方志委的精心指导以及区直各单位、各乡镇（街道）及省、市在永单位的大力支持，参与编纂的主笔付出了辛勤的劳动，刘永良、温贵雪、温学元、李书颖、黄缘桂、林忠成、赖守铭、江宏瑞、刘琦、胡剑文、陈志霞等人以及正文插图单位提供了许多珍贵的照片。在此，谨表示衷心的感谢！

本年鉴由于涉及面广，时间短促，加上受水平所限，难免出现疏漏和不当之处，敬请广大读者批评指正。

编　者

2017年11月

主笔名单

区委办姜凡，区府办廖晓华，纪委张娟娟，组织部赖季光，宣传部许庆添，统战部沈盛针，区直机关党工委朱福莲，党校江宇贤，信访局廖金华，老干局张良泉，党史研究室赖晨辉，文明办沈先芳，人大办张建春，政协办张虹，民宗局江建泉、邱育增，农业局罗胜奎，烟草局陈诗瑶，林业局王文浪，水利局吴小红，农机站赖树森，老区办江建泉，移民开发局沈旺登、马浪文，经信科局简秉良，商务局张俊豪，龙岩经济开发区高新园区林柳，永定工业园张伟，煤管局郭浩年，矿管总站胡育奎，煤炭公司张帆书，福建煤电公司谢生杰，龙岩金叶复烤厂罗艳，永定烟厂赖东垣，供电公司饶志平，棉花滩水电站雷定茂，住建局沈汉和，住房公积金管理中心胡福林，房改办陈裕松，交通局苏河丰，公路局廖松九，铁路办卢榕香，火车站黄成万，邮政公司陈灿祥，电信公司张桂连，移动公司陈磊，联通公司陈国盛，商业总公司廖永鑫，供销社朱亦标，粮食局苏园英，物资公司李金球，旅游局郑贵芬，财政局江丰源，国资局阙晓玲，国税局赖春蕾，地税局熊亿贤，人行赖明生，银监办张振标，农行马元明，工行李巧莉，中行苏斌荣，建行林春平，兴行叶梅，邮政储蓄银行张玲，农村信用联社熊寿茂，瑞狮村镇银行罗招群，人保财险童桂莲，人保寿险赖光平，人寿保险张梅芳，人寿财险谢奋衡，平安财险宋建华，天安财险易娇，新华人寿财险何畑强，华福证券戴榕，发改局王思瑶，物价局卢祥新，统计局李宏昌，统计调查队卢连桂，市场监督管理局游史娟，审计局赖贵东，安监局卢接贤，国土局郑锦才，环保局熊焱生，行政服务中心廖定清，总工会张华彬，团区委苏珏晖，妇联阙少华，文联廖文茂，侨联江伟华，科协王雄钧，老科协王雄钧，工商联赖德华，残联吴福权，老促会谢汉祺，计生协会林彩云，红十字会陈昌台，消委会熊玉丰，个私协会张洪明，老龄委巫玉钦，关工委江振河，老体协江新良，客联会游继骞，慈善总会阮周尚，政法委陈建和，公安局赖兆允，检察院简志娇，法院饶新炎，司法局钟梓城，人武部苏河才，城市管理行政执法局赖晓艳，交警大队王锦海，森林公安分局胡艾莉，消防大队方立鹏，武警中队王琳，铁路派出所陈均权，民政局邱祝湘，人力资源和社会保障局张晓娇，编办范建兴，外侨办江应初，对台办郑国锋，教育局张洪良，教师进修学校沈全富，知识产权局张林峰，地震办阙启瑞，文体广电新闻出版局赖永德，档案局黄兴桂，方志委林添茂，卫计局沈爱龙，爱卫办李品，水文局阙禧坚，气象局赖洞森，新闻宣传与网络管理中心温贵雪，土楼管委会江葵，凤城街道张培超，虎岗镇陈田华，高陂镇刘玲，坎市镇李淑晖，培丰镇黄楷锐，抚市镇卢传顺、陈椿椿，龙潭镇李文星，湖雷镇沈荣煌，湖坑镇张盛才，下洋镇曾庆镜，城郊镇陈思，峰市镇童锦辉，仙师镇陈浩，堂堡乡刘炎权，合溪乡赖培林，高头乡孙宽城，古竹乡陈永发，大溪乡林晓春，陈东乡邱丽婷，岐岭乡曹文洲，湖山乡邹健全，西溪乡陈有强，金砂乡陈繁昭，洪山乡廖振宏，特载刘永良、刘少雄、廖志添、张天浪、张金川。